本书列入中国科学技术信息研究所学术著作出版计划

2022年版
中国科技期刊引证报告（核心版）
自然科学卷

中国科技核心期刊（中国科技论文统计源期刊）

中国科学技术信息研究所

科学技术文献出版社
SCIENTIFIC AND TECHNICAL DOCUMENTATION PRESS
·北京·

图书在版编目（CIP）数据

2022年版中国科技期刊引证报告：核心版. 自然科学卷 / 中国科学技术信息研究所编著. —北京：科学技术文献出版社，2022.12

ISBN 978-7-5189-9978-1

Ⅰ. ① 2… Ⅱ. ①中… Ⅲ. ①自然科学—科技期刊—期刊索引—中国—2022 Ⅳ. ① Z89：N55

中国版本图书馆 CIP 数据核字（2022）第 241222 号

2022 年版中国科技期刊引证报告（核心版）自然科学卷

策划编辑：张　丹　周国臻　责任编辑：张　丹　邱晓春　责任校对：张永霞　责任出版：张志平

出 版 者　科学技术文献出版社
地　　址　北京市复兴路 15 号　邮编　100038
编 务 部　（010）58882938，58882087（传真）
发 行 部　（010）58882868，58882870（传真）
邮 购 部　（010）58882873
网　　址　www.stdp.com.cn
发 行 者　科学技术文献出版社发行　全国各地新华书店经销
印 刷 者　北京地大彩印有限公司
版　　次　2022 年 12 月第 1 版　2022 年 12 月第 1 次印刷
开　　本　787×1092　1/16
字　　数　686 千
印　　张　29.25
书　　号　ISBN　978-7-5189-9978-1
定　　价　180.00 元

版权所有　违法必究

购买本社图书，凡字迹不清、缺页、倒页、脱页者，本社发行部负责调换

2022 年版中国科技期刊引证报告（核心版）

自然科学卷

主任编委	赵志耘				
副主任编委	姚长青	张玉华	潘云涛	曾建勋	郑彦宁
主　　编	潘云涛	马　峥			
编写人员	俞征鹿	陈国娇	焦一丹	盖双双	田瑞强
	王海燕	宋　扬	翟丽华	杨　帅	冯家琪
	胡志宇	臧文通	陶文倩		

本书受国家科技统计专项工作"中国科技论文统计"资助。

通信地址：北京市海淀区复兴路 15 号　100038
　　　　　中国科学技术信息研究所　科学计量与评价研究中心
网　　址：www.istic.ac.cn
电　　话：010-58882027，58882537，58882539，58882552
传　　真：010-58882028
电子信箱：cstpcd@istic.ac.cn

前　言

　　1987年，中国科学技术信息研究所（ISTIC，原中国科学技术情报研究所）受科技部（原国家科委）的委托，开始对中国科技人员在国内外发表论文的数量和被引用情况进行统计分析，并利用统计数据建立了《中国科技论文与引文数据库》（CSTPCD）。这项工作开展后受到了社会各界的普遍重视和广泛好评。30多年来，中国科学技术信息研究所通过艰苦繁杂的劳动，积累了大量的宝贵数据，为科技部等各级管理部门、高等院校、科研机构、期刊编辑部和科研工作者提供了各类论文统计基础数据和期刊评估指标。

　　《中国科技期刊引证报告》（CJCR）的研制出版始于1997年，是一种专门用于期刊引用分析研究的重要检索评价工具。利用CJCR所提供的统计数据，可以清楚地了解期刊引用和被引用的情况，以及进行引用效率、引用网络、期刊自引等统计分析。同时，利用CJCR中的期刊评价指标，还可以方便地定量评价期刊的相互影响和相互作用，正确评估某种期刊在科学交流体系中的作用和地位。自CJCR问世以来，在开展科研管理和科学评价期刊方面一直发挥着巨大的作用。

　　《中国科技期刊引证报告》选用的"中国科技核心期刊（中国科技论文统计源期刊）"是在经过严格的定量和定性分析的基础上选取的各学科的重要科技期刊。《2022年版中国科技期刊引证报告（核心版）自然科学卷》中收录自然科学与工程技术领域期刊共2126种。"中国科技核心期刊（中国科技论文统计源期刊）"上刊发的论文构成了《中国科技论文与引文数据库》（CSTPCD），即中国科学技术信息研究所每年进行中国科技论文统计与分析的数据库。该数据库的统计结果编入国家统计局和科技部编制的《中国科技统计年鉴》，统计结果被科技管理部门和学术界广泛应用。

　　中国科学技术信息研究所在与国际评价机制接轨的同时，充分利用长期积累的科技论文和期刊评价工作经验和丰富数据，选择了总被引频次、影响因子等重要的期刊科学计量指标进行统计和分析，同时注意结合中国科技期刊发展的实际情况，创新了基金论文比、地区分布数、机构分布数、核心他引率、离均差率等多种期刊评价指标。《中国科技期刊引证报告》从一个角度反映出我国学术期刊取得的长足进步。期刊的发展带动了相关的指标和评价体系研究工作的不断进步，我们将研究成果应用在《中国科技期刊引证报告》中，适时进行指标的增补和修正。《2022年版中国科技期刊引证报告（核心版）自然科学卷》中使用了25项科学计量指标，并发布200多幅插图。

　　读者可以看到，每一年的《中国科技期刊引证报告》都有新的变化和进步。我们衷心希望《中国科技期刊引证报告》能成为广大读者开展工作时检索查询的友好助手和得力工具，并愿为大家奉献一份独一无二的科技期刊分析与评价报告。

　　考虑到我国英文科技期刊的特点和发展状况，为了更加科学准确地评价我国科技期刊的学术质量和影响状况，同时也为了促进我国英文版科技期刊的繁荣发展，根据同类比较的统计分析和评价原则，《2022年版中国科技期刊引证报告（核心版）自然科学卷》仍将中国科技核心期刊中以中文出版的期刊和以英文出版的期刊列入不同的表格分别统计。

《中国科技期刊引证报告》的出版，是我国科技界和知识界的一件大事。这些丰富和适用的期刊评价指标使我国的广大科技工作者、期刊编辑（部）和科研管理部门能够科学、快速、准确地选择和利用期刊，为科技期刊出版单位和科研人员客观地了解期刊的学术影响力，提供公正、合理、科学、客观的评价依据。同时，也为决策管理部门科学地评价我国科学活动的宏观水平、微观绩效，以及建立科学交流传播机制积累基础数据。多年来，《中国科技期刊引证报告》已经为国家期刊奖的评定，中国科学技术协会、国家自然科学基金委员会、中国科学院和地方省市及行业机构的期刊管理部门提供了大量的各类评估数据，大大提高了我国科技期刊科学管理的水平，促进我国科技期刊评价管理工作进一步向科学化、定量化和规范化方向发展。同时，《中国科技期刊引证报告》的发行，也有力地填补了我国关于期刊评价数据的空白。

在整个编写过程中，我们力求严格规范，细致准确，精益求精。但由于一些实际情况，如期刊的更名合并、期刊引用文献著录不规范等，给我们的统计、分析与编辑工作带来很大困难。因此错误和疏漏在所难免，诚望广大读者不吝赐教，批评指正。

中国科学技术信息研究所

2022年12月

主要计量指标

2021年自然科学领域中国科技核心期刊(中国科技论文统计源期刊)*主要计量指标分布情况

指标名称	平均值	统计数字
核心总被引频次	1576 次/刊	≥2000 次的期刊共有 483 种，≥10000 次的期刊共有 22 种
核心影响因子	0.973	≥1.000 的期刊共有 734 种，≥2.000 的期刊共有 148 种
核心即年指标	0.163	≥0.100 的期刊共有 1219 种，≥0.500 的期刊共有 90 种
基金论文比	0.62	≥0.80 的期刊共有 595 种，≥0.95 的期刊共有 55 种
海外论文比	0.03	≥0.20 的期刊共有 103 种（其中 101 种是英文期刊） 1021 种期刊无海外论文
核心他引率	0.82	≥0.95 的期刊共有 208 种
平均作者数	4.7 人/篇	≥5 人/篇的期刊共有 767 种
平均引文数	26.8 条/篇	≥20 条/篇的期刊共有 1813 种，≥50 条/篇的期刊共有 186 种
综合评价总分	40.7 分	≥50 分的期刊共有 548 种

*中国科技核心期刊(中国科技论文统计源期刊)包括 1977 种中文期刊和 149 种英文期刊。

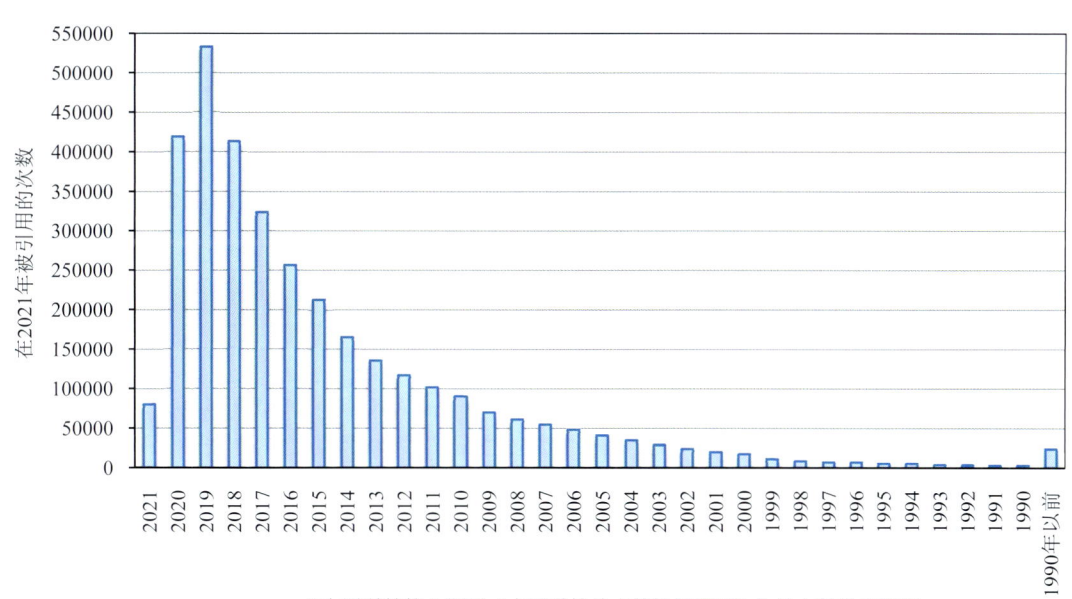

2021年被引用的"中国科技核心期刊(中国科技论文统计源期刊)"论文的发表时间分布图

说明：图中被引用次数统计来源为《2021年度中国科技论文与引文数据库》(CSTPCD 2021)。柱状图示分别表示"中国科技核心期刊(中国科技论文统计源期刊)"各年度发表的论文在 2021 年被引用的次数。

目 录

1 编制说明 ·· 1
　1.1 总体设计说明 ·· 1
　1.2 各类统计表格的编排 ·· 1
　1.3 期刊评价指标 ·· 3
　1.4 期刊的学科分类 ··· 3

2 使用说明 ·· 5
　2.1 主要功能 ··· 5
　2.2 查阅方法 ··· 5
　2.3 评价方法 ··· 6

3 名词解释 ·· 7

4 2021年中国科技核心期刊（中文）指标 ·· 11
　4.1 期刊（中文）被引用指标刊名字顺排序 ······································· 11
　4.2 期刊（中文）来源指标刊名字顺排序 ·· 58

5 2021年中国科技核心期刊（英文）指标 ·· 105
　5.1 期刊（英文）被引用指标刊名字顺排序 ····································· 105
　5.2 期刊（英文）来源指标刊名字顺排序 ·· 109

6 2021年各学科分类期刊整体情况 ·· 113

7 2021年各学科分类期刊指标情况 ·· 115
　　自然科学综合 ··· 115
　　自然科学综合大学学报 ··· 117
　　自然科学师范大学学报 ··· 120
　　数学 ··· 122
　　信息科学与系统科学 ·· 124
　　力学 ··· 126
　　物理学 ·· 128

I

化学	131
天文学	133
地球科学综合	135
大气科学	137
地球物理学	139
地理学	141
地质学	143
海洋科学、水文学	146
生物学基础学科	148
生态学	150
植物学	152
昆虫学、动物学	154
微生物学、病毒学	156
心理学	158
农业综合	160
农业大学学报	162
农艺学	164
园艺学	166
土壤学	168
植物保护学	170
林学	172
畜牧、兽医科学	174
草原学	176
水产学	178
医学综合	180
医药大学学报	183
基础医学	186
临床医学综合	188
临床诊断学	190
保健医学	192
内科学综合	194
心血管病学	196
呼吸病学、结核病学	198
消化病学	200
血液病学、肾脏病学	202
内分泌病学与代谢病学、风湿病学	204
感染性疾病学、传染病学	206

外科学综合	208
普通外科学、胸外科学、心血管外科学	210
泌尿外科学	212
骨外科学	214
烧伤外科学、整形外科学	216
妇产科学	218
儿科学	220
眼科学	222
耳鼻咽喉科学	224
口腔医学	226
皮肤病学	228
性医学	230
神经病学、精神病学	232
核医学、医学影像学	234
肿瘤学	236
护理学	238
预防医学与公共卫生学综合	240
流行病学、环境医学	242
优生学、计划生育学	244
军事医学与特种医学	246
卫生管理学、健康教育学	248
药学	250
中医学	253
中医药大学学报	255
中西医结合医学	257
中药学	259
针灸、中医骨伤	261
工程与技术科学基础学科	263
工程技术大学学报	265
信息与系统科学相关工程与技术	269
生物工程	271
农业工程	273
生物医学工程学	275
测绘科学技术	277
材料科学综合	279
金属材料	281
矿山工程技术	283

冶金工程技术	285
机械工程设计	287
机械制造工艺与设备	289
动力工程	291
电气工程	293
能源科学综合	295
石油天然气工程	297
核科学技术	300
电子技术	302
光电子学与激光技术	304
通信技术	306
计算机科学技术	308
化学工程综合	310
高聚物工程	312
精细化学工程	314
应用化学工程	316
仪器仪表技术	318
兵器科学与技术	320
纺织科学技术	322
食品科学技术	324
建筑科学与技术	326
土木工程	328
水利工程	330
交通运输工程	332
公路运输	334
铁路运输	336
水路运输	338
航空、航天科学技术	340
环境科学技术及资源科学技术	343
安全科学技术	345
管理学	347

8 2021年中国科技核心期刊综合评价 349

9 2021年中国科技核心期刊目录 399

9.1 2021年中国科技核心期刊（中文）目录 399

9.2　2021年中国科技核心期刊（英文）目录 …………………………………………………… 446

10　期刊变更情况 ………………………………………………………………… 450

11　新入选中国科技核心期刊 …………………………………………………… 451

11.1　2022年新入选中国科技核心期刊（中文）目录 ……………………………………… 451

11.2　2022年新入选中国科技核心期刊（英文）目录 ……………………………………… 452

1 编制说明

《2022年版中国科技期刊引证报告（核心版）自然科学卷》以《中国科技论文与引文数据库》（CSTPCD）为基础，采用科学客观的研究方法与评价方式，遴选中国自然科学领域各学科分类的重要期刊作为统计来源期刊。《2022年版中国科技期刊引证报告（核心版）自然科学卷》收录了在中国（不含港澳台地区）正式出版的1977种中文期刊和149种英文期刊，共2126种中国科技核心期刊（中国科技论文统计源期刊）。自然科学卷与社会科学卷收录的期刊范围有少量重复。

1.1 总体设计说明

《2022年版中国科技期刊引证报告（核心版）自然科学卷》包括4个主要部分：

（1）期刊指标总表：期刊被引用指标和期刊来源指标；

（2）各学科期刊指标：各学科期刊整体情况和期刊在学科内相对位置的主要指标和图表；

（3）期刊综合评价指标：综合评价总分、核心影响因子和核心总被引频次的总排名；

（4）中国科技核心期刊（中国科技论文统计源期刊）名录和变更情况。

这4个部分独立成系统，又互相联系，构成《2022年版中国科技期刊引证报告（核心版）自然科学卷》的综合评价指标体系，从各个角度对期刊进行统计描述和分析评价。根据这些数据，读者可以对期刊的学术水平、学科地位、编辑状况、交流范围，以及对读者满意程度有一个客观、概括的了解。在内容组织和编排上，设计了多角度、多层次查询和评价期刊的丰富功能，图文并茂，可以满足读者在多样化的评估、管理和研究工作中的不同需求。

1.2 各类统计表格的编排

《2022年版中国科技期刊引证报告（核心版）自然科学卷》采用了多种形式的排序格式，包括全部期刊名称字顺排序、学科内期刊名称排序、全部期刊综合评价总分排序和来源期刊总目录等，帮助读者综合全面地评价分析期刊，迅速有效地检索出所需要的期刊统计信息。

（1）期刊被引用计量指标和来源指标是本报告的主体部分，分为4个主表：

·"表4-1 2021年中国科技核心期刊（中文）被引用指标刊名字顺索引"包含中文期刊被引用方面的9项指标数据。全表按照期刊名称汉语拼音字顺排列。

·"表4-2 2021年中国科技核心期刊（中文）来源指标刊名字顺索引"包含中文期刊来源文献方面的10项指标数据。全表按照期刊名称汉语拼音字顺排列。

·"表5-1 2021年中国科技核心期刊（英文）被引用指标刊名字顺索引"包含英文期刊被引用方面的9项指标数据。全表按照期刊名称英文字母顺序排列。

·"表5-2 2021年中国科技核心期刊（英文）来源指标刊名字顺索引"包含英文期刊来

源文献方面的10项指标数据。全表按照期刊名称英文字母顺序排列。

（2）各学科分类期刊情况是本报告的另一个重要组成部分，包括1个学科分类主表，以及112个分类学科的数据分表与总被引频次、影响因子和互引图，其编排格式和指标如下：

· 2021年各学科分类期刊整体情况——各学科期刊数量、核心总被引频次平均值和中值，以及核心影响因子的平均值和中值。用于了解由于学科差异所导致的各学科指标差异的整体情况。

· 各学科分类期刊核心总被引频次和核心影响因子离均差率的分布散点图——根据各学科分类中，核心期刊总被引频次和核心影响因子数值相对于学科平均水平的距离，分别计算每个期刊核心总被引频次和核心影响因子的"离均差率"，并分别作为横坐标和纵坐标位置绘制各学科的核心总被引频次和核心影响因子离均差率的分布散点图。通过核心总被引频次和核心影响因子离均差率的分布散点图，可以了解整个学科期刊的指标分布情况和期刊绝对影响能力（核心总被引频次方面）和相对影响效率（核心影响因子方面）的平衡程度。

· 各学科分类期刊基于互引网络的互引关系示意图——根据各学科中所收录的期刊相互引用次数的统计数据，计算期刊之间的相似性距离的归一化矩阵，并利用Pajek绘图软件，以图形方式显示学科内不同期刊之间的引用强度和相似性。图中每个节点代表一个期刊，节点面积大小表示期刊被引用次数的多少，节点之间的连线粗细程度表示期刊引用关系相似程度。为了使图示更加清晰，节点之间联系较弱的连线没有显示。通过互引网络的互引关系示意图，可以清晰地看到学科内期刊相互之间的联系与聚合状态。

· 各学科分类期刊主要指标与排名——分别列出按各学科分类中，按期刊名称排序的112个数据分表，分表列出了各学科期刊的核心总被引频次和核心影响因子的数值与在学科内的排位，以及核心总被引频次和核心影响因子的离均差率。同时还排出了各期刊的综合评价总分和在学科中的排名，便于读者评价和查询期刊。

（3）综合评价总分排名表——将中国科技核心期刊按综合评价总分排序，并列出了各期刊核心影响因子和核心总被引频次的数值及在全部期刊中的排名，可以大致了解期刊学术质量和影响在全国范围内所处的综合排名。被引用计量指标显示期刊被读者使用和重视的程度，以及在科学交流中的地位和作用，是评价期刊影响的重要依据和客观标准。综合评价总分是对期刊整体状况的一个综合描述。根据中国科学技术信息研究所研制的中国科技期刊综合评价指标体系，计算多项科学计量指标，采用层次分析法确定重要指标的权重，分学科对每种期刊进行综合评定，计算出每个期刊的综合评价总分。

（4）刊名目录和变更情况——"中国科技核心期刊（中文）目录"和"中国科技核心期刊（英文）目录"包括将收录的期刊编码（CODE）、刊名、主编姓名和学科分类，按期刊名称排序——中文期刊按汉语拼音字顺排列，英文期刊按英文字母顺序排列。期刊的变更情况是指与上一年度引证报告相比，收录期刊名称的变化情况和下一年度新入选的核心期刊名称。期刊改名后，按新刊名计算被引用指标；原刊名被引用数据计入新刊名的统计指标中。新入选的自然科学领域中国科技核心期刊（中国科技论文统计源期刊）的各项指标会在下一年度的统计分析中体现。

1.3 期刊评价指标

为了全面、准确、公正、客观地评价和利用期刊,《2022年版中国科技期刊引证报告(核心版)自然科学卷》借鉴国际通用评价体系,并在此基础上,结合我国期刊的实际情况,设计计算了25项学术计量指标,基本涵盖和描述了期刊的各个方面。计算各项指标的数据范围仅为正式刊期中的数据,"增刊"等正刊以外的数据未予以计入。这些指标包括:

(1)期刊被引用计量指标

核心总被引频次、核心影响因子、核心即年指标、核心他引率、核心引用刊数、核心开放因子、核心扩散因子、核心权威因子和核心被引半衰期。

(2)期刊来源计量指标

来源文献量、文献选出率、AR论文量、平均引文数、平均作者数、地区分布数、机构分布数、海外论文比、基金论文比和引用半衰期。

(3)学科分类内期刊计量指标

综合评价总分、学科扩散指标、学科影响指标、红点指标、核心总被引频次(数值、排名与离均差率)和核心影响因子(数值、排名与离均差率)。

此外,报告还分别计算了期刊综合评价总分、核心总被引频次和核心影响因子在其所在学科分类内和全部自然科学领域"中国科技核心期刊(中国科技论文统计源期刊)"中的排名。

《2022年版中国科技期刊引证报告(核心版)自然科学卷》引用部分指标是采用《中国科技论文与引文数据库》(CSTPCD)2516种自然科学和社会科学期刊作为统计源,而《2022年版中国科技期刊引证报告(扩刊版)》是采用6000多种期刊作为数据源,因此"影响因子"等引用部分指标数值会有所不同。为了方便读者使用,从2012年版开始,《中国科技期刊引证报告(核心版)自然科学卷》以"核心影响因子"和"核心总被引频次"等名称来替代以前出版的"核心版"报告中相应的"影响因子"和"总被引频次"等指标,与"扩刊版"报告中的"扩展影响因子"和"扩展总被引频次"等指标加以区别。尽管指标名称有所改变,但是相关指标与往年出版的"核心版"报告计算方法仍然保持一致。

1.4 期刊的学科分类

学科是随着科学技术的发展而不断融合、衍生和变化的。一些交叉领域的期刊,刊载内容是跨学科的科研成果。《2022年版中国科技期刊引证报告(核心版)自然科学卷》根据每个期刊刊载论文的主要分布领域,将覆盖多学科和跨学科内容的期刊复分归入2个或3个学科分类类别。依据《学科分类与代码》(GB/T 13745—2009)和《中国图书资料分类法(第四版)》的学科分类原则,同时考虑到我国科技期刊的实际分布情况,《2022年版中国科技期刊引证报告(核心版)自然科学卷》将来源期刊分别归类到112个学科类别(表1-1)。

表 1-1 学科分类

领域	学科分类		
自然科学综合	·自然科学综合	·自然科学综合大学学报	·自然科学师范大学学报
理学	·数学 ·信息科学与系统科学 ·力学 ·物理学 ·化学 ·天文学	·地球科学综合 ·大气科学 ·地球物理学 ·地理学 ·地质学 ·海洋科学、水文学	·生物学基础学科 ·生态学 ·植物学 ·昆虫学、动物学 ·微生物学、病毒学 ·心理学
农学	·农业综合 ·农业大学学报 ·农艺学 ·园艺学	·土壤学 ·植物保护学 ·林学 ·畜牧、兽医科学	·草原学 ·水产学
医学	·医学综合 ·医药大学学报 ·基础医学 ·临床医学综合 ·临床诊断学 ·保健医学 ·内科学综合 ·心血管病学 ·呼吸病学、结核病学 ·消化病学 ·血液病学、肾脏病学 ·内分泌病学与代谢病学、风湿病学 ·感染性疾病学、传染病学 ·外科学综合	·普通外科学、胸外科学、心血管外科学 ·泌尿外科学 ·骨外科学 ·烧伤外科学、整形外科学 ·妇产科学 ·儿科学 ·眼科学 ·耳鼻咽喉科学 ·口腔医学 ·皮肤病学 ·性医学 ·神经病学、精神病学 ·核医学、医学影像学 ·肿瘤学	·护理学 ·预防医学与公共卫生学综合 ·流行病学、环境医学 ·优生学、计划生育学 ·军事医学与特种医学 ·卫生管理学、健康教育学 ·药学 ·中医学 ·中医药大学学报 ·中西医结合医学 ·中药学 ·针灸、中医骨伤
工程技术	·工程与技术科学基础学科 ·工程技术大学学报 ·信息与系统科学相关工程与技术 ·生物工程 ·农业工程 ·生物医学工程学 ·测绘科学技术 ·材料科学综合 ·金属材料 ·矿山工程技术 ·冶金工程技术 ·机械工程设计 ·机械制造工艺与设备	·动力工程 ·电气工程 ·能源科学综合 ·石油天然气工程 ·核科学技术 ·电子技术 ·光电子学与激光技术 ·通信技术 ·计算机科学技术 ·化学工程综合 ·高聚物工程 ·精细化学工程 ·应用化学工程 ·仪器仪表技术	·兵器科学与技术 ·纺织科学技术 ·食品科学技术 ·建筑科学与技术 ·土木工程 ·水利工程 ·交通运输工程 ·公路运输 ·铁路运输 ·水路运输 ·航空、航天科学技术 ·环境科学技术及资源科学技术 ·安全科学技术
管理	·管理学		

2 使用说明

《中国科技期刊引证报告》是用于中国科技期刊分析与评价的科学计量工具。报告可用于定量分析和科学评价期刊的学术特征和学科地位，较为客观地反映期刊发展的趋势和规律，为科研管理和决策提供依据。因此，本报告在期刊分析评价和科学计量学研究与应用等方面具有其他检索评价工具无法取代的独特功能。正确使用和充分开发本报告，可以使其成为科研工作者、期刊编辑（部）、图书情报人员、科研管理人员和科学计量学家的得力助手和有效工具。

2.1 主要功能

《中国科技期刊引证报告》应用引文分析方法及各种量化指标，可以清楚地表明：

· 某一学科领域内，哪些期刊学术影响力较大；

· 某一学科领域内，期刊之间指标分布情况和互引关系分布情况如何；

· 某一种期刊被引用了多少次；

· 某一种期刊出版后多久被引用；

· 某一种期刊引用其他期刊多少次；

· 某一种期刊的各项学术指标在学科中所处的位置。

根据使用者的工作性质，本报告可以给使用者不同的有益提示。例如：

· 帮助科研人员发表论文时，选择相关领域最适合的期刊，提高论文的知名度和影响力；

· 帮助期刊编辑与同类刊物相比较并评估自刊的地位，从而确定编辑和出版策略；

· 帮助科研管理人员科学地评价管理期刊，为开展期刊评比和择优资助提供决策依据；

· 帮助图书情报人员更有效地管理馆藏期刊文献，合理运用有限的预算订购重要期刊；

· 帮助科学计量学家开展相关的期刊评价与分析研究，以及进行学科的科学评估。

2.2 查阅方法

2.2.1 查询期刊指标

在报告的第 4 和第 5 部分，包括 4 个表格："表 4-1 2021 年中国科技核心期刊（中文）被引用指标刊名字顺索引""表 4-2 2021 年中国科技核心期刊（中文）来源指标刊名字顺索引""表 5-1 2021 年中国科技核心期刊（英文）被引用指标刊名字顺索引""表 5-2 2021 年中国科技核心期刊（英文）来源指标刊名字顺索引"。这 4 个表格分别按照期刊名称的汉语拼音字顺和英文字母顺序排列，列出了期刊的多项科学计量指标。

2.2.2 期刊在学科领域内学术指标位置

如果读者希望了解某一种期刊在其所属学科领域中的位置，可查询"表 9-1 2021年中国科技核心期刊（中文）目录"和"表 9-2 2021年中国科技核心期刊（英文）目录"，找到该刊所在的分类。再到"表 6-1 2021年各学科分类期刊数量、核心总被引频次和核心影响因子"中检索到这一分类的具体位置，也就是在第7部分中相应的表格。在第7部分各学科分类的插图和数据表中，可以进一步查阅该刊在期刊核心总被引频次和核心影响因子的分类排序，以及综合评价总分的数值，还可以对照各学科平均总被引频次和平均影响因子，以及离均差率分布图，了解期刊在学科中的具体位置和在期刊群的互引关系。在使用时需要考虑指标分布的整体情况及其由于学科不同所造成的指标差异。

2.2.3 期刊在所有期刊中的学术指标位置

根据查询所得的期刊综合评价指标，可以在"表 8-1 2021年中国科技核心期刊综合评价总分排名（自然科学）"中检索出该期刊在全部期刊中的学术指标位置。同时还可以检索出中国科技核心期刊的核心总被引频次总排名和核心影响因子总排名及各期刊在全国期刊中的排名。

2.3 评价方法

利用《2022年版中国科技期刊引证报告（核心版）自然科学版》评价期刊有两种方式，即单一指标评价和综合指标评价。具体方法分述如下。

2.3.1 单一指标评价

单一指标评价主要是指按照影响因子和总被引频次这两个国际通行评价指标，对期刊进行评价。这时可通过期刊的核心影响因子排序表和核心总被引频次排序表确定该期刊在同类期刊中所处的位置，从而对该期刊的学术影响力和学科地位进行评价和评估。还可以通过核心影响因子总排序表和核心总被引频次总排序表在不同学科领域中进行横向比较，确定该期刊的位置。单一指标评价也可以通过期刊来源指标刊名字顺索引表对期刊的编辑状况、交流范围、论文质量和老化速率等进行统计、分析、比较和评估。

2.3.2 综合指标评价

由于期刊评价工作是一项非常复杂的工作，涉及领域广，学科差异大，因此单一指标往往难以全面、准确地评价期刊的学术水平和学科地位，这时一般需要通过综合指标评价，以使期刊评价更加客观、全面和准确。要进行期刊的综合指标评价，首先需要建立期刊综合评价指标体系，利用数学方法确定各指标的权重值，然后求出综合指标排序值，最终得到期刊指标的综合排序。

这种期刊评价方法已被广泛地推广和使用，1999年中国科学技术信息研究所在国内首先提出了中国科技期刊综合评价指标体系。根据这一指标体系，计算得出的综合评价总分，即是一种综合评价的结果。中国科学技术信息研究所在每年的中国科技论文统计结果发布中提出的"百种中国杰出学术期刊"，就是利用几个主要学术指标通过隶属度转换、加权评分，最终得出每一种期刊的综合指标排序值，完成对期刊的评价。

3　名词解释

核心总被引频次：期刊自创刊以来所登载的全部论文在统计当年被引用的总次数,可以显示该期刊被使用和受重视的程度,以及在科学交流中的绝对影响力的大小。

核心影响因子：期刊评价前两年发表论文的篇均被引用的次数,用于测度期刊学术影响力。

$$核心影响因子 = \frac{该期刊前两年发表论文在统计当年被引用的总次数}{该期刊前两年发表论文总数}$$

核心即年指标：期刊当年发表的论文在当年被引用的情况,表征期刊即时反应速率的指标。

$$核心即年指标 = \frac{该期刊当年发表论文的被引用次数}{该期刊当年发表论文总数}$$

核心他引率：期刊总被引频次中,被其他期刊引用次数所占的比例,测度期刊学术传播能力。

$$核心他引率 = \frac{被其他期刊引用的次数}{该期刊被引用的总次数}$$

核心引用刊数：引用被评价期刊的期刊数,反映被评价期刊被使用的范围。

核心开放因子：期刊被引用次数的一半所分布的最小施引期刊数量,体现学术影响的集中度。

核心扩散因子：期刊当年每被引100次所涉及的期刊数,测度期刊学术传播范围。

$$核心扩散因子 = \frac{总被引频次涉及的期刊数 \times 100}{总被引频次}$$

学科扩散指标：在统计源期刊范围内,引用该期刊的期刊数与其所在学科全部期刊数之比。

$$学科扩散指标 = \frac{引用期刊数}{所在学科期刊数}$$

学科影响指标：指期刊所在学科内,引用该期刊的期刊数占全部期刊数量的比例。

$$学科影响指标 = \frac{所在学科内引用被评价期刊的数量}{所在学科期刊数}$$

核心权威因子：指利用 PageRank 算法计算出来的来源期刊在统计当年的 PageRank 值。与其他单纯计算被引次数的指标不同的是，权威因子考虑了不同引用之间的重要性区别，重要的引用被赋予更高的权值，因此能更好地反映期刊的权威性。

核心被引半衰期：指该期刊在统计当年被引用的全部次数中，较新一半是在多长一段时间内发表的。核心被引半衰期是测度期刊老化速度的一种指标，通常不是针对个别文献或某一组文献，而是对某一学科或专业领域的文献的总和而言。

来源文献量：指符合统计来源论文选取原则的文献的数量。在期刊发表的全部内容中，只有报道科学发现和技术创新成果的学术技术类文献用于中国科技论文统计工作的数据来源。

文献选出率：指来源文献量与期刊全年发表的所有文献总量之比，用于反映期刊发表内容中，报道学术技术类成果的比例。

AR 论文量：指期刊所发表的文献中，文献类型为学术性论文（Article）和综述评论性论文（Review）的论文数量，用于反映期刊发表的内容中学术性成果的数量。

平均引文数：指来源期刊每一篇论文平均引用的参考文献数。论文所引用的全部参考文献数是衡量该期刊科学交流程度和吸收外部信息能力的一个指标。

平均作者数：指来源期刊每一篇论文平均拥有的作者数，是衡量该期刊科学生产能力的一个指标。

地区分布数：指来源期刊登载论文所涉及的地区数，按全国 31 个省（自治区、直辖市）计（不含港澳台地区）。这是衡量期刊论文覆盖面和全国影响力大小的一个指标。

机构分布数：指来源期刊论文的作者所涉及的机构数。这是衡量期刊科学生产能力的另一个指标。

海外论文比：指来源期刊中，海外作者发表论文占全部论文的比例。这是衡量期刊国际交流程度的一个指标。

基金论文比：指来源期刊中，国家、省部级以上及其他各类重要基金资助的论文占全部论文的比例。这是衡量期刊论文学术质量的重要指标。

引用半衰期：指该期刊引用的全部参考文献中，较新一半是在多长一段时间内发表的。通过这个指标可以反映出作者利用文献的新颖度。

离均差率：指期刊的某项指标与其所在学科的平均值之间的差距与平均值的比例。通过这项指标可以反映期刊的单项指标在学科内的相对位置。

$$\text{某项指标的离均差率} = \frac{\text{被评价期刊的指标} - \text{所在学科内该项指标的平均值}}{\text{所在学科内该项指标的平均值}}$$

红点指标：指该期刊发表的论文中，关键词与其所在学科排名前1%的高频关键词重合的论文所占的比例。通过这个指标可以反映出期刊论文与学科研究热点的重合度。

综合评价总分：根据中国科技期刊综合评价指标体系，计算多项科学计量指标，采用层次分析法确定重要指标的权重，分学科对每种期刊进行综合评定，计算出每个期刊的综合评价总分。

综合评价总分是根据科学计量学原理，系统性地综合考虑被评价期刊的各影响力指标（核心总被引频次、核心影响因子、核心他引率、基金论文比、平均引文数等）在其所在学科中的相对位置，并按照一定的权重系数将这些指标进行综合集成。

具体的算法如下：

$$\text{综合评价总分} = \sum_{i=1}^{n} \mu_i k_i$$

其中，μ_i 为各指标的权重系数，k_i 为影响力指标的相对位置的得分。k_i 的计算公式如下：

$$k_i = \frac{x - x_{\min}}{x_{\max} - x_{\min}}$$

其中，x 为影响力指标的得分，如对于总被引频次指标来说就是该期刊的总被引频次。$x_{\max}$ 为该期刊所在学科的影响力指标的最大值，如对于总被引频次指标来说就是该期刊所在学科期刊的总被引频次的最大值。$x_{\min}$ 为该期刊所在学科的影响力指标的最小值，如对于总被引频次指标来说就是该期刊所在学科期刊的总被引频次的最小值。

各影响力指标对期刊的作用不是同等重要的。因此，不同的指标被赋予了不同的权重系数 μ，权重系数是采用专家打分和层次分析法确定的。在《2022年版中国科技期刊引证报告（核心版）自然科学卷》中，权重系数总和为100，即综合评价总分在0~100。数值越大，说明该期刊的综合学术质量和影响力越高。

根据综合评价指标体系的设计原理，综合评价总分已经屏蔽了各学科之间总体指标背景值的差异，可以进行跨学科比较。

中国科学技术信息研究所每年定期出版《中国科技期刊引证报告》，公布《中国科技论文与引文数据库》（CSTPCD）收录的中国科技论文统计源期刊的多项科学计量指标。从1999年开始，中国科学技术信息研究所就开始以这些指标为基础，研制发布了"中国科技期刊综合评价指标体系"，采用层次分析法，由专家打分确定了重要指标的权重，并分学科对每种期刊进行了综合评定。并且从2002年开始应用于"中国百种杰出学术期刊"的评价中。其后随着研究的深入,又不断开发出新的评估和计量指标。10多年以来,根据各界对评价结果的反馈,先后召开了 20 余次由科学计量学专家、自然科学学术领域科学家、科技与期刊管理部门专家学者共同参与的专家研讨会,对指标的设置和权重进行了更新和调整,从而形成了目前这一套日臻完善的科技期刊评价体系和方法。

4 2021 年中国科技核心期刊（中文）指标

4.1 期刊（中文）被引用指标刊名字顺排序

表 4-1 2021 年中国科技核心期刊（中文）被引用指标刊名字顺索引

CODE	刊名	核心总被引频次	核心影响因子	核心即年指标	核心他引率	核心引用刊数	核心开放因子	核心扩散因子	核心权威因子	核心被引半衰期
E626	CT 理论与应用研究	316	0.477	0.058	0.86	160	22	50.63	26.56	5.1
G549	癌变・畸变・突变	306	0.560	0.057	0.91	171	38	55.88	22.36	4.3
G011	癌症	420	0.357	0.085	1.00	256	69	60.95	31.33	12.5
A003	安徽大学学报自然科学版	201	0.339	0.094	0.85	140	40	69.65	16.96	5.1
H002	安徽农业大学学报	1006	0.663	0.071	0.97	329	55	32.70	72.22	5.7
A009	安徽师范大学学报自然科学版	198	0.226	0.055	0.89	135	36	68.18	16.57	6.2
G012	安徽医科大学学报	1703	0.738	0.131	0.84	483	55	28.36	124.81	3.7
G786	安徽医学	1593	0.734	0.050	0.84	413	43	25.93	119.19	3.5
Q906	安徽医药	2853	0.831	0.100	0.87	539	58	18.89	206.45	3.5
G013	安徽中医药大学学报	1042	1.204	0.124	0.92	212	21	20.35	67.37	4.7
E625	安全与环境工程	1072	0.997	0.133	0.79	325	29	30.32	93.16	4.2
Z549	安全与环境学报	2674	1.098	0.155	0.82	594	37	22.21	229.21	4.6
H340	桉树科技	194	0.457	0.043	0.61	53	3	27.32	15.35	6.1
R024	半导体光电	559	0.630	0.042	0.89	178	17	31.84	52.34	3.8
R063	半导体技术	458	0.450	0.086	0.69	121	10	26.42	45.15	4.4
U521	包装与食品机械	531	1.203	0.066	0.69	127	6	23.92	40.08	3.7
U645	保鲜与加工	1148	1.021	0.178	0.77	160	6	13.94	76.44	3.8
E045	暴雨灾害	975	1.221	0.081	0.73	95	4	9.74	76.97	5.6
N017	爆破	791	1.091	0.124	0.67	104	2	13.15	73.77	5.4
N012	爆破器材	297	0.575	0.045	0.83	83	6	27.95	28.43	5.7
N006	爆炸与冲击	1633	0.974	0.131	0.82	256	13	15.68	154.87	6.9
H128	北方水稻	336	0.324	0.033	0.73	78	7	23.21	23.25	7.2
A652	北华大学学报自然科学版	458	0.377	0.057	0.92	259	60	56.55	34.06	4.7
G002	北京大学学报医学版	1537	0.997	0.153	0.97	523	88	34.03	119.93	4.9
A005	北京大学学报自然科学版	1586	1.098	0.160	0.97	581	91	36.63	132.32	7.3
J030	北京工业大学学报	1195	0.744	0.137	0.92	475	76	39.75	108.59	5.8
Y001	北京航空航天大学学报	2422	1.109	0.261	0.91	516	54	21.30	229.26	5.0
T020	北京化工大学学报自然科学版	462	0.493	0.022	0.96	275	64	59.52	42.34	6.8
X014	北京交通大学学报	741	0.934	0.108	0.90	319	52	43.05	68.36	5.1
G500	北京口腔医学	386	0.675	0.022	0.76	108	8	27.98	32.74	4.7
N001	北京理工大学学报	1416	0.791	0.093	0.86	428	48	30.23	133.45	5.5
H025	北京林业大学学报	2481	1.325	0.101	0.93	351	24	14.15	185.67	6.8
G004	北京生物医学工程	420	0.705	0.116	0.89	197	27	46.90	34.55	4.4
A010	北京师范大学学报自然科学版	842	0.906	0.098	0.95	345	54	40.97	67.66	5.5
G016	北京医学	1171	0.634	0.055	0.87	410	65	35.01	86.84	3.8

表 4-1　2021 年中国科技核心期刊（中文）被引用指标刊名字顺索引（续）

CODE	刊名	核心总被引频次	核心影响因子	核心即年指标	核心他引率	核心引用刊数	核心开放因子	核心扩散因子	核心权威因子	核心被引半衰期
R018	北京邮电大学学报	498	0.643	0.076	0.91	209	29	41.97	46.69	3.7
G620	北京中医药	2723	1.197	0.095	0.84	248	14	9.11	173.80	4.9
G017	北京中医药大学学报	2926	1.453	0.272	0.93	302	17	10.32	187.73	8.4
G741	蚌埠医学院学报	1212	0.502	0.077	0.84	390	46	32.18	89.44	3.4
G410	标记免疫分析与临床	1452	0.724	0.070	0.91	373	43	25.69	107.02	3.0
T098	表面技术	3118	1.282	0.192	0.75	342	11	10.97	305.25	3.3
E135	冰川冻土	3195	1.413	0.166	0.78	387	22	12.11	253.42	8.7
N008	兵工学报	2713	0.995	0.100	0.83	396	21	14.60	261.54	5.5
R730	兵工自动化	927	0.609	0.052	0.78	213	10	22.98	89.05	4.7
N085	兵器材料科学与工程	804	0.526	0.087	0.85	203	20	25.25	77.82	6.0
T094	兵器装备工程学报	1939	0.680	0.066	0.76	380	15	19.60	187.07	3.5
G018	病毒学报	878	0.934	0.257	0.88	230	23	26.20	64.96	4.2
C060	波谱学杂志	235	0.731	0.196	0.57	99	6	42.13	20.85	4.4
M005	材料保护	1366	0.472	0.044	0.75	229	6	16.76	135.55	5.0
M103	材料导报	4993	0.945	0.125	0.90	617	44	12.36	481.75	5.0
Y007	材料工程	2080	1.193	0.148	0.87	351	24	16.88	204.04	5.1
M010	材料开发与应用	350	0.216	0.019	0.88	149	23	42.57	34.53	9.3
M008	材料科学与工程学报	995	0.432	0.042	0.89	337	41	33.87	97.12	8.6
M006	材料科学与工艺	749	0.620	0.097	0.91	228	22	30.44	72.93	8.8
N026	材料热处理学报	1720	0.640	0.092	0.83	200	8	11.63	166.61	6.1
M009	材料研究学报	749	0.669	0.073	0.85	226	21	30.17	72.96	6.0
K512	采矿与安全工程学报	2991	1.974	0.297	0.90	163	6	5.45	250.48	6.2
K504	采矿与岩层控制工程学报	824	2.602	0.717	0.94	102	7	12.38	69.08	5.1
H009	蚕业科学	624	0.312	0.039	0.75	155	13	24.84	45.61	7.3
H525	草地学报	3386	2.223	0.525	0.66	264	5	7.80	231.69	4.6
H234	草业科学	3795	1.382	0.105	0.87	340	11	8.96	262.96	5.9
H527	草业学报	5028	2.192	0.364	0.89	338	12	6.72	346.83	6.1
H538	草原与草坪	730	0.890	0.145	0.78	161	6	22.05	50.07	6.0
E616	测绘地理信息	869	0.552	0.145	0.58	188	3	21.63	77.94	4.3
E543	测绘工程	603	0.712	0.089	0.91	204	14	33.83	53.82	5.0
E600	测绘科学	2386	0.957	0.130	0.86	475	21	19.91	209.37	4.9
E615	测绘科学技术学报	667	0.655	0.070	0.83	195	12	29.24	60.29	5.4
E510	测绘通报	2789	1.430	0.069	0.80	455	12	16.31	246.30	4.1
E152	测绘学报	3240	2.220	0.229	0.83	363	11	11.20	288.74	4.9
L017	测井技术	868	0.393	0.055	0.69	122	7	14.06	73.29	8.8
Y022	测控技术	1215	0.540	0.037	0.80	307	24	25.27	113.32	4.2
R711	测试技术学报	298	0.409	0.089	0.93	166	33	55.70	27.86	5.9
H001	茶叶科学	1193	1.538	0.143	0.86	197	12	16.51	80.97	6.8
X036	长安大学学报自然科学版	910	1.063	0.113	0.92	234	17	25.71	83.28	6.7
N056	长春理工大学学报自然科学版	461	0.457	0.031	0.72	191	19	41.43	42.73	4.1
G992	长春中医药大学学报	1997	0.861	0.090	0.94	288	21	14.42	130.47	4.3
W010	长江科学院院报	2190	0.838	0.195	0.79	389	24	17.76	184.27	5.1
Z029	长江流域资源与环境	4281	2.304	0.211	0.90	476	36	11.12	346.44	4.5

表 4-1 2021 年中国科技核心期刊（中文）被引用指标刊名字顺索引（续）

CODE	刊名	核心总被引频次	核心影响因子	核心即年指标	核心他引率	核心引用刊数	核心开放因子	核心扩散因子	核心权威因子	核心被引半衰期
G264	肠外与肠内营养	763	1.207	0.303	0.84	237	31	31.06	56.00	4.6
N024	车用发动机	259	0.374	0.023	0.76	87	8	33.59	25.44	5.7
E113	沉积学报	3312	1.621	0.431	0.91	206	18	6.22	266.85	10.9
E102	成都理工大学学报自然科学版	1212	0.787	0.052	0.93	197	22	16.25	98.37	10.0
G670	成都医学院学报	523	0.584	0.119	0.98	286	64	54.68	38.19	3.3
V050	城市规划	3069	1.731	0.413	0.90	292	8	9.51	283.86	6.1
V028	城市规划学刊	2406	3.189	0.831	0.81	211	6	8.77	223.05	6.0
X043	城市轨道交通研究	1236	0.348	0.022	0.70	231	9	18.69	115.25	4.4
X046	城市交通	458	0.629	0.163	0.78	113	9	24.67	42.38	5.3
V062	城乡规划	159	0.407	0.064	0.74	49	5	30.82	14.96	2.8
J021	重庆大学学报自然科学版	1095	0.709	0.172	0.93	489	88	44.66	99.12	8.3
X029	重庆交通大学学报自然科学版	1296	0.888	0.099	0.80	348	25	26.85	117.94	4.3
N757	重庆理工大学学报自然科学版	1183	0.638	0.137	0.85	424	41	35.84	108.79	3.0
A512	重庆师范大学学报自然科学版	377	0.433	0.039	0.90	210	43	55.70	31.32	5.1
G186	重庆医科大学学报	1179	0.544	0.134	0.97	460	86	39.02	86.54	4.0
G225	重庆医学	5516	0.846	0.086	0.96	750	83	13.60	407.69	4.2
R559	重庆邮电大学学报自然科学版	523	1.071	0.112	0.92	153	15	29.25	49.03	2.9
L508	储能科学与技术	1033	1.130	0.266	0.67	223	9	21.59	97.18	3.1
G432	川北医学院学报	833	0.649	0.083	0.93	292	37	35.05	60.88	3.2
N060	传感技术学报	1851	0.924	0.056	0.84	393	24	21.23	171.04	4.3
R532	传感器与微系统	2490	0.817	0.202	0.70	447	16	17.95	230.51	3.8
G458	传染病信息	776	1.216	0.097	0.80	271	29	34.92	57.77	3.4
X010	船舶工程	987	0.533	0.020	0.81	232	8	23.51	93.48	4.3
X633	船舶力学	978	0.517	0.074	0.85	185	9	18.92	93.30	7.0
X635	船海工程	607	0.384	0.021	0.84	173	9	28.50	57.55	5.4
G322	创伤外科杂志	981	0.880	0.138	0.86	243	25	24.77	74.14	3.4
G085	创伤与急危重病医学	304	0.635	0.091	0.95	170	36	55.92	22.64	2.6
G552	磁共振成像	1067	1.002	0.158	0.79	246	10	23.06	85.48	3.2
G229	卒中与神经疾病	608	0.627	0.120	0.98	230	42	37.83	43.93	3.2
E144	大地测量与地球动力学	1501	0.672	0.120	0.84	239	10	15.92	132.96	6.1
E146	大地构造与成矿学	1763	1.309	0.482	0.94	149	13	8.45	141.74	8.5
R051	大电机技术	311	0.417	0.011	0.58	86	4	27.65	28.97	5.8
H038	大豆科学	1406	1.044	0.132	0.82	218	18	15.50	96.39	7.1
X024	大连海事大学学报	416	0.454	0.050	0.92	165	16	39.66	38.81	7.1
H005	大连海洋大学学报	1075	1.108	0.209	0.87	194	13	18.05	79.36	5.8
X001	大连交通大学学报	363	0.339	0.037	0.86	161	27	44.35	33.83	4.6
J024	大连理工大学学报	650	0.553	0.049	0.98	328	77	50.46	59.69	9.9
G020	大连医科大学学报	354	0.451	0.026	1.00	230	63	64.97	26.07	4.6
E109	大气科学	2901	1.346	0.301	0.88	245	10	8.45	229.87	11.6
E091	大气科学学报	1440	1.394	0.356	0.73	204	7	14.17	114.10	8.1
L512	大庆石油地质与开发	1475	2.065	0.242	0.79	140	8	9.49	123.49	4.1
S055	大数据	311	1.321	0.385	0.70	150	18	48.23	30.48	2.7
S086	单片机与嵌入式系统应用	439	0.394	0.034	0.79	111	8	25.28	41.06	3.0

表4-1 2021年中国科技核心期刊（中文）被引用指标刊名字顺索引（续）

CODE	刊名	核心总被引频次	核心影响因子	核心即年指标	核心他引率	核心引用刊数	核心开放因子	核心扩散因子	核心权威因子	核心被引半衰期
H040	淡水渔业	917	0.783	0.058	0.86	139	12	15.16	66.59	7.6
N004	弹道学报	513	0.746	0.053	0.80	99	7	19.30	50.13	8.0
N009	弹箭与制导学报	981	0.390	0.035	0.90	188	17	19.16	95.46	7.9
T941	当代化工	2062	0.558	0.126	0.56	371	4	17.99	193.78	3.6
Y503	导弹与航天运载技术	683	0.428	0.058	0.84	158	13	23.13	67.48	6.3
Y591	导航定位学报	356	0.854	0.131	0.77	131	12	36.80	32.78	2.9
Y563	导航定位与授时	375	0.670	0.117	0.75	121	14	32.27	35.68	3.3
Y585	导航与控制	327	0.731	0.035	0.80	132	18	40.37	31.20	3.4
N019	低温工程	346	0.329	0.040	0.81	136	14	39.31	33.59	9.8
C055	低温物理学报	58	0.052	0.000	0.78	31	6	53.45	5.56	6.7
E133	地层学杂志	1011	0.696	0.051	0.80	112	7	11.08	80.37	13.5
E130	地理科学	6906	3.580	0.403	0.89	595	25	8.62	585.92	5.4
E584	地理科学进展	5818	3.181	0.506	0.92	563	25	9.68	491.28	6.1
E639	地理空间信息	885	0.332	0.032	0.71	256	8	28.93	77.37	4.0
E315	地理信息世界	532	0.579	0.063	0.86	173	9	32.52	46.93	4.3
E305	地理学报	12784	5.978	0.707	0.93	709	25	5.55	1063.66	6.6
E310	地理研究	8327	4.438	0.462	0.94	629	21	7.55	708.68	5.8
E527	地理与地理信息科学	1716	1.626	0.191	0.86	408	33	23.78	145.00	6.2
E024	地球化学	1661	0.916	0.109	0.97	213	19	12.82	133.32	16.5
E570	地球环境学报	336	0.669	0.000	0.95	171	34	50.89	26.65	4.9
E142	地球科学	5006	2.161	0.444	0.80	330	15	6.59	402.30	4.8
E115	地球科学进展	3378	1.607	0.189	0.95	563	63	16.67	270.96	10.3
E004	地球科学与环境学报	879	1.174	0.868	0.88	205	23	23.32	71.63	7.0
E153	地球物理学报	8450	1.359	0.358	0.79	447	10	5.29	712.58	8.3
E308	地球物理学进展	3740	1.076	0.287	0.81	361	10	9.65	312.75	6.8
E656	地球信息科学学报	2595	2.074	0.359	0.88	471	31	18.15	217.06	4.0
E300	地球学报	2318	1.381	2.089	0.89	276	13	11.91	186.60	8.7
E549	地球与环境	1201	1.261	0.392	0.94	325	38	27.06	95.41	7.5
V031	地下空间与工程学报	2119	0.880	0.094	0.78	301	17	14.20	186.20	6.0
E357	地学前缘	5522	1.776	0.477	0.94	395	24	7.15	446.12	9.2
S741	地域研究与开发	2172	1.503	0.261	0.73	323	15	14.87	188.94	5.0
E306	地震	653	0.608	0.048	0.85	71	5	10.87	57.32	10.3
E150	地震地质	1859	0.909	0.303	0.82	165	8	8.88	158.35	11.6
E307	地震工程学报	1008	0.619	0.104	0.80	200	13	19.84	88.98	4.9
E118	地震工程与工程振动	1846	0.751	0.070	0.83	216	10	11.70	167.37	9.9
E143	地震学报	1394	0.762	0.365	0.92	154	7	11.05	121.37	14.1
E112	地震研究	860	1.036	0.139	0.82	132	6	15.35	75.29	6.8
E362	地质科技通报	2314	1.812	0.325	0.75	299	19	12.92	188.15	5.8
E139	地质科学	1437	0.553	0.243	0.93	162	17	11.27	115.61	17.1
E026	地质力学学报	1151	2.460	0.369	0.78	182	13	15.81	94.01	4.2
E009	地质论评	3386	1.979	0.258	0.87	262	14	7.74	271.43	10.9
E127	地质通报	4267	1.202	0.311	0.87	292	13	6.84	341.99	9.9
E010	地质学报	6561	2.340	0.552	0.88	297	15	4.53	527.79	8.9

表 4-1 2021 年中国科技核心期刊（中文）被引用指标刊名字顺索引（续）

CODE	刊名	核心总被引频次	核心影响因子	核心即年指标	核心他引率	核心引用刊数	核心开放因子	核心扩散因子	核心权威因子	核心被引半衰期
E151	地质与勘探	2199	1.556	0.256	0.74	194	8	8.82	179.33	8.2
E525	地质与资源	625	0.914	0.220	0.75	118	6	18.88	50.32	6.6
E132	地质找矿论丛	520	0.408	0.033	0.92	89	12	17.12	42.52	9.3
G005	第二军医大学学报	1410	0.799	0.118	0.95	532	94	37.73	105.30	4.2
G021	第三军医大学学报	1955	0.853	0.121	0.95	580	98	29.67	145.26	4.4
E301	第四纪研究	2819	1.887	0.233	0.65	297	9	10.54	232.91	10.0
R007	电波科学学报	589	0.611	0.138	0.74	164	13	27.84	56.17	5.6
R673	电测与仪表	4675	2.247	0.535	0.83	308	11	6.59	420.10	2.8
R003	电池	449	0.842	0.163	0.65	121	3	26.95	42.94	3.3
T508	电镀与精饰	470	0.583	0.067	0.79	117	4	24.89	46.63	5.8
T598	电镀与涂饰	875	0.413	0.065	0.63	162	3	18.51	88.04	5.0
R010	电工电能新技术	1032	1.381	0.157	0.75	174	11	16.86	93.60	4.1
R043	电工技术学报	10871	3.203	0.468	0.76	425	10	3.91	984.27	4.4
R740	电光与控制	1263	0.866	0.130	0.78	252	18	19.95	120.58	3.8
N067	电焊机	721	0.315	0.027	0.74	133	3	18.45	70.54	4.8
D036	电化学	259	0.493	0.030	0.83	120	18	46.33	24.36	5.3
R088	电机与控制学报	2104	1.800	0.263	0.81	258	8	12.26	195.43	4.1
R045	电机与控制应用	857	0.749	0.074	0.74	166	8	19.37	80.93	3.7
N027	电加工与模具	223	0.315	0.079	0.75	66	7	29.60	21.67	6.3
R011	电力电子技术	1196	0.469	0.027	0.80	179	13	14.97	110.82	4.2
R769	电力工程技术	1158	1.954	0.445	0.84	128	8	11.05	102.72	2.5
A199	电力建设	1885	1.846	0.212	0.87	250	14	13.26	168.82	3.8
R654	电力科学与技术学报	1559	4.174	0.520	0.87	136	5	8.72	137.39	2.4
N102	电力系统保护与控制	10045	4.701	0.707	0.77	348	9	3.46	889.92	2.8
R071	电力系统及其自动化学报	2104	1.734	0.350	0.87	250	16	11.88	188.89	3.3
S019	电力系统自动化	16272	3.997	0.766	0.82	406	9	2.50	1438.40	4.4
R745	电力信息与通信技术	1094	1.630	0.201	0.66	129	5	11.79	97.77	3.0
R750	电力需求侧管理	502	1.173	0.368	0.71	92	5	18.33	44.56	2.8
R090	电力自动化设备	5808	2.905	0.415	0.74	297	8	5.11	514.59	3.6
R044	电气传动	842	0.701	0.067	0.65	169	8	20.07	78.85	3.5
R428	电气工程学报	398	1.000	0.082	0.59	119	5	29.90	37.49	3.5
R058	电气自动化	494	0.428	0.063	0.90	162	23	32.79	45.14	3.6
R039	电网技术	14530	4.010	0.630	0.82	429	9	2.95	1284.83	4.3
R116	电网与清洁能源	2011	3.312	0.391	0.91	185	6	9.20	178.32	2.6
R684	电信科学	957	0.930	0.153	0.78	233	15	24.35	89.36	3.2
R754	电讯技术	850	0.557	0.075	0.74	201	12	23.65	80.92	4.2
R019	电源技术	1808	0.613	0.034	0.75	318	19	17.59	169.88	4.2
R055	电子测量技术	2579	0.828	0.209	0.65	342	2	13.26	234.65	2.8
R021	电子测量与仪器学报	3125	2.375	0.454	0.83	369	3	11.81	283.87	2.9
R067	电子技术应用	1086	0.610	0.071	0.87	252	18	23.20	101.36	3.7
R036	电子科技大学学报	834	0.833	0.132	0.92	346	55	41.49	77.60	5.1
R512	电子器件	774	0.504	0.042	0.82	194	11	25.06	72.57	3.7
R724	电子设计工程	2892	0.701	0.080	0.70	400	8	13.83	269.53	3.0

表 4-1　2021 年中国科技核心期刊（中文）被引用指标刊名字顺索引（续）

CODE	刊名	核心总被引频次	核心影响因子	核心即年指标	核心他引率	核心引用刊数	核心开放因子	核心扩散因子	核心权威因子	核心被引半衰期
R001	电子显微学报	662	0.826	0.053	0.55	224	5	33.84	55.95	5.4
R006	电子学报	3078	1.227	0.073	0.85	451	29	14.65	289.65	4.5
R022	电子与信息学报	3300	1.727	0.246	0.72	380	14	11.52	312.22	3.4
R020	电子元件与材料	677	0.449	0.051	0.69	201	16	29.69	67.51	5.4
J023	东北大学学报自然科学版	1746	0.738	0.084	0.93	509	62	29.15	160.73	5.5
H262	东北林业大学学报	2489	0.994	0.138	0.86	370	22	14.87	186.36	7.2
H006	东北农业大学学报	1322	0.721	0.105	0.91	332	40	25.11	92.71	8.3
H227	东北农业科学	1130	0.812	0.172	0.62	211	8	18.67	77.66	5.7
A030	东北师大学报自然科学版	383	0.470	0.010	0.94	241	57	62.92	33.91	6.7
L004	东北石油大学学报	800	1.423	0.258	0.73	140	9	17.50	67.08	4.9
U014	东华大学学报自然科学版	427	0.309	0.082	0.93	200	26	46.84	45.14	6.3
G057	东南大学学报医学版	826	0.771	0.059	0.96	348	59	42.13	60.72	3.7
J028	东南大学学报自然科学版	1572	0.843	0.109	0.97	514	73	32.70	145.09	7.1
G944	东南国防医药	658	0.774	0.104	0.73	252	23	38.30	49.60	3.6
P003	动力工程学报	1263	0.956	0.085	0.78	250	9	19.79	118.13	5.9
P018	动力学与控制学报	328	0.541	0.080	0.70	119	10	36.28	31.03	4.7
F043	动物学杂志	982	0.424	0.029	0.90	194	16	19.76	74.18	10.7
G775	动物医学进展	1404	0.635	0.131	0.90	327	17	23.29	95.73	4.8
F231	动物营养学报	6054	1.867	0.513	0.81	292	3	4.82	392.63	3.3
X034	都市快轨交通	598	0.446	0.101	0.78	148	6	24.75	55.39	5.0
G542	毒理学杂志	427	0.537	0.053	0.94	210	38	49.18	30.66	5.7
T241	断块油气田	1934	2.216	0.219	0.73	153	6	7.91	162.26	4.0
N070	锻压技术	1563	1.204	0.052	0.62	177	2	11.32	148.67	2.6
G920	儿科药学杂志	834	0.628	0.049	0.72	253	22	30.34	60.84	3.7
R575	发电技术	577	1.835	0.733	0.70	118	4	20.45	52.28	2.4
C071	发光学报	771	0.818	0.156	0.76	174	7	22.57	71.30	3.5
G199	发育医学电子杂志	211	0.984	0.098	0.69	85	8	40.28	15.95	2.6
G874	法医学杂志	587	0.578	0.023	0.69	181	4	30.83	50.95	3.9
Z544	防灾减灾工程学报	727	0.452	0.052	0.90	209	25	28.75	64.49	5.8
U013	纺织高校基础科学学报	222	0.729	0.231	0.73	70	3	31.53	23.12	2.8
Q418	纺织科学与工程学报	230	0.546	0.078	0.87	77	10	33.48	24.65	3.6
U053	纺织学报	2217	0.896	0.128	0.67	255	4	11.50	257.78	4.7
G608	放射学实践	2140	1.226	0.130	0.78	325	7	15.19	173.97	3.7
Y571	飞航导弹	1221	0.965	0.145	0.77	197	9	16.13	119.80	4.8
Y006	飞行力学	610	0.711	0.090	0.89	143	15	23.44	58.58	6.1
K002	非金属矿	873	0.824	0.122	0.78	194	10	22.22	80.64	4.5
D022	分析测试学报	2229	1.373	0.201	0.85	375	14	16.82	167.20	4.8
D005	分析化学	2681	1.158	0.219	0.89	536	22	19.99	206.90	6.5
D026	分析科学学报	726	0.747	0.124	0.89	239	19	32.92	55.14	4.7
D004	分析试验室	1797	1.005	0.133	0.76	323	9	17.97	139.63	4.7
D062	分析仪器	407	0.371	0.034	0.88	176	23	43.24	32.72	4.0
D015	分子催化	327	0.759	0.182	0.66	89	6	27.22	31.51	6.5
D035	分子科学学报	122	0.296	0.000	0.87	81	20	66.39	10.50	4.1

表 4-1 2021 年中国科技核心期刊（中文）被引用指标刊名字顺索引（续）

CODE	刊名	核心总被引频次	核心影响因子	核心即年指标	核心他引率	核心引用刊数	核心开放因子	核心扩散因子	核心权威因子	核心被引半衰期
Q931	分子影像学杂志	283	0.569	0.132	0.69	146	18	51.59	22.05	2.2
G556	分子诊断与治疗杂志	1300	1.696	0.252	0.66	235	4	18.08	98.75	1.9
H845	分子植物育种	3719	0.710	0.230	0.86	309	23	8.31	255.43	3.2
V052	粉煤灰综合利用	283	0.245	0.013	0.89	98	9	34.63	26.44	5.3
M105	粉末冶金工业	601	0.704	0.061	0.54	113	3	18.80	61.19	4.9
M039	粉末冶金技术	513	0.739	0.100	0.70	97	4	18.91	51.89	5.9
V048	风景园林	873	0.809	0.193	0.77	120	3	13.75	79.41	3.5
Q006	辐射防护	354	0.229	0.026	0.82	112	11	31.64	31.58	9.7
Q005	辐射研究与辐射工艺学报	223	0.694	0.074	0.74	99	12	44.39	19.71	5.2
H268	福建农林大学学报自然科学版	902	0.884	0.143	0.93	259	38	28.71	64.47	5.9
H265	福建农业学报	1206	0.690	0.046	0.92	263	30	21.81	83.43	5.5
A078	福建师范大学学报自然科学版	296	0.447	0.060	0.90	191	44	64.53	25.05	4.8
G024	福建医科大学学报	250	0.363	0.027	0.98	183	58	73.20	18.43	4.1
A029	福州大学学报自然科学版	522	0.592	0.133	0.92	279	56	53.45	46.07	4.6
M505	腐蚀与防护	1234	0.515	0.030	0.80	204	6	16.53	120.56	7.0
G068	复旦学报医学版	811	0.912	0.187	0.98	424	99	52.28	60.54	4.3
A001	复旦学报自然科学版	393	0.511	0.039	0.93	267	71	67.94	33.90	5.9
Y019	复合材料学报	3000	1.192	0.314	0.77	426	22	14.20	299.16	4.6
B029	复杂系统与复杂性科学	272	0.507	0.044	0.90	164	36	60.29	25.52	6.1
G957	腹部外科	392	0.767	0.145	0.91	151	21	38.52	30.98	3.3
G338	腹腔镜外科杂志	971	1.130	0.084	0.78	177	14	18.23	77.74	3.1
A034	甘肃科学学报	279	0.274	0.028	0.92	211	72	75.63	23.79	4.6
H047	甘肃农业大学学报	1188	1.045	0.069	0.86	294	32	24.75	82.65	5.1
H844	甘蔗糖业	527	0.945	0.356	0.37	61	1	11.57	41.65	5.0
Q956	肝癌电子杂志	86	0.417	0.043	0.86	46	11	53.49	6.73	3.3
G879	肝胆外科杂志	452	0.551	0.056	0.93	170	24	37.61	35.14	4.1
G690	肝胆胰外科杂志	651	0.939	0.109	0.86	199	19	30.57	50.92	3.3
G803	肝脏	1118	0.550	0.054	0.84	310	32	27.73	81.87	3.2
H045	干旱地区农业研究	3149	1.207	0.118	0.92	314	28	9.97	223.98	7.0
E048	干旱气象	1585	1.429	0.088	0.75	219	8	13.82	122.77	5.3
E020	干旱区地理	2528	2.128	0.411	0.76	352	20	13.92	196.83	5.1
E105	干旱区研究	2665	1.942	0.402	0.82	344	22	12.91	200.47	5.1
M050	钢铁	2589	1.955	0.430	0.71	187	3	7.22	249.64	5.0
M013	钢铁钒钛	560	0.421	0.061	0.76	109	8	19.46	53.42	4.8
M019	钢铁研究学报	1326	0.976	0.129	0.76	171	5	12.90	127.78	6.4
D020	高等学校化学学报	1762	0.765	0.159	0.78	408	30	23.16	158.99	5.3
B002	高等学校计算数学学报	39	0.113	0.000	0.90	24	6	61.54	3.71	13.5
R038	高电压技术	9038	2.743	0.522	0.73	434	6	4.80	805.89	4.4
T001	高分子材料科学与工程	1815	0.610	0.041	0.89	296	15	16.31	187.64	6.0
T002	高分子通报	792	0.545	0.079	0.79	229	17	28.91	78.71	6.2
D021	高分子学报	1218	1.277	0.305	0.78	216	10	17.73	124.30	5.1
A080	高技术通讯	568	0.713	0.021	0.86	265	34	46.65	51.58	3.9
T078	高科技纤维与应用	290	0.422	0.033	0.87	95	13	32.76	30.64	8.4

表4-1 2021年中国科技核心期刊(中文)被引用指标刊名字顺索引(续)

CODE	刊名	核心总被引频次	核心影响因子	核心即年指标	核心他引率	核心引用刊数	核心开放因子	核心扩散因子	核心权威因子	核心被引半衰期
E358	高校地质学报	1495	0.819	0.065	0.98	197	18	13.18	120.45	13.2
T016	高校化学工程学报	855	0.480	0.059	0.82	271	22	31.70	79.46	5.9
B003	高校应用数学学报	122	0.340	0.000	0.88	57	9	46.72	12.14	6.3
R037	高压电器	3631	1.686	0.174	0.73	248	6	6.83	321.88	3.4
C056	高压物理学报	585	0.794	0.028	0.84	164	11	28.03	55.32	4.6
E005	高原气象	3462	2.627	0.276	0.76	254	9	7.34	271.74	7.7
E546	高原山地气象研究	424	0.581	0.000	0.73	102	5	24.06	33.26	6.6
V021	给水排水	1872	0.636	0.127	0.83	284	6	15.17	162.42	5.6
N105	工程爆破	588	0.656	0.500	0.56	86	2	14.63	55.52	4.8
E574	工程地球物理学报	1145	1.395	0.222	0.48	158	1	13.80	97.75	6.0
E360	工程地质学报	3087	2.884	0.527	0.69	333	11	10.79	259.63	4.7
S712	工程管理学报	429	0.429	0.061	0.69	148	8	34.50	40.66	4.3
V030	工程勘察	892	0.446	0.092	0.74	236	18	26.46	77.69	8.2
V033	工程抗震与加固改造	486	0.244	0.007	0.86	115	10	23.66	44.59	7.9
M030	工程科学学报	2063	1.481	0.339	0.85	440	24	21.33	190.91	5.0
J051	工程科学与技术	1540	0.923	0.168	0.91	513	64	33.31	135.52	5.7
C002	工程力学	4906	1.477	0.216	0.81	434	20	8.85	449.92	6.8
C073	工程热物理学报	2248	0.433	0.043	0.90	416	27	18.51	211.55	6.9
N590	工程设计学报	465	0.593	0.043	0.91	202	29	43.44	43.21	4.9
B031	工程数学学报	182	0.263	0.014	0.86	113	24	62.09	16.85	6.8
T003	工程塑料应用	1792	0.857	0.184	0.70	229	4	12.78	191.30	4.1
N064	工具技术	937	0.368	0.043	0.77	193	10	20.60	89.60	4.7
K018	工矿自动化	1616	1.467	0.235	0.72	193	5	11.94	139.43	3.6
T563	工业催化	496	0.358	0.044	0.83	121	11	24.40	48.09	5.7
J057	工业工程	376	0.493	0.042	0.82	154	19	40.96	35.75	4.9
N110	工业工程与管理	846	0.807	0.162	0.85	224	16	26.48	81.65	4.4
P009	工业加热	213	0.220	0.041	0.81	100	13	46.95	20.44	5.9
V010	工业建筑	1817	0.359	0.042	0.88	291	18	16.02	167.71	7.0
P005	工业炉	124	0.185	0.019	0.80	57	6	45.97	11.96	5.5
Z013	工业水处理	1730	0.823	0.090	0.80	291	11	16.82	155.90	5.0
G025	工业卫生与职业病	543	0.771	0.135	0.85	119	4	21.92	42.71	3.7
N037	工业仪表与自动化装置	326	0.629	0.046	0.84	127	10	38.96	30.54	3.2
Z032	工业用水与废水	630	0.621	0.157	0.60	128	4	20.32	57.92	5.5
G207	公共卫生与预防医学	1503	1.669	0.270	0.70	285	8	18.96	115.93	3.0
X579	公路	2109	0.372	0.054	0.74	301	8	14.27	192.13	5.0
X022	公路工程	1161	0.583	0.077	0.80	204	9	17.57	105.69	4.5
N039	功能材料	1927	0.581	0.090	0.90	442	42	22.94	185.82	5.8
D503	功能高分子学报	346	0.697	0.345	0.73	116	13	33.53	34.48	4.3
R095	供用电	1160	2.338	0.418	0.71	114	5	9.83	102.19	2.4
E601	古地理学报	1718	1.845	0.351	0.86	147	15	8.56	138.30	7.9
E304	古脊椎动物学报	498	0.475	0.000	0.78	53	3	10.64	43.47	33.6
E022	古生物学报	786	0.444	0.634	0.79	89	5	11.32	62.09	17.3
G478	骨科	323	0.738	0.104	0.90	142	21	43.96	24.17	2.8

表4-1 2021年中国科技核心期刊（中文）被引用指标刊名字顺索引（续）

CODE	刊名	核心总被引频次	核心影响因子	核心即年指标	核心他引率	核心引用刊数	核心开放因子	核心扩散因子	核心权威因子	核心被引半衰期
R047	固体电子学研究与进展	168	0.273	0.024	0.76	55	6	32.74	16.59	5.1
Y013	固体火箭技术	1039	0.600	0.088	0.80	160	6	15.40	103.73	8.1
C103	固体力学学报	542	0.695	0.169	0.88	194	24	35.79	50.62	7.7
W007	管理工程学报	1333	1.261	0.229	0.89	288	16	21.61	133.48	5.4
W018	管理科学	1284	1.486	0.125	0.86	236	19	18.38	133.31	5.5
W008	管理科学学报	2065	1.571	0.188	0.85	300	15	14.53	211.40	6.0
W025	管理评论	4279	1.881	0.237	0.74	434	17	10.14	441.42	4.4
S744	管理世界	15585	10.069	1.651	0.96	523	42	3.36	1671.68	6.1
S745	管理现代化	433	0.569	0.164	0.89	195	29	45.03	42.59	2.9
W016	管理学报	2863	1.860	0.364	0.84	359	16	12.54	295.62	4.7
H226	灌溉排水学报	2446	1.916	0.266	0.74	290	10	11.86	179.68	4.1
R026	光电工程	918	1.083	0.074	0.89	243	17	26.47	84.52	5.0
R082	光电子技术	103	0.234	0.000	0.83	51	8	49.51	9.52	5.2
C091	光谱学与光谱分析	4647	0.998	0.161	0.92	783	63	16.85	374.37	5.1
C097	光散射学报	164	0.271	0.000	0.93	80	11	48.78	14.10	6.5
R688	光通信研究	233	0.396	0.048	0.80	89	10	38.20	21.65	4.2
N015	光学技术	676	0.610	0.074	0.85	201	15	29.73	61.97	5.7
N033	光学精密工程	3384	1.948	0.119	0.76	390	10	11.52	312.96	4.6
C050	光学学报	5691	2.119	0.214	0.76	462	3	8.12	509.44	3.2
R097	光学与光电技术	282	0.318	0.032	0.74	112	10	39.72	26.12	5.9
C037	光子学报	1754	0.970	0.136	0.82	294	9	16.76	160.60	4.4
R547	广东电力	1486	1.850	0.145	0.76	163	5	10.97	131.68	2.8
H272	广东海洋大学学报	711	0.985	0.206	0.80	154	13	21.66	53.66	5.0
H228	广东农业科学	2767	0.760	0.193	0.86	434	32	15.68	195.72	7.9
G027	广东药科大学学报	868	0.774	0.155	0.95	299	37	34.45	59.30	4.7
G026	广东医学	3625	0.714	0.116	0.97	629	81	17.35	263.79	4.2
A042	广西大学学报自然科学版	741	0.431	0.033	0.87	358	59	48.31	66.45	4.6
A535	广西科学	429	0.518	0.041	0.90	209	31	48.72	32.89	4.9
H364	广西林业科学	480	0.575	0.071	0.74	115	10	23.96	35.76	5.6
A062	广西师范大学学报自然科学版	471	0.698	0.220	0.69	214	21	45.44	41.02	4.6
G028	广西医科大学学报	1354	0.608	0.070	0.96	426	62	31.46	99.37	3.6
G816	广西医学	1855	0.475	0.039	0.96	482	69	25.98	134.62	3.3
F028	广西植物	1370	0.804	0.254	0.87	286	24	20.88	97.06	5.4
G030	广州中医药大学学报	2187	1.102	0.115	0.94	304	22	13.90	142.21	3.5
V572	规划师	2164	1.123	0.157	0.74	212	7	9.80	198.89	4.3
T004	硅酸盐通报	3166	0.714	0.120	0.81	422	16	13.33	297.00	4.5
T005	硅酸盐学报	2388	0.933	0.272	0.79	355	9	14.87	226.03	6.9
M048	贵金属	322	0.565	0.017	0.68	77	6	23.91	30.33	6.6
A077	贵州大学学报自然科学版	366	0.518	0.035	0.81	209	39	57.10	32.17	4.1
H275	贵州农业科学	2083	0.452	0.062	0.91	369	34	17.71	145.08	6.6
A527	贵州师范大学学报自然科学版	449	0.626	0.083	0.91	213	40	47.44	35.52	4.2
G031	贵州医科大学学报	824	0.493	0.088	0.94	356	68	43.20	60.00	3.7
M033	桂林理工大学学报	753	0.723	0.136	0.77	255	19	33.86	63.55	5.8

表 4-1 2021 年中国科技核心期刊（中文）被引用指标刊名字顺索引（续）

CODE	刊名	核心总被引频次	核心影响因子	核心即年指标	核心他引率	核心引用刊数	核心开放因子	核心扩散因子	核心权威因子	核心被引半衰期
A040	国防科技大学学报	954	0.675	0.125	0.94	298	38	31.24	91.14	5.7
G495	国际病毒学杂志	502	1.340	0.271	0.95	116	14	23.11	38.73	2.4
V529	国际城市规划	1402	1.307	0.366	0.92	204	9	14.55	131.35	5.8
G936	国际儿科学杂志	905	0.829	0.138	0.80	285	29	31.49	67.53	3.5
G497	国际放射医学核医学杂志	249	0.441	0.024	0.69	111	13	44.58	20.25	3.5
G659	国际妇产科学杂志	854	0.905	0.116	0.88	258	29	30.21	62.89	3.8
G498	国际骨科学杂志	421	0.745	0.060	0.99	167	27	39.67	31.10	4.5
G938	国际呼吸杂志	1518	0.711	0.129	0.90	369	46	24.31	111.14	3.8
G362	国际检验医学杂志	2925	0.659	0.119	0.93	571	61	19.52	215.70	3.8
G997	国际口腔医学杂志	618	0.683	0.018	0.95	181	17	29.29	51.24	4.9
G496	国际老年医学杂志	239	0.531	0.131	0.89	145	35	60.67	17.27	2.9
G930	国际流行病学传染病学杂志	422	0.747	0.069	0.92	192	34	45.50	31.73	3.3
G975	国际麻醉学与复苏杂志	999	0.775	0.106	0.80	267	24	26.73	74.15	3.4
G349	国际泌尿系统杂志	684	0.453	0.040	0.88	202	22	29.53	51.24	3.2
G983	国际免疫学杂志	448	0.648	0.110	0.81	214	36	47.77	32.44	3.6
G939	国际脑血管病杂志	725	0.735	0.104	0.74	197	19	27.17	54.14	4.0
G415	国际内分泌代谢杂志	420	0.651	0.089	0.89	194	35	46.19	30.42	4.6
G426	国际神经病学神经外科学杂志	548	0.519	0.025	0.91	238	45	43.43	40.18	4.4
S157	国际生殖健康/计划生育杂志	587	0.812	0.165	0.92	200	22	34.07	42.43	4.1
B525	国际输血及血液学杂志	188	0.271	0.000	0.96	108	24	57.45	14.13	4.2
G954	国际外科学杂志	1018	0.811	0.152	0.92	329	48	32.32	78.98	4.2
G660	国际消化病杂志	469	0.791	0.107	0.90	212	40	45.20	33.54	4.0
G940	国际心血管病杂志	337	0.600	0.085	0.98	184	46	54.60	24.49	4.3
Q911	国际眼科杂志	2100	0.721	0.148	0.75	314	15	14.95	159.32	3.7
G661	国际医学放射学杂志	676	1.086	0.208	0.86	220	12	32.54	54.05	3.4
G934	国际中医中药杂志	1131	0.661	0.258	0.85	227	21	20.07	74.09	3.6
G937	国际肿瘤学杂志	451	0.488	0.057	0.93	199	38	44.12	33.62	3.9
E578	国土资源科技管理	219	0.344	0.016	0.92	116	22	52.97	18.44	7.0
E591	国土资源遥感	1451	1.595	0.172	0.90	330	32	22.74	118.86	5.3
R683	国外电子测量技术	1743	1.335	0.263	0.71	230	2	13.20	157.47	2.7
H028	果树学报	3193	1.737	0.309	0.86	228	15	7.14	217.98	6.2
T008	过程工程学报	931	0.578	0.159	0.88	283	25	30.40	85.37	6.9
X025	哈尔滨工程大学学报	1556	0.651	0.102	0.93	456	55	29.31	146.08	5.0
J003	哈尔滨工业大学学报	2367	0.919	0.157	0.94	629	86	26.57	217.72	5.3
J013	哈尔滨理工大学学报	630	0.701	0.068	0.75	247	21	39.21	58.96	3.9
G033	哈尔滨医科大学学报	378	0.273	0.007	0.99	230	65	60.85	27.40	4.8
J055	海军工程大学学报	443	0.364	0.046	0.93	179	24	40.41	42.14	6.9
Y029	海军航空工程学院学报	287	0.326	0.000	0.99	110	16	38.33	27.74	7.8
G899	海军医学杂志	767	0.650	0.107	0.82	246	15	32.07	58.62	3.7
G416	海南医学院学报	2183	0.906	0.187	0.99	442	56	20.25	155.86	4.0
L037	海相油气地质	707	1.451	0.220	0.93	97	10	13.72	56.98	7.7
E651	海洋测绘	684	0.689	0.020	0.63	143	6	20.91	61.49	6.3
E569	海洋地质前沿	822	0.780	0.107	0.82	177	15	21.53	67.38	6.1

表 4-1 2021 年中国科技核心期刊（中文）被引用指标刊名字顺索引（续）

CODE	刊名	核心总被引频次	核心影响因子	核心即年指标	核心他引率	核心引用刊数	核心开放因子	核心扩散因子	核心权威因子	核心被引半衰期
E155	海洋地质与第四纪地质	1785	0.987	0.138	0.85	218	12	12.21	144.67	9.9
E131	海洋工程	1040	0.951	0.029	0.82	221	17	21.25	94.63	8.4
E312	海洋湖沼通报	686	0.536	0.023	0.92	196	23	28.57	54.06	6.7
Z010	海洋环境科学	1232	0.690	0.191	0.88	286	23	23.21	99.73	7.2
E564	海洋技术学报	522	0.304	0.022	0.84	197	25	37.74	46.54	6.9
E145	海洋科学	1638	0.599	0.073	0.92	344	22	21.00	128.58	8.3
E006	海洋科学进展	605	0.439	0.052	0.94	174	17	28.76	49.08	10.9
E311	海洋通报	1054	0.827	0.068	0.85	244	18	23.15	86.60	8.7
E003	海洋学报	2124	0.883	0.090	0.90	329	19	15.49	172.82	8.2
E149	海洋学研究	366	0.388	0.000	0.95	151	26	41.26	30.11	10.9
H284	海洋渔业	822	1.026	0.041	0.86	120	9	14.60	62.20	6.6
E008	海洋与湖沼	1833	0.902	0.063	0.91	261	18	14.24	142.98	9.5
E108	海洋预报	482	0.685	0.077	0.71	113	8	23.44	40.78	7.3
L586	含能材料	1234	0.718	0.176	0.69	131	3	10.62	122.80	6.4
N076	焊接	690	0.649	0.097	0.77	118	5	17.10	68.20	5.2
N624	焊接技术	543	0.199	0.033	0.71	130	4	23.94	53.25	4.8
N021	焊接学报	2354	1.103	0.179	0.85	228	6	9.69	229.80	5.7
A191	杭州师范大学学报自然科学版	236	0.380	0.010	0.94	163	45	69.07	20.26	4.5
Y556	航空兵器	598	1.086	0.105	0.78	136	9	22.74	58.37	4.3
Y027	航空材料学报	983	1.436	0.129	0.89	202	19	20.55	96.77	6.5
Y017	航空动力学报	2933	0.831	0.071	0.79	319	9	10.88	281.99	7.1
Y554	航空发动机	651	0.446	0.060	0.79	160	8	24.58	62.85	7.8
Y052	航空工程进展	344	0.526	0.107	0.76	112	10	32.56	33.16	3.7
Y031	航空计算技术	607	0.403	0.089	0.75	176	13	29.00	57.56	5.0
Y012	航空精密制造技术	226	0.249	0.032	0.89	100	19	44.25	21.59	5.6
Y002	航空学报	4526	1.555	0.415	0.80	455	22	10.05	436.09	5.9
Y014	航空制造技术	2096	0.643	0.075	0.84	292	21	13.93	202.96	5.8
Y034	航天返回与遥感	607	0.772	0.055	0.77	150	11	24.71	56.81	5.7
Y015	航天控制	457	0.685	0.057	0.72	134	9	29.32	44.59	5.7
Y033	航天器工程	891	0.683	0.109	0.74	178	8	19.98	86.22	6.3
Y032	航天器环境工程	639	0.537	0.067	0.84	164	12	25.67	62.80	7.8
G034	航天医学与医学工程	451	0.473	0.075	0.74	171	11	37.92	39.93	6.5
T057	合成材料老化与应用	649	0.712	0.074	0.71	171	6	26.35	69.40	2.7
D602	合成化学	329	0.328	0.073	0.72	118	8	35.87	29.90	4.5
T505	合成树脂及塑料	582	0.651	0.117	0.86	107	6	18.38	61.87	4.6
T067	合成纤维	447	0.360	0.175	0.80	102	7	22.82	50.93	5.5
T065	合成纤维工业	450	0.472	0.093	0.65	100	5	22.22	50.63	6.3
T018	合成橡胶工业	403	0.511	0.067	0.74	84	3	20.84	43.44	6.9
J053	合肥工业大学学报自然科学版	987	0.393	0.036	0.90	453	80	45.90	88.92	5.8
A031	河北大学学报自然科学版	298	0.405	0.010	0.94	214	65	71.81	24.62	4.9
K032	河北工程大学学报自然科学版	194	0.271	0.046	0.94	138	41	71.13	16.85	5.8
J017	河北工业大学学报	249	0.287	0.026	0.94	185	61	74.30	22.93	6.6
J019	河北工业科技	208	0.514	0.133	0.75	134	30	64.42	18.37	4.3

表 4-1　2021 年中国科技核心期刊（中文）被引用指标刊名字顺索引（续）

CODE	刊名	核心总被引频次	核心影响因子	核心即年指标	核心他引率	核心引用刊数	核心开放因子	核心扩散因子	核心权威因子	核心被引半衰期
J058	河北科技大学学报	293	0.691	0.135	0.82	174	33	59.39	25.74	4.6
H244	河北农业大学学报	926	0.661	0.108	0.91	287	42	30.99	66.21	7.7
A076	河北师范大学学报自然科学版	160	0.235	0.024	0.94	130	50	81.25	14.06	8.9
G035	河北医科大学学报	1401	0.789	0.091	0.94	424	62	30.26	103.70	3.4
G641	河北医学	1829	0.783	0.078	0.94	396	49	21.65	133.59	3.2
G898	河北医药	3070	0.654	0.046	0.92	534	52	17.39	222.92	3.5
G384	河北中医	2011	0.809	0.026	0.93	250	18	12.43	130.01	4.4
G301	河北中医药学报	544	0.904	0.160	0.97	137	21	25.18	35.29	3.7
W012	河海大学学报自然科学版	1169	1.390	0.425	0.89	333	22	28.49	97.05	9.2
A067	河南大学学报自然科学版	372	0.657	0.108	0.77	208	35	55.91	30.51	4.5
U004	河南工业大学学报自然科学版	889	0.968	0.193	0.86	157	8	17.66	59.21	4.9
J014	河南科技大学学报自然科学版	454	0.688	0.255	0.74	228	33	50.22	40.24	4.3
A011	河南科学	565	0.277	0.018	0.86	339	73	60.00	46.29	5.0
K526	河南理工大学学报自然科学版	644	0.604	0.184	0.86	261	24	40.53	55.50	5.0
H011	河南农业大学学报	1209	1.394	0.425	0.82	277	25	22.91	85.86	4.2
H356	河南农业科学	2564	1.271	0.270	0.88	347	27	13.53	177.34	5.3
A058	河南师范大学学报自然科学版	352	0.447	0.091	0.90	225	54	63.92	29.60	5.1
Q004	核动力工程	949	0.396	0.034	0.74	204	6	21.50	94.24	7.7
Q002	核化学与放射化学	295	0.316	0.075	0.79	84	8	28.47	27.84	6.9
Q001	核技术	784	0.622	0.095	0.77	217	8	27.68	77.47	6.7
C092	核聚变与等离子体物理	112	0.157	0.082	0.63	41	4	36.61	11.60	6.2
Q009	核科学与工程	428	0.281	0.016	0.76	121	5	28.27	42.61	6.9
H042	核农学报	3725	1.742	0.321	0.84	341	25	9.15	254.72	4.6
A084	黑龙江大学自然科学学报	212	0.263	0.011	0.91	147	41	69.34	18.40	5.5
K505	黑龙江科技大学学报	276	0.295	0.061	0.79	134	18	48.55	24.53	4.7
R535	红外技术	1058	0.972	0.076	0.82	259	16	24.48	97.90	4.4
C035	红外与毫米波学报	667	0.630	0.054	0.87	209	19	31.33	59.61	5.6
R084	红外与激光工程	2807	0.871	0.100	0.85	367	10	13.07	258.70	4.6
A039	湖北大学学报自然科学版	285	0.308	0.088	0.91	216	74	75.79	23.87	5.1
H203	湖北农业科学	3441	0.328	0.050	0.93	555	54	16.13	244.07	5.9
G334	湖北中医药大学学报	1092	0.812	0.085	0.85	211	18	19.32	71.25	4.3
A028	湖南大学学报自然科学版	1511	0.871	0.082	0.82	445	45	29.45	138.89	5.1
K016	湖南科技大学学报自然科学版	327	0.607	0.045	0.92	171	32	52.29	28.63	7.7
H060	湖南农业大学学报自然科学版	1048	0.875	0.131	0.91	275	32	26.24	73.75	8.2
G548	湖南师范大学学报医学版	1144	0.781	0.035	0.68	281	12	24.56	83.40	3.0
A055	湖南师范大学自然科学学报	311	0.638	0.100	0.90	203	48	65.27	25.10	4.4
G041	湖南中医药大学学报	2242	1.326	0.252	0.84	315	17	14.05	146.64	3.6
E111	湖泊科学	3545	2.719	0.344	0.84	340	17	9.59	278.61	5.9
G336	护理管理杂志	1749	1.427	0.181	0.73	226	6	12.92	129.49	4.1
G987	护理学报	2749	1.166	0.195	0.76	334	7	12.15	203.46	3.6
G503	护理学杂志	6892	1.666	0.223	0.78	451	7	6.54	511.44	3.7
G654	护理研究	6582	1.188	0.156	0.87	528	13	8.02	488.09	3.6
G734	护士进修杂志	3129	0.896	0.169	0.85	364	10	11.63	231.43	3.8

表 4-1 2021 年中国科技核心期刊（中文）被引用指标刊名字顺索引（续）

CODE	刊名	核心总被引频次	核心影响因子	核心即年指标	核心他引率	核心引用刊数	核心开放因子	核心扩散因子	核心权威因子	核心被引半衰期
H665	花生学报	492	0.783	0.125	0.83	95	9	19.31	33.62	7.0
E141	华北地震科学	199	0.319	0.121	0.85	61	7	30.65	17.30	8.9
R046	华北电力大学学报自然科学版	580	0.987	0.146	0.86	203	26	35.00	52.65	4.9
H032	华北农学报	2066	1.051	0.128	0.94	257	27	12.44	142.29	6.7
W543	华北水利水电大学学报自然科学版	559	1.105	0.080	0.77	199	15	35.60	46.12	3.8
X003	华东交通大学学报	435	0.649	0.158	0.78	207	30	47.59	40.71	4.0
A054	华东师范大学学报自然科学版	437	0.403	0.082	0.93	260	63	59.50	37.17	6.9
E103	华南地震	289	0.410	0.082	0.73	68	5	23.53	25.79	8.5
G340	华南国防医学杂志	589	0.383	0.014	0.88	242	35	41.09	44.11	4.1
J004	华南理工大学学报自然科学版	1364	0.690	0.041	0.93	514	85	37.68	123.02	6.4
H013	华南农业大学学报	1156	1.252	0.202	0.97	299	42	25.87	81.72	6.1
A052	华南师范大学学报自然科学版	473	0.532	0.058	0.76	249	44	52.64	39.89	5.6
G525	华南预防医学	1091	1.352	0.212	0.57	208	3	19.07	84.68	2.9
A021	华侨大学学报自然科学版	368	0.504	0.055	0.85	233	50	63.32	33.34	4.1
G043	华西口腔医学杂志	909	0.962	0.037	0.96	233	16	25.63	75.70	4.7
G044	华西药学杂志	990	0.929	0.154	0.80	253	19	25.56	66.84	5.2
G294	华西医学	1307	0.755	0.089	0.93	451	74	34.51	97.20	4.1
G077	华中科技大学学报医学版	1079	0.696	0.068	0.98	486	105	45.04	79.40	4.9
J033	华中科技大学学报自然科学版	1731	0.864	0.172	0.86	539	74	31.14	159.68	5.0
H003	华中农业大学学报	1283	1.101	0.312	0.90	300	40	23.38	90.23	7.6
A004	华中师范大学学报自然科学版	675	0.739	0.136	0.93	370	76	54.81	57.13	4.9
Z009	化工环保	684	0.833	0.115	0.81	191	14	27.92	61.83	4.7
T006	化工机械	318	0.159	0.022	0.86	126	20	39.62	30.04	6.4
T101	化工进展	4482	0.975	0.241	0.84	605	28	13.50	415.28	4.8
T532	化工科技	269	0.401	0.042	0.88	144	27	53.53	24.24	5.3
T146	化工设备与管道	215	0.229	0.082	0.75	67	6	31.16	21.19	6.8
T007	化工学报	4497	0.979	0.207	0.79	602	29	13.39	418.89	5.5
T009	化学反应工程与工艺	209	0.137	0.015	0.92	89	12	42.58	20.02	9.5
D604	化学分析计量	726	0.615	0.159	0.75	203	10	27.96	57.82	4.2
T025	化学工程	626	0.346	0.017	0.88	216	26	34.50	57.86	7.4
T567	化学工程师	679	0.552	0.069	0.92	296	52	43.59	54.61	3.3
T076	化学工业与工程	292	0.525	0.115	0.88	151	28	51.71	26.75	7.5
D506	化学进展	1620	0.805	0.079	0.88	451	38	27.84	145.91	7.3
D011	化学试剂	709	0.511	0.163	0.70	217	13	30.61	59.66	3.8
D018	化学通报	692	0.406	0.064	0.88	311	48	44.94	61.74	7.0
D030	化学学报	1594	1.609	0.323	0.76	357	14	22.40	146.48	5.4
D501	化学研究	287	0.450	0.027	0.79	151	25	52.61	25.42	4.8
D037	化学研究与应用	1141	0.563	0.068	0.64	298	14	26.12	99.51	4.2
T931	化学与粘合	316	0.326	0.057	0.90	142	21	44.94	31.26	7.0
T553	化学与生物工程	547	0.438	0.071	0.94	258	46	47.17	42.67	6.3
Z017	环境保护科学	602	0.518	0.087	0.93	234	29	38.87	49.52	5.4
Z005	环境工程	2816	1.060	0.125	0.88	490	23	17.40	240.52	4.3
Z550	环境工程技术学报	730	1.193	0.378	0.76	214	12	29.32	60.29	3.2

表 4-1 2021 年中国科技核心期刊（中文）被引用指标刊名字顺索引（续）

CODE	刊名	核心总被引频次	核心影响因子	核心即年指标	核心他引率	核心引用刊数	核心开放因子	核心扩散因子	核心权威因子	核心被引半衰期
Z021	环境工程学报	4630	1.107	0.221	0.88	573	20	12.38	394.48	5.7
D024	环境化学	3396	1.322	0.123	0.84	501	24	14.75	274.56	4.7
Z500	环境技术	307	0.214	0.019	0.77	131	10	42.67	29.75	5.3
Z554	环境监测管理与技术	758	1.246	0.073	0.69	221	12	29.16	62.25	4.8
Z525	环境监控与预警	327	0.636	0.081	0.87	134	15	40.98	26.88	4.5
Z506	环境科技	461	0.689	0.144	0.78	170	20	36.88	38.74	4.8
Z004	环境科学	13744	3.317	0.837	0.81	736	14	5.36	1098.69	4.5
Z003	环境科学学报	7418	1.728	0.334	0.87	700	21	9.44	601.04	5.4
Z002	环境科学研究	4423	2.497	0.596	0.84	574	15	12.98	358.04	4.3
Z521	环境科学与管理	1386	0.273	0.056	0.93	439	43	31.67	116.11	6.6
Z025	环境科学与技术	4022	0.842	0.052	0.95	686	43	17.06	330.70	7.3
H049	环境昆虫学报	1275	1.025	0.105	0.87	187	10	14.67	90.19	4.7
Z035	环境卫生工程	455	0.706	0.106	0.68	121	7	26.59	38.85	3.9
G971	环境卫生学杂志	470	0.646	0.039	0.86	164	15	34.89	36.72	4.4
Z019	环境污染与防治	1882	1.054	0.083	0.92	429	25	22.79	156.63	4.7
Z031	环境与健康杂志	1433	0.292	0.014	0.90	385	26	26.87	112.93	7.0
G882	环境与职业医学	1260	0.912	0.241	0.83	275	11	21.83	98.32	4.4
G656	环球中医药	2837	0.964	0.136	0.86	271	16	9.55	181.05	3.7
M631	黄金	821	0.461	0.069	0.72	120	8	14.62	71.45	6.1
M600	黄金科学技术	586	0.767	0.110	0.84	118	9	20.14	49.71	4.9
V560	混凝土	2573	0.621	0.061	0.75	255	7	9.91	240.59	5.8
Y040	火箭推进	511	0.506	0.115	0.65	114	3	22.31	51.52	6.3
N005	火力与指挥控制	1867	0.587	0.035	0.79	268	10	14.35	180.49	4.8
N007	火炸药学报	1107	0.885	0.143	0.66	93	3	8.40	110.47	7.1
X011	机车电传动	488	0.320	0.020	0.75	110	6	22.54	45.83	5.5
N069	机床与液压	3307	0.594	0.069	0.75	367	12	11.10	307.48	4.1
N672	机电工程	1115	0.864	0.141	0.87	269	20	24.13	104.30	3.6
S004	机器人	1568	2.722	0.243	0.93	289	28	18.43	145.84	4.9
N040	机械传动	1637	0.731	0.085	0.72	228	9	13.93	151.51	4.3
M004	机械工程材料	1158	0.596	0.047	0.90	248	20	21.42	112.84	6.3
N051	机械工程学报	9498	1.584	0.152	0.86	639	30	6.73	890.06	5.9
N050	机械科学与技术	1680	0.668	0.154	0.89	354	24	21.07	157.58	5.2
N057	机械强度	1207	0.600	0.087	0.75	285	19	23.61	114.26	5.7
N047	机械设计	1422	0.704	0.077	0.75	290	14	20.39	132.08	4.7
N054	机械设计与研究	1351	0.845	0.075	0.55	239	3	17.69	125.14	4.2
N028	机械设计与制造	3474	0.490	0.052	0.75	461	17	13.27	324.06	5.1
N063	机械设计与制造工程	562	0.248	0.053	0.88	228	31	40.57	53.15	4.2
N053	机械与电子	418	0.329	0.027	0.94	197	37	47.13	38.85	4.4
N515	机械制造与自动化	762	0.370	0.025	0.78	238	20	31.23	72.07	4.2
G003	基础医学与临床	1159	0.552	0.106	0.89	442	70	38.14	84.56	3.9
H245	基因组学与应用生物学	2503	0.459	0.038	0.94	576	54	23.01	175.59	3.9
R025	激光技术	900	1.027	0.150	0.71	178	5	19.78	83.32	4.2
F045	激光生物学报	332	0.535	0.041	0.94	199	45	59.94	24.10	5.3

表 4-1 2021 年中国科技核心期刊（中文）被引用指标刊名字顺索引（续）

CODE	刊名	核心总被引频次	核心影响因子	核心即年指标	核心他引率	核心引用刊数	核心开放因子	核心扩散因子	核心权威因子	核心被引半衰期
R514	激光与光电子学进展	5094	1.841	0.243	0.62	481	3	9.44	455.29	2.4
R521	激光与红外	1337	0.772	0.066	0.80	262	11	19.60	124.06	4.5
R028	激光杂志	1217	0.492	0.085	0.83	340	19	27.94	110.65	3.3
E116	吉林大学学报地球科学版	2532	1.286	0.325	0.86	343	22	13.55	205.52	7.9
J042	吉林大学学报工学版	1861	1.025	0.239	0.76	455	31	24.45	172.48	4.9
A035	吉林大学学报理学版	729	0.650	0.155	0.82	272	19	37.31	67.24	3.4
R586	吉林大学学报信息科学版	364	0.568	0.093	0.78	182	26	50.00	33.91	3.8
G014	吉林大学学报医学版	1141	0.968	0.157	0.96	421	65	36.90	83.05	3.5
H243	吉林农业大学学报	1058	0.890	0.333	0.87	282	36	26.65	73.49	7.7
G719	吉林中医药	2840	1.097	0.108	0.92	300	18	10.56	182.97	3.9
E007	极地研究	413	0.554	0.058	0.77	114	12	27.60	35.67	7.2
G452	疾病监测	1691	1.172	0.288	0.87	247	13	14.61	130.52	4.0
A656	济南大学学报自然科学版	291	0.524	0.167	0.94	214	69	73.54	26.67	4.3
G439	脊柱外科杂志	498	1.133	0.037	0.74	117	7	23.49	37.35	3.7
N014	计量学报	1486	1.481	0.240	0.40	250	1	16.82	136.35	3.1
S050	计算机测量与控制	2588	0.641	0.121	0.74	430	18	16.62	242.60	3.9
S049	计算机仿真	3487	0.440	0.041	0.79	583	26	16.72	326.10	4.0
S013	计算机辅助设计与图形学学报	1583	0.960	0.105	0.88	379	31	23.94	147.67	4.7
S012	计算机工程	3580	1.129	0.266	0.86	552	21	15.42	332.07	3.7
S034	计算机工程与科学	1369	0.842	0.059	0.94	380	24	27.76	127.51	3.7
S022	计算机工程与设计	2732	0.925	0.085	0.91	508	25	18.59	252.75	3.5
S025	计算机工程与应用	6635	1.468	0.321	0.86	792	32	11.94	613.27	3.4
S030	计算机集成制造系统	3599	1.708	0.258	0.74	408	17	11.34	339.70	4.2
S520	计算机技术与发展	1459	0.518	0.050	0.85	400	24	27.42	134.54	3.8
S006	计算机科学	3477	1.090	0.165	0.96	565	27	16.25	324.61	3.6
S085	计算机科学与探索	925	1.149	0.440	0.88	233	12	25.19	86.63	2.7
S509	计算机系统应用	1513	0.710	0.076	0.88	410	30	27.10	139.15	3.2
S018	计算机学报	3112	2.513	0.417	0.95	534	30	17.16	290.37	4.4
S021	计算机研究与发展	2733	1.762	0.148	0.93	454	25	16.61	255.80	4.2
S029	计算机应用	3790	1.268	0.209	0.92	600	27	15.83	350.89	3.6
S016	计算机应用研究	4505	0.919	0.181	0.89	645	31	14.32	417.59	3.9
S009	计算机应用与软件	2590	0.750	0.076	0.88	559	29	21.58	239.05	3.5
S048	计算机与数字工程	1093	0.341	0.044	0.91	352	30	32.20	101.24	3.6
S500	计算机与现代化	701	0.530	0.078	0.83	238	20	33.95	64.61	3.6
S507	计算技术与自动化	286	0.418	0.066	0.89	131	19	45.80	26.48	3.6
C003	计算力学学报	789	0.529	0.090	0.83	264	29	33.46	73.21	8.3
B014	计算数学	79	0.081	0.000	0.89	51	13	64.56	7.53	11.1
C094	计算物理	499	0.736	0.203	0.47	141	1	28.26	50.99	5.9
G292	寄生虫与医学昆虫学报	135	0.450	0.023	0.92	51	6	37.78	10.67	4.7
A045	暨南大学学报自然科学与医学版	500	1.027	0.171	0.91	314	70	62.80	37.28	4.8
H240	家畜生态学报	1086	0.650	0.114	0.87	169	5	15.56	71.81	5.0
G638	检验医学	1303	0.900	0.079	0.87	389	42	29.85	96.40	3.8
V051	建筑材料学报	2244	1.071	0.263	0.90	263	10	11.72	209.68	7.1

表 4-1　2021 年中国科技核心期刊（中文）被引用指标刊名字顺索引（续）

CODE	刊名	核心总被引频次	核心影响因子	核心即年指标	核心他引率	核心引用刊数	核心开放因子	核心扩散因子	核心权威因子	核心被引半衰期
V057	建筑钢结构进展	370	0.469	0.056	0.76	93	5	25.14	34.13	5.2
V523	建筑节能中英文版	661	0.293	0.107	0.65	157	5	23.75	63.46	4.3
V014	建筑结构	2586	0.452	0.090	0.67	257	7	9.94	238.50	6.2
V044	建筑结构学报	4386	1.496	0.346	0.87	272	11	6.20	404.19	7.0
V005	建筑科学	1420	0.567	0.036	0.81	281	11	19.79	133.41	5.1
V013	建筑科学与工程学报	573	0.721	0.046	0.92	163	21	28.45	53.43	5.8
V047	建筑学报	1006	0.448	0.032	0.87	184	9	18.29	97.35	7.2
Y522	舰船电子工程	1162	0.315	0.020	0.81	262	14	22.55	111.82	4.9
Y564	舰船科学技术	1943	0.408	0.023	0.77	365	16	18.79	184.56	4.3
G453	江苏大学学报医学版	363	0.594	0.273	0.85	199	39	54.82	26.22	3.7
J035	江苏大学学报自然科学版	646	0.709	0.196	0.97	287	44	44.43	57.94	5.0
H700	江苏农业科学	6749	0.706	0.064	0.89	662	49	9.81	481.54	4.0
H199	江苏农业学报	1871	1.494	0.142	0.92	316	29	16.89	130.56	4.8
G397	江苏中医药	2165	0.933	0.103	0.97	234	19	10.81	138.72	4.8
H283	江西农业大学学报	1353	0.794	0.148	0.93	321	43	23.73	95.99	6.9
H701	江西农业学报	1790	0.673	0.121	0.93	352	35	19.66	126.26	6.5
A112	江西师范大学学报自然科学版	347	0.512	0.096	0.77	182	27	52.45	31.79	4.6
X020	交通信息与安全	558	0.774	0.062	0.83	162	16	29.03	51.12	4.8
X672	交通运输工程学报	1317	1.579	0.252	0.85	297	22	22.55	121.64	5.3
X685	交通运输系统工程与信息	1737	1.153	0.123	0.82	276	15	15.89	160.75	4.4
X516	交通运输研究	299	0.475	0.063	0.89	149	24	49.83	27.26	7.3
L587	节能技术	433	0.781	0.091	0.66	119	2	27.48	40.22	4.2
W567	节水灌溉	1557	0.934	0.186	0.78	256	10	16.44	116.66	4.4
K553	洁净煤技术	934	1.010	0.236	0.79	170	10	18.20	84.46	4.1
V049	结构工程师	587	0.282	0.006	0.73	156	9	26.58	54.08	6.6
G869	结直肠肛门外科	565	0.724	0.063	0.88	191	26	33.81	41.85	3.4
G316	解放军护理杂志	2371	1.186	0.157	0.91	327	12	13.79	176.97	4.2
G187	解放军医学院学报	1140	0.715	0.084	0.83	440	64	38.60	85.90	4.0
G048	解放军医学杂志	1683	1.797	0.205	0.89	509	66	30.24	124.47	3.7
G671	解放军医药杂志	1921	1.283	0.186	0.92	425	40	22.12	140.76	3.2
G315	解放军医院管理杂志	1270	0.618	0.088	0.79	179	13	14.09	97.88	4.0
G961	解放军预防医学杂志	1758	0.546	0.000	0.99	435	57	24.74	130.16	3.1
G507	解剖科学进展	606	0.643	0.094	0.68	218	20	35.97	43.53	3.4
G049	解剖学报	617	0.650	0.066	0.75	257	26	41.65	47.44	4.2
G358	解剖学研究	383	0.462	0.090	0.74	167	19	43.60	27.80	3.6
G050	解剖学杂志	706	0.686	0.116	0.78	230	8	32.58	55.81	4.0
G886	介入放射学杂志	1859	1.098	0.108	0.72	330	17	17.75	145.89	4.3
N048	金刚石与磨料磨具工程	342	0.450	0.085	0.89	99	11	28.95	32.81	5.6
M051	金属功能材料	311	0.693	0.103	0.68	109	8	35.05	30.65	5.3
K022	金属矿山	2985	0.888	0.284	0.77	307	8	10.28	266.25	5.7
N083	金属热处理	2766	0.691	0.104	0.59	235	3	8.50	266.96	4.7
M012	金属学报	3106	1.807	0.169	0.90	254	13	8.18	300.04	7.2
E599	经济地理	8528	3.392	0.500	0.87	545	21	6.39	753.19	4.9

表 4-1 2021 年中国科技核心期刊（中文）被引用指标刊名字顺索引（续）

CODE	刊名	核心总被引频次	核心影响因子	核心即年指标	核心他引率	核心引用刊数	核心开放因子	核心扩散因子	核心权威因子	核心被引半衰期
H333	经济动物学报	255	0.606	0.140	0.69	81	7	31.76	17.89	6.8
S759	经济管理	2508	2.615	0.453	0.90	322	31	12.84	264.86	4.5
S762	经济理论与经济管理	1046	1.388	0.259	0.97	237	42	22.66	111.77	5.1
H266	经济林研究	1288	1.767	0.150	0.84	189	14	14.67	90.40	4.7
S773	经济与管理研究	1125	1.619	0.232	0.96	298	43	26.49	119.42	4.1
G953	精神医学杂志	428	0.460	0.046	0.86	176	25	41.12	31.94	4.5
T102	精细化工	1511	0.780	0.243	0.75	305	21	20.19	137.42	3.5
T955	精细化工中间体	261	0.285	0.027	0.70	113	14	43.30	22.70	7.8
T542	精细石油化工	324	0.367	0.048	0.86	116	15	35.80	30.98	6.2
G677	颈腰痛杂志	892	0.984	0.052	0.79	190	17	21.30	64.16	3.3
Z553	净水技术	761	0.526	0.045	0.79	189	10	24.84	66.37	3.4
G553	局解手术学杂志	703	0.572	0.092	0.90	273	46	38.83	53.52	3.4
T512	聚氨酯工业	474	0.941	0.125	0.58	84	3	17.72	53.04	5.3
R016	绝缘材料	1184	0.932	0.121	0.57	147	4	12.42	116.36	4.5
G052	军事医学	717	0.472	0.055	0.85	313	45	43.65	53.65	4.9
F018	菌物学报	2026	1.289	0.431	0.70	294	11	14.51	140.26	5.0
C325	菌物研究	376	1.403	0.897	0.81	117	5	31.12	25.91	5.0
M018	勘察科学技术	224	0.271	0.013	0.88	130	29	58.04	19.25	8.7
Q933	康复学报	547	1.745	0.254	0.81	166	19	30.35	36.95	3.1
A645	科技导报	2272	0.689	0.071	0.95	934	178	41.11	197.85	5.3
S812	科技管理研究	3955	0.796	0.112	0.79	582	25	14.72	382.38	4.0
R588	科技进步与对策	3877	1.369	0.270	0.83	451	14	11.63	392.32	4.3
A083	科技通报	986	0.280	0.022	0.97	482	83	48.88	84.98	4.5
S816	科学管理研究	718	0.692	0.113	0.88	201	13	27.99	71.05	4.5
A537	科学技术与工程	9440	0.933	0.186	0.57	1047	14	11.09	832.12	3.3
A075	科学通报	7185	1.285	0.539	0.95	1172	90	16.31	591.07	8.6
W514	科学学研究	4688	2.200	0.481	0.92	519	17	11.07	474.62	5.8
S818	科学学与科学技术管理	2617	1.827	0.220	0.93	326	11	12.46	267.63	6.2
W531	科研管理	4155	1.882	0.342	0.87	382	13	9.19	423.07	4.8
L516	可再生能源	2017	1.196	0.153	0.75	414	23	20.53	180.62	4.0
E140	空间科学学报	347	0.299	0.098	0.76	133	15	38.33	32.77	6.4
Y051	空间控制技术与应用	280	0.621	0.090	0.81	103	12	36.79	27.14	4.4
J059	空军工程大学学报自然科学版	399	0.427	0.021	0.92	173	28	43.36	38.16	5.5
Q907	空军航空医学	495	0.641	0.057	0.77	180	14	36.36	37.16	3.5
Y016	空气动力学学报	1190	0.966	0.213	0.80	203	10	17.06	114.50	5.9
S503	控制工程	1689	0.721	0.120	0.84	372	31	22.02	157.35	4.0
R060	控制理论与应用	2069	1.064	0.102	0.85	367	32	17.74	194.52	5.2
S001	控制与决策	3879	1.439	0.414	0.88	527	34	13.59	364.02	4.8
G672	口腔材料器械杂志	144	0.473	0.020	0.81	62	8	43.06	12.40	4.1
G246	口腔颌面外科杂志	347	0.269	0.051	0.93	114	13	32.85	29.05	8.5
G894	口腔颌面修复学杂志	295	0.595	0.112	0.80	94	9	31.86	25.52	4.2
G390	口腔疾病防治	516	0.737	0.184	0.85	158	14	30.62	42.81	3.2
G594	口腔生物医学	116	0.327	0.052	0.93	64	13	55.17	9.36	4.1

表 4-1　2021年中国科技核心期刊（中文）被引用指标刊名字顺索引（续）

CODE	刊名	核心总被引频次	核心影响因子	核心即年指标	核心他引率	核心引用刊数	核心开放因子	核心扩散因子	核心权威因子	核心被引半衰期
G325	口腔医学	886	0.723	0.063	0.80	188	10	21.22	74.13	3.5
G266	口腔医学研究	1221	0.770	0.109	0.78	231	9	18.92	102.44	3.8
K525	矿产保护与利用	1035	1.447	0.147	0.83	182	12	17.58	94.24	3.2
V054	矿产勘查	1100	0.551	0.113	0.60	149	4	13.55	90.52	3.5
K025	矿产与地质	1011	0.512	0.024	0.65	106	3	10.48	83.19	7.7
K004	矿产综合利用	1106	0.968	0.267	0.66	135	4	12.21	101.31	3.7
E106	矿床地质	2686	2.232	0.145	0.89	129	11	4.80	217.51	10.8
K014	矿山机械	783	0.281	0.066	0.75	176	7	22.48	70.03	7.3
E350	矿物学报	1466	0.860	0.594	0.91	210	14	14.32	120.12	9.7
E354	矿物岩石	785	0.681	0.156	0.89	149	17	18.98	63.68	13.1
E504	矿物岩石地球化学通报	1501	0.950	0.281	0.89	228	17	15.19	120.71	7.2
M101	矿冶	547	0.463	0.115	0.87	129	8	23.58	50.15	5.7
M045	矿冶工程	1463	1.080	0.120	0.69	216	6	14.76	134.27	4.8
K554	矿业安全与环保	1320	1.298	0.097	0.70	146	5	11.06	110.69	4.8
K010	矿业研究与开发	1861	1.141	0.184	0.58	223	3	11.98	162.46	3.0
F015	昆虫学报	1923	0.928	0.042	0.88	218	8	11.34	136.55	8.9
J020	昆明理工大学学报自然科学版	453	0.489	0.071	0.91	276	63	60.93	38.89	6.4
G053	昆明医科大学学报	1050	0.489	0.067	0.92	411	68	39.14	77.65	3.7
G395	兰州大学学报医学版	343	0.611	0.100	0.79	188	37	54.81	25.19	3.8
A016	兰州大学学报自然科学版	1019	0.790	0.083	0.85	388	53	38.08	84.07	7.7
J008	兰州理工大学学报	670	0.395	0.064	0.80	279	35	41.64	62.09	5.7
G628	老年医学与保健	715	0.718	0.065	0.71	230	22	32.17	52.06	2.8
R096	雷达科学与技术	361	0.392	0.031	0.81	116	14	32.13	34.55	5.1
R758	雷达学报	673	1.973	0.299	0.80	124	6	18.42	63.85	3.2
T010	离子交换与吸附	244	0.360	0.000	0.85	108	16	44.26	21.92	8.1
M001	理化检验化学分册	1621	0.779	0.105	0.86	293	13	18.08	128.07	5.2
C101	力学季刊	374	0.337	0.092	0.89	209	40	55.88	34.50	6.9
C001	力学学报	1989	1.891	0.347	0.64	360	10	18.10	184.18	4.6
C104	力学与实践	665	0.460	0.066	0.72	236	21	35.49	61.84	7.8
G580	立体定向和功能性神经外科杂志	164	0.336	0.049	0.77	84	13	51.22	12.78	4.3
U055	粮食与饲料工业	936	0.540	0.088	0.97	169	10	18.06	62.04	7.6
U626	粮油食品科技	711	0.766	0.125	0.90	157	9	22.08	47.55	5.3
C032	量子电子学报	340	0.559	0.088	0.67	104	4	30.59	31.78	4.0
K008	辽宁工程技术大学学报自然科学版	803	0.473	0.037	0.95	296	31	36.86	70.05	8.2
H261	辽宁农业科学	449	0.279	0.061	0.84	134	18	29.84	30.97	8.7
G850	辽宁中医药大学学报	5091	1.267	0.299	0.93	420	22	8.25	329.96	3.9
G646	辽宁中医杂志	5991	1.046	0.157	0.94	381	19	6.36	384.37	4.9
U037	林产工业	724	1.056	0.106	0.60	117	3	16.16	64.58	2.6
T017	林产化学与工业	614	0.755	0.047	0.86	194	24	31.60	49.99	6.2
H740	林业工程学报	1282	1.358	0.190	0.82	299	20	23.32	104.43	4.6
H280	林业科学	4579	1.328	0.078	0.92	390	20	8.52	338.86	8.6
H281	林业科学研究	2128	1.350	0.092	0.88	256	17	12.03	155.03	8.0
H102	林业调查规划	446	0.250	0.014	0.77	148	13	33.18	33.83	5.7

表 4-1 2021 年中国科技核心期刊（中文）被引用指标刊名字顺索引（续）

CODE	刊名	核心总被引频次	核心影响因子	核心即年指标	核心他引率	核心引用刊数	核心开放因子	核心扩散因子	核心权威因子	核心被引半衰期
H289	林业与生态科学	242	0.453	0.048	0.88	122	24	50.41	17.81	5.5
T231	磷肥与复肥	496	0.332	0.028	0.76	142	9	28.63	40.09	6.1
G880	临床超声医学杂志	1010	0.871	0.098	0.93	260	29	25.74	78.83	3.5
G607	临床儿科杂志	1388	0.743	0.042	0.97	388	57	27.95	103.15	5.2
G276	临床耳鼻咽喉头颈外科杂志	2334	1.024	0.155	0.83	352	10	15.08	181.30	4.5
G271	临床放射学杂志	2697	0.956	0.062	0.78	359	7	13.31	218.10	3.8
Q908	临床肺科杂志	2439	0.860	0.104	0.94	419	52	17.18	178.92	3.7
G501	临床肝胆病杂志	4253	1.951	0.275	0.80	477	33	11.22	312.53	2.9
G291	临床骨科杂志	1058	1.249	0.098	0.63	171	5	16.16	80.19	2.7
G664	临床和实验医学杂志	3004	0.810	0.099	0.89	572	57	19.04	219.66	3.3
G345	临床急诊杂志	980	1.260	0.184	0.80	261	25	26.63	72.33	2.9
G204	临床检验杂志	1002	0.723	0.095	0.87	355	41	35.43	74.94	3.9
G310	临床精神医学杂志	826	0.767	0.090	0.92	246	28	29.78	61.66	7.4
G881	临床军医杂志	1552	0.611	0.150	0.96	427	64	27.51	114.91	3.2
G287	临床口腔医学杂志	974	0.906	0.111	0.67	182	6	18.69	81.75	3.7
G222	临床麻醉学杂志	2476	1.332	0.127	0.83	378	28	15.27	184.38	3.8
G317	临床泌尿外科杂志	1018	0.774	0.110	0.80	218	9	21.41	79.31	3.9
G257	临床内科杂志	935	0.988	0.120	0.77	305	27	32.62	68.40	3.1
G230	临床皮肤科杂志	1026	0.482	0.068	0.82	231	7	22.51	75.88	6.4
G309	临床神经病学杂志	636	0.738	0.055	0.90	251	44	39.47	46.32	4.4
G802	临床神经外科杂志	443	0.707	0.058	0.79	163	16	36.79	34.40	3.3
G423	临床肾脏病杂志	598	0.790	0.077	0.90	225	32	37.63	43.14	2.9
G797	临床输血与检验	568	0.574	0.126	0.84	160	8	28.17	43.39	3.5
G256	临床外科杂志	1365	0.944	0.095	0.78	328	35	24.03	105.87	3.1
G942	临床误诊误治	1466	0.995	0.199	0.90	393	36	26.81	108.97	3.4
G855	临床消化病杂志	367	0.512	0.044	0.97	180	35	49.05	26.23	4.8
Q909	临床小儿外科杂志	870	0.800	0.065	0.67	197	6	22.64	69.41	3.5
G261	临床心血管病杂志	1357	1.293	0.222	0.79	296	27	21.81	98.64	3.0
G293	临床血液学杂志	763	0.979	0.186	0.69	197	6	25.82	57.69	2.7
Q913	临床眼科杂志	326	0.377	0.021	0.94	119	14	36.50	25.09	4.4
G673	临床药物治疗杂志	818	0.716	0.184	0.96	293	38	35.82	58.31	3.2
G350	临床与病理杂志	1276	0.569	0.037	0.97	447	80	35.03	93.40	3.2
G274	临床与实验病理学杂志	1965	0.800	0.107	0.64	365	8	18.58	152.89	3.9
Q910	临床肿瘤学杂志	1248	0.943	0.111	0.94	395	67	31.65	93.02	4.5
G491	岭南心血管病杂志	379	0.411	0.026	0.95	176	36	46.44	27.70	3.8
N023	流体机械	1536	1.487	0.203	0.71	221	7	14.39	143.82	4.2
H748	麦类作物学报	2900	1.448	0.243	0.84	213	14	7.34	198.29	6.6
T060	煤化工	323	0.310	0.025	0.84	91	6	28.17	29.90	6.5
K558	煤矿安全	3229	0.739	0.102	0.72	243	5	7.53	270.38	4.2
K517	煤矿机械	2388	0.504	0.129	0.53	246	2	10.30	208.17	4.8
K038	煤炭工程	2689	1.102	0.172	0.64	248	4	9.22	226.05	3.7
K005	煤炭科学技术	6170	2.573	0.331	0.86	359	6	5.82	516.42	4.3
K017	煤炭学报	12446	3.561	0.678	0.86	524	9	4.21	1044.67	5.8

表 4-1 2021 年中国科技核心期刊（中文）被引用指标刊名字顺索引（续）

CODE	刊名	核心总被引频次	核心影响因子	核心即年指标	核心他引率	核心引用刊数	核心开放因子	核心扩散因子	核心权威因子	核心被引半衰期
D027	煤炭转化	593	0.760	0.239	0.78	113	7	19.06	53.90	8.5
K009	煤田地质与勘探	1895	1.293	0.323	0.74	225	6	11.87	156.48	4.9
R119	密码学报	231	0.716	0.083	0.86	65	8	28.14	21.80	3.3
U036	棉纺织技术	720	0.490	0.122	0.57	103	2	14.31	87.68	4.5
H037	棉花学报	1017	2.038	0.319	0.91	136	8	13.37	70.30	6.9
G056	免疫学杂志	1131	1.246	0.206	0.83	353	42	31.21	79.78	3.5
B017	模糊系统与数学	390	0.406	0.000	0.75	115	7	29.49	36.30	6.0
S015	模式识别与人工智能	966	1.289	0.046	0.90	267	25	27.64	89.39	4.0
T077	膜科学与技术	660	0.785	0.062	0.61	130	4	19.70	61.77	5.0
N084	摩擦学学报	1333	1.400	0.131	0.79	244	7	18.30	128.87	6.8
N107	模具技术	153	0.257	0.187	0.80	33	4	21.57	15.80	4.6
U533	木材工业	420	0.587	0.198	0.72	83	3	19.76	35.43	6.7
A013	南昌大学学报理科版	338	0.396	0.054	0.81	188	34	55.62	26.29	5.5
G047	南昌大学学报医学版	405	0.333	0.094	0.99	248	67	61.23	29.41	5.1
R117	南方电网技术	1533	1.965	0.079	0.77	154	8	10.05	136.14	3.9
V089	南方建筑	397	0.585	0.098	0.71	93	4	23.43	37.67	4.0
H069	南方农业学报	2902	1.267	0.057	0.87	361	23	12.44	202.37	4.4
H068	南方水产科学	925	1.261	0.179	0.78	131	9	14.16	68.16	5.4
G023	南方医科大学学报	2140	1.397	0.180	0.95	632	105	29.53	158.12	4.5
A025	南京大学学报自然科学版	760	0.720	0.051	0.96	401	80	52.76	67.57	8.0
T011	南京工业大学学报自然科学版	516	0.579	0.047	0.79	248	39	48.06	47.22	6.3
Y026	南京航空航天大学学报	1000	0.772	0.092	0.92	326	39	32.60	95.39	6.6
N011	南京理工大学学报自然科学版	782	1.047	0.041	0.80	302	35	38.62	73.58	4.9
H033	南京林业大学学报自然科学版	2294	1.695	0.326	0.86	386	23	16.83	172.13	5.3
H021	南京农业大学学报	1651	1.177	0.171	0.94	328	37	19.87	115.29	6.9
A061	南京师大学报自然科学版	398	0.595	0.075	0.96	270	71	67.84	34.13	5.2
E120	南京信息工程大学学报自然科学版	312	0.500	0.021	0.89	187	39	59.94	26.89	4.0
G058	南京医科大学学报自然科学版	1403	0.688	0.125	0.75	464	52	33.07	105.35	3.7
R008	南京邮电大学学报自然科学版	456	1.021	0.253	0.82	172	19	37.72	42.54	3.2
G059	南京中医药大学学报	1682	1.491	0.310	0.95	283	22	16.83	109.40	5.0
A008	南开大学学报自然科学版	277	0.326	0.030	0.96	195	57	70.40	23.38	5.4
S776	南开管理评论	3655	2.982	0.317	0.95	299	23	8.18	392.16	5.4
W590	南水北调与水利科技	1332	1.148	0.368	0.87	280	18	21.02	107.93	4.8
G288	脑与神经疾病杂志	527	0.568	0.023	0.98	245	54	46.49	38.23	3.5
G662	内科急危重症杂志	591	0.846	0.081	0.78	224	37	37.90	43.34	3.4
G523	内科理论与实践	229	0.469	0.064	0.94	157	43	68.56	16.46	4.4
A026	内蒙古大学学报自然科学版	268	0.281	0.099	0.79	145	25	54.10	21.40	6.5
A111	内蒙古师范大学学报自然科学汉文版	201	0.177	0.013	0.87	140	40	69.65	17.26	6.5
G513	内蒙古医科大学学报	489	0.549	0.048	0.96	259	59	52.97	35.77	3.3
R533	内燃机工程	534	0.594	0.036	0.78	129	7	24.16	52.03	5.7
P004	内燃机学报	652	0.931	0.167	0.72	126	5	19.33	64.02	5.9
T501	能源化工	272	0.365	0.033	0.92	112	13	41.18	25.12	5.2
K570	能源与环保	1085	0.613	0.131	0.43	174	1	16.04	92.11	2.6

表 4-1 2021 年中国科技核心期刊（中文）被引用指标刊名字顺索引（续）

CODE	刊名	核心总被引频次	核心影响因子	核心即年指标	核心他引率	核心引用刊数	核心开放因子	核心扩散因子	核心权威因子	核心被引半衰期
W002	泥沙研究	1071	1.043	0.130	0.77	148	10	13.82	86.64	10.6
U504	酿酒科技	2129	0.613	0.094	0.73	157	3	7.37	136.08	7.0
A506	宁波大学学报理工版	263	0.302	0.064	0.93	181	50	68.82	22.12	4.9
A110	宁夏大学学报自然科学版	152	0.220	0.013	0.94	120	44	78.95	12.67	7.2
G665	宁夏医科大学学报	899	0.793	0.062	0.98	367	69	40.82	65.59	4.1
H071	农产品质量与安全	475	1.077	0.273	0.83	140	9	29.47	33.17	3.0
H105	农学学报	1179	0.744	0.084	0.94	275	31	23.32	83.11	4.0
T034	农药	1908	0.919	0.088	0.82	232	12	12.16	136.74	6.1
T924	农药科学与管理	613	0.629	0.113	0.85	144	9	23.49	44.03	5.6
H404	农药学学报	1357	1.601	0.421	0.84	217	12	15.99	96.12	4.8
H072	农业工程	533	0.269	0.024	0.77	181	11	33.96	38.74	3.5
H279	农业工程学报	19349	2.274	0.268	0.81	901	28	4.66	1451.50	5.8
Z008	农业环境科学学报	6163	2.186	0.328	0.90	493	28	8.00	463.17	6.0
H278	农业机械学报	10161	2.691	0.585	0.71	718	11	7.07	780.34	4.3
H286	农业生物技术学报	1241	0.784	0.120	0.90	239	26	19.26	84.98	4.7
H222	农业现代化研究	1363	1.493	0.265	0.88	323	27	23.70	107.41	5.1
H773	农业资源与环境学报	1240	1.927	0.780	0.96	316	33	25.48	91.88	3.6
V032	暖通空调	1395	0.447	0.145	0.74	196	4	14.05	134.98	6.7
H219	排灌机械工程学报	1312	0.989	0.224	0.81	233	11	17.76	109.67	4.5
U602	皮革科学与工程	542	1.136	0.192	0.61	97	2	17.90	64.00	3.7
U604	皮革与化工	226	1.126	0.400	0.59	50	2	22.12	26.45	2.9
G595	器官移植	604	2.187	0.315	0.87	184	13	30.46	48.14	2.6
E021	气候变化研究进展	1368	2.047	1.045	0.92	331	37	24.20	110.58	6.1
E361	气候与环境研究	1069	0.940	0.145	0.95	224	20	20.95	85.01	9.9
Y504	气体物理	109	0.740	0.140	0.85	41	5	37.61	10.45	2.8
E352	气象	4003	2.019	0.294	0.79	290	8	7.24	316.57	7.3
E566	气象科技	1562	1.198	0.121	0.70	239	8	15.30	125.35	6.3
E359	气象科学	1200	1.116	0.081	0.78	195	10	16.25	95.17	7.3
E001	气象学报	3024	2.126	0.268	0.92	260	10	8.60	240.11	10.1
E521	气象与环境科学	1009	2.020	0.275	0.67	158	4	15.66	78.29	4.3
E633	气象与环境学报	1218	1.505	0.082	0.69	217	10	17.82	96.71	5.3
X532	汽车安全与节能学报	382	0.692	0.076	0.88	137	16	35.86	36.19	4.9
X018	汽车工程	2048	1.252	0.135	0.85	291	18	14.21	192.98	5.0
X500	汽车工程学报	233	0.508	0.049	0.93	116	21	49.79	21.91	5.2
X013	汽车技术	587	0.519	0.098	0.89	173	20	29.47	55.48	4.9
P001	汽轮机技术	443	0.350	0.007	0.64	100	4	22.57	42.65	7.1
Y009	强度与环境	361	0.500	0.055	0.75	112	8	31.02	35.76	8.5
C007	强激光与粒子束	1392	0.567	0.146	0.68	251	6	18.03	132.55	7.1
X021	桥梁建设	1697	2.975	0.445	0.67	137	2	8.07	153.52	3.4
G061	青岛大学学报医学版	448	0.382	0.043	0.92	249	56	55.58	33.03	4.3
T012	青岛科技大学学报自然科学版	271	0.426	0.216	0.76	161	28	59.41	25.28	3.8
U535	轻工机械	272	0.470	0.027	0.89	127	21	46.69	25.73	4.1
J001	清华大学学报自然科学版	2115	1.240	0.333	0.96	725	127	34.28	197.97	8.8

表 4-1 2021 年中国科技核心期刊（中文）被引用指标刊名字顺索引（续）

CODE	刊名	核心总被引频次	核心影响因子	核心即年指标	核心他引率	核心引用刊数	核心开放因子	核心扩散因子	核心权威因子	核心被引半衰期
L044	全球能源互联网	417	2.021	0.714	0.74	76	6	18.23	36.65	2.1
D002	燃料化学学报	1547	0.815	0.135	0.80	223	11	14.42	143.66	7.0
P011	燃烧科学与技术	514	0.801	0.011	0.83	141	14	27.43	48.07	7.1
E563	热带地理	1205	1.694	0.111	0.89	355	38	29.46	102.23	5.8
E642	热带海洋学报	838	0.597	0.148	0.91	208	20	24.82	67.46	10.7
H516	热带农业科学	1220	0.472	0.053	0.89	239	18	19.59	85.62	6.0
E110	热带气象学报	1182	1.196	0.052	0.79	166	9	14.04	94.42	8.4
H415	热带生物学报	295	0.489	0.104	0.91	144	29	48.81	20.95	4.9
F228	热带亚热带植物学报	831	0.944	0.157	0.88	219	23	26.35	58.91	7.3
G609	热带医学杂志	1823	1.001	0.127	0.74	375	17	20.57	136.89	3.3
H223	热带作物学报	2928	1.091	0.192	0.83	315	23	10.76	203.04	5.3
T105	热固性树脂	314	0.513	0.093	0.84	103	11	32.80	32.73	5.4
N071	热加工工艺	4078	0.407	0.105	0.80	342	11	8.39	394.58	5.0
C134	热科学与技术	336	0.421	0.048	0.68	131	11	38.99	31.90	6.0
R501	热力发电	1922	1.161	0.384	0.73	254	7	13.22	177.96	3.7
P006	热能动力工程	1020	0.583	0.032	0.80	244	16	23.92	95.71	3.9
T013	人工晶体学报	1085	0.459	0.096	0.75	264	17	24.33	104.39	4.7
N106	人类工效学	256	0.229	0.012	0.79	123	18	48.05	24.75	7.2
F041	人类学学报	742	0.634	0.120	0.38	63	1	8.49	82.75	12.1
W555	人民黄河	2645	1.010	0.249	0.70	348	12	13.16	214.21	4.7
W504	人民长江	2720	0.825	0.041	0.78	409	14	15.04	224.31	5.1
T070	日用化学工业	698	0.637	0.033	0.75	193	8	27.65	58.46	5.4
H097	乳业科学与技术	335	0.850	0.078	0.91	80	7	23.88	21.96	5.2
S011	软件学报	3308	2.138	0.223	0.92	503	26	15.21	308.90	4.3
N029	润滑与密封	1782	0.596	0.065	0.72	275	13	15.43	171.21	7.0
R086	三峡大学学报自然科学版	413	0.512	0.138	0.92	226	46	54.72	35.45	4.5
D012	色谱	2343	1.683	0.368	0.88	339	12	14.47	170.56	5.4
H382	森林工程	860	2.015	0.536	0.77	197	6	22.91	70.42	2.8
H051	森林与环境学报	865	1.503	0.244	0.89	207	20	23.93	64.32	5.0
E635	沙漠与绿洲气象	816	0.916	0.090	0.65	121	3	14.83	62.96	5.2
H070	山地农业生物学报	522	0.612	0.105	0.83	184	25	35.25	36.35	6.1
E101	山地学报	1509	1.343	0.139	0.91	313	34	20.74	119.49	8.3
G742	山东大学耳鼻喉眼学报	681	0.766	0.152	0.69	194	10	28.49	52.58	3.5
J022	山东大学学报工学版	584	0.856	0.074	0.93	307	61	52.57	53.22	4.7
A020	山东大学学报理学版	462	0.423	0.055	0.87	225	37	48.70	42.18	4.8
G062	山东大学学报医学版	1059	0.844	0.127	0.95	465	94	43.91	79.63	3.5
A141	山东科技大学学报自然科学版	447	0.790	0.096	0.88	217	39	48.55	39.10	5.2
A637	山东科学	309	0.474	0.040	0.93	198	50	64.08	23.69	4.8
H031	山东农业大学学报自然科学版	785	0.390	0.050	0.97	339	59	43.18	59.20	6.0
H804	山东农业科学	2029	0.644	0.110	0.91	301	31	14.83	140.41	5.2
G511	山东医药	5735	0.729	0.088	0.98	697	71	12.15	416.72	4.0
G063	山东中医药大学学报	1124	0.773	0.207	0.93	184	17	16.37	71.86	7.1
G574	山东中医杂志	1715	0.843	0.074	0.96	223	19	13.00	110.31	5.1

表 4-1　2021 年中国科技核心期刊（中文）被引用指标刊名字顺索引（续）

CODE	刊名	核心总被引频次	核心影响因子	核心即年指标	核心他引率	核心引用刊数	核心开放因子	核心扩散因子	核心权威因子	核心被引半衰期
A014	山西大学学报自然科学版	339	0.325	0.087	0.93	217	56	64.01	28.21	5.5
H393	山西农业大学学报自然科学版	645	0.862	0.080	0.96	232	41	35.97	45.54	5.2
H390	山西农业科学	2043	0.712	0.263	0.87	306	26	14.98	141.61	4.2
G064	山西医科大学学报	893	0.510	0.071	0.97	380	74	42.55	64.84	3.9
H217	陕西农业科学	910	0.312	0.023	0.88	239	29	26.26	62.97	5.4
A066	陕西师范大学学报自然科学版	527	0.606	0.114	0.87	280	55	53.13	43.19	6.1
G725	陕西中医	4074	1.388	0.181	0.79	303	14	7.44	262.54	3.9
V088	上海城市规划	627	0.719	0.104	0.84	109	7	17.38	58.32	4.6
A056	上海大学学报自然科学版	322	0.319	0.057	0.97	234	73	72.67	28.62	5.1
U528	上海纺织科技	501	0.299	0.045	0.72	100	4	19.96	58.77	4.8
X038	上海海事大学学报	371	0.842	0.117	0.86	149	16	40.16	34.91	3.8
H292	上海海洋大学学报	1214	1.344	0.293	0.86	202	13	16.64	90.65	7.2
Y555	上海航天中英文版	604	1.008	0.146	0.78	193	21	31.95	58.27	3.7
X006	上海交通大学学报	1798	0.804	0.086	0.95	578	84	32.15	168.78	6.8
G066	上海交通大学学报医学版	1353	0.658	0.101	0.97	497	98	36.73	100.85	4.8
M021	上海金属	409	0.532	0.123	0.72	87	4	21.27	39.73	4.7
G283	上海口腔医学	606	0.579	0.054	0.89	182	15	30.03	50.36	4.4
H282	上海农业学报	697	0.413	0.110	0.93	208	31	29.84	48.67	6.2
G069	上海医学	682	0.696	0.072	0.90	328	62	48.09	50.26	4.0
Q219	上海预防医学	1133	0.942	0.161	0.74	262	14	23.12	87.86	3.7
G596	上海针灸杂志	2556	1.079	0.101	0.93	222	14	8.69	162.90	5.1
G946	上海中医药大学学报	1019	1.201	0.202	0.96	209	20	20.51	66.46	5.8
G389	上海中医药杂志	3115	1.673	0.277	0.92	319	20	10.24	201.33	5.2
T763	深空探测学报中英文版	404	0.779	0.069	0.71	82	7	20.30	39.30	4.2
A515	深圳大学学报理工版	357	0.674	0.146	0.83	219	50	61.34	31.77	3.9
G329	神经疾病与精神卫生	374	0.271	0.041	0.87	158	25	42.25	27.49	4.5
G070	神经解剖学杂志	389	0.513	0.098	0.87	184	32	47.30	27.61	3.9
G319	神经损伤与功能重建	780	0.811	0.122	0.79	273	35	35.00	56.57	2.9
A074	沈阳大学学报自然科学版	255	0.456	0.039	0.69	140	20	54.90	23.29	4.3
J052	沈阳工业大学学报	635	0.782	0.059	0.82	256	26	40.31	59.51	4.0
V011	沈阳建筑大学学报自然科学版	657	0.571	0.085	0.75	229	22	34.86	60.26	6.3
H024	沈阳农业大学学报	1092	0.863	0.063	0.94	274	35	25.09	77.03	8.7
A586	沈阳师范大学学报自然科学版	208	0.242	0.018	0.78	139	35	66.83	17.25	5.7
G071	沈阳药科大学学报	919	0.573	0.079	0.93	258	23	28.07	62.78	7.7
G202	肾脏病与透析肾移植杂志	731	0.918	0.179	0.88	249	31	34.06	53.03	4.5
F203	生理科学进展	641	0.888	0.065	0.98	325	70	50.70	45.66	5.1
F001	生理学报	559	0.839	0.548	0.89	278	56	49.73	40.15	3.9
F042	生命的化学	870	0.699	0.176	0.74	334	34	38.39	61.92	3.0
F215	生命科学	1047	0.639	0.101	0.99	477	100	45.56	74.77	6.1
F046	生命科学研究	385	0.646	0.100	0.96	239	60	62.08	27.25	6.0
N759	生命科学仪器	173	0.328	0.000	0.91	134	48	77.46	13.23	4.8
Z034	生态毒理学报	1284	0.804	0.056	0.83	314	17	24.45	99.56	5.2
H784	生态环境学报	6030	1.967	0.190	0.92	601	41	9.97	457.56	6.8

表 4-1　2021 年中国科技核心期刊（中文）被引用指标刊名字顺索引（续）

CODE	刊名	核心总被引频次	核心影响因子	核心即年指标	核心他引率	核心引用刊数	核心开放因子	核心扩散因子	核心权威因子	核心被引半衰期
Z512	生态科学	1534	1.125	0.072	0.92	376	44	24.51	116.88	4.6
Z014	生态学报	27307	3.249	0.490	0.86	771	36	2.82	2058.04	6.3
Z028	生态学杂志	8422	2.092	0.343	0.91	561	39	6.66	627.40	6.2
Z023	生态与农村环境学报	2309	1.825	0.236	0.89	448	38	19.40	177.49	4.6
H080	生物安全学报	305	0.880	0.064	0.84	104	11	34.10	21.64	4.4
F049	生物多样性	3440	1.631	0.341	0.87	374	22	10.87	257.69	7.0
F003	生物工程学报	1436	1.023	0.436	0.80	418	30	29.11	103.74	3.6
G401	生物骨科材料与临床研究	370	0.821	0.102	0.80	134	15	36.22	28.46	3.5
F016	生物化学与生物物理进展	692	0.665	0.140	0.93	375	81	54.19	51.16	6.5
F229	生物技术	365	0.359	0.074	0.95	186	39	50.96	25.42	8.1
F214	生物技术进展	436	0.691	0.097	0.93	221	41	50.69	31.08	4.4
F205	生物技术通报	2206	0.904	0.312	0.93	439	42	19.90	154.77	4.5
F204	生物加工过程	425	0.705	0.099	0.92	166	20	39.06	31.26	3.8
F040	生物信息学	140	0.594	0.100	0.94	108	38	77.14	10.30	4.3
F213	生物学杂志	704	0.524	0.102	0.93	324	58	46.02	50.72	5.4
G006	生物医学工程学杂志	904	0.856	0.201	0.85	392	49	43.36	75.25	5.2
G332	生物医学工程研究	248	0.577	0.067	0.80	129	18	52.02	21.19	3.3
G603	生物医学工程与临床	361	0.457	0.084	0.92	185	35	51.25	28.44	3.5
F044	生物资源	541	0.887	0.060	0.96	220	38	40.67	37.48	5.9
G624	生殖医学杂志	1397	0.960	0.129	0.76	250	11	17.90	102.01	3.4
C033	声学技术	592	0.476	0.036	0.84	202	17	34.12	56.41	7.0
C054	声学学报	1169	0.931	0.074	0.65	193	4	16.51	118.68	8.4
E302	湿地科学	1314	1.634	0.100	0.77	253	13	19.25	103.03	5.6
E636	湿地科学与管理	263	0.522	0.085	0.75	113	13	42.97	20.87	4.9
A615	石河子大学学报自然科学版	513	0.551	0.069	0.94	260	46	50.68	37.43	5.6
T933	石化技术与应用	299	0.335	0.058	0.84	99	8	33.11	29.63	5.9
X042	石家庄铁道大学学报自然科学版	249	0.276	0.095	0.73	112	13	44.98	22.92	6.3
L016	石油地球物理勘探	2394	1.785	0.208	0.68	195	4	8.15	195.80	6.9
L015	石油化工	1067	0.538	0.063	0.82	196	12	18.37	103.56	6.3
L034	石油化工高等学校学报	356	0.534	0.000	0.94	141	16	39.61	32.77	5.2
L021	石油化工设备技术	131	0.111	0.000	0.90	53	9	40.46	12.89	8.1
L019	石油机械	1613	0.813	0.104	0.59	193	4	11.97	145.72	5.9
L031	石油勘探与开发	6298	5.013	1.233	0.91	256	14	4.06	517.86	6.6
L043	石油科学通报	243	1.132	0.167	0.77	83	10	34.16	20.91	3.3
L030	石油炼制与化工	1270	0.609	0.152	0.60	148	3	11.65	126.22	5.7
E126	石油实验地质	2250	2.681	0.460	0.86	137	11	6.09	181.83	6.0
L005	石油物探	1363	1.500	0.182	0.76	136	4	9.98	111.39	6.6
L028	石油学报	5908	3.806	0.737	0.87	288	17	4.87	488.47	7.5
L012	石油学报石油加工	1062	0.748	0.138	0.76	189	7	17.80	101.90	5.9
L006	石油与天然气地质	3832	4.110	0.583	0.84	164	12	4.28	310.10	6.0
L008	石油钻采工艺	1312	0.931	0.050	0.83	144	7	10.98	114.73	6.9
L025	石油钻探技术	1570	2.178	0.252	0.71	167	5	10.64	136.57	5.0
U049	食品安全质量检测学报	5604	0.945	0.259	0.68	460	6	8.21	384.62	2.8

表4-1　2021年中国科技核心期刊（中文）被引用指标刊名字顺索引（续）

CODE	刊名	核心总被引频次	核心影响因子	核心即年指标	核心他引率	核心引用刊数	核心开放因子	核心扩散因子	核心权威因子	核心被引半衰期
F257	实验动物科学	359	0.317	0.000	0.86	158	24	44.01	25.84	7.1
G387	实验动物与比较医学	473	0.722	0.167	0.51	141	2	29.81	36.69	6.7
C009	实验力学	851	0.589	0.105	0.73	262	22	30.79	77.92	7.2
Y018	实验流体力学	678	0.595	0.062	0.84	186	13	27.43	64.40	7.9
A115	实验室研究与探索	2965	0.568	0.043	0.42	490	1	16.53	263.44	4.4
G534	实用放射学杂志	2809	0.750	0.030	0.58	312	3	11.11	228.98	4.0
G586	实用妇产科杂志	1748	1.110	0.097	0.97	347	38	19.85	129.14	4.0
G746	实用肝脏病杂志	1510	1.262	0.114	0.79	333	21	22.05	110.79	3.4
G457	实用骨科杂志	1078	0.687	0.106	0.81	211	14	19.57	80.77	3.7
G224	实用口腔医学杂志	1002	0.694	0.080	0.80	206	11	20.56	83.54	4.4
G700	实用老年医学	994	0.690	0.119	0.92	334	48	33.60	72.42	3.0
Q919	实用临床医药杂志	2882	0.577	0.082	0.94	499	49	17.31	211.17	3.8
G652	实用皮肤病学杂志	374	0.459	0.000	0.84	138	13	36.90	27.67	4.3
G469	实用器官移植电子杂志	315	0.594	0.130	0.57	104	3	33.02	26.74	3.4
G766	实用心脑肺血管病杂志	1779	1.116	0.223	0.92	366	39	20.57	127.63	3.5
G834	实用药物与临床	1044	0.593	0.077	0.96	313	46	29.98	73.08	3.9
G324	实用医学杂志	5976	1.411	0.233	0.82	684	57	11.45	441.61	3.7
G760	实用医院临床杂志	1370	0.598	0.077	0.96	388	52	28.32	102.18	3.3
G768	实用预防医学	2670	1.253	0.168	0.77	455	17	17.04	202.68	3.4
G856	实用肿瘤学杂志	462	1.147	0.193	0.82	210	31	45.45	34.57	2.6
G890	实用肿瘤杂志	624	1.153	0.161	0.71	235	26	37.66	46.92	3.5
U005	食品工业科技	12565	1.376	0.425	0.82	568	8	4.52	833.20	4.4
U006	食品科学	18349	2.035	0.501	0.87	652	7	3.55	1216.92	5.2
A117	食品科学技术学报	809	1.484	0.268	0.92	182	8	22.50	54.51	3.9
U617	食品研究与开发	6347	1.195	0.198	0.87	477	8	7.52	422.07	4.0
U035	食品与发酵工业	6571	1.315	0.335	0.81	426	6	6.48	432.35	3.2
U641	食品与发酵科技	696	0.609	0.083	0.93	151	8	21.70	45.93	4.9
U547	食品与机械	3413	1.146	0.206	0.77	379	7	11.10	231.24	4.0
U029	食品与生物技术学报	1142	0.523	0.051	0.95	262	13	22.94	76.82	6.1
G748	食品与药品	534	0.513	0.057	0.96	216	37	40.45	36.46	5.3
H838	食用菌学报	658	1.109	0.257	0.74	122	5	18.54	44.36	6.8
E655	世界地理研究	1022	1.562	0.244	0.90	246	17	24.07	94.09	3.8
E363	世界地震工程	729	0.415	0.180	0.87	154	11	21.12	66.18	8.6
E548	世界地质	688	0.523	0.081	0.88	174	15	25.29	55.69	6.5
G906	世界科学技术-中医药现代化	3191	1.114	0.091	0.89	402	20	12.60	208.83	4.1
G485	世界临床药物	621	0.537	0.082	0.98	281	55	45.25	43.49	4.0
X538	世界桥梁	877	2.180	0.538	0.65	87	2	9.92	79.21	2.7
G484	世界中西医结合杂志	2948	0.978	0.109	0.94	312	19	10.58	191.99	4.2
G483	世界中医药	5145	1.452	0.216	0.94	427	21	8.30	336.82	3.4
Q957	首都公共卫生	447	0.789	0.063	0.88	133	11	29.75	34.79	3.7
A023	首都师范大学学报自然科学版	320	0.339	0.144	0.86	210	50	65.63	27.92	6.9
G073	首都医科大学学报	974	0.908	0.173	0.95	411	70	42.20	71.83	3.9
F033	兽类学报	1022	0.863	0.260	0.55	101	2	9.88	78.81	12.6

表 4-1　2021 年中国科技核心期刊（中文）被引用指标刊名字顺索引（续）

CODE	刊名	核心总被引频次	核心影响因子	核心即年指标	核心他引率	核心引用刊数	核心开放因子	核心扩散因子	核心权威因子	核心被引半衰期
R005	数据采集与处理	640	0.852	0.059	0.87	257	31	40.16	59.14	4.6
W009	数理统计与管理	748	1.054	0.149	0.71	296	24	39.57	72.18	5.7
B015	数学的实践与认识	2167	0.344	0.066	0.77	595	42	27.46	199.59	4.5
B007	数学进展	230	0.150	0.025	0.95	80	10	34.78	25.53	14.3
B004	数学年刊 A	109	0.075	0.029	0.94	43	8	39.45	11.54	14.1
C036	数学物理学报	283	0.337	0.019	0.60	70	3	24.73	32.69	4.8
B006	数学学报	277	0.197	0.011	0.91	75	10	27.08	29.07	12.1
B012	数学杂志	140	0.165	0.000	0.96	60	12	42.86	13.66	6.5
H847	水产科学	1252	0.937	0.063	0.81	174	12	13.90	91.14	6.9
H008	水产学报	2529	1.106	0.254	0.91	221	12	8.74	185.07	7.3
Z016	水处理技术	1968	0.723	0.091	0.84	297	12	15.09	174.64	5.2
X533	水道港口	579	0.683	0.085	0.49	89	1	15.37	53.17	5.4
P007	水电能源科学	2506	0.594	0.057	0.80	443	15	17.68	210.79	4.7
W004	水动力学研究与进展 A	697	0.511	0.052	0.92	217	28	31.13	61.62	10.0
W013	水科学进展	2923	2.390	0.578	0.88	323	18	11.05	233.99	7.9
R050	水力发电	1049	0.470	0.063	0.81	262	11	24.98	88.54	5.0
R049	水力发电学报	2381	1.556	0.424	0.72	307	8	12.89	197.86	6.4
R587	水利经济	442	1.222	0.088	0.58	83	2	18.78	37.10	3.2
W011	水利水电技术	1844	0.927	0.169	0.89	359	19	19.47	153.94	4.3
W502	水利水电科技进展	1077	1.581	0.195	0.81	222	10	20.61	89.10	5.9
W006	水利水运工程学报	806	1.053	0.162	0.79	199	12	24.69	68.67	5.5
W003	水利学报	5255	2.505	0.419	0.89	512	19	9.74	433.30	8.5
F010	水生生物学报	1944	0.959	0.156	0.89	236	14	12.14	143.34	8.2
H850	水生态学杂志	1127	1.041	0.150	0.91	218	22	19.34	85.75	6.9
H015	水土保持通报	2969	1.210	0.069	0.91	396	31	13.34	228.06	5.6
H287	水土保持学报	6528	2.119	0.391	0.88	421	25	6.45	479.49	6.4
H056	水土保持研究	4493	2.021	0.429	0.91	448	32	9.97	342.55	4.5
E540	水文	980	0.839	0.039	0.88	217	16	22.14	78.53	8.7
E154	水文地质工程地质	2137	1.722	0.410	0.84	325	23	15.21	177.04	6.8
N907	水下无人系统学报	360	0.412	0.075	0.78	111	8	30.83	34.42	4.7
X528	水运工程	1346	0.323	0.021	0.58	211	3	15.68	120.71	5.6
R566	水资源保护	1698	3.268	0.679	0.69	273	9	16.08	137.29	3.7
W570	水资源与水工程学报	1570	0.974	0.036	0.78	335	19	21.34	126.77	4.7
U056	丝绸	642	0.522	0.088	0.57	92	2	14.33	78.75	4.2
G045	四川大学学报医学版	996	0.693	0.168	0.97	437	86	43.88	73.58	4.7
A006	四川大学学报自然科学版	776	0.712	0.130	0.87	389	63	50.13	67.83	4.0
F027	四川动物	750	0.600	0.118	0.87	181	11	24.13	56.47	9.3
Z007	四川环境	839	0.615	0.057	0.61	262	10	31.23	69.80	4.8
A033	四川师范大学学报自然科学版	279	0.295	0.080	0.83	167	31	59.86	25.11	5.6
G575	四川医学	983	0.438	0.050	0.99	398	79	40.49	72.64	4.2
G745	四川中医	3702	0.688	0.038	0.88	283	16	7.64	237.35	4.2
H862	饲料工业	1906	0.748	0.123	0.86	201	4	10.55	124.98	6.4
H864	饲料研究	1986	0.918	0.270	0.53	179	2	9.01	128.26	2.9

表 4-1 2021 年中国科技核心期刊（中文）被引用指标刊名字顺索引（续）

CODE	刊名	核心总被引频次	核心影响因子	核心即年指标	核心他引率	核心引用刊数	核心开放因子	核心扩散因子	核心权威因子	核心被引半衰期
T106	塑料	955	0.776	0.112	0.75	148	4	15.50	101.90	4.7
T014	塑料工业	1847	0.718	0.149	0.81	222	4	12.02	197.52	4.2
T536	塑料科技	1158	0.628	0.248	0.71	192	4	16.58	122.17	3.5
T079	塑料助剂	206	0.379	0.109	0.86	68	6	33.01	21.31	5.5
T580	塑性工程学报	1470	1.226	0.079	0.71	162	2	11.02	140.36	3.0
X634	隧道建设中英文版	1770	0.977	0.314	0.69	220	6	12.43	157.76	4.3
R652	太赫兹科学与电子信息学报	484	0.386	0.052	0.62	145	9	29.96	46.65	3.9
L009	太阳能学报	3160	0.733	0.087	0.69	484	21	15.32	285.82	4.8
J011	太原理工大学学报	595	0.573	0.102	0.88	297	52	49.92	52.86	5.7
M544	钛工业进展	400	0.631	0.080	0.80	94	8	23.50	38.76	8.3
T500	弹性体	391	0.508	0.082	0.75	106	7	27.11	41.11	7.2
T015	炭素技术	289	0.518	0.046	0.76	121	14	41.87	27.58	7.2
N043	探测与控制学报	493	0.634	0.027	0.76	150	13	30.43	47.25	4.3
V531	陶瓷学报	287	0.309	0.045	0.74	119	12	41.46	28.15	4.5
H041	特产研究	435	0.588	0.076	0.91	186	31	42.76	29.39	4.0
L505	特种油气藏	1869	2.081	0.212	0.89	144	9	7.70	157.15	4.2
N065	特种铸造及有色合金	1248	0.477	0.076	0.66	171	3	13.70	120.99	5.3
A041	天津大学学报	1154	0.790	0.197	0.90	471	83	40.81	105.00	6.0
U017	天津工业大学学报	294	0.453	0.026	0.86	166	31	56.46	28.94	5.6
A504	天津师范大学学报自然科学版	292	0.425	0.014	0.80	148	14	50.68	27.16	5.2
G076	天津医药	1179	0.764	0.110	0.95	439	80	37.23	86.14	3.8
G626	天津中医药	1834	1.396	0.154	0.88	257	18	14.01	118.36	3.5
G914	天津中医药大学学报	868	1.195	0.224	0.95	198	22	22.81	56.41	3.6
T611	天然产物研究与开发	3018	1.423	0.307	0.90	453	27	15.01	204.30	4.9
L518	天然气地球科学	3163	1.522	0.351	0.88	169	14	5.34	257.64	6.2
L029	天然气工业	5557	2.915	0.906	0.83	328	15	5.90	467.95	6.0
T074	天然气化工	445	0.454	0.098	0.74	120	8	26.97	42.68	4.9
L507	天然气与石油	517	0.435	0.078	0.73	140	8	27.08	48.38	5.9
E023	天文学报	187	0.435	0.016	0.80	68	9	36.36	17.56	6.1
E114	天文学进展	110	0.274	0.000	0.89	52	9	47.27	10.23	9.8
X521	铁道工程学报	1387	0.667	0.060	0.87	248	14	17.88	124.65	5.5
X007	铁道科学与工程学报	1525	0.621	0.068	0.82	316	24	20.72	139.23	3.9
X005	铁道学报	2596	1.028	0.062	0.82	350	13	13.48	239.29	6.3
G238	听力学及言语疾病杂志	1013	0.833	0.152	0.81	193	6	19.05	80.45	4.9
R065	通信学报	1954	1.450	0.183	0.86	318	23	16.27	183.51	3.8
G965	同济大学学报医学版	616	0.862	0.104	0.82	302	53	49.03	45.80	3.8
J032	同济大学学报自然科学版	2712	0.898	0.127	0.97	612	62	22.57	246.33	8.1
Q003	同位素	183	0.375	0.051	0.64	84	8	45.90	16.48	6.0
N061	图学学报	653	0.787	0.145	0.90	249	28	38.13	60.85	3.6
T103	涂料工业	818	0.523	0.046	0.76	174	10	21.27	82.99	5.9
V029	土木工程学报	4636	1.900	0.239	0.96	354	25	7.64	422.65	8.3
V035	土木工程与管理学报	691	0.663	0.090	0.87	222	24	32.13	63.58	4.0
V019	土木与环境工程学报中英文版	963	0.996	0.164	0.96	284	46	29.49	86.87	5.7

表 4-1　2021 年中国科技核心期刊（中文）被引用指标刊名字顺索引（续）

CODE	刊名	核心总被引频次	核心影响因子	核心即年指标	核心他引率	核心引用刊数	核心开放因子	核心扩散因子	核心权威因子	核心被引半衰期
H043	土壤	3271	1.692	0.187	0.90	394	27	12.05	238.93	6.6
H057	土壤通报	3474	1.105	0.164	0.95	395	31	11.37	253.66	8.6
H012	土壤学报	5262	3.187	0.834	0.94	441	23	8.38	383.60	8.0
H048	土壤与作物	398	1.384	0.125	0.89	138	19	34.67	28.29	3.7
Y025	推进技术	1950	0.633	0.175	0.71	212	6	10.87	191.46	5.4
S795	外国经济与管理	1554	1.741	0.482	0.92	256	16	16.47	164.50	4.6
G601	外科理论与实践	418	0.513	0.034	0.91	155	23	37.08	32.94	4.7
G996	皖南医学院学报	308	0.320	0.060	0.96	195	50	63.31	22.82	3.7
S017	网络新媒体技术	125	0.328	0.038	0.65	61	7	48.80	12.28	4.3
S082	网络与信息安全学报	244	0.591	0.053	0.76	88	10	36.07	22.73	3.5
R070	微波学报	500	0.485	0.080	0.70	119	7	23.80	48.26	5.0
G866	微创泌尿外科杂志	323	0.604	0.061	0.83	103	9	31.89	25.25	3.7
R057	微电机	755	0.556	0.085	0.70	157	4	20.79	71.55	4.8
R064	微电子学	369	0.286	0.053	0.82	125	11	33.88	35.67	5.1
R004	微电子学与计算机	1002	0.803	0.076	0.92	260	20	25.95	93.81	3.8
R098	微纳电子技术	376	0.336	0.038	0.85	160	24	42.55	35.88	4.9
F004	微生物学报	1923	1.070	0.252	0.91	407	38	21.16	137.78	5.3
F206	微生物学免疫学进展	431	0.709	0.129	0.86	180	23	41.76	31.72	4.6
F011	微生物学通报	3177	1.215	0.226	0.89	505	38	15.90	227.02	5.0
F225	微生物学杂志	715	0.634	0.059	0.95	296	44	41.40	50.48	5.4
G651	微生物与感染	220	0.581	0.000	0.98	137	36	62.27	16.41	4.6
R085	微特电机	502	0.391	0.049	0.82	148	11	29.48	47.20	4.4
E052	微体古生物学报	463	0.380	0.156	0.82	71	6	15.33	36.47	16.2
S033	微型电脑应用	586	0.342	0.023	0.73	140	4	23.89	54.34	2.5
G210	微循环学杂志	291	0.616	0.045	0.98	169	46	58.08	20.60	4.8
S813	卫生软科学	683	0.747	0.164	0.80	164	11	24.01	53.01	2.7
G079	卫生研究	1444	0.859	0.148	0.92	421	29	29.16	107.74	5.7
G800	胃肠病学	1098	0.551	0.009	0.97	296	41	26.96	76.48	4.9
G326	胃肠病学和肝病学杂志	1342	0.666	0.102	0.95	370	53	27.57	96.03	4.2
G702	温州医科大学学报	544	0.468	0.066	0.88	297	64	54.60	40.08	3.8
D003	无机材料学报	1124	0.845	0.157	0.89	298	24	26.51	108.43	5.0
D023	无机化学学报	1044	0.603	0.160	0.70	235	15	22.51	99.01	4.8
T072	无机盐工业	1205	0.709	0.119	0.67	233	10	19.34	113.88	4.6
N044	无损检测	840	0.353	0.049	0.74	208	17	24.76	79.85	6.1
W014	武汉大学学报工学版	1102	0.775	0.097	0.95	370	48	33.58	96.56	5.8
A024	武汉大学学报理学版	378	0.779	0.164	0.94	247	62	65.34	32.73	5.4
E107	武汉大学学报信息科学版	3774	1.736	0.358	0.84	496	12	13.14	334.14	5.4
G038	武汉大学学报医学版	775	0.819	0.249	0.95	369	76	47.61	57.55	2.9
M032	武汉科技大学学报自然科学版	292	0.417	0.182	0.96	174	40	59.59	27.37	6.4
X017	武汉理工大学学报交通科学与工程版	999	0.616	0.204	0.81	307	23	30.73	93.53	4.9
J018	武汉理工大学学报信息与管理工程版	401	0.563	0.111	0.72	196	29	48.88	38.37	5.2
G771	武警后勤学院学报医学版	383	0.384	0.013	0.97	197	35	51.44	27.88	4.5
G707	武警医学	840	0.536	0.066	0.81	330	47	39.29	62.42	3.5

表 4-1　2021 年中国科技核心期刊（中文）被引用指标刊名字顺索引（续）

CODE	刊名	核心总被引频次	核心影响因子	核心即年指标	核心他引率	核心引用刊数	核心开放因子	核心扩散因子	核心权威因子	核心被引半衰期
D001	物理化学学报	2082	1.331	1.468	0.75	366	19	17.58	198.49	4.5
C006	物理学报	6207	0.835	0.156	0.75	738	21	11.89	588.48	6.2
C509	物理与工程	212	0.246	0.106	0.42	71	1	33.49	25.58	4.3
E136	物探化探计算技术	459	0.266	0.020	0.88	134	10	29.19	37.87	7.9
E138	物探与化探	1928	0.922	0.128	0.76	234	8	12.14	158.38	7.5
R009	西安电子科技大学学报自然科学版	760	1.000	0.150	0.74	243	22	31.97	72.26	4.2
U030	西安工程大学学报	610	1.054	0.355	0.82	162	6	26.56	61.22	3.4
J036	西安工业大学学报	242	0.353	0.081	0.95	152	35	62.81	22.69	5.4
V018	西安建筑科技大学学报自然科学版	663	0.449	0.049	0.89	244	34	36.80	60.66	7.2
X030	西安交通大学学报	2216	1.035	0.219	0.87	504	52	22.74	207.83	5.3
G081	西安交通大学学报医学版	896	0.897	0.213	0.98	405	84	45.20	64.90	3.6
A150	西安科技大学学报	1047	1.017	0.101	0.77	260	11	24.83	89.40	4.7
J002	西安理工大学学报	335	0.461	0.105	0.94	212	55	63.28	29.56	5.3
L010	西安石油大学学报自然科学版	847	0.686	0.094	0.87	210	21	24.79	72.78	7.0
R671	西安邮电大学学报	258	0.422	0.080	0.55	96	4	37.21	25.70	4.0
A032	西北大学学报自然科学版	856	0.864	0.194	0.94	413	73	48.25	72.28	6.7
E125	西北地质	1140	1.118	0.091	0.82	137	10	12.02	91.88	9.0
Y023	西北工业大学学报	932	0.655	0.090	0.95	312	47	33.48	88.62	4.9
H224	西北林学院学报	2854	1.402	0.184	0.77	370	21	12.96	210.87	5.4
H018	西北农林科技大学学报自然科学版	2955	1.132	0.316	0.96	456	54	15.43	209.59	7.4
H288	西北农业学报	2607	1.096	0.113	0.93	326	34	12.50	180.04	7.0
A022	西北师范大学学报自然科学版	382	0.351	0.096	0.92	246	61	64.40	31.72	4.9
G792	西北药学杂志	1276	1.365	0.159	0.73	300	18	23.51	86.75	3.4
F020	西北植物学报	3901	1.225	0.208	0.90	341	30	8.74	273.24	8.1
H385	西部林业科学	1017	1.258	0.164	0.85	212	17	20.85	74.47	4.2
V573	西部人居环境学刊	439	1.091	0.087	0.67	94	3	21.41	41.24	3.1
G588	西部医学	1425	0.726	0.066	0.88	429	55	30.11	103.87	3.4
G699	西部中医药	2381	0.889	0.121	0.72	285	12	11.97	154.30	3.6
J045	西华大学学报自然科学版	292	0.354	0.228	0.92	189	49	64.73	25.84	4.5
H004	西南大学学报自然科学版	1851	1.113	0.176	0.89	545	57	29.44	142.59	5.2
G312	西南国防医药	1041	0.372	0.095	0.96	377	57	36.22	77.19	3.9
X032	西南交通大学学报	1634	0.958	0.287	0.91	380	33	23.26	149.48	5.7
H270	西南林业大学学报	1167	1.287	0.415	0.88	261	24	22.37	87.04	3.9
A060	西南民族大学学报自然科学版	296	0.450	0.069	0.93	176	39	59.46	22.17	5.8
H061	西南农业学报	3288	0.872	0.101	0.94	375	38	11.41	228.96	5.5
A064	西南师范大学学报自然科学版	1172	0.607	0.095	0.75	404	26	34.47	97.42	4.6
L002	西南石油大学学报自然科学版	1278	0.975	0.117	0.90	200	18	15.65	108.69	7.8
M041	稀土	853	0.577	0.198	0.75	182	8	21.34	79.35	7.2
M029	稀有金属	1638	1.792	0.135	0.83	226	9	13.80	157.59	4.2
M052	稀有金属材料与工程	3655	0.651	0.065	0.74	324	11	8.86	355.51	5.7
S505	系统仿真技术	113	0.219	0.000	0.98	75	19	66.37	10.70	5.6
S003	系统仿真学报	2664	0.813	0.205	0.88	546	46	20.50	249.46	6.0
B028	系统工程	1161	0.870	0.170	0.95	349	29	30.06	111.93	6.5

表 4-1　2021 年中国科技核心期刊（中文）被引用指标刊名字顺索引（续）

CODE	刊名	核心总被引频次	核心影响因子	核心即年指标	核心他引率	核心引用刊数	核心开放因子	核心扩散因子	核心权威因子	核心被引半衰期
B025	系统工程理论与实践	4524	1.873	0.289	0.83	641	15	14.17	438.01	6.0
B018	系统工程学报	870	0.659	0.016	0.78	227	9	26.09	83.85	6.2
R059	系统工程与电子技术	3106	1.180	0.161	0.84	409	24	13.17	297.21	4.6
B027	系统管理学报	983	0.824	0.138	0.86	235	14	23.91	96.12	5.0
B021	系统科学与数学	670	0.550	0.053	0.68	203	9	30.30	65.92	4.6
G188	细胞与分子免疫学杂志	1168	0.706	0.068	0.90	395	58	33.82	83.28	4.9
A063	厦门大学学报自然科学版	679	0.498	0.087	0.95	357	71	52.58	57.06	8.3
V087	现代城市研究	1369	0.682	0.116	0.77	222	11	16.22	126.63	5.3
E027	现代地质	2279	1.283	0.325	0.85	259	21	11.36	183.65	8.5
R089	现代电力	584	1.272	0.275	0.87	137	16	23.46	52.27	3.8
R748	现代电子技术	3409	0.682	0.085	0.82	513	14	15.05	317.44	3.4
Y561	现代防御技术	563	0.427	0.073	0.89	133	12	23.62	54.53	5.3
U634	现代纺织技术	249	0.417	0.150	0.83	66	4	26.51	29.73	3.8
G300	现代妇产科进展	1276	0.949	0.186	0.95	310	35	24.29	94.19	3.7
T063	现代化工	1879	0.530	0.107	0.88	410	34	21.82	173.16	3.9
G653	现代检验医学杂志	1137	1.000	0.143	0.59	269	7	23.66	85.80	3.2
N100	现代科学仪器	247	0.051	0.003	0.92	161	38	65.18	20.56	11.1
G321	现代口腔医学杂志	320	0.384	0.043	0.83	107	10	33.44	27.06	6.4
R087	现代雷达	925	0.462	0.050	0.71	166	8	17.95	89.87	5.7
G438	现代临床护理	793	0.788	0.095	0.79	177	9	22.32	58.69	3.8
G798	现代泌尿生殖肿瘤杂志	194	0.342	0.000	0.88	96	15	49.48	14.91	4.1
G341	现代泌尿外科杂志	904	0.608	0.099	0.87	244	17	26.99	69.13	4.0
G067	现代免疫学	393	0.801	0.122	0.93	203	43	51.65	27.95	3.5
H417	现代农药	431	0.635	0.134	0.90	132	10	30.63	31.44	5.7
F250	现代生物医学进展	4329	0.554	0.060	0.87	723	61	16.70	312.09	4.3
U010	现代食品科技	3942	1.078	0.196	0.92	405	8	10.27	263.33	4.8
T929	现代塑料加工应用	375	0.596	0.198	0.87	79	4	21.07	40.05	4.3
X673	现代隧道技术	1437	0.853	0.238	0.75	203	7	14.13	128.15	5.6
G451	现代消化及介入诊疗	1450	1.074	0.119	0.65	284	14	19.59	105.30	2.6
G421	现代药物与临床	2310	0.753	0.121	0.94	370	28	16.02	157.93	3.2
G223	现代医学	811	0.433	0.043	0.87	319	46	39.33	59.59	3.5
C093	现代应用物理	102	0.266	0.082	0.84	54	8	52.94	9.78	3.8
G963	现代预防医学	6997	1.239	0.254	0.81	711	22	10.16	533.02	3.6
N111	现代制造工程	1104	0.552	0.066	0.84	271	17	24.55	103.69	4.6
G951	现代中西医结合杂志	5932	0.940	0.103	0.93	510	28	8.60	397.90	4.0
G486	现代中药研究与实践	744	0.848	0.119	0.93	225	26	30.24	50.03	6.2
G896	现代中医临床	826	1.171	0.140	0.90	151	16	18.28	52.95	4.8
G826	现代肿瘤医学	3140	0.622	0.128	0.91	546	68	17.39	232.28	3.3
T073	香料香精化妆品	406	0.495	0.037	0.81	123	11	30.30	30.08	4.8
A018	湘潭大学自然科学学报	209	0.232	0.000	0.97	147	43	70.33	19.25	4.7
T064	橡胶工业	771	0.710	0.225	0.67	149	4	19.33	81.22	4.0
T953	消防科学与技术	1670	0.588	0.048	0.50	242	1	14.49	152.59	4.0
Q937	消化肿瘤杂志电子版	129	0.315	0.035	0.90	93	29	72.09	9.73	3.9

表 4-1 2021 年中国科技核心期刊（中文）被引用指标刊名字顺索引（续）

CODE	刊名	核心总被引频次	核心影响因子	核心即年指标	核心他引率	核心引用刊数	核心开放因子	核心扩散因子	核心权威因子	核心被引半衰期
P010	小型内燃机与车辆技术	145	0.163	0.000	0.74	60	5	41.38	14.44	5.4
S027	小型微型计算机系统	2104	1.091	0.125	0.77	342	12	16.25	196.83	3.1
G817	协和医学杂志	710	1.221	0.281	0.93	338	68	47.61	52.97	3.2
G083	心肺血管病杂志	1104	0.750	0.101	0.70	298	24	26.99	82.31	3.3
S918	心理科学	2146	0.641	0.085	0.91	362	13	16.87	220.11	9.0
S919	心理科学进展	3484	1.103	0.172	0.89	523	26	15.01	353.55	7.7
E046	心理学报	2940	1.017	0.206	0.93	467	26	15.88	306.05	10.3
G476	心脑血管病防治	776	1.132	0.071	0.97	263	51	33.89	56.18	2.9
G419	心血管病学进展	884	0.649	0.039	0.93	294	46	33.26	63.84	3.1
G578	心血管康复医学杂志	585	0.645	0.075	0.96	215	39	36.75	42.02	3.3
G260	心脏杂志	475	0.443	0.162	0.92	204	40	42.95	34.18	4.1
Q368	新发传染病电子杂志	508	2.435	0.195	0.58	148	4	29.13	40.24	2.7
A087	新疆大学学报自然科学版中英文版	243	0.538	0.102	0.70	130	20	53.50	20.38	4.3
E159	新疆地质	833	0.617	0.099	0.80	120	10	14.41	67.91	11.2
H276	新疆农业科学	1813	0.767	0.079	0.88	272	30	15.00	125.94	6.0
L007	新疆石油地质	1790	2.336	0.370	0.82	142	11	7.93	146.39	6.1
G980	新疆医科大学学报	1258	0.676	0.107	0.86	407	58	32.35	91.35	3.6
R516	新能源进展	243	0.657	0.106	0.87	133	25	54.73	21.71	3.7
G328	新乡医学院学报	1015	0.810	0.149	0.85	328	41	32.32	73.93	3.1
V056	新型建筑材料	1639	0.576	0.074	0.65	223	5	13.61	158.41	4.2
M102	新型炭材料	622	0.954	0.326	0.73	175	10	28.14	61.41	5.1
G721	新医学	666	0.509	0.096	0.80	278	41	41.74	48.85	4.4
R034	信号处理	1080	0.905	0.096	0.74	255	16	23.61	101.97	3.6
S081	信息安全学报	216	1.053	0.063	0.94	71	10	32.87	20.35	3.1
S087	信息安全研究	506	0.688	0.350	0.49	133	1	26.28	50.85	2.7
R519	信息技术	810	0.418	0.047	0.86	275	21	33.95	75.34	3.4
S046	信息网络安全	461	0.540	0.072	0.92	150	20	32.54	43.53	3.9
S002	信息与控制	723	1.265	0.175	0.90	250	28	34.58	67.53	4.0
A510	信阳师范学院学报自然科学版	357	0.571	0.106	0.67	180	20	50.42	29.46	3.8
G565	徐州医科大学学报	356	0.390	0.055	0.96	214	56	60.11	26.42	3.1
H023	畜牧兽医学报	2022	0.909	0.118	0.82	214	6	10.58	134.23	4.8
H218	畜牧与兽医	1298	0.570	0.096	0.90	199	8	15.33	86.81	5.2
H247	畜牧与饲料科学	817	0.385	0.098	0.95	197	10	24.11	54.28	5.7
Q958	血管与腔内血管外科杂志	325	0.564	0.108	0.71	113	7	34.77	24.78	2.8
G627	循证医学	331	0.237	0.014	1.00	196	47	59.21	24.27	8.8
R069	压电与声光	676	0.497	0.061	0.74	186	16	27.51	64.48	5.0
N052	压力容器	1079	1.303	0.221	0.64	150	4	13.90	106.36	4.9
H200	亚热带农业研究	283	0.753	0.065	0.83	103	14	36.40	19.86	6.1
E047	亚热带资源与环境学报	296	0.663	0.082	0.82	150	26	50.68	22.88	5.7
U562	烟草科技	1789	0.970	0.058	0.70	203	4	11.35	126.37	6.7
J025	燕山大学学报	395	0.876	0.147	0.76	169	20	42.78	36.23	4.4
E053	岩矿测试	1355	1.541	0.242	0.79	234	12	17.27	112.16	7.6
E157	岩石矿物学杂志	1407	0.712	0.157	0.89	182	11	12.94	113.10	10.8

表 4-1　2021 年中国科技核心期刊（中文）被引用指标刊名字顺索引（续）

CODE	刊名	核心总被引频次	核心影响因子	核心即年指标	核心他引率	核心引用刊数	核心开放因子	核心扩散因子	核心权威因子	核心被引半衰期
C005	岩石力学与工程学报	12181	3.025	0.541	0.93	463	21	3.80	1050.54	9.5
E309	岩石学报	9492	1.726	0.427	0.83	216	10	2.28	758.50	10.1
V574	岩土工程技术	223	0.273	0.013	0.78	92	11	41.26	19.49	7.6
V037	岩土工程学报	7417	1.652	0.340	0.90	399	26	5.38	647.41	8.8
C004	岩土力学	11200	2.035	0.315	0.88	482	25	4.30	975.01	7.2
E163	岩性油气藏	1555	1.991	0.432	0.68	125	9	8.04	126.75	4.8
S821	研究与发展管理	1178	1.595	0.235	0.92	198	10	16.81	121.91	4.6
E500	盐湖研究	417	0.500	0.000	0.85	121	6	29.02	35.97	11.2
T054	盐科学与化工	397	0.247	0.070	0.63	115	3	28.97	36.64	5.3
G962	眼科	356	0.336	0.128	0.85	109	8	30.62	28.01	5.2
G554	眼科新进展	1257	0.842	0.078	0.88	224	12	17.82	95.38	3.7
H016	扬州大学学报农业与生命科学版	610	0.753	0.054	0.91	209	31	34.26	42.16	5.7
S031	遥测遥控	197	0.237	0.108	0.83	83	11	42.13	18.91	5.7
Z543	遥感技术与应用	1660	1.324	0.225	0.86	376	34	22.65	135.49	5.7
S024	遥感信息	961	0.910	0.067	0.91	321	33	33.40	80.78	5.5
Z006	遥感学报	2753	2.561	0.831	0.83	451	25	16.38	227.52	5.6
G403	药物不良反应杂志	673	0.732	0.053	0.85	179	11	26.60	47.68	5.1
G087	药物分析杂志	2803	1.237	0.175	0.88	343	17	12.24	193.23	5.2
G877	药物流行病学杂志	746	0.677	0.170	0.87	201	13	26.94	52.04	3.9
G836	药物评价研究	1849	0.892	0.206	0.90	367	27	19.85	125.34	3.2
G514	药物生物技术	489	0.467	0.039	0.79	224	32	45.81	33.99	5.0
G977	药学服务与研究	428	0.513	0.097	0.94	172	23	40.19	30.37	4.5
G440	药学实践杂志	564	0.509	0.088	0.96	227	35	40.25	38.86	4.7
G008	药学学报	3585	1.771	0.328	0.83	502	16	14.00	242.96	4.5
G527	药学与临床研究	537	0.470	0.043	0.98	230	36	42.83	37.20	5.0
M023	冶金分析	1137	0.767	0.148	0.58	140	3	12.31	99.99	5.8
M047	冶金能源	248	0.413	0.098	0.77	75	4	30.24	23.86	4.9
C503	液晶与显示	768	1.050	0.160	0.57	140	3	18.23	73.26	3.2
N079	液压气动与密封	758	0.357	0.067	0.65	131	3	17.28	70.21	4.7
N035	液压与气动	2685	2.014	0.226	0.47	213	1	7.93	242.52	3.1
G605	医疗卫生装备	1551	0.818	0.142	0.71	320	6	20.63	128.18	4.3
G482	医学动物防制	989	0.531	0.072	0.75	216	8	21.84	76.64	3.8
G333	医学分子生物学杂志	412	1.114	0.188	0.93	141	9	34.22	30.34	3.0
G281	医学研究生学报	1716	1.169	0.161	0.75	474	36	27.62	127.72	4.0
G480	医学研究杂志	1656	0.520	0.073	0.96	513	78	30.98	119.59	4.2
G265	医学影像学杂志	2532	0.589	0.046	0.68	363	8	14.34	204.51	4.1
G964	医学与社会	1797	1.185	0.187	0.77	276	11	15.36	140.86	3.0
G308	医学与哲学	2498	0.786	0.171	0.80	466	19	18.65	193.22	4.5
G860	医学综述	4504	0.885	0.151	0.96	722	87	16.03	323.62	3.7
G844	医药导报	2109	1.164	0.234	0.88	433	29	20.53	146.57	3.5
G088	医用生物力学	765	0.851	0.120	0.63	207	7	27.06	63.73	4.8
N074	仪表技术与传感器	1515	0.758	0.043	0.81	299	15	19.74	140.41	4.1
N066	仪器仪表学报	5292	2.739	0.421	0.84	528	10	9.98	483.36	3.9

表 4-1　2021 年中国科技核心期刊（中文）被引用指标刊名字顺索引（续）

CODE	刊名	核心总被引频次	核心影响因子	核心即年指标	核心他引率	核心引用刊数	核心开放因子	核心扩散因子	核心权威因子	核心被引半衰期
F024	遗传	1387	1.170	0.426	0.93	416	45	29.99	98.35	7.9
G455	疑难病杂志	1502	1.082	0.201	0.83	356	32	23.70	107.38	3.2
T104	印染助剂	417	0.402	0.073	0.73	120	8	28.78	44.62	4.6
G089	营养学报	1384	0.861	0.046	0.96	394	38	28.47	98.53	8.0
D014	影像科学与光化学	226	0.548	0.087	0.95	162	49	71.68	19.01	1.9
G649	影像诊断与介入放射学	384	0.556	0.100	0.74	129	8	33.59	31.43	4.5
B008	应用概率统计	115	0.167	0.000	0.87	67	15	58.26	10.96	8.8
C109	应用光学	937	0.785	0.088	0.75	183	7	19.53	86.10	4.9
E123	应用海洋学学报	658	0.649	0.205	0.90	191	19	29.03	52.57	8.4
T949	应用化工	2361	0.642	0.093	0.83	501	36	21.22	213.18	3.7
D016	应用化学	700	0.548	0.141	0.92	253	35	36.14	64.09	5.4
A580	应用基础与工程科学学报	1148	0.752	0.154	0.84	403	42	35.10	97.32	6.1
R033	应用激光	893	0.782	0.025	0.73	175	7	19.60	83.94	4.1
X693	应用科技	279	0.436	0.108	0.80	148	21	53.05	25.91	3.7
A015	应用科学学报	440	1.170	0.098	0.93	235	42	53.41	40.05	3.8
F035	应用昆虫学报	2151	1.118	0.048	0.86	256	8	11.90	152.22	8.9
C008	应用力学学报	1293	0.704	0.050	0.64	329	13	25.44	119.62	4.0
E122	应用气象学报	2435	3.141	0.741	0.76	277	9	11.38	192.61	8.5
Z018	应用生态学报	13804	2.737	0.494	0.91	626	38	4.53	1013.64	6.9
C052	应用声学	558	0.584	0.059	0.88	198	17	35.48	52.87	5.5
B011	应用数学	157	0.207	0.010	0.90	70	10	44.59	15.25	4.7
B020	应用数学和力学	648	0.753	0.133	0.74	242	23	37.35	61.13	5.2
B001	应用数学学报	268	0.390	0.048	0.96	102	14	38.06	26.16	7.0
F100	应用与环境生物学报	2183	1.356	0.404	0.87	384	43	17.59	159.37	5.6
M014	硬质合金	310	0.472	0.133	0.60	62	3	20.00	31.69	6.4
L027	油气储运	1934	1.314	0.397	0.61	246	4	12.72	181.23	4.8
L504	油气地质与采收率	1656	2.636	0.240	0.85	160	10	9.66	139.37	4.8
L033	油田化学	968	0.677	0.031	0.74	106	5	10.95	88.12	6.1
E051	铀矿地质	1037	0.805	0.128	0.70	100	6	9.64	83.63	12.1
K020	铀矿冶	296	0.333	0.048	0.74	67	2	22.64	26.86	9.4
T916	有机硅材料	423	0.618	0.069	0.60	80	3	18.91	45.74	6.4
D025	有机化学	2254	1.050	0.342	0.45	231	1	10.25	205.02	3.0
M036	有色金属工程	931	0.827	0.129	0.76	193	9	20.73	85.45	4.3
M504	有色金属科学与工程	718	0.733	0.113	0.79	169	10	23.54	66.57	5.6
K013	有色金属矿山部分	591	0.695	0.207	0.73	117	4	19.80	51.81	4.4
K580	有色金属选矿部分	943	0.977	0.210	0.72	78	4	8.27	86.03	5.0
M020	有色金属冶炼部分	1070	0.776	0.319	0.64	143	4	13.36	99.80	3.9
H998	渔业科学进展	1281	1.057	0.244	0.77	149	10	11.63	95.41	5.9
H220	渔业现代化	576	1.078	0.188	0.69	133	9	23.09	44.66	5.6
Y020	宇航材料工艺	722	0.549	0.018	0.85	198	24	27.42	72.44	8.4
Y008	宇航计测技术	262	0.250	0.021	0.82	125	19	47.71	24.80	6.2
Y024	宇航学报	2384	1.374	0.107	0.72	284	13	11.91	233.70	6.9
H909	玉米科学	2423	1.296	0.236	0.86	189	17	7.80	166.47	7.4

表 4-1　2021 年中国科技核心期刊（中文）被引用指标刊名字顺索引（续）

CODE	刊名	核心总被引频次	核心影响因子	核心即年指标	核心他引率	核心引用刊数	核心开放因子	核心扩散因子	核心权威因子	核心被引半衰期
G479	预防医学	1889	1.185	0.250	0.79	349	13	18.48	145.25	3.2
G518	预防医学情报杂志	1277	0.684	0.114	0.88	276	10	21.61	99.61	3.8
H039	园艺学报	4420	1.783	0.191	0.88	243	15	5.50	301.64	7.5
C108	原子核物理评论	173	0.199	0.045	0.82	79	11	45.66	16.49	6.1
Q008	原子能科学技术	1286	0.428	0.117	0.77	251	8	19.52	126.40	5.8
A038	云南大学学报自然科学版	868	0.833	0.150	0.84	392	59	45.16	69.91	5.0
A654	云南民族大学学报自然科学版	212	0.397	0.081	0.86	142	36	66.98	17.29	3.6
H269	云南农业大学学报	1235	0.890	0.062	0.95	292	41	23.64	85.91	6.2
A053	云南师范大学学报自然科学版	219	0.395	0.167	0.81	135	28	61.64	18.60	4.6
B013	运筹学学报	110	0.280	0.060	0.82	60	10	54.55	10.82	4.6
B522	运筹与管理	1655	0.796	0.105	0.80	327	14	19.76	158.93	4.0
H989	杂草学报	611	1.554	0.089	0.73	103	6	16.86	42.56	8.7
H293	杂交水稻	811	0.433	0.130	0.64	98	4	12.08	55.56	7.5
E148	灾害学	1526	0.936	0.172	0.82	363	32	23.79	127.46	5.9
Y057	载人航天	564	0.518	0.009	0.85	150	13	26.60	54.84	5.5
U643	造纸科学与技术	249	0.534	0.096	0.51	85	2	34.14	25.94	3.1
C100	噪声与振动控制	1207	0.575	0.054	0.79	279	18	23.12	113.79	5.0
M043	轧钢	795	1.262	0.156	0.41	64	1	8.05	78.15	4.1
T569	粘接	694	0.348	0.055	0.78	140	5	20.17	74.46	3.0
Y521	战术导弹技术	638	1.037	0.120	0.86	133	10	20.85	62.53	3.9
A017	浙江大学学报工学版	2150	0.876	0.095	0.94	605	89	28.14	196.54	5.7
A002	浙江大学学报理学版	563	0.610	0.043	0.94	362	91	64.30	49.23	6.3
H035	浙江大学学报农业与生命科学版	934	1.000	0.160	0.98	281	49	30.09	66.36	8.1
G091	浙江大学学报医学版	578	1.136	0.030	0.99	331	81	57.27	42.80	3.8
J016	浙江工业大学学报	605	0.769	0.078	0.63	258	15	42.64	54.42	4.7
H019	浙江农林大学学报	1441	1.170	0.166	0.88	295	25	20.47	106.55	5.8
H201	浙江农业学报	1743	0.969	0.100	0.93	372	44	21.34	123.08	4.7
G810	浙江医学	1781	0.587	0.066	0.96	524	78	29.42	132.41	3.1
G092	浙江中医药大学学报	1814	1.035	0.161	0.86	254	15	14.00	116.61	4.9
G093	针刺研究	2422	2.082	0.263	0.83	236	11	9.74	154.71	4.1
G488	针灸临床杂志	2412	1.268	0.126	0.91	199	13	8.25	152.75	4.6
N086	真空	368	0.325	0.058	0.70	135	13	36.68	36.52	7.3
C038	真空与低温	232	0.324	0.112	0.78	97	9	41.81	22.78	5.9
G259	诊断病理学杂志	738	0.404	0.023	0.79	226	17	30.62	57.40	4.7
G615	诊断学理论与实践	464	0.583	0.104	0.96	262	61	56.47	34.75	4.1
Y010	振动测试与诊断	1310	0.749	0.111	0.84	290	20	22.14	121.45	5.0
Y004	振动工程学报	1375	0.885	0.104	0.90	290	23	21.09	127.96	6.0
N030	振动与冲击	8115	1.087	0.116	0.78	578	29	7.12	754.77	5.0
E316	震灾防御技术	469	0.486	0.047	0.74	98	7	20.90	41.56	6.0
J012	郑州大学学报工学版	513	0.686	0.067	0.79	261	43	50.88	46.67	5.1
A019	郑州大学学报理学版	274	0.853	0.164	0.80	160	32	58.39	24.57	3.0
G036	郑州大学学报医学版	1095	1.046	0.142	0.91	376	46	34.34	81.27	3.4
G835	职业卫生与应急救援	500	0.671	0.124	0.82	98	4	19.60	39.70	3.2

表 4-1　2021 年中国科技核心期刊（中文）被引用指标刊名字顺索引（续）

CODE	刊名	核心总被引频次	核心影响因子	核心即年指标	核心他引率	核心引用刊数	核心开放因子	核心扩散因子	核心权威因子	核心被引半衰期
G884	职业与健康	2956	0.652	0.045	0.68	449	10	15.19	228.41	3.8
H577	植物保护	3634	2.101	0.197	0.88	272	16	7.48	252.69	4.8
H014	植物保护学报	2104	1.372	0.242	0.84	212	15	10.08	145.79	5.4
H052	植物病理学报	1319	0.810	0.254	0.90	181	21	13.72	90.59	9.0
H584	植物检疫	616	0.541	0.073	0.76	124	9	20.13	43.52	8.3
F008	植物科学学报	1105	0.880	0.137	0.97	245	34	22.17	78.84	6.7
F038	植物生理学报	3341	1.205	0.186	0.91	295	30	8.83	231.11	6.9
F009	植物生态学报	4883	2.058	0.361	0.95	362	18	7.41	355.81	10.4
F023	植物学报	1688	1.373	0.097	0.93	301	33	17.83	118.16	11.5
F050	植物研究	1179	0.983	0.294	0.92	242	26	20.53	83.70	6.7
H238	植物遗传资源学报	2596	1.965	0.478	0.84	196	14	7.55	176.37	5.6
H890	植物营养与肥料学报	6718	2.632	0.213	0.90	310	21	4.61	468.81	7.0
Z551	植物资源与环境学报	773	1.291	0.224	0.87	213	26	27.55	54.62	7.2
N091	指挥控制与仿真	668	0.545	0.095	0.86	129	6	19.31	64.84	4.9
N094	指挥与控制学报	377	1.369	0.155	0.56	65	2	17.24	37.88	3.6
U011	制冷学报	716	0.763	0.066	0.71	144	7	20.11	66.65	5.1
U640	制冷与空调(四川)	277	0.313	0.051	0.62	87	3	31.41	27.20	5.5
N046	制造技术与机床	1159	0.438	0.051	0.82	218	10	18.81	110.06	4.2
S023	制造业自动化	1220	0.367	0.051	0.88	319	30	26.15	113.80	5.1
C034	质谱学报	613	1.065	0.115	0.85	188	20	30.67	45.26	5.3
R072	智慧电力	2524	4.210	0.745	0.83	167	6	6.62	223.14	2.3
S052	智能系统学报	920	1.306	0.141	0.91	307	32	33.37	85.62	3.4
G007	中草药	13553	2.809	0.523	0.85	658	19	4.86	899.71	4.0
G520	中成药	5622	1.352	0.189	0.90	512	25	9.11	373.82	4.4
G546	中国 CT 和 MRI 杂志	2406	0.658	0.131	0.63	323	7	13.42	193.87	3.7
Q940	中国癌症防治杂志	374	0.837	0.193	0.88	184	36	49.20	28.12	2.8
G538	中国癌症杂志	1606	2.519	0.290	0.97	392	67	24.41	121.96	3.5
G985	中国艾滋病性病	2471	1.105	0.122	0.73	205	7	8.30	189.29	3.8
G129	中国安全科学学报	3759	1.455	0.126	0.72	511	10	13.59	335.12	5.1
Z552	中国安全生产科学技术	2531	1.059	0.097	0.81	416	14	16.44	224.38	4.5
F048	中国比较医学杂志	1308	0.929	0.119	0.84	372	26	28.44	92.86	3.8
N103	中国表面工程	805	0.744	0.057	0.85	162	8	20.12	78.49	5.4
G750	中国病案	1591	0.700	0.033	0.50	252	1	15.84	122.64	3.5
G769	中国病毒病杂志	720	2.013	0.241	0.88	230	23	31.94	54.47	3.2
G096	中国病理生理杂志	2465	1.307	0.198	0.80	471	36	19.11	172.56	3.8
G339	中国病原生物学杂志	1425	0.724	0.082	0.82	336	17	23.58	107.71	4.0
M053	中国材料进展	1060	0.793	0.093	0.95	289	30	27.26	102.82	6.6
H213	中国草地学报	1992	2.233	0.357	0.73	208	4	10.44	135.67	5.6
N830	中国测试	1470	1.108	0.159	0.68	401	16	27.28	131.06	3.0
G097	中国超声医学杂志	2502	1.663	0.230	0.73	330	12	13.19	198.23	3.6
G529	中国卒中杂志	1355	1.097	0.234	0.89	315	44	23.25	99.01	3.7
G901	中国当代儿科杂志	1811	1.255	0.328	0.93	412	47	22.75	135.24	4.1
H939	中国稻米	1230	1.050	0.291	0.82	155	10	12.60	85.05	4.4

表 4-1 2021 年中国科技核心期刊（中文）被引用指标刊名字顺索引（续）

CODE	刊名	核心总被引频次	核心影响因子	核心即年指标	核心他引率	核心引用刊数	核心开放因子	核心扩散因子	核心权威因子	核心被引半衰期
E351	中国地震	805	0.810	0.035	0.87	105	6	13.04	70.33	8.9
E654	中国地质	3872	1.927	0.690	0.91	305	15	7.88	311.94	7.6
E169	中国地质调查	373	0.878	0.159	0.82	117	10	31.37	30.56	3.4
E604	中国地质灾害与防治学报	1122	1.564	0.257	0.77	214	13	19.07	93.77	5.4
R040	中国电机工程学报	23199	3.744	0.787	0.81	606	10	2.61	2072.76	5.2
R511	中国电力	3129	2.064	0.593	0.85	328	14	10.48	280.79	3.3
G234	中国动脉硬化杂志	1474	1.448	0.238	0.87	358	42	24.29	104.46	3.6
H891	中国动物传染病学报	399	0.628	0.240	0.79	90	6	22.56	27.70	3.7
G825	中国儿童保健杂志	2001	1.083	0.128	0.84	365	30	18.24	153.21	4.1
G270	中国耳鼻咽喉颅底外科杂志	477	0.449	0.075	0.86	189	19	39.62	36.88	4.3
G543	中国耳鼻咽喉头颈外科	1016	0.736	0.095	0.84	271	18	26.67	78.20	4.7
G100	中国法医学杂志	657	0.465	0.134	0.63	156	2	23.74	60.54	5.4
G290	中国防痨杂志	1830	1.419	0.521	0.68	247	7	13.50	141.10	4.0
V023	中国非金属矿工业导刊	515	0.614	0.225	0.58	120	3	23.30	47.08	8.3
G320	中国肺癌杂志	1532	1.996	0.198	0.97	373	56	24.35	115.16	3.7
G402	中国分子心脏病学杂志	271	0.470	0.047	0.78	121	18	44.65	19.67	3.7
V568	中国粉体技术	354	0.413	0.222	0.86	173	30	48.87	32.24	6.0
G587	中国辐射卫生	990	1.033	0.079	0.55	128	2	12.93	83.65	4.1
M007	中国腐蚀与防护学报	874	1.110	0.158	0.80	171	5	19.57	85.38	7.3
G456	中国妇产科临床杂志	1138	1.032	0.159	0.95	286	32	25.13	84.12	3.4
G687	中国妇幼健康研究	1647	0.740	0.112	0.86	368	38	22.34	123.05	4.0
G475	中国肝脏病杂志电子版	382	1.026	0.302	0.84	145	14	37.96	27.86	4.3
G631	中国感染控制杂志	2091	2.028	0.680	0.91	399	34	19.08	158.54	3.3
G337	中国感染与化疗杂志	1487	2.314	0.253	0.94	309	30	20.78	109.90	3.6
X035	中国港湾建设	801	0.445	0.090	0.41	106	1	13.23	76.24	5.8
V036	中国给水排水	3538	0.728	0.062	0.78	367	7	10.37	305.23	5.4
N089	中国工程机械学报	451	0.681	0.041	0.93	193	31	42.79	42.15	4.0
N754	中国工程科学	1930	1.644	0.528	0.97	784	147	40.62	170.12	6.2
G244	中国工业医学杂志	730	0.555	0.144	0.85	155	5	21.23	57.79	4.5
G102	中国公共卫生	4323	1.558	0.300	0.88	651	27	15.06	332.22	4.5
X031	中国公路学报	3762	2.018	0.328	0.81	403	21	10.71	343.72	4.4
G103	中国骨伤	1880	1.240	0.362	0.79	284	14	15.11	136.51	4.3
G249	中国骨与关节损伤杂志	2654	1.207	0.134	0.64	258	6	9.72	199.40	3.1
G857	中国骨与关节杂志	787	0.775	0.106	0.94	221	26	28.08	59.27	3.8
G663	中国骨质疏松杂志	3516	1.885	0.145	0.75	400	21	11.38	248.06	3.7
W021	中国管理科学	3701	1.780	0.279	0.79	421	11	11.38	366.82	4.8
N104	中国惯性技术学报	1093	1.252	0.106	0.77	190	13	17.38	104.25	4.6
C099	中国光学	942	1.566	0.172	0.86	197	6	20.91	87.51	3.3
G637	中国国境卫生检疫杂志	362	0.428	0.040	0.72	109	8	30.11	29.11	4.9
H215	中国果树	1135	0.869	0.194	0.74	159	9	14.01	77.30	4.4
L013	中国海上油气	1757	1.256	0.280	0.82	188	15	10.70	148.25	6.1
E313	中国海洋大学学报自然科学版	1812	0.739	0.137	0.95	444	34	24.50	144.08	8.0
L026	中国海洋平台	271	0.155	0.019	0.76	89	8	32.84	25.42	8.2

表 4-1 2021 年中国科技核心期刊（中文）被引用指标刊名字顺索引（续）

CODE	刊名	核心总被引频次	核心影响因子	核心即年指标	核心他引率	核心引用刊数	核心开放因子	核心扩散因子	核心权威因子	核心被引半衰期
G104	中国海洋药物	376	0.591	0.082	0.87	146	18	38.83	26.63	6.5
X039	中国航海	556	0.860	0.036	0.85	139	8	25.00	52.23	4.7
G973	中国呼吸与危重监护杂志	886	1.404	0.106	0.91	302	43	34.09	65.00	3.7
G417	中国护理管理	4078	1.737	0.195	0.89	338	8	8.29	303.50	3.9
Z030	中国环境监测	1742	1.482	0.220	0.87	367	19	21.07	142.27	5.8
Z001	中国环境科学	8632	2.034	0.347	0.79	763	14	8.84	704.67	4.6
N059	中国机械工程	4312	1.304	0.164	0.90	521	27	12.08	405.53	6.0
A079	中国基础科学	233	0.192	0.020	1.00	170	54	72.96	19.97	6.9
R066	中国激光	5289	2.487	0.270	0.74	379	3	7.17	477.70	3.1
R013	中国激光医学杂志	290	0.471	0.155	0.82	114	8	39.31	23.14	4.2
G852	中国急救复苏与灾害医学杂志	1191	0.763	0.065	0.50	205	2	17.21	89.85	3.1
G241	中国急救医学	1440	1.096	0.263	0.92	333	43	23.13	106.58	3.8
G192	中国脊柱脊髓杂志	1635	1.003	0.066	0.88	246	14	15.05	123.48	5.3
G105	中国寄生虫学与寄生虫病杂志	1399	1.743	0.304	0.69	141	3	10.08	111.18	3.7
G560	中国计划生育和妇产科	961	0.771	0.097	0.93	245	29	25.49	70.73	3.1
G907	中国计划生育学杂志	1706	0.953	0.087	0.76	281	16	16.47	126.06	2.8
G787	中国健康教育	1917	1.065	0.118	0.86	282	12	14.71	148.65	4.3
N108	中国舰船研究	827	0.924	0.190	0.76	172	4	20.80	79.59	3.9
T075	中国胶粘剂	656	0.601	0.069	0.74	140	6	21.34	69.20	5.1
G233	中国矫形外科杂志	2921	0.799	0.084	0.86	349	17	11.95	218.69	4.5
G239	中国介入心脏病学杂志	921	1.132	0.281	0.85	221	22	24.00	67.98	4.1
G206	中国介入影像与治疗学	909	1.078	0.228	0.81	232	16	25.52	72.17	3.5
G323	中国康复	1330	1.531	0.120	0.78	274	13	20.60	96.42	3.8
G400	中国康复理论与实践	2725	1.486	0.243	0.82	425	22	15.60	198.27	4.7
G106	中国康复医学杂志	3405	1.333	0.129	0.88	466	28	13.69	247.27	4.9
G107	中国抗生素杂志	1247	0.961	0.208	0.87	351	38	28.15	90.57	3.8
A098	中国科技论坛	1735	1.049	0.205	0.88	325	15	18.73	173.60	4.2
A108	中国科学 地球科学	5120	2.568	0.565	0.93	473	31	9.24	416.00	9.3
A106	中国科学 化学	1189	0.651	0.226	0.94	438	66	36.84	102.15	8.9
A109	中国科学 技术科学	1599	1.136	0.443	0.92	529	72	33.08	147.65	6.3
A107	中国科学 生命科学	1446	1.655	0.448	0.96	561	88	38.80	105.20	4.5
A105	中国科学 数学	329	0.371	0.079	0.94	161	28	48.94	33.28	5.4
A103	中国科学 物理学力学天文学	875	0.896	0.119	0.91	324	44	37.03	82.63	4.9
Z317	中国科学 信息科学	1063	1.575	0.160	0.92	375	57	35.28	100.76	4.0
A081	中国科学基金	778	1.712	0.207	0.89	299	31	38.43	68.77	3.5
A007	中国科学技术大学学报	441	0.188	0.012	0.99	301	84	68.25	39.97	8.7
A102	中国科学院大学学报	588	0.652	0.063	0.88	349	79	59.35	50.41	5.7
A636	中国科学院院刊	2594	2.662	0.684	0.95	737	83	28.41	221.70	3.8
Y003	中国空间科学技术	613	1.280	0.246	0.62	140	5	22.84	61.23	5.3
G441	中国口腔颌面外科杂志	436	0.615	0.074	0.90	159	16	36.47	36.02	4.3
K030	中国矿业	2350	0.831	0.209	0.85	382	19	16.26	204.43	4.7
K015	中国矿业大学学报	3246	2.183	0.521	0.87	403	13	12.42	273.48	6.3
U001	中国粮油学报	2977	1.190	0.197	0.84	305	9	10.25	197.78	5.6

表 4-1 2021 年中国科技核心期刊（中文）被引用指标刊名字顺索引（续）

CODE	刊名	核心总被引频次	核心影响因子	核心即年指标	核心他引率	核心引用刊数	核心开放因子	核心扩散因子	核心权威因子	核心被引半衰期
G447	中国临床保健杂志	802	0.828	0.057	0.87	281	42	35.04	57.55	3.3
G108	中国临床解剖学杂志	879	0.611	0.080	0.86	266	24	30.26	67.62	5.7
G536	中国临床神经科学	537	0.684	0.177	0.73	218	26	40.60	39.25	5.1
G794	中国临床神经外科杂志	944	0.695	0.132	0.71	236	14	25.00	73.71	3.3
G221	中国临床心理学杂志	3004	1.319	0.151	0.75	347	12	11.55	262.81	6.1
G754	中国临床研究	1512	0.724	0.071	0.89	421	54	27.84	111.04	3.3
G870	中国临床药理学与治疗学	1454	1.027	0.209	0.90	372	39	25.58	100.26	5.0
G109	中国临床药理学杂志	4304	1.008	0.156	0.84	564	40	13.10	301.37	3.1
G544	中国临床药学杂志	297	0.441	0.064	0.93	143	23	48.15	21.05	3.9
G814	中国临床医生杂志	2609	1.254	0.171	0.89	481	40	18.44	189.22	3.0
G974	中国临床医学	841	0.822	0.067	0.91	397	80	47.21	63.01	3.6
G304	中国临床医学影像杂志	1274	0.946	0.072	0.88	288	18	22.61	101.53	4.0
G110	中国麻风皮肤病杂志	805	0.578	0.081	0.77	208	7	25.84	59.43	4.5
H212	中国麻业科学	347	0.682	0.040	0.59	81	3	23.34	25.23	8.0
G613	中国慢性病预防与控制	1863	1.463	0.194	0.89	368	23	19.75	140.58	3.8
G598	中国媒介生物学及控制杂志	1668	1.470	0.204	0.68	132	2	7.91	135.86	5.1
K579	中国煤炭	1104	0.765	0.355	0.88	195	8	17.66	94.07	3.9
K037	中国煤炭地质	923	0.358	0.036	0.74	174	7	18.85	75.70	6.8
G582	中国煤炭工业医学杂志	595	0.554	0.048	0.98	242	35	40.67	42.57	4.9
G428	中国美容医学	2083	0.689	0.049	0.54	303	2	14.55	166.92	3.5
G297	中国美容整形外科杂志	909	0.611	0.115	0.75	171	3	18.81	73.62	3.8
K036	中国锰业	363	0.274	0.108	0.67	116	8	31.96	31.99	4.8
H211	中国棉花	940	0.712	0.248	0.58	102	2	10.85	65.57	5.0
G111	中国免疫学杂志	2897	1.252	0.151	0.87	537	55	18.54	205.27	2.8
K550	中国钼业	275	0.258	0.092	0.73	72	6	26.18	26.49	8.5
G303	中国男科学杂志	569	0.529	0.123	0.88	161	11	28.30	40.72	5.5
H273	中国南方果树	1426	0.836	0.082	0.79	158	10	11.08	97.46	5.8
G422	中国脑血管病杂志	1053	1.842	0.134	0.93	284	44	26.97	78.43	3.5
G277	中国内镜杂志	1438	1.116	0.173	0.91	324	47	22.53	109.68	4.0
R524	中国能源	577	1.133	0.428	0.79	219	24	37.95	51.38	3.1
U609	中国酿造	4010	1.342	0.230	0.70	291	5	7.26	258.59	4.2
W005	中国农村水利水电	2370	0.750	0.104	0.81	383	13	16.16	189.62	4.5
H958	中国农学通报	9296	0.837	0.117	0.92	659	48	7.09	657.79	7.4
H027	中国农业大学学报	2665	1.348	0.218	0.94	479	49	17.97	196.24	4.6
H567	中国农业科技导报	1762	1.146	0.171	0.94	358	42	20.32	124.39	4.4
H030	中国农业科学	12035	2.111	0.329	0.93	502	35	4.17	832.67	7.4
H210	中国农业气象	1711	1.794	0.230	0.84	265	20	15.49	124.04	8.0
H221	中国农业资源与区划	3019	1.451	0.281	0.76	395	18	13.08	238.30	3.5
G311	中国皮肤性病学杂志	1529	0.639	0.154	0.83	314	14	20.54	111.83	4.7
U020	中国皮革	723	0.743	0.265	0.49	89	1	12.31	86.82	4.5
G226	中国普通外科杂志	1767	1.447	0.264	0.79	341	25	19.30	137.40	3.7
G269	中国普外基础与临床杂志	1168	0.773	0.157	0.81	312	27	26.71	91.42	3.7
G776	中国全科医学	7468	1.681	0.587	0.90	722	64	9.67	550.99	3.6

表 4-1 2021 年中国科技核心期刊（中文）被引用指标刊名字顺索引（续）

CODE	刊名	核心总被引频次	核心影响因子	核心即年指标	核心他引率	核心引用刊数	核心开放因子	核心扩散因子	核心权威因子	核心被引半衰期
H081	中国热带农业	450	0.451	0.064	0.86	104	7	23.11	31.20	6.0
G629	中国热带医学	1747	1.123	0.197	0.82	335	12	19.18	134.31	3.8
Z546	中国人口资源与环境	6716	3.545	0.399	0.90	622	36	9.26	611.02	5.5
G112	中国人兽共患病学报	1264	0.833	0.106	0.89	257	18	20.33	95.18	5.1
U052	中国乳品工业	1023	0.718	0.091	0.85	126	6	12.32	67.45	5.9
S825	中国软科学	4490	2.797	0.282	0.93	537	40	11.96	454.61	5.4
H793	中国森林病虫	470	0.807	0.352	0.82	106	10	22.55	33.85	6.6
E124	中国沙漠	3280	1.637	0.340	0.81	368	15	11.22	248.62	8.0
G366	中国社会医学杂志	753	0.744	0.097	0.86	221	22	29.35	57.20	3.8
G114	中国神经精神疾病杂志	1022	0.740	0.074	0.89	320	46	31.31	76.72	5.3
G242	中国神经免疫学和神经病学杂志	508	0.848	0.192	0.94	211	37	41.54	36.80	3.9
H555	中国生态农业学报中英文版	4783	2.446	0.465	0.94	446	34	9.32	344.56	6.5
H044	中国生物防治学报	1592	1.418	0.200	0.82	200	14	12.56	110.99	6.1
F255	中国生物工程杂志	922	0.723	0.193	0.96	376	55	40.78	66.66	5.7
F002	中国生物化学与分子生物学报	845	0.794	0.166	0.93	365	61	43.20	60.25	4.2
G115	中国生物医学工程学报	551	0.799	0.069	0.93	258	34	46.82	46.66	5.0
G258	中国生物制品学杂志	883	0.428	0.059	0.83	268	20	30.35	65.37	4.9
G715	中国生育健康杂志	486	0.695	0.112	0.97	218	37	44.86	36.09	3.2
L001	中国石油大学学报自然科学版	2001	1.363	0.061	0.85	318	20	15.89	171.70	8.2
L532	中国石油勘探	2221	5.901	0.842	0.80	147	10	6.62	180.75	3.2
F047	中国实验动物学报	733	0.880	0.173	0.91	270	28	36.83	51.48	4.4
G604	中国实验方剂学杂志	11901	2.479	0.680	0.90	623	20	5.23	780.25	4.1
G883	中国实验血液学杂志	1566	0.827	0.114	0.80	353	29	22.54	116.83	3.7
G853	中国实验诊断学	2254	0.581	0.075	0.97	536	72	23.78	166.54	3.6
G273	中国实用儿科杂志	1729	1.176	0.146	0.91	389	40	22.50	128.23	4.5
G228	中国实用妇科与产科杂志	3185	2.288	0.668	0.81	402	23	12.62	236.22	3.4
G305	中国实用护理杂志	2749	0.757	0.110	0.88	344	11	12.51	203.61	4.1
G867	中国实用口腔科杂志	766	0.570	0.218	0.77	160	8	20.89	65.63	4.7
G267	中国实用内科杂志	2637	1.070	0.162	0.94	502	78	19.04	190.43	3.8
G686	中国实用神经疾病杂志	2312	0.920	0.342	0.68	383	23	16.57	167.82	3.8
G272	中国实用外科杂志	4302	2.528	0.496	0.87	471	25	10.95	338.07	3.8
U635	中国食品添加剂	1471	0.766	0.174	0.89	256	8	17.40	98.92	5.0
G429	中国食品卫生杂志	1303	1.230	0.113	0.88	239	9	18.34	93.41	5.2
U007	中国食品学报	3926	1.277	0.166	0.91	399	7	10.16	259.60	4.5
U563	中国食物与营养	1499	0.786	0.163	0.94	373	27	24.88	103.83	5.4
H317	中国兽药杂志	593	0.514	0.043	0.82	156	12	26.31	40.89	5.4
H326	中国兽医科学	1033	0.739	0.192	0.76	161	7	15.59	70.38	4.6
H225	中国兽医学报	1865	0.891	0.070	0.72	230	6	12.33	124.98	3.8
H207	中国蔬菜	1651	0.725	0.215	0.80	208	16	12.60	114.03	5.8
G796	中国输血杂志	2117	0.707	0.114	0.58	228	2	10.77	165.26	4.8
G926	中国数字医学	1687	0.731	0.151	0.80	318	10	18.85	132.66	3.4
H290	中国水产科学	1905	1.266	0.204	0.87	197	11	10.34	141.33	8.0
H020	中国水稻科学	1865	2.661	0.565	0.93	191	16	10.24	128.47	8.4

表 4-1 2021年中国科技核心期刊（中文）被引用指标刊名字顺索引（续）

CODE	刊名	核心总被引频次	核心影响因子	核心即年指标	核心他引率	核心引用刊数	核心开放因子	核心扩散因子	核心权威因子	核心被引半衰期
W557	中国水利水电科学研究院学报	545	1.023	0.225	0.74	170	10	31.19	44.56	5.0
H295	中国水土保持科学	1301	1.188	0.105	0.90	254	19	19.52	98.22	6.5
T022	中国塑料	1337	0.850	0.183	0.84	223	5	16.68	140.02	4.6
G211	中国糖尿病杂志	1666	1.170	0.186	0.95	400	59	24.01	120.59	4.7
G521	中国疼痛医学杂志	1886	1.353	0.311	0.77	348	31	18.45	134.64	4.4
G444	中国体外循环杂志	352	0.961	0.136	0.77	113	14	32.10	26.69	2.9
U501	中国调味品	3934	1.738	0.255	0.47	224	1	5.69	241.84	3.1
X004	中国铁道科学	1652	1.269	0.153	0.83	284	13	17.19	151.20	7.8
G437	中国听力语言康复科学杂志	340	0.426	0.099	0.74	97	5	28.53	27.10	4.3
R083	中国图象图形学报	1940	1.506	0.172	0.87	408	28	21.03	178.07	4.4
H350	中国土地科学	2970	3.475	0.404	0.81	318	15	10.71	252.08	3.8
H233	中国土壤与肥料	2906	1.947	0.137	0.86	266	21	9.15	204.07	5.3
G373	中国微创外科杂志	1841	1.237	0.129	0.85	355	40	19.28	142.59	3.9
G959	中国微侵袭神经外科杂志	663	0.675	0.122	0.74	180	12	27.15	51.70	3.9
G517	中国微生态学杂志	1813	0.956	0.097	0.89	459	53	25.32	127.15	3.9
S725	中国卫生经济	2285	1.414	0.259	0.77	265	7	11.60	179.64	3.9
G253	中国卫生统计	2435	1.165	0.131	0.88	517	29	21.23	188.57	5.1
G540	中国卫生信息管理杂志	905	1.138	0.190	0.70	155	5	17.13	71.86	3.5
G716	中国卫生政策研究	1423	1.672	0.237	0.90	248	11	17.43	112.51	4.2
G752	中国卫生质量管理	1170	1.116	0.144	0.60	173	5	14.79	90.13	3.1
G541	中国卫生资源	850	1.600	0.226	0.82	189	10	22.24	67.03	3.4
K035	中国钨业	428	0.585	0.047	0.68	84	4	19.63	40.27	6.4
M022	中国稀土学报	928	0.973	0.135	0.75	208	8	22.41	86.46	5.8
F025	中国细胞生物学学报	945	0.574	0.091	0.92	401	70	42.43	66.81	4.1
G841	中国现代普通外科进展	870	0.718	0.105	0.89	254	29	29.20	66.93	3.5
G623	中国现代神经疾病杂志	766	0.654	0.147	0.94	311	55	40.60	56.62	4.1
G885	中国现代手术学杂志	253	0.464	0.032	0.92	138	32	54.55	19.53	3.6
G237	中国现代医学杂志	2994	0.835	0.128	0.98	624	79	20.84	219.43	3.8
G849	中国现代应用药学	2740	1.134	0.168	0.78	421	16	15.36	186.51	3.0
G377	中国现代中药	2258	1.230	0.183	0.87	336	17	14.88	150.01	4.1
G284	中国消毒学杂志	1706	0.950	0.054	0.66	291	8	17.06	132.63	4.0
G765	中国小儿急救医学	962	0.869	0.134	0.75	237	21	24.64	72.49	3.5
G845	中国小儿血液与肿瘤杂志	221	0.467	0.011	0.90	126	26	57.01	16.65	4.3
G298	中国斜视与小儿眼科杂志	237	0.414	0.047	0.86	71	6	29.96	18.65	5.4
G117	中国心理卫生杂志	2720	1.129	0.216	0.92	410	24	15.07	218.14	9.1
G718	中国心血管病研究	871	0.715	0.197	0.82	239	24	27.44	64.09	3.3
G380	中国心血管杂志	1520	3.805	1.015	0.83	340	38	22.37	111.11	2.5
G203	中国心脏起搏与心电生理杂志	570	0.676	0.058	0.73	165	14	28.95	41.81	3.8
G250	中国新药与临床杂志	939	0.953	0.175	0.93	312	39	33.23	66.34	4.0
G747	中国新药杂志	3088	0.997	0.182	0.92	521	30	16.87	215.97	4.6
G727	中国性科学	1791	0.589	0.054	0.77	293	21	16.36	129.43	3.6
G232	中国胸心血管外科临床杂志	954	0.803	0.258	0.89	305	45	31.97	73.04	3.2
G118	中国修复重建外科杂志	1877	1.132	0.212	0.96	322	22	17.16	143.48	3.8

表4-1 2021年中国科技核心期刊（中文）被引用指标刊名字顺索引（续）

CODE	刊名	核心总被引频次	核心影响因子	核心即年指标	核心他引率	核心引用刊数	核心开放因子	核心扩散因子	核心权威因子	核心被引半衰期
H294	中国畜牧兽医	2954	0.932	0.109	0.81	286	6	9.68	195.44	4.6
H242	中国畜牧杂志	2716	0.916	0.268	0.83	234	4	8.62	178.30	4.6
G908	中国学校卫生	3510	1.026	0.231	0.76	327	9	9.32	281.63	4.1
G464	中国血管外科杂志电子版	440	0.675	0.080	0.88	161	13	36.59	34.06	4.4
G675	中国血吸虫病防治杂志	1292	1.522	0.590	0.62	134	2	10.37	104.39	3.7
G633	中国血液净化	1183	1.089	0.108	0.85	246	21	20.79	86.92	3.7
G119	中国循环杂志	4406	6.064	0.489	0.91	554	53	12.57	321.56	2.8
G756	中国循证儿科杂志	806	1.041	0.069	0.96	293	44	36.35	60.79	5.0
G645	中国循证心血管医学杂志	1936	0.968	0.074	0.89	403	44	20.82	139.80	3.4
G396	中国循证医学杂志	2417	1.831	0.296	0.93	502	51	20.77	174.91	4.3
H208	中国烟草科学	1431	1.659	0.129	0.83	157	10	10.97	99.18	7.0
U647	中国烟草学报	1242	1.223	0.075	0.87	170	9	13.69	87.40	6.5
E303	中国岩溶	1421	0.983	0.210	0.69	230	13	16.19	112.47	7.6
G619	中国眼耳鼻喉科杂志	399	0.517	0.076	0.93	167	25	41.85	30.80	4.5
G318	中国药房	6200	1.465	0.257	0.92	664	33	10.71	428.80	4.5
G120	中国药科大学学报	721	0.668	0.170	0.89	247	28	34.26	49.91	7.1
G121	中国药理学通报	3273	1.574	0.220	0.88	516	37	15.77	223.40	4.4
G122	中国药理学与毒理学杂志	1098	1.836	0.035	0.98	337	41	30.69	75.19	4.5
G878	中国药师	2640	0.765	0.161	0.86	435	25	16.48	182.11	3.9
G913	中国药事	1104	0.702	0.126	0.87	242	15	21.92	77.90	4.6
G220	中国药物化学杂志	311	0.362	0.037	0.93	121	18	38.91	22.36	8.2
G227	中国药物警戒	1233	0.961	0.135	0.76	234	12	18.98	85.59	4.7
G248	中国药物依赖性杂志	319	0.488	0.068	0.73	124	11	38.87	25.26	5.9
G713	中国药物应用与监测	512	0.774	0.108	0.73	134	9	26.17	35.99	4.0
G009	中国药学杂志	3248	0.963	0.102	0.90	514	24	15.83	222.54	6.1
G755	中国药业	2769	0.653	0.067	0.77	433	22	15.64	191.56	3.9
M628	中国冶金	1255	1.330	0.295	0.65	119	2	9.48	121.27	3.4
G809	中国医刊	1788	1.045	0.171	0.80	461	30	25.78	132.21	2.9
G123	中国医科大学学报	1170	0.853	0.079	0.99	438	80	37.44	86.81	3.7
G124	中国医疗器械杂志	432	0.533	0.098	0.89	154	8	35.65	35.46	4.3
G679	中国医疗设备	2237	0.754	0.105	0.65	383	6	17.12	184.36	3.6
G306	中国医师进修杂志	1011	0.784	0.155	0.76	290	26	28.68	75.94	3.3
G313	中国医师杂志	2001	0.891	0.131	0.81	438	37	21.89	148.39	3.0
G236	中国医学计算机成像杂志	557	0.636	0.036	0.85	160	9	28.73	44.93	4.2
G125	中国医学科学院学报	939	0.977	0.119	0.98	430	94	45.79	69.98	4.8
G471	中国医学前沿杂志电子版	1948	1.126	0.376	0.92	470	65	24.13	140.81	3.7
G622	中国医学物理学杂志	1003	0.736	0.071	0.89	314	21	31.31	81.92	3.4
G127	中国医学影像技术	3207	1.332	0.147	0.85	435	14	13.56	257.18	4.0
G193	中国医学影像学杂志	1487	1.132	0.088	0.78	283	12	19.03	119.45	4.0
S591	中国医学装备	1732	0.683	0.085	0.67	378	10	21.82	140.31	3.1
G519	中国医药	2496	1.453	0.290	0.91	481	30	19.27	179.39	2.6
G644	中国医药导报	6269	0.827	0.089	0.84	688	50	10.97	442.24	3.3
T019	中国医药工业杂志	1081	0.548	0.087	0.86	248	15	22.94	77.70	5.2

表4-1 2021年中国科技核心期刊（中文）被引用指标刊名字顺索引（续）

CODE	刊名	核心总被引频次	核心影响因子	核心即年指标	核心他引率	核心引用刊数	核心开放因子	核心扩散因子	核心权威因子	核心被引半衰期
G531	中国医药生物技术	297	0.562	0.057	0.95	200	52	67.34	21.67	3.8
Q918	中国医院	1660	0.969	0.316	0.76	214	8	12.89	128.45	3.6
G454	中国医院管理	3204	1.835	0.371	0.82	314	9	9.80	248.28	3.5
G243	中国医院药学杂志	3389	1.046	0.194	0.88	503	28	14.84	234.81	4.0
G625	中国医院用药评价与分析	1184	0.608	0.106	0.90	301	32	25.42	81.94	3.2
G314	中国疫苗和免疫	1649	1.797	0.289	0.78	160	6	9.70	127.83	4.0
G130	中国应用生理学杂志	855	0.732	0.397	0.62	254	14	29.71	61.02	4.8
G706	中国优生与遗传杂志	1188	0.301	0.007	0.89	287	29	24.16	88.88	4.5
H205	中国油料作物学报	1768	1.593	0.206	0.87	223	16	12.61	121.03	6.0
U032	中国油脂	2477	0.984	0.130	0.74	294	6	11.87	167.09	4.7
M028	中国有色金属学报	3380	1.111	0.188	0.82	354	14	10.47	320.95	6.8
H099	中国预防兽医学报	968	0.567	0.060	0.76	136	5	14.05	66.28	5.1
G753	中国预防医学杂志	1069	0.608	0.060	0.95	354	37	33.12	81.64	4.4
V039	中国园林	2770	1.104	0.213	0.67	241	4	8.70	246.14	5.3
X012	中国造船	757	0.613	0.020	0.88	156	7	20.61	72.03	7.4
U033	中国造纸学报	198	0.559	0.020	0.69	84	5	42.42	19.72	5.4
H204	中国沼气	514	0.649	0.059	0.76	112	9	21.79	40.11	5.7
G600	中国针灸	5331	1.976	0.328	0.87	281	12	5.27	338.15	5.7
H067	中国真菌学杂志	381	0.667	0.056	0.84	157	25	41.21	27.87	4.5
G945	中国职业医学	1326	1.339	0.248	0.70	200	3	15.08	105.62	4.0
G347	中国中西医结合耳鼻咽喉科杂志	424	0.502	0.025	0.87	154	19	36.32	30.64	4.0
G843	中国中西医结合急救杂志	1197	0.995	0.155	0.76	260	9	21.72	84.57	4.3
G757	中国中西医结合皮肤性病学杂志	789	0.637	0.051	0.91	178	19	22.56	54.48	4.0
G846	中国中西医结合肾病杂志	1996	0.909	0.033	0.74	290	16	14.53	134.07	4.5
G758	中国中西医结合外科杂志	963	0.745	0.123	0.93	297	40	30.84	66.92	3.6
G528	中国中西医结合消化杂志	1834	1.127	0.401	0.84	235	20	12.81	120.03	3.9
G182	中国中西医结合杂志	4747	1.818	0.351	0.96	450	23	9.48	311.87	5.9
G132	中国中药杂志	14865	2.970	0.973	0.82	723	15	4.86	981.31	4.6
G240	中国中医骨伤科杂志	1657	0.940	0.147	0.81	220	15	13.28	111.57	4.3
G632	中国中医基础医学杂志	4974	0.991	0.133	0.93	347	15	6.98	318.00	5.4
G524	中国中医急症	4300	1.042	0.122	0.87	333	18	7.74	278.20	4.2
G749	中国中医眼科杂志	948	1.088	0.190	0.51	124	2	13.08	63.56	3.6
G832	中国中医药信息杂志	3150	1.540	0.246	0.96	372	23	11.81	205.42	4.9
G642	中国肿瘤	2341	3.160	0.705	0.86	439	34	18.75	175.59	3.3
G133	中国肿瘤临床	2159	1.458	0.168	0.98	500	80	23.16	162.23	4.1
G255	中国肿瘤生物治疗杂志	840	0.969	0.180	0.87	307	41	36.55	61.30	2.9
G576	中国肿瘤外科杂志	365	0.788	0.104	0.88	186	35	50.96	27.64	3.0
G667	中国综合临床	555	0.618	0.190	0.98	233	42	41.98	40.97	4.3
G299	中国组织工程研究	6955	1.095	0.470	0.88	799	61	11.49	515.84	4.4
G134	中国组织化学与细胞化学杂志	317	0.379	0.010	0.94	182	41	57.41	23.02	4.7
G502	中华保健医学杂志	725	1.037	0.090	0.94	276	48	38.07	53.41	3.3
G135	中华病理学杂志	1846	1.446	0.249	0.80	387	23	20.96	144.30	3.8
G195	中华超声影像学杂志	1800	1.386	0.228	0.82	315	16	17.50	141.80	4.0

表 4-1 2021年中国科技核心期刊（中文）被引用指标刊名字顺索引（续）

CODE	刊名	核心总被引频次	核心影响因子	核心即年指标	核心他引率	核心引用刊数	核心开放因子	核心扩散因子	核心权威因子	核心被引半衰期
G136	中华传染病杂志	1278	1.588	0.302	0.91	322	36	25.20	96.16	3.4
G408	中华创伤骨科杂志	2133	1.589	0.209	0.86	249	11	11.67	162.68	4.2
G137	中华创伤杂志	1753	1.625	0.250	0.80	270	16	15.40	134.57	3.9
G098	中华地方病学杂志	1291	1.187	0.207	0.47	209	1	16.19	99.80	3.5
G138	中华儿科杂志	4329	2.343	0.303	0.96	499	44	11.53	323.49	5.8
G139	中华耳鼻咽喉头颈外科杂志	2608	1.258	0.181	0.88	365	15	14.00	201.12	6.0
G743	中华耳科学杂志	1379	1.145	0.106	0.65	197	4	14.29	109.50	4.0
G140	中华放射学杂志	3095	2.292	0.357	0.87	414	11	13.38	250.15	4.3
G141	中华放射医学与防护杂志	1259	1.120	0.241	0.83	248	11	19.70	102.77	4.3
G251	中华放射肿瘤学杂志	1464	0.941	0.132	0.87	270	14	18.44	115.88	4.2
G474	中华肺部疾病杂志电子版	877	0.847	0.121	0.72	283	26	32.27	64.71	3.5
G286	中华风湿病学杂志	1171	0.598	0.022	0.92	334	55	28.52	83.53	7.6
G142	中华妇产科杂志	3797	2.724	0.409	0.94	444	31	11.69	281.06	5.0
G689	中华妇幼临床医学杂志电子版	546	0.632	0.099	0.82	216	28	39.56	41.12	4.7
G262	中华肝胆外科杂志	1606	1.487	0.210	0.79	283	17	17.62	127.39	3.4
G231	中华肝脏病杂志	2509	2.347	0.302	0.87	420	29	16.74	186.05	3.7
G054	中华肝脏外科手术学电子杂志	461	0.893	0.132	0.82	146	16	31.67	36.59	3.0
G235	中华高血压杂志	1791	1.503	0.083	0.85	352	40	19.65	130.12	4.6
G143	中华骨科杂志	3110	2.070	0.252	0.88	329	16	10.58	232.58	4.4
G648	中华骨与关节外科杂志	1168	1.318	0.160	0.89	257	19	22.00	87.27	3.5
G728	中华骨质疏松和骨矿盐疾病杂志	931	1.475	0.052	0.91	279	33	29.97	68.16	4.3
G691	中华关节外科杂志电子版	946	0.789	0.070	0.90	239	20	25.26	69.24	5.7
G335	中华航海医学与高气压医学杂志	734	0.812	0.085	0.52	150	2	20.44	58.12	3.4
G145	中华核医学与分子影像杂志	883	0.892	0.474	0.71	204	9	23.10	71.70	3.7
G146	中华护理杂志	7073	2.724	0.337	0.87	474	7	6.70	525.66	4.7
G555	中华急诊医学杂志	2766	2.082	0.271	0.81	466	34	16.85	207.06	3.6
G302	中华疾病控制杂志	2850	1.555	0.300	0.93	462	23	16.21	218.35	3.9
G055	中华肩肘外科电子杂志	223	0.628	0.098	0.79	77	9	34.53	16.87	3.6
G174	中华检验医学杂志	1854	1.987	0.553	0.88	422	34	22.76	139.91	3.3
G751	中华健康管理学杂志	641	0.916	0.134	0.82	236	30	36.82	47.89	4.2
G147	中华结核和呼吸杂志	4309	2.441	0.559	0.92	513	55	11.91	316.53	5.4
G060	中华结直肠疾病电子杂志	598	1.022	0.266	0.88	194	17	32.44	46.67	3.3
Q905	中华解剖与临床杂志	349	0.514	0.029	0.88	164	28	46.99	27.20	3.8
Q948	中华介入放射学电子杂志	237	0.680	0.154	0.88	121	18	51.05	18.31	3.2
G159	中华精神科杂志	974	1.542	0.244	0.92	262	27	26.90	72.71	5.7
G579	中华口腔医学研究杂志电子版	258	0.649	0.081	0.92	111	16	43.02	21.58	4.2
G148	中华口腔医学杂志	1649	1.611	0.280	0.82	239	10	14.49	140.23	4.1
G280	中华口腔正畸学杂志	279	0.643	0.040	0.91	60	7	21.51	23.90	4.9
G149	中华劳动卫生职业病杂志	1399	0.796	0.112	0.73	258	4	18.44	110.34	4.7
G639	中华老年多器官疾病杂志	875	0.982	0.144	0.95	331	54	37.83	64.43	3.1
Q949	中华老年骨科与康复电子杂志	357	1.137	0.186	0.60	102	4	28.57	27.28	3.4
G833	中华老年口腔医学杂志	314	0.544	0.063	0.80	114	12	36.31	26.16	4.4
G876	中华老年心脑血管病杂志	1971	1.103	0.173	0.96	387	57	19.63	142.87	3.4

表4-1 2021年中国科技核心期刊（中文）被引用指标刊名字顺索引（续）

CODE	刊名	核心总被引频次	核心影响因子	核心即年指标	核心他引率	核心引用刊数	核心开放因子	核心扩散因子	核心权威因子	核心被引半衰期
G150	中华老年医学杂志	2288	1.424	0.195	0.89	463	51	20.24	168.57	3.5
G692	中华临床感染病杂志	762	2.569	0.274	0.95	280	47	36.75	56.60	3.3
G693	中华临床免疫和变态反应杂志	434	0.739	0.136	0.94	208	40	47.93	31.59	4.0
G824	中华临床营养杂志	455	0.831	0.019	0.86	193	25	42.42	33.52	4.5
G152	中华流行病学杂志	6390	3.371	0.636	0.91	682	27	10.67	490.60	4.2
G153	中华麻醉学杂志	1856	0.758	0.105	0.88	365	34	19.67	137.79	3.7
G154	中华泌尿外科杂志	2300	1.809	0.275	0.74	297	7	12.91	180.93	4.1
G282	中华男科学杂志	1608	0.851	0.104	0.81	292	14	18.16	116.17	5.1
Q926	中华脑科疾病与康复杂志电子版	116	0.244	0.025	0.97	81	23	69.83	8.60	3.8
G155	中华内分泌代谢杂志	1906	1.683	0.507	0.95	443	70	23.24	139.96	4.8
G736	中华内分泌外科杂志	458	0.681	0.171	0.90	209	37	45.63	35.10	3.6
G156	中华内科杂志	3688	2.459	0.417	0.96	574	90	15.56	269.04	5.0
G157	中华皮肤科杂志	1858	1.353	0.233	0.86	347	17	18.68	136.74	4.4
G461	中华普通外科学文献电子版	500	1.028	0.136	0.90	225	40	45.00	38.57	3.3
G254	中华普通外科杂志	1792	1.025	0.091	0.90	339	32	18.92	140.23	4.0
G462	中华普外科手术学杂志电子版	718	1.096	0.168	0.65	171	9	23.82	57.91	2.8
G158	中华器官移植杂志	540	0.483	0.042	0.76	161	8	29.81	43.96	4.3
G473	中华腔镜泌尿外科杂志电子版	523	0.853	0.107	0.69	120	4	22.94	41.78	3.7
G463	中华腔镜外科杂志电子版	479	0.993	0.098	0.81	133	12	27.77	38.57	3.9
G526	中华全科医师杂志	1623	1.855	0.340	0.83	399	45	24.58	119.75	2.9
G515	中华全科医学	3291	1.180	0.176	0.83	550	46	16.71	240.91	3.3
G505	中华乳腺病杂志电子版	404	0.785	0.027	0.88	168	31	41.58	30.67	4.4
G472	中华疝和腹壁外科杂志电子版	549	0.599	0.068	0.59	90	3	16.39	45.75	3.7
G900	中华烧伤杂志	1556	1.517	0.491	0.70	249	5	16.00	121.89	3.6
Q950	中华神经创伤外科电子杂志	285	0.804	0.103	0.82	120	14	42.11	22.03	3.1
G197	中华神经科杂志	4956	2.654	0.205	0.95	459	51	9.26	358.67	4.9
G160	中华神经外科杂志	2052	1.199	0.184	0.83	339	20	16.52	159.89	4.4
G446	中华神经医学杂志	1157	0.960	0.090	0.87	305	39	26.36	87.48	3.6
G065	中华肾病研究电子杂志	264	0.691	0.176	0.94	154	37	58.33	18.74	4.0
G161	中华肾脏病杂志	1394	1.455	0.282	0.87	324	31	23.24	101.61	3.8
G737	中华生物医学工程杂志	437	0.782	0.048	0.96	180	30	41.19	32.75	3.2
G072	中华生殖与避孕杂志	1145	0.803	0.192	0.86	238	16	20.79	82.40	4.1
G162	中华实验和临床病毒学杂志	631	0.762	0.175	0.90	196	25	31.06	48.03	3.8
G703	中华实验和临床感染病杂志电子版	565	0.959	0.092	0.87	223	31	39.47	42.26	4.7
G163	中华实验外科杂志	2195	0.673	0.132	0.71	452	30	20.59	164.12	3.4
G773	中华实验眼科杂志	1076	0.861	0.099	0.78	203	6	18.87	84.20	4.2
G875	中华实用儿科临床杂志	3538	1.297	0.190	0.85	495	39	13.99	265.71	4.1
G367	中华实用诊断与治疗杂志	2099	1.136	0.302	0.65	430	22	20.49	156.92	3.5
G848	中华手外科杂志	1397	0.891	0.028	0.52	130	2	9.31	109.97	5.8
G506	中华损伤与修复杂志电子版	607	0.968	0.107	0.82	193	11	31.80	46.67	4.0
G739	中华糖尿病杂志	2555	1.943	1.246	0.90	427	52	16.71	186.09	3.5
G164	中华外科杂志	2982	1.887	0.492	0.96	488	63	16.36	230.33	5.0
G165	中华微生物学和免疫学杂志	751	0.784	0.113	0.84	261	35	34.75	55.80	4.1

表 4-1 2021 年中国科技核心期刊（中文）被引用指标刊名字顺索引（续）

CODE	刊名	核心总被引频次	核心影响因子	核心即年指标	核心他引率	核心引用刊数	核心开放因子	核心扩散因子	核心权威因子	核心被引半衰期
G116	中华危重病急救医学	3252	1.922	0.288	0.82	457	29	14.05	239.13	3.6
G761	中华危重症医学杂志电子版	483	1.263	0.019	0.76	211	25	43.69	35.47	4.0
G296	中华围产医学杂志	1486	1.592	0.261	0.87	272	24	18.30	112.00	4.4
G740	中华卫生杀虫药械	723	0.590	0.052	0.60	93	2	12.86	59.54	5.5
G793	中华胃肠外科杂志	2845	1.953	0.428	0.87	376	29	13.22	220.03	4.1
G166	中华物理医学与康复杂志	2424	1.413	0.250	0.80	347	18	14.32	175.03	4.2
G470	中华细胞与干细胞杂志电子版	134	0.476	0.019	0.90	98	31	73.13	9.85	3.3
G847	中华现代护理杂志	5753	1.261	0.145	0.65	411	5	7.14	425.22	3.0
G285	中华消化内镜杂志	1665	1.029	0.186	0.85	306	27	18.38	125.94	4.4
G978	中华消化外科杂志	2539	2.579	0.594	0.90	340	24	13.39	199.52	3.5
G168	中华消化杂志	2248	1.991	0.358	0.84	393	34	17.48	163.31	4.3
G169	中华小儿外科杂志	1314	0.852	0.061	0.81	278	22	21.16	103.42	4.8
G892	中华心律失常学杂志	669	1.100	0.272	0.66	167	8	24.96	49.62	3.5
G170	中华心血管病杂志	5118	2.902	0.315	0.97	492	54	9.61	370.62	5.2
G082	中华新生儿科杂志中英文版	686	0.891	0.137	0.83	191	19	27.84	52.28	4.2
G263	中华行为医学与脑科学杂志	1815	1.380	0.251	0.78	371	28	20.44	136.45	4.5
G171	中华胸心血管外科杂志	831	0.667	0.066	0.89	238	32	28.64	63.82	4.5
G172	中华血液学杂志	1849	1.283	0.181	0.87	375	33	20.28	138.87	4.6
Q209	中华炎性肠病杂志中英文版	211	0.548	0.221	0.77	85	8	40.28	15.48	3.1
G191	中华眼底病杂志	762	0.581	0.076	0.83	156	8	20.47	59.01	4.7
G075	中华眼科医学杂志电子版	151	0.512	0.030	0.81	67	8	44.37	11.62	3.5
G173	中华眼科杂志	2082	1.855	0.385	0.87	288	8	13.83	162.81	5.4
G873	中华眼视光学与视觉科学杂志	805	0.752	0.093	0.72	133	4	16.52	64.21	4.3
S590	中华医学教育探索杂志	676	0.357	0.058	0.70	153	6	22.63	52.46	3.8
Q920	中华医学超声杂志电子版	1283	1.113	0.112	0.80	287	18	22.37	100.76	4.4
G705	中华医学教育杂志	822	0.788	0.136	0.69	159	7	19.34	64.44	3.3
G307	中华医学科研管理杂志	316	0.623	0.065	0.64	86	6	27.22	25.07	3.6
G489	中华医学美学美容杂志	737	0.686	0.109	0.55	99	2	13.43	62.26	4.3
G175	中华医学遗传学杂志	1144	0.781	0.060	0.72	252	14	22.03	88.11	3.5
G176	中华医学杂志	8987	1.744	0.542	0.90	765	108	8.51	679.08	4.0
G194	中华医院感染学杂志	7159	1.396	0.143	0.89	624	48	8.72	533.81	4.0
G591	中华医院管理杂志	1837	1.584	0.132	0.77	215	8	11.70	142.82	3.7
G610	中华胰腺病杂志	454	1.025	0.078	0.89	184	31	40.53	34.13	3.2
G897	中华移植杂志电子版	257	1.151	0.013	0.93	100	13	38.91	20.40	3.2
G177	中华预防医学杂志	3599	2.627	0.438	0.90	572	25	15.89	276.19	4.0
G178	中华整形外科杂志	1134	0.909	0.101	0.76	212	5	18.69	92.23	3.6
G859	中华中医药学刊	8377	1.709	0.375	0.93	574	23	6.85	546.80	4.2
G910	中华中医药杂志	15010	1.539	0.139	0.80	620	15	4.13	962.69	4.1
G858	中华肿瘤防治杂志	2274	1.254	0.128	0.83	469	49	20.62	170.64	3.7
G179	中华肿瘤杂志	3078	4.631	0.588	0.97	528	78	17.15	233.24	3.0
Q954	中华重症医学电子杂志	277	0.803	0.045	0.93	135	25	48.74	20.59	3.1
G039	中南大学学报医学版	1291	0.767	0.083	0.98	528	103	40.90	95.56	4.7
K001	中南大学学报自然科学版	3894	0.931	0.076	0.91	677	67	17.39	350.72	6.4

表 4-1 2021 年中国科技核心期刊（中文）被引用指标刊名字顺索引（续）

CODE	刊名	核心总被引频次	核心影响因子	核心即年指标	核心他引率	核心引用刊数	核心开放因子	核心扩散因子	核心权威因子	核心被引半衰期
H053	中南林业科技大学学报	2754	1.690	0.308	0.86	362	18	13.14	204.46	4.7
G599	中南药学	1870	0.758	0.128	0.82	351	21	18.77	127.57	3.6
G682	中南医学科学杂志	748	1.027	0.202	0.91	277	38	37.03	54.52	3.0
G180	中日友好医院学报	308	0.486	0.068	0.94	189	48	61.36	22.42	3.7
G181	中山大学学报医学科学版	671	0.704	0.072	0.96	341	69	50.82	50.26	4.3
A036	中山大学学报自然科学版	833	0.665	0.186	0.95	438	97	52.58	66.77	9.2
X539	中外公路	1965	0.750	0.014	0.54	202	2	10.28	178.72	4.0
S020	中文信息学报	1259	1.239	0.074	0.85	211	15	16.76	119.62	4.0
G842	中西医结合肝病杂志	780	0.908	0.081	0.80	198	18	25.38	52.52	3.8
G597	中西医结合心脑血管病杂志	4618	0.826	0.063	0.88	421	27	9.12	312.24	3.7
R775	中兴通讯技术	209	0.669	0.099	0.88	98	14	46.89	19.74	3.1
G183	中药材	5348	1.033	0.106	0.93	511	24	9.55	356.01	5.6
G564	中药新药与临床药理	1974	1.557	0.207	0.92	337	26	17.07	129.98	4.1
G685	中医学报	3863	1.210	0.243	0.88	344	18	8.91	248.81	3.8
G681	中医药导报	4055	0.834	0.139	0.81	384	17	9.47	262.37	3.8
G812	中医药学报	1719	1.143	0.274	0.95	268	22	15.59	111.40	4.8
G010	中医杂志	9489	2.923	0.424	0.93	413	16	4.35	605.47	5.1
G643	中医正骨	1247	0.946	0.076	0.73	198	11	15.88	83.74	4.1
G184	肿瘤	653	0.825	0.171	0.96	300	64	45.94	47.57	4.5
Q929	肿瘤代谢与营养电子杂志	429	0.734	0.075	0.78	145	15	33.80	31.64	4.0
G185	肿瘤防治研究	826	0.702	0.293	0.94	329	57	39.83	61.67	3.6
G412	肿瘤学杂志	765	0.681	0.126	0.96	292	50	38.17	57.24	3.6
G522	肿瘤研究与临床	576	0.567	0.069	0.94	242	42	42.01	43.43	3.4
G196	肿瘤药学	388	0.545	0.088	0.95	218	50	56.19	27.68	3.0
G838	肿瘤影像学	273	0.551	0.071	0.91	121	18	44.32	21.74	3.6
G695	肿瘤预防与治疗	534	0.968	0.056	0.83	228	35	42.70	40.76	2.7
Q225	肿瘤综合治疗电子杂志	439	2.263	1.404	0.97	223	50	50.80	32.58	2.3
H103	种子	2362	0.829	0.091	0.78	251	16	10.63	162.65	4.9
G094	中风与神经疾病杂志	998	0.621	0.049	0.94	302	48	30.26	72.08	3.6
N022	轴承	838	0.496	0.041	0.72	137	8	16.35	79.02	6.6
H026	竹子学报	373	0.300	0.050	0.71	75	5	20.11	28.50	11.1
N075	铸造	944	0.457	0.086	0.60	130	2	13.77	91.09	6.7
G407	转化医学杂志	306	0.567	0.068	0.80	171	36	55.88	22.98	3.5
N034	装备环境工程	1086	0.549	0.063	0.68	241	6	22.19	106.83	5.0
Z022	资源科学	6350	3.550	0.532	0.89	607	31	9.56	525.10	6.1
R737	自动化技术与应用	841	0.430	0.088	0.86	240	15	28.54	77.59	2.9
S026	自动化学报	4421	2.656	0.541	0.87	621	43	14.05	411.39	4.8
N013	自动化仪表	960	0.685	0.037	0.61	233	6	24.27	89.74	3.6
S501	自动化与仪表	552	0.416	0.083	0.91	194	22	35.14	51.12	3.2
R611	自动化与仪器仪表	1270	0.440	0.075	0.76	245	9	19.29	117.81	3.0
A905	自然杂志	583	0.582	0.151	0.99	388	106	66.55	49.08	9.2
E137	自然灾害学报	2275	1.063	0.124	0.76	437	30	19.21	186.80	9.0
Z012	自然资源学报	7286	4.707	0.778	0.89	568	30	7.80	585.98	5.4

表 4-1 2021年中国科技核心期刊（中文）被引用指标刊名字顺索引（续）

CODE	刊名	核心总被引频次	核心影响因子	核心即年指标	核心他引率	核心引用刊数	核心开放因子	核心扩散因子	核心权威因子	核心被引半衰期
N088	组合机床与自动化加工技术	1911	0.741	0.092	0.80	294	10	15.38	178.80	3.7
G701	组织工程与重建外科杂志	383	0.610	0.049	0.89	152	11	39.69	30.42	3.9
L018	钻井液与完井液	1094	0.907	0.072	0.61	98	3	8.96	98.01	5.8
G720	遵义医科大学学报	381	0.414	0.032	0.76	193	29	50.66	26.94	3.9
H034	作物学报	6167	2.137	0.493	0.92	285	20	4.62	422.68	9.2
H410	作物研究	763	0.628	0.058	0.91	189	23	24.77	53.10	6.2
H202	作物杂志	2021	1.449	0.182	0.94	234	23	11.58	139.17	5.3

4.2 期刊（中文）来源指标刊名字顺排序

表 4-2　2021 年中国科技核心期刊（中文）来源指标刊名字顺索引

CODE	刊名	来源文献量	文献选出率	AR论文量	平均引文数	平均作者数	地区分布数	机构分布数	海外论文比	基金论文比	引用半衰期
E626	CT 理论与应用研究	86	0.91	86	22.2	5.3	20	67	0.01	0.40	5.5
G549	癌变 · 畸变 · 突变	88	0.96	86	23.4	5.6	22	54	0.00	0.65	5.3
G011	癌症	47	0.87	47	45.1	6.9	10	32	0.09	0.57	5.0
A003	安徽大学学报自然科学版	85	1.00	83	19.0	3.5	17	41	0.00	0.82	6.4
H002	安徽农业大学学报	155	0.96	155	32.8	5.7	25	69	0.00	0.81	7.3
A009	安徽师范大学学报自然科学版	91	0.99	91	19.1	2.9	14	49	0.02	0.93	7.7
G012	安徽医科大学学报	390	0.99	387	14.5	5.5	25	112	0.00	0.94	4.6
G786	安徽医学	383	0.97	277	17.3	4.1	24	243	0.00	0.33	4.0
Q906	安徽医药	611	1.00	553	21.0	3.9	29	451	0.00	0.28	4.4
G013	安徽中医药大学学报	137	0.99	115	19.0	4.7	18	43	0.00	0.64	5.2
E625	安全与环境工程	180	0.96	180	28.4	4.4	28	95	0.01	0.84	6.5
Z549	安全与环境学报	381	0.92	373	21.9	4.0	29	162	0.01	0.71	7.2
H340	桉树科技	47	0.92	44	19.4	5.6	6	27	0.00	0.68	8.7
R024	半导体光电	166	1.00	166	17.2	4.5	21	85	0.00	0.70	6.9
R063	半导体技术	152	0.97	143	19.5	4.7	20	82	0.01	0.51	6.6
U521	包装与食品机械	91	1.00	91	19.9	4.3	24	68	0.01	0.65	5.1
U645	保鲜与加工	269	0.96	269	29.6	4.9	30	176	0.01	0.58	5.8
E045	暴雨灾害	74	0.96	74	32.5	4.5	21	47	0.00	0.86	9.4
N017	爆破	105	0.99	103	27.7	4.3	23	72	0.01	0.63	5.3
N012	爆破器材	66	1.00	63	15.6	4.9	13	30	0.00	0.33	7.3
N006	爆炸与冲击	160	0.98	160	31.7	4.9	20	71	0.02	0.76	10.1
H128	北方水稻	122	1.00	46	8.3	4.9	13	57	0.00	0.39	8.8
A652	北华大学学报自然科学版	159	1.00	146	16.7	4.4	17	42	0.00	0.92	5.3
G002	北京大学学报医学版	203	0.99	197	21.3	5.8	15	33	0.01	0.46	6.7
A005	北京大学学报自然科学版	125	1.00	125	32.0	4.4	11	34	0.04	0.74	8.0
J030	北京工业大学学报	146	0.93	145	30.2	4.0	13	22	0.03	0.96	6.3
Y001	北京航空航天大学学报	284	0.96	284	22.7	4.1	24	107	0.01	0.64	7.0
T020	北京化工大学学报自然科学版	93	1.00	93	20.7	4.2	14	27	0.01	0.54	5.9
X014	北京交通大学学报	102	0.93	102	19.6	4.0	17	44	0.01	0.87	5.5
G500	北京口腔医学	91	0.93	68	20.6	4.2	14	50	0.01	0.35	7.3
N001	北京理工大学学报	172	0.93	172	16.5	4.3	12	44	0.00	0.58	6.5
H025	北京林业大学学报	188	1.00	188	34.4	5.1	22	40	0.01	0.83	7.8
G004	北京生物医学工程	95	0.78	95	21.4	4.4	22	59	0.00	0.57	5.7
A010	北京师范大学学报自然科学版	112	0.91	109	32.2	4.6	20	40	0.02	0.88	6.7
G016	北京医学	346	0.99	200	17.3	4.6	22	150	0.00	0.21	4.9

表 4-2　2021 年中国科技核心期刊（中文）来源指标刊名字顺索引（续）

CODE	刊名	来源文献量	文献选出率	AR论文量	平均引文数	平均作者数	地区分布数	机构分布数	海外论文比	基金论文比	引用半衰期
R018	北京邮电大学学报	119	0.99	119	14.6	3.8	18	50	0.03	0.84	4.6
G620	北京中医药	367	0.97	217	17.1	4.9	17	88	0.01	0.53	5.6
G017	北京中医药大学学报	162	0.96	161	20.2	5.4	25	56	0.01	0.85	6.1
G741	蚌埠医学院学报	454	0.97	388	17.4	4.3	20	237	0.00	0.42	4.6
G410	标记免疫分析与临床	444	1.00	424	17.8	4.6	25	276	0.00	0.37	3.9
T098	表面技术	484	0.98	482	40.2	5.4	29	225	0.05	0.73	6.3
E135	冰川冻土	169	0.95	169	54.3	5.0	23	69	0.04	0.70	8.9
N008	兵工学报	290	1.00	279	21.0	4.6	23	115	0.00	0.54	7.0
R730	兵工自动化	248	0.96	230	12.8	3.9	17	108	0.00	0.17	6.5
N085	兵器材料科学与工程	150	0.98	148	19.1	4.1	24	94	0.00	0.75	4.5
T094	兵器装备工程学报	560	1.00	559	18.2	4.0	24	169	0.00	0.41	6.8
G018	病毒学报	191	0.97	190	31.2	6.3	28	128	0.00	0.68	5.9
C060	波谱学杂志	51	0.94	51	36.0	4.9	11	36	0.08	0.76	7.6
M005	材料保护	428	0.90	368	17.0	4.0	30	326	0.00	0.38	7.9
M103	材料导报	726	1.00	726	45.1	5.2	30	280	0.02	0.84	6.6
Y007	材料工程	229	0.97	229	38.0	5.3	27	124	0.01	0.74	5.8
M010	材料开发与应用	104	1.00	103	15.4	4.5	13	45	0.01	0.15	9.2
M008	材料科学与工程学报	167	0.97	167	24.0	4.9	26	104	0.00	0.74	8.0
M006	材料科学与工艺	72	1.00	72	26.4	4.9	20	60	0.00	0.75	5.9
N026	材料热处理学报	271	1.00	271	24.8	4.9	26	127	0.01	0.76	7.4
M009	材料研究学报	109	1.00	109	28.0	5.4	24	81	0.00	0.89	7.0
K512	采矿与安全工程学报	138	1.00	138	26.1	5.2	15	39	0.01	0.93	7.0
K504	采矿与岩层控制工程学报	53	0.93	53	24.1	4.2	13	33	0.02	0.77	6.6
H009	蚕业科学	76	0.95	76	28.5	6.5	16	38	0.00	0.87	8.4
H525	草地学报	345	0.99	345	36.8	6.0	28	106	0.01	0.80	7.3
H234	草业科学	247	0.89	247	37.3	5.6	29	104	0.00	0.74	7.7
H527	草业学报	236	0.97	236	41.8	5.8	27	82	0.00	0.75	8.4
H538	草原与草坪	117	0.99	117	37.2	5.3	19	38	0.01	0.69	8.4
E616	测绘地理信息	200	0.97	172	14.7	3.4	23	109	0.01	0.75	7.1
E543	测绘工程	79	1.00	79	15.5	3.5	19	50	0.00	0.63	6.4
E600	测绘科学	331	1.00	331	20.7	4.1	26	144	0.01	0.78	6.3
E615	测绘科学技术学报	100	0.93	100	20.8	4.6	16	36	0.00	0.75	6.2
E510	测绘通报	393	1.00	387	17.6	4.0	29	223	0.00	0.59	5.0
E152	测绘学报	157	0.74	157	34.8	4.9	16	71	0.03	0.87	6.0
L017	测井技术	109	0.90	109	16.8	5.2	14	53	0.01	0.26	9.1
Y022	测控技术	245	0.95	245	18.4	3.7	27	166	0.00	0.38	6.5
R711	测试技术学报	90	0.94	90	13.8	3.6	13	31	0.00	0.42	5.8
H001	茶叶科学	77	0.97	77	35.1	6.2	18	42	0.00	0.77	7.1
X036	长安大学学报自然科学版	71	0.92	71	29.0	4.3	19	35	0.00	0.96	5.8
N056	长春理工大学学报自然科学版	127	1.00	126	15.4	3.7	9	18	0.00	0.89	5.6
G992	长春中医药大学学报	377	1.00	259	17.4	3.8	29	178	0.00	0.74	4.9
W010	长江科学院院报	287	0.93	286	22.8	4.1	29	130	0.00	0.76	7.9
Z029	长江流域资源与环境	279	0.98	279	35.1	4.3	23	122	0.03	0.88	7.0

表 4-2 2021 年中国科技核心期刊（中文）来源指标刊名字顺索引（续）

CODE	刊名	来源文献量	文献选出率	AR论文量	平均引文数	平均作者数	地区分布数	机构分布数	海外论文比	基金论文比	引用半衰期
G264	肠外与肠内营养	76	0.93	71	25.4	5.2	20	60	0.00	0.30	4.8
N024	车用发动机	86	1.00	86	14.8	4.8	18	47	0.00	0.51	7.9
E113	沉积学报	116	0.97	116	54.6	6.5	22	56	0.07	0.82	10.4
E102	成都理工大学学报自然科学版	77	1.00	77	28.4	5.5	17	41	0.00	0.77	10.8
G670	成都医学院学报	185	0.99	170	20.2	4.6	17	88	0.00	0.46	4.7
V050	城市规划	150	0.69	135	27.5	2.8	18	72	0.07	0.59	9.9
V028	城市规划学刊	83	0.83	82	30.3	3.0	12	37	0.04	0.53	7.3
X043	城市轨道交通研究	625	0.93	508	6.6	2.5	28	288	0.01	0.26	6.3
X046	城市交通	86	0.78	84	14.8	3.1	13	50	0.05	0.24	4.7
V062	城乡规划	94	0.88	74	17.2	2.3	13	66	0.03	0.14	6.1
J021	重庆大学学报自然科学版	163	0.95	163	20.8	4.1	25	86	0.01	0.87	6.1
X029	重庆交通大学学报自然科学版	252	1.00	252	18.6	3.4	26	105	0.01	0.75	6.6
N757	重庆理工大学学报自然科学版	423	1.00	418	22.0	4.0	29	148	0.01	0.81	5.6
A512	重庆师范大学学报自然科学版	102	1.00	102	22.8	3.6	19	40	0.02	0.97	6.8
G186	重庆医科大学学报	292	0.94	267	25.8	4.5	29	178	0.00	0.62	5.3
G225	重庆医学	945	0.99	879	20.1	4.5	30	537	0.00	0.72	4.0
R559	重庆邮电大学学报自然科学版	125	0.98	124	20.7	3.5	21	51	0.01	0.84	5.8
L508	储能科学与技术	263	0.96	255	31.1	5.2	29	145	0.01	0.75	4.1
G432	川北医学院学报	396	0.99	354	17.9	3.8	24	273	0.00	0.56	3.7
N060	传感技术学报	248	1.00	247	19.8	3.9	27	126	0.01	0.74	4.8
R532	传感器与微系统	524	1.00	421	12.6	3.8	28	175	0.00	0.71	5.8
G458	传染病信息	124	0.93	105	24.1	5.3	24	84	0.02	0.63	4.3
X010	船舶工程	352	0.92	352	14.8	3.9	22	130	0.01	0.41	6.9
X633	船舶力学	176	1.00	176	16.5	4.1	18	53	0.03	0.73	10.2
X635	船海工程	189	0.99	185	7.1	3.5	16	74	0.00	0.25	5.9
G322	创伤外科杂志	224	0.96	179	19.1	4.9	31	173	0.00	0.35	4.6
G085	创伤与急危重病医学	132	0.98	77	20.6	3.9	21	107	0.00	0.46	3.1
G552	磁共振成像	355	0.98	285	28.3	5.1	30	196	0.00	0.57	4.0
G229	卒中与神经疾病	150	0.97	131	23.9	4.0	23	109	0.00	0.37	4.1
E144	大地测量与地球动力学	233	0.95	231	13.9	4.2	28	123	0.00	0.76	8.2
E146	大地构造与成矿学	85	0.98	83	60.6	6.8	17	41	0.01	0.89	12.1
R051	大电机技术	90	0.99	89	16.0	4.1	20	64	0.00	0.31	7.8
H038	大豆科学	114	0.97	107	25.6	6.3	25	67	0.01	0.80	8.2
X024	大连海事大学学报	60	0.97	60	22.2	4.1	8	11	0.00	0.78	5.7
H005	大连海洋大学学报	129	1.00	129	36.4	5.4	16	43	0.02	0.73	9.5
X001	大连交通大学学报	134	0.99	132	13.8	3.5	17	41	0.00	0.51	7.3
J024	大连理工大学学报	82	0.98	82	19.9	4.0	16	26	0.01	0.96	8.2
G020	大连医科大学学报	114	0.96	98	24.3	3.8	19	57	0.00	0.36	6.0
E109	大气科学	93	1.00	93	42.1	4.6	16	40	0.03	0.84	11.7
E091	大气科学学报	87	0.95	87	38.7	4.1	16	34	0.05	0.89	8.6
L512	大庆石油地质与开发	120	1.00	117	24.4	4.8	15	60	0.01	0.65	6.7
S055	大数据	65	0.97	65	29.5	4.1	15	52	0.02	0.75	4.7
S086	单片机与嵌入式系统应用	267	0.87	227	9.3	3.1	27	186	0.01	0.23	4.1

表 4-2 2021 年中国科技核心期刊（中文）来源指标刊名字顺索引（续）

CODE	刊名	来源文献量	文献选出率	AR论文量	平均引文数	平均作者数	地区分布数	机构分布数	海外论文比	基金论文比	引用半衰期
H040	淡水渔业	86	0.98	86	28.5	6.8	23	45	0.00	0.57	8.7
N004	弹道学报	57	0.95	53	15.4	4.1	13	22	0.00	0.35	7.5
N009	弹箭与制导学报	172	0.98	145	11.8	4.0	20	71	0.00	0.23	7.0
T941	当代化工	653	0.98	648	19.4	4.2	29	287	0.00	0.66	5.4
Y503	导弹与航天运载技术	154	1.00	153	9.9	4.5	8	27	0.00	0.03	9.6
Y591	导航定位学报	122	1.00	122	17.1	3.6	20	66	0.00	0.62	4.7
Y563	导航定位与授时	120	0.97	120	20.5	4.5	20	73	0.00	0.54	6.6
Y585	导航与控制	85	1.00	85	17.8	4.0	14	45	0.00	0.31	6.7
N019	低温工程	75	1.00	75	11.3	5.0	14	45	0.00	0.65	7.4
C055	低温物理学报	48	1.00	45	23.4	5.1	13	34	0.02	0.67	9.3
E133	地层学杂志	39	0.87	39	87.4	6.3	11	21	0.08	0.54	15.6
E130	地理科学	226	0.93	225	35.0	3.6	26	115	0.03	0.95	6.8
E584	地理科学进展	174	0.99	174	50.4	3.9	26	77	0.03	0.92	6.9
E639	地理空间信息	435	0.97	313	12.1	3.3	28	249	0.00	0.54	6.2
E315	地理信息世界	128	0.98	128	17.7	3.9	24	87	0.02	0.56	5.4
E305	地理学报	205	0.89	205	51.4	3.9	26	91	0.00	0.84	7.7
E310	地理研究	221	0.98	221	45.4	3.9	27	91	0.06	0.84	7.0
E527	地理与地理信息科学	110	0.96	110	39.4	4.1	23	68	0.01	0.88	6.2
E024	地球化学	55	0.93	55	48.0	6.1	17	33	0.05	0.76	10.9
E570	地球环境学报	57	0.88	57	48.1	5.1	17	32	0.05	0.79	10.3
E142	地球科学	311	0.97	311	69.3	5.8	25	107	0.01	0.84	10.0
E115	地球科学进展	111	0.87	106	61.4	4.5	20	66	0.02	0.68	9.5
E004	地球科学与环境学报	68	0.88	68	66.8	5.2	15	37	0.01	0.82	8.9
E153	地球物理学报	335	0.95	335	57.4	5.2	25	110	0.08	0.87	10.4
E308	地球物理学进展	296	0.98	296	47.3	4.8	27	162	0.02	0.72	9.2
E656	地球信息科学学报	184	0.93	184	38.3	4.6	23	89	0.01	0.86	5.9
E300	地球学报	90	0.99	90	65.2	5.9	15	42	0.02	0.78	9.4
E549	地球与环境	79	0.98	79	40.6	5.4	24	51	0.01	0.80	7.6
V031	地下空间与工程学报	233	1.00	232	19.3	4.0	26	135	0.00	0.75	7.8
E357	地学前缘	193	0.97	192	52.6	5.4	19	84	0.06	0.80	11.0
S741	地域研究与开发	180	1.00	180	27.9	3.3	30	132	0.02	0.87	6.9
E306	地震	63	0.95	63	31.2	4.6	20	29	0.02	0.63	11.2
E150	地震地质	99	0.95	99	38.2	5.7	19	39	0.02	0.79	13.2
E307	地震工程学报	182	0.97	182	20.2	4.3	25	105	0.01	0.76	10.1
E118	地震工程与工程振动	142	0.97	140	23.7	4.0	22	74	0.00	0.88	8.6
E143	地震学报	63	0.88	63	33.0	4.1	12	33	0.02	0.73	12.1
E112	地震研究	79	1.00	79	27.6	4.9	19	38	0.00	0.81	9.6
E362	地质科技通报	154	0.99	153	38.1	5.3	24	71	0.01	0.72	8.6
E139	地质科学	70	0.99	70	51.5	5.7	18	39	0.04	0.80	12.5
E026	地质力学学报	84	0.92	83	77.4	5.1	20	53	0.04	0.83	10.4
E009	地质论评	132	0.89	132	86.8	5.5	28	84	0.00	0.71	10.8
E127	地质通报	190	0.95	188	48.5	6.0	23	83	0.00	0.85	11.5
E010	地质学报	268	0.97	265	89.9	6.1	26	115	0.09	0.77	11.3

表 4-2 2021 年中国科技核心期刊（中文）来源指标刊名字顺索引（续）

CODE	刊名	来源文献量	文献选出率	AR论文量	平均引文数	平均作者数	地区分布数	机构分布数	海外论文比	基金论文比	引用半衰期
E151	地质与勘探	125	0.99	125	65.0	5.5	24	87	0.00	0.66	8.4
E525	地质与资源	91	0.87	90	26.6	5.4	18	55	0.00	0.76	9.5
E132	地质找矿论丛	61	0.97	61	25.9	4.8	19	42	0.00	0.62	12.6
G005	第二军医大学学报	246	0.99	229	23.9	5.5	22	75	0.00	0.50	5.6
G021	第三军医大学学报	346	0.95	346	23.1	6.1	25	116	0.00	0.59	4.7
E301	第四纪研究	146	0.97	146	70.6	5.2	22	62	0.08	0.86	10.5
R007	电波科学学报	123	0.99	122	23.1	4.4	22	71	0.00	0.70	6.8
R673	电测与仪表	346	1.00	345	22.2	4.3	30	170	0.00	0.58	4.4
R003	电池	141	0.84	126	11.7	3.5	26	106	0.00	0.53	4.8
T508	电镀与精饰	134	1.00	128	14.0	3.8	26	109	0.00	0.41	6.7
T598	电镀与涂饰	338	0.99	312	12.0	4.3	29	250	0.01	0.30	7.0
R010	电工电能新技术	108	1.00	107	22.0	4.6	20	67	0.00	0.63	5.3
R043	电工技术学报	487	0.94	487	27.7	4.5	26	133	0.02	0.82	4.8
R740	电光与控制	276	0.99	276	17.0	3.6	26	131	0.00	0.57	6.1
N067	电焊机	264	0.95	254	12.6	4.5	24	158	0.00	0.34	6.7
D036	电化学	66	0.89	66	38.7	4.8	21	48	0.08	0.71	6.4
R088	电机与控制学报	179	1.00	175	22.0	4.2	22	67	0.02	0.94	5.8
R045	电机与控制应用	203	1.00	203	16.4	3.6	26	116	0.00	0.48	5.3
N027	电加工与模具	63	0.91	63	15.5	4.0	13	36	0.00	0.78	5.8
R011	电力电子技术	444	1.00	379	5.7	3.6	28	239	0.00	0.50	6.3
R769	电力工程技术	173	0.98	173	23.2	4.9	20	87	0.02	0.71	4.6
A199	电力建设	179	1.00	179	23.8	5.2	24	101	0.01	0.47	4.1
R654	电力科学与技术学报	150	0.96	150	19.5	5.3	27	93	0.00	0.60	3.6
N102	电力系统保护与控制	516	1.00	506	27.7	5.0	29	254	0.00	0.74	3.7
R071	电力系统及其自动化学报	237	0.98	237	18.8	4.6	30	117	0.00	0.46	5.1
S019	电力系统自动化	512	0.99	512	29.9	5.0	25	112	0.03	0.72	4.0
R745	电力信息与通信技术	199	0.99	196	20.9	4.8	27	130	0.00	0.27	3.7
R750	电力需求侧管理	106	0.97	105	13.2	4.9	19	71	0.02	0.49	3.6
R090	电力自动化设备	371	0.99	369	21.6	5.0	29	112	0.01	0.67	4.3
R044	电气传动	299	1.00	299	15.4	4.0	28	205	0.00	0.54	5.6
R428	电气工程学报	97	0.98	94	21.9	4.3	25	77	0.01	0.57	4.8
R058	电气自动化	208	1.00	138	9.9	3.6	27	149	0.00	0.30	4.1
R039	电网技术	551	1.00	551	28.7	5.1	28	140	0.03	0.61	4.5
R116	电网与清洁能源	207	1.00	205	23.4	4.8	28	130	0.01	0.67	2.9
R684	电信科学	203	1.00	199	19.0	4.1	18	90	0.04	0.45	3.8
R754	电讯技术	240	0.97	240	14.6	3.3	23	116	0.01	0.46	5.1
R019	电源技术	408	0.96	358	13.0	3.9	28	257	0.00	0.54	4.9
R055	电子测量技术	699	1.00	698	18.8	3.5	29	293	0.00	0.54	3.5
R021	电子测量与仪器学报	328	0.99	328	21.9	4.2	26	155	0.01	0.77	4.5
R067	电子技术应用	308	1.00	303	15.5	3.4	27	178	0.00	0.36	5.2
R036	电子科技大学学报	129	1.00	129	23.8	4.2	23	64	0.00	0.81	5.9
R512	电子器件	263	0.98	236	15.0	3.7	28	159	0.01	0.60	5.2
R724	电子设计工程	962	1.00	873	17.1	2.9	30	522	0.00	0.38	3.3

表 4-2 2021 年中国科技核心期刊（中文）来源指标刊名字顺索引（续）

CODE	刊名	来源文献量	文献选出率	AR论文量	平均引文数	平均作者数	地区分布数	机构分布数	海外论文比	基金论文比	引用半衰期
R001	电子显微学报	114	0.94	112	22.0	4.8	26	83	0.01	0.68	7.3
R006	电子学报	303	1.00	302	23.4	4.3	28	170	0.02	0.86	5.7
R022	电子与信息学报	459	1.00	459	21.3	4.1	26	186	0.02	0.81	5.1
R020	电子元件与材料	198	1.00	197	21.6	4.0	28	114	0.00	0.77	5.9
J023	东北大学学报自然科学版	249	1.00	249	18.7	3.6	20	38	0.01	0.97	6.4
H262	东北林业大学学报	289	0.98	286	26.5	4.9	29	94	0.01	0.73	8.3
H006	东北农业大学学报	124	0.99	124	28.7	6.0	20	46	0.00	0.91	7.0
H227	东北农业科学	180	0.96	172	21.3	5.2	30	106	0.01	0.84	7.7
A030	东北师大学报自然科学版	97	1.00	96	18.0	3.6	20	55	0.00	0.95	8.6
L004	东北石油大学学报	66	0.85	66	31.0	5.2	15	38	0.00	0.70	6.9
U014	东华大学学报自然科学版	98	0.87	98	23.9	3.9	5	11	0.00	0.70	6.3
G057	东南大学学报医学版	152	0.96	148	23.9	4.3	20	107	0.00	0.45	4.4
J028	东南大学学报自然科学版	147	1.00	147	19.6	4.4	20	44	0.04	0.95	6.5
G944	东南国防医药	163	0.96	102	18.5	4.4	20	102	0.01	0.21	4.7
P003	动力工程学报	153	0.92	153	18.6	4.6	21	54	0.01	0.67	5.5
P018	动力学与控制学报	75	1.00	71	20.2	3.4	20	50	0.00	0.89	8.5
F043	动物学杂志	103	0.85	100	34.7	6.1	23	67	0.02	0.74	10.8
G775	动物医学进展	328	0.96	324	22.1	6.5	30	131	0.00	0.76	4.9
F231	动物营养学报	700	1.00	700	40.2	6.3	31	145	0.00	0.78	6.9
X034	都市快轨交通	149	0.93	149	11.5	3.0	19	85	0.00	0.44	5.5
G542	毒理学杂志	95	0.99	93	23.0	5.9	20	65	0.01	0.68	6.0
T241	断块油气田	155	0.96	155	22.6	5.4	16	88	0.00	0.65	5.9
N070	锻压技术	442	0.93	430	15.2	4.1	28	264	0.01	0.66	6.1
G920	儿科药学杂志	225	0.93	177	22.8	3.8	26	137	0.00	0.20	6.3
R575	发电技术	90	0.98	88	26.3	4.2	20	66	0.03	0.74	4.2
C071	发光学报	180	0.98	178	44.5	5.8	26	109	0.03	0.93	4.6
G199	发育医学电子杂志	82	0.92	77	30.3	4.5	20	66	0.00	0.57	5.7
G874	法医学杂志	176	0.93	116	23.0	5.4	25	91	0.00	0.44	6.7
Z544	防灾减灾工程学报	153	0.95	153	26.7	4.2	23	85	0.01	0.89	10.3
U013	纺织高校基础科学学报	65	0.97	65	24.0	4.0	9	14	0.06	0.95	4.7
Q418	纺织科学与工程学报	64	1.00	63	24.5	4.3	11	16	0.02	0.27	4.4
U053	纺织学报	345	0.99	343	23.1	4.5	21	69	0.01	0.77	5.4
G608	放射学实践	300	0.93	283	20.7	5.1	27	203	0.00	0.35	5.1
Y571	飞航导弹	227	0.95	226	14.4	3.3	22	102	0.00	0.12	3.4
Y006	飞行力学	89	0.94	89	14.8	3.5	14	44	0.00	0.37	7.8
K002	非金属矿	164	1.00	130	13.9	4.9	27	79	0.02	0.70	5.5
D022	分析测试学报	249	0.97	249	32.7	5.7	29	155	0.01	0.77	5.3
D005	分析化学	224	0.92	224	40.6	5.6	26	144	0.01	0.88	4.8
D026	分析科学学报	129	0.87	128	26.8	4.9	25	104	0.02	0.75	5.7
D004	分析试验室	264	1.00	260	21.3	5.1	29	209	0.00	0.65	5.2
D062	分析仪器	203	1.00	162	12.1	4.4	25	157	0.01	0.24	6.8
D015	分子催化	55	0.96	55	42.5	5.0	23	41	0.02	0.80	6.3
D035	分子科学学报	53	0.90	53	53.0	4.5	19	43	0.00	0.85	5.9

表 4-2　2021 年中国科技核心期刊（中文）来源指标刊名字顺索引（续）

CODE	刊名	来源文献量	文献选出率	AR论文量	平均引文数	平均作者数	地区分布数	机构分布数	海外论文比	基金论文比	引用半衰期
Q931	分子影像学杂志	205	1.00	201	25.6	4.6	24	155	0.00	0.58	3.5
G556	分子诊断与治疗杂志	500	0.97	499	16.7	4.3	25	360	0.00	0.67	2.9
H845	分子植物育种	984	0.98	983	23.0	5.9	31	296	0.01	0.80	8.2
V052	粉煤灰综合利用	150	0.97	149	13.2	2.6	22	98	0.00	0.32	6.3
M105	粉末冶金工业	114	0.93	114	20.1	4.0	20	78	0.00	0.53	7.2
M039	粉末冶金技术	80	0.98	80	26.3	4.9	19	55	0.00	0.66	6.8
V048	风景园林	202	0.88	192	31.3	2.5	16	70	0.15	0.63	7.8
Q006	辐射防护	77	0.84	72	13.8	5.5	19	44	0.01	0.12	9.7
Q005	辐射研究与辐射工艺学报	68	0.96	68	26.7	5.2	19	49	0.03	0.60	7.9
H268	福建农林大学学报自然科学版	119	0.98	118	30.2	5.7	22	44	0.03	0.79	7.6
H265	福建农业学报	194	0.99	194	27.9	6.1	25	84	0.00	0.61	6.9
A078	福建师范大学学报自然科学版	84	1.00	84	25.6	3.5	17	25	0.00	0.92	6.2
G024	福建医科大学学报	113	0.96	98	21.2	4.3	10	53	0.00	0.44	5.4
A029	福州大学学报自然科学版	113	0.96	106	25.5	3.7	14	29	0.00	0.95	6.3
M505	腐蚀与防护	200	0.97	196	19.2	4.8	24	151	0.00	0.36	8.8
G068	复旦学报医学版	134	0.99	133	25.6	4.8	7	37	0.00	0.61	5.8
A001	复旦学报自然科学版	77	0.78	77	29.5	4.9	9	26	0.01	0.74	8.6
Y019	复合材料学报	407	0.97	407	35.6	5.0	29	187	0.02	0.83	5.9
B029	复杂系统与复杂性科学	45	0.96	45	29.7	3.3	17	29	0.00	0.93	6.4
G957	腹部外科	110	0.97	93	24.4	5.0	23	77	0.00	0.44	5.4
G338	腹腔镜外科杂志	226	0.95	176	18.5	4.9	28	167	0.00	0.26	5.1
A034	甘肃科学学报	145	1.00	144	14.8	3.1	19	71	0.01	0.52	7.3
H047	甘肃农业大学学报	145	0.97	145	28.9	5.4	21	67	0.00	0.74	6.7
H844	甘蔗糖业	101	0.87	101	18.8	5.8	13	64	0.01	0.36	6.3
Q956	肝癌电子杂志	46	0.75	37	27.8	4.4	16	31	0.00	0.48	4.4
G879	肝胆外科杂志	124	0.93	84	19.2	3.7	19	84	0.00	0.18	5.1
G690	肝胆胰外科杂志	156	0.87	124	20.4	5.2	24	121	0.00	0.30	4.9
G803	肝脏	389	0.97	247	17.8	4.1	30	260	0.00	0.42	4.3
H045	干旱地区农业研究	178	0.98	177	32.6	6.0	22	72	0.01	0.79	7.1
E048	干旱气象	114	0.93	114	30.4	4.8	27	82	0.00	0.82	7.8
E020	干旱区地理	180	0.97	180	33.7	4.8	21	89	0.02	0.81	7.0
E105	干旱区研究	184	1.00	184	34.5	5.1	20	79	0.01	0.77	7.5
M050	钢铁	214	0.93	214	25.8	4.7	17	56	0.00	0.81	6.2
M013	钢铁钒钛	181	0.98	181	16.2	4.2	24	100	0.01	0.53	7.1
M019	钢铁研究学报	147	0.93	147	30.1	4.9	23	49	0.01	0.74	7.5
D020	高等学校化学学报	365	0.97	364	53.0	5.0	27	174	0.06	0.89	5.7
B002	高等学校计算数学学报	27	0.82	27	27.4	2.5	11	23	0.04	0.85	12.3
R038	高电压技术	469	1.00	469	30.8	5.2	29	157	0.01	0.68	5.0
T001	高分子材料科学与工程	316	1.00	316	19.6	5.3	27	143	0.00	0.75	6.5
T002	高分子通报	165	0.98	162	29.9	4.5	24	113	0.00	0.61	7.0
D021	高分子学报	141	0.99	138	54.4	4.3	20	55	0.01	0.88	6.4
A080	高技术通讯	145	0.92	136	20.8	4.1	16	50	0.03	0.86	5.9
T078	高科技纤维与应用	60	0.69	58	13.7	3.9	13	41	0.00	0.17	7.2

表 4-2 2021 年中国科技核心期刊（中文）来源指标刊名字顺索引（续）

CODE	刊名	来源文献量	文献选出率	AR论文量	平均引文数	平均作者数	地区分布数	机构分布数	海外论文比	基金论文比	引用半衰期
E358	高校地质学报	62	0.82	62	42.2	5.1	15	33	0.05	0.76	10.2
T016	高校化学工程学报	135	1.00	135	29.2	5.0	21	60	0.01	0.75	7.2
B003	高校应用数学学报	45	0.98	45	19.0	2.4	21	40	0.00	0.84	11.6
R037	高压电器	333	1.00	332	26.2	5.8	28	162	0.01	0.40	5.8
C056	高压物理学报	106	0.97	106	33.5	4.5	20	49	0.02	0.75	8.7
E005	高原气象	127	0.98	127	44.7	4.8	23	61	0.02	0.87	9.2
E546	高原山地气象研究	69	1.00	69	23.3	3.9	10	33	0.00	0.48	9.0
V021	给水排水	315	0.95	308	10.3	4.3	24	186	0.01	0.38	6.7
N105	工程爆破	114	0.96	114	15.0	4.2	25	84	0.00	0.53	7.2
E574	工程地球物理学报	90	0.71	90	18.6	3.5	22	71	0.00	0.43	7.7
E360	工程地质学报	186	0.99	186	55.9	5.1	23	84	0.03	0.81	6.7
S712	工程管理学报	163	1.00	162	16.9	3.1	21	80	0.02	0.63	4.9
V030	工程勘察	173	0.93	172	12.4	3.4	25	119	0.00	0.35	7.0
V033	工程抗震与加固改造	141	0.74	135	13.9	3.6	25	104	0.01	0.56	10.0
M030	工程科学学报	180	0.98	179	39.9	5.1	23	68	0.02	0.92	5.6
J051	工程科学与技术	149	0.97	149	26.6	4.7	25	83	0.01	0.84	6.9
C002	工程力学	278	0.96	271	29.3	4.0	26	103	0.02	0.94	8.1
C073	工程热物理学报	439	1.00	423	19.9	4.4	27	123	0.03	0.90	8.7
N590	工程设计学报	92	0.94	87	21.1	4.1	23	60	0.01	0.84	6.6
B031	工程数学学报	72	0.92	72	21.1	2.7	22	54	0.00	0.93	10.7
T003	工程塑料应用	358	0.96	332	20.1	4.7	30	222	0.01	0.46	4.7
N064	工具技术	276	0.98	243	15.9	4.1	23	155	0.00	0.50	7.0
K018	工矿自动化	238	0.99	236	17.0	3.7	18	95	0.00	0.80	4.2
T563	工业催化	158	0.99	152	22.7	4.6	26	108	0.00	0.41	7.3
J057	工业工程	119	0.98	119	19.5	3.0	23	67	0.01	0.91	6.3
N110	工业工程与管理	142	1.00	142	21.3	3.1	23	75	0.02	0.93	6.4
P009	工业加热	195	0.98	140	9.7	2.9	27	122	0.00	0.22	5.9
V010	工业建筑	409	0.56	366	15.8	3.7	28	220	0.01	0.67	7.9
P005	工业炉	103	0.97	71	6.7	3.3	21	67	0.00	0.12	9.8
Z013	工业水处理	312	0.89	310	26.5	4.7	29	184	0.00	0.58	5.7
G025	工业卫生与职业病	155	0.95	84	13.0	4.5	23	117	0.00	0.19	6.1
N037	工业仪表与自动化装置	174	0.99	142	11.2	3.4	25	123	0.00	0.30	4.8
Z032	工业用水与废水	121	1.00	108	14.0	3.7	24	102	0.00	0.25	5.6
G207	公共卫生与预防医学	226	1.00	206	18.0	4.6	24	164	0.00	0.31	3.4
X579	公路	854	0.99	825	11.5	3.3	31	466	0.00	0.42	6.9
X022	公路工程	208	1.00	208	15.0	3.5	27	122	0.01	0.88	7.5
N039	功能材料	390	0.97	390	30.6	4.9	29	194	0.02	0.89	5.5
D503	功能高分子学报	55	0.86	54	52.5	4.6	13	27	0.00	0.76	5.5
R095	供用电	158	1.00	156	23.4	5.1	27	115	0.00	0.39	3.6
E601	古地理学报	77	0.91	76	62.5	6.2	17	41	0.01	0.73	10.9
E304	古脊椎动物学报	17	0.94	17	51.1	3.7	1	2	0.35	0.24	18.2
E022	古生物学报	41	0.87	41	73.6	4.3	9	15	0.07	0.51	15.7
G478	骨科	115	0.99	98	20.1	5.4	21	87	0.00	0.35	6.6

表 4-2　2021 年中国科技核心期刊（中文）来源指标刊名字顺索引（续）

CODE	刊名	来源文献量	文献选出率	AR论文量	平均引文数	平均作者数	地区分布数	机构分布数	海外论文比	基金论文比	引用半衰期
R047	固体电子学研究与进展	85	0.90	81	13.9	4.7	18	45	0.00	0.55	6.9
Y013	固体火箭技术	113	0.92	109	23.2	5.1	15	50	0.00	0.24	8.8
C103	固体力学学报	59	0.89	59	33.1	3.7	20	41	0.03	0.86	9.3
W007	管理工程学报	131	1.00	131	42.0	3.1	21	73	0.02	0.99	9.5
W018	管理科学	72	0.97	72	59.7	3.0	21	54	0.04	0.94	6.7
W008	管理科学学报	96	0.89	96	47.3	4.7	15	53	0.10	0.97	7.6
W025	管理评论	355	0.98	355	43.2	2.9	26	142	0.03	0.93	8.5
S744	管理世界	209	0.94	174	52.6	2.5	18	87	0.02	0.63	8.9
S745	管理现代化	165	1.00	137	19.7	2.4	21	81	0.01	0.99	5.6
W016	管理学报	198	0.99	198	31.6	3.0	22	89	0.01	0.96	7.5
H226	灌溉排水学报	229	0.64	229	29.0	5.4	29	108	0.00	0.86	6.7
R026	光电工程	95	1.00	95	25.7	4.7	20	52	0.01	0.85	5.8
R082	光电子技术	55	1.00	48	18.4	4.4	11	34	0.02	0.47	6.9
C091	光谱学与光谱分析	628	0.98	627	16.5	5.5	30	293	0.04	0.90	5.7
C097	光散射学报	24	0.92	24	28.7	4.9	13	23	0.00	0.79	6.9
R688	光通信研究	83	1.00	71	16.6	3.9	21	49	0.00	0.61	5.7
N015	光学技术	122	1.00	105	18.3	4.0	21	78	0.00	0.70	5.2
N033	光学精密工程	268	0.92	251	23.2	4.6	26	137	0.00	0.81	5.2
C050	光学学报	665	0.99	646	29.3	5.4	27	220	0.02	0.85	6.3
R097	光学与光电技术	95	1.00	91	14.7	3.2	18	54	0.03	0.28	7.9
C037	光子学报	317	1.00	309	31.9	5.5	25	143	0.00	0.90	6.4
R547	广东电力	186	0.98	184	24.5	4.9	24	95	0.01	0.54	3.7
H272	广东海洋大学学报	107	0.96	107	33.1	5.8	13	27	0.02	0.72	7.8
H228	广东农业科学	233	0.96	233	34.7	6.0	24	86	0.00	0.69	6.1
G027	广东药科大学学报	161	0.90	155	20.1	5.0	19	88	0.00	0.57	4.8
G026	广东医学	311	0.93	305	22.1	4.6	23	224	0.00	0.41	4.5
A042	广西大学学报自然科学版	182	0.97	180	19.2	4.6	21	64	0.01	0.98	6.4
A535	广西科学	74	0.89	74	33.6	5.1	12	44	0.00	0.82	6.4
H364	广西林业科学	127	0.95	123	22.8	5.8	17	56	0.01	0.66	8.3
A062	广西师范大学学报自然科学版	91	0.83	91	38.8	4.5	17	39	0.01	0.95	7.1
G028	广西医科大学学报	402	0.98	398	20.4	5.0	23	189	0.00	0.78	4.2
G816	广西医学	692	1.00	595	21.4	4.7	30	418	0.00	0.75	4.7
F028	广西植物	224	1.00	223	39.4	5.3	30	126	0.01	0.85	9.5
G030	广州中医药大学学报	479	0.98	477	21.6	4.4	24	180	0.00	0.57	5.8
V572	规划师	299	0.96	298	18.8	3.1	25	147	0.01	0.43	4.9
T004	硅酸盐通报	501	0.97	500	26.4	5.0	30	262	0.01	0.79	6.4
T005	硅酸盐学报	301	0.99	300	40.2	5.3	28	143	0.03	0.87	6.4
M048	贵金属	60	0.95	60	20.6	5.5	17	34	0.00	0.68	7.9
A077	贵州大学学报自然科学版	113	0.97	107	20.3	3.4	19	44	0.01	0.84	6.3
H275	贵州农业科学	291	0.97	290	21.6	5.5	27	159	0.00	0.66	7.1
A527	贵州师范大学学报自然科学版	108	1.00	107	26.6	3.6	17	45	0.00	0.78	7.8
G031	贵州医科大学学报	250	0.98	250	24.3	5.3	22	115	0.00	0.79	3.5
M033	桂林理工大学学报	118	1.00	118	26.9	4.4	19	47	0.00	0.95	8.2

表 4-2 2021 年中国科技核心期刊（中文）来源指标刊名字顺索引（续）

CODE	刊名	来源文献量	文献选出率	AR论文量	平均引文数	平均作者数	地区分布数	机构分布数	海外论文比	基金论文比	引用半衰期
A040	国防科技大学学报	120	1.00	110	23.0	4.3	13	55	0.00	0.68	8.1
G495	国际病毒学杂志	118	0.94	97	17.1	6.0	18	69	0.00	0.39	3.3
V529	国际城市规划	93	0.82	92	38.3	2.6	16	53	0.23	0.61	9.4
G936	国际儿科学杂志	189	0.94	180	29.9	1.7	22	88	0.00	0.42	4.9
G497	国际放射医学核医学杂志	125	0.91	117	25.1	4.4	24	91	0.00	0.41	4.8
G659	国际妇产科学杂志	155	0.99	146	28.3	3.5	24	88	0.00	0.37	3.5
G498	国际骨科学杂志	84	0.94	83	31.4	4.4	19	52	0.00	0.37	4.5
G938	国际呼吸杂志	319	0.92	319	30.5	4.5	30	218	0.00	0.52	4.8
G362	国际检验医学杂志	717	1.00	654	19.4	4.6	31	501	0.00	0.55	3.8
G997	国际口腔医学杂志	111	0.96	111	40.3	3.6	24	51	0.00	0.62	5.9
G496	国际老年医学杂志	99	0.95	80	18.7	4.4	20	81	0.02	0.64	4.4
G930	国际流行病学传染病学杂志	102	0.93	92	20.2	4.9	21	83	0.00	0.42	4.8
G975	国际麻醉学与复苏杂志	264	0.95	252	24.2	4.0	27	157	0.01	0.41	5.3
G349	国际泌尿系统杂志	322	0.99	259	21.6	3.9	27	251	0.00	0.25	5.2
G983	国际免疫学杂志	127	0.97	123	29.2	3.7	22	80	0.00	0.50	4.8
G939	国际脑血管病杂志	173	0.94	172	36.0	4.6	24	122	0.01	0.35	5.1
G415	国际内分泌代谢杂志	112	0.86	107	20.9	3.9	24	82	0.01	0.45	4.6
G426	国际神经病学神经外科学杂志	119	0.98	111	22.1	4.2	27	92	0.01	0.25	4.5
S157	国际生殖健康/计划生育杂志	109	0.99	103	27.4	4.0	22	66	0.00	0.60	3.8
B525	国际输血及血液学杂志	77	0.97	76	33.1	4.4	22	61	0.00	0.60	5.4
G954	国际外科学杂志	171	0.98	170	28.0	4.5	26	109	0.00	0.34	3.9
G660	国际消化病杂志	103	0.95	94	24.2	3.9	20	80	0.00	0.39	4.6
G940	国际心血管病杂志	94	1.00	74	23.7	4.2	22	78	0.00	0.38	4.7
Q911	国际眼科杂志	453	0.97	431	28.3	4.5	30	291	0.03	0.45	5.1
G661	国际医学放射学杂志	120	0.92	117	28.0	3.8	19	86	0.00	0.51	4.0
G934	国际中医中药杂志	256	0.98	218	17.3	4.4	26	136	0.07	0.65	4.7
G937	国际肿瘤学杂志	141	0.88	125	26.1	4.0	27	118	0.00	0.41	3.8
E578	国土资源科技管理	62	0.93	62	24.3	2.7	19	38	0.00	0.60	6.6
E591	国土资源遥感	128	1.00	128	26.0	4.5	25	88	0.01	0.80	6.8
R683	国外电子测量技术	346	0.97	290	19.0	3.4	28	163	0.01	0.47	3.8
H028	果树学报	236	0.99	218	30.3	6.5	27	100	0.00	0.77	7.3
T008	过程工程学报	157	0.92	157	34.6	5.0	22	68	0.03	0.81	7.5
X025	哈尔滨工程大学学报	255	1.00	255	18.1	4.2	19	78	0.01	0.85	8.1
J003	哈尔滨工业大学学报	261	0.96	261	24.2	4.2	24	89	0.01	0.82	7.3
J013	哈尔滨理工大学学报	133	0.96	133	21.9	3.8	16	37	0.02	0.90	6.1
G033	哈尔滨医科大学学报	150	0.99	133	17.8	4.0	16	59	0.00	0.49	4.7
J055	海军工程大学学报	108	0.95	107	13.0	3.7	8	17	0.00	0.56	5.9
Y029	海军航空工程学院学报	19	0.90	19	19.4	3.6	7	7	0.00	0.21	8.4
G899	海军医学杂志	233	0.97	125	15.7	4.0	19	123	0.00	0.14	4.7
G416	海南医学院学报	316	1.00	312	27.4	5.3	29	136	0.00	0.81	4.4
L037	海相油气地质	41	0.91	41	32.6	6.4	13	27	0.00	0.71	9.6
E651	海洋测绘	102	0.95	102	15.0	4.1	17	65	0.00	0.58	6.8
E569	海洋地质前沿	122	0.98	121	28.9	5.9	13	49	0.00	0.66	9.5

表 4-2　2021 年中国科技核心期刊（中文）来源指标刊名字顺索引（续）

CODE	刊名	来源文献量	文献选出率	AR论文量	平均引文数	平均作者数	地区分布数	机构分布数	海外论文比	基金论文比	引用半衰期
E155	海洋地质与第四纪地质	123	0.98	122	48.8	5.6	17	55	0.01	0.74	10.6
E131	海洋工程	102	1.00	102	21.7	4.1	14	44	0.00	0.78	8.9
E312	海洋湖沼通报	132	0.96	132	26.5	4.5	17	66	0.00	0.70	10.1
Z010	海洋环境科学	131	0.99	131	25.2	5.2	15	71	0.00	0.68	8.8
E564	海洋技术学报	90	0.95	89	16.6	4.0	14	64	0.00	0.63	7.3
E145	海洋科学	191	0.99	191	41.1	4.9	20	88	0.01	0.80	9.6
E006	海洋科学进展	58	0.94	58	30.8	5.1	9	23	0.02	0.78	11.0
E311	海洋通报	74	1.00	74	33.5	4.5	13	45	0.00	0.76	8.6
E003	海洋学报	177	0.97	174	39.2	5.0	14	63	0.03	0.84	10.7
E149	海洋学研究	40	0.89	40	34.1	5.3	9	25	0.00	0.65	10.0
H284	海洋渔业	73	1.00	73	36.2	6.2	7	25	0.01	0.78	9.9
E008	海洋与湖沼	143	0.97	143	45.4	5.2	15	45	0.01	0.78	10.3
E108	海洋预报	65	0.96	65	23.0	4.5	11	35	0.00	0.86	9.8
L586	含能材料	148	0.83	137	30.1	5.3	15	37	0.00	0.59	7.7
N076	焊接	124	0.91	124	16.9	4.4	22	94	0.00	0.48	5.4
N624	焊接技术	392	0.95	241	6.5	4.0	29	241	0.00	0.15	8.3
N021	焊接学报	168	0.93	168	18.3	4.7	24	87	0.03	0.80	4.9
A191	杭州师范大学学报自然科学版	97	0.94	96	22.9	4.0	11	24	0.00	0.70	8.4
Y556	航空兵器	105	0.99	104	23.1	3.8	16	49	0.00	0.36	5.6
Y027	航空材料学报	70	0.96	70	39.7	5.4	15	39	0.00	0.56	6.3
Y017	航空动力学报	266	0.96	266	23.7	4.3	21	99	0.00	0.55	9.4
Y554	航空发动机	100	0.94	100	21.3	4.0	10	27	0.00	0.35	11.4
Y052	航空工程进展	121	1.00	121	23.1	3.4	14	58	0.00	0.39	7.5
Y031	航空计算技术	179	0.96	171	11.6	3.4	14	43	0.00	0.57	4.7
Y012	航空精密制造技术	95	0.94	75	8.2	3.4	12	55	0.00	0.08	9.0
Y002	航空学报	422	0.96	422	38.5	4.4	24	116	0.01	0.70	7.1
Y014	航空制造技术	226	0.91	226	27.4	4.5	21	96	0.02	0.57	6.4
Y034	航天返回与遥感	91	0.93	91	25.8	4.6	17	43	0.01	0.40	7.0
Y015	航天控制	70	0.99	70	15.6	3.8	16	42	0.00	0.40	6.3
Y033	航天器工程	137	0.92	137	13.9	4.9	12	31	0.00	0.10	7.5
Y032	航天器环境工程	104	0.97	104	17.4	5.4	14	52	0.01	0.38	9.6
G034	航天医学与医学工程	67	0.92	66	30.1	5.6	14	46	0.00	0.58	8.2
T057	合成材料老化与应用	326	0.93	146	12.2	2.7	28	192	0.01	0.17	4.3
D602	合成化学	165	0.98	163	21.2	4.8	24	98	0.01	0.76	7.1
T505	合成树脂及塑料	120	0.98	107	14.9	3.6	26	97	0.01	0.23	6.5
T067	合成纤维	154	0.91	118	12.3	3.5	20	92	0.01	0.21	5.7
T065	合成纤维工业	107	0.92	105	19.1	3.9	17	62	0.00	0.36	7.6
T018	合成橡胶工业	90	0.83	90	18.5	4.9	20	51	0.00	0.43	8.2
J053	合肥工业大学学报自然科学版	280	0.97	280	17.0	3.8	23	71	0.01	0.85	7.9
A031	河北大学学报自然科学版	96	0.99	94	25.4	4.0	9	27	0.02	0.93	6.0
K032	河北工程大学学报自然科学版	65	1.00	65	15.8	4.4	15	20	0.00	0.94	6.6
J017	河北工业大学学报	76	1.00	76	24.9	4.0	11	20	0.00	0.92	7.0
J019	河北工业科技	75	0.95	75	20.0	3.6	19	52	0.00	0.71	5.5

表 4-2 2021 年中国科技核心期刊（中文）来源指标刊名字顺索引（续）

CODE	刊名	来源文献量	文献选出率	AR论文量	平均引文数	平均作者数	地区分布数	机构分布数	海外论文比	基金论文比	引用半衰期
J058	河北科技大学学报	74	1.00	73	28.4	4.4	19	36	0.03	0.93	4.8
H244	河北农业大学学报	111	0.96	111	23.4	5.7	14	28	0.00	0.91	6.1
A076	河北师范大学学报自然科学版	85	0.92	84	20.0	3.8	20	48	0.01	0.87	7.4
G035	河北医科大学学报	307	0.97	302	21.1	4.0	28	190	0.00	0.57	3.6
G641	河北医学	450	1.00	443	11.5	4.1	28	332	0.00	0.90	3.0
G898	河北医药	940	1.00	832	21.4	4.2	28	547	0.00	0.32	4.2
G384	河北中医	465	1.00	452	22.9	4.2	26	281	0.00	0.62	4.1
G301	河北中医药学报	100	1.00	75	17.3	5.3	9	41	0.00	0.78	4.6
W012	河海大学学报自然科学版	80	0.82	80	24.0	4.7	11	27	0.00	0.89	7.6
A067	河南大学学报自然科学版	83	1.00	83	27.7	4.3	12	26	0.00	0.92	6.1
U004	河南工业大学学报自然科学版	109	0.99	109	31.2	4.8	8	16	0.01	0.73	6.5
J014	河南科技大学学报自然科学版	94	0.92	93	20.9	4.8	13	31	0.00	0.99	5.0
A011	河南科学	282	0.96	282	22.3	3.7	25	135	0.01	0.79	6.3
K526	河南理工大学学报自然科学版	141	1.00	140	20.4	4.3	25	70	0.01	0.93	6.8
H011	河南农业大学学报	146	1.00	146	32.3	5.8	23	51	0.01	0.91	6.1
H356	河南农业科学	263	0.98	263	30.1	6.3	28	111	0.00	0.79	6.4
A058	河南师范大学学报自然科学版	99	0.94	99	25.3	4.3	22	61	0.00	0.96	7.3
Q004	核动力工程	261	0.98	248	10.6	5.2	17	67	0.00	0.35	9.4
Q002	核化学与放射化学	67	0.97	67	28.1	5.6	10	19	0.00	0.31	10.9
Q001	核技术	158	0.93	148	18.9	6.0	19	73	0.00	0.58	8.4
C092	核聚变与等离子体物理	61	0.98	46	12.5	5.6	11	19	0.00	0.64	9.5
Q009	核科学与工程	186	0.97	180	10.6	4.2	17	56	0.00	0.23	9.9
H042	核农学报	312	0.66	312	38.0	6.1	29	122	0.00	0.79	6.6
A084	黑龙江大学自然科学学报	91	0.99	91	25.5	3.7	17	29	0.01	0.99	5.1
K505	黑龙江科技大学学报	132	0.97	132	14.7	3.5	15	23	0.00	0.60	5.2
R535	红外技术	172	0.98	162	17.7	4.6	24	110	0.01	0.40	7.1
C035	红外与毫米波学报	112	1.00	109	24.7	5.8	16	55	0.05	0.82	8.0
R084	红外与激光工程	469	0.98	453	23.4	5.0	25	218	0.01	0.68	6.0
A039	湖北大学学报自然科学版	102	1.00	99	19.4	4.2	12	32	0.00	0.62	6.8
H203	湖北农业科学	998	0.99	925	18.9	4.3	31	443	0.00	0.66	6.9
G334	湖北中医药大学学报	212	1.00	126	17.4	3.8	22	150	0.00	0.83	4.2
A028	湖南大学学报自然科学版	233	1.00	224	21.7	4.2	26	68	0.03	0.94	7.1
K016	湖南科技大学学报自然科学版	67	1.00	66	20.0	4.0	17	40	0.00	0.87	7.3
H060	湖南农业大学学报自然科学版	107	1.00	104	22.3	5.5	19	55	0.00	0.89	7.1
G548	湖南师范大学学报医学版	462	1.00	389	15.9	3.8	24	346	0.00	0.18	4.0
A055	湖南师范大学自然科学学报	90	0.94	90	25.8	4.2	19	48	0.01	0.94	5.3
G041	湖南中医药大学学报	361	0.99	352	23.1	5.3	24	106	0.00	0.88	4.3
E111	湖泊科学	163	0.98	163	46.0	5.9	24	89	0.04	0.87	8.3
G336	护理管理杂志	177	0.87	176	28.3	4.9	31	136	0.02	0.31	4.3
G987	护理学报	375	0.99	335	25.3	4.9	28	223	0.00	0.49	4.2
G503	护理学杂志	739	0.99	530	22.3	5.2	31	352	0.01	0.36	4.6
G654	护理研究	944	0.98	774	27.4	4.4	30	397	0.02	0.44	5.2
G734	护士进修杂志	509	0.99	439	22.0	4.7	28	307	0.01	0.44	4.9

表 4-2　2021 年中国科技核心期刊（中文）来源指标刊名字顺索引（续）

CODE	刊名	来源文献量	文献选出率	AR论文量	平均引文数	平均作者数	地区分布数	机构分布数	海外论文比	基金论文比	引用半衰期
H665	花生学报	48	1.00	48	24.2	7.9	12	27	0.00	0.81	7.7
E141	华北地震科学	58	0.94	58	18.5	4.3	19	38	0.00	0.79	10.1
R046	华北电力大学学报自然科学版	89	1.00	89	20.5	4.5	11	25	0.01	0.72	4.8
H032	华北农学报	172	1.00	172	31.0	6.5	28	78	0.00	0.83	6.4
W543	华北水利水电大学学报自然科学版	88	1.00	88	20.6	4.3	18	40	0.01	0.81	5.8
X003	华东交通大学学报	101	0.91	101	22.9	3.8	17	32	0.00	0.82	5.6
A054	华东师范大学学报自然科学版	97	0.96	97	26.7	3.9	19	32	0.01	0.79	8.1
E103	华南地震	85	0.96	83	15.3	4.0	23	59	0.00	0.69	9.3
G340	华南国防医学杂志	215	1.00	185	22.7	4.7	26	126	0.00	0.43	4.1
J004	华南理工大学学报自然科学版	195	1.00	195	23.4	4.2	22	51	0.00	0.97	6.8
H013	华南农业大学学报	94	0.94	94	30.1	6.1	17	29	0.02	0.91	6.7
A052	华南师范大学学报自然科学版	103	0.98	103	22.7	4.2	19	51	0.00	0.99	6.3
G525	华南预防医学	429	0.97	317	18.0	4.6	26	312	0.00	0.27	3.1
A021	华侨大学学报自然科学版	109	0.97	106	20.1	3.6	11	22	0.00	0.96	5.9
G043	华西口腔医学杂志	107	0.93	102	26.0	4.4	22	53	0.04	0.77	6.9
G044	华西药学杂志	156	0.96	135	11.6	4.9	25	70	0.01	0.66	6.5
G294	华西医学	325	0.98	299	29.7	4.5	29	163	0.01	0.65	4.9
G077	华中科技大学学报医学版	146	0.96	146	26.6	4.8	21	80	0.00	0.80	5.6
J033	华中科技大学学报自然科学版	261	1.00	261	17.7	3.6	25	106	0.01	0.93	5.9
H003	华中农业大学学报	173	0.99	171	31.9	5.4	18	36	0.00	0.90	6.7
A004	华中师范大学学报自然科学版	125	0.94	125	27.2	3.7	25	77	0.00	0.90	7.0
Z009	化工环保	122	0.98	122	26.5	4.4	23	101	0.01	0.54	5.6
T006	化工机械	185	0.99	167	11.0	4.0	24	99	0.01	0.34	7.2
T101	化工进展	660	1.00	660	51.9	5.2	29	244	0.02	0.79	5.7
T532	化工科技	96	1.00	91	22.4	5.1	11	34	0.00	0.54	6.7
T146	化工设备与管道	98	0.94	89	9.2	2.9	20	78	0.00	0.09	10.5
T007	化工学报	581	0.99	581	47.4	5.1	25	155	0.03	0.87	6.3
T009	化学反应工程与工艺	67	0.92	66	28.0	4.9	14	33	0.00	0.60	8.3
D604	化学分析计量	246	0.95	242	19.9	4.6	28	185	0.00	0.28	6.2
T025	化学工程	178	0.77	173	15.7	4.2	28	109	0.01	0.59	7.5
T567	化学工程师	274	0.98	212	13.3	3.5	25	149	0.00	0.39	5.8
T076	化学工业与工程	61	0.98	61	36.6	4.9	14	31	0.02	0.62	5.9
D506	化学进展	177	1.00	177	104.1	4.6	22	109	0.02	0.88	4.9
D011	化学试剂	276	0.97	273	27.7	5.0	30	199	0.00	0.63	5.9
D018	化学通报	187	0.96	186	41.6	4.5	27	133	0.00	0.76	6.3
D030	化学学报	155	0.99	155	68.4	4.9	26	96	0.04	0.88	5.3
D501	化学研究	73	0.94	72	32.3	4.8	18	46	0.00	0.79	5.4
D037	化学研究与应用	339	1.00	339	22.3	4.7	28	212	0.00	0.69	6.5
T931	化学与粘合	123	0.98	95	17.3	4.0	19	58	0.00	0.15	6.6
T553	化学与生物工程	156	1.00	150	19.8	4.5	26	97	0.00	0.58	6.4
Z017	环境保护科学	150	1.00	149	22.6	4.6	28	106	0.04	0.61	6.3
Z005	环境工程	502	0.53	357	26.3	4.2	30	315	0.01	0.58	5.7
Z550	环境工程技术学报	156	0.96	156	37.9	5.6	24	58	0.01	0.79	6.8

表 4-2　2021 年中国科技核心期刊（中文）来源指标刊名字顺索引（续）

CODE	刊名	来源文献量	文献选出率	AR论文量	平均引文数	平均作者数	地区分布数	机构分布数	海外论文比	基金论文比	引用半衰期
Z021	环境工程学报	425	0.99	423	31.5	5.6	28	214	0.01	0.76	6.1
D024	环境化学	397	0.97	387	44.1	5.5	30	228	0.01	0.84	6.6
Z500	环境技术	264	0.88	258	9.3	3.8	24	142	0.00	0.15	8.0
Z554	环境监测管理与技术	96	0.99	90	19.1	5.0	24	75	0.01	0.85	6.0
Z525	环境监控与预警	86	0.97	83	21.0	4.6	12	56	0.01	0.58	5.8
Z506	环境科技	90	0.96	88	18.1	4.6	19	69	0.00	0.59	5.5
Z004	环境科学	624	0.98	624	42.2	6.0	31	239	0.01	0.90	5.4
Z003	环境科学学报	530	1.00	530	37.0	5.9	30	243	0.02	0.86	5.9
Z002	环境科学研究	317	0.99	317	44.1	5.9	28	162	0.01	0.76	5.6
Z521	环境科学与管理	466	0.90	465	7.3	2.5	29	351	0.01	0.29	2.6
Z025	环境科学与技术	349	1.00	349	36.7	5.1	31	231	0.01	0.80	5.7
H049	环境昆虫学报	181	1.00	180	39.7	5.5	28	100	0.01	0.81	9.7
Z035	环境卫生工程	85	0.83	85	27.6	5.0	14	57	0.01	0.46	5.0
G971	环境卫生学杂志	102	0.95	100	19.0	5.3	24	61	0.00	0.31	5.4
Z019	环境污染与防治	288	1.00	285	26.1	5.1	29	198	0.00	0.77	6.2
Z031	环境与健康杂志	142	0.99	105	18.6	5.5	30	108	0.00	0.59	6.0
G882	环境与职业医学	212	0.98	209	27.9	6.2	25	96	0.02	0.70	5.1
G656	环球中医药	536	0.96	335	20.4	4.5	27	175	0.01	0.56	5.8
M631	黄金	233	1.00	210	11.2	3.7	25	138	0.01	0.34	8.6
M600	黄金科学技术	91	0.80	91	45.7	4.2	17	38	0.00	0.68	6.6
V560	混凝土	423	0.98	403	15.9	4.2	28	217	0.01	0.83	7.8
Y040	火箭推进	78	0.93	78	23.9	4.0	11	28	0.00	0.54	10.2
N005	火力与指挥控制	375	0.98	346	15.3	3.5	25	184	0.00	0.34	6.7
N007	火炸药学报	119	0.98	117	26.1	5.8	13	32	0.03	0.59	8.4
X011	机车电传动	149	0.96	148	12.7	4.2	21	59	0.02	0.36	6.8
N069	机床与液压	889	0.96	858	14.2	3.8	28	431	0.00	0.65	6.2
N672	机电工程	248	1.00	242	17.8	3.9	27	148	0.00	0.88	5.1
S004	机器人	70	0.99	69	34.1	4.7	14	48	0.03	0.87	6.4
N040	机械传动	318	1.00	314	15.8	4.0	27	172	0.01	0.66	6.7
M004	机械工程材料	215	1.00	215	19.9	4.6	26	164	0.01	0.54	7.9
N051	机械工程学报	625	0.99	625	35.8	4.8	26	171	0.04	0.90	6.7
N050	机械科学与技术	280	0.95	279	18.5	4.0	27	136	0.03	0.79	6.0
N057	机械强度	219	1.00	219	16.0	3.9	27	132	0.01	0.73	7.8
N047	机械设计	261	0.63	258	17.2	3.8	27	166	0.01	0.61	6.5
N054	机械设计与研究	252	0.97	251	16.9	3.7	26	131	0.00	0.70	5.5
N028	机械设计与制造	810	1.00	793	11.7	3.3	30	304	0.00	0.75	7.8
N063	机械设计与制造工程	319	1.00	305	10.2	3.2	28	174	0.00	0.27	5.9
N053	机械与电子	187	0.94	185	12.0	3.7	26	123	0.00	0.37	3.9
N515	机械制造与自动化	361	1.00	289	10.4	3.3	27	131	0.00	0.36	6.5
G003	基础医学与临床	358	0.96	339	14.3	4.7	31	203	0.00	0.56	4.2
H245	基因组学与应用生物学	468	0.98	467	24.1	5.7	30	203	0.01	0.79	8.5
R025	激光技术	133	0.96	133	22.0	4.4	24	73	0.00	0.60	6.0
F045	激光生物学报	73	1.00	73	31.8	5.7	20	50	0.00	0.81	6.6

表 4-2 2021 年中国科技核心期刊（中文）来源指标刊名字顺索引（续）

CODE	刊名	来源文献量	文献选出率	AR论文量	平均引文数	平均作者数	地区分布数	机构分布数	海外论文比	基金论文比	引用半衰期
R514	激光与光电子学进展	1079	0.99	1069	32.6	4.4	28	353	0.01	0.79	5.6
R521	激光与红外	256	1.00	248	15.4	4.3	29	166	0.00	0.48	6.3
R028	激光杂志	471	1.00	468	18.6	3.1	30	263	0.00	0.85	3.5
E116	吉林大学学报地球科学版	166	0.99	166	31.9	5.0	24	103	0.01	0.89	9.8
J042	吉林大学学报工学版	264	1.00	264	28.3	4.3	28	110	0.01	0.92	6.2
A035	吉林大学学报理学版	226	0.97	224	17.6	3.4	28	109	0.01	0.96	7.0
R586	吉林大学学报信息科学版	107	0.94	104	15.7	3.7	16	43	0.00	0.68	4.1
G014	吉林大学学报医学版	210	1.00	210	26.6	5.8	29	104	0.01	0.98	4.2
H243	吉林农业大学学报	102	0.97	102	28.8	5.2	7	22	0.01	0.81	7.6
G719	吉林中医药	425	1.00	308	19.0	4.5	24	143	0.00	0.84	5.4
E007	极地研究	52	0.81	49	38.7	4.2	13	30	0.02	0.75	9.4
G452	疾病监测	233	0.82	220	20.2	6.7	28	114	0.00	0.59	4.7
G439	脊柱外科杂志	82	0.99	80	26.8	5.0	20	71	0.00	0.33	6.0
A656	济南大学学报自然科学版	96	1.00	93	19.1	4.1	20	53	0.00	0.96	5.8
N014	计量学报	254	1.00	253	18.2	4.7	24	94	0.00	0.69	6.4
S050	计算机测量与控制	587	1.00	587	18.3	3.4	29	332	0.00	0.39	4.5
S049	计算机仿真	1188	0.99	1184	13.8	2.7	31	463	0.01	0.49	4.1
S013	计算机辅助设计与图形学学报	200	1.00	198	28.7	4.4	24	95	0.03	0.95	6.2
S012	计算机工程	497	0.98	497	25.0	3.7	30	201	0.01	0.90	4.7
S034	计算机工程与科学	272	0.99	272	27.2	3.8	29	133	0.00	0.82	5.6
S022	计算机工程与设计	482	1.00	482	16.3	3.4	29	222	0.01	0.82	4.2
S025	计算机工程与应用	838	0.98	836	30.7	3.5	29	319	0.00	0.84	4.6
S030	计算机集成制造系统	330	1.00	330	25.8	4.2	26	138	0.02	0.90	5.5
S520	计算机技术与发展	443	0.99	441	18.7	3.4	30	203	0.01	0.86	5.0
S006	计算机科学	550	1.00	548	30.5	3.7	28	181	0.02	0.85	5.3
S085	计算机科学与探索	200	0.95	200	39.0	3.6	25	102	0.01	0.92	4.8
S509	计算机系统应用	513	0.98	512	19.8	3.4	27	228	0.01	0.56	5.6
S018	计算机学报	144	1.00	144	55.7	4.6	23	86	0.06	0.95	5.6
S021	计算机研究与发展	196	0.95	196	44.6	4.8	27	109	0.07	0.90	4.8
S029	计算机应用	526	1.00	525	24.9	3.7	29	215	0.01	0.86	4.7
S016	计算机应用研究	713	1.00	711	25.6	3.4	29	260	0.01	0.88	5.1
S009	计算机应用与软件	642	0.98	641	18.2	3.2	30	345	0.01	0.72	5.8
S048	计算机与数字工程	496	0.99	493	16.9	3.0	30	227	0.01	0.44	6.8
S500	计算机与现代化	244	0.95	244	24.8	3.0	27	130	0.00	0.69	4.9
S507	计算技术与自动化	136	1.00	136	15.6	3.2	26	104	0.01	0.38	4.7
C003	计算力学学报	100	0.91	100	21.3	3.7	23	67	0.04	0.82	9.7
B014	计算数学	35	0.92	35	33.4	2.2	18	31	0.00	0.94	11.6
C094	计算物理	79	0.90	78	27.1	3.8	20	51	0.00	0.78	8.6
G292	寄生虫与医学昆虫学报	44	0.98	43	21.3	5.6	15	36	0.00	0.50	7.7
A045	暨南大学学报自然科学与医学版	82	1.00	82	26.9	5.1	18	60	0.02	0.78	5.0
H240	家畜生态学报	220	0.99	199	25.6	5.7	31	101	0.00	0.72	6.8
G638	检验医学	279	0.99	222	15.9	4.8	28	222	0.00	0.33	5.3
V051	建筑材料学报	179	0.99	179	19.6	4.2	24	84	0.02	0.89	8.0

表 4-2　2021 年中国科技核心期刊（中文）来源指标刊名字顺索引（续）

CODE	刊名	来源文献量	文献选出率	AR论文量	平均引文数	平均作者数	地区分布数	机构分布数	海外论文比	基金论文比	引用半衰期
V057	建筑钢结构进展	142	0.99	142	19.3	4.2	23	71	0.01	0.84	9.5
V523	建筑节能中英文版	290	0.90	281	14.9	3.7	26	158	0.01	0.48	6.0
V014	建筑结构	613	0.74	528	11.8	3.8	28	313	0.01	0.40	8.6
V044	建筑结构学报	260	0.95	260	22.8	4.3	25	96	0.01	0.92	9.6
V005	建筑科学	303	0.85	291	17.9	4.0	27	132	0.01	0.67	7.4
V013	建筑科学与工程学报	87	0.94	87	26.0	4.2	20	48	0.00	0.93	7.2
V047	建筑学报	189	0.67	141	16.1	1.8	14	64	0.12	0.38	24.9
Y522	舰船电子工程	491	0.98	463	14.1	2.9	22	181	0.00	0.18	7.9
Y564	舰船科学技术	1250	0.99	496	7.4	2.5	29	563	0.00	0.43	5.6
G453	江苏大学学报医学版	99	1.00	98	27.1	5.3	15	53	0.00	0.76	4.3
J035	江苏大学学报自然科学版	107	1.00	107	14.5	3.9	19	46	0.02	0.85	5.7
H700	江苏农业科学	1016	1.00	1008	26.3	5.3	31	468	0.00	0.79	7.3
H199	江苏农业学报	204	1.00	203	32.5	5.6	30	124	0.00	0.84	6.4
G397	江苏中医药	319	0.96	135	10.9	3.3	24	156	0.00	0.43	5.9
H283	江西农业大学学报	155	1.00	155	30.2	6.5	22	53	0.00	0.97	7.0
H701	江西农业学报	273	1.00	273	26.9	5.3	29	155	0.00	0.74	6.8
A112	江西师范大学学报自然科学版	94	0.95	94	25.1	3.8	23	48	0.02	0.99	6.4
X020	交通信息与安全	113	0.94	113	22.1	3.8	21	51	0.01	0.94	4.9
X672	交通运输工程学报	131	0.91	131	52.3	4.8	18	39	0.06	0.96	6.0
X685	交通运输系统工程与信息	195	0.97	195	15.3	3.8	24	72	0.03	0.92	4.8
X516	交通运输研究	80	0.93	80	20.8	3.9	14	37	0.04	0.44	5.5
L587	节能技术	99	0.89	70	17.4	4.1	22	84	0.00	0.36	5.8
W567	节水灌溉	194	1.00	193	24.0	4.8	25	100	0.01	0.85	6.4
K553	洁净煤技术	178	0.96	175	40.8	5.4	22	95	0.02	0.79	6.7
V049	结构工程师	174	0.97	174	14.3	3.4	24	102	0.01	0.53	8.9
G869	结直肠肛门外科	144	0.91	113	21.2	4.9	23	97	0.00	0.35	5.8
G316	解放军护理杂志	286	0.99	235	19.6	4.8	26	168	0.01	0.44	4.2
G187	解放军医学院学报	249	0.94	244	29.2	5.5	22	73	0.00	0.49	4.4
G048	解放军医学杂志	195	0.98	193	34.5	5.3	30	133	0.00	0.62	4.2
G671	解放军医药杂志	318	1.00	299	19.2	4.3	27	219	0.00	0.73	3.6
G315	解放军医院管理杂志	399	0.96	78	10.2	4.1	27	175	0.00	0.15	4.5
G961	解放军预防医学杂志	37	0.93	17	15.3	4.8	10	20	0.00	0.27	4.7
G507	解剖科学进展	192	0.97	181	15.5	4.3	18	89	0.00	0.86	3.9
G049	解剖学报	152	0.93	151	22.2	5.7	29	111	0.00	0.84	6.0
G358	解剖学研究	177	0.91	103	13.7	4.4	27	134	0.01	0.42	4.3
G050	解剖学杂志	147	0.84	85	16.5	4.7	28	113	0.00	0.47	5.4
G886	介入放射学杂志	287	0.80	251	18.5	5.5	28	184	0.00	0.38	5.4
N048	金刚石与磨料磨具工程	94	1.00	93	17.6	4.6	19	54	0.01	0.63	6.3
M051	金属功能材料	87	0.93	87	26.1	4.2	20	57	0.00	0.30	6.9
K022	金属矿山	352	0.99	352	24.2	4.7	26	168	0.01	0.70	6.3
N083	金属热处理	577	0.98	562	15.6	4.9	29	288	0.01	0.46	7.6
M012	金属学报	142	0.99	141	56.7	5.1	23	64	0.04	0.91	7.5
E599	经济地理	306	0.97	306	37.8	3.5	26	129	0.02	0.92	6.4

表 4-2 2021 年中国科技核心期刊（中文）来源指标刊名字顺索引（续）

CODE	刊名	来源文献量	文献选出率	AR论文量	平均引文数	平均作者数	地区分布数	机构分布数	海外论文比	基金论文比	引用半衰期
H333	经济动物学报	50	0.86	48	26.1	5.5	14	26	0.00	0.64	7.8
S759	经济管理	148	0.97	146	50.7	2.3	23	69	0.01	0.84	7.7
S762	经济理论与经济管理	85	0.91	85	39.4	2.3	17	36	0.00	0.68	9.6
H266	经济林研究	120	1.00	120	29.2	6.1	28	70	0.00	0.86	6.4
S773	经济与管理研究	112	1.00	112	41.4	2.2	18	57	0.00	0.81	7.3
G953	精神医学杂志	131	0.95	118	24.2	5.2	25	93	0.01	0.47	5.7
T102	精细化工	346	1.00	346	35.0	4.9	27	140	0.01	0.84	5.0
T955	精细化工中间体	112	1.00	90	14.4	4.9	16	62	0.01	0.34	7.3
T542	精细石油化工	104	0.95	99	17.9	4.6	24	88	0.00	0.45	7.1
G677	颈腰痛杂志	287	1.00	116	12.8	3.9	24	239	0.00	0.20	3.8
Z553	净水技术	291	0.92	289	21.3	4.0	25	185	0.01	0.43	6.5
G553	局解手术学杂志	251	0.99	225	22.0	5.0	23	183	0.00	0.61	3.9
T512	聚氨酯工业	80	0.94	59	11.0	4.5	20	63	0.00	0.41	5.8
R016	绝缘材料	206	0.98	205	22.7	5.4	25	129	0.00	0.41	7.1
G052	军事医学	183	1.00	175	26.8	6.1	28	75	0.00	0.56	6.1
F018	菌物学报	260	0.95	252	48.0	5.5	28	112	0.01	0.83	7.0
C325	菌物研究	39	0.89	39	37.0	4.3	16	25	0.00	0.92	6.7
M018	勘察科学技术	80	0.96	78	10.5	3.5	21	63	0.00	0.25	7.6
Q933	康复学报	63	0.89	63	26.1	5.8	15	46	0.05	0.83	5.2
A645	科技导报	354	0.73	339	30.2	3.3	26	227	0.04	0.55	5.1
S812	科技管理研究	668	0.62	668	26.7	2.8	28	292	0.02	0.79	5.4
R588	科技进步与对策	429	0.69	429	35.4	2.6	26	194	0.01	0.93	6.8
A083	科技通报	271	0.92	256	15.0	3.4	25	188	0.00	0.43	6.0
S816	科学管理研究	141	0.98	141	21.8	2.5	23	109	0.02	0.81	4.8
A537	科学技术与工程	2102	0.99	2045	22.0	4.3	31	742	0.01	0.80	5.3
A075	科学通报	427	0.88	397	55.4	4.7	26	197	0.04	0.77	6.6
W514	科学学研究	235	0.99	232	28.9	2.7	21	113	0.03	0.81	7.9
S818	科学学与科学技术管理	118	0.96	118	50.2	2.9	23	60	0.00	0.91	7.8
W531	科研管理	266	0.96	266	31.2	2.7	27	136	0.01	0.90	8.7
L516	可再生能源	248	0.99	238	15.2	4.7	29	148	0.02	0.77	5.1
E140	空间科学学报	102	0.78	102	27.7	5.6	18	48	0.04	0.56	10.1
Y051	空间控制技术与应用	67	0.94	67	17.9	4.7	12	33	0.00	0.76	6.9
J059	空军工程大学学报自然科学版	97	0.94	97	19.8	4.1	11	26	0.00	0.59	5.7
Q907	空军航空医学	157	0.98	97	16.0	5.9	18	59	0.00	0.15	6.3
Y016	空气动力学学报	108	0.99	108	39.4	4.1	13	51	0.06	0.56	9.9
S503	控制工程	343	1.00	340	18.1	3.4	27	206	0.01	0.76	6.4
R060	控制理论与应用	206	0.97	205	27.4	3.6	27	117	0.02	0.92	5.8
S001	控制与决策	350	1.00	348	26.5	3.6	28	165	0.01	0.94	6.1
G672	口腔材料器械杂志	51	1.00	50	17.0	3.7	15	39	0.00	0.45	5.3
G246	口腔颌面外科杂志	78	0.96	70	19.8	3.8	24	56	0.00	0.46	5.9
G894	口腔颌面修复学杂志	89	0.89	89	27.0	4.2	19	58	0.00	0.53	5.6
G390	口腔疾病防治	141	0.99	141	27.2	4.3	23	82	0.01	0.87	4.0
G594	口腔生物医学	58	0.94	58	31.3	4.1	14	30	0.00	0.81	5.3

表 4-2 2021 年中国科技核心期刊（中文）来源指标刊名字顺索引（续）

CODE	刊名	来源文献量	文献选出率	AR 论文量	平均引文数	平均作者数	地区分布数	机构分布数	海外论文比	基金论文比	引用半衰期
G325	口腔医学	223	0.97	221	31.4	4.2	21	107	0.00	0.72	5.3
G266	口腔医学研究	239	0.99	213	20.9	4.0	28	140	0.00	0.58	4.5
K525	矿产保护与利用	150	0.97	150	34.5	4.8	26	75	0.01	0.60	6.3
V054	矿产勘查	292	0.98	292	23.0	5.0	25	150	0.00	0.44	9.0
K025	矿产与地质	168	1.00	168	22.0	3.9	27	127	0.01	0.51	9.0
K004	矿产综合利用	206	0.98	206	17.4	4.1	24	114	0.01	0.53	7.0
E106	矿床地质	83	0.99	83	88.2	6.5	18	49	0.01	0.83	9.7
K014	矿山机械	198	0.95	158	7.8	3.0	22	123	0.01	0.18	7.0
E350	矿物学报	69	0.99	69	40.8	5.7	17	38	0.00	0.78	9.8
E354	矿物岩石	45	0.96	45	27.8	5.6	17	29	0.00	0.73	9.5
E504	矿物岩石地球化学通报	96	0.76	95	92.0	5.6	22	51	0.04	0.70	7.9
M101	矿冶	130	1.00	129	18.1	4.4	18	66	0.00	0.60	6.8
M045	矿冶工程	233	1.00	212	11.8	4.5	25	114	0.01	0.59	5.7
K554	矿业安全与环保	144	1.00	144	20.1	3.0	15	69	0.00	0.72	5.6
K010	矿业研究与开发	396	1.00	393	19.0	4.3	28	151	0.01	0.80	5.0
F015	昆虫学报	143	0.99	143	43.1	5.7	26	75	0.03	0.91	9.1
J020	昆明理工大学学报自然科学版	113	0.97	111	28.2	4.6	15	43	0.02	0.88	7.3
G053	昆明医科大学学报	372	0.99	370	20.6	5.8	19	126	0.00	0.60	4.9
G395	兰州大学学报医学版	110	0.95	105	25.2	5.1	13	45	0.01	0.62	5.8
A016	兰州大学学报自然科学版	109	0.97	108	29.5	5.0	13	35	0.00	0.80	8.5
J008	兰州理工大学学报	157	0.96	154	17.2	3.6	16	39	0.01	0.89	7.6
G628	老年医学与保健	340	0.97	303	19.7	4.0	22	180	0.00	0.40	3.7
R096	雷达科学与技术	98	0.96	93	20.2	3.9	17	46	0.01	0.47	5.3
R758	雷达学报	77	0.94	77	38.4	4.7	12	27	0.03	0.90	5.7
T010	离子交换与吸附	49	0.88	47	23.9	4.5	19	37	0.00	0.61	6.1
M001	理化检验化学分册	210	0.97	191	18.4	4.7	29	166	0.00	0.41	6.5
C101	力学季刊	76	0.95	76	25.6	3.1	20	48	0.01	0.79	9.9
C001	力学学报	271	0.96	270	44.6	4.0	23	108	0.05	0.88	6.7
C104	力学与实践	136	0.81	130	13.6	3.3	24	90	0.02	0.51	8.1
G580	立体定向和功能性神经外科杂志	82	0.96	66	18.4	5.3	18	67	0.00	0.29	4.1
U055	粮食与饲料工业	91	0.88	78	17.5	4.9	20	63	0.00	0.45	7.1
U626	粮油食品科技	176	0.93	175	26.7	5.2	24	93	0.09	0.57	6.5
C032	量子电子学报	91	0.90	91	31.3	4.9	24	65	0.00	0.80	8.0
K008	辽宁工程技术大学学报自然科学版	81	1.00	81	16.3	3.9	12	28	0.00	0.81	6.7
H261	辽宁农业科学	148	0.97	73	13.2	4.2	11	54	0.00	0.68	6.7
G850	辽宁中医药大学学报	571	1.00	559	33.4	4.3	25	155	0.00	0.75	5.2
G646	辽宁中医杂志	732	1.00	514	23.2	4.5	29	274	0.00	0.81	5.4
U037	林产工业	142	1.00	139	28.2	4.1	20	55	0.01	0.84	5.5
T017	林产化学与工业	127	0.98	126	21.9	4.5	23	61	0.00	0.66	5.8
H740	林业工程学报	158	0.98	156	26.6	4.7	19	36	0.02	0.92	5.6
H280	林业科学	230	1.00	230	38.3	5.4	28	77	0.01	0.78	9.3
H281	林业科学研究	131	1.00	131	32.8	5.7	25	50	0.00	0.73	8.3
H102	林业调查规划	214	0.96	212	14.2	3.5	24	121	0.00	0.35	6.8

表 4-2 2021 年中国科技核心期刊（中文）来源指标刊名字顺索引（续）

CODE	刊名	来源文献量	文献选出率	AR论文量	平均引文数	平均作者数	地区分布数	机构分布数	海外论文比	基金论文比	引用半衰期
H289	林业与生态科学	63	0.95	63	25.7	4.3	8	16	0.00	0.59	6.7
T231	磷肥与复肥	178	0.86	65	8.0	3.8	21	90	0.00	0.34	7.2
G880	临床超声医学杂志	256	0.81	177	12.8	4.6	26	184	0.00	0.35	4.3
G607	临床儿科杂志	215	0.96	189	19.6	4.8	23	98	0.00	0.35	5.4
G276	临床耳鼻咽喉头颈外科杂志	252	0.96	219	22.0	5.0	28	153	0.00	0.34	5.3
G271	临床放射学杂志	483	0.97	469	19.7	5.6	30	278	0.00	0.34	4.9
Q908	临床肺科杂志	442	1.00	394	20.2	4.1	29	330	0.00	0.27	4.4
G501	临床肝胆病杂志	575	0.85	457	28.7	4.8	30	271	0.00	0.63	4.7
G291	临床骨科杂志	234	0.71	173	9.1	4.4	25	204	0.00	0.30	4.4
G664	临床和实验医学杂志	751	0.97	726	17.6	4.1	27	457	0.00	0.88	3.2
G345	临床急诊杂志	174	0.97	163	21.8	4.4	25	147	0.00	0.33	3.6
G204	临床检验杂志	221	0.99	162	17.2	5.0	29	177	0.00	0.47	4.2
G310	临床精神医学杂志	133	0.86	83	18.7	5.5	22	88	0.01	0.47	6.1
G881	临床军医杂志	487	0.97	145	15.7	5.0	29	262	0.00	0.57	3.9
G287	临床口腔医学杂志	207	0.99	153	19.3	3.5	26	147	0.00	0.43	4.8
G222	临床麻醉学杂志	314	0.95	233	17.8	4.7	26	199	0.00	0.36	4.2
G317	临床泌尿外科杂志	218	0.99	192	22.0	5.6	28	174	0.00	0.28	4.9
G257	临床内科杂志	251	0.86	114	20.4	3.7	27	186	0.00	0.42	5.0
G230	临床皮肤科杂志	192	0.81	103	16.5	4.3	27	147	0.01	0.16	6.7
G309	临床神经病学杂志	127	0.95	97	23.3	4.5	27	96	0.00	0.38	5.8
G802	临床神经外科杂志	156	0.98	149	22.8	6.2	28	112	0.00	0.55	4.9
G423	临床肾脏病杂志	196	0.98	184	26.4	4.4	29	161	0.00	0.43	5.3
G797	临床输血与检验	174	0.98	156	21.0	4.9	25	124	0.00	0.34	6.1
G256	临床外科杂志	348	0.95	173	16.4	4.2	28	240	0.00	0.18	4.2
G942	临床误诊误治	281	0.92	280	22.3	4.5	27	205	0.00	0.71	3.6
G855	临床消化病杂志	114	0.97	82	17.1	4.4	26	94	0.00	0.26	5.7
Q909	临床小儿外科杂志	217	0.95	203	24.0	4.9	27	103	0.00	0.60	6.4
G261	临床心血管病杂志	239	0.98	217	22.9	5.2	29	143	0.00	0.51	4.0
G293	临床血液学杂志	199	0.96	169	18.8	4.8	27	147	0.00	0.31	4.0
Q913	临床眼科杂志	141	0.98	105	20.8	4.2	21	106	0.00	0.23	7.0
G673	临床药物治疗杂志	217	0.97	189	21.4	4.1	25	117	0.01	0.14	4.5
G350	临床与病理杂志	462	1.00	461	28.1	3.2	28	274	0.01	0.28	4.6
G274	临床与实验病理学杂志	438	0.97	229	14.9	4.9	29	299	0.00	0.36	4.5
Q910	临床肿瘤学杂志	189	0.97	170	24.5	4.9	27	154	0.01	0.31	3.8
G491	岭南心血管病杂志	154	0.96	141	19.4	4.6	23	112	0.01	0.32	5.3
N023	流体机械	182	1.00	181	18.6	4.4	27	106	0.01	0.85	6.6
H748	麦类作物学报	181	0.87	181	29.4	7.0	22	75	0.02	0.87	8.2
T060	煤化工	122	0.92	104	8.1	3.4	24	97	0.00	0.18	6.3
K558	煤矿安全	538	0.98	536	16.7	3.4	21	204	0.00	0.59	5.8
K517	煤矿机械	758	1.00	250	6.4	2.5	27	308	0.00	0.32	4.8
K038	煤炭工程	443	0.98	405	17.3	3.4	23	220	0.00	0.47	5.4
K005	煤炭科学技术	360	0.99	358	26.2	4.4	24	135	0.01	0.85	6.6
K017	煤炭学报	360	0.97	358	35.3	5.7	22	97	0.02	0.93	6.1

表 4-2　2021 年中国科技核心期刊（中文）来源指标刊名字顺索引（续）

CODE	刊名	来源文献量	文献选出率	AR论文量	平均引文数	平均作者数	地区分布数	机构分布数	海外论文比	基金论文比	引用半衰期
D027	煤炭转化	67	0.99	67	28.3	5.3	19	41	0.00	0.84	6.7
K009	煤田地质与勘探	198	0.99	198	28.8	5.0	25	89	0.01	0.84	6.2
R119	密码学报	84	0.97	84	27.2	3.8	14	43	0.01	0.82	8.2
U036	棉纺织技术	246	0.67	185	10.7	3.4	21	120	0.00	0.42	5.5
H037	棉花学报	47	0.89	47	40.4	7.6	10	23	0.00	0.81	9.8
G056	免疫学杂志	155	0.93	155	22.4	5.1	28	117	0.01	0.52	4.4
B017	模糊系统与数学	105	1.00	105	19.9	2.6	25	79	0.00	0.81	9.1
S015	模式识别与人工智能	108	0.94	108	31.1	3.8	24	66	0.00	0.94	4.1
T077	膜科学与技术	146	0.96	145	29.1	5.1	23	80	0.01	0.79	5.9
N084	摩擦学学报	99	0.72	99	30.6	5.1	20	49	0.00	0.83	6.8
N107	模具技术	75	1.00	54	8.6	3.1	17	46	0.00	0.31	6.0
U533	木材工业	81	0.89	79	20.2	4.2	12	25	0.01	0.58	5.9
A013	南昌大学学报理科版	93	1.00	93	22.2	4.2	15	32	0.00	0.92	6.9
G047	南昌大学学报医学版	138	0.96	119	21.6	4.4	20	79	0.00	0.58	4.4
R117	南方电网技术	178	0.95	174	21.2	5.5	27	102	0.00	0.34	5.6
V089	南方建筑	122	0.99	122	27.2	3.1	16	46	0.07	0.86	7.1
H069	南方农业学报	388	1.00	388	31.9	6.7	28	148	0.00	0.95	6.2
H068	南方水产科学	95	1.00	95	37.3	6.6	16	30	0.00	0.74	6.9
G023	南方医科大学学报	266	1.00	266	31.5	6.3	24	139	0.01	0.79	4.6
A025	南京大学学报自然科学版	117	0.98	117	28.3	4.0	20	63	0.03	0.91	6.4
T011	南京工业大学学报自然科学版	106	0.99	106	28.6	4.4	16	32	0.05	0.77	6.9
Y026	南京航空航天大学学报	119	0.95	119	21.6	4.1	16	53	0.01	0.55	6.6
N011	南京理工大学学报自然科学版	97	1.00	97	22.2	3.7	19	59	0.02	0.82	5.2
H033	南京林业大学学报自然科学版	187	0.98	179	33.9	5.0	25	62	0.00	0.83	8.4
H021	南京农业大学学报	140	0.99	140	31.3	6.1	16	24	0.00	0.92	7.3
A061	南京师大学报自然科学版	80	0.99	80	22.9	4.3	22	48	0.00	0.89	5.9
E120	南京信息工程大学学报自然科学版	96	0.91	86	20.4	3.9	16	46	0.01	0.88	5.9
G058	南京医科大学学报自然科学版	327	0.99	314	22.6	5.0	17	94	0.00	0.74	4.5
R008	南京邮电大学学报自然科学版	79	0.96	79	24.6	3.5	11	19	0.00	0.78	4.6
G059	南京中医药大学学报	158	0.99	149	27.0	5.6	17	63	0.01	0.85	5.1
A008	南开大学学报自然科学版	100	0.99	100	17.2	4.0	16	33	0.01	0.82	9.2
S776	南开管理评论	120	0.94	120	52.6	3.3	24	76	0.07	0.94	9.6
W590	南水北调与水利科技	125	0.99	125	32.2	5.1	24	67	0.02	0.88	7.2
G288	脑与神经疾病杂志	176	0.93	173	21.2	4.4	24	109	0.01	0.57	4.2
G662	内科急危重症杂志	135	0.97	96	20.6	4.2	26	97	0.00	0.40	4.6
G523	内科理论与实践	94	0.95	77	26.3	4.0	16	49	0.00	0.46	4.7
A026	内蒙古大学学报自然科学版	81	0.95	81	24.5	4.1	11	28	0.01	0.91	7.5
A111	内蒙古师范大学学报自然科学汉文版	80	0.90	80	27.8	3.1	11	24	0.01	0.90	11.9
G513	内蒙古医科大学学报	166	0.96	142	16.5	3.8	15	67	0.01	0.39	4.5
R533	内燃机工程	84	1.00	84	19.5	4.9	21	36	0.01	0.68	5.0
P004	内燃机学报	72	1.00	72	21.3	5.0	17	33	0.01	0.88	7.6
T501	能源化工	92	0.94	92	16.6	3.2	22	67	0.00	0.38	6.8
K570	能源与环保	557	0.98	504	15.3	2.9	30	346	0.00	0.49	4.4

表 4-2 2021 年中国科技核心期刊（中文）来源指标刊名字顺索引（续）

CODE	刊名	来源文献量	文献选出率	AR论文量	平均引文数	平均作者数	地区分布数	机构分布数	海外论文比	基金论文比	引用半衰期
W002	泥沙研究	69	0.96	69	22.0	3.7	17	35	0.01	0.96	10.7
U504	酿酒科技	277	0.96	261	16.0	5.1	27	155	0.00	0.25	6.0
A506	宁波大学学报理工版	109	0.96	109	20.8	4.2	3	12	0.00	0.72	7.7
A110	宁夏大学学报自然科学版	79	0.99	78	18.9	3.4	16	55	0.01	0.86	7.6
G665	宁夏医科大学学报	274	0.96	250	18.2	4.9	19	118	0.00	0.47	4.8
H071	农产品质量与安全	99	0.96	94	24.5	5.0	26	60	0.01	0.45	5.6
H105	农学学报	227	0.96	227	29.5	5.2	29	177	0.00	0.62	7.6
T034	农药	215	0.96	178	18.0	5.7	26	119	0.00	0.62	5.7
T924	农药科学与管理	115	0.75	111	9.8	4.3	22	69	0.00	0.20	6.6
H404	农药学学报	140	0.95	140	35.4	6.1	24	71	0.00	0.84	6.7
H072	农业工程	328	0.92	300	16.3	4.3	28	168	0.00	0.49	4.8
H279	农业工程学报	887	1.00	887	35.5	5.6	30	250	0.02	0.89	4.8
Z008	农业环境科学学报	302	0.99	301	39.8	6.0	28	142	0.02	0.85	5.8
H278	农业机械学报	550	1.00	542	31.7	5.2	30	146	0.02	0.92	5.4
H286	农业生物技术学报	234	1.00	234	36.2	6.6	29	109	0.01	0.88	8.0
H222	农业现代化研究	113	0.99	113	35.8	3.8	25	63	0.01	0.90	5.5
H773	农业资源与环境学报	123	0.98	123	38.0	5.8	26	79	0.01	0.92	6.3
V032	暖通空调	282	0.96	264	12.4	3.7	23	138	0.00	0.37	7.3
H219	排灌机械工程学报	192	0.96	192	15.9	4.8	25	75	0.03	0.91	6.3
U602	皮革科学与工程	104	0.76	98	19.2	3.9	16	43	0.00	0.45	6.8
U604	皮革与化工	50	0.88	49	15.4	3.5	14	32	0.00	0.24	4.1
G595	器官移植	108	0.96	107	35.2	4.8	23	65	0.01	0.85	3.3
E021	气候变化研究进展	67	0.77	63	34.4	4.1	11	40	0.04	0.64	5.4
E361	气候与环境研究	55	1.00	55	36.5	4.6	13	30	0.00	0.95	9.6
Y504	气体物理	50	0.98	50	26.6	4.2	9	23	0.04	0.50	12.1
E352	气象	136	0.96	136	33.9	4.7	23	75	0.01	0.84	8.6
E566	气象科技	124	0.95	123	23.5	4.5	27	103	0.00	0.65	7.3
E359	气象科学	86	1.00	86	27.9	3.9	17	43	0.02	0.81	9.9
E001	气象学报	71	0.97	71	36.3	4.6	17	33	0.07	0.93	9.5
E521	气象与环境科学	80	0.93	80	30.2	4.8	25	66	0.00	0.75	8.3
E633	气象与环境学报	98	1.00	98	25.3	5.2	28	80	0.01	0.83	7.5
X532	汽车安全与节能学报	66	0.99	66	26.4	4.4	19	42	0.09	0.62	4.8
X018	汽车工程	229	0.98	229	18.8	4.8	22	76	0.03	0.79	5.6
X500	汽车工程学报	61	0.94	61	17.4	4.2	16	46	0.00	0.52	6.2
X013	汽车技术	112	0.93	110	16.1	3.9	19	52	0.01	0.57	5.6
P001	汽轮机技术	135	1.00	93	9.5	3.9	20	86	0.00	0.21	8.9
Y009	强度与环境	55	0.96	55	17.8	4.7	10	26	0.00	0.38	10.0
C007	强激光与粒子束	254	0.94	246	24.1	6.6	22	102	0.00	0.64	8.2
X021	桥梁建设	119	1.00	119	16.0	3.4	19	66	0.00	0.55	3.0
G061	青岛大学学报医学版	207	1.00	188	25.4	4.6	10	59	0.00	0.81	5.5
T012	青岛科技大学学报自然科学版	97	0.98	96	22.6	4.1	8	13	0.02	0.86	6.2
U535	轻工机械	110	0.97	110	14.7	3.8	14	35	0.01	0.47	5.8
J001	清华大学学报自然科学版	165	0.98	165	27.3	4.6	20	55	0.02	0.75	6.9

表 4-2 2021 年中国科技核心期刊（中文）来源指标刊名字顺索引（续）

CODE	刊名	来源文献量	文献选出率	AR论文量	平均引文数	平均作者数	地区分布数	机构分布数	海外论文比	基金论文比	引用半衰期
L044	全球能源互联网	63	0.91	59	34.9	5.2	14	42	0.11	0.41	3.4
D002	燃料化学学报	208	0.95	208	34.6	5.8	26	91	0.04	0.82	6.4
P011	燃烧科学与技术	91	0.99	91	20.5	4.8	20	55	0.04	0.88	7.5
E563	热带地理	117	1.00	116	42.1	3.8	24	67	0.04	0.88	7.2
E642	热带海洋学报	88	0.99	88	39.1	5.0	11	39	0.00	0.75	9.7
H516	热带农业科学	265	0.99	262	21.8	4.9	19	134	0.00	0.61	7.4
E110	热带气象学报	77	0.97	77	31.1	5.4	18	43	0.03	0.86	8.3
H415	热带生物学报	67	0.93	66	32.7	5.7	8	13	0.00	0.78	8.1
F228	热带亚热带植物学报	89	0.99	85	33.2	5.6	19	55	0.02	0.73	8.6
G609	热带医学杂志	369	1.00	357	20.8	4.7	25	272	0.01	0.69	4.2
H223	热带作物学报	478	0.72	476	31.6	6.2	22	119	0.00	0.83	7.9
T105	热固性树脂	75	0.60	73	18.4	4.1	20	55	0.00	0.57	5.6
N071	热加工工艺	898	1.00	784	13.7	4.1	29	432	0.00	0.56	7.8
C134	热科学与技术	83	0.99	81	18.2	4.7	23	59	0.01	0.71	8.3
R501	热力发电	284	0.99	284	22.5	5.3	28	139	0.01	0.58	4.9
P006	热能动力工程	277	0.94	277	17.0	3.7	26	114	0.00	0.62	8.0
T013	人工晶体学报	291	0.93	289	31.3	5.1	29	176	0.00	0.75	7.5
N106	人类工效学	86	0.98	84	23.0	3.9	17	54	0.01	0.58	8.8
F041	人类学学报	92	0.93	92	48.8	4.2	22	40	0.05	0.68	13.1
W555	人民黄河	373	0.81	371	18.3	4.1	25	173	0.00	0.81	6.6
W504	人民长江	441	0.86	441	20.6	3.9	30	246	0.00	0.68	7.5
T070	日用化学工业	210	0.91	187	20.5	4.2	26	113	0.00	0.39	6.8
H097	乳业科学与技术	64	0.83	64	36.4	4.9	16	29	0.00	0.67	6.0
S011	软件学报	220	0.96	217	51.9	4.3	25	100	0.04	0.91	5.8
N029	润滑与密封	278	0.96	276	19.6	4.3	28	153	0.00	0.73	8.1
R086	三峡大学学报自然科学版	109	0.98	108	17.6	4.6	19	42	0.00	0.90	6.9
D012	色谱	155	0.95	153	39.8	5.2	23	105	0.03	0.77	4.8
H382	森林工程	110	0.95	110	21.7	4.3	19	34	0.03	0.81	5.1
H051	森林与环境学报	86	1.00	86	26.6	5.0	19	39	0.00	0.85	6.4
E635	沙漠与绿洲气象	111	0.95	111	24.8	4.7	28	83	0.01	0.80	7.9
H070	山地农业生物学报	86	1.00	85	27.3	5.5	9	28	0.00	0.77	7.7
E101	山地学报	79	0.98	78	36.2	3.9	21	58	0.01	0.81	7.4
G742	山东大学耳鼻喉眼学报	138	0.98	134	29.3	4.1	23	99	0.00	0.39	5.5
J022	山东大学学报工学版	94	0.95	94	26.1	4.5	20	53	0.00	0.64	6.3
A020	山东大学学报理学版	164	1.00	162	18.9	2.8	28	92	0.00	0.88	9.0
G062	山东大学学报医学版	236	0.94	220	30.4	5.0	19	96	0.01	0.61	4.5
A141	山东科技大学学报自然科学版	83	0.99	83	21.9	4.2	13	32	0.00	0.87	6.1
A637	山东科学	100	0.96	96	20.0	4.7	16	58	0.00	0.61	5.4
H031	山东农业大学学报自然科学版	179	1.00	172	22.5	4.5	27	120	0.00	0.64	6.9
H804	山东农业科学	308	0.99	308	27.2	6.7	22	94	0.00	0.90	7.1
G511	山东医药	1042	1.00	825	21.7	4.5	29	589	0.00	0.57	4.2
G063	山东中医药大学学报	145	0.97	145	22.4	3.9	17	42	0.00	0.86	6.4
G574	山东中医杂志	270	0.99	258	20.4	3.8	24	120	0.00	0.75	5.9

表 4-2 2021 年中国科技核心期刊（中文）来源指标刊名字顺索引（续）

CODE	刊名	来源文献量	文献选出率	AR论文量	平均引文数	平均作者数	地区分布数	机构分布数	海外论文比	基金论文比	引用半衰期
A014	山西大学学报自然科学版	149	0.94	145	23.9	3.5	11	30	0.03	0.91	6.8
H393	山西农业大学学报自然科学版	88	0.93	88	28.3	6.0	16	27	0.02	0.75	6.3
H390	山西农业科学	274	0.96	268	26.7	5.7	15	61	0.01	0.76	7.0
G064	山西医科大学学报	269	0.96	266	20.7	5.2	24	156	0.00	0.70	4.4
H217	陕西农业科学	299	1.00	218	14.5	4.5	24	152	0.00	0.40	7.6
A066	陕西师范大学学报自然科学版	79	0.88	79	34.2	3.9	16	40	0.01	0.91	7.4
G725	陕西中医	463	1.00	336	24.4	4.2	28	258	0.01	0.85	3.7
V088	上海城市规划	125	0.80	124	23.5	2.8	12	65	0.03	0.44	6.9
A056	上海大学学报自然科学版	105	0.95	105	23.1	3.9	6	11	0.01	0.80	8.6
U528	上海纺织科技	199	0.78	141	13.0	3.5	22	83	0.01	0.54	6.4
X038	上海海事大学学报	77	1.00	77	16.8	3.3	11	15	0.01	0.81	5.1
H292	上海海洋大学学报	123	0.98	123	32.3	5.2	15	23	0.03	0.81	9.4
Y555	上海航天中英文版	123	0.98	123	21.1	4.8	9	54	0.00	0.53	6.2
X006	上海交通大学学报	186	0.93	183	19.9	4.1	22	70	0.03	0.78	5.8
G066	上海交通大学学报医学版	277	0.95	271	29.1	4.9	18	80	0.00	0.71	5.5
M021	上海金属	114	1.00	114	18.1	4.7	17	44	0.00	0.54	9.2
G283	上海口腔医学	130	0.96	128	19.6	4.8	21	79	0.00	0.50	6.1
H282	上海农业学报	145	1.00	145	22.9	5.8	18	53	0.02	0.83	8.0
G069	上海医学	194	0.88	158	19.8	4.5	28	107	0.01	0.48	5.6
Q219	上海预防医学	224	0.93	216	20.9	5.2	20	122	0.00	0.42	4.7
G596	上海针灸杂志	277	0.98	273	25.0	4.6	25	196	0.01	0.66	4.9
G946	上海中医药大学学报	94	0.98	94	31.5	5.9	13	36	0.00	0.93	5.9
G389	上海中医药杂志	249	0.95	220	21.7	5.0	21	106	0.01	0.87	6.0
T763	深空探测学报中英文版	72	0.95	72	22.9	4.9	13	42	0.01	0.58	8.1
A515	深圳大学学报理工版	89	0.99	85	22.2	4.5	23	50	0.02	0.96	5.0
G329	神经疾病与精神卫生	169	0.98	165	32.8	4.4	24	93	0.01	0.51	5.2
G070	神经解剖学杂志	122	0.99	121	28.2	5.3	24	78	0.00	0.92	4.4
G319	神经损伤与功能重建	238	0.94	103	21.1	4.5	27	167	0.00	0.35	5.5
A074	沈阳大学学报自然科学版	76	0.99	76	16.7	3.5	15	33	0.00	0.89	5.1
J052	沈阳工业大学学报	119	0.99	119	13.4	3.5	19	63	0.01	0.95	4.9
V011	沈阳建筑大学学报自然科学版	141	0.95	141	18.3	3.7	16	28	0.01	0.99	6.5
H024	沈阳农业大学学报	96	0.91	96	28.7	5.9	13	34	0.01	0.91	6.7
A586	沈阳师范大学学报自然科学版	110	1.00	110	18.4	3.7	8	18	0.01	0.94	6.3
G071	沈阳药科大学学报	191	0.99	191	22.8	4.3	26	91	0.01	0.41	5.9
G202	肾脏病与透析肾移植杂志	117	0.98	98	21.1	3.8	17	60	0.01	0.42	5.4
F203	生理科学进展	92	0.96	89	29.2	3.7	23	65	0.02	0.87	4.4
F001	生理学报	104	0.95	103	58.9	4.5	23	74	0.02	0.35	7.1
F042	生命的化学	386	0.99	383	36.1	4.0	28	220	0.00	0.66	4.5
F215	生命科学	178	0.95	176	67.0	4.1	24	119	0.01	0.83	5.1
F046	生命科学研究	70	0.92	70	49.8	5.1	17	38	0.00	0.81	7.5
N759	生命科学仪器	68	0.93	68	26.3	4.6	14	34	0.00	0.72	5.2
Z034	生态毒理学报	179	0.99	179	50.4	5.6	26	118	0.01	0.84	6.7
H784	生态环境学报	268	0.96	268	38.8	5.5	30	178	0.02	0.84	6.6

表 4-2　2021 年中国科技核心期刊（中文）来源指标刊名字顺索引（续）

CODE	刊名	来源文献量	文献选出率	AR论文量	平均引文数	平均作者数	地区分布数	机构分布数	海外论文比	基金论文比	引用半衰期
Z512	生态科学	166	0.99	166	34.2	4.8	29	120	0.01	0.74	8.3
Z014	生态学报	896	1.00	896	44.7	5.3	31	290	0.01	0.85	7.3
Z028	生态学杂志	414	1.00	414	46.3	5.9	31	210	0.01	0.86	7.5
Z023	生态与农村环境学报	191	0.99	191	37.3	5.2	30	124	0.01	0.84	6.2
H080	生物安全学报	47	0.92	46	31.6	5.5	21	36	0.00	0.70	8.4
F049	生物多样性	182	0.94	171	42.6	5.1	28	109	0.03	0.53	8.6
F003	生物工程学报	346	0.94	343	56.0	5.2	27	169	0.01	0.86	6.1
G401	生物骨科材料与临床研究	127	0.92	106	21.7	5.6	25	106	0.00	0.31	5.5
F016	生物化学与生物物理进展	129	0.88	128	60.4	5.0	23	81	0.02	0.80	6.9
F229	生物技术	95	1.00	95	25.5	5.0	26	71	0.00	0.62	4.3
F214	生物技术进展	103	0.94	103	42.8	4.8	21	62	0.03	0.76	5.9
F205	生物技术通报	346	1.00	343	43.8	5.3	30	189	0.01	0.77	6.8
F204	生物加工过程	91	0.99	91	34.5	5.5	15	47	0.01	0.76	7.7
F040	生物信息学	30	1.00	30	26.7	4.4	17	25	0.00	0.57	6.5
F213	生物学杂志	157	0.99	148	25.0	4.6	29	111	0.00	0.82	6.9
G006	生物医学工程学杂志	144	0.95	144	33.8	5.0	22	82	0.02	0.94	4.3
G332	生物医学工程研究	75	0.95	75	27.1	4.7	15	45	0.01	0.80	3.9
G603	生物医学工程与临床	143	0.96	139	23.2	4.5	28	123	0.00	0.34	3.9
F044	生物资源	84	0.92	84	34.7	5.3	24	63	0.00	0.76	7.4
G624	生殖医学杂志	302	0.96	265	22.7	4.8	29	182	0.01	0.48	4.9
C033	声学技术	138	0.99	133	15.6	3.9	26	91	0.01	0.58	9.0
C054	声学学报	121	0.94	118	25.2	4.1	21	58	0.02	0.83	9.9
E302	湿地科学	90	0.99	89	26.8	6.0	27	59	0.01	0.82	7.7
E636	湿地科学与管理	71	0.93	59	15.5	5.2	18	46	0.00	0.39	7.4
A615	石河子大学学报自然科学版	116	0.95	115	21.5	5.4	21	33	0.01	0.80	6.5
T933	石化技术与应用	103	0.96	88	11.9	4.2	18	62	0.01	0.12	7.6
X042	石家庄铁道大学学报自然科学版	74	0.97	74	13.9	3.2	15	28	0.00	0.68	6.3
L016	石油地球物理勘探	149	0.95	149	28.9	4.9	21	69	0.02	0.63	8.6
L015	石油化工	208	0.98	207	26.6	4.5	24	100	0.00	0.33	6.8
L034	石油化工高等学校学报	87	1.00	86	22.9	4.3	14	45	0.00	0.80	6.7
L021	石油化工设备技术	81	0.90	69	7.5	2.5	19	53	0.00	0.07	9.1
L019	石油机械	240	0.95	226	17.6	5.0	18	94	0.01	0.68	6.8
L031	石油勘探与开发	120	0.92	119	35.3	6.7	13	47	0.11	0.64	6.8
L043	石油科学通报	54	0.92	54	38.8	5.0	6	13	0.06	0.65	7.3
L030	石油炼制与化工	244	0.86	239	16.4	4.1	24	100	0.00	0.21	7.5
E126	石油实验地质	100	0.76	100	29.4	5.5	15	51	0.00	0.66	7.8
L005	石油物探	99	1.00	99	29.9	4.6	20	58	0.00	0.69	9.3
L028	石油学报	133	0.92	133	45.0	6.6	17	64	0.04	0.80	7.7
L012	石油学报石油加工	159	0.96	156	28.3	5.1	21	64	0.01	0.70	7.6
L006	石油与天然气地质	120	0.91	119	40.9	6.2	14	45	0.03	0.81	7.2
L008	石油钻采工艺	120	1.00	118	23.3	5.3	16	63	0.01	0.54	6.7
L025	石油钻探技术	127	0.95	123	18.6	4.5	18	78	0.00	0.44	4.5
U049	食品安全质量检测学报	1356	0.89	1351	28.7	5.3	31	698	0.00	0.48	4.4

表 4-2　2021 年中国科技核心期刊（中文）来源指标刊名字顺索引（续）

CODE	刊名	来源文献量	文献选出率	AR论文量	平均引文数	平均作者数	地区分布数	机构分布数	海外论文比	基金论文比	引用半衰期
F257	实验动物科学	92	1.00	87	19.3	5.6	22	68	0.00	0.48	6.5
G387	实验动物与比较医学	78	0.89	76	23.8	5.0	25	63	0.01	0.58	6.6
C009	实验力学	86	1.00	86	25.5	4.7	19	52	0.00	0.81	8.6
Y018	实验流体力学	81	0.94	81	26.3	4.7	14	30	0.00	0.59	9.9
A115	实验室研究与探索	784	1.00	688	17.6	3.9	29	292	0.00	0.65	4.6
G534	实用放射学杂志	571	0.98	437	14.8	4.9	31	369	0.00	0.25	4.7
G586	实用妇产科杂志	237	0.94	158	16.4	3.6	27	116	0.00	0.29	5.0
G746	实用肝脏病杂志	236	0.99	222	21.3	4.2	28	193	0.00	0.45	4.1
G457	实用骨科杂志	263	0.97	227	20.9	5.1	28	209	0.01	0.29	5.4
G224	实用口腔医学杂志	187	0.97	157	17.4	4.6	28	122	0.00	0.49	6.0
G700	实用老年医学	345	0.96	249	16.0	3.9	26	203	0.00	0.35	4.9
Q919	实用临床医药杂志	710	1.00	659	20.8	4.3	29	475	0.00	0.58	3.7
G652	实用皮肤病学杂志	110	0.97	57	16.9	4.3	23	89	0.01	0.24	4.7
G469	实用器官移植电子杂志	100	0.82	84	24.7	4.9	19	54	0.00	0.46	5.8
G766	实用心脑肺血管病杂志	305	0.94	302	26.5	4.6	27	241	0.01	0.40	4.2
G834	实用药物与临床	246	0.96	227	21.5	4.1	28	182	0.00	0.42	4.4
G324	实用医学杂志	647	1.00	629	23.0	5.1	28	432	0.00	0.69	3.2
G760	实用医院临床杂志	391	1.00	315	17.9	3.8	23	233	0.00	0.38	3.7
G768	实用预防医学	399	0.98	285	17.4	5.0	28	261	0.00	0.36	4.2
G856	实用肿瘤学杂志	109	0.95	109	27.7	4.0	24	60	0.03	0.40	4.1
G890	实用肿瘤杂志	112	0.96	100	21.9	4.4	26	97	0.00	0.46	4.3
U005	食品工业科技	1399	1.00	1399	38.4	5.8	31	525	0.01	0.68	5.5
U006	食品科学	1080	1.00	1080	42.3	6.0	29	268	0.01	0.86	6.1
A117	食品科学技术学报	112	0.95	112	32.2	5.6	23	61	0.00	0.80	6.0
U617	食品研究与开发	829	0.91	813	28.6	5.2	31	380	0.00	0.63	5.8
U035	食品与发酵工业	1111	1.00	1111	30.2	5.8	31	310	0.01	0.74	5.5
U641	食品与发酵科技	157	0.98	150	20.7	5.6	24	74	0.00	0.50	5.7
U547	食品与机械	465	0.83	464	26.6	4.4	30	245	0.02	0.77	4.8
U029	食品与生物技术学报	156	0.90	156	32.8	5.5	28	68	0.01	0.83	6.9
G748	食品与药品	122	0.95	119	19.7	4.6	21	87	0.00	0.32	5.0
H838	食用菌学报	109	0.99	109	30.6	6.3	24	59	0.03	0.81	6.8
E655	世界地理研究	119	1.00	119	34.8	3.3	27	74	0.02	0.83	7.7
E363	世界地震工程	100	0.99	99	20.6	3.9	20	61	0.04	0.72	9.4
E548	世界地质	99	0.98	99	28.2	4.8	19	43	0.01	0.79	9.9
G906	世界科学技术-中医药现代化	582	0.97	581	34.3	5.8	31	174	0.00	0.81	5.2
G485	世界临床药物	196	0.85	192	23.7	3.9	19	124	0.01	0.36	4.7
X538	世界桥梁	106	0.83	106	13.1	3.1	23	76	0.00	0.36	3.0
G484	世界中西医结合杂志	477	0.99	466	20.8	4.4	27	265	0.00	0.71	4.9
G483	世界中医药	643	0.95	640	30.7	5.2	28	244	0.01	0.89	5.2
Q957	首都公共卫生	96	0.97	71	14.4	5.4	5	34	0.01	0.25	3.5
A023	首都师范大学学报自然科学版	90	0.92	87	24.0	3.2	19	41	0.00	0.50	7.4
G073	首都医科大学学报	173	0.94	168	21.2	5.4	13	55	0.01	0.53	5.1
F033	兽类学报	73	0.91	72	66.1	6.0	18	44	0.00	0.89	11.1

表 4-2 2021 年中国科技核心期刊（中文）来源指标刊名字顺索引（续）

CODE	刊名	来源文献量	文献选出率	AR论文量	平均引文数	平均作者数	地区分布数	机构分布数	海外论文比	基金论文比	引用半衰期
R005	数据采集与处理	118	0.99	118	28.0	4.0	25	80	0.01	0.75	5.0
W009	数理统计与管理	87	0.94	87	26.7	3.0	21	51	0.00	0.89	9.8
B015	数学的实践与认识	848	0.99	848	16.6	2.8	30	437	0.01	0.75	7.7
B007	数学进展	80	0.95	80	22.3	2.1	26	67	0.03	0.93	13.1
B004	数学年刊 A	34	0.89	34	18.1	2.3	17	31	0.00	0.82	17.0
C036	数学物理学报	156	1.00	155	22.5	2.4	26	118	0.03	0.91	10.8
B006	数学学报	88	0.94	88	21.6	2.3	26	71	0.03	0.95	13.4
B012	数学杂志	52	0.88	52	15.7	2.2	19	33	0.00	0.75	14.9
H847	水产科学	128	0.98	128	35.1	6.2	23	67	0.00	0.87	9.9
H008	水产学报	185	0.96	185	39.9	5.9	23	60	0.01	0.83	9.0
Z016	水处理技术	341	0.99	336	18.4	4.5	29	214	0.00	0.72	6.7
X533	水道港口	118	0.98	118	16.1	3.8	15	65	0.01	0.86	8.2
P007	水电能源科学	610	1.00	589	7.8	4.0	29	265	0.00	0.68	6.6
W004	水动力学研究与进展 A	97	1.00	97	21.1	4.1	17	39	0.01	0.81	9.2
W013	水科学进展	90	1.00	90	32.6	4.8	19	42	0.01	0.98	6.5
R050	水力发电	301	1.00	297	12.5	4.3	27	134	0.00	0.55	7.1
R049	水力发电学报	172	0.97	172	34.7	4.6	21	60	0.03	0.85	7.1
R587	水利经济	80	0.87	80	22.4	3.3	10	22	0.03	0.78	5.3
W011	水利水电技术	267	1.00	267	24.8	4.5	30	146	0.00	0.89	7.0
W502	水利水电科技进展	87	0.69	87	24.7	4.2	20	49	0.02	0.77	7.5
W006	水利水运工程学报	105	0.97	105	17.8	4.5	21	54	0.01	0.90	7.5
W003	水利学报	136	0.97	136	32.1	4.6	19	54	0.05	0.88	7.8
F010	水生生物学报	160	0.99	159	36.5	6.0	26	66	0.01	0.81	9.8
H850	水生态学杂志	100	0.98	100	31.8	5.4	23	69	0.00	0.79	9.8
H015	水土保持通报	274	1.00	274	28.7	4.8	31	157	0.00	0.82	6.1
H287	水土保持学报	302	1.00	302	28.6	5.7	31	107	0.00	0.89	6.0
H056	水土保持研究	331	0.99	331	29.1	4.8	29	171	0.00	0.82	6.6
E540	水文	103	0.99	102	18.1	4.3	26	72	0.04	0.71	8.2
E154	水文地质工程地质	139	1.00	137	24.1	4.8	25	76	0.01	0.81	7.9
N907	水下无人系统学报	106	0.95	101	16.3	4.1	18	52	0.00	0.47	7.2
X528	水运工程	470	0.98	468	8.8	3.1	20	134	0.00	0.20	7.4
R566	水资源保护	140	0.87	138	29.4	4.5	23	69	0.01	0.87	5.6
W570	水资源与水工程学报	194	1.00	194	27.0	4.6	25	93	0.00	0.87	5.1
U056	丝绸	240	1.00	240	20.0	3.2	22	77	0.02	0.64	6.6
G045	四川大学学报医学版	173	0.99	165	28.1	5.2	21	71	0.00	0.68	4.9
A006	四川大学学报自然科学版	154	0.97	154	19.6	4.0	18	38	0.01	0.84	6.5
F027	四川动物	76	0.70	76	30.2	5.4	20	55	0.01	0.51	10.9
Z007	四川环境	244	1.00	243	15.8	3.6	24	151	0.01	0.30	6.7
A033	四川师范大学学报自然科学版	113	0.91	111	27.4	3.0	22	62	0.00	0.97	10.4
G575	四川医学	299	0.99	252	19.2	4.6	22	160	0.00	0.21	4.7
G745	四川中医	795	1.00	580	16.8	3.5	28	475	0.00	0.40	3.9
H862	饲料工业	261	1.00	260	30.9	5.4	31	108	0.01	0.64	6.5
H864	饲料研究	852	1.00	726	28.9	5.0	31	355	0.00	0.58	5.1

表 4-2 2021 年中国科技核心期刊（中文）来源指标刊名字顺索引（续）

CODE	刊名	来源文献量	文献选出率	AR 论文量	平均引文数	平均作者数	地区分布数	机构分布数	海外论文比	基金论文比	引用半衰期
T106	塑料	178	0.98	178	22.7	4.3	26	128	0.00	0.46	6.3
T014	塑料工业	403	0.82	399	15.9	4.9	28	235	0.00	0.45	5.9
T536	塑料科技	339	0.83	298	17.3	2.9	28	254	0.01	0.25	4.0
T079	塑料助剂	101	0.80	71	10.1	2.5	23	70	0.00	0.11	3.2
T580	塑性工程学报	331	0.98	331	19.2	4.6	28	153	0.01	0.77	7.0
X634	隧道建设中英文版	229	0.92	229	19.4	3.8	22	134	0.01	0.38	5.0
R652	太赫兹科学与电子信息学报	191	0.96	170	15.7	3.6	24	123	0.00	0.58	6.0
L009	太阳能学报	842	0.99	821	16.9	4.6	29	258	0.01	0.83	7.3
J011	太原理工大学学报	137	0.99	137	21.0	4.5	15	29	0.03	0.92	6.0
M544	钛工业进展	50	0.96	50	17.8	5.2	15	42	0.00	0.56	6.9
T500	弹性体	97	0.99	95	17.5	4.6	18	49	0.00	0.40	6.5
T015	炭素技术	87	0.96	75	19.2	4.5	23	70	0.01	0.41	6.7
N043	探测与控制学报	113	0.98	113	15.9	3.5	16	45	0.00	0.29	7.6
V531	陶瓷学报	133	0.92	130	26.6	5.1	21	71	0.00	0.81	7.4
H041	特产研究	131	0.99	127	25.4	5.5	20	52	0.01	0.71	6.6
L505	特种油气藏	146	0.96	142	20.4	4.7	18	60	0.03	0.74	6.1
N065	特种铸造及有色合金	331	0.98	300	18.8	5.1	27	165	0.00	0.63	7.5
A041	天津大学学报	152	0.92	148	21.9	4.4	14	32	0.00	0.86	7.5
U017	天津工业大学学报	77	1.00	77	26.9	3.9	6	12	0.00	0.96	5.8
A504	天津师范大学学报自然科学版	69	0.93	69	26.2	4.6	10	15	0.01	0.96	7.6
G076	天津医药	264	0.99	261	21.3	4.8	29	179	0.01	0.65	3.7
G626	天津中医药	318	0.99	293	19.5	4.7	22	111	0.00	0.65	5.3
G914	天津中医药大学学报	152	0.99	135	23.2	4.8	22	68	0.00	0.63	5.9
T611	天然产物研究与开发	238	0.97	238	27.8	5.7	30	155	0.01	0.84	5.8
L518	天然气地球科学	168	0.93	168	33.5	6.2	24	75	0.01	0.77	7.8
L029	天然气工业	224	0.95	221	32.1	6.2	22	99	0.01	0.61	5.2
T074	天然气化工	133	1.00	133	23.7	5.0	25	76	0.01	0.53	6.9
L507	天然气与石油	129	0.95	118	21.6	4.3	21	81	0.00	0.29	6.7
E023	天文学报	63	0.86	61	29.0	4.6	15	32	0.03	0.86	11.3
E114	天文学进展	33	0.92	33	57.3	4.4	11	21	0.06	0.82	11.4
X521	铁道工程学报	218	0.98	218	8.2	3.4	19	61	0.00	0.42	5.9
X007	铁道科学与工程学报	384	0.97	383	17.2	4.1	25	123	0.00	0.83	5.7
X005	铁道学报	258	0.96	258	19.8	4.2	24	69	0.01	0.83	8.2
G238	听力学及言语疾病杂志	165	0.93	126	18.8	5.0	24	114	0.02	0.35	7.0
R065	通信学报	240	1.00	238	30.2	4.4	24	92	0.05	0.95	4.5
G965	同济大学学报医学版	134	0.97	133	27.8	4.7	9	56	0.00	0.69	5.4
J032	同济大学学报自然科学版	204	0.93	204	22.2	3.9	15	41	0.04	0.85	7.5
Q003	同位素	78	0.99	76	18.0	5.2	15	31	0.01	0.35	8.4
N061	图学学报	131	0.98	131	23.1	3.9	25	89	0.01	0.80	5.5
T103	涂料工业	174	0.97	173	12.9	4.4	20	127	0.00	0.22	6.1
V029	土木工程学报	142	0.91	142	28.9	4.0	22	64	0.04	0.88	8.3
V035	土木工程与管理学报	177	0.98	177	20.0	4.0	26	103	0.06	0.65	6.6
V019	土木与环境工程学报中英文版	134	1.00	132	26.3	4.7	24	80	0.01	0.90	7.0

表 4-2 2021 年中国科技核心期刊（中文）来源指标刊名字顺索引（续）

CODE	刊名	来源文献量	文献选出率	AR论文量	平均引文数	平均作者数	地区分布数	机构分布数	海外论文比	基金论文比	引用半衰期
H043	土壤	166	0.99	165	39.0	6.0	27	92	0.00	0.85	8.0
H057	土壤通报	171	0.96	171	38.5	5.6	30	109	0.00	0.87	7.2
H012	土壤学报	145	0.99	145	44.1	5.7	28	71	0.03	0.94	7.4
H048	土壤与作物	48	1.00	48	40.8	5.8	13	27	0.00	0.73	8.6
Y025	推进技术	302	1.00	302	27.1	4.5	17	73	0.01	0.63	11.0
S795	外国经济与管理	110	1.00	110	42.1	2.9	19	64	0.03	0.91	7.0
G601	外科理论与实践	116	0.94	99	25.6	3.9	17	62	0.00	0.36	5.1
G996	皖南医学院学报	168	0.95	133	14.6	4.9	14	58	0.00	0.60	4.6
S017	网络新媒体技术	53	0.88	52	20.7	3.0	7	12	0.00	0.30	7.5
S082	网络与信息安全学报	94	1.00	94	35.1	4.1	15	48	0.02	0.94	4.9
R070	微波学报	112	0.99	91	14.2	4.0	20	67	0.01	0.54	6.8
G866	微创泌尿外科杂志	82	0.95	77	20.6	6.3	19	63	0.00	0.18	5.2
R057	微电机	234	0.93	232	12.8	4.0	27	146	0.00	0.54	6.5
R064	微电子学	169	0.99	169	14.1	4.5	20	54	0.00	0.58	7.3
R004	微电子学与计算机	185	0.94	171	11.8	3.6	24	88	0.01	0.69	5.1
R098	微纳电子技术	157	1.00	156	23.1	4.8	22	77	0.01	0.76	5.9
F004	微生物学报	306	0.97	305	49.8	5.7	31	155	0.00	0.82	7.2
F206	微生物学免疫学进展	93	0.84	93	25.1	4.6	21	51	0.00	0.47	5.0
F011	微生物学通报	443	0.97	441	41.3	5.3	31	229	0.00	0.85	6.4
F225	微生物学杂志	102	0.97	102	33.8	5.2	25	79	0.00	0.72	6.3
G651	微生物与感染	59	0.91	59	32.9	5.0	14	44	0.03	0.64	6.1
R085	微特电机	163	0.92	146	12.0	3.6	23	98	0.01	0.30	6.5
E052	微体古生物学报	32	0.89	32	67.3	4.0	14	18	0.00	0.66	16.4
S033	微型电脑应用	656	0.99	457	10.7	2.2	30	370	0.00	0.29	3.6
G210	微循环学杂志	67	0.99	67	22.5	3.8	11	44	0.00	0.37	4.2
S813	卫生软科学	256	0.99	238	16.1	3.8	27	150	0.02	0.51	3.9
G079	卫生研究	182	0.96	171	22.0	5.8	26	79	0.00	0.57	5.9
G800	胃肠病学	110	0.95	97	27.8	4.5	23	83	0.00	0.42	4.9
G326	胃肠病学和肝病学杂志	285	0.99	244	26.0	4.4	27	174	0.00	0.38	4.5
G702	温州医科大学学报	212	1.00	188	17.7	4.8	5	62	0.00	0.37	5.3
D003	无机材料学报	172	0.99	168	38.4	5.3	25	95	0.03	0.90	5.3
D023	无机化学学报	257	0.98	256	37.0	5.5	29	165	0.02	0.87	5.1
T072	无机盐工业	278	0.98	272	24.5	4.6	30	170	0.00	0.53	5.2
N044	无损检测	225	0.87	207	7.6	4.1	25	161	0.00	0.36	6.7
W014	武汉大学学报工学版	155	0.98	155	20.0	4.4	23	86	0.00	0.70	7.8
A024	武汉大学学报理学版	73	0.99	73	21.7	4.2	17	47	0.00	0.92	5.5
E107	武汉大学学报信息科学版	212	0.93	212	29.2	4.7	22	88	0.02	0.92	6.8
G038	武汉大学学报医学版	201	0.98	198	17.5	5.0	17	69	0.00	0.44	4.9
M032	武汉科技大学学报自然科学版	66	1.00	66	15.6	4.5	5	9	0.02	0.95	6.9
X017	武汉理工大学学报交通科学与工程版	216	0.98	216	13.2	3.9	20	74	0.00	0.65	6.3
J018	武汉理工大学学报信息与管理工程版	90	0.94	90	16.4	3.8	14	37	0.00	0.77	5.1
G771	武警后勤学院学报医学版	475	0.98	175	11.5	3.7	29	323	0.00	0.19	3.8
G707	武警医学	301	0.95	211	19.8	4.5	28	127	0.00	0.14	4.8

表 4-2 2021 年中国科技核心期刊（中文）来源指标刊名字顺索引（续）

CODE	刊名	来源文献量	文献选出率	AR论文量	平均引文数	平均作者数	地区分布数	机构分布数	海外论文比	基金论文比	引用半衰期
D001	物理化学学报	186	0.95	155	72.4	4.9	24	96	0.07	0.73	4.1
C006	物理学报	934	1.00	931	41.3	5.5	30	297	0.03	0.88	7.3
C509	物理与工程	151	0.93	140	10.5	3.6	25	90	0.01	0.35	7.4
E136	物探化探计算技术	102	1.00	102	16.8	4.4	23	59	0.00	0.56	11.2
E138	物探与化探	188	0.99	188	23.5	4.9	29	122	0.00	0.76	9.7
R009	西安电子科技大学学报自然科学版	147	0.97	147	21.1	3.9	24	74	0.01	0.96	4.3
U030	西安工程大学学报	107	0.99	107	27.1	4.0	11	22	0.03	0.93	4.5
J036	西安工业大学学报	99	0.85	99	17.6	3.5	4	15	0.02	0.75	6.0
V018	西安建筑科技大学学报自然科学版	122	0.98	122	21.1	4.0	22	72	0.00	0.85	8.4
X030	西安交通大学学报	251	0.99	251	23.3	4.6	19	65	0.02	0.90	5.9
G081	西安交通大学学报医学版	164	0.97	164	21.2	6.3	18	58	0.00	0.66	4.8
A150	西安科技大学学报	138	0.96	137	25.8	4.3	13	46	0.00	0.85	6.0
J002	西安理工大学学报	76	1.00	76	22.0	3.9	16	32	0.01	0.93	5.3
L010	西安石油大学学报自然科学版	106	1.00	103	20.1	4.6	18	53	0.00	0.78	7.3
R671	西安邮电大学学报	88	0.94	84	26.6	3.6	7	17	0.01	0.73	4.9
A032	西北大学学报自然科学版	103	0.94	102	37.8	4.7	15	37	0.01	0.85	7.2
E125	西北地质	99	1.00	99	28.4	5.6	15	65	0.01	0.63	10.4
Y023	西北工业大学学报	156	0.95	156	16.9	4.2	17	40	0.01	0.71	6.4
H224	西北林学院学报	244	1.00	242	27.9	5.0	25	105	0.00	0.75	7.7
H018	西北农林科技大学学报自然科学版	206	0.94	205	31.4	6.1	29	90	0.00	0.86	7.9
H288	西北农业学报	213	1.00	213	30.5	6.7	24	83	0.00	0.80	8.2
A022	西北师范大学学报自然科学版	114	0.95	113	23.4	3.3	21	65	0.00	0.92	7.2
G792	西北药学杂志	214	0.99	211	24.8	4.7	30	157	0.00	0.66	4.2
F020	西北植物学报	240	0.99	233	34.5	5.2	29	111	0.01	0.79	8.3
H385	西部林业科学	140	0.96	140	28.6	5.1	26	65	0.01	0.73	8.4
V573	西部人居环境学刊	104	1.00	104	34.3	3.0	19	49	0.08	0.77	6.7
G588	西部医学	377	0.99	373	24.0	4.9	26	223	0.00	0.63	3.8
G699	西部中医药	481	1.00	343	20.4	4.0	29	259	0.01	0.60	5.7
J045	西华大学学报自然科学版	92	1.00	91	21.2	3.8	20	43	0.00	0.73	6.9
H004	西南大学学报自然科学版	267	1.00	267	26.5	4.2	29	136	0.00	0.95	7.5
G312	西南国防医药	179	0.96	89	15.7	5.0	23	102	0.00	0.27	4.6
X032	西南交通大学学报	167	0.99	167	21.8	4.4	21	61	0.01	0.93	8.2
H270	西南林业大学学报	142	0.96	142	36.2	5.2	23	59	0.01	0.77	8.3
A060	西南民族大学学报自然科学版	87	0.94	85	26.3	4.1	15	29	0.00	0.71	6.8
H061	西南农业学报	386	0.99	385	27.2	6.4	31	165	0.00	0.82	7.9
A064	西南师范大学学报自然科学版	316	1.00	314	19.1	3.1	25	160	0.01	0.82	5.4
L002	西南石油大学学报自然科学版	120	0.97	115	28.6	4.4	15	65	0.04	0.62	7.4
M041	稀土	106	0.99	106	24.5	4.9	20	61	0.00	0.74	7.6
M029	稀有金属	171	0.98	171	30.6	5.1	23	88	0.00	0.93	6.8
M052	稀有金属材料与工程	600	1.00	600	30.1	5.7	29	236	0.02	0.81	7.7
S505	系统仿真技术	56	0.93	55	11.1	2.9	18	44	0.02	0.38	4.9
S003	系统仿真学报	307	0.98	304	19.9	3.8	25	161	0.00	0.70	5.8
B028	系统工程	88	1.00	88	29.1	3.1	21	62	0.01	0.89	6.3

表 4-2　2021 年中国科技核心期刊（中文）来源指标刊名字顺索引（续）

CODE	刊名	来源文献量	文献选出率	AR 论文量	平均引文数	平均作者数	地区分布数	机构分布数	海外论文比	基金论文比	引用半衰期
B025	系统工程理论与实践	256	0.94	254	35.6	3.3	24	105	0.05	0.95	6.9
B018	系统工程学报	63	0.91	62	28.9	3.0	19	52	0.02	0.94	7.2
R059	系统工程与电子技术	434	0.99	434	30.5	4.0	20	110	0.00	0.70	5.0
B027	系统管理学报	109	0.96	109	35.0	2.8	18	61	0.00	0.93	7.7
B021	系统科学与数学	228	0.97	227	27.6	2.9	27	139	0.01	0.95	7.9
G188	细胞与分子免疫学杂志	176	0.94	176	35.8	5.7	28	107	0.00	0.76	2.7
A063	厦门大学学报自然科学版	127	0.93	126	43.5	4.1	15	29	0.02	0.87	7.8
V087	现代城市研究	225	0.95	222	28.6	3.0	18	96	0.03	0.73	7.2
E027	现代地质	169	0.97	169	39.1	6.1	25	94	0.02	0.75	11.5
R089	现代电力	80	1.00	80	23.8	4.8	21	48	0.03	0.44	4.3
R748	现代电子技术	909	1.00	901	15.3	2.8	31	366	0.01	0.85	3.6
Y561	现代防御技术	96	1.00	96	16.8	3.5	23	62	0.00	0.14	7.1
U634	现代纺织技术	100	0.99	99	22.8	3.6	11	32	0.00	0.40	6.0
G300	现代妇产科进展	220	0.93	167	21.5	4.6	28	138	0.00	0.48	5.0
T063	现代化工	589	0.96	572	21.4	4.6	31	283	0.01	0.60	5.7
G653	现代检验医学杂志	237	1.00	226	18.9	4.5	28	177	0.00	0.33	3.6
N100	现代科学仪器	330	0.97	301	12.9	3.2	28	247	0.00	0.17	3.2
G321	现代口腔医学杂志	115	0.96	72	21.0	4.6	20	73	0.00	0.51	5.1
R087	现代雷达	181	0.64	161	13.2	3.2	23	90	0.00	0.27	7.9
G438	现代临床护理	168	0.99	164	25.4	4.8	26	120	0.00	0.36	4.1
G798	现代泌尿生殖肿瘤杂志	84	0.95	65	23.2	4.6	20	65	0.00	0.12	4.9
G341	现代泌尿外科杂志	243	0.90	187	18.1	5.5	29	151	0.00	0.31	5.4
G067	现代免疫学	98	0.93	98	25.8	4.6	28	90	0.00	0.57	5.5
H417	现代农药	82	0.94	68	18.8	5.5	18	53	0.00	0.59	6.3
F250	现代生物医学进展	1011	0.98	1009	31.5	5.5	29	525	0.00	0.92	3.2
U010	现代食品科技	489	1.00	488	29.9	6.0	30	210	0.01	0.87	5.7
T929	现代塑料加工应用	101	0.94	66	8.2	3.7	22	82	0.00	0.44	6.7
X673	现代隧道技术	286	0.99	286	15.6	4.0	26	155	0.00	0.45	7.7
G451	现代消化及介入诊疗	386	0.97	335	28.0	4.4	30	279	0.00	0.61	3.9
G421	现代药物与临床	522	1.00	519	18.7	3.8	28	289	0.00	0.58	5.8
G223	现代医学	300	0.96	276	22.5	4.0	23	211	0.00	0.30	4.4
C093	现代应用物理	73	0.94	63	19.5	7.6	12	33	0.01	0.70	8.2
G963	现代预防医学	974	0.99	964	20.4	5.6	31	394	0.01	0.59	4.0
N111	现代制造工程	288	0.95	284	16.1	4.1	25	166	0.00	0.73	5.7
G951	现代中西医结合杂志	918	0.96	906	21.2	4.5	29	449	0.00	0.48	4.8
G486	现代中药研究与实践	126	0.95	125	19.0	5.1	28	84	0.00	0.67	5.2
G896	现代中医临床	93	0.95	84	20.7	5.4	11	30	0.00	0.86	6.9
G826	现代肿瘤医学	966	1.00	920	24.7	4.4	30	530	0.00	0.59	4.7
T073	香料香精化妆品	134	0.82	125	14.5	4.8	21	82	0.00	0.16	6.3
A018	湘潭大学自然科学学报	82	1.00	82	17.7	4.1	15	43	0.00	0.60	5.8
T064	橡胶工业	151	0.94	146	18.4	4.4	22	77	0.01	0.50	6.8
T953	消防科学与技术	438	1.00	378	14.1	3.6	28	239	0.00	0.49	6.1
Q937	消化肿瘤杂志电子版	57	0.89	54	23.4	4.7	13	44	0.00	0.35	4.5

表 4-2　2021 年中国科技核心期刊（中文）来源指标刊名字顺索引（续）

CODE	刊名	来源文献量	文献选出率	AR论文量	平均引文数	平均作者数	地区分布数	机构分布数	海外论文比	基金论文比	引用半衰期
P010	小型内燃机与车辆技术	118	0.99	105	8.7	4.1	17	48	0.00	0.13	8.1
S027	小型微型计算机系统	415	0.97	415	29.4	3.6	29	133	0.00	0.92	4.8
G817	协和医学杂志	139	0.85	137	28.8	5.3	13	51	0.00	0.52	5.0
G083	心肺血管病杂志	276	0.96	244	19.8	5.3	25	126	0.00	0.33	4.7
S918	心理科学	201	0.99	201	36.1	3.7	26	98	0.02	0.86	9.1
S919	心理科学进展	186	0.95	186	82.1	3.5	25	95	0.05	0.82	8.0
E046	心理学报	102	0.98	102	61.7	4.4	20	51	0.04	0.84	9.9
G476	心脑血管病防治	170	0.95	111	16.0	4.1	24	147	0.00	0.28	4.6
G419	心血管病学进展	255	0.96	243	31.3	3.4	26	134	0.00	0.55	4.6
G578	心血管康复医学杂志	186	1.00	174	21.9	3.4	24	108	0.00	0.18	5.2
G260	心脏杂志	154	0.95	133	20.3	5.3	24	95	0.00	0.40	5.0
Q368	新发传染病电子杂志	77	0.91	72	23.4	5.3	16	54	0.03	0.57	3.7
A087	新疆大学学报自然科学版中英文版	88	1.00	88	22.9	3.2	12	18	0.00	0.80	9.0
E159	新疆地质	101	0.83	100	26.3	5.2	14	50	0.00	0.54	10.3
H276	新疆农业科学	265	1.00	265	25.5	6.3	15	49	0.00	0.75	8.4
L007	新疆石油地质	100	0.93	100	24.0	5.3	16	65	0.02	0.73	6.8
G980	新疆医科大学学报	272	0.97	261	17.4	4.3	22	114	0.00	0.85	3.5
R516	新能源进展	66	1.00	66	36.8	4.9	15	34	0.03	0.73	6.2
G328	新乡医学院学报	249	0.99	240	24.6	4.5	23	131	0.00	0.52	3.8
V056	新型建筑材料	448	1.00	414	11.3	4.2	29	281	0.00	0.51	6.2
M102	新型炭材料	89	0.92	89	67.0	5.7	21	53	0.08	0.87	4.7
G721	新医学	188	0.99	184	17.0	4.6	25	126	0.01	0.49	4.1
R034	信号处理	251	0.95	251	23.7	3.9	23	81	0.00	0.84	4.9
S081	信息安全学报	64	0.90	64	50.7	4.3	16	38	0.08	0.78	5.6
S087	信息安全研究	163	0.94	159	15.6	3.1	20	112	0.01	0.31	2.7
R519	信息技术	359	0.95	358	15.0	3.0	29	232	0.00	0.28	3.5
S046	信息网络安全	139	0.63	137	19.4	3.2	22	69	0.00	0.90	4.3
S002	信息与控制	80	1.00	80	35.3	3.5	21	61	0.04	0.85	5.3
A510	信阳师范学院学报自然科学版	113	0.95	112	17.8	4.1	16	42	0.01	0.97	6.0
G565	徐州医科大学学报	182	0.94	168	17.8	4.8	14	77	0.00	0.52	4.9
H023	畜牧兽医学报	364	1.00	364	39.8	6.8	30	93	0.01	0.82	6.0
H218	畜牧与兽医	302	0.96	301	23.5	6.5	30	130	0.00	0.76	7.1
H247	畜牧与饲料科学	133	1.00	132	24.7	6.2	21	64	0.00	0.68	7.2
Q958	血管与腔内血管外科杂志	288	0.95	268	22.3	5.1	26	181	0.00	0.36	4.0
G627	循证医学	69	0.91	65	16.3	3.3	15	39	0.00	0.32	2.9
R069	压电与声光	181	1.00	152	12.5	4.6	24	98	0.01	0.57	5.8
N052	压力容器	140	0.99	140	17.6	4.2	21	91	0.01	0.59	6.4
H200	亚热带农业研究	46	0.96	46	27.6	3.6	6	28	0.00	0.76	6.0
E047	亚热带资源与环境学报	49	0.92	49	24.6	4.1	11	27	0.00	0.67	7.3
U562	烟草科技	171	0.99	165	25.5	8.0	22	75	0.01	0.69	8.4
J025	燕山大学学报	68	0.93	68	22.3	4.3	12	22	0.01	0.93	5.5
E053	岩矿测试	91	0.98	91	41.1	5.2	24	59	0.00	0.81	5.3
E157	岩石矿物学杂志	83	0.95	83	78.8	5.4	21	49	0.02	0.71	11.0

表 4-2　2021 年中国科技核心期刊（中文）来源指标刊名字顺索引（续）

CODE	刊名	来源文献量	文献选出率	AR 论文量	平均引文数	平均作者数	地区分布数	机构分布数	海外论文比	基金论文比	引用半衰期
C005	岩石力学与工程学报	207	0.94	207	34.1	4.7	25	78	0.04	0.92	8.5
E309	岩石学报	211	0.96	211	113.5	5.5	21	52	0.03	0.84	11.6
V574	岩土工程技术	80	0.93	79	13.6	3.2	19	68	0.00	0.18	10.2
V037	岩土工程学报	268	0.94	265	26.2	4.5	27	114	0.06	0.89	8.9
C004	岩土力学	336	0.97	336	27.8	4.7	25	124	0.06	0.90	8.0
E163	岩性油气藏	118	0.99	117	30.2	5.9	15	49	0.01	0.67	8.1
S821	研究与发展管理	85	0.99	85	45.2	3.0	20	53	0.01	0.94	6.8
E500	盐湖研究	48	0.91	48	28.5	5.4	15	26	0.02	0.79	11.3
T054	盐科学与化工	187	0.98	93	8.0	3.6	21	68	0.00	0.17	8.2
G962	眼科	117	0.84	76	16.0	4.8	20	59	0.01	0.26	7.5
G554	眼科新进展	244	0.96	238	27.2	4.6	28	164	0.00	0.67	5.0
H016	扬州大学学报农业与生命科学版	129	1.00	129	24.0	6.8	20	48	0.02	0.88	6.9
S031	遥测遥控	74	0.96	73	20.6	4.4	17	40	0.00	0.30	6.4
Z543	遥感技术与应用	138	0.99	138	39.9	4.6	25	85	0.00	0.72	7.7
S024	遥感信息	120	1.00	120	21.9	3.8	25	82	0.01	0.61	5.7
Z006	遥感学报	178	0.93	177	50.9	6.0	22	88	0.04	0.84	7.1
G403	药物不良反应杂志	169	0.93	70	16.2	4.3	27	126	0.00	0.15	5.0
G087	药物分析杂志	263	1.00	263	22.2	5.6	27	152	0.01	0.41	6.3
G877	药物流行病学杂志	165	0.90	140	22.4	5.4	24	117	0.02	0.37	4.9
G836	药物评价研究	384	0.97	384	26.3	5.0	28	226	0.02	0.56	4.9
G514	药物生物技术	129	1.00	121	23.3	4.0	23	93	0.01	0.35	4.5
G977	药学服务与研究	113	0.93	88	13.8	4.2	21	86	0.00	0.25	4.5
G440	药学实践杂志	125	0.99	116	17.7	4.4	20	76	0.00	0.41	5.7
G008	药学学报	400	0.99	399	44.0	5.7	29	159	0.00	0.79	5.5
G527	药学与临床研究	117	1.00	88	14.5	4.2	16	82	0.00	0.21	5.5
M023	冶金分析	155	0.95	154	16.8	4.3	27	101	0.00	0.34	7.9
M047	冶金能源	82	0.99	71	8.4	3.7	21	62	0.00	0.24	7.4
C503	液晶与显示	181	0.97	172	27.8	4.8	25	101	0.03	0.76	5.5
N079	液压气动与密封	297	0.94	199	9.3	3.1	26	162	0.00	0.31	8.0
N035	液压与气动	318	0.98	300	17.0	4.1	27	189	0.00	0.63	4.5
G605	医疗卫生装备	268	0.96	242	18.7	5.0	27	183	0.00	0.30	4.6
G482	医学动物防制	318	0.99	254	18.7	6.4	26	200	0.00	0.60	4.9
G333	医学分子生物学杂志	85	0.98	85	21.4	3.8	23	79	0.00	0.62	4.0
G281	医学研究生学报	249	0.98	243	29.6	4.0	25	146	0.00	0.62	4.4
G480	医学研究杂志	441	0.97	431	21.0	4.4	30	220	0.00	0.74	4.0
G265	医学影像学杂志	603	0.98	446	12.6	4.3	30	440	0.00	0.34	4.9
G964	医学与社会	316	0.99	316	19.1	4.3	29	161	0.02	0.70	4.5
G308	医学与哲学	392	0.93	377	21.7	2.7	28	213	0.01	0.53	6.4
G860	医学综述	894	0.99	894	42.9	3.7	30	432	0.00	0.54	4.6
G844	医药导报	329	0.91	291	20.9	4.8	29	220	0.03	0.47	5.1
G088	医用生物力学	158	0.96	149	22.7	4.8	27	93	0.02	0.78	7.9
N074	仪表技术与传感器	300	0.97	256	13.6	4.2	27	168	0.01	0.62	5.8
N066	仪器仪表学报	354	1.00	352	27.4	4.3	24	143	0.01	0.89	5.0

表 4-2　2021 年中国科技核心期刊（中文）来源指标刊名字顺索引（续）

CODE	刊名	来源文献量	文献选出率	AR论文量	平均引文数	平均作者数	地区分布数	机构分布数	海外论文比	基金论文比	引用半衰期
F024	遗传	101	0.85	98	56.2	5.3	21	72	0.01	0.82	7.7
G455	疑难病杂志	284	0.98	252	25.1	4.2	29	182	0.00	0.79	3.3
T104	印染助剂	164	0.85	135	15.3	3.6	23	102	0.01	0.32	7.1
G089	营养学报	109	0.90	102	21.6	5.5	22	73	0.03	0.55	5.8
D014	影像科学与光化学	172	0.97	170	21.2	3.6	21	137	0.00	0.12	3.2
G649	影像诊断与介入放射学	90	0.80	65	20.3	4.8	21	65	0.00	0.27	5.4
B008	应用概率统计	43	0.90	43	25.0	2.4	19	38	0.05	0.84	12.5
C109	应用光学	160	0.96	136	17.6	4.8	23	96	0.01	0.59	7.0
E123	应用海洋学学报	78	0.92	78	36.8	5.3	12	39	0.01	0.69	9.5
T949	应用化工	718	1.00	683	24.6	4.8	31	249	0.00	0.94	6.3
D016	应用化学	156	0.90	154	42.3	5.0	26	110	0.02	0.79	5.9
A580	应用基础与工程科学学报	123	0.95	123	27.0	4.5	25	77	0.04	0.98	8.3
R033	应用激光	202	1.00	198	15.5	4.4	25	139	0.00	0.57	5.9
X693	应用科技	120	0.95	120	15.9	3.6	19	56	0.00	0.56	5.6
A015	应用科学学报	82	0.95	81	28.8	4.2	24	60	0.00	0.78	5.1
F035	应用昆虫学报	146	0.99	146	41.6	5.8	28	87	0.01	0.81	9.7
C008	应用力学学报	323	0.98	323	18.6	3.8	29	149	0.01	0.81	8.7
E122	应用气象学报	58	1.00	58	46.6	5.6	15	32	0.00	0.79	8.7
Z018	应用生态学报	482	1.00	482	40.0	5.7	31	188	0.01	0.84	7.4
C052	应用声学	118	0.94	113	19.7	4.1	22	80	0.02	0.74	8.8
B011	应用数学	103	1.00	103	16.4	2.4	28	81	0.01	0.84	11.8
B020	应用数学和力学	128	0.90	128	23.5	3.2	25	84	0.00	0.89	8.6
B001	应用数学学报	63	1.00	63	19.7	2.3	23	55	0.00	0.90	13.3
F100	应用与环境生物学报	208	1.00	208	47.4	6.2	23	84	0.01	0.88	8.1
M014	硬质合金	60	0.95	60	21.2	4.4	16	37	0.00	0.43	7.9
L027	油气储运	199	1.00	197	25.4	4.8	19	95	0.01	0.43	5.5
L504	油气地质与采收率	104	0.93	104	29.7	5.1	15	51	0.01	0.64	6.6
L033	油田化学	127	1.00	127	20.9	5.4	18	80	0.01	0.59	7.8
E051	铀矿地质	117	0.92	116	21.0	4.7	13	36	0.00	0.24	10.3
K020	铀矿冶	62	0.94	60	11.2	4.1	11	22	0.00	0.06	9.1
T916	有机硅材料	87	0.90	81	23.9	5.0	21	55	0.00	0.28	4.0
D025	有机化学	514	1.00	413	51.7	4.5	28	219	0.01	0.70	6.0
M036	有色金属工程	224	0.83	224	21.1	4.7	26	109	0.00	0.85	5.9
M504	有色金属科学与工程	97	1.00	97	34.1	4.9	15	30	0.00	0.86	6.0
K013	有色金属矿山部分	140	0.99	138	13.4	3.8	22	78	0.01	0.54	6.6
K580	有色金属选矿部分	143	0.95	143	14.7	4.4	18	59	0.02	0.35	7.4
M020	有色金属冶炼部分	235	0.87	234	21.2	4.9	24	107	0.01	0.83	6.2
H998	渔业科学进展	135	0.99	135	34.6	6.5	18	39	0.00	0.79	9.7
H220	渔业现代化	80	0.93	80	36.3	4.9	13	25	0.01	0.76	6.1
Y020	宇航材料工艺	113	0.93	112	22.7	4.5	18	59	0.01	0.34	7.7
Y008	宇航计测技术	95	0.96	95	11.1	4.5	16	56	0.00	0.15	9.7
Y024	宇航学报	168	0.93	168	25.2	4.6	15	61	0.01	0.68	7.2
H909	玉米科学	157	1.00	157	25.5	6.4	23	69	0.01	0.85	7.6

表 4-2 2021 年中国科技核心期刊（中文）来源指标刊名字顺索引（续）

CODE	刊名	来源文献量	文献选出率	AR论文量	平均引文数	平均作者数	地区分布数	机构分布数	海外论文比	基金论文比	引用半衰期
G479	预防医学	324	0.97	233	18.0	5.1	24	181	0.01	0.33	3.9
G518	预防医学情报杂志	299	0.95	296	16.6	5.4	25	158	0.01	0.24	4.5
H039	园艺学报	241	0.98	196	36.0	6.5	28	94	0.01	0.87	8.3
C108	原子核物理评论	66	1.00	59	24.7	6.2	14	34	0.09	0.70	11.0
Q008	原子能科学技术	300	0.98	295	19.8	5.9	23	89	0.01	0.55	10.5
A038	云南大学学报自然科学版	147	0.97	147	24.1	4.6	23	76	0.00	0.90	7.4
A654	云南民族大学学报自然科学版	99	0.98	98	19.3	4.3	12	37	0.02	0.82	7.7
H269	云南农业大学学报	145	0.96	145	29.7	6.3	23	54	0.01	0.84	8.6
A053	云南师范大学学报自然科学版	78	0.95	75	21.8	4.8	12	26	0.00	0.87	6.3
B013	运筹学学报	50	0.98	50	25.7	2.7	18	41	0.04	0.96	12.0
B522	运筹与管理	409	0.98	409	20.0	2.9	27	174	0.01	0.94	7.1
H989	杂草学报	45	0.98	45	30.2	5.6	17	40	0.00	0.62	7.8
H293	杂交水稻	207	0.98	80	10.0	6.8	21	114	0.00	0.72	7.4
E148	灾害学	157	1.00	156	24.9	3.7	25	115	0.02	0.85	6.0
Y057	载人航天	107	0.99	107	22.6	5.1	12	58	0.00	0.21	7.7
U643	造纸科学与技术	115	0.99	91	12.5	2.3	16	64	0.00	0.23	2.8
C100	噪声与振动控制	259	0.97	249	14.4	4.1	26	134	0.02	0.66	6.9
M043	轧钢	135	0.99	130	12.6	4.2	20	81	0.00	0.39	7.0
T569	粘接	548	0.99	524	10.2	2.3	30	331	0.00	0.10	4.5
Y521	战术导弹技术	100	0.97	100	21.3	3.7	12	55	0.00	0.30	6.2
A017	浙江大学学报工学版	262	1.00	250	25.9	4.4	24	91	0.01	0.89	6.1
A002	浙江大学学报理学版	93	1.00	93	24.2	3.8	24	60	0.03	0.84	7.6
H035	浙江大学学报农业与生命科学版	81	0.84	81	33.4	5.6	21	46	0.00	0.84	7.0
G091	浙江大学学报医学版	99	0.88	99	36.0	5.2	19	57	0.04	0.73	5.4
J016	浙江工业大学学报	102	0.94	102	22.2	4.2	8	19	0.01	0.78	6.6
H019	浙江农林大学学报	145	0.99	145	38.0	5.1	25	51	0.00	0.81	7.9
H201	浙江农业学报	259	1.00	259	29.5	6.0	28	117	0.01	0.82	6.7
G810	浙江医学	651	0.98	532	20.3	4.5	23	272	0.00	0.35	5.0
G092	浙江中医药大学学报	254	0.96	242	20.7	4.1	19	104	0.00	0.59	6.1
G093	针刺研究	175	0.92	171	31.1	5.7	27	93	0.01	0.81	6.2
G488	针灸临床杂志	253	0.95	250	25.6	5.2	26	98	0.01	0.78	6.1
N086	真空	103	0.90	98	19.2	4.7	20	65	0.00	0.32	9.6
C038	真空与低温	89	0.90	82	19.7	5.5	13	44	0.00	0.54	9.9
G259	诊断病理学杂志	301	0.96	180	13.5	4.8	28	219	0.00	0.14	6.0
G615	诊断学理论与实践	106	0.92	93	23.7	4.4	12	45	0.00	0.36	5.0
Y010	振动测试与诊断	162	0.94	162	18.4	4.4	26	94	0.02	0.85	7.4
Y004	振动工程学报	144	0.98	144	21.7	4.1	24	89	0.01	0.91	8.6
N030	振动与冲击	922	0.97	922	20.9	4.2	29	294	0.01	0.85	7.9
E316	震灾防御技术	85	0.97	85	21.1	4.7	18	38	0.00	0.82	9.5
J012	郑州大学学报工学版	105	0.96	105	19.0	4.3	19	48	0.02	0.96	5.8
A019	郑州大学学报理学版	67	0.99	67	19.6	3.6	21	37	0.00	0.94	5.1
G036	郑州大学学报医学版	190	1.00	187	21.4	6.1	14	45	0.01	0.84	4.6
G835	职业卫生与应急救援	161	0.98	142	18.0	5.1	24	108	0.01	0.42	5.5

表 4-2 2021 年中国科技核心期刊（中文）来源指标刊名字顺索引（续）

CODE	刊名	来源文献量	文献选出率	AR论文量	平均引文数	平均作者数	地区分布数	机构分布数	海外论文比	基金论文比	引用半衰期
G884	职业与健康	800	0.97	768	24.5	4.5	30	435	0.00	0.33	4.9
H577	植物保护	290	0.97	290	27.0	6.2	31	124	0.00	0.84	8.9
H014	植物保护学报	190	0.98	167	33.2	5.6	27	77	0.00	0.81	8.5
H052	植物病理学报	114	0.98	114	27.2	6.6	25	61	0.00	0.77	10.3
H584	植物检疫	96	0.73	86	22.4	5.3	25	78	0.02	0.50	9.0
F008	植物科学学报	73	1.00	71	39.4	5.7	23	53	0.01	0.84	8.1
F038	植物生理学报	231	0.96	230	38.9	5.7	29	118	0.00	0.87	7.8
F009	植物生态学报	119	0.94	119	56.3	5.3	28	66	0.05	0.90	8.5
F023	植物学报	72	0.67	71	49.8	5.2	21	46	0.00	0.78	8.3
F050	植物研究	119	0.98	115	28.9	5.1	27	68	0.00	0.78	9.8
H238	植物遗传资源学报	178	0.98	178	41.5	7.4	28	84	0.00	0.80	8.3
H890	植物营养与肥料学报	202	0.94	202	44.9	6.8	29	79	0.02	0.91	7.5
Z551	植物资源与环境学报	67	0.97	46	25.4	5.5	16	35	0.00	0.78	7.5
N091	指挥控制与仿真	147	0.97	142	14.8	3.2	17	66	0.00	0.09	6.5
N094	指挥与控制学报	58	0.94	55	27.2	3.7	12	41	0.00	0.57	4.9
U011	制冷学报	122	1.00	122	28.6	4.8	16	49	0.01	0.70	7.0
U640	制冷与空调(四川)	158	0.99	156	12.6	3.6	18	79	0.00	0.25	7.4
N046	制造技术与机床	336	0.83	317	12.2	3.7	28	210	0.00	0.58	6.2
S023	制造业自动化	428	1.00	402	10.3	3.4	28	239	0.00	0.45	5.4
C034	质谱学报	104	0.98	104	41.7	5.7	22	75	0.02	0.60	6.9
R072	智慧电力	184	0.93	182	26.1	5.1	24	96	0.00	0.96	2.7
S052	智能系统学报	128	0.91	127	27.9	3.6	20	82	0.01	0.88	5.1
G007	中草药	842	0.99	841	36.6	6.5	29	290	0.01	0.83	5.7
G520	中成药	709	1.00	659	22.1	5.4	31	361	0.00	0.69	5.5
G546	中国 CT 和 MRI 杂志	693	0.99	219	15.5	3.7	26	497	0.00	0.30	4.5
Q940	中国癌症防治杂志	119	0.98	119	29.8	5.0	24	83	0.02	0.71	3.8
G538	中国癌症杂志	124	0.87	124	26.1	5.5	25	85	0.01	0.56	4.7
G985	中国艾滋病性病	368	0.96	250	19.1	6.1	30	225	0.01	0.51	5.1
G129	中国安全科学学报	310	0.87	310	21.2	4.1	25	126	0.00	0.87	5.2
Z552	中国安全生产科学技术	351	0.83	351	18.3	4.4	27	146	0.01	0.80	5.9
F048	中国比较医学杂志	261	0.98	261	30.7	5.0	29	190	0.00	0.70	4.7
N103	中国表面工程	106	0.99	106	37.7	5.4	25	77	0.02	0.91	6.1
G750	中国病案	458	0.97	245	11.9	3.9	30	279	0.00	0.17	3.8
G769	中国病毒病杂志	79	0.83	77	23.6	4.9	21	66	0.01	0.56	5.1
G096	中国病理生理杂志	308	0.99	308	29.8	5.5	30	234	0.00	0.90	4.9
G339	中国病原生物学杂志	317	0.99	295	24.9	5.8	29	179	0.01	0.66	5.3
M053	中国材料进展	108	0.74	107	48.9	4.9	21	78	0.00	0.84	5.6
H213	中国草地学报	168	0.98	168	30.5	5.6	20	60	0.00	0.80	7.8
N830	中国测试	308	0.95	306	15.5	4.3	30	200	0.00	0.56	5.3
G097	中国超声医学杂志	382	0.82	275	10.4	5.2	31	245	0.00	0.32	4.4
G529	中国卒中杂志	209	0.93	196	21.5	5.2	21	110	0.01	0.44	5.1
G901	中国当代儿科杂志	195	0.92	195	25.3	5.5	25	121	0.02	0.26	4.5
H939	中国稻米	165	0.90	130	18.9	5.9	23	91	0.01	0.57	7.6

表 4-2　2021 年中国科技核心期刊（中文）来源指标刊名字顺索引（续）

CODE	刊名	来源文献量	文献选出率	AR论文量	平均引文数	平均作者数	地区分布数	机构分布数	海外论文比	基金论文比	引用半衰期
E351	中国地震	85	0.98	85	28.7	4.8	20	44	0.04	0.69	9.7
E654	中国地质	171	0.95	131	57.9	6.8	26	76	0.04	0.87	10.0
E169	中国地质调查	82	0.98	82	29.9	4.6	21	50	0.00	0.85	8.1
E604	中国地质灾害与防治学报	105	0.99	105	21.9	4.4	24	70	0.00	0.69	6.7
R040	中国电机工程学报	773	0.99	772	32.6	5.1	28	151	0.05	0.77	5.2
R511	中国电力	300	0.99	299	24.5	5.1	28	173	0.01	0.54	4.6
G234	中国动脉硬化杂志	181	0.95	179	30.8	4.7	25	131	0.00	0.81	4.7
H891	中国动物传染病学报	104	0.99	103	22.8	7.7	26	59	0.00	0.75	7.4
G825	中国儿童保健杂志	321	0.99	299	24.3	4.6	29	214	0.00	0.45	4.9
G270	中国耳鼻咽喉颅底外科杂志	159	0.98	138	20.2	4.8	23	117	0.02	0.39	6.1
G543	中国耳鼻咽喉头颈外科	222	0.97	145	16.0	5.0	26	162	0.00	0.33	6.1
G100	中国法医学杂志	119	0.72	107	14.2	5.9	17	60	0.01	0.59	6.1
G290	中国防痨杂志	211	0.87	197	22.1	6.5	29	111	0.01	0.52	4.6
V023	中国非金属矿工业导刊	111	0.97	93	13.5	3.3	22	61	0.01	0.22	8.3
G320	中国肺癌杂志	116	0.95	114	34.1	5.3	21	85	0.03	0.36	4.0
G402	中国分子心脏病学杂志	148	0.97	135	24.0	5.5	20	87	0.00	0.49	4.8
V568	中国粉体技术	90	0.96	90	26.0	4.9	23	58	0.00	0.79	5.4
G587	中国辐射卫生	151	0.91	150	16.7	4.8	25	104	0.00	0.24	5.3
M007	中国腐蚀与防护学报	120	1.00	120	29.7	5.5	25	72	0.00	0.76	8.3
G456	中国妇产科临床杂志	252	0.96	42	11.2	4.3	26	167	0.00	0.40	3.9
G687	中国妇幼健康研究	348	0.97	345	15.6	4.4	26	228	0.01	0.36	3.8
G475	中国肝脏病杂志电子版	43	0.96	43	35.0	5.1	14	30	0.00	0.63	3.8
G631	中国感染控制杂志	181	0.97	180	23.3	5.0	26	138	0.01	0.35	4.6
G337	中国感染与化疗杂志	146	0.95	119	20.4	6.7	27	107	0.00	0.43	5.2
X035	中国港湾建设	199	0.97	196	10.6	3.2	12	87	0.00	0.30	6.9
V036	中国给水排水	546	0.95	544	11.2	4.6	29	307	0.01	0.47	6.4
N089	中国工程机械学报	98	1.00	98	12.3	3.3	22	66	0.00	0.74	6.2
N754	中国工程科学	127	0.99	127	18.3	5.1	18	91	0.01	0.03	2.5
G244	中国工业医学杂志	180	0.83	63	10.6	4.8	28	113	0.00	0.27	5.8
G102	中国公共卫生	397	0.99	362	21.7	6.2	30	189	0.00	0.61	5.4
X031	中国公路学报	271	0.99	271	40.5	4.7	23	77	0.06	0.94	5.4
G103	中国骨伤	218	0.96	208	19.9	5.5	24	149	0.00	0.31	5.9
G249	中国骨与关节损伤杂志	479	0.98	94	14.5	5.1	29	361	0.00	0.30	5.5
G857	中国骨与关节杂志	170	0.99	162	27.9	5.3	23	106	0.01	0.36	6.2
G663	中国骨质疏松杂志	351	0.96	351	27.1	5.6	30	242	0.01	0.64	5.0
W021	中国管理科学	269	0.95	269	29.1	3.0	26	135	0.02	0.96	7.1
N104	中国惯性技术学报	123	0.95	123	14.8	4.5	17	61	0.00	0.63	4.1
C099	中国光学	128	0.91	117	43.3	5.0	20	83	0.05	0.84	5.3
G637	中国国境卫生检疫杂志	125	0.88	58	11.9	5.1	22	100	0.00	0.42	4.4
H215	中国果树	289	0.65	228	21.0	5.4	28	145	0.00	0.62	7.0
L013	中国海上油气	150	0.97	144	20.0	5.0	12	36	0.00	0.61	7.6
E313	中国海洋大学学报自然科学版	182	1.00	182	31.0	4.6	15	30	0.00	0.72	10.3
L026	中国海洋平台	107	0.99	94	10.8	4.4	11	53	0.00	0.46	7.6

表 4-2　2021 年中国科技核心期刊（中文）来源指标刊名字顺索引（续）

CODE	刊名	来源文献量	文献选出率	AR论文量	平均引文数	平均作者数	地区分布数	机构分布数	海外论文比	基金论文比	引用半衰期
G104	中国海洋药物	61	0.98	61	37.5	5.6	11	25	0.00	0.79	6.5
X039	中国航海	84	1.00	84	16.2	3.9	10	27	0.05	0.64	5.8
G973	中国呼吸与危重监护杂志	170	0.96	153	27.5	5.0	24	114	0.01	0.44	5.1
G417	中国护理管理	380	0.98	365	27.1	5.4	27	205	0.02	0.37	4.7
Z030	中国环境监测	141	0.97	141	24.5	5.4	26	95	0.00	0.56	6.1
Z001	中国环境科学	634	1.00	634	40.3	5.7	30	267	0.01	0.91	6.2
N059	中国机械工程	359	0.98	359	21.9	4.4	28	147	0.01	0.90	6.4
A079	中国基础科学	49	0.86	44	41.1	5.7	12	34	0.00	0.86	7.2
R066	中国激光	533	0.93	532	37.7	5.7	25	178	0.02	0.82	6.2
R013	中国激光医学杂志	58	0.91	49	20.7	4.2	16	53	0.00	0.31	5.0
G852	中国急救复苏与灾害医学杂志	368	0.98	297	18.9	4.5	28	265	0.01	0.51	4.0
G241	中国急救医学	190	0.88	177	22.6	4.8	25	137	0.00	0.41	4.4
G192	中国脊柱脊髓杂志	167	0.93	155	28.7	5.7	26	101	0.01	0.41	6.5
G105	中国寄生虫学与寄生虫病杂志	148	0.93	131	26.6	7.1	29	79	0.00	0.68	5.9
G560	中国计划生育和妇产科	279	0.97	212	22.8	3.7	28	182	0.00	0.31	5.1
G907	中国计划生育学杂志	623	0.97	577	16.3	3.6	27	474	0.00	0.16	3.7
G787	中国健康教育	254	0.96	227	16.5	4.9	29	164	0.01	0.33	4.7
N108	中国舰船研究	158	0.99	158	22.2	4.0	15	52	0.00	0.66	7.0
T075	中国胶粘剂	160	0.92	159	17.1	4.2	25	126	0.01	0.33	5.6
G233	中国矫形外科杂志	559	0.98	410	15.9	5.4	30	353	0.00	0.30	5.4
G239	中国介入心脏病学杂志	139	0.90	98	21.1	5.4	25	87	0.02	0.44	5.1
G206	中国介入影像与治疗学	167	0.78	147	17.1	5.2	28	123	0.00	0.44	4.5
G323	中国康复	166	0.94	157	28.9	4.8	23	118	0.01	0.46	5.4
G400	中国康复理论与实践	206	0.98	205	37.9	5.7	24	110	0.02	0.54	5.0
G106	中国康复医学杂志	310	0.96	272	29.5	5.1	24	184	0.02	0.54	6.0
G107	中国抗生素杂志	178	0.98	175	26.6	5.3	27	149	0.00	0.43	5.8
A098	中国科技论坛	239	0.95	231	27.2	2.5	26	144	0.02	0.80	6.2
A108	中国科学 地球科学	154	0.92	153	72.7	6.1	24	78	0.17	0.84	10.5
A106	中国科学 化学	133	0.89	133	68.4	4.7	22	67	0.02	0.83	5.5
A109	中国科学 技术科学	122	0.88	120	38.4	5.2	21	70	0.03	0.88	7.1
A107	中国科学 生命科学	154	0.88	151	73.9	5.4	19	68	0.02	0.56	6.9
A105	中国科学 数学	114	0.89	114	32.2	2.6	18	78	0.18	0.83	13.2
A103	中国科学 物理学力学天文学	168	0.88	162	46.8	4.9	19	88	0.07	0.80	8.8
Z317	中国科学 信息科学	125	0.87	119	43.6	4.4	22	75	0.08	0.87	5.9
A081	中国科学基金	135	0.92	127	26.7	4.5	19	72	0.01	0.42	4.9
A007	中国科学技术大学学报	84	1.00	84	42.4	3.6	4	13	0.04	0.79	6.7
A102	中国科学院大学学报	96	0.96	96	26.2	3.9	11	29	0.02	0.85	8.6
A636	中国科学院院刊	158	0.72	156	23.4	4.4	17	74	0.01	0.27	4.4
Y003	中国空间科学技术	69	0.72	69	24.3	4.8	13	36	0.00	0.70	6.5
G441	中国口腔颌面外科杂志	108	0.94	100	22.5	4.8	16	46	0.02	0.42	6.6
K030	中国矿业	392	0.96	392	15.9	3.9	28	204	0.01	0.56	6.1
K015	中国矿业大学学报	121	0.94	121	29.2	5.6	19	41	0.03	0.91	6.3
U001	中国粮油学报	355	0.96	354	28.3	5.5	30	156	0.01	0.68	6.5

表4-2 2021年中国科技核心期刊（中文）来源指标刊名字顺索引（续）

CODE	刊名	来源文献量	文献选出率	AR论文量	平均引文数	平均作者数	地区分布数	机构分布数	海外论文比	基金论文比	引用半衰期
G447	中国临床保健杂志	193	0.98	169	20.3	5.1	24	121	0.00	0.53	4.4
G108	中国临床解剖学杂志	150	0.93	137	18.5	5.7	28	124	0.02	0.53	6.9
G536	中国临床神经科学	113	0.97	113	36.3	4.6	21	65	0.01	0.37	5.0
G794	中国临床神经外科杂志	310	0.83	102	13.0	4.8	29	197	0.00	0.19	5.6
G221	中国临床心理学杂志	271	1.00	268	31.1	4.3	26	130	0.03	0.79	8.3
G754	中国临床研究	422	0.97	349	23.5	4.3	29	266	0.00	0.49	4.6
G870	中国临床药理学与治疗学	187	0.89	186	35.0	4.9	26	130	0.01	0.73	4.7
G109	中国临床药理学杂志	818	0.99	711	13.5	4.9	30	501	0.00	0.49	4.0
G544	中国临床药学杂志	110	0.99	92	19.5	4.1	21	95	0.00	0.25	4.6
G814	中国临床医生杂志	463	0.94	243	17.4	4.2	27	304	0.01	0.52	4.0
G974	中国临床医学	194	0.97	187	21.3	5.2	15	71	0.00	0.65	5.4
G304	中国临床医学影像杂志	250	0.96	170	15.1	4.6	28	175	0.00	0.36	4.9
G110	中国麻风皮肤病杂志	236	0.99	118	17.0	4.5	26	162	0.00	0.26	5.9
H212	中国麻业科学	50	1.00	49	24.9	6.8	11	21	0.00	0.66	7.3
G613	中国慢性病预防与控制	222	0.97	200	22.0	5.9	27	135	0.02	0.41	4.9
G598	中国媒介生物学及控制杂志	152	0.99	145	20.4	6.2	28	90	0.00	0.64	6.3
K579	中国煤炭	169	0.99	165	15.9	3.1	19	106	0.01	0.24	4.6
K037	中国煤炭地质	197	0.99	185	17.4	3.7	26	108	0.01	0.41	7.3
G582	中国煤炭工业医学杂志	146	0.97	142	17.7	4.7	17	99	0.00	0.99	4.1
G428	中国美容医学	609	0.97	474	19.8	3.6	30	432	0.00	0.16	3.9
G297	中国美容整形外科杂志	244	0.98	149	19.5	4.4	26	134	0.00	0.16	4.4
K036	中国锰业	93	0.91	75	9.6	3.6	19	57	0.01	0.27	6.2
H211	中国棉花	161	0.96	78	12.5	6.1	16	93	0.01	0.60	5.7
G111	中国免疫学杂志	577	0.99	562	28.0	4.4	30	405	0.01	0.64	4.9
K550	中国钼业	76	0.85	68	13.5	4.1	15	46	0.00	0.26	8.8
G303	中国男科学杂志	106	0.95	98	22.6	5.3	24	88	0.00	0.34	5.9
H273	中国南方果树	208	0.89	181	18.7	6.1	23	111	0.00	0.71	7.6
G422	中国脑血管病杂志	127	0.90	120	30.0	5.2	27	79	0.00	0.55	5.7
G277	中国内镜杂志	173	0.89	171	24.7	5.2	28	153	0.00	0.23	4.4
R524	中国能源	152	0.90	146	13.0	2.6	16	72	0.01	0.22	3.4
U609	中国酿造	495	0.88	492	29.6	5.4	30	261	0.00	0.60	5.1
W005	中国农村水利水电	434	0.99	434	20.4	4.2	30	209	0.00	0.71	7.1
H958	中国农学通报	865	0.96	865	32.3	5.6	31	401	0.00	0.75	7.3
H027	中国农业大学学报	289	0.96	289	33.4	5.2	29	90	0.02	0.86	6.5
H567	中国农业科技导报	263	0.96	263	31.6	6.0	29	117	0.00	0.81	7.0
H030	中国农业科学	431	1.00	429	42.2	7.2	27	116	0.02	0.92	7.8
H210	中国农业气象	87	0.54	86	32.8	5.5	25	51	0.00	0.85	7.2
H221	中国农业资源与区划	360	0.83	344	25.0	3.2	30	173	0.01	0.78	6.0
G311	中国皮肤性病学杂志	298	0.97	232	17.9	5.0	30	192	0.01	0.46	5.6
U020	中国皮革	294	0.86	261	11.4	2.1	22	132	0.01	0.20	4.2
G226	中国普通外科杂志	182	0.94	182	36.0	5.2	27	131	0.00	0.58	3.9
G269	中国普外基础与临床杂志	293	0.96	283	31.6	4.7	29	135	0.01	0.38	4.8
G776	中国全科医学	727	0.93	725	27.6	5.3	30	400	0.03	0.55	5.0

表 4-2　2021 年中国科技核心期刊（中文）来源指标刊名字顺索引（续）

CODE	刊名	来源文献量	文献选出率	AR论文量	平均引文数	平均作者数	地区分布数	机构分布数	海外论文比	基金论文比	引用半衰期
H081	中国热带农业	94	0.94	89	14.6	5.7	7	47	0.01	0.53	7.1
G629	中国热带医学	249	0.98	240	22.3	5.7	26	169	0.00	0.49	4.4
Z546	中国人口资源与环境	213	1.00	213	41.6	3.2	23	97	0.02	0.85	5.5
G112	中国人兽共患病学报	180	0.95	179	28.7	6.1	31	112	0.01	0.78	6.3
U052	中国乳品工业	143	0.97	138	26.0	5.3	24	87	0.01	0.62	6.9
S825	中国软科学	213	1.00	213	32.8	2.8	26	114	0.02	0.83	6.4
H793	中国森林病虫	54	1.00	47	20.2	5.1	20	41	0.00	0.50	9.5
E124	中国沙漠	159	0.98	158	39.6	5.1	22	65	0.01	0.81	8.4
G366	中国社会医学杂志	176	1.00	155	16.3	4.6	26	120	0.01	0.69	4.9
G114	中国神经精神疾病杂志	176	0.98	115	20.9	5.1	28	108	0.02	0.48	4.9
G242	中国神经免疫学和神经病学杂志	99	0.88	79	19.7	4.8	18	65	0.00	0.55	5.4
H555	中国生态农业学报中英文版	198	0.94	198	40.6	6.2	30	88	0.03	0.83	6.9
H044	中国生物防治学报	165	0.96	164	36.2	5.9	28	79	0.01	0.75	8.7
F255	中国生物工程杂志	150	0.95	149	44.4	5.0	25	97	0.01	0.69	6.1
F002	中国生物化学与分子生物学报	193	0.99	193	45.7	4.6	29	131	0.00	0.83	5.9
G115	中国生物医学工程学报	87	1.00	87	39.0	4.8	17	55	0.00	0.90	6.3
G258	中国生物制品学杂志	273	0.96	271	23.3	5.8	26	120	0.00	0.75	5.3
G715	中国生育健康杂志	143	1.00	105	21.1	4.4	25	84	0.01	0.36	6.3
L001	中国石油大学学报自然科学版	132	0.94	129	22.8	6.0	15	44	0.02	0.88	7.8
L532	中国石油勘探	76	0.93	76	33.3	6.4	13	45	0.00	0.55	5.2
F047	中国实验动物学报	110	0.97	110	33.2	5.7	25	86	0.00	0.83	5.9
G604	中国实验方剂学杂志	744	0.90	744	38.7	6.2	30	221	0.00	0.86	4.9
G883	中国实验血液学杂志	325	0.98	325	21.2	6.1	28	221	0.01	0.50	5.4
G853	中国实验诊断学	562	1.00	298	16.7	4.3	28	271	0.00	0.31	4.9
G273	中国实用儿科杂志	192	0.87	171	28.8	3.4	23	92	0.00	0.26	6.0
G228	中国实用妇科与产科杂志	250	0.82	196	23.2	3.9	24	121	0.00	0.74	4.9
G305	中国实用护理杂志	492	0.98	486	22.3	4.6	30	301	0.01	0.31	4.5
G867	中国实用口腔科杂志	156	0.98	141	21.3	4.2	21	74	0.00	0.53	5.9
G267	中国实用内科杂志	222	0.90	194	22.1	3.9	27	124	0.00	0.68	5.3
G686	中国实用神经疾病杂志	319	1.00	319	33.8	4.6	28	198	0.00	0.72	3.6
G272	中国实用外科杂志	232	0.79	190	24.4	5.2	26	133	0.00	0.76	4.5
U635	中国食品添加剂	270	0.99	269	22.4	4.8	29	188	0.00	0.40	5.5
G429	中国食品卫生杂志	151	0.94	151	20.8	5.6	27	90	0.00	0.62	5.6
U007	中国食品学报	530	0.97	529	35.2	5.6	28	157	0.01	0.85	6.9
U563	中国食物与营养	203	0.97	193	25.6	5.2	24	117	0.00	0.39	6.8
H317	中国兽药杂志	140	1.00	140	18.1	6.7	25	64	0.00	0.33	6.2
H326	中国兽医科学	213	0.98	213	24.3	7.4	27	69	0.00	0.89	6.6
H225	中国兽医学报	387	0.97	387	27.8	7.2	30	111	0.00	0.89	6.8
H207	中国蔬菜	284	0.90	191	16.9	6.0	30	148	0.01	0.73	5.8
G796	中国输血杂志	369	0.97	266	18.1	5.7	30	205	0.00	0.23	5.5
G926	中国数字医学	305	0.96	293	10.7	4.3	26	212	0.00	0.33	3.6
H290	中国水产科学	157	0.96	156	40.5	6.1	18	43	0.01	0.90	10.4
H020	中国水稻科学	62	0.98	62	42.0	8.0	15	27	0.00	0.92	8.6

表 4-2　2021 年中国科技核心期刊（中文）来源指标刊名字顺索引（续）

CODE	刊名	来源文献量	文献选出率	AR 论文量	平均引文数	平均作者数	地区分布数	机构分布数	海外论文比	基金论文比	引用半衰期
W557	中国水利水电科学研究院学报	71	0.93	71	24.1	4.4	16	28	0.01	0.76	8.6
H295	中国水土保持科学	105	0.95	105	24.5	5.2	23	52	0.00	0.88	7.8
T022	中国塑料	263	0.95	254	23.9	4.7	28	152	0.02	0.41	6.3
G211	中国糖尿病杂志	167	0.91	151	20.7	5.2	30	132	0.00	0.55	5.0
G521	中国疼痛医学杂志	190	0.85	141	19.2	5.0	28	134	0.01	0.48	5.6
G444	中国体外循环杂志	81	0.89	72	19.0	5.4	16	48	0.00	0.44	4.6
U501	中国调味品	479	1.00	446	20.3	4.5	31	222	0.01	0.59	5.1
X004	中国铁道科学	118	0.99	118	20.3	4.6	19	44	0.00	0.80	7.8
G437	中国听力语言康复科学杂志	121	0.98	87	18.8	3.9	24	77	0.07	0.30	7.0
R083	中国图象图形学报	227	0.99	227	41.8	4.3	25	120	0.03	0.86	4.3
H350	中国土地科学	151	1.00	151	36.3	3.4	23	67	0.02	0.87	4.5
H233	中国土壤与肥料	284	0.98	284	31.6	6.0	30	147	0.00	0.80	7.7
G373	中国微创外科杂志	248	0.98	210	19.7	5.0	26	149	0.00	0.39	4.9
G959	中国微侵袭神经外科杂志	139	0.95	80	13.8	5.4	24	95	0.00	0.33	4.5
G517	中国微生态学杂志	299	0.96	293	24.4	4.3	31	230	0.00	0.36	4.8
S725	中国卫生经济	270	0.94	213	11.5	4.6	26	131	0.01	0.49	3.9
G253	中国卫生统计	245	0.99	167	16.4	4.7	28	156	0.02	0.60	5.9
G540	中国卫生信息管理杂志	158	0.93	158	14.6	3.4	21	103	0.00	0.39	3.2
G716	中国卫生政策研究	131	0.98	131	21.1	3.5	17	46	0.04	0.53	4.6
G752	中国卫生质量管理	320	0.95	229	12.8	5.2	24	176	0.01	0.29	3.9
G541	中国卫生资源	168	0.96	158	17.5	5.9	15	66	0.02	0.43	3.6
K035	中国钨业	64	0.94	64	21.7	4.2	14	39	0.00	0.44	7.7
M022	中国稀土学报	89	1.00	89	44.3	4.9	24	57	0.00	0.87	7.1
F025	中国细胞生物学学报	287	0.99	287	45.3	4.5	27	168	0.00	0.78	5.4
G841	中国现代普通外科进展	257	0.89	155	16.7	4.2	27	211	0.00	0.19	4.7
G623	中国现代神经疾病杂志	156	0.88	147	30.0	4.7	25	84	0.01	0.61	4.9
G885	中国现代手术学杂志	95	0.92	85	16.9	4.5	22	84	0.00	0.41	4.6
G237	中国现代医学杂志	415	0.93	410	22.3	4.2	30	318	0.00	0.37	4.1
G849	中国现代应用药学	524	0.97	506	23.2	4.8	31	360	0.01	0.57	4.9
G377	中国现代中药	317	0.97	316	27.8	5.9	27	140	0.00	0.62	6.8
G284	中国消毒学杂志	297	0.95	153	15.0	4.9	30	218	0.00	0.26	4.9
G765	中国小儿急救医学	261	0.97	207	23.9	4.5	26	120	0.00	0.27	5.7
G845	中国小儿血液与肿瘤杂志	87	0.96	69	20.2	5.3	23	64	0.00	0.24	5.5
G298	中国斜视与小儿眼科杂志	64	0.94	37	12.0	4.2	16	46	0.05	0.17	7.3
G117	中国心理卫生杂志	176	0.94	166	26.4	5.8	28	119	0.03	0.52	7.2
G718	中国心血管病研究	218	0.98	212	24.4	5.8	25	136	0.00	0.57	4.4
G380	中国心血管杂志	132	0.90	103	19.9	4.3	24	106	0.00	0.30	4.4
G203	中国心脏起搏与心电生理杂志	155	0.95	90	13.7	4.9	23	118	0.01	0.26	6.6
G250	中国新药与临床杂志	177	0.98	157	24.0	4.3	27	153	0.01	0.40	4.3
G747	中国新药杂志	362	0.99	358	24.4	5.1	26	180	0.01	0.49	5.1
G727	中国性科学	572	0.95	445	20.0	4.1	29	439	0.01	0.36	4.4
G232	中国胸心血管外科临床杂志	240	0.93	230	23.1	6.6	21	118	0.01	0.53	5.1
G118	中国修复重建外科杂志	259	0.92	243	28.5	5.9	27	152	0.01	0.42	5.0

表 4-2 2021 年中国科技核心期刊（中文）来源指标刊名字顺索引（续）

CODE	刊名	来源文献量	文献选出率	AR论文量	平均引文数	平均作者数	地区分布数	机构分布数	海外论文比	基金论文比	引用半衰期
H294	中国畜牧兽医	497	0.99	497	34.2	7.2	31	125	0.01	0.78	6.2
H242	中国畜牧杂志	601	1.00	592	28.7	6.3	31	169	0.01	0.78	6.4
G908	中国学校卫生	442	0.91	420	25.2	5.4	31	261	0.02	0.59	5.1
G464	中国血管外科杂志电子版	87	0.93	71	26.4	4.8	24	70	0.01	0.38	6.3
G675	中国血吸虫病防治杂志	122	0.97	101	29.9	6.2	23	73	0.01	0.65	5.9
G633	中国血液净化	203	0.94	162	19.6	4.4	27	145	0.00	0.31	5.3
G119	中国循环杂志	190	0.93	176	21.6	6.2	23	84	0.00	0.45	5.4
G756	中国循证儿科杂志	72	0.71	61	20.3	7.0	13	38	0.00	0.35	6.3
G645	中国循证心血管医学杂志	392	0.93	292	20.3	5.1	27	254	0.03	0.46	4.8
G396	中国循证医学杂志	196	0.94	190	34.3	6.5	24	100	0.09	0.76	5.9
H208	中国烟草科学	93	0.99	93	25.7	8.0	17	45	0.00	0.77	7.7
U647	中国烟草学报	93	0.91	93	26.5	8.0	18	52	0.01	0.73	7.4
E303	中国岩溶	119	1.00	118	31.2	5.6	17	56	0.09	0.76	9.5
G619	中国眼耳鼻喉科杂志	118	0.90	84	20.1	4.2	25	69	0.00	0.25	8.0
G318	中国药房	505	0.99	505	29.3	5.4	31	264	0.00	0.82	4.3
G120	中国药科大学学报	94	0.92	94	31.2	4.7	11	32	0.02	0.72	5.2
G121	中国药理学通报	300	0.94	291	22.6	5.8	29	162	0.00	0.94	4.1
G122	中国药理学与毒理学杂志	141	0.51	100	27.2	5.7	23	79	0.06	0.69	5.3
G878	中国药师	471	0.99	441	19.7	4.3	29	352	0.00	0.34	4.4
G913	中国药事	198	0.99	197	22.3	4.9	25	100	0.00	0.33	4.4
G220	中国药物化学杂志	109	0.73	103	38.0	4.6	21	70	0.01	0.59	6.8
G227	中国药物警戒	259	0.97	228	21.3	5.0	26	136	0.00	0.69	4.8
G248	中国药物依赖性杂志	88	0.93	84	27.6	5.1	23	64	0.02	0.63	7.1
G713	中国药物应用与监测	111	0.98	79	17.9	4.1	20	84	0.00	0.40	3.6
G009	中国药学杂志	303	0.92	298	26.7	5.8	28	189	0.00	0.56	5.7
G755	中国药业	742	1.00	495	18.4	4.3	30	518	0.00	0.64	4.5
M628	中国冶金	224	0.89	222	18.3	4.4	26	114	0.00	0.49	6.4
G809	中国医刊	392	0.95	294	20.7	4.3	26	227	0.00	0.44	4.2
G123	中国医科大学学报	240	1.00	211	15.8	4.3	14	60	0.00	0.73	4.8
G124	中国医疗器械杂志	143	0.97	131	14.6	4.3	19	90	0.00	0.41	4.8
G679	中国医疗设备	507	0.96	481	21.9	4.8	29	324	0.00	0.42	4.3
G306	中国医师进修杂志	232	0.97	220	18.2	3.8	27	184	0.00	0.22	3.9
G313	中国医师杂志	474	0.97	377	24.6	4.4	26	324	0.00	0.42	3.5
G236	中国医学计算机成像杂志	111	0.98	109	13.8	5.3	21	76	0.00	0.41	5.2
G125	中国医学科学院学报	151	0.99	147	27.8	5.2	22	87	0.00	0.50	5.4
G471	中国医学前沿杂志电子版	245	0.88	238	22.2	4.0	24	168	0.00	0.42	4.2
G622	中国医学物理学杂志	281	0.98	272	23.3	5.1	26	175	0.00	0.74	5.3
G127	中国医学影像技术	389	0.73	369	17.7	5.3	30	248	0.01	0.44	4.7
G193	中国医学影像学杂志	273	0.95	229	18.3	4.9	28	177	0.00	0.43	3.7
S591	中国医学装备	562	0.93	517	16.5	4.8	27	388	0.00	0.38	4.2
G519	中国医药	442	0.98	412	19.1	4.6	31	253	0.00	0.65	4.0
G644	中国医药导报	1633	0.96	1621	27.1	4.2	30	838	0.00	0.78	3.6
T019	中国医药工业杂志	230	0.89	224	21.4	4.2	22	132	0.00	0.24	5.9

表 4-2 2021 年中国科技核心期刊（中文）来源指标刊名字顺索引（续）

CODE	刊名	来源文献量	文献选出率	AR论文量	平均引文数	平均作者数	地区分布数	机构分布数	海外论文比	基金论文比	引用半衰期
G531	中国医药生物技术	88	0.93	78	28.9	4.7	20	60	0.00	0.52	6.0
Q918	中国医院	373	0.99	83	9.8	4.6	26	199	0.00	0.46	3.5
G454	中国医院管理	294	0.89	211	11.0	5.2	22	145	0.01	0.44	3.8
G243	中国医院药学杂志	474	0.96	453	21.4	5.4	30	292	0.00	0.49	5.1
G625	中国医院用药评价与分析	348	0.99	336	24.3	4.6	27	247	0.00	0.62	3.7
G314	中国疫苗和免疫	121	0.95	116	19.0	7.3	24	70	0.00	0.31	5.9
G130	中国应用生理学杂志	126	1.00	123	21.0	7.3	27	92	0.04	0.74	6.2
G706	中国优生与遗传杂志	420	0.95	319	18.1	4.3	28	294	0.01	0.24	4.0
H205	中国油料作物学报	131	0.98	131	36.2	7.5	27	56	0.00	0.87	8.5
U032	中国油脂	346	0.77	327	20.8	5.1	30	180	0.01	0.57	6.9
M028	中国有色金属学报	320	0.99	319	38.7	5.4	26	122	0.01	0.86	6.8
H099	中国预防兽医学报	216	0.76	216	20.5	7.1	26	83	0.00	0.80	6.5
G753	中国预防医学杂志	182	0.93	169	22.2	6.1	28	142	0.02	0.52	3.5
V039	中国园林	287	0.95	285	28.1	3.0	21	99	0.06	0.68	8.4
X012	中国造船	98	1.00	98	16.9	4.2	15	34	0.01	0.56	8.3
U033	中国造纸学报	51	1.00	51	33.8	4.8	14	24	0.00	0.78	6.0
H204	中国沼气	68	0.96	68	26.0	5.0	19	47	0.00	0.50	6.4
G600	中国针灸	299	0.86	243	21.3	5.4	26	140	0.02	0.63	6.7
H067	中国真菌学杂志	89	0.96	78	22.9	4.8	26	79	0.01	0.47	6.5
G945	中国职业医学	137	0.94	132	34.0	5.7	22	64	0.01	0.64	3.1
G347	中国中西医结合耳鼻咽喉科杂志	118	0.97	92	18.2	4.2	19	101	0.00	0.25	6.4
G843	中国中西医结合急救杂志	181	0.98	129	22.2	5.0	30	146	0.00	0.64	4.8
G757	中国中西医结合皮肤性病学杂志	197	0.91	88	14.3	3.9	25	138	0.01	0.28	5.9
G846	中国中西医结合肾病杂志	362	0.95	139	17.8	4.4	30	249	0.00	0.39	5.1
G758	中国中西医结合外科杂志	187	0.98	162	22.1	4.2	22	112	0.00	0.39	4.1
G528	中国中西医结合消化杂志	187	0.99	175	24.0	4.3	25	141	0.00	0.49	3.4
G182	中国中西医结合杂志	228	0.85	199	26.5	5.0	28	141	0.01	0.69	6.2
G132	中国中药杂志	781	0.98	778	39.9	6.6	31	195	0.01	0.82	5.7
G240	中国中医骨伤科杂志	252	1.00	212	21.0	5.4	25	149	0.00	0.46	4.8
G632	中国中医基础医学杂志	504	0.99	362	22.6	4.7	28	167	0.00	0.75	7.4
G524	中国中医急症	622	1.00	455	20.2	4.6	29	275	0.00	0.60	4.7
G749	中国中医眼科杂志	200	0.93	168	22.9	4.3	26	85	0.01	0.52	6.6
G832	中国中医药信息杂志	337	0.99	285	19.4	5.5	26	121	0.00	0.76	5.3
G642	中国肿瘤	122	0.92	121	31.9	6.2	21	88	0.01	0.43	4.6
G133	中国肿瘤临床	244	0.93	213	25.3	4.5	29	139	0.00	0.44	3.9
G255	中国肿瘤生物治疗杂志	172	0.96	171	36.5	4.0	25	115	0.01	0.89	3.5
G576	中国肿瘤外科杂志	125	0.99	119	23.9	4.4	22	101	0.00	0.58	4.4
G667	中国综合临床	105	0.92	95	21.9	4.8	19	83	0.00	0.54	5.0
G299	中国组织工程研究	937	0.96	937	40.2	5.3	30	499	0.01	0.64	5.3
G134	中国组织化学与细胞化学杂志	104	0.95	98	20.3	4.8	22	88	0.00	0.47	4.7
G502	中华保健医学杂志	211	0.98	67	15.6	4.5	23	148	0.00	0.41	4.1
G135	中华病理学杂志	309	0.90	156	15.5	5.3	26	173	0.02	0.34	5.3
G195	中华超声影像学杂志	193	0.92	162	18.8	6.3	26	120	0.00	0.57	4.4

表 4-2　2021 年中国科技核心期刊（中文）来源指标刊名字顺索引（续）

CODE	刊名	来源文献量	文献选出率	AR论文量	平均引文数	平均作者数	地区分布数	机构分布数	海外论文比	基金论文比	引用半衰期
G136	中华传染病杂志	159	0.90	114	23.5	5.5	25	113	0.01	0.49	4.9
G408	中华创伤骨科杂志	187	0.84	181	24.9	6.2	25	123	0.00	0.52	6.6
G137	中华创伤杂志	180	0.90	173	32.1	6.2	22	111	0.00	0.49	4.1
G098	中华地方病学杂志	208	0.95	193	17.8	6.0	29	119	0.00	0.51	5.5
G138	中华儿科杂志	201	0.79	141	19.5	6.3	21	79	0.01	0.41	5.7
G139	中华耳鼻咽喉头颈外科杂志	243	0.91	195	23.6	5.7	27	138	0.01	0.43	6.7
G743	中华耳科学杂志	198	0.97	179	23.5	4.9	27	119	0.01	0.49	6.9
G140	中华放射学杂志	249	0.91	194	18.8	6.0	26	167	0.01	0.39	4.8
G141	中华放射医学与防护杂志	166	0.92	163	22.4	6.2	26	100	0.01	0.51	5.8
G251	中华放射肿瘤学杂志	234	0.94	232	23.9	6.6	26	139	0.01	0.49	5.9
G474	中华肺部疾病杂志电子版	239	0.98	95	26.1	4.2	27	158	0.00	0.41	3.6
G286	中华风湿病学杂志	182	0.91	164	24.9	5.1	25	107	0.00	0.57	5.7
G142	中华妇产科杂志	132	0.82	114	22.8	5.7	16	63	0.02	0.47	5.2
G689	中华妇幼临床医学杂志电子版	101	0.94	100	28.0	4.3	19	66	0.00	0.89	4.5
G262	中华肝胆外科杂志	219	0.95	172	19.1	6.0	28	143	0.00	0.50	5.0
G231	中华肝脏病杂志	232	0.93	186	22.2	4.9	26	131	0.01	0.47	5.1
G054	中华肝脏外科手术学电子杂志	129	0.88	119	24.6	5.4	26	76	0.00	0.64	5.2
G235	中华高血压杂志	204	0.82	173	24.4	4.9	27	123	0.00	0.32	5.5
G143	中华骨科杂志	210	0.97	210	31.1	7.0	25	121	0.01	0.60	6.6
G648	中华骨与关节外科杂志	188	0.95	186	30.2	5.3	23	114	0.02	0.34	5.0
G728	中华骨质疏松和骨矿盐疾病杂志	96	0.97	95	34.4	5.3	24	67	0.00	0.57	6.4
G691	中华关节外科杂志电子版	129	0.96	119	28.9	5.2	26	105	0.00	0.32	6.0
G335	中华航海医学与高气压医学杂志	199	0.96	145	17.6	4.6	21	118	0.00	0.16	4.9
G145	中华核医学与分子影像杂志	137	0.85	110	21.1	5.4	22	84	0.07	0.45	5.8
G146	中华护理杂志	315	0.97	305	24.7	5.7	24	167	0.02	0.40	4.3
G555	中华急诊医学杂志	299	0.93	229	21.1	6.1	25	184	0.01	0.44	5.0
G302	中华疾病控制杂志	260	0.97	257	20.2	6.6	28	131	0.01	0.62	4.8
G055	中华肩肘外科电子杂志	61	0.90	57	32.7	5.4	14	43	0.00	0.62	7.1
G174	中华检验医学杂志	190	0.89	181	24.7	4.9	24	130	0.01	0.54	4.3
G751	中华健康管理学杂志	119	0.93	104	20.5	5.5	22	86	0.01	0.40	4.9
G147	中华结核和呼吸杂志	204	0.81	149	26.1	4.7	25	120	0.01	0.37	5.4
G060	中华结直肠疾病电子杂志	109	0.91	102	25.0	5.8	21	78	0.01	0.61	5.9
Q905	中华解剖与临床杂志	136	0.97	121	20.3	5.9	23	107	0.00	0.45	5.1
Q948	中华介入放射学电子杂志	78	0.91	71	19.7	5.6	19	49	0.01	0.26	5.4
G159	中华精神科杂志	78	0.93	75	33.5	5.2	19	59	0.04	0.64	5.8
G579	中华口腔医学研究杂志电子版	62	0.97	62	29.4	4.7	17	48	0.02	0.63	4.8
G148	中华口腔医学杂志	200	0.87	188	28.8	4.4	21	64	0.01	0.56	5.8
G280	中华口腔正畸学杂志	50	0.91	42	12.2	4.5	17	38	0.00	0.34	7.5
G149	中华劳动卫生职业病杂志	215	0.86	171	19.8	5.1	28	135	0.00	0.47	5.7
G639	中华老年多器官疾病杂志	201	0.98	183	20.8	4.9	24	115	0.00	0.43	5.1
Q949	中华老年骨科与康复电子杂志	59	0.95	56	33.1	5.6	17	52	0.00	0.58	4.9
G833	中华老年口腔医学杂志	80	0.91	74	22.8	3.5	22	57	0.00	0.43	5.7
G876	中华老年心脑血管病杂志	365	0.98	224	21.0	5.0	30	225	0.01	0.53	4.5

表 4-2　2021 年中国科技核心期刊（中文）来源指标刊名字顺索引（续）

CODE	刊名	来源文献量	文献选出率	AR 论文量	平均引文数	平均作者数	地区分布数	机构分布数	海外论文比	基金论文比	引用半衰期
G150	中华老年医学杂志	303	0.95	283	17.5	5.0	26	180	0.01	0.49	5.1
G692	中华临床感染病杂志	73	0.89	65	27.3	6.6	16	56	0.00	0.66	4.0
G693	中华临床免疫和变态反应杂志	118	0.74	85	23.6	3.9	19	62	0.01	0.36	6.2
G824	中华临床营养杂志	52	0.88	52	29.9	5.3	16	38	0.00	0.33	5.5
G152	中华流行病学杂志	335	0.97	335	27.0	8.0	25	113	0.02	0.67	5.3
G153	中华麻醉学杂志	344	0.95	283	16.4	5.9	26	189	0.01	0.47	4.8
G154	中华泌尿外科杂志	193	0.88	152	19.0	7.0	24	127	0.01	0.31	5.1
G282	中华男科学杂志	192	0.91	171	22.6	5.2	28	160	0.01	0.48	6.5
Q926	中华脑科疾病与康复杂志电子版	80	0.94	61	20.2	4.8	19	53	0.00	0.14	6.0
G155	中华内分泌代谢杂志	136	0.79	127	26.1	6.0	20	94	0.04	0.71	6.0
G736	中华内分泌外科杂志	140	0.93	122	11.1	4.8	19	102	0.00	0.61	4.2
G156	中华内科杂志	187	0.82	152	20.1	5.2	24	96	0.00	0.30	5.6
G157	中华皮肤科杂志	215	0.83	138	19.2	4.9	24	124	0.01	0.50	5.4
G461	中华普通外科学文献电子版	103	0.88	81	18.1	5.0	24	77	0.00	0.49	4.2
G254	中华普通外科杂志	254	0.82	144	12.5	6.0	29	174	0.00	0.36	5.3
G462	中华普外科手术学杂志电子版	179	0.92	135	19.6	4.5	26	136	0.02	0.82	3.7
G158	中华器官移植杂志	167	0.88	130	20.0	6.4	24	82	0.01	0.53	5.2
G473	中华腔镜泌尿外科杂志电子版	122	0.98	105	17.9	5.8	26	90	0.00	0.37	5.2
G463	中华腔镜外科杂志电子版	82	0.98	63	20.0	5.7	23	59	0.01	0.32	4.5
G526	中华全科医师杂志	212	0.81	164	17.4	4.9	22	135	0.00	0.36	4.6
G515	中华全科医学	558	0.99	488	21.6	4.7	27	299	0.00	0.87	3.4
G505	中华乳腺病杂志电子版	75	0.88	53	27.0	4.6	23	57	0.00	0.31	5.6
G472	中华疝和腹壁外科杂志电子版	162	0.98	135	16.9	3.9	20	117	0.00	0.19	4.3
G900	中华烧伤杂志	173	0.89	165	36.5	5.3	25	91	0.00	0.71	4.7
Q950	中华神经创伤外科电子杂志	78	0.92	69	23.4	5.8	23	60	0.00	0.40	5.3
G197	中华神经科杂志	210	0.93	203	29.8	4.9	26	118	0.00	0.52	6.2
G160	中华神经外科杂志	250	0.92	205	22.3	5.9	29	132	0.00	0.50	5.7
G446	中华神经医学杂志	222	0.94	203	25.7	5.4	26	183	0.00	0.53	4.9
G065	中华肾病研究电子杂志	68	0.89	57	31.1	4.5	19	46	0.00	0.56	4.1
G161	中华肾脏病杂志	149	0.92	128	26.0	6.4	23	94	0.00	0.65	6.3
G737	中华生物医学工程杂志	124	0.98	120	26.6	4.8	19	81	0.01	0.44	4.1
G072	中华生殖与避孕杂志	167	0.88	160	35.9	4.9	26	110	0.01	0.52	5.6
G162	中华实验和临床病毒学杂志	137	0.92	129	19.1	7.2	24	76	0.01	0.66	4.5
G703	中华实验和临床感染病杂志电子版	65	0.90	65	28.2	5.3	15	40	0.02	0.43	3.9
G163	中华实验外科杂志	650	0.88	451	14.0	5.5	29	310	0.01	0.54	4.4
G773	中华实验眼科杂志	182	0.92	174	29.2	3.8	27	127	0.01	0.68	6.8
G875	中华实用儿科临床杂志	399	0.89	310	23.0	5.3	26	158	0.02	0.38	4.6
G367	中华实用诊断与治疗杂志	325	0.98	227	17.2	4.8	26	179	0.00	0.89	3.8
G848	中华手外科杂志	145	0.94	62	16.2	5.3	21	91	0.00	0.32	8.0
G506	中华损伤与修复杂志电子版	103	0.89	81	25.0	4.9	23	68	0.00	0.45	5.3
G739	中华糖尿病杂志	171	0.84	152	23.1	5.5	25	110	0.01	0.59	5.3
G164	中华外科杂志	179	0.90	145	19.8	6.3	25	109	0.02	0.45	5.3
G165	中华微生物学和免疫学杂志	150	0.96	150	30.4	5.7	24	116	0.00	0.73	5.1

表 4-2　2021 年中国科技核心期刊（中文）来源指标刊名字顺索引（续）

CODE	刊名	来源文献量	文献选出率	AR论文量	平均引文数	平均作者数	地区分布数	机构分布数	海外论文比	基金论文比	引用半衰期
G116	中华危重病急救医学	295	0.93	260	24.0	5.6	29	206	0.00	0.82	5.0
G761	中华危重症医学杂志电子版	108	0.96	81	29.5	4.8	17	71	0.00	0.54	5.5
G296	中华围产医学杂志	157	0.68	144	24.7	5.3	20	95	0.01	0.45	5.7
G740	中华卫生杀虫药械	154	0.94	80	15.4	4.9	27	104	0.00	0.30	6.7
G793	中华胃肠外科杂志	159	0.78	147	26.7	5.9	24	85	0.01	0.64	5.6
G166	中华物理医学与康复杂志	272	0.97	182	24.1	5.4	25	188	0.02	0.49	6.1
G470	中华细胞与干细胞杂志电子版	53	0.93	52	28.9	4.3	19	51	0.00	0.43	4.6
G847	中华现代护理杂志	982	0.96	940	23.6	4.6	28	433	0.00	0.30	4.2
G285	中华消化内镜杂志	188	0.86	143	18.9	6.0	25	113	0.00	0.43	6.4
G978	中华消化外科杂志	187	0.88	182	33.0	5.9	31	117	0.04	0.80	4.7
G168	中华消化杂志	151	0.89	115	19.4	5.1	23	104	0.02	0.34	5.5
G169	中华小儿外科杂志	214	0.91	188	25.5	5.6	26	97	0.01	0.37	6.7
G892	中华心律失常学杂志	103	0.91	79	16.3	6.4	18	51	0.00	0.48	5.7
G170	中华心血管病杂志	213	0.88	170	24.5	5.9	24	116	0.00	0.46	5.4
G082	中华新生儿科杂志中英文版	117	0.91	85	23.4	4.9	21	79	0.00	0.27	6.1
G263	中华行为医学与脑科学杂志	187	0.96	187	31.4	5.5	29	144	0.02	0.71	4.4
G171	中华胸心血管外科杂志	167	0.91	125	19.0	6.1	24	104	0.01	0.26	7.2
G172	中华血液学杂志	160	0.77	141	25.5	8.3	19	78	0.01	0.58	5.8
Q209	中华炎性肠病杂志中英文版	68	0.88	55	23.2	4.8	17	45	0.03	0.47	5.7
G191	中华眼底病杂志	197	0.92	148	24.5	4.4	23	113	0.00	0.53	6.2
G075	中华眼科医学杂志电子版	67	1.00	67	45.3	4.2	13	31	0.00	0.81	7.7
G173	中华眼科杂志	135	0.70	116	26.1	4.4	17	62	0.00	0.51	6.0
G873	中华眼视光学与视觉科学杂志	162	0.96	143	24.8	4.7	25	100	0.02	0.34	6.3
S590	中华医学教育探索杂志	365	0.98	311	10.1	4.8	27	192	0.01	0.36	4.7
Q920	中华医学超声杂志电子版	223	0.93	184	19.6	5.0	24	142	0.00	0.35	6.0
G705	中华医学教育杂志	257	0.96	253	12.0	4.8	24	133	0.01	0.25	4.3
G307	中华医学科研管理杂志	92	0.91	88	13.4	4.6	17	62	0.00	0.21	3.0
G489	中华医学美学美容杂志	156	0.88	93	14.9	4.7	27	113	0.00	0.13	5.8
G175	中华医学遗传学杂志	319	0.83	228	16.0	5.7	28	185	0.00	0.52	7.0
G176	中华医学杂志	646	0.85	553	20.6	5.9	30	289	0.02	0.52	4.9
G194	中华医院感染学杂志	791	0.97	791	23.1	5.1	30	493	0.00	0.74	3.5
G591	中华医院管理杂志	220	0.97	204	15.3	5.4	20	130	0.01	0.45	2.6
G610	中华胰腺病杂志	102	0.94	79	25.7	5.1	23	56	0.00	0.49	5.7
G897	中华移植杂志电子版	76	0.95	60	25.3	5.3	23	49	0.00	0.54	6.0
G177	中华预防医学杂志	226	0.91	220	27.3	6.7	25	139	0.00	0.60	5.2
G178	中华整形外科杂志	237	0.91	226	23.4	5.2	25	127	0.00	0.27	6.8
G859	中华中医药学刊	741	0.99	633	30.9	5.1	29	329	0.01	0.91	4.7
G910	中华中医药杂志	1800	0.99	1300	18.7	5.1	31	371	0.01	0.74	6.3
G858	中华肿瘤防治杂志	298	0.89	294	25.9	5.3	29	229	0.01	0.50	3.9
G179	中华肿瘤杂志	160	0.81	145	24.0	7.2	22	97	0.01	0.46	6.2
Q954	中华重症医学电子杂志	66	0.90	63	24.4	5.3	18	51	0.02	0.41	4.9
G039	中南大学学报医学版	204	0.94	204	28.4	5.0	21	78	0.00	0.62	5.3
K001	中南大学学报自然科学版	423	0.99	423	28.7	4.9	26	135	0.02	0.93	6.8

表 4-2 2021 年中国科技核心期刊（中文）来源指标刊名字顺索引（续）

CODE	刊名	来源文献量	文献选出率	AR 论文量	平均引文数	平均作者数	地区分布数	机构分布数	海外论文比	基金论文比	引用半衰期
H053	中南林业科技大学学报	240	1.00	240	30.2	5.3	27	81	0.00	0.85	7.6
G599	中南药学	517	0.99	471	22.8	5.2	30	302	0.00	0.50	5.2
G682	中南医学科学杂志	168	0.99	156	18.5	4.3	24	123	0.00	0.64	3.7
G180	中日友好医院学报	118	0.86	38	12.9	4.8	4	30	0.00	0.20	4.6
G181	中山大学学报医学科学版	125	0.98	123	23.5	5.3	11	53	0.01	0.79	4.8
A036	中山大学学报自然科学版	102	0.94	102	33.6	6.5	19	47	0.03	0.86	8.8
X539	中外公路	430	0.99	415	13.3	3.3	28	269	0.00	0.46	7.0
S020	中文信息学报	175	0.92	175	29.8	4.3	23	84	0.03	0.81	5.5
G842	中西医结合肝病杂志	309	0.98	195	19.1	4.2	25	201	0.00	0.54	4.7
G597	中西医结合心脑血管病杂志	1055	0.99	747	21.6	4.2	28	555	0.00	0.43	5.1
R775	中兴通讯技术	71	0.90	68	14.1	2.8	13	40	0.03	0.41	2.9
G183	中药材	546	0.99	528	17.7	5.3	29	295	0.00	0.72	6.2
G564	中药新药与临床药理	266	0.99	265	26.5	5.9	27	129	0.00	0.81	5.0
G685	中医学报	556	0.98	513	25.5	3.9	28	200	0.00	0.73	5.5
G681	中医药导报	633	1.00	545	23.0	4.6	30	264	0.01	0.58	4.9
G812	中医药学报	299	0.99	282	26.5	5.0	26	104	0.01	0.84	5.1
G010	中医杂志	417	0.96	375	22.0	6.0	29	129	0.01	0.72	5.8
G643	中医正骨	198	0.96	146	26.0	4.6	22	111	0.01	0.26	4.7
G184	肿瘤	76	0.89	76	33.4	5.0	24	54	0.00	0.67	4.7
Q929	肿瘤代谢与营养电子杂志	107	0.80	105	39.3	4.2	27	84	0.01	0.55	4.6
G185	肿瘤防治研究	198	0.92	194	26.4	4.6	29	149	0.01	0.58	3.8
G412	肿瘤学杂志	190	0.96	177	30.2	4.9	27	129	0.01	0.55	4.3
G522	肿瘤研究与临床	216	0.94	183	20.8	4.6	27	140	0.00	0.43	4.4
G196	肿瘤药学	136	0.94	135	24.8	4.5	25	112	0.01	0.46	4.3
G838	肿瘤影像学	99	1.00	89	20.2	4.5	21	66	0.00	0.49	4.4
G695	肿瘤预防与治疗	178	0.96	174	27.4	5.3	22	125	0.01	0.68	4.2
Q225	肿瘤综合治疗电子杂志	47	0.80	44	29.4	3.7	15	33	0.00	0.49	4.0
H103	种子	308	0.98	307	21.8	5.6	29	155	0.00	0.76	7.5
G094	中风与神经疾病杂志	308	0.98	159	25.0	4.2	29	197	0.00	0.40	5.4
N022	轴承	148	1.00	125	14.8	3.9	21	98	0.00	0.41	7.9
H026	竹子学报	60	0.98	57	25.2	4.3	9	37	0.00	0.38	7.2
N075	铸造	220	0.61	217	13.9	4.5	24	151	0.01	0.31	7.9
G407	转化医学杂志	88	0.98	84	22.5	4.2	21	67	0.01	0.35	4.3
N034	装备环境工程	240	0.99	240	22.5	4.7	20	123	0.00	0.31	9.5
Z022	资源科学	201	0.98	201	41.9	3.4	21	99	0.02	0.87	4.1
R737	自动化技术与应用	520	0.98	489	10.2	2.6	30	352	0.00	0.19	3.9
S026	自动化学报	222	1.00	221	50.0	4.1	25	117	0.06	0.92	6.4
N013	自动化仪表	267	0.98	264	12.9	3.4	29	194	0.00	0.33	4.9
S501	自动化与仪表	264	0.97	260	10.9	3.1	25	152	0.00	0.32	4.5
R611	自动化与仪器仪表	671	0.99	636	15.8	2.7	31	394	0.00	0.48	3.0
A905	自然杂志	53	0.74	53	49.2	3.1	10	29	0.04	0.30	6.6
E137	自然灾害学报	137	1.00	137	28.7	4.1	26	92	0.02	0.85	7.9
Z012	自然资源学报	225	1.00	223	41.4	4.2	27	106	0.02	0.85	6.1

表4-2 2021年中国科技核心期刊（中文）来源指标刊名字顺索引（续）

CODE	刊名	来源文献量	文献选出率	AR论文量	平均引文数	平均作者数	地区分布数	机构分布数	海外论文比	基金论文比	引用半衰期
N088	组合机床与自动化加工技术	478	1.00	456	13.4	3.7	27	197	0.00	0.71	5.5
G701	组织工程与重建外科杂志	123	0.93	104	22.9	4.4	19	60	0.00	0.32	6.3
L018	钻井液与完井液	125	1.00	125	16.7	4.9	16	71	0.00	0.40	7.0
G720	遵义医科大学学报	126	1.00	125	26.0	4.7	16	46	0.01	0.72	4.1
H034	作物学报	223	0.97	223	39.8	7.9	29	85	0.01	0.93	8.0
H410	作物研究	121	0.98	116	21.6	6.5	21	74	0.00	0.79	5.9
H202	作物杂志	192	0.97	192	28.9	6.7	26	100	0.00	0.86	8.1

5　2021年中国科技核心期刊（英文）指标

5.1　期刊（英文）被引用指标刊名字顺排序

表 5-1　2021年中国科技核心期刊（英文）被引用指标刊名字顺索引

CODE	刊名	核心总被引频次	核心影响因子	核心即年指标	核心他引率	核心引用刊数	核心开放因子	核心扩散因子	核心权威因子	核心被引半衰期
F034	ACTA BIOCHIMICA ET BIOPHYSICA SINICA	871	0.730	0.120	0.93	390	81	44.78	63.57	4.3
I059	ACTA GEOLOGICA SINICA ENGLISH EDITION	1121	0.701	0.055	0.83	153	12	13.65	90.08	6.2
C096	ACTA MATHEMATICA SCIENTIA	299	0.268	0.045	0.63	59	3	19.73	40.64	6.3
B030	ACTA MATHEMATICA SINICA ENGLISH SERIES	218	0.117	0.008	0.86	57	7	26.15	26.18	8.5
I051	ACTA MATHEMATICAE APPLICATAE SINICA	122	0.174	0.031	0.89	54	11	44.26	13.03	7.6
C105	ACTA MECHANICA SINICA	693	1.043	0.271	0.54	149	2	21.50	67.23	4.2
M100	ACTA METALLURGICA SINICA	876	1.013	0.169	0.63	129	4	14.73	83.98	3.8
I209	ACTA OCEANOLOGICA SINICA	757	0.319	0.101	0.84	169	10	22.32	62.15	5.8
G218	ACTA PHARMACEUTICA SINICA B	1254	2.397	0.446	0.65	299	5	23.84	91.55	2.5
G001	ACTA PHARMACOLOGICA SINICA	1606	1.293	0.252	0.93	484	67	30.14	115.16	4.0
I062	ADVANCES IN ATMOSPHERIC SCIENCES	1332	0.873	0.509	0.77	155	7	11.64	106.63	7.7
I282	ASIAN JOURNAL OF ANDROLOGY	664	0.417	0.389	0.87	200	12	30.12	49.17	6.0
H079	BIOSAFETY AND HEALTH	47	0.592	0.080	0.85	27	5	57.45	3.85	1.7
G780	CANCER BIOLOGY & MEDICINE	392	1.149	0.239	0.92	224	51	57.14	29.82	3.1
I072	CELL RESEARCH	2934	2.244	0.854	0.96	627	59	21.37	217.93	5.6
I206	CELLULAR & MOLECULAR IMMUNOLOGY	607	1.117	0.223	0.55	173	2	28.50	49.59	2.4
I139	CHEMICAL RESEARCH IN CHINESE UNIVERSITIES	436	0.532	0.204	0.77	151	6	34.63	40.10	2.8
G015	CHINA CDC WEEKLY	384	0.753	0.707	0.52	71	2	18.49	32.74	1.1
I710	CHINA COMMUNICATIONS	654	0.833	0.056	0.65	143	6	21.87	62.59	2.8
I165	CHINA FOUNDRY	229	0.412	0.072	0.69	48	3	20.96	22.18	5.0
E096	CHINA GEOLOGY	192	0.667	0.262	0.79	47	6	24.48	15.55	2.8
E158	CHINA OCEAN ENGINEERING	293	0.403	0.025	0.71	100	11	34.13	27.09	5.6
B023	CHINESE ANNALS OF MATHEMATICS SERIES B	82	0.071	0.018	0.84	30	5	36.59	10.28	12.5
D031	CHINESE CHEMICAL LETTERS	3561	1.927	0.374	0.44	288	1	8.09	327.09	2.4
I154	CHINESE GEOGRAPHICAL SCIENCE	583	0.742	0.156	0.88	211	25	36.19	47.24	5.6
I207	CHINESE HERBAL MEDICINES	285	0.625	0.102	0.95	122	16	42.81	19.31	4.6
I166	CHINESE JOURNAL OF ACOUSTICS	129	0.187	0.000	0.88	31	1	24.03	13.56	7.8
I122	CHINESE JOURNAL OF AERONAUTICS	2086	1.532	0.338	0.56	272	2	13.04	198.66	3.5
I037	CHINESE JOURNAL OF CANCER RESEARCH	936	1.932	0.286	0.90	329	48	35.15	71.85	3.6
D013	CHINESE JOURNAL OF CATALYSIS	2778	2.962	0.825	0.70	274	9	9.86	267.42	3.5
T100	CHINESE JOURNAL OF CHEMICAL ENGINEERING	1153	0.599	0.146	0.68	293	8	25.41	108.00	3.8
C070	CHINESE JOURNAL OF CHEMICAL PHYSICS	225	0.229	0.040	0.70	102	14	45.33	21.90	6.2
I173	CHINESE JOURNAL OF CHEMISTRY	833	1.047	0.234	0.58	58	2	6.96	79.25	2.5
I116	CHINESE JOURNAL OF ELECTRONICS	504	0.626	0.052	0.59	143	3	28.37	48.13	3.5
I218	CHINESE JOURNAL OF MECHANICAL ENGINEERING	884	0.826	0.083	0.90	246	17	27.83	83.01	5.3

表 5-1 2021年中国科技核心期刊（英文）被引用指标刊名字顺索引（续）

CODE	刊名	核心总被引频次	核心影响因子	核心即年指标	核心他引率	核心引用刊数	核心开放因子	核心扩散因子	核心权威因子	核心被引半衰期
G101	CHINESE JOURNAL OF NATURAL MEDICINES	1087	1.206	0.165	0.94	298	26	27.41	73.25	6.1
D017	CHINESE JOURNAL OF POLYMER SCIENCE	792	0.933	0.279	0.58	117	2	14.77	81.82	3.6
I219	CHINESE JOURNAL OF POPULATION, RESOURCES AND ENVIRONMENT	52	0.100	0.000	0.87	40	14	76.92	4.57	7.4
I200	CHINESE JOURNAL OF TRAUMATOLOGY	354	0.643	0.103	0.93	178	32	50.28	27.26	4.5
I201	CHINESE MEDICAL JOURNAL	3700	0.815	0.271	0.92	719	128	19.43	277.98	4.8
G126	CHINESE MEDICAL SCIENCES JOURNAL	165	0.596	0.000	0.99	134	52	81.21	12.59	4.5
I071	CHINESE OPTICS LETTERS	1014	1.030	0.151	0.56	110	2	10.85	92.54	3.3
C106	CHINESE PHYSICS B	3276	0.627	0.105	0.49	371	1	11.32	326.42	4.0
C058	CHINESE PHYSICS C	709	0.504	0.242	0.50	50	2	7.05	88.09	4.1
C059	CHINESE PHYSICS LETTERS	1560	0.866	0.398	0.79	192	2	12.31	160.55	5.4
G212	CHRONIC DISEASES AND TRANSLATIONAL MEDICINE	94	0.557	0.000	0.95	80	33	85.11	6.98	3.6
C095	COMMUNICATIONS IN THEORETICAL PHYSICS	393	0.247	0.093	0.63	83	2	21.12	44.50	6.5
I720	CSEE JOURNAL OF POWER AND ENERGY SYSTEMS	192	0.439	0.058	0.63	45	3	23.44	17.14	5.2
I226	DEFENCE TECHNOLOGY	386	0.783	0.183	0.70	123	6	31.87	38.16	2.8
J075	ENGINEERING	1151	1.645	0.176	0.86	519	83	45.09	102.70	3.3
F005	ENTOMOTAXONOMIA	118	0.120	0.000	0.81	38	5	32.20	9.22	16.3
N092	FRICTION	387	1.132	0.182	0.39	72	1	18.60	42.26	3.5
I248	FRONTIERS OF CHEMICAL SCIENCE AND ENGINEERING	228	0.512	0.326	0.58	71	4	31.14	22.51	3.5
I735	FRONTIERS OF COMPUTER SCIENCE	233	0.439	0.027	0.77	97	12	41.63	22.79	3.7
I220	FRONTIERS OF EARTH SCIENCE	73	0.226	0.078	0.64	38	5	52.05	6.48	3.3
I243	FRONTIERS OF MATERIALS SCIENCE	95	0.282	0.000	0.95	60	14	63.16	8.45	5.4
I250	FRONTIERS OF MATHEMATICS IN CHINA	98	0.162	0.018	0.74	39	5	39.80	11.90	4.8
I237	FRONTIERS OF MEDICINE	463	1.218	0.068	0.97	282	71	60.91	34.43	3.5
I132	FRONTIERS OF OPTOELECTRONICS	81	0.341	0.298	0.60	27	2	33.33	8.20	2.9
I726	FRONTIERS OF PHYSICS	382	0.935	0.371	0.65	67	3	17.54	40.54	3.6
I725	FRONTIERS OF STRUCTURAL AND CIVIL ENGINEERING	191	0.403	0.049	0.57	71	4	37.17	19.15	3.5
G343	GENERAL PSYCHIATRY	539	0.712	0.138	0.87	214	29	39.70	41.62	13.6
I222	GENOMICS PROTEOMICS & BIOINFORMATICS	422	0.618	0.568	0.81	226	37	53.55	31.33	4.4
E050	GEOSCIENCE FRONTIERS	831	0.806	0.473	0.72	132	6	15.88	67.84	3.6
Q744	GLOBAL ENERGY INTERCONNECTION	187	1.205	0.155	0.92	43	4	22.99	16.34	2.0
Z037	GREEN ENERGY & ENVIRONMENT	286	1.394	0.116	0.57	67	3	23.43	29.10	2.8
H062	HORTICULTURAL PLANT JOURNAL	238	2.289	0.138	0.76	44	1	18.49	16.03	1.9
R589	IEEE/CAA JOURNAL OF AUTOMATICA SINICA	675	1.189	0.200	0.47	152	1	22.52	66.14	2.8
Q709	INFECTIOUS DISEASES OF POVERTY	315	0.561	0.098	0.90	100	9	31.75	24.85	4.1
I012	INSECT SCIENCE	545	0.766	0.306	0.72	118	4	21.65	38.80	4.8
I168	INTERNATIONAL JOURNAL OF COAL SCIENCE & TECHNOLOGY	505	1.605	0.297	0.60	88	2	17.43	43.11	3.3
G889	INTERNATIONAL JOURNAL OF DERMATOLOGY AND VENEREOLOGY	157	0.048	0.146	0.95	78	10	49.68	11.53	7.6
K045	INTERNATIONAL JOURNAL OF MINERALS, METALLURGY AND MATERIALS	1173	1.067	0.485	0.64	190	5	16.20	110.19	3.9

表 5-1 2021年中国科技核心期刊（英文）被引用指标刊名字顺索引（续）

CODE	刊名	核心总被引频次	核心影响因子	核心即年指标	核心他引率	核心引用刊数	核心开放因子	核心扩散因子	核心权威因子	核心被引半衰期
I184	INTERNATIONAL JOURNAL OF MINING SCIENCE AND TECHNOLOGY	1234	2.081	0.295	0.64	191	5	15.48	105.06	4.2
Q748	INTERNATIONAL JOURNAL OF NURSING SCIENCES	149	0.385	0.085	0.85	58	8	38.93	11.07	3.4
Q213	INTERNATIONAL JOURNAL OF ORAL SCIENCE	208	1.029	0.023	0.95	108	19	51.92	16.98	4.1
I225	JOURNAL OF ACUPUNCTURE AND TUINA SCIENCE	266	0.504	0.030	0.86	88	13	33.08	17.02	4.9
H029	JOURNAL OF ANIMAL SCIENCE AND BIOTECHNOLOGY	399	0.540	0.118	0.92	83	4	20.80	25.87	4.6
E049	JOURNAL OF ARID LAND	418	0.747	0.036	0.82	135	12	32.30	31.53	4.9
N764	JOURNAL OF BIONIC ENGINEERING	366	0.532	0.040	0.58	142	7	38.80	35.18	5.1
I067	JOURNAL OF CENTRAL SOUTH UNIVERSITY	1745	0.881	0.131	0.74	447	26	25.62	158.68	4.9
I227	JOURNAL OF CHINESE PHARMACEUTICAL SCIENCES	306	0.438	0.044	0.87	127	15	41.50	20.65	6.6
S051	JOURNAL OF COMPUTER SCIENCE AND TECHNOLOGY	238	0.265	0.045	0.91	93	17	39.08	22.60	6.2
E537	JOURNAL OF EARTH SCIENCE	710	0.824	0.226	0.72	152	8	21.41	57.67	5.0
I105	JOURNAL OF ENERGY CHEMISTRY	2064	1.736	0.400	0.61	200	5	9.69	203.69	2.0
Z027	JOURNAL OF ENVIRONMENTAL SCIENCES	2886	1.033	0.343	0.86	517	19	17.91	239.42	5.5
I018	JOURNAL OF FORESTRY RESEARCH	572	0.381	0.021	0.79	173	13	30.24	42.21	4.2
F013	JOURNAL OF GENETICS AND GENOMICS	822	0.459	0.081	0.97	286	31	34.79	58.48	10.9
I063	JOURNAL OF GEOGRAPHICAL SCIENCES	1279	1.024	0.122	0.86	264	21	20.64	102.76	5.7
W015	JOURNAL OF HYDRODYNAMICS SERIES B	788	0.952	0.309	0.61	176	5	22.34	71.50	5.3
H017	JOURNAL OF INTEGRATIVE AGRICULTURE	1377	0.858	0.616	0.77	262	26	19.03	95.88	3.2
G442	JOURNAL OF INTEGRATIVE MEDICINE	823	0.524	0.138	0.98	232	27	28.19	54.91	10.9
F029	JOURNAL OF INTEGRATIVE PLANT BIOLOGY	2043	1.536	0.633	0.87	307	24	15.03	143.26	9.8
I142	JOURNAL OF IRON AND STEEL RESEARCH, INTERNATIONAL	881	0.407	0.110	0.84	141	9	16.00	84.52	6.9
I229	JOURNAL OF MARINE SCIENCE AND APPLICATION	156	0.299	0.000	0.75	66	7	42.31	14.83	5.9
M015	JOURNAL OF MATERIALS SCIENCE & TECHNOLOGY	4084	2.133	0.372	0.52	284	2	6.95	386.42	2.7
E092	JOURNAL OF METEOROLOGICAL RESEARCH	579	0.770	0.171	0.85	138	8	23.83	46.06	5.5
F021	JOURNAL OF MOLECULAR CELL BIOLOGY	424	0.588	0.247	0.89	222	42	52.36	31.41	5.1
I230	JOURNAL OF MOUNTAIN SCIENCE	841	0.495	0.057	0.71	234	16	27.82	66.66	4.8
I120	JOURNAL OF OCEAN UNIVERSITY OF CHINA	377	0.297	0.060	0.91	150	21	39.79	29.99	4.7
E012	JOURNAL OF OCEANOLOGY AND LIMNOLOGY	695	0.370	0.212	0.82	158	11	22.73	55.40	7.2
M035	JOURNAL OF RARE EARTHS	1300	1.249	0.151	0.64	217	6	16.69	123.68	4.6
F208	JOURNAL OF RESOURCES AND ECOLOGY	418	0.761	0.438	0.80	157	16	37.56	32.62	4.3
C010	JOURNAL OF ROCK MECHANICS AND GEOTECHNICAL ENGINEERING (JRMGE)	623	0.695	0.111	0.76	149	8	23.92	54.36	5.0
R062	JOURNAL OF SEMICONDUCTORS	333	0.245	0.062	0.84	118	16	35.44	32.29	6.8
F039	JOURNAL OF SYSTEMATICS AND EVOLUTION	708	0.762	0.761	0.70	139	5	19.63	50.28	13.5
I144	JOURNAL OF SYSTEMS ENGINEERING AND ELECTRONICS	564	0.633	0.031	0.86	184	18	32.62	53.60	4.5
X053	JOURNAL OF TRAFFIC AND TRANSPORTATION ENGINEERING ENGLISH EDITION	155	0.657	0.074	0.63	59	4	38.06	14.90	3.2
I090	JOURNAL OF WUHAN UNIVERSITY OF TECHNOLOGY MATERIALS SCIENCE EDITION	561	0.353	0.033	0.76	198	17	35.29	53.83	6.7
I041	JOURNAL OF ZHEJIANG UNIVERSITY SCIENCE A	505	0.724	0.186	0.86	240	40	47.52	46.61	6.3

表 5-1 2021 年中国科技核心期刊（英文）被引用指标刊名字顺索引（续）

CODE	刊名	核心总被引频次	核心影响因子	核心即年指标	核心他引率	核心引用刊数	核心开放因子	核心扩散因子	核心权威因子	核心被引半衰期
I159	JOURNAL OF ZHEJIANG UNIVERSITY SCIENCE B	760	0.964	0.089	0.88	404	82	53.16	54.90	5.1
I254	LIGHT SCIENCE & APPLICATIONS	1456	1.806	0.502	0.76	135	7	9.27	138.71	3.2
I224	MACHINE INTELLIGENCE RESEARCH	355	1.230	0.197	0.47	121	1	34.08	36.12	3.2
Q716	MILITARY MEDICAL RESEARCH	174	1.122	0.000	0.86	120	33	68.97	13.32	2.5
F019	MOLECULAR PLANT	3390	2.681	0.721	0.88	272	13	8.02	234.93	4.9
I137	NANO RESEARCH	3245	1.664	0.510	0.60	277	4	8.54	319.72	3.1
M655	NANOTECHNOLOGY AN PRECISION ENGINEERING	188	0.269	0.040	0.96	108	27	57.45	17.23	6.7
I255	NATIONAL SCIENCE REVIEW	1065	1.503	0.188	0.92	397	49	37.28	90.76	2.6
I232	NEURAL REGENERATION RESEARCH	1962	1.236	0.284	0.77	440	36	22.43	142.88	3.0
G278	NEUROSCIENCE BULLETIN	810	1.310	0.094	0.63	281	18	34.69	62.10	3.2
I074	NUCLEAR SCIENCE AND TECHNIQUES	548	0.838	0.141	0.51	77	2	14.05	60.60	3.0
G616	ONCOLOGY AND TRANSLATIONAL MEDICINE	71	0.172	0.042	0.69	45	10	63.38	5.73	7.6
I202	PARTICUOLOGY	553	0.472	0.076	0.74	210	18	37.97	50.17	6.7
H046	PEDOSPHERE	898	0.756	0.140	0.93	251	28	27.95	66.62	7.5
F007	PLANT DIVERSITY	968	0.594	0.276	0.93	201	25	20.76	68.75	17.1
I129	PROTEIN & CELL	712	1.026	0.427	0.96	316	55	44.38	52.90	4.0
I050	RARE METALS	1327	1.668	0.103	0.45	162	1	12.21	130.60	3.4
C072	RESEARCH IN ASTRONOMY AND ASTROPHYSICS	212	0.159	0.009	0.99	53	6	25.00	19.67	6.0
I065	RICE SCIENCE	268	0.980	0.032	0.86	104	15	38.81	18.67	5.0
I083	SCIENCE BULLETIN	4938	2.066	0.402	0.94	764	38	15.47	201.36	8.1
I146	SCIENCE CHINA CHEMISTRY	1607	1.514	0.304	0.75	281	8	17.49	151.17	3.1
A146	SCIENCE CHINA INFORMATION SCIENCES	1366	0.843	0.166	0.70	288	14	21.08	133.14	3.5
I150	SCIENCE CHINA LIFE SCIENCES	1854	2.163	0.325	0.86	598	75	32.25	137.43	3.2
M114	SCIENCE CHINA MATERIALS	1237	1.596	0.307	0.69	192	5	15.52	122.28	2.5
I189	SCIENCE CHINA MATHEMATICS	494	0.200	0.036	0.88	121	9	24.49	58.45	11.3
I157	SCIENCE CHINA PHYSICS, MECHANICS & ASTRONOMY	1041	1.326	0.506	0.81	193	7	18.54	104.85	3.4
I091	SCIENCE CHINA TECHNOLOGICAL SCIENCES	1722	0.916	0.212	0.78	486	35	28.22	160.62	6.0
Q718	SIGNAL TRANSDUCTION AND TARGETED THERAPY	246	0.511	0.089	0.96	165	44	67.07	18.36	1.7
H064	THE CROP JOURNAL	468	0.830	0.482	0.82	122	12	26.07	32.11	3.4
I017	TRANSACTIONS OF NANJING UNIVERSITY OF AERONAUTICS & ASTRONAUTICS	192	0.349	0.051	0.77	94	14	48.96	18.33	3.9
M104	TRANSACTIONS OF NONFERROUS METALS SOCIETY OF CHINA	3898	1.483	0.203	0.72	358	9	9.18	370.19	6.4
I009	TSINGHUA SCIENCE AND TECHNOLOGY	316	0.917	0.182	0.59	128	7	40.51	30.54	3.5
G095	VIROLOGICA SINICA	458	0.813	0.124	0.84	181	24	39.52	33.98	4.0
W030	WATER SCIENCE AND ENGINEERING	152	0.757	0.000	0.87	90	18	59.21	12.59	4.0
I239	WORLD JOURNAL OF ACUPUNCTURE-MOXIBUSTION	265	0.500	0.155	0.76	69	6	26.04	16.88	4.2
Q707	WORLD JOURNAL OF TRADITIONAL CHINESE MEDICINE	40	0.261	0.039	0.95	33	13	82.50	2.74	2.6
I008	WUHAN UNIVERSITY JOURNAL OF NATURAL SCIENCES	98	0.146	0.015	0.90	80	31	81.63	8.94	6.7
F022	ZOOLOGICAL RESEARCH	686	0.679	0.204	0.88	199	14	29.01	52.45	13.2
F014	ZOOLOGICAL SYSTEMATICS	287	0.245	0.000	0.93	100	15	34.84	22.04	14.8

5.2 期刊（英文）来源指标刊名字顺排序

表5-2 2021年中国科技核心期刊（英文）来源指标刊名字顺索引

CODE	刊名	来源文献量	文献选出率	AR论文量	平均引文数	平均作者数	地区分布数	机构分布数	海外论文比	基金论文比	引用半衰期
F034	ACTA BIOCHIMICA ET BIOPHYSICA SINICA	191	0.99	176	37.4	7.6	23	160	0.06	0.67	5.8
I059	ACTA GEOLOGICA SINICA ENGLISH EDITION	181	0.97	154	58.3	5.5	23	126	0.29	0.46	13.7
C096	ACTA MATHEMATICA SCIENTIA	134	0.99	134	29.4	2.4	23	118	0.33	0.56	12.4
B030	ACTA MATHEMATICA SINICA ENGLISH SERIES	120	0.91	120	24.0	2.2	22	100	0.20	0.64	15.7
I051	ACTA MATHEMATICAE APPLICATAE SINICA	65	0.96	65	23.9	2.7	21	55	0.11	0.82	13.7
C105	ACTA MECHANICA SINICA	140	0.91	137	49.4	4.3	19	98	0.29	0.60	7.6
M100	ACTA METALLURGICA SINICA	160	0.94	159	45.8	6.0	21	83	0.13	0.71	6.1
I209	ACTA OCEANOLOGICA SINICA	179	1.00	177	52.7	5.8	18	110	0.13	0.82	11.1
G218	ACTA PHARMACEUTICA SINICA B	267	0.94	265	96.1	8.6	20	179	0.37	0.61	5.9
G001	ACTA PHARMACOLOGICA SINICA	202	1.00	198	56.7	9.7	17	135	0.19	0.80	6.6
I062	ADVANCES IN ATMOSPHERIC SCIENCES	161	0.94	160	46.1	5.7	12	87	0.30	0.73	8.5
I282	ASIAN JOURNAL OF ANDROLOGY	95	0.86	82	38.6	7.1	16	85	0.43	0.40	8.2
H079	BIOSAFETY AND HEALTH	50	0.96	44	47.6	5.7	13	46	0.40	0.42	3.9
G780	CANCER BIOLOGY & MEDICINE	88	0.99	85	58.4	9.7	17	72	0.24	0.78	5.5
I072	CELL RESEARCH	151	0.99	96	41.6	12.1	15	121	0.48	0.34	6.3
I206	CELLULAR & MOLECULAR IMMUNOLOGY	318	0.99	185	57.0	8.5	17	255	0.60	0.38	6.6
I139	CHEMICAL RESEARCH IN CHINESE UNIVERSITIES	167	0.94	154	51.4	5.5	19	109	0.17	0.83	4.7
G015	CHINA CDC WEEKLY	239	0.90	178	11.4	8.5	20	110	0.18	0.36	2.1
I710	CHINA COMMUNICATIONS	233	0.97	231	41.4	4.5	27	141	0.19	0.53	4.9
I165	CHINA FOUNDRY	69	0.97	69	29.5	5.8	15	51	0.06	0.62	6.6
E096	CHINA GEOLOGY	61	0.91	54	49.1	6.8	11	45	0.13	0.41	9.4
E158	CHINA OCEAN ENGINEERING	81	0.96	81	32.1	4.5	18	51	0.23	0.80	8.6
B023	CHINESE ANNALS OF MATHEMATICS SERIES B	56	0.90	56	22.7	2.2	15	46	0.20	0.77	14.8
D031	CHINESE CHEMICAL LETTERS	743	0.99	721	51.1	6.6	28	350	0.13	0.86	4.6
I154	CHINESE GEOGRAPHICAL SCIENCE	77	1.00	77	53.3	4.8	20	63	0.12	0.92	7.1
I207	CHINESE HERBAL MEDICINES	59	0.91	59	50.5	6.5	19	52	0.31	0.61	6.8
I166	CHINESE JOURNAL OF ACOUSTICS	42	0.91	42	24.8	4.2	16	36	0.02	0.86	10.7
I122	CHINESE JOURNAL OF AERONAUTICS	340	0.97	340	42.2	4.6	20	147	0.19	0.60	7.3
I037	CHINESE JOURNAL OF CANCER RESEARCH	63	1.00	63	47.7	8.9	10	42	0.17	0.57	5.5
D013	CHINESE JOURNAL OF CATALYSIS	211	0.99	207	70.7	6.4	24	104	0.18	0.86	4.4
T100	CHINESE JOURNAL OF CHEMICAL ENGINEERING	391	0.97	390	53.2	5.4	28	233	0.28	0.67	6.8
C070	CHINESE JOURNAL OF CHEMICAL PHYSICS	101	0.95	101	51.4	4.6	18	60	0.05	0.70	10.0
I173	CHINESE JOURNAL OF CHEMISTRY	397	0.98	395	58.6	5.7	26	213	0.09	0.77	5.8
I116	CHINESE JOURNAL OF ELECTRONICS	135	0.99	135	27.8	4.2	22	105	0.07	0.80	7.1
I218	CHINESE JOURNAL OF MECHANICAL ENGINEERING	144	1.00	140	49.5	4.9	22	93	0.28	0.76	5.7

表 5-2　2021 年中国科技核心期刊（英文）来源指标刊名字顺索引（续）

CODE	刊名	来源文献量	文献选出率	AR论文量	平均引文数	平均作者数	地区分布数	机构分布数	海外论文比	基金论文比	引用半衰期
G101	CHINESE JOURNAL OF NATURAL MEDICINES	97	0.98	97	45.1	7.3	21	73	0.12	0.77	6.5
D017	CHINESE JOURNAL OF POLYMER SCIENCE	165	0.94	165	59.3	5.8	19	105	0.10	0.88	6.4
I219	CHINESE JOURNAL OF POPULATION, RESOURCES AND ENVIRONMENT	41	1.00	41	39.0	3.7	14	32	0.15	0.49	6.4
I200	CHINESE JOURNAL OF TRAUMATOLOGY	68	0.96	63	31.1	5.7	16	63	0.57	0.22	8.2
I201	CHINESE MEDICAL JOURNAL	575	0.98	241	23.0	6.9	28	407	0.12	0.50	5.8
G126	CHINESE MEDICAL SCIENCES JOURNAL	41	0.98	39	34.8	5.8	11	29	0.05	0.34	5.9
I071	CHINESE OPTICS LETTERS	225	0.95	224	35.3	6.1	20	129	0.18	0.86	5.9
C106	CHINESE PHYSICS B	1089	1.00	1089	41.9	5.5	28	531	0.10	0.84	7.8
C058	CHINESE PHYSICS C	314	0.96	313	57.0	5.0	24	200	0.32	0.70	10.4
C059	CHINESE PHYSICS LETTERS	251	0.98	249	44.5	6.8	22	126	0.18	0.92	7.4
G212	CHRONIC DISEASES AND TRANSLATIONAL MEDICINE	31	0.97	30	44.2	5.0	11	27	0.58	0.35	5.7
C095	COMMUNICATIONS IN THEORETICAL PHYSICS	204	1.00	203	46.4	3.5	24	171	0.28	0.52	8.8
I720	CSEE JOURNAL OF POWER AND ENERGY SYSTEMS	121	0.96	121	38.6	4.8	17	80	0.49	0.51	5.6
I226	DEFENCE TECHNOLOGY	175	1.00	175	43.1	4.5	15	105	0.44	0.39	8.3
J075	ENGINEERING	182	0.79	170	52.7	5.7	16	147	0.47	0.50	5.7
F005	ENTOMOTAXONOMIA	39	0.91	38	14.9	3.1	18	30	0.08	0.77	23.1
N092	FRICTION	121	0.98	120	46.0	4.8	18	81	0.39	0.63	8.2
I248	FRONTIERS OF CHEMICAL SCIENCE AND ENGINEERING	86	0.97	84	60.6	6.1	16	57	0.49	0.56	6.5
I735	FRONTIERS OF COMPUTER SCIENCE	110	1.00	88	45.8	4.3	19	85	0.32	0.52	8.3
I220	FRONTIERS OF EARTH SCIENCE	64	1.00	64	50.8	5.7	18	48	0.19	0.67	7.9
I243	FRONTIERS OF MATERIALS SCIENCE	48	1.00	48	66.0	5.7	23	43	0.23	0.71	5.1
I250	FRONTIERS OF MATHEMATICS IN CHINA	55	0.98	55	22.5	2.4	17	42	0.20	0.91	14.3
I237	FRONTIERS OF MEDICINE	74	1.00	74	79.9	7.5	11	65	0.22	0.64	7.3
I132	FRONTIERS OF OPTOELECTRONICS	47	1.00	45	57.4	5.1	10	33	0.34	0.60	7.0
I726	FRONTIERS OF PHYSICS	89	0.94	85	85.0	5.9	20	71	0.27	0.78	6.5
I725	FRONTIERS OF STRUCTURAL AND CIVIL ENGINEERING	102	1.00	101	49.4	3.9	14	85	0.70	0.40	7.5
G343	GENERAL PSYCHIATRY	58	1.00	51	33.1	6.6	6	49	0.67	0.40	6.0
I222	GENOMICS PROTEOMICS & BIOINFORMATICS	81	0.95	79	57.6	8.9	11	66	0.56	0.54	6.8
E050	GEOSCIENCE FRONTIERS	201	0.97	200	88.9	5.6	19	163	0.72	0.33	10.0
Q744	GLOBAL ENERGY INTERCONNECTION	58	0.91	58	35.8	4.8	13	47	0.24	0.45	4.5
Z037	GREEN ENERGY & ENVIRONMENT	95	0.93	87	58.0	6.0	22	65	0.23	0.72	4.9
H062	HORTICULTURAL PLANT JOURNAL	58	1.00	58	53.7	6.9	18	45	0.19	0.69	8.4
R589	IEEE/CAA JOURNAL OF AUTOMATICA SINICA	150	0.94	150	57.2	3.8	19	131	0.61	0.59	5.4
Q709	INFECTIOUS DISEASES OF POVERTY	183	0.93	180	42.7	8.8	17	132	0.60	0.36	4.7
I012	INSECT SCIENCE	144	1.00	143	58.2	6.2	19	104	0.50	0.33	9.9
I168	INTERNATIONAL JOURNAL OF COAL SCIENCE & TECHNOLOGY	111	0.98	109	42.7	4.5	8	83	0.48	0.45	7.4
G889	INTERNATIONAL JOURNAL OF DERMATOLOGY AND VENEREOLOGY	48	0.87	23	16.8	4.7	11	37	0.25	0.27	6.4
K045	INTERNATIONAL JOURNAL OF MINERALS, METALLURGY AND MATERIALS	196	0.98	195	45.7	5.2	23	106	0.36	0.31	6.3

表 5-2　2021 年中国科技核心期刊（英文）来源指标刊名字顺索引（续）

CODE	刊名	来源文献量	文献选出率	AR论文量	平均引文数	平均作者数	地区分布数	机构分布数	海外论文比	基金论文比	引用半衰期
I184	INTERNATIONAL JOURNAL OF MINING SCIENCE AND TECHNOLOGY	112	0.98	111	41.7	4.6	16	79	0.53	0.46	5.9
Q748	INTERNATIONAL JOURNAL OF NURSING SCIENCES	71	0.92	61	39.5	4.6	12	66	0.66	0.18	6.2
Q213	INTERNATIONAL JOURNAL OF ORAL SCIENCE	43	1.00	43	81.5	7.5	9	24	0.21	0.81	6.3
I225	JOURNAL OF ACUPUNCTURE AND TUINA SCIENCE	67	0.92	67	29.8	5.2	16	59	0.07	0.57	6.0
H029	JOURNAL OF ANIMAL SCIENCE AND BIOTECHNOLOGY	119	0.98	118	67.7	7.2	15	82	0.60	0.39	9.0
E049	JOURNAL OF ARID LAND	84	0.99	84	55.2	5.3	17	57	0.37	0.73	8.6
N764	JOURNAL OF BIONIC ENGINEERING	101	0.96	101	60.1	5.5	19	71	0.32	0.64	6.7
I067	JOURNAL OF CENTRAL SOUTH UNIVERSITY	289	1.00	288	39.8	5.0	24	176	0.25	0.74	5.8
I227	JOURNAL OF CHINESE PHARMACEUTICAL SCIENCES	90	0.75	86	28.2	6.1	22	63	0.07	0.52	7.4
S051	JOURNAL OF COMPUTER SCIENCE AND TECHNOLOGY	88	0.94	86	43.1	4.4	16	66	0.25	0.80	7.4
E537	JOURNAL OF EARTH SCIENCE	115	0.96	113	68.6	5.1	16	73	0.43	0.50	12.3
I105	JOURNAL OF ENERGY CHEMISTRY	723	1.00	714	72.9	7.1	28	377	0.35	0.74	4.3
Z027	JOURNAL OF ENVIRONMENTAL SCIENCES	321	1.00	320	60.9	6.6	27	236	0.31	0.68	6.8
I018	JOURNAL OF FORESTRY RESEARCH	238	1.00	238	51.7	5.3	25	156	0.53	0.43	10.3
F013	JOURNAL OF GENETICS AND GENOMICS	123	0.99	118	58.9	9.2	20	101	0.27	0.54	6.7
I063	JOURNAL OF GEOGRAPHICAL SCIENCES	98	0.89	98	55.9	4.6	17	62	0.13	0.83	7.9
W015	JOURNAL OF HYDRODYNAMICS SERIES B	110	0.94	110	31.4	4.4	14	62	0.28	0.73	7.7
H017	JOURNAL OF INTEGRATIVE AGRICULTURE	281	1.00	277	51.5	6.7	25	150	0.25	0.78	8.8
G442	JOURNAL OF INTEGRATIVE MEDICINE	65	1.00	64	50.9	7.1	12	61	0.48	0.38	6.8
F029	JOURNAL OF INTEGRATIVE PLANT BIOLOGY	150	0.97	150	77.7	8.4	21	94	0.24	0.53	8.0
I142	JOURNAL OF IRON AND STEEL RESEARCH, INTERNATIONAL	155	0.99	155	35.3	5.4	22	62	0.15	0.70	8.5
I229	JOURNAL OF MARINE SCIENCE AND APPLICATION	58	1.00	58	40.0	3.2	7	54	0.83	0.16	7.6
M015	JOURNAL OF MATERIALS SCIENCE & TECHNOLOGY	895	0.96	893	57.4	6.9	26	380	0.37	0.69	6.1
E092	JOURNAL OF METEOROLOGICAL RESEARCH	82	1.00	82	48.5	4.5	13	43	0.24	0.90	8.8
F021	JOURNAL OF MOLECULAR CELL BIOLOGY	93	0.95	75	58.3	7.1	14	82	0.34	0.62	6.2
I230	JOURNAL OF MOUNTAIN SCIENCE	228	0.95	228	58.7	5.0	27	170	0.40	0.57	9.1
I120	JOURNAL OF OCEAN UNIVERSITY OF CHINA	151	0.99	151	46.4	5.6	15	78	0.15	0.52	10.5
E012	JOURNAL OF OCEANOLOGY AND LIMNOLOGY	184	0.99	183	52.4	5.4	19	107	0.15	0.76	11.8
M035	JOURNAL OF RARE EARTHS	199	0.96	199	42.8	6.4	25	156	0.21	0.75	6.3
F208	JOURNAL OF RESOURCES AND ECOLOGY	80	0.92	80	41.2	4.2	21	50	0.14	0.78	7.3
C010	JOURNAL OF ROCK MECHANICS AND GEOTECHNICAL ENGINEERING (JRMGE)	117	0.99	116	62.2	4.0	14	97	0.79	0.30	8.8
R062	JOURNAL OF SEMICONDUCTORS	161	0.93	125	41.4	5.6	19	113	0.25	0.57	4.8
F039	JOURNAL OF SYSTEMATICS AND EVOLUTION	88	0.96	87	84.1	6.8	14	64	0.63	0.42	11.1
I144	JOURNAL OF SYSTEMS ENGINEERING AND ELECTRONICS	129	0.94	129	33.1	4.0	18	73	0.17	0.74	6.6
X053	JOURNAL OF TRAFFIC AND TRANSPORTATION ENGINEERING ENGLISH EDITION	54	0.90	54	122.5	4.2	5	43	0.76	0.35	7.1
I090	JOURNAL OF WUHAN UNIVERSITY OF TECHNOLOGY MATERIALS SCIENCE EDITION	122	0.98	121	30.5	5.5	23	83	0.09	0.86	7.9
I041	JOURNAL OF ZHEJIANG UNIVERSITY SCIENCE A	70	0.86	70	43.8	4.6	13	44	0.36	0.69	6.8

表 5-2　2021年中国科技核心期刊（英文）来源指标刊名字顺索引（续）

CODE	刊名	来源文献量	文献选出率	AR论文量	平均引文数	平均作者数	地区分布数	机构分布数	海外论文比	基金论文比	引用半衰期
I159	JOURNAL OF ZHEJIANG UNIVERSITY SCIENCE B	90	0.88	90	56.4	6.8	18	73	0.18	0.73	6.0
I254	LIGHT SCIENCE & APPLICATIONS	205	0.88	199	63.7	7.7	17	144	0.66	0.44	6.1
I224	MACHINE INTELLIGENCE RESEARCH	71	1.00	71	61.7	3.9	15	64	0.41	0.49	5.2
Q716	MILITARY MEDICAL RESEARCH	55	1.00	46	56.8	7.3	12	53	0.31	0.47	7.2
F019	MOLECULAR PLANT	201	0.90	136	53.4	8.6	17	144	0.62	0.55	7.5
I137	NANO RESEARCH	531	0.98	527	65.0	7.5	23	310	0.32	0.73	4.9
M655	NANOTECHNOLOGY AN PRECISION ENGINEERING	25	0.89	25	57.1	3.6	6	15	0.28	0.60	5.8
I255	NATIONAL SCIENCE REVIEW	245	0.86	190	44.3	8.4	19	178	0.55	0.69	5.8
I232	NEURAL REGENERATION RESEARCH	490	0.99	282	43.8	4.7	25	417	0.72	0.28	6.9
G278	NEUROSCIENCE BULLETIN	180	0.96	147	46.9	6.7	21	146	0.22	0.70	7.5
I074	NUCLEAR SCIENCE AND TECHNIQUES	142	1.00	142	35.9	10.4	17	87	0.15	0.72	8.1
G616	ONCOLOGY AND TRANSLATIONAL MEDICINE	48	0.96	45	22.8	4.9	15	42	0.02	0.52	4.8
I202	PARTICUOLOGY	119	0.98	119	49.7	4.5	17	99	0.49	0.39	8.4
H046	PEDOSPHERE	93	0.91	91	58.2	6.1	15	71	0.65	0.41	10.3
F007	PLANT DIVERSITY	58	0.91	57	49.7	5.7	10	30	0.24	0.57	9.7
I129	PROTEIN & CELL	82	1.00	70	54.2	9.5	11	69	0.38	0.59	5.9
I050	RARE METALS	387	1.00	383	45.5	6.1	27	238	0.22	0.79	6.0
C072	RESEARCH IN ASTRONOMY AND ASTROPHYSICS	316	0.96	315	58.8	6.1	22	164	0.39	0.60	15.2
I065	RICE SCIENCE	62	0.93	60	50.6	7.7	11	52	0.47	0.50	9.1
I083	SCIENCE BULLETIN	361	0.96	280	39.0	8.2	25	254	0.38	0.78	5.2
I146	SCIENCE CHINA CHEMISTRY	257	0.99	227	55.6	6.7	23	148	0.19	0.75	4.5
A146	SCIENCE CHINA INFORMATION SCIENCES	331	0.96	185	30.4	4.8	21	165	0.22	0.83	5.8
I150	SCIENCE CHINA LIFE SCIENCES	200	0.99	179	61.4	8.4	23	159	0.20	0.66	7.2
M114	SCIENCE CHINA MATERIALS	293	0.93	292	51.5	8.0	24	179	0.22	0.85	4.6
I189	SCIENCE CHINA MATHEMATICS	137	0.93	137	30.6	2.3	17	95	0.31	0.75	15.2
I157	SCIENCE CHINA PHYSICS, MECHANICS & ASTRONOMY	154	0.86	141	62.2	6.9	23	94	0.30	0.82	7.0
I091	SCIENCE CHINA TECHNOLOGICAL SCIENCES	245	0.98	245	44.2	5.5	26	140	0.15	0.90	6.1
Q718	SIGNAL TRANSDUCTION AND TARGETED THERAPY	426	1.00	244	78.4	9.7	22	320	0.40	0.64	5.5
H064	THE CROP JOURNAL	141	0.97	141	76.6	8.1	22	81	0.23	0.70	8.4
I017	TRANSACTIONS OF NANJING UNIVERSITY OF AERONAUTICS & ASTRONAUTICS	98	0.96	97	24.4	4.0	15	42	0.11	0.62	6.9
M104	TRANSACTIONS OF NONFERROUS METALS SOCIETY OF CHINA	300	1.00	300	41.0	5.5	25	145	0.27	0.71	6.9
I009	TSINGHUA SCIENCE AND TECHNOLOGY	77	0.93	76	35.5	4.8	15	46	0.22	0.71	6.6
G095	VIROLOGICA SINICA	177	0.97	171	40.1	9.1	21	125	0.15	0.57	7.0
W030	WATER SCIENCE AND ENGINEERING	38	0.97	38	33.7	4.5	7	28	0.50	0.53	8.1
I239	WORLD JOURNAL OF ACUPUNCTURE-MOXIBUSTION	58	0.94	49	23.0	5.8	20	44	0.05	0.57	5.7
Q707	WORLD JOURNAL OF TRADITIONAL CHINESE MEDICINE	51	0.91	51	42.3	6.3	13	44	0.53	0.53	7.0
I008	WUHAN UNIVERSITY JOURNAL OF NATURAL SCIENCES	66	1.00	66	30.8	3.9	17	49	0.02	0.82	7.1
F022	ZOOLOGICAL RESEARCH	93	0.98	90	48.8	8.2	15	75	0.34	0.70	8.5
F014	ZOOLOGICAL SYSTEMATICS	27	0.87	25	26.4	3.7	14	23	0.26	0.74	24.0

6　2021 年各学科分类期刊整体情况

表 6-1　2021 年各学科分类期刊数量、核心总被引频次和核心影响因子

表格	学科分类	期刊数量	核心总被引频次		核心影响因子	
			平均值	中值	平均值	中值
7-1	自然科学综合	14	1627	681	0.945	0.636
7-2	自然科学综合大学学报	57	637	447	0.589	0.524
7-3	自然科学师范大学学报	26	399	355	0.473	0.447
7-4	数学	26	386	224	0.309	0.235
7-5	信息科学与系统科学	10	1621	1023	1.063	0.967
7-6	力学	18	2311	863	1.094	0.802
7-7	物理学	41	1044	585	0.680	0.627
7-8	化学	40	1270	813	0.881	0.753
7-9	天文学	5	346	212	0.413	0.299
7-10	地球科学综合	16	2160	1581	1.216	1.119
7-11	大气科学	20	1665	1350	1.513	1.370
7-12	地球物理学	17	1578	1008	0.757	0.751
7-13	地理学	25	2816	1509	1.767	1.503
7-14	地质学	39	1968	1437	1.264	1.118
7-15	海洋科学、水文学	26	1069	790	0.745	0.667
7-16	生物学基础学科	29	1079	822	0.902	0.730
7-17	生态学	8	7665	3922	1.746	1.546
7-18	植物学	12	2117	1529	1.254	1.094
7-19	昆虫学、动物学	13	870	733	0.668	0.722
7-20	微生物学、病毒学	12	1105	718	1.076	1.002
7-21	心理学	6	2571	2830	1.018	1.060
7-22	农业综合	38	2398	1802	0.935	0.798
7-23	农业大学学报	30	1450	1199	1.057	1.023
7-24	农艺学	22	1698	1318	1.165	1.012
7-25	园艺学	13	1531	1242	1.320	1.223
7-26	土壤学	8	3237	3121	2.022	1.820
7-27	植物保护学	11	1405	1319	1.146	1.025
7-28	林学	25	1392	1017	1.075	1.170
7-29	畜牧、兽医科学	19	1543	1086	0.730	0.635
7-30	草原学	5	2986	3386	1.784	2.192
7-31	水产学	13	1242	1127	1.056	1.057
7-32	医学综合	45	2003	1425	0.782	0.729
7-33	医药大学学报	56	929	898	0.700	0.700
7-34	基础医学	31	936	738	0.814	0.736
7-35	临床医学综合	37	1675	1440	0.987	0.891
7-36	临床诊断学	14	1469	1302	0.982	0.934
7-37	保健医学	15	1318	875	1.091	1.083
7-38	内科学综合	5	1616	935	1.166	0.988
7-39	心血管病学	21	1583	1104	1.385	1.100
7-40	呼吸病学、结核病学	6	1977	1674	1.280	1.132
7-41	消化病学	17	1303	1118	1.074	1.025
7-42	血液病学、肾脏病学	12	1059	973	0.837	0.809
7-43	内分泌病学与代谢病学、风湿病学	8	1575	1419	1.268	1.323
7-44	感染性疾病学、传染病学	11	1417	762	1.490	1.396
7-45	外科学综合	22	1227	981	0.990	0.793
7-46	普通外科学、胸外科学、心血管外科学	25	981	718	1.013	0.939
7-47	泌尿外科学	7	926	731	0.860	0.774
7-48	骨外科学	16	1168	1002	1.039	0.938
7-49	烧伤外科学、整形外科学	9	1285	1134	1.009	0.909
7-50	妇产科学	9	1666	1276	1.334	1.032
7-51	儿科学	17	1317	905	0.959	0.869
7-52	眼科学	10	915	784	0.725	0.651
7-53	耳鼻咽喉科学	10	1067	847	0.766	0.751
7-54	口腔医学	21	583	436	0.688	0.649
7-55	皮肤病学	8	1126	916	0.663	0.608
7-56	性医学	4	1158	1136	0.597	0.559
7-57	神经病学、精神病学	33	1019	776	0.897	0.740
7-58	核医学、医学影像学	25	1539	1452	0.976	0.946
7-59	肿瘤学	34	878	498	1.087	0.807
7-60	护理学	12	3672	2939	1.265	1.187
7-61	预防医学与公共卫生学综合	24	1709	1331	1.106	0.946
7-62	流行病学、环境医学	24	1452	1292	0.998	0.873
7-63	优生学、计划生育学	8	1140	1167	0.754	0.787
7-64	军事医学与特种医学	7	654	657	0.720	0.578
7-65	卫生管理学、健康教育学	25	1466	1423	0.998	0.916

表 6-1　2021 年各学科分类期刊数量、核心总被引频次和核心影响因子（续）

表格	学科分类	期刊数量	核心总被引频次 平均值	核心总被引频次 中值	核心影响因子 平均值	核心影响因子 中值	表格	学科分类	期刊数量	核心总被引频次 平均值	核心总被引频次 中值	核心影响因子 平均值	核心影响因子 中值
7-66	药学	48	1534	1093	0.884	0.762	7-90	电子技术	29	1326	768	0.774	0.682
7-67	中医学	28	3648	2978	1.161	1.093	7-91	光电子学与激光技术	17	1403	918	0.915	0.782
7-68	中医药大学学报	12	1924	1748	1.143	1.198	7-92	通信技术	18	656	556	0.825	0.751
7-69	中西医结合医学	12	2254	1516	0.909	0.909	7-93	计算机科学技术	35	1810	1369	0.967	0.917
7-70	中药学	25	4705	3018	1.378	1.230	7-94	化学工程综合	34	1020	525	0.544	0.528
7-71	针灸、中医骨伤	9	2004	1880	1.171	1.079	7-95	高聚物工程	12	842	677	0.634	0.640
7-72	工程与技术科学基础学科	25	1559	1148	0.845	0.752	7-96	精细化学工程	11	854	656	0.529	0.413
7-73	工程技术大学学报	89	936	657	0.730	0.709	7-97	应用化学工程	14	642	494	0.735	0.632
7-74	信息与系统科学相关工程与技术	21	1273	960	0.907	0.685	7-98	仪器仪表技术	12	1414	787	0.900	0.657
							7-99	兵器科学与技术	21	958	791	0.764	0.718
7-75	生物工程	7	905	547	0.692	0.705	7-100	纺织科学技术	9	631	450	0.526	0.490
7-76	农业工程	21	3381	1557	1.442	1.210	7-101	食品科学技术	27	3258	1499	1.042	1.077
7-77	生物医学工程学	12	1383	717	0.781	0.721	7-102	建筑科学与技术	34	1385	1188	0.739	0.581
7-78	测绘科学技术	16	1698	1476	1.205	0.934	7-103	土木工程	12	3489	928	1.118	0.788
7-79	材料科学综合	28	1466	1149	0.849	0.753	7-104	水利工程	25	1559	1169	1.157	1.010
7-80	金属材料	23	1266	821	0.873	0.693	7-105	交通运输工程	9	795	558	0.792	0.657
7-81	矿山工程技术	25	1477	1106	1.046	0.860	7-106	公路运输	12	1402	1299	0.851	0.721
7-82	冶金工程技术	11	1004	1070	0.847	0.776	7-107	铁路运输	9	1278	1387	0.661	0.621
7-83	机械工程设计	25	1971	1333	0.815	0.731	7-108	水路运输	16	879	814	0.797	0.525
7-84	机械制造工艺与设备	25	1146	840	0.593	0.496	7-109	航空、航天科学技术	41	965	613	0.736	0.670
7-85	动力工程	16	703	524	0.630	0.508	7-110	环境科学技术及资源科学技术	37	3013	1882	1.438	1.107
7-86	电气工程	37	3574	1533	1.911	1.734							
7-87	能源科学综合	20	1939	984	1.195	1.056	7-111	安全科学技术	11	1664	1526	1.017	1.059
7-88	石油天然气工程	40	1652	1338	1.544	1.285	7-112	管理学	27	2702	1735	1.826	1.571
7-89	核科学技术	11	601	428	0.450	0.396							

7　2021年各学科分类期刊指标情况

自然科学综合

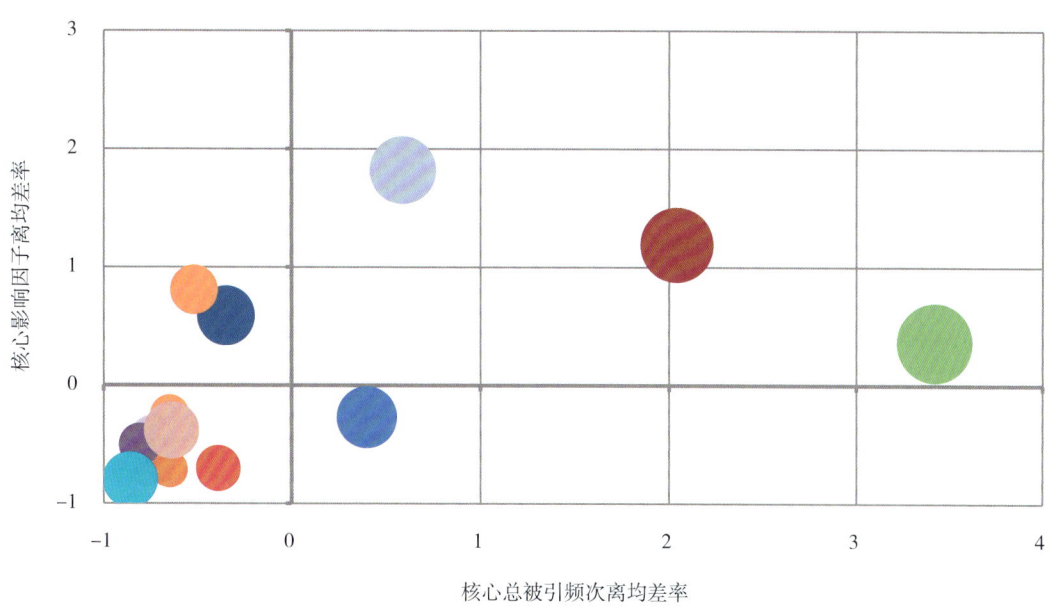

2021年自然科学综合类期刊核心总被引频次和核心影响因子离均差率的分布图
（节点大小表示综合评价总分）

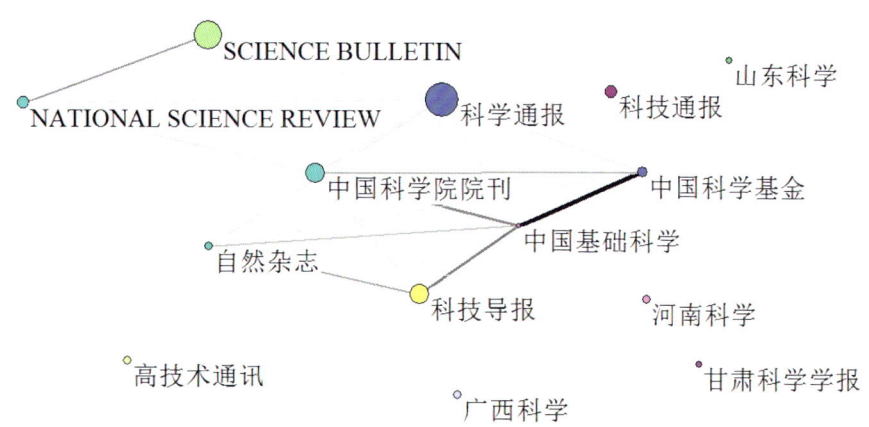

2021年自然科学综合类期刊互引关系示意图

表 7-1 2021 年自然科学综合类期刊主要指标

CODE	刊名	核心总被引频次			核心影响因子			综合评价总分		学科扩散指标	学科影响指标	红点指标
		数值	排名	离均差率	数值	排名	离均差率	数值	排名			
I255	NATIONAL SCIENCE REVIEW	1065	5	−0.35	1.503	4	0.59	40.2	5	28.36	0.57	0.05
I083	SCIENCE BULLETIN	4938	2	2.04	2.066	2	1.19	62.8	2	54.57	0.86	0.00
A034	甘肃科学学报	279	13	−0.83	0.274	13	−0.71	15.8	13	15.07	0.14	0.25
A080	高技术通讯	568	9	−0.65	0.713	6	−0.25	18.5	12	18.93	0.14	0.13
A535	广西科学	429	11	−0.74	0.518	9	−0.45	23.3	10	14.93	0.14	0.24
A011	河南科学	565	10	−0.65	0.277	12	−0.71	15.6	14	24.21	0.29	0.19
A645	科技导报	2272	4	0.40	0.689	7	−0.27	42.8	4	66.71	0.64	0.28
A083	科技通报	986	6	−0.39	0.280	11	−0.70	24.3	9	34.43	0.43	0.20
A075	科学通报	7185	1	3.42	1.285	5	0.36	71.5	1	83.71	0.86	0.25
A637	山东科学	309	12	−0.81	0.474	10	−0.50	20.5	11	14.14	0.14	0.21
A079	中国基础科学	233	14	−0.86	0.192	14	−0.80	36.1	7	12.14	0.36	0.10
A081	中国科学基金	778	7	−0.52	1.712	3	0.81	27.4	8	21.36	0.36	0.40
A636	中国科学院院刊	2594	3	0.59	2.662	1	1.82	52.0	3	52.64	0.71	0.54
A905	自然杂志	583	8	−0.64	0.582	8	−0.38	36.3	6	27.71	0.43	0.38
	14 种期刊平均值	1627			0.945							

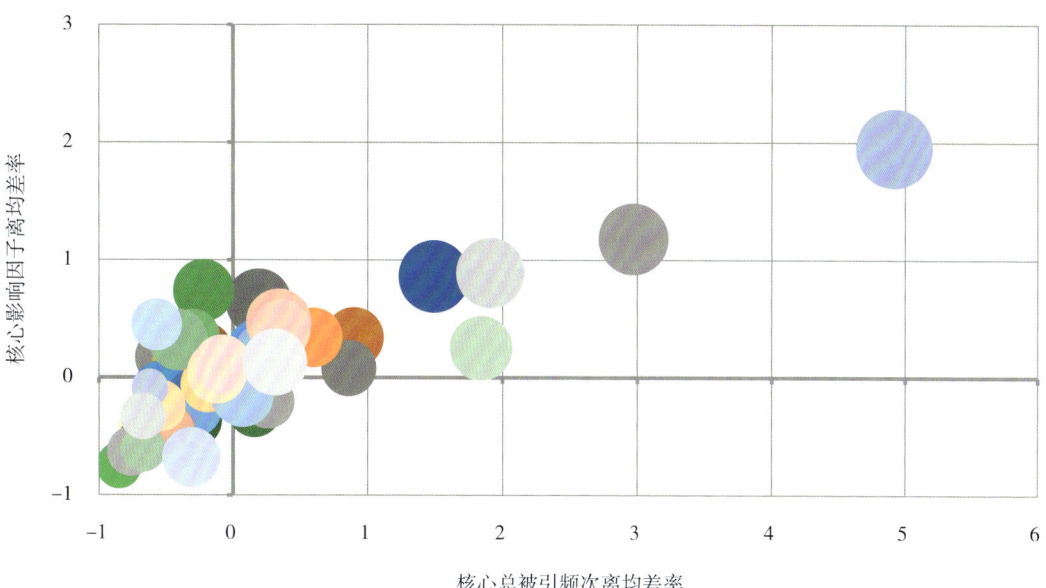

2021年自然科学综合大学学报类期刊核心总被引频次和核心影响因子离均差率的分布图
（节点大小表示综合评价总分）

2021年自然科学综合大学学报类期刊互引关系示意图

表 7-2 2021 年自然科学综合大学学报类期刊主要指标

CODE	刊名	核心总被引频次			核心影响因子			综合评价总分		学科扩散指标	学科影响指标	红点指标
		数值	排名	离均差率	数值	排名	离均差率	数值	排名			
I120	JOURNAL OF OCEAN UNIVERSITY OF CHINA	377	33	−0.41	0.297	51	−0.50	26.2	47	2.63	0.07	0.00
I041	JOURNAL OF ZHEJIANG UNIVERSITY SCIENCE A	505	23	−0.21	0.724	15	0.23	36.3	27	4.21	0.19	0.00
I159	JOURNAL OF ZHEJIANG UNIVERSITY SCIENCE B	760	14	0.19	0.964	6	0.64	52.2	5	7.09	0.14	0.00
I008	WUHAN UNIVERSITY JOURNAL OF NATURAL SCIENCES	98	57	−0.85	0.146	57	−0.75	24.8	51	1.40	0.09	0.02
A003	安徽大学学报自然科学版	201	55	−0.68	0.339	45	−0.42	23.8	53	2.46	0.16	0.39
A652	北华大学学报自然科学版	458	26	−0.28	0.377	44	−0.36	34.4	32	4.54	0.11	0.33
A005	北京大学学报自然科学版	1586	5	1.49	1.098	4	0.86	60.8	2	10.19	0.35	0.34
E102	成都理工大学学报自然科学版	1212	6	0.90	0.787	12	0.34	42.3	14	3.46	0.19	0.40
N757	重庆理工大学学报自然科学版	1183	7	0.86	0.638	24	0.08	36.3	26	7.44	0.33	0.40
A029	福州大学学报自然科学版	522	21	−0.18	0.592	26	0.01	40.7	18	4.89	0.21	0.39
A001	复旦学报自然科学版	393	31	−0.38	0.511	31	−0.13	37.4	24	4.68	0.26	0.23
A042	广西大学学报自然科学版	741	16	0.16	0.431	38	−0.27	36.1	28	6.28	0.37	0.39
A077	贵州大学学报自然科学版	366	36	−0.43	0.518	30	−0.12	26.2	48	3.67	0.18	0.37
A031	河北大学学报自然科学版	298	40	−0.53	0.405	41	−0.31	37.9	23	3.75	0.16	0.26
J058	河北科技大学学报	293	42	−0.54	0.691	18	0.17	32.3	35	3.05	0.09	0.50
A067	河南大学学报自然科学版	372	34	−0.42	0.657	21	0.12	29.2	41	3.65	0.19	0.42
J014	河南科技大学学报自然科学版	454	27	−0.29	0.688	19	0.17	28.0	44	4.00	0.14	0.31
A084	黑龙江大学自然科学学报	212	52	−0.67	0.263	53	−0.55	31.6	37	2.58	0.30	0.27
A039	湖北大学学报自然科学版	285	44	−0.55	0.308	49	−0.48	27.4	46	3.79	0.14	0.37
A021	华侨大学学报自然科学版	368	35	−0.42	0.504	32	−0.14	32.1	36	4.09	0.14	0.35
E116	吉林大学学报地球科学版	2532	2	2.97	1.286	2	1.18	59.0	3	6.02	0.32	0.36
A035	吉林大学学报理学版	729	17	0.14	0.650	23	0.10	31.0	39	4.77	0.35	0.40
A656	济南大学学报自然科学版	291	43	−0.54	0.524	29	−0.11	39.3	20	3.75	0.21	0.46
A045	暨南大学学报自然科学与医学版	500	24	−0.22	1.027	5	0.74	45.5	11	5.51	0.16	0.30
J020	昆明理工大学学报自然科学版	453	28	−0.29	0.489	34	−0.17	38.0	22	4.84	0.14	0.28
A016	兰州大学学报自然科学版	1019	8	0.60	0.790	10	0.34	40.7	17	6.81	0.37	0.35
K008	辽宁工程技术大学学报自然科学版	803	12	0.26	0.473	35	−0.20	34.3	33	5.19	0.18	0.37
A013	南昌大学学报理科版	338	38	−0.47	0.396	43	−0.33	25.6	49	3.30	0.12	0.25
A025	南京大学学报自然科学版	760	14	0.19	0.720	16	0.22	49.6	8	7.04	0.28	0.56
A008	南开大学学报自然科学版	277	45	−0.57	0.326	46	−0.45	32.3	34	3.42	0.12	0.21
A026	内蒙古大学学报自然科学版	268	48	−0.58	0.281	52	−0.52	21.3	54	2.54	0.11	0.40
A506	宁波大学学报理工版	263	49	−0.59	0.302	50	−0.49	28.0	45	3.18	0.12	0.28
A110	宁夏大学学报自然科学版	152	56	−0.76	0.220	55	−0.63	28.2	43	2.11	0.16	0.37
T012	青岛科技大学学报自然科学版	271	47	−0.57	0.426	39	−0.28	20.7	55	2.82	0.12	0.37
A020	山东大学学报理学版	462	25	−0.27	0.423	40	−0.28	29.2	41	3.95	0.37	0.25
A141	山东科技大学学报自然科学版	447	29	−0.30	0.790	10	0.34	36.4	25	3.81	0.14	0.23

表 7-2 2021 年自然科学综合大学学报类期刊主要指标（续）

CODE	刊名	核心总被引频次			核心影响因子			综合评价总分		学科扩散指标	学科影响指标	红点指标
		数值	排名	离均差率	数值	排名	离均差率	数值	排名			
A014	山西大学学报自然科学版	339	37	−0.47	0.325	47	−0.45	34.4	31	3.81	0.21	0.34
A056	上海大学学报自然科学版	322	39	−0.49	0.319	48	−0.46	36.0	29	4.11	0.14	0.41
A074	沈阳大学学报自然科学版	255	50	−0.60	0.456	36	−0.23	15.1	57	2.46	0.09	0.51
A615	石河子大学学报自然科学版	513	22	−0.19	0.551	27	−0.06	35.8	30	4.56	0.18	0.39
A006	四川大学学报自然科学版	776	13	0.22	0.712	17	0.21	38.5	21	6.82	0.23	0.34
A024	武汉大学学报理学版	378	32	−0.41	0.779	13	0.32	43.1	13	4.33	0.26	0.44
E107	武汉大学学报信息科学版	3774	1	4.92	1.736	1	1.95	72.7	1	8.70	0.51	0.22
A032	西北大学学报自然科学版	856	10	0.34	0.864	7	0.47	51.7	6	7.25	0.37	0.34
H004	西南大学学报自然科学版	1851	3	1.91	1.113	3	0.89	57.2	4	9.56	0.40	0.28
A060	西南民族大学学报自然科学版	296	41	−0.54	0.450	37	−0.24	30.5	40	3.09	0.11	0.28
A063	厦门大学学报自然科学版	679	18	0.07	0.498	33	−0.15	46.6	10	6.26	0.30	0.34
A018	湘潭大学自然科学学报	209	54	−0.67	0.232	54	−0.61	24.7	52	2.58	0.12	0.32
A087	新疆大学学报自然科学版中英文版	243	51	−0.62	0.538	28	−0.09	16.6	56	2.28	0.12	0.34
A038	云南大学学报自然科学版	868	9	0.36	0.833	9	0.41	41.2	16	6.88	0.37	0.37
A654	云南民族大学学报自然科学版	212	52	−0.67	0.397	42	−0.33	25.1	50	2.49	0.16	0.35
A002	浙江大学学报理学版	563	20	−0.12	0.610	25	0.04	44.0	12	6.35	0.28	0.23
A019	郑州大学学报理学版	274	46	−0.57	0.853	8	0.45	31.5	38	2.81	0.12	0.43
E313	中国海洋大学学报自然科学版	1812	4	1.84	0.739	14	0.25	47.9	9	7.79	0.33	0.30
A007	中国科学技术大学学报	441	30	−0.31	0.188	56	−0.68	41.8	15	5.28	0.26	0.15
A102	中国科学院大学学报	588	19	−0.08	0.652	22	0.11	40.5	19	6.12	0.21	0.35
A036	中山大学学报自然科学版	833	11	0.31	0.665	20	0.13	50.8	7	7.68	0.39	0.33
	57 种期刊平均值	637			0.589							

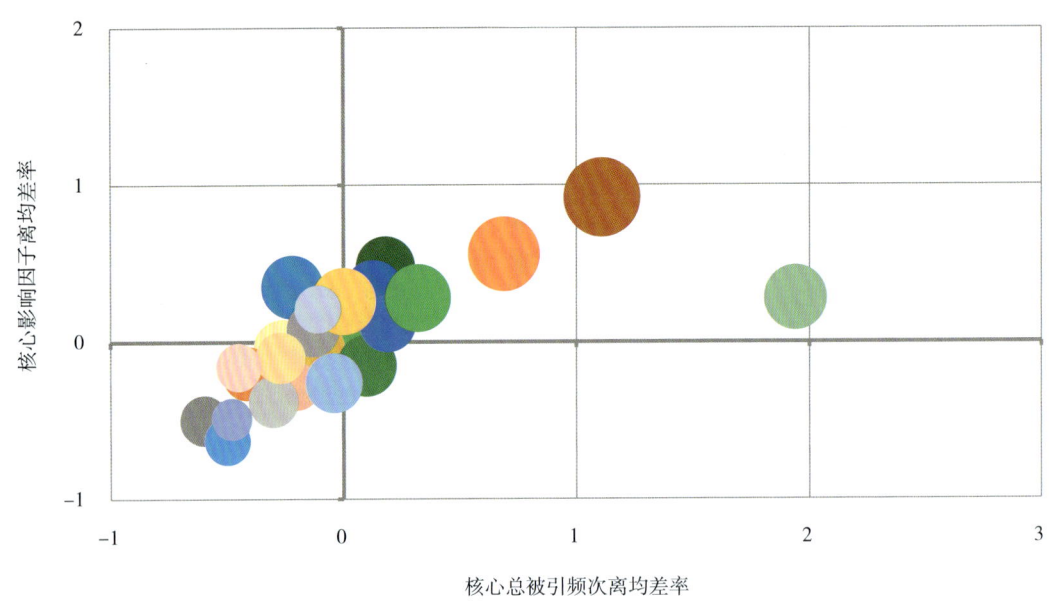

2021年自然科学师范大学学报类期刊核心总被引频次和核心影响因子离均差率的分布图
（节点大小表示综合评价总分）

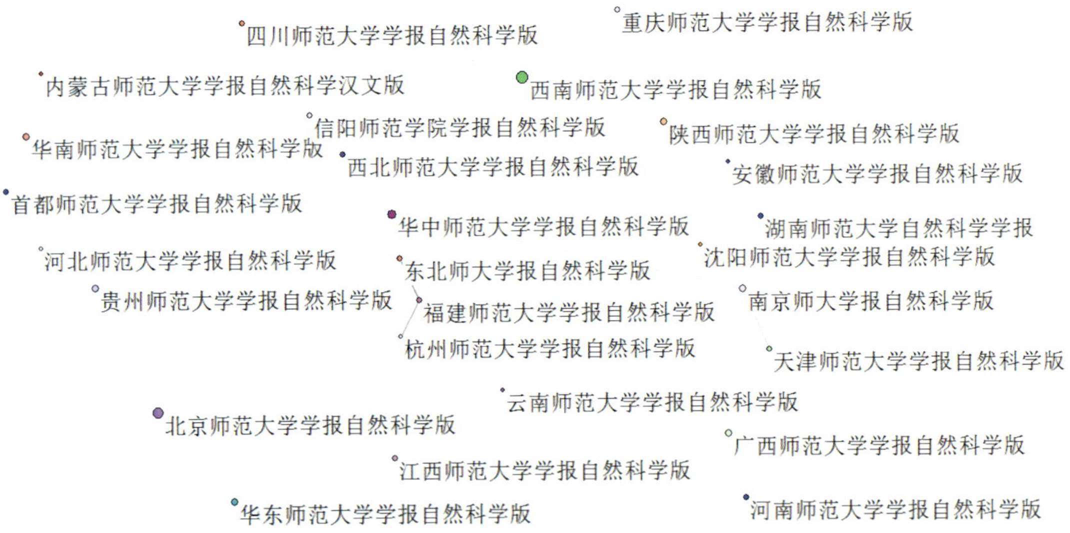

四川师范大学学报自然科学版　　　重庆师范大学学报自然科学版
内蒙古师范大学学报自然科学汉文版　　西南师范大学学报自然科学版
　　　　　　　　　　　信阳师范学院学报自然科学版　　陕西师范大学学报自然科学版
华南师范大学学报自然科学版　　西北师范大学学报自然科学版　　安徽师范大学学报自然科学版
首都师范大学学报自然科学版　　　华中师范大学学报自然科学版　　湖南师范大学自然科学学报
河北师范大学学报自然科学版　　东北师大学报自然科学版　　沈阳师范大学学报自然科学版
贵州师范大学学报自然科学版　　福建师范大学学报自然科学版　　南京师范大学学报自然科学版
　　　　　　　　　　　杭州师范大学学报自然科学版　　天津师范大学学报自然科学版
　　　　　　　　　　　云南师范大学学报自然科学版
北京师范大学学报自然科学版　　　　　　　　广西师范大学学报自然科学版
　　　　　　　　　　江西师范大学学报自然科学版
华东师范大学学报自然科学版　　河南师范大学学报自然科学版

2021年自然科学师范大学学报类期刊互引关系示意图

表 7-3　2021 年自然科学师范大学学报类期刊主要指标

CODE	刊名	核心总被引频次			核心影响因子			综合评价总分		学科扩散指标	学科影响指标	红点指标
		数值	排名	离均差率	数值	排名	离均差率	数值	排名			
A009	安徽师范大学学报自然科学版	198	25	−0.50	0.226	25	−0.52	29.3	25	5.19	0.42	0.20
A010	北京师范大学学报自然科学版	842	2	1.11	0.906	1	0.92	82.0	1	13.27	0.73	0.29
A512	重庆师范大学学报自然科学版	377	12	−0.06	0.433	15	−0.08	45.6	13	8.08	0.42	0.19
A030	东北师大学报自然科学版	383	10	−0.04	0.470	12	−0.01	49.2	9	9.27	0.38	0.25
A078	福建师范大学学报自然科学版	296	18	−0.26	0.447	13	−0.05	44.5	14	7.35	0.35	0.27
A062	广西师范大学学报自然科学版	471	6	0.18	0.698	3	0.48	48.1	11	8.23	0.58	0.26
A527	贵州师范大学学报自然科学版	449	7	0.13	0.626	5	0.32	52.4	7	8.19	0.35	0.29
A191	杭州师范大学学报自然科学版	236	21	−0.41	0.380	19	−0.20	37.5	17	6.27	0.19	0.27
A076	河北师范大学学报自然科学版	160	26	−0.60	0.235	24	−0.50	33.2	20	5.00	0.19	0.27
A058	河南师范大学学报自然科学版	352	14	−0.12	0.447	13	−0.05	48.3	10	8.65	0.42	0.22
A055	湖南师范大学自然科学学报	311	17	−0.22	0.638	4	0.35	52.9	6	7.81	0.35	0.34
A054	华东师范大学学报自然科学版	437	8	0.10	0.403	17	−0.15	49.4	8	10.00	0.54	0.20
A052	华南师范大学学报自然科学版	473	5	0.19	0.532	10	0.12	43.5	15	9.58	0.27	0.23
A004	华中师范大学学报自然科学版	675	3	0.69	0.739	2	0.56	72.1	2	14.23	0.54	0.30
A112	江西师范大学学报自然科学版	347	15	−0.13	0.512	11	0.08	38.5	16	7.00	0.54	0.30
A061	南京师大学报自然科学版	398	9	0.00	0.595	8	0.26	58.6	4	10.38	0.65	0.31
A111	内蒙古师范大学学报自然科学汉文版	201	24	−0.50	0.177	26	−0.63	30.6	21	5.38	0.27	0.23
A066	陕西师范大学学报自然科学版	527	4	0.32	0.606	7	0.28	59.9	3	10.77	0.58	0.23
A586	沈阳师范大学学报自然科学版	208	23	−0.48	0.242	23	−0.49	23.0	26	5.35	0.12	0.26
A023	首都师范大学学报自然科学版	320	16	−0.20	0.339	21	−0.28	30.4	22	8.08	0.38	0.22
A033	四川师范大学学报自然科学版	279	20	−0.30	0.295	22	−0.38	34.1	18	6.42	0.42	0.20
A504	天津师范大学学报自然科学版	292	19	−0.27	0.425	16	−0.10	33.7	19	5.69	0.27	0.33
A022	西北师范大学学报自然科学版	382	11	−0.04	0.351	20	−0.26	46.3	12	9.46	0.50	0.39
A064	西南师范大学学报自然科学版	1172	1	1.94	0.607	6	0.28	55.4	5	15.54	0.62	0.34
A510	信阳师范学院学报自然科学版	357	13	−0.11	0.571	9	0.21	29.7	24	6.92	0.27	0.29
A053	云南师范大学学报自然科学版	219	22	−0.45	0.395	18	−0.16	29.7	23	5.19	0.15	0.22
	26 种期刊平均值	399			0.473							

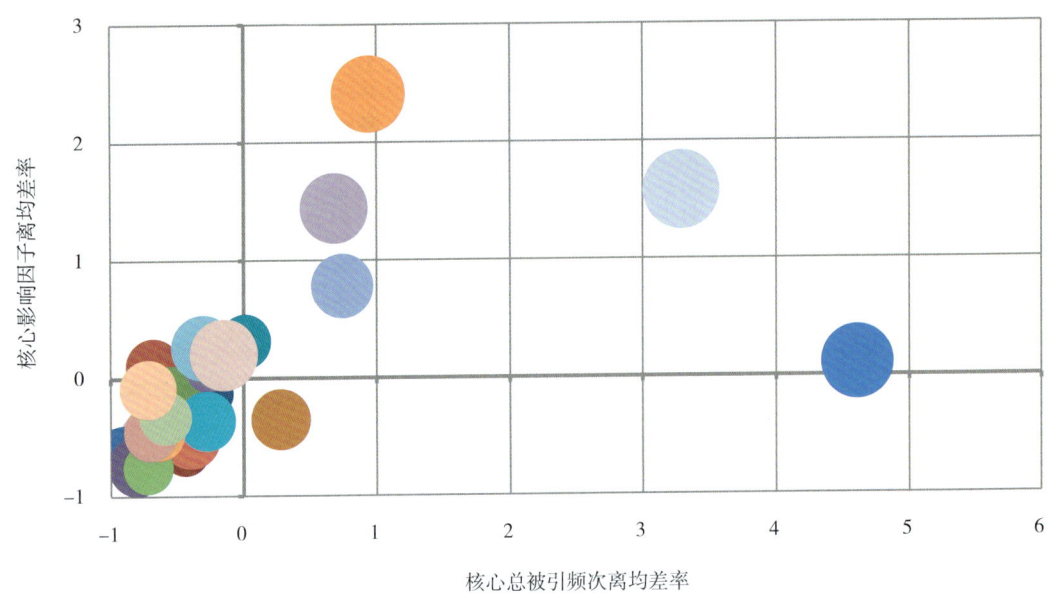

2021 年数学类期刊核心总被引频次和核心影响因子离均差率的分布图
（节点大小表示综合评价总分）

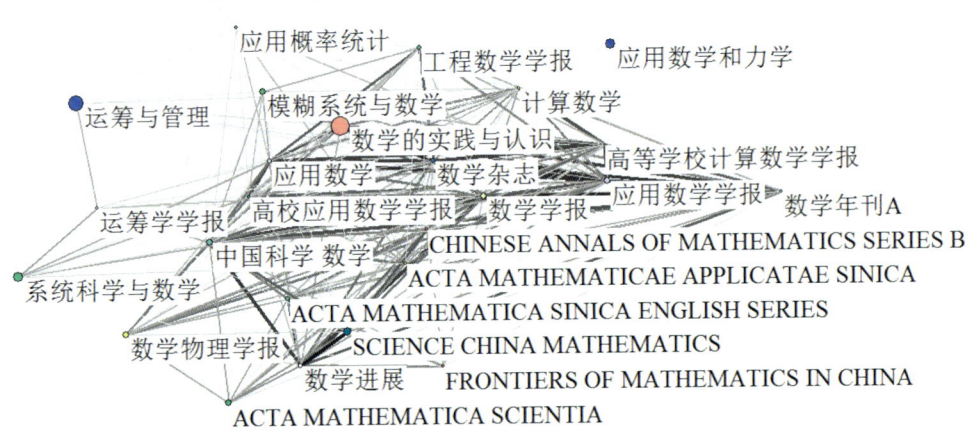

2021 年数学类期刊互引关系示意图

表 7-4 2021 年数学类期刊主要指标

CODE	刊名	核心总被引频次			核心影响因子			综合评价总分		学科扩散指标	学科影响指标	红点指标
		数值	排名	离均差率	数值	排名	离均差率	数值	排名			
C096	ACTA MATHEMATICA SCIENTIA	299	9	−0.23	0.268	12	−0.13	17.6	26	2.27	0.85	0.03
B030	ACTA MATHEMATICA SINICA ENGLISH SERIES	218	14	−0.44	0.117	22	−0.62	24.1	22	2.19	0.77	0.01
I051	ACTA MATHEMATICAE APPLICATAE SINICA	122	18	−0.68	0.174	17	−0.44	31.4	16	2.08	0.69	0.00
B023	CHINESE ANNALS OF MATHEMATICS SERIES B	82	24	−0.79	0.071	26	−0.77	22.2	25	1.15	0.54	0.00
I250	FRONTIERS OF MATHEMATICS IN CHINA	98	23	−0.75	0.162	20	−0.48	23.2	23	1.50	0.65	0.00
I189	SCIENCE CHINA MATHEMATICS	494	6	0.28	0.200	15	−0.35	37.7	8	4.65	0.92	0.01
B002	高等学校计算数学学报	39	26	−0.90	0.113	23	−0.63	30.7	17	0.92	0.23	0.00
B003	高校应用数学学报	122	18	−0.68	0.340	9	0.10	32.5	14	2.19	0.54	0.47
B031	工程数学学报	182	15	−0.53	0.263	13	−0.15	37.5	9	4.35	0.46	0.39
B014	计算数学	79	25	−0.80	0.081	24	−0.74	37.3	10	1.96	0.42	0.43
B017	模糊系统与数学	390	7	0.01	0.406	5	0.31	30.3	18	4.42	0.23	0.32
W009	数理统计与管理	748	3	0.94	1.054	1	2.41	60.0	2	11.38	0.42	0.26
B015	数学的实践与认识	2167	1	4.61	0.344	8	0.11	57.0	3	22.88	0.58	0.38
B007	数学进展	230	13	−0.40	0.150	21	−0.51	36.7	11	3.08	0.81	0.11
B004	数学年刊 A	109	22	−0.72	0.075	25	−0.76	27.1	21	1.65	0.58	0.21
C036	数学物理学报	283	10	−0.27	0.337	10	0.09	22.6	24	2.69	0.69	0.40
B006	数学学报	277	11	−0.28	0.197	16	−0.36	36.6	12	2.88	0.81	0.23
B012	数学杂志	140	17	−0.64	0.165	19	−0.47	28.8	20	2.31	0.50	0.29
B021	系统科学与数学	670	4	0.74	0.550	4	0.78	42.4	7	7.81	0.65	0.30
B008	应用概率统计	115	20	−0.70	0.167	18	−0.46	32.3	15	2.58	0.38	0.35
B011	应用数学	157	16	−0.59	0.207	14	−0.33	29.2	19	2.69	0.62	0.40
B020	应用数学和力学	648	5	0.68	0.753	3	1.44	50.3	5	9.31	0.35	0.27
B001	应用数学学报	268	12	−0.31	0.390	6	0.26	42.8	6	3.92	0.65	0.35
B013	运筹学学报	110	21	−0.72	0.280	11	−0.09	34.8	13	2.31	0.54	0.26
B522	运筹与管理	1655	2	3.29	0.796	2	1.58	63.7	1	12.58	0.38	0.37
A105	中国科学 数学	329	8	−0.15	0.371	7	0.20	51.0	4	6.19	0.88	0.22
	26 种期刊平均值	386			0.309							

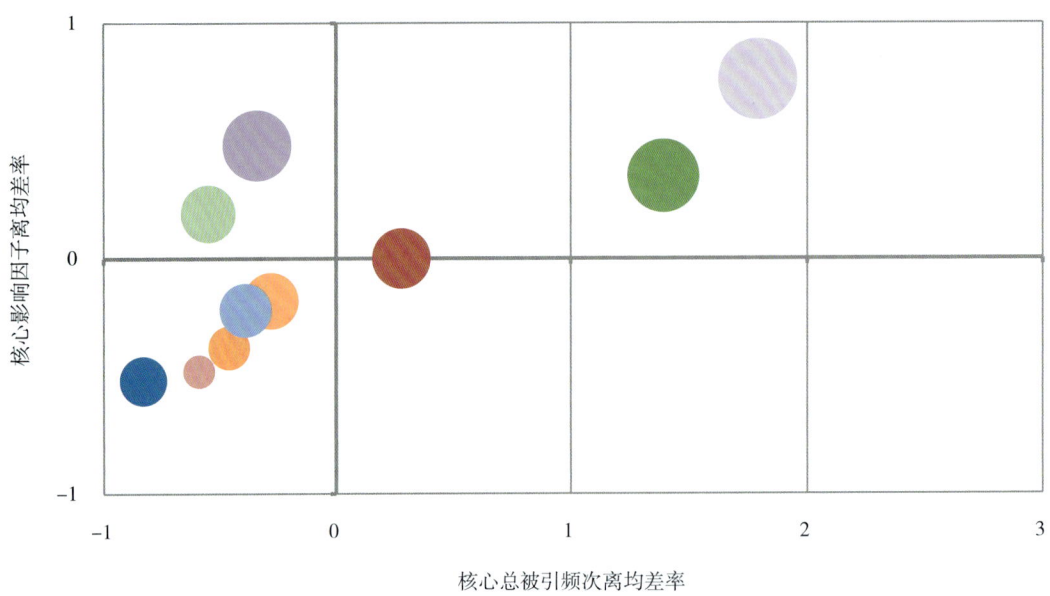

2021年信息科学与系统科学类期刊核心总被引频次和核心影响因子离均差率的分布图
（节点大小表示综合评价总分）

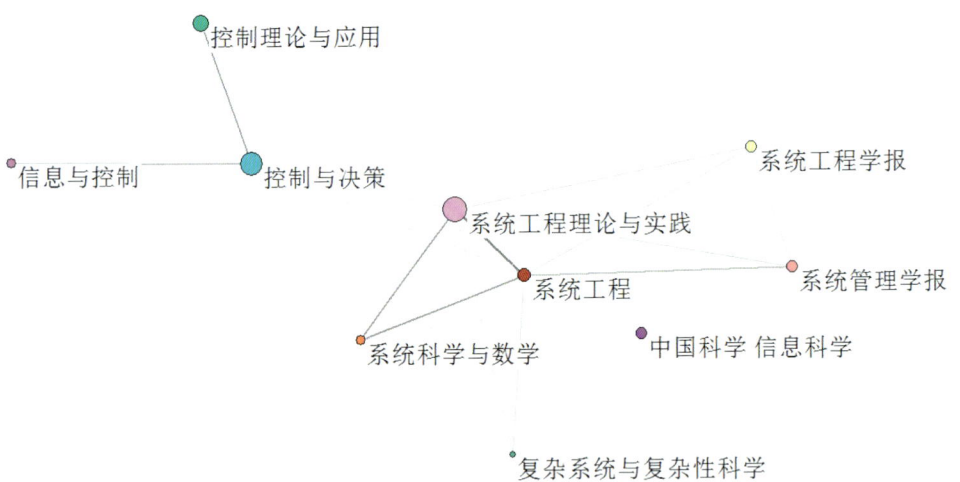

2021年信息科学与系统科学类期刊互引关系示意图

表 7-5　2021年信息科学与系统科学类期刊主要指标

CODE	刊名	核心总被引频次			核心影响因子			综合评价总分		学科扩散指标	学科影响指标	红点指标
		数值	排名	离均差率	数值	排名	离均差率	数值	排名			
B029	复杂系统与复杂性科学	272	10	−0.83	0.507	10	−0.52	30.2	8	16.40	0.70	0.44
R060	控制理论与应用	2069	3	0.28	1.064	5	0.00	45.2	4	36.70	0.90	0.56
S001	控制与决策	3879	2	1.39	1.439	3	0.35	67.3	2	52.70	1.00	0.46
B028	系统工程	1161	4	−0.28	0.870	6	−0.18	40.0	6	34.90	0.80	0.28
B025	系统工程理论与实践	4524	1	1.79	1.873	1	0.76	78.6	1	64.10	1.00	0.24
B018	系统工程学报	870	7	−0.46	0.659	8	−0.38	23.6	9	22.70	0.90	0.25
B027	系统管理学报	983	6	−0.39	0.824	7	−0.22	36.4	7	23.50	0.80	0.17
B021	系统科学与数学	670	9	−0.59	0.550	9	−0.48	13.9	10	20.30	0.70	0.22
S002	信息与控制	723	8	−0.55	1.265	4	0.19	41.0	5	25.00	0.60	0.40
Z317	中国科学 信息科学	1063	5	−0.34	1.575	2	0.48	63.2	3	37.50	0.50	0.34
	10种期刊平均值	1621			1.063							

力学

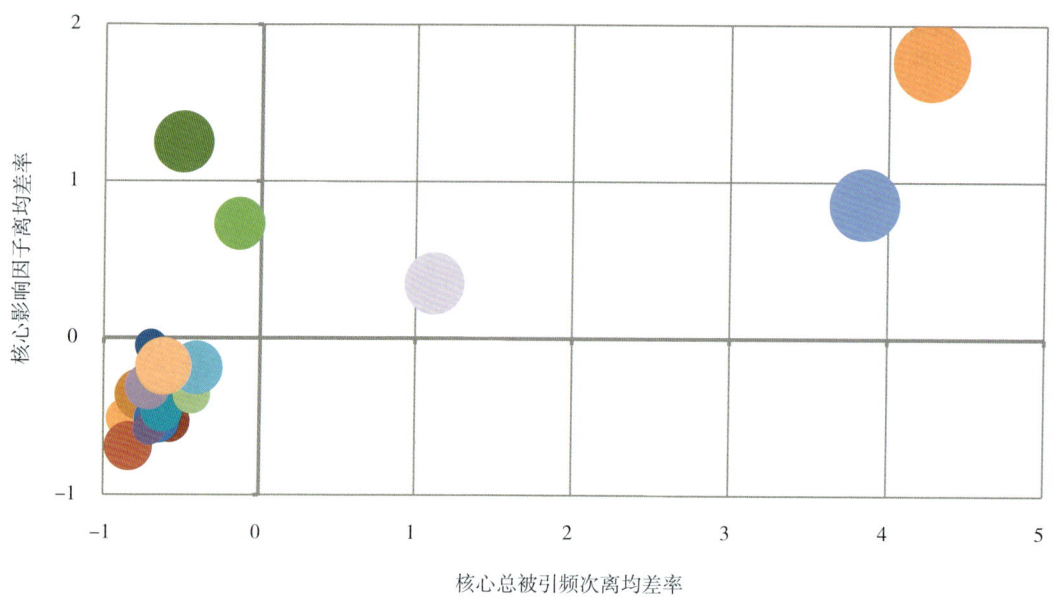

2021年力学类期刊核心总被引频次和核心影响因子离均差率的分布图
（节点大小表示综合评价总分）

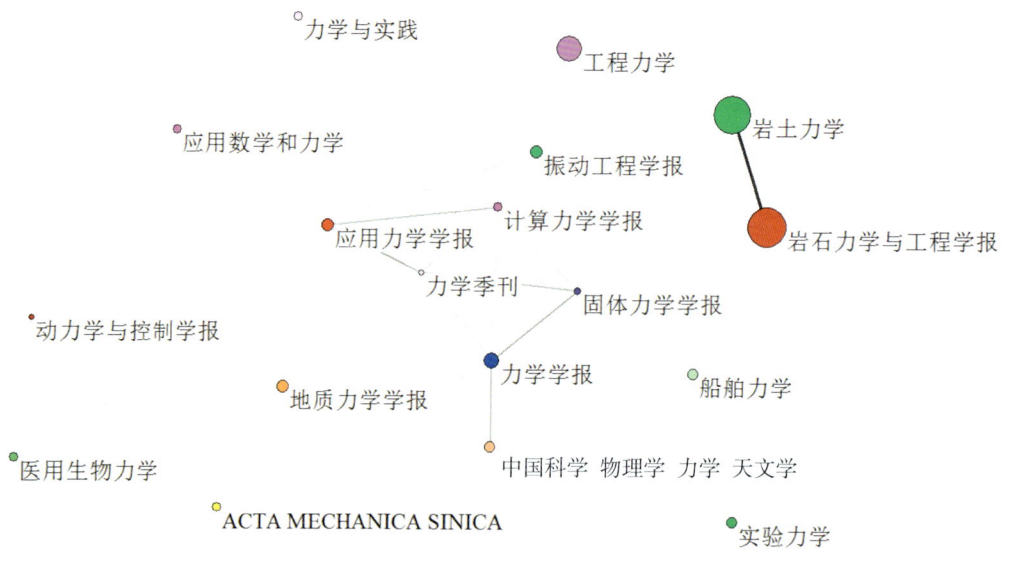

2021年力学类期刊互引关系示意图

表 7-6 2021 年力学类期刊主要指标

CODE	刊名	核心总被引频次			核心影响因子			综合评价总分		学科扩散指标	学科影响指标	红点指标
		数值	排名	离均差率	数值	排名	离均差率	数值	排名			
C105	ACTA MECHANICA SINICA	693	13	-0.70	1.043	6	-0.05	15.3	17	8.28	0.83	0.00
X633	船舶力学	978	8	-0.58	0.517	16	-0.53	24.7	13	10.28	0.67	0.34
E026	地质力学学报	1151	7	-0.50	2.460	2	1.25	53.5	3	10.11	0.17	0.06
P018	动力学与控制学报	328	18	-0.86	0.541	14	-0.51	21.1	14	6.61	0.56	0.19
C002	工程力学	4906	3	1.12	1.477	5	0.35	50.3	4	24.11	0.94	0.53
C103	固体力学学报	542	16	-0.77	0.695	12	-0.36	36.1	8	10.78	0.83	0.37
C003	计算力学学报	789	11	-0.66	0.529	15	-0.52	31.1	10	14.67	0.83	0.46
C101	力学季刊	374	17	-0.84	0.337	18	-0.69	33.7	9	11.61	0.83	0.37
C001	力学学报	1989	4	-0.14	1.891	4	0.73	38.7	7	20.00	0.94	0.35
C104	力学与实践	665	14	-0.71	0.460	17	-0.58	14.8	18	13.11	0.94	0.36
C009	实验力学	851	10	-0.63	0.589	13	-0.46	26.0	12	14.56	0.67	0.41
C005	岩石力学与工程学报	12181	1	4.27	3.025	1	1.77	87.3	1	25.72	0.78	0.95
C004	岩土力学	11200	2	3.85	2.035	3	0.86	72.7	2	26.78	0.78	0.49
G088	医用生物力学	765	12	-0.67	0.851	9	-0.22	19.0	16	11.50	0.39	0.42
C008	应用力学学报	1293	6	-0.44	0.704	11	-0.36	20.7	15	18.28	0.89	0.46
B020	应用数学和力学	648	15	-0.72	0.753	10	-0.31	29.4	11	13.44	0.67	0.26
Y004	振动工程学报	1375	5	-0.41	0.885	8	-0.19	39.8	6	16.11	0.67	0.60
A103	中国科学 物理学力学天文学	875	9	-0.62	0.896	7	-0.18	45.6	5	18.00	0.78	0.18
	18 种期刊平均值	2311			1.094							

物理学

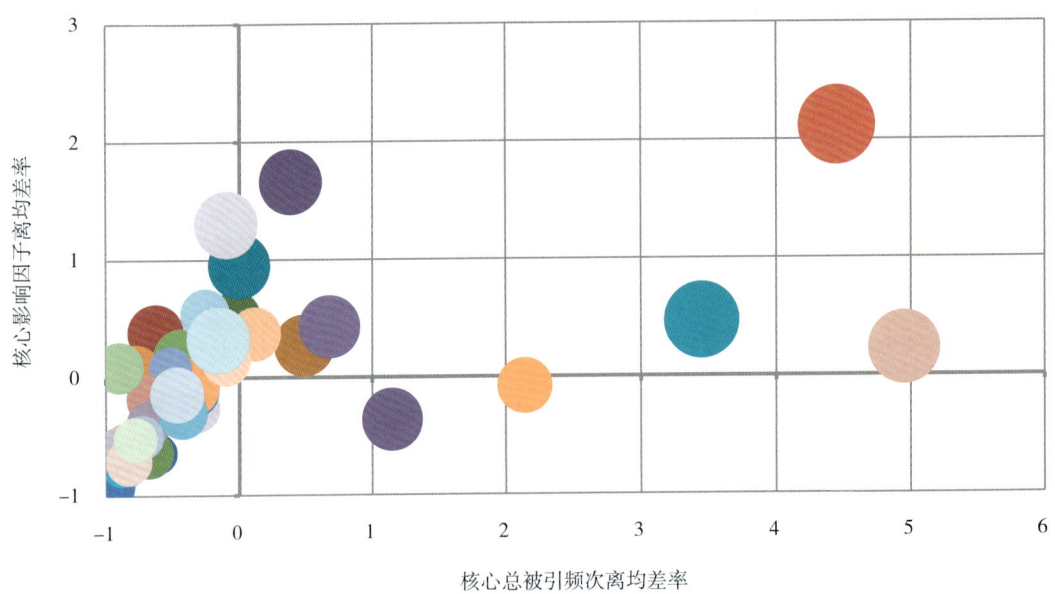

2021 年物理学类期刊核心总被引频次和核心影响因子离均差率的分布图
（节点大小表示综合评价总分）

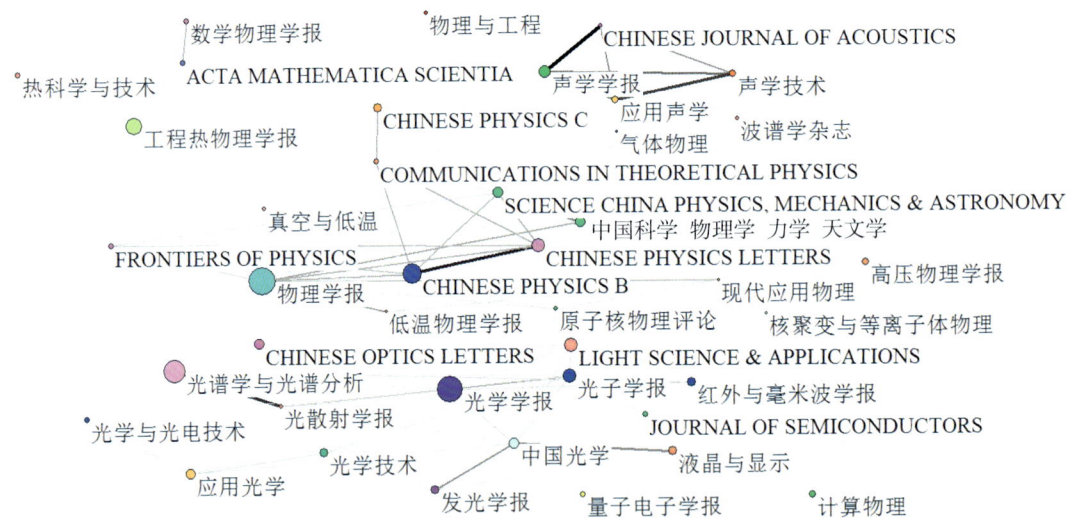

2021 年物理学类期刊互引关系示意图

表 7-7　2021 年物理学类期刊主要指标

CODE	刊名	核心总被引频次			核心影响因子			综合评价总分		学科扩散指标	学科影响指标	红点指标
		数值	排名	离均差率	数值	排名	离均差率	数值	排名			
C096	ACTA MATHEMATICA SCIENTIA	299	29	-0.71	0.268	33	-0.61	18.3	38	1.44	0.10	0.04
I166	CHINESE JOURNAL OF ACOUSTICS	129	37	-0.88	0.187	39	-0.73	29.1	26	0.76	0.12	0.00
I071	CHINESE OPTICS LETTERS	1014	11	-0.03	1.030	6	0.51	33.7	19	2.68	0.56	0.20
C106	CHINESE PHYSICS B	3276	4	2.14	0.627	21	-0.08	36.1	15	9.05	0.90	0.24
C058	CHINESE PHYSICS C	709	17	-0.32	0.504	25	-0.26	24.1	32	1.22	0.37	0.15
C059	CHINESE PHYSICS LETTERS	1560	7	0.49	0.866	12	0.27	44.2	10	4.68	0.80	0.00
C095	COMMUNICATIONS IN THEORETICAL PHYSICS	393	24	-0.62	0.247	35	-0.64	20.0	37	2.02	0.34	0.15
I726	FRONTIERS OF PHYSICS	382	25	-0.63	0.935	9	0.38	38.6	13	1.63	0.41	0.31
R062	JOURNAL OF SEMICONDUCTORS	333	28	-0.68	0.245	37	-0.64	29.4	25	2.88	0.32	0.15
I254	LIGHT SCIENCE & APPLICATIONS	1456	8	0.39	1.806	2	1.66	50.5	6	3.29	0.54	0.00
I157	SCIENCE CHINA PHYSICS, MECHANICS & ASTRONOMY	1041	10	0.00	1.326	4	0.95	50.2	7	4.71	0.66	0.20
C060	波谱学杂志	235	32	-0.77	0.731	19	0.08	26.2	30	2.41	0.12	0.27
C055	低温物理学报	58	41	-0.94	0.052	41	-0.92	21.2	36	0.76	0.12	0.21
C071	发光学报	771	15	-0.26	0.818	14	0.20	40.2	11	4.24	0.39	0.52
C056	高压物理学报	585	21	-0.44	0.794	15	0.17	38.3	14	4.00	0.22	0.22
C073	工程热物理学报	2248	5	1.15	0.433	27	-0.36	46.0	9	10.15	0.32	0.31
C091	光谱学与光谱分析	4647	3	3.45	0.998	7	0.47	69.3	2	19.10	0.56	0.57
C097	光散射学报	164	36	-0.84	0.271	32	-0.60	33.1	20	1.95	0.24	0.63
N015	光学技术	676	18	-0.35	0.610	22	-0.10	34.6	18	4.90	0.34	0.49
C050	光学学报	5691	2	4.45	2.119	1	2.12	73.4	1	11.27	0.51	0.94
R097	光学与光电技术	282	31	-0.73	0.318	31	-0.53	17.6	39	2.73	0.17	0.44
C037	光子学报	1754	6	0.68	0.970	8	0.43	46.5	8	7.17	0.49	0.60
C092	核聚变与等离子体物理	112	38	-0.89	0.157	40	-0.77	15.3	40	1.00	0.15	0.13
C035	红外与毫米波学报	667	19	-0.36	0.630	20	-0.07	38.8	12	5.10	0.44	0.41
C094	计算物理	499	23	-0.52	0.736	18	0.08	22.2	35	3.44	0.20	0.41
C032	量子电子学报	340	26	-0.67	0.559	24	-0.18	27.7	27	2.54	0.34	0.93
Y504	气体物理	109	39	-0.90	0.740	17	0.09	30.2	24	1.00	0.07	0.30
C134	热科学与技术	336	27	-0.68	0.421	28	-0.38	24.3	31	3.20	0.10	0.30
C033	声学技术	592	20	-0.43	0.476	26	-0.30	30.3	23	4.93	0.15	0.17
C054	声学学报	1169	9	0.12	0.931	10	0.37	34.8	17	4.71	0.24	0.00
C036	数学物理学报	283	30	-0.73	0.337	29	-0.50	22.5	34	1.71	0.07	0.07
C006	物理学报	6207	1	4.95	0.835	13	0.23	64.1	3	18.00	0.95	0.35
C509	物理与工程	212	34	-0.80	0.246	36	-0.64	4.2	41	1.73	0.10	0.40
C093	现代应用物理	102	40	-0.90	0.266	34	-0.61	26.5	28	1.32	0.22	0.14
C503	液晶与显示	768	16	-0.26	1.050	5	0.54	30.9	22	3.41	0.27	0.44
C109	应用光学	937	13	-0.10	0.785	16	0.15	31.3	21	4.46	0.37	0.43
C052	应用声学	558	22	-0.47	0.584	23	-0.14	35.9	16	4.83	0.24	0.22
C108	原子核物理评论	173	35	-0.83	0.199	38	-0.71	26.4	29	1.93	0.20	0.11

表 7-7　2021 年物理学类期刊主要指标（续）

CODE	刊名	核心总被引频次			核心影响因子			综合评价总分		学科扩散指标	学科影响指标	红点指标
		数值	排名	离均差率	数值	排名	离均差率	数值	排名			
C038	真空与低温	232	33	−0.78	0.324	30	−0.52	23.4	33	2.37	0.22	0.21
C099	中国光学	942	12	−0.10	1.566	3	1.30	52.1	4	4.80	0.39	0.53
A103	中国科学 物理学力学天文学	875	14	−0.16	0.896	11	0.32	51.2	5	7.90	0.76	0.30
	41 种期刊平均值	1044			0.680							

化学

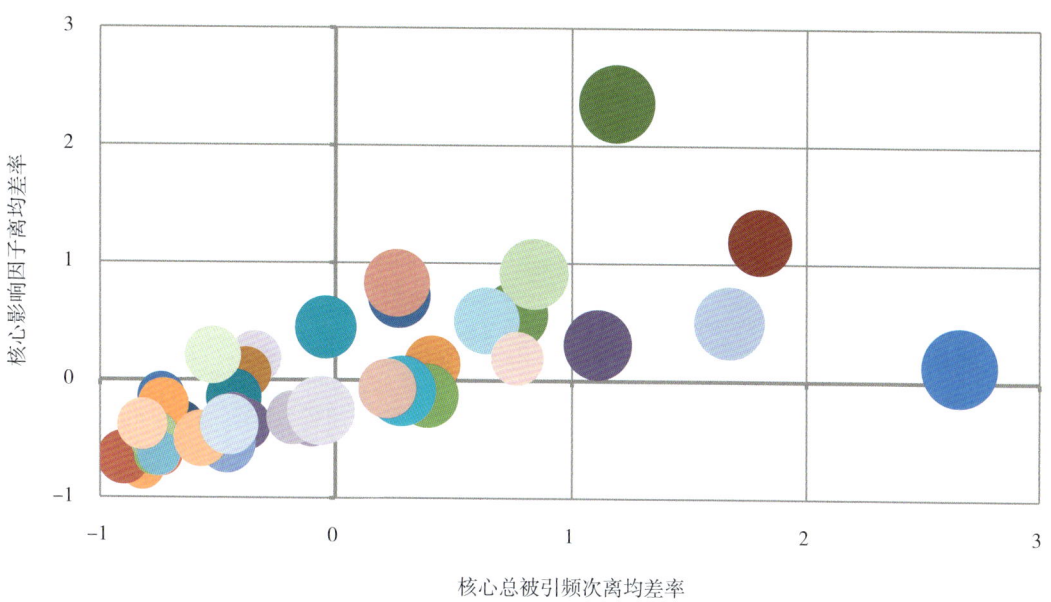

2021年化学类期刊核心总被引频次和核心影响因子离均差率的分布图
（节点大小表示综合评价总分）

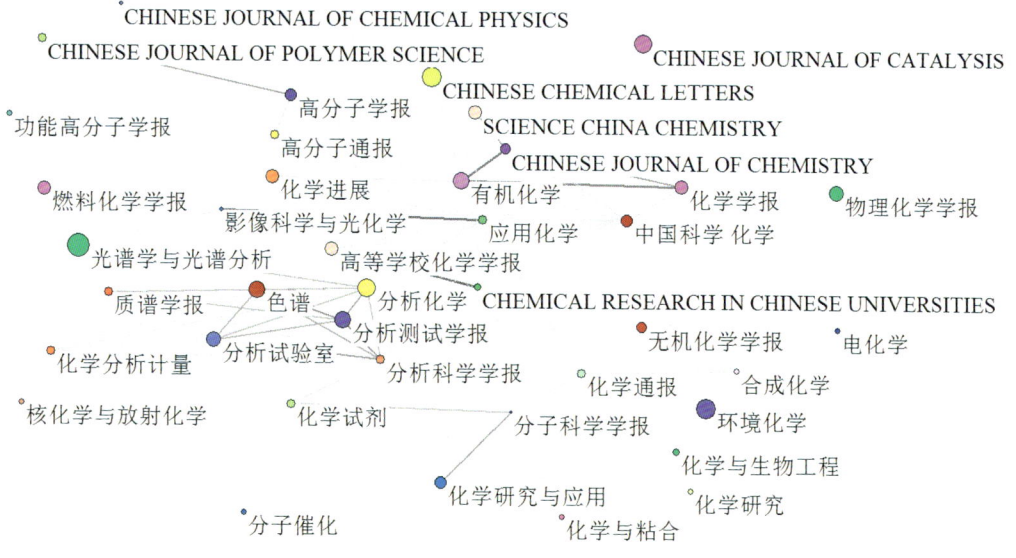

2021年化学类期刊互引关系示意图

表 7-8　2021 年化学类期刊主要指标

CODE	刊名	核心总被引频次			核心影响因子			综合评价总分		学科扩散指标	学科影响指标	红点指标
		数值	排名	离均差率	数值	排名	离均差率	数值	排名			
I139	CHEMICAL RESEARCH IN CHINESE UNIVERSITIES	436	30	−0.66	0.532	30	−0.40	30.2	26	3.78	0.68	0.34
D031	CHINESE CHEMICAL LETTERS	3561	2	1.80	1.927	2	1.19	49.4	11	7.20	0.90	0.35
D013	CHINESE JOURNAL OF CATALYSIS	2778	4	1.19	2.962	1	2.36	67.3	2	6.85	0.83	0.66
C070	CHINESE JOURNAL OF CHEMICAL PHYSICS	225	39	−0.82	0.229	40	−0.74	23.2	36	2.55	0.45	0.15
I173	CHINESE JOURNAL OF CHEMISTRY	833	20	−0.34	1.047	13	0.19	30.1	28	1.45	0.60	0.64
D017	CHINESE JOURNAL OF POLYMER SCIENCE	792	21	−0.38	0.933	16	0.06	30.3	25	2.93	0.55	0.18
I146	SCIENCE CHINA CHEMISTRY	1607	13	0.27	1.514	5	0.72	45.3	12	7.03	0.88	0.24
D036	电化学	259	37	−0.80	0.493	32	−0.44	29.8	29	3.00	0.35	0.56
D022	分析测试学报	2229	8	0.76	1.373	6	0.56	49.6	10	9.38	0.58	0.61
D005	分析化学	2681	5	1.11	1.158	10	0.31	55.2	4	13.40	0.73	0.62
D026	分析科学学报	726	23	−0.43	0.747	21	−0.15	36.3	20	5.98	0.40	0.64
D004	分析试验室	1797	10	0.41	1.005	14	0.14	36.9	19	8.08	0.55	0.62
D015	分子催化	327	33	−0.74	0.759	20	−0.14	26.4	33	2.23	0.33	0.49
D035	分子科学学报	122	40	−0.90	0.296	39	−0.66	32.3	22	2.03	0.33	0.62
D020	高等学校化学学报	1762	11	0.39	0.765	19	−0.13	45.0	13	10.20	1.00	0.55
T002	高分子通报	792	21	−0.38	0.545	29	−0.38	29.5	32	5.73	0.55	0.41
D021	高分子学报	1218	16	−0.04	1.277	9	0.45	43.7	14	5.40	0.70	0.35
D503	功能高分子学报	346	31	−0.73	0.697	22	−0.21	30.1	27	2.90	0.30	0.51
C091	光谱学与光谱分析	4647	1	2.66	0.998	15	0.13	69.8	1	19.58	0.75	0.46
D602	合成化学	329	32	−0.74	0.328	36	−0.63	21.8	38	2.95	0.35	0.98
Q002	核化学与放射化学	295	35	−0.77	0.316	38	−0.64	19.0	40	2.10	0.25	0.25
D604	化学分析计量	726	23	−0.43	0.615	24	−0.30	21.9	37	5.08	0.38	0.68
D506	化学进展	1620	12	0.28	0.805	18	−0.09	55.1	5	11.28	0.93	0.60
D011	化学试剂	709	25	−0.44	0.511	31	−0.42	24.9	35	5.43	0.58	0.71
D018	化学通报	692	27	−0.46	0.406	35	−0.54	38.8	17	7.78	0.68	0.59
D030	化学学报	1594	14	0.26	1.609	4	0.83	50.6	8	8.93	0.95	0.54
D501	化学研究	287	36	−0.77	0.450	33	−0.49	29.5	31	3.78	0.43	0.64
D037	化学研究与应用	1141	18	−0.10	0.563	26	−0.36	26.1	34	7.45	0.55	0.63
T931	化学与粘合	316	34	−0.75	0.326	37	−0.63	21.8	38	3.55	0.38	0.41
T553	化学与生物工程	547	29	−0.57	0.438	34	−0.50	35.3	21	6.45	0.35	0.44
D024	环境化学	3396	3	1.67	1.322	8	0.50	59.3	3	12.53	0.60	0.45
D002	燃料化学学报	1547	15	0.22	0.815	17	−0.07	39.1	16	5.58	0.45	0.51
D012	色谱	2343	6	0.84	1.683	3	0.91	54.8	6	8.48	0.48	0.70
D023	无机化学学报	1044	19	−0.18	0.603	25	−0.32	32.1	23	5.88	0.73	0.72
D001	物理化学学报	2082	9	0.64	1.331	7	0.51	49.7	9	9.15	0.93	0.58
D014	影像科学与光化学	226	38	−0.82	0.548	27	−0.38	29.6	30	4.05	0.23	0.31
D016	应用化学	700	26	−0.45	0.548	27	−0.38	40.1	15	6.33	0.80	0.50
D025	有机化学	2254	7	0.77	1.050	12	0.19	31.9	24	5.78	0.80	0.52
C034	质谱学报	613	28	−0.52	1.065	11	0.21	37.2	18	4.70	0.43	0.32
A106	中国科学 化学	1189	17	−0.06	0.651	23	−0.26	52.8	7	10.95	0.85	0.59
	40 种期刊平均值	1270			0. 881							

天文学

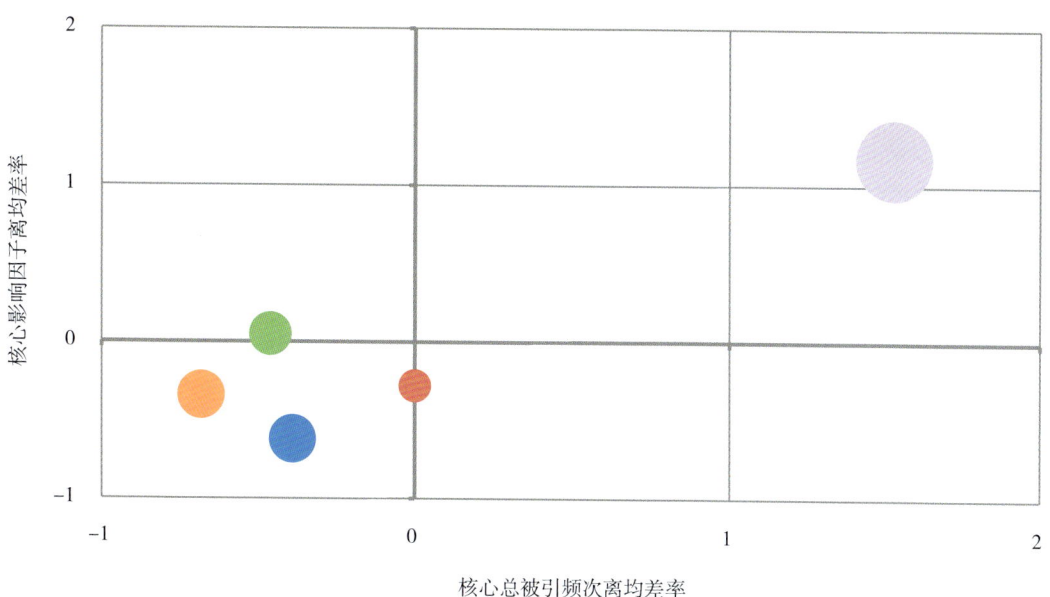

2021年天文学类期刊核心总被引频次和核心影响因子离均差率的分布图
（节点大小表示综合评价总分）

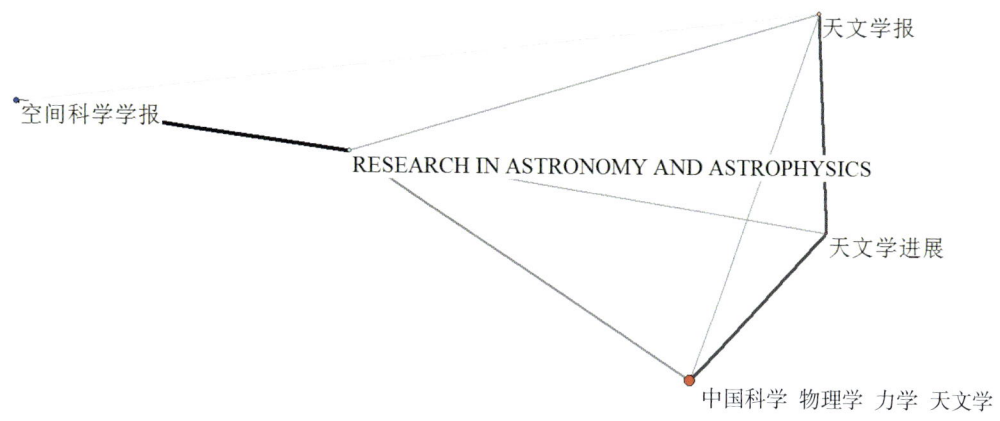

2021年天文学类期刊互引关系示意图

表 7-9　2021 年天文学类期刊主要指标

CODE	刊名	核心总被引频次			核心影响因子			综合评价总分		学科扩散指标	学科影响指标	红点指标
		数值	排名	离均差率	数值	排名	离均差率	数值	排名			
C072	RESEARCH IN ASTRONOMY AND ASTROPHYSICS	212	3	−0.39	0.159	5	−0.62	32.8	3	10.60	1.00	0.54
E140	空间科学学报	347	2	0.00	0.299	3	−0.28	15.4	5	26.60	0.80	0.00
E023	天文学报	187	4	−0.46	0.435	2	0.05	26.7	4	13.60	1.00	0.24
E114	天文学进展	110	5	−0.68	0.274	4	−0.34	33.2	2	10.40	1.00	0.03
A103	中国科学 物理学力学天文学	875	1	1.53	0.896	1	1.17	87.9	1	64.80	1.00	0.07
	5 种期刊平均值	346			0.413							

地球科学综合

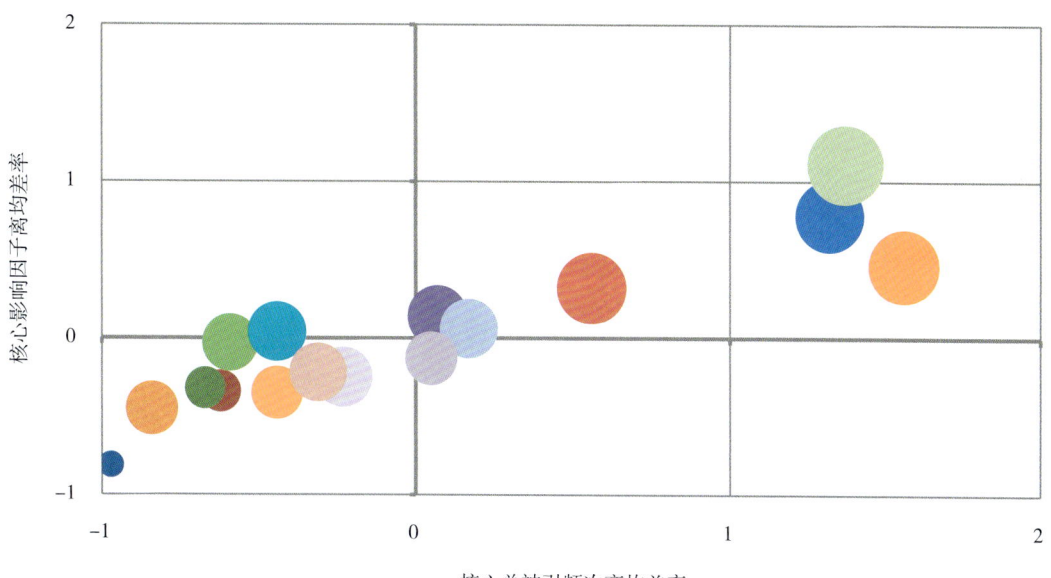

2021年地球科学综合类期刊核心总被引频次和核心影响因子离均差率的分布图
（节点大小表示综合评价总分）

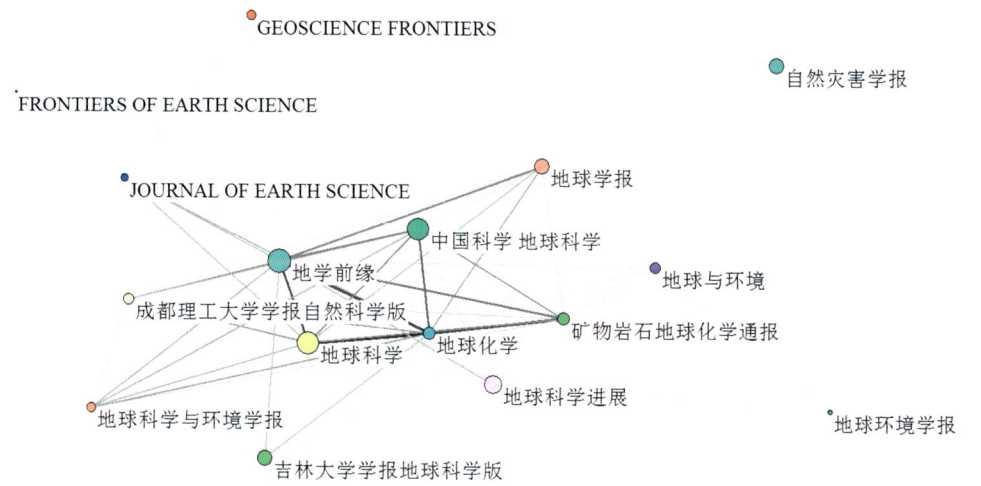

2021年地球科学综合类期刊互引关系示意图

表 7-10　2021 年地球科学综合类期刊主要指标

CODE	刊名	核心总被引频次			核心影响因子			综合评价总分		学科扩散指标	学科影响指标	红点指标
		数值	排名	离均差率	数值	排名	离均差率	数值	排名			
I220	FRONTIERS OF EARTH SCIENCE	73	16	−0.97	0.226	16	−0.81	9.6	16	2.38	0.25	0.22
E050	GEOSCIENCE FRONTIERS	831	13	−0.62	0.806	13	−0.34	24.1	14	8.25	0.94	0.32
E537	JOURNAL OF EARTH SCIENCE	710	14	−0.67	0.824	12	−0.32	23.9	15	9.50	0.75	0.11
E102	成都理工大学学报自然科学版	1212	10	−0.44	0.787	14	−0.35	38.3	13	12.31	0.88	0.39
E024	地球化学	1661	8	−0.23	0.916	11	−0.25	46.4	9	13.31	0.94	0.31
E570	地球环境学报	336	15	−0.84	0.669	15	−0.45	39.4	12	10.69	0.56	0.35
E142	地球科学	5006	3	1.32	2.161	2	0.78	71.0	3	20.63	1.00	0.79
E115	地球科学进展	3378	4	0.56	1.607	4	0.32	69.5	4	35.19	1.00	0.25
E004	地球科学与环境学报	879	12	−0.59	1.174	8	−0.03	45.4	10	12.81	0.94	0.47
E300	地球学报	2318	6	0.07	1.381	5	0.14	52.4	5	17.25	0.94	0.28
E549	地球与环境	1201	11	−0.44	1.261	7	0.04	49.2	6	20.31	0.81	0.35
E357	地学前缘	5522	1	1.56	1.776	3	0.46	75.0	2	24.69	0.94	0.39
E116	吉林大学学报地球科学版	2532	5	0.17	1.286	6	0.06	49.0	7	21.44	0.94	0.36
E504	矿物岩石地球化学通报	1501	9	−0.31	0.950	10	−0.22	47.2	8	14.25	0.88	0.40
A108	中国科学 地球科学	5120	2	1.37	2.568	1	1.11	86.5	1	29.56	1.00	0.24
E137	自然灾害学报	2275	7	0.05	1.063	9	−0.13	40.0	11	27.31	0.69	0.22
	16 种期刊平均值	2160			1.216							

大气科学

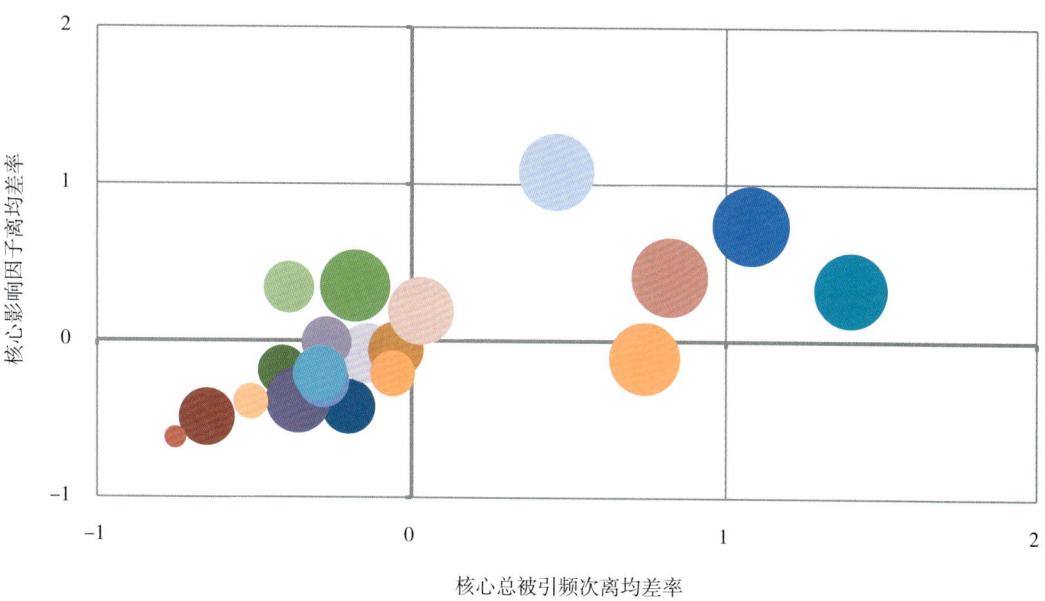

2021 年大气科学类期刊核心总被引频次和核心影响因子离均差率的分布图
（节点大小表示综合评价总分）

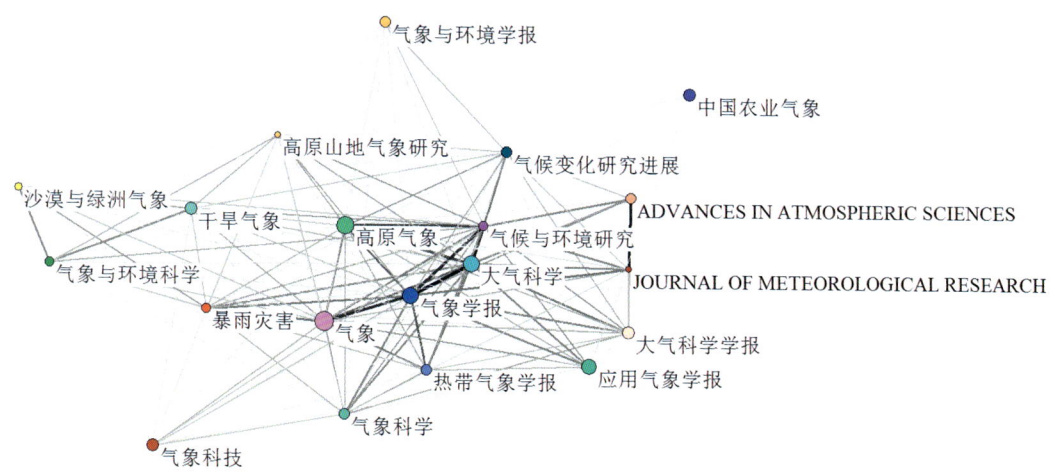

2021 年大气科学类期刊互引关系示意图

表 7-11　2021 年大气科学类期刊主要指标

CODE	刊名	核心总被引频次			核心影响因子			综合评价总分		学科扩散指标	学科影响指标	红点指标
		数值	排名	离均差率	数值	排名	离均差率	数值	排名			
I062	ADVANCES IN ATMOSPHERIC SCIENCES	1332	11	−0.20	0.873	18	−0.42	32.3	13	7.75	1.00	0.25
E092	JOURNAL OF METEOROLOGICAL RESEARCH	579	19	−0.65	0.770	19	−0.49	35.5	10	6.90	1.00	0.04
E045	暴雨灾害	975	17	−0.41	1.221	12	−0.19	27.3	17	4.75	0.95	0.43
E109	大气科学	2901	4	0.74	1.346	11	−0.11	56.7	5	12.25	1.00	0.46
E091	大气科学学报	1440	9	−0.14	1.394	10	−0.08	36.5	9	10.20	1.00	0.44
E048	干旱气象	1585	7	−0.05	1.429	9	−0.06	34.6	11	10.95	1.00	0.43
E005	高原气象	3462	2	1.08	2.627	2	0.74	68.0	1	12.70	1.00	0.54
E546	高原山地气象研究	424	20	−0.75	0.581	20	−0.62	5.4	20	5.10	0.95	0.55
E021	气候变化研究进展	1368	10	−0.18	2.047	4	0.35	55.8	6	16.55	1.00	0.33
E361	气候与环境研究	1069	15	−0.36	0.940	16	−0.38	46.6	8	11.20	1.00	0.44
E352	气象	4003	1	1.40	2.019	6	0.33	62.3	4	14.50	1.00	0.47
E566	气象科技	1562	8	−0.06	1.198	13	−0.21	22.7	18	11.95	0.95	0.31
E359	气象科学	1200	13	−0.28	1.116	15	−0.26	29.8	14	9.75	1.00	0.51
E001	气象学报	3024	3	0.82	2.126	3	0.41	67.6	2	13.00	1.00	0.55
E521	气象与环境科学	1009	16	−0.39	2.020	5	0.34	28.8	15	7.90	1.00	0.56
E633	气象与环境学报	1218	12	−0.27	1.505	8	−0.01	27.9	16	10.85	1.00	0.35
E110	热带气象学报	1182	14	−0.29	1.196	14	−0.21	33.1	12	8.30	1.00	0.47
E635	沙漠与绿洲气象	816	18	−0.51	0.916	17	−0.39	13.7	19	6.05	0.90	0.48
E122	应用气象学报	2435	5	0.46	3.141	1	1.08	64.8	3	13.85	1.00	0.43
H210	中国农业气象	1711	6	0.03	1.794	7	0.19	49.7	7	13.25	0.90	0.28
	20 种期刊平均值	1665			1.513							

地球物理学

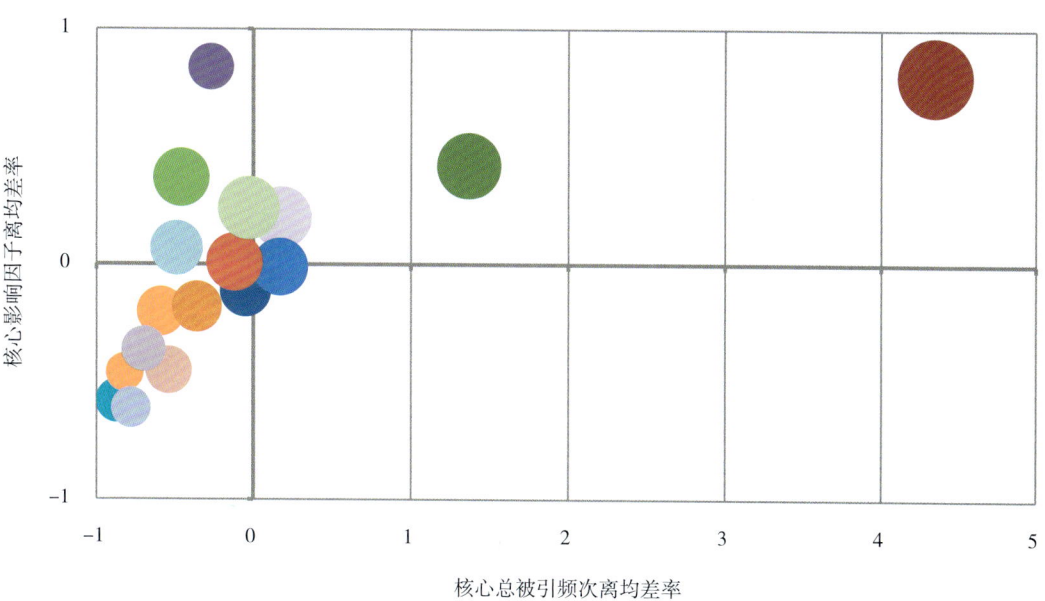

2021年地球物理学类期刊核心总被引频次和核心影响因子离均差率的分布图
（节点大小表示综合评价总分）

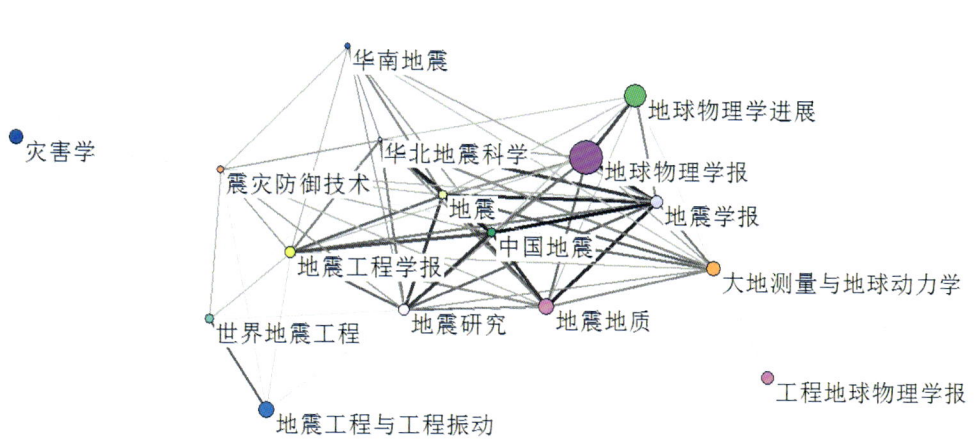

2021年地球物理学类期刊互引关系示意图

表 7-12 2021 年地球物理类期刊主要指标

CODE	刊名	核心总被引频次			核心影响因子			综合评价总分		学科扩散指标	学科影响指标	红点指标
		数值	排名	离均差率	数值	排名	离均差率	数值	排名			
E144	大地测量与地球动力学	1501	6	−0.05	0.672	10	−0.11	37.9	9	14.06	0.82	0.32
E153	地球物理学报	8450	1	4.35	1.359	2	0.80	86.5	1	26.29	1.00	0.35
E308	地球物理学进展	3740	2	1.37	1.076	3	0.42	60.1	2	21.24	1.00	0.31
E306	地震	653	13	−0.59	0.608	12	−0.20	33.6	11	4.18	0.88	0.44
E150	地震地质	1859	3	0.18	0.909	6	0.20	49.5	4	9.71	0.94	0.58
E307	地震工程学报	1008	9	−0.36	0.619	11	−0.18	35.9	10	11.76	1.00	0.43
E118	地震工程与工程振动	1846	4	0.17	0.751	9	−0.01	45.4	7	12.71	0.94	0.46
E143	地震学报	1394	7	−0.12	0.762	8	0.01	45.7	6	9.06	0.94	0.41
E112	地震研究	860	10	−0.46	1.036	4	0.37	46.7	5	7.76	0.94	0.58
E574	工程地球物理学报	1145	8	−0.27	1.395	1	0.84	30.1	13	9.29	0.41	0.33
E141	华北地震科学	199	17	−0.87	0.319	16	−0.58	26.6	15	3.59	0.94	0.36
E103	华南地震	289	16	−0.82	0.410	15	−0.46	20.5	17	4.00	1.00	0.36
E140	空间科学学报	347	15	−0.78	0.299	17	−0.61	22.5	16	7.82	0.29	0.14
E363	世界地震工程	729	12	−0.54	0.415	14	−0.45	31.6	12	9.06	0.71	0.48
E148	灾害学	1526	5	−0.03	0.936	5	0.24	55.1	3	21.35	0.88	0.25
E316	震灾防御技术	469	14	−0.70	0.486	13	−0.36	28.2	14	5.76	0.94	0.36
E351	中国地震	805	11	−0.49	0.810	7	0.07	40.8	8	6.18	1.00	0.34
	17 种期刊平均值	1578			0.757							

地理学

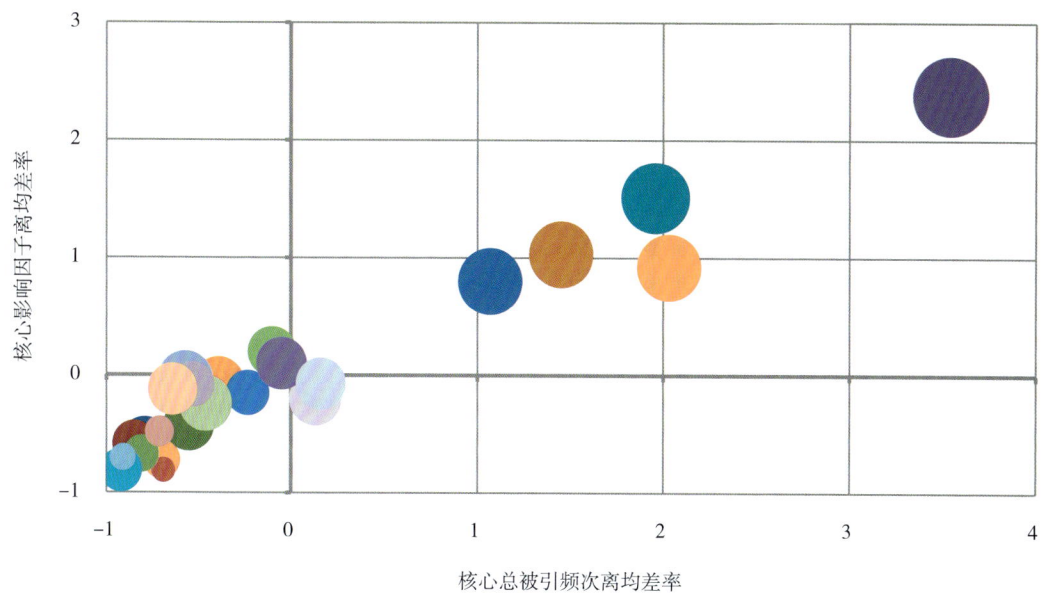

2021年地理学类期刊核心总被引频次和核心影响因子离均差率的分布图
（节点大小表示综合评价总分）

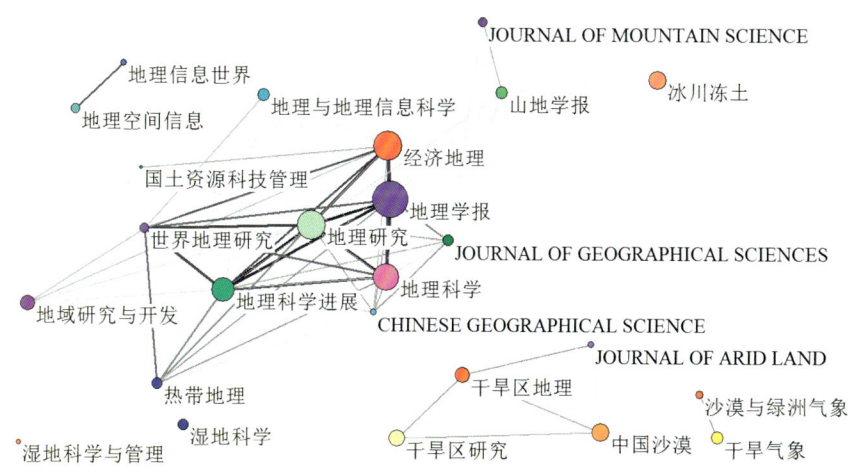

2021年地理学类期刊互引关系示意图

表 7-13　2021 年地理学类期刊主要指标

CODE	刊名	核心总被引频次			核心影响因子			综合评价总分		学科扩散指标	学科影响指标	红点指标
		数值	排名	离均差率	数值	排名	离均差率	数值	排名			
I154	CHINESE GEOGRAPHICAL SCIENCE	583	21	−0.79	0.742	20	−0.58	41.5	9	8.44	0.80	0.30
E049	JOURNAL OF ARID LAND	418	23	−0.85	0.747	19	−0.58	30.8	16	5.40	0.60	0.13
I063	JOURNAL OF GEOGRAPHICAL SCIENCES	1279	15	−0.55	1.024	17	−0.42	40.8	10	10.56	0.96	0.21
I230	JOURNAL OF MOUNTAIN SCIENCE	841	19	−0.70	0.495	23	−0.72	22.7	21	9.36	0.68	0.10
E135	冰川冻土	3195	7	0.13	1.413	15	−0.20	39.2	13	15.48	0.88	0.51
E130	地理科学	6906	4	1.45	3.580	3	1.03	64.9	5	23.80	1.00	0.46
E584	地理科学进展	5818	5	1.07	3.181	5	0.80	65.4	3	22.52	1.00	0.65
E639	地理空间信息	885	18	−0.69	0.332	25	−0.81	9.2	25	10.24	0.68	0.27
E315	地理信息世界	532	22	−0.81	0.579	21	−0.67	20.8	22	6.92	0.48	0.42
E305	地理学报	12784	1	3.54	5.978	1	2.38	92.1	1	28.36	1.00	0.60
E310	地理研究	8327	3	1.96	4.438	2	1.51	74.0	2	25.16	1.00	0.54
E527	地理与地理信息科学	1716	11	−0.39	1.626	11	−0.08	45.3	7	16.32	0.84	0.55
S741	地域研究与开发	2172	10	−0.23	1.503	13	−0.15	29.8	17	12.92	0.80	0.53
E048	干旱气象	1585	12	−0.44	1.429	14	−0.19	27.1	20	8.76	0.56	0.30
E020	干旱区地理	2528	9	−0.10	2.128	6	0.20	36.9	15	14.08	0.88	0.58
E105	干旱区研究	2665	8	−0.05	1.942	7	0.10	40.1	11	13.76	0.88	0.45
E578	国土资源科技管理	219	25	−0.92	0.344	24	−0.81	28.6	19	4.64	0.32	0.47
E599	经济地理	8528	2	2.03	3.392	4	0.92	65.1	4	21.80	0.84	0.61
E563	热带地理	1205	16	−0.57	1.694	8	−0.04	48.4	6	14.20	0.92	0.50
E635	沙漠与绿洲气象	816	20	−0.71	0.916	18	−0.48	14.0	23	4.84	0.44	0.41
E101	山地学报	1509	13	−0.46	1.343	16	−0.24	45.0	8	12.52	0.84	0.43
E302	湿地科学	1314	14	−0.53	1.634	10	−0.08	29.4	18	10.12	0.76	0.29
E636	湿地科学与管理	263	24	−0.91	0.522	22	−0.70	10.8	24	4.52	0.32	0.37
E655	世界地理研究	1022	17	−0.64	1.562	12	−0.12	39.6	12	9.84	0.76	0.54
E124	中国沙漠	3280	6	0.16	1.637	9	−0.07	39.1	14	14.72	0.92	0.39
	25 种期刊平均值	2816			1.767							

地质学

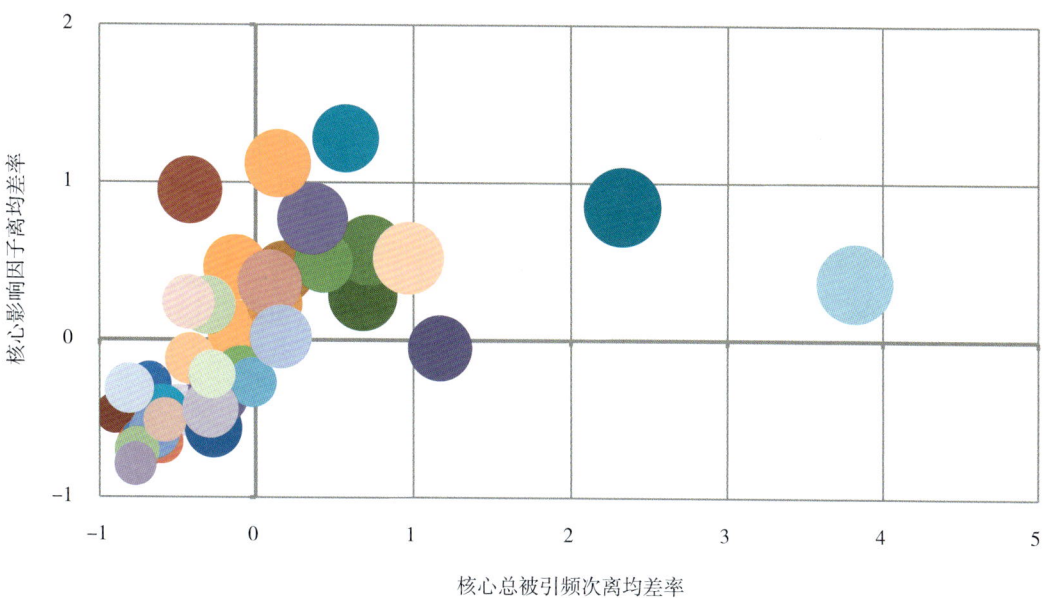

2021 年地质学类期刊核心总被引频次和核心影响因子离均差率的分布图
（节点大小表示综合评价总分）

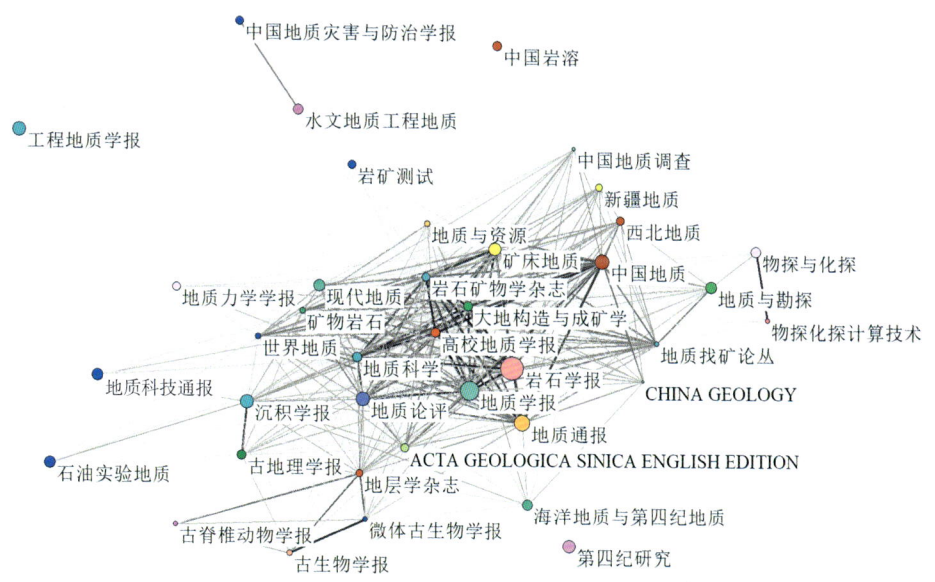

2021 年地质学类期刊互引关系示意图

表 7-14 2021 年地质学类期刊主要指标

CODE	刊名	核心总被引频次			核心影响因子			综合评价总分		学科扩散指标	学科影响指标	红点指标
		数值	排名	离均差率	数值	排名	离均差率	数值	排名			
I059	ACTA GEOLOGICA SINICA ENGLISH EDITION	1121	27	−0.43	0.701	28	−0.45	28.9	28	3.92	0.92	0.02
E096	CHINA GEOLOGY	192	39	−0.90	0.667	31	−0.47	19.1	38	1.21	0.46	0.51
E113	沉积学报	3312	6	0.68	1.621	13	0.28	56.7	6	5.28	0.97	0.69
E146	大地构造与成矿学	1763	17	−0.10	1.309	17	0.04	50.1	11	3.82	0.87	0.67
E133	地层学杂志	1011	28	−0.49	0.696	29	−0.45	28.7	29	2.87	0.87	0.74
E362	地质科技通报	2314	10	0.18	1.812	10	0.43	44.3	16	7.67	0.97	0.44
E139	地质科学	1437	20	−0.27	0.553	33	−0.56	40.8	18	4.15	0.97	0.63
E026	地质力学学报	1151	24	−0.42	2.460	3	0.95	51.9	9	4.67	0.90	0.29
E009	地质论评	3386	5	0.72	1.979	6	0.57	57.9	5	6.72	1.00	0.42
E127	地质通报	4267	3	1.17	1.202	19	−0.05	50.4	10	7.49	1.00	0.55
E010	地质学报	6561	2	2.33	2.340	4	0.85	72.7	2	7.62	1.00	0.53
E151	地质与勘探	2199	13	0.12	1.556	15	0.23	37.3	22	4.97	0.87	0.58
E525	地质与资源	625	33	−0.68	0.914	24	−0.28	23.6	34	3.03	0.74	0.59
E132	地质找矿论丛	520	34	−0.74	0.408	37	−0.68	28.3	31	2.28	0.69	0.70
E301	第四纪研究	2819	8	0.43	1.887	8	0.49	41.5	17	7.62	0.90	0.34
E358	高校地质学报	1495	19	−0.24	0.819	26	−0.35	45.3	15	5.05	0.92	0.29
E360	工程地质学报	3087	7	0.57	2.884	1	1.28	53.1	7	8.54	0.67	0.28
E601	古地理学报	1718	18	−0.13	1.845	9	0.46	49.7	13	3.77	0.90	0.61
E304	古脊椎动物学报	498	35	−0.75	0.475	35	−0.62	13.6	39	1.36	0.51	0.41
E022	古生物学报	786	30	−0.60	0.444	36	−0.65	22.1	36	2.28	0.72	0.41
E155	海洋地质与第四纪地质	1785	16	−0.09	0.987	21	−0.22	38.0	21	5.59	0.90	0.51
E106	矿床地质	2686	9	0.36	2.232	5	0.77	60.1	4	3.31	0.77	1.00
E354	矿物岩石	785	31	−0.60	0.681	30	−0.46	34.6	23	3.82	0.79	0.67
E126	石油实验地质	2250	12	0.14	2.681	2	1.12	53.0	8	3.51	0.85	0.78
E548	世界地质	688	32	−0.65	0.523	34	−0.59	32.1	25	4.46	0.90	0.53
E154	水文地质工程地质	2137	14	0.09	1.722	12	0.36	49.8	12	8.33	0.74	0.37
E052	微体古生物学报	463	36	−0.76	0.380	38	−0.70	24.4	33	1.82	0.59	0.25
E136	物探化探计算技术	459	37	−0.77	0.266	39	−0.79	21.7	37	3.44	0.54	0.17
E138	物探与化探	1928	15	−0.02	0.922	23	−0.27	28.6	30	6.00	0.77	0.26
E125	西北地质	1140	25	−0.42	1.118	20	−0.12	31.1	26	3.51	0.85	0.60
E027	现代地质	2279	11	0.16	1.283	18	0.02	46.0	14	6.64	0.97	0.64
E159	新疆地质	833	29	−0.58	0.617	32	−0.51	22.6	35	3.08	0.85	0.57
E053	岩矿测试	1355	23	−0.31	1.541	16	0.22	39.3	19	6.00	0.79	0.52
E157	岩石矿物学杂志	1407	22	−0.29	0.712	27	−0.44	38.6	20	4.67	0.90	0.55
E309	岩石学报	9492	1	3.82	1.726	11	0.37	73.1	1	5.54	0.97	0.49
E654	中国地质	3872	4	0.97	1.927	7	0.52	60.9	3	7.82	0.97	0.62
E169	中国地质调查	373	38	−0.81	0.878	25	−0.31	30.1	27	3.00	0.79	0.57
E604	中国地质灾害与防治学报	1122	26	−0.43	1.564	14	0.24	34.5	24	5.49	0.51	0.44

表 7-14　2021 年地质学类期刊主要指标（续）

CODE	刊名	核心总被引频次			核心影响因子			综合评价总分		学科扩散指标	学科影响指标	红点指标
		数值	排名	离均差率	数值	排名	离均差率	数值	排名			
E303	中国岩溶	1421	21	−0.28	0.983	22	−0.22	27.2	32	5.90	0.69	0.34
	39 种期刊平均值	1968			1.264							

海洋科学、水文学

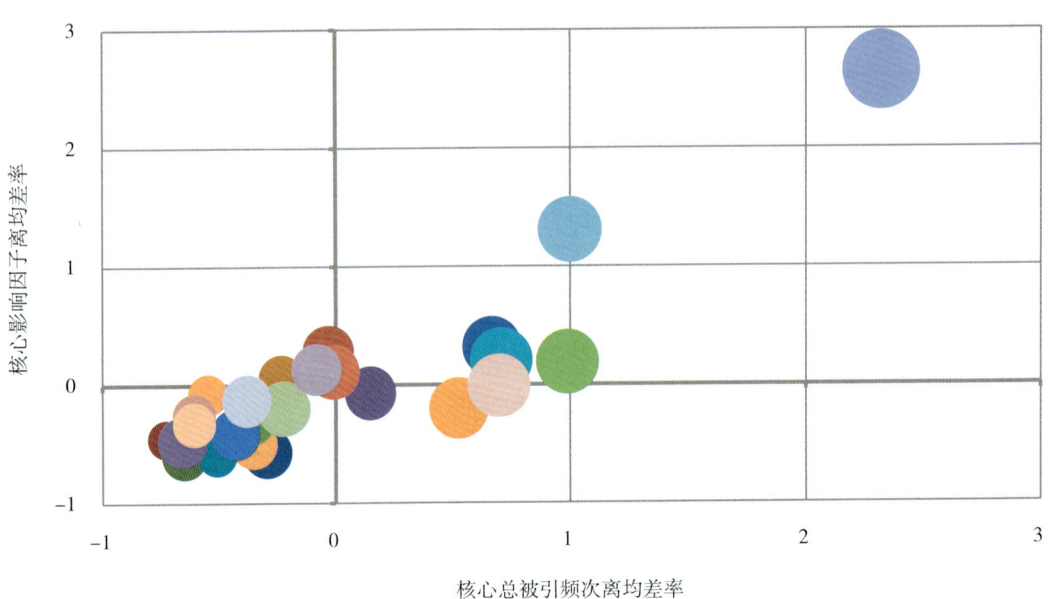

2021年海洋科学、水文学类期刊核心总被引频次和核心影响因子离均差率的分布图
（节点大小表示综合评价总分）

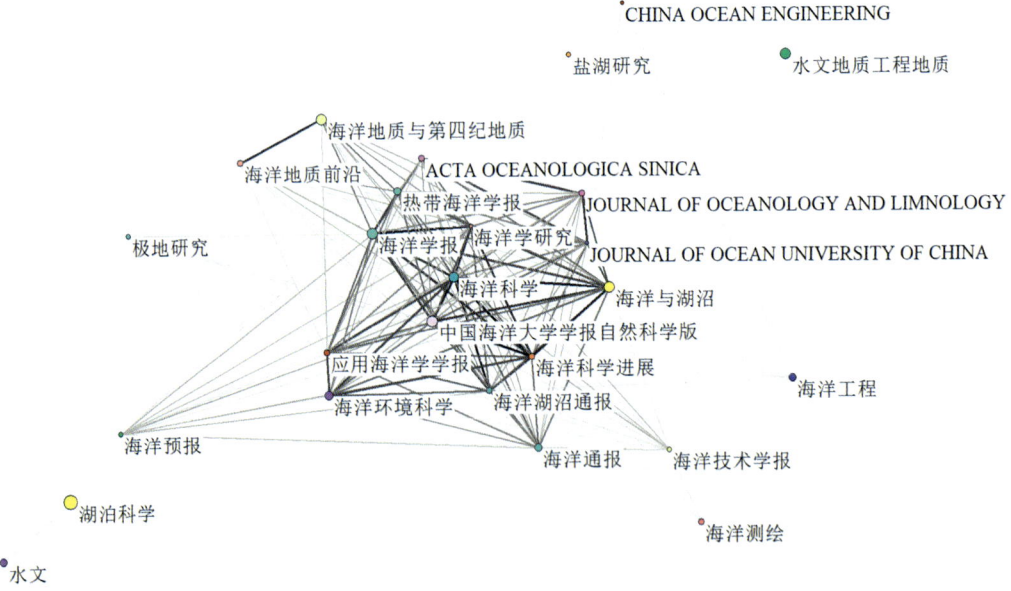

2021年海洋科学、水文学类期刊互引关系示意图

表 7-15 2021 年海洋科学、水文学类期刊主要指标

CODE	刊名	核心总被引频次			核心影响因子			综合评价总分		学科扩散指标	学科影响指标	红点指标
		数值	排名	离均差率	数值	排名	离均差率	数值	排名			
I209	ACTA OCEANOLOGICA SINICA	757	14	-0.29	0.319	24	-0.57	35.8	15	6.50	0.85	0.22
E158	CHINA OCEAN ENGINEERING	293	26	-0.73	0.403	21	-0.46	20.0	25	3.85	0.54	0.00
I120	JOURNAL OF OCEAN UNIVERSITY OF CHINA	377	24	-0.65	0.297	26	-0.60	30.1	20	5.77	0.81	0.09
E012	JOURNAL OF OCEANOLOGY AND LIMNOLOGY	695	15	-0.35	0.370	23	-0.50	33.3	18	6.08	0.81	0.24
E651	海洋测绘	684	17	-0.36	0.689	12	-0.08	9.1	26	5.50	0.69	0.09
E569	海洋地质前沿	822	13	-0.23	0.780	9	0.05	31.0	19	6.81	0.73	0.39
E155	海洋地质与第四纪地质	1785	6	0.67	0.987	3	0.32	49.1	7	8.38	0.92	0.40
E131	海洋工程	1040	10	-0.03	0.951	4	0.28	36.8	13	8.50	0.81	0.29
E312	海洋湖沼通报	686	16	-0.36	0.536	18	-0.28	36.3	14	7.54	0.85	0.52
Z010	海洋环境科学	1232	8	0.15	0.690	11	-0.07	39.1	10	11.00	0.88	0.60
E564	海洋技术学报	522	20	-0.51	0.304	25	-0.59	24.1	23	7.58	0.77	0.28
E145	海洋科学	1638	7	0.53	0.599	15	-0.20	51.0	6	13.23	0.85	0.38
E006	海洋科学进展	605	19	-0.43	0.439	20	-0.41	37.0	12	6.69	0.88	0.40
E311	海洋通报	1054	9	-0.01	0.827	8	0.11	40.2	9	9.38	0.88	0.39
E003	海洋学报	2124	3	0.99	0.883	6	0.19	56.3	3	12.65	0.92	0.41
E149	海洋学研究	366	25	-0.66	0.388	22	-0.48	35.5	16	5.81	0.77	0.53
E008	海洋与湖沼	1833	4	0.71	0.902	5	0.21	54.3	5	10.04	0.92	0.36
E108	海洋预报	482	21	-0.55	0.685	13	-0.08	22.7	24	4.35	0.73	0.55
E111	湖泊科学	3545	1	2.32	2.719	1	2.65	86.0	1	13.08	0.77	0.61
E007	极地研究	413	23	-0.61	0.554	17	-0.26	26.6	22	4.38	0.65	0.44
E642	热带海洋学报	838	12	-0.22	0.597	16	-0.20	41.3	8	8.00	0.81	0.42
E540	水文	980	11	-0.08	0.839	7	0.13	35.2	17	8.35	0.46	0.26
E154	水文地质工程地质	2137	2	1.00	1.722	2	1.31	58.6	2	12.50	0.42	0.27
E500	盐湖研究	417	22	-0.61	0.500	19	-0.33	26.8	21	4.65	0.12	0.08
E123	应用海洋学学报	658	18	-0.38	0.649	14	-0.13	37.2	11	7.35	0.85	0.81
E313	中国海洋大学学报自然科学版	1812	5	0.70	0.739	10	-0.01	54.9	4	17.08	0.96	0.30
	26 种期刊平均值	1069			0.745							

生物学基础学科

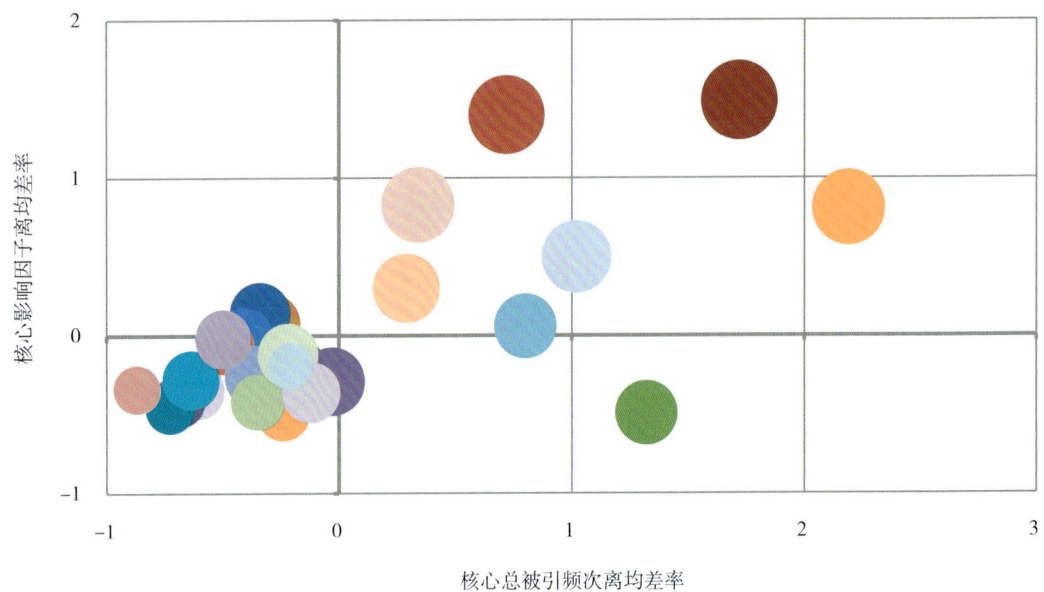

2021年生物学基础学科类期刊核心总被引频次和核心影响因子离均差率的分布图
（节点大小表示综合评价总分）

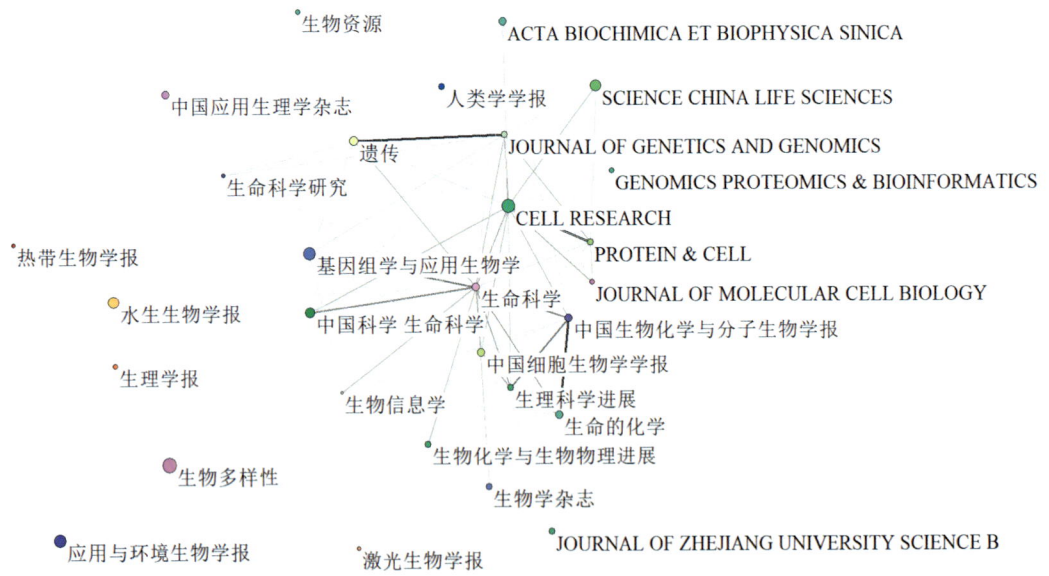

2021年生物学基础学科类期刊互引关系示意图

表 7-16 2021 年生物学基础学科类期刊主要指标

CODE	刊名	核心总被引频次			核心影响因子			综合评价总分		学科扩散指标	学科影响指标	红点指标
		数值	排名	离均差率	数值	排名	离均差率	数值	排名			
F034	ACTA BIOCHIMICA ET BIOPHYSICA SINICA	871	11	−0.19	0.730	15	−0.19	43.2	16	13.45	0.69	0.23
I072	CELL RESEARCH	2934	2	1.72	2.244	1	1.49	74.9	1	21.62	0.90	0.00
I222	GENOMICS PROTEOMICS & BIOINFORMATICS	422	25	−0.61	0.618	21	−0.31	31.5	25	7.79	0.69	0.06
F013	JOURNAL OF GENETICS AND GENOMICS	822	15	−0.24	0.459	28	−0.49	36.7	21	9.86	0.86	0.08
F021	JOURNAL OF MOLECULAR CELL BIOLOGY	424	24	−0.61	0.588	23	−0.35	35.5	22	7.66	0.76	0.20
I159	JOURNAL OF ZHEJIANG UNIVERSITY SCIENCE B	760	16	−0.30	0.964	8	0.07	49.1	10	13.93	0.38	0.08
I129	PROTEIN & CELL	712	18	−0.34	1.026	7	0.14	46.2	13	10.90	0.69	0.06
I150	SCIENCE CHINA LIFE SCIENCES	1854	6	0.72	2.163	2	1.40	73.5	2	20.62	0.90	0.06
H245	基因组学与应用生物学	2503	3	1.32	0.459	28	−0.49	49.4	9	19.86	0.52	0.53
F045	激光生物学报	332	27	−0.69	0.535	25	−0.41	34.3	23	6.86	0.17	0.51
H415	热带生物学报	295	28	−0.73	0.489	27	−0.46	30.5	26	4.97	0.17	0.21
F041	人类学学报	742	17	−0.31	0.634	20	−0.30	18.8	29	2.17	0.07	0.04
F203	生理科学进展	641	21	−0.41	0.888	10	−0.02	46.2	13	11.21	0.45	0.62
F001	生理学报	559	22	−0.48	0.839	12	−0.07	36.8	20	9.59	0.38	0.47
F042	生命的化学	870	12	−0.19	0.699	16	−0.23	32.0	24	11.52	0.38	0.63
F215	生命科学	1047	9	−0.03	0.639	19	−0.29	55.5	7	16.45	0.62	0.66
F046	生命科学研究	385	26	−0.64	0.646	18	−0.28	41.9	17	8.24	0.24	0.46
F049	生物多样性	3440	1	2.19	1.631	4	0.81	67.3	4	12.90	0.41	0.35
F016	生物化学与生物物理进展	692	20	−0.36	0.665	17	−0.26	47.6	11	12.93	0.45	0.36
F040	生物信息学	140	29	−0.87	0.594	22	−0.34	27.6	27	3.72	0.24	0.60
F213	生物学杂志	704	19	−0.35	0.524	26	−0.42	37.0	19	11.17	0.48	0.32
F044	生物资源	541	23	−0.50	0.887	11	−0.02	40.6	18	7.59	0.17	0.24
F010	水生生物学报	1944	5	0.80	0.959	9	0.06	49.5	8	8.14	0.45	0.31
F024	遗传	1387	8	0.29	1.170	6	0.30	56.4	6	14.34	0.72	0.34
F100	应用与环境生物学报	2183	4	1.02	1.356	5	0.50	62.9	5	13.24	0.38	0.26
A107	中国科学生命科学	1446	7	0.34	1.655	3	0.83	67.7	3	19.34	0.79	0.31
F002	中国生物化学与分子生物学报	845	14	−0.22	0.794	13	−0.12	46.5	12	12.59	0.41	0.64
F025	中国细胞生物学学报	945	10	−0.12	0.574	24	−0.36	43.7	15	13.83	0.45	0.57
G130	中国应用生理学杂志	855	13	−0.21	0.732	14	−0.19	25.4	28	8.76	0.34	0.71
	29 种期刊平均值	1079			0.902							

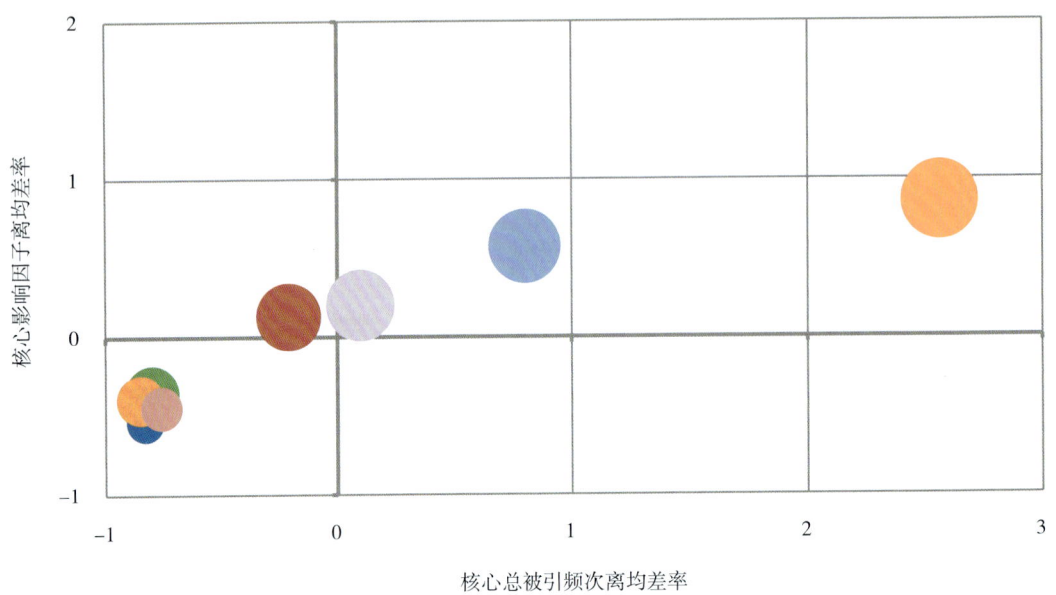

2021年生态学类期刊核心总被引频次和核心影响因子离均差率的分布图
（节点大小表示综合评价总分）

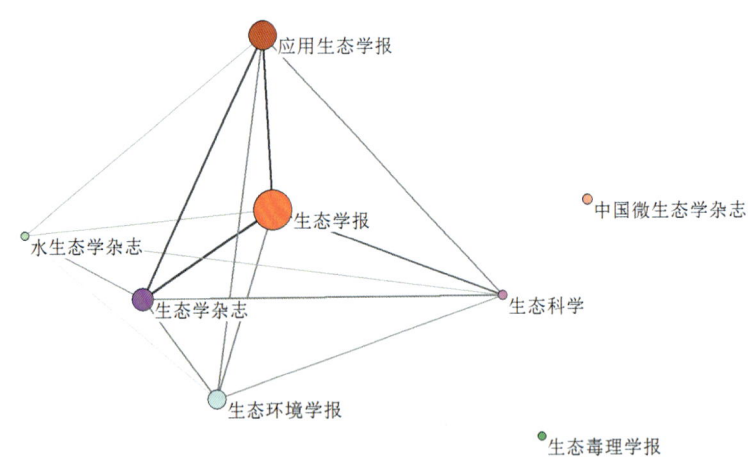

2021年生态学类期刊互引关系示意图

表 7-17　2021 年生态学类期刊主要指标

CODE	刊名	核心总被引频次			核心影响因子			综合评价总分		学科扩散指标	学科影响指标	红点指数
		数值	排名	离均差率	数值	排名	离均差率	数值	排名			
Z034	生态毒理学报	1284	7	−0.83	0.804	8	−0.54	19.8	8	39.25	0.88	0.31
H784	生态环境学报	6030	4	−0.21	1.967	4	0.13	57.0	4	75.13	0.88	0.56
Z512	生态科学	1534	6	−0.80	1.125	5	−0.36	40.7	5	47.00	0.88	0.55
Z014	生态学报	27307	1	2.56	3.249	1	0.86	80.9	1	96.38	1.00	0.53
Z028	生态学杂志	8422	3	0.10	2.092	3	0.20	61.5	3	70.13	0.88	0.51
H850	水生态学杂志	1127	8	−0.85	1.041	6	−0.40	31.4	6	27.25	0.88	0.36
Z018	应用生态学报	13804	2	0.80	2.737	2	0.57	70.6	2	78.25	0.88	0.50
G517	中国微生态学杂志	1813	5	−0.76	0.956	7	−0.45	24.3	7	57.38	0.38	0.49
	8 种期刊平均值	7665			1.746							

植物学

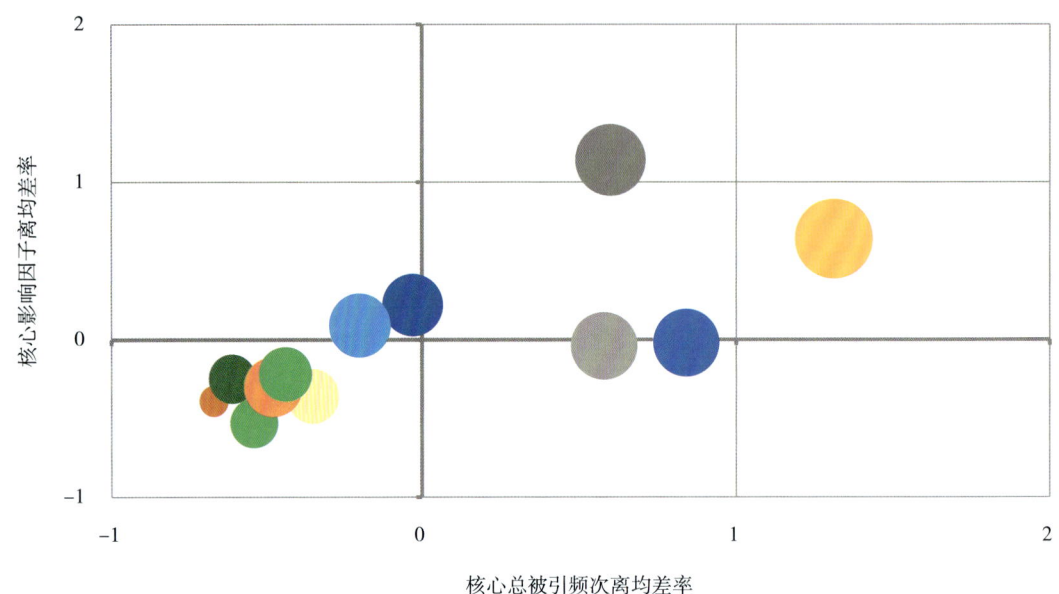

2021年植物学类期刊核心总被引频次和核心影响因子离均差率的分布图
（节点大小表示综合评价总分）

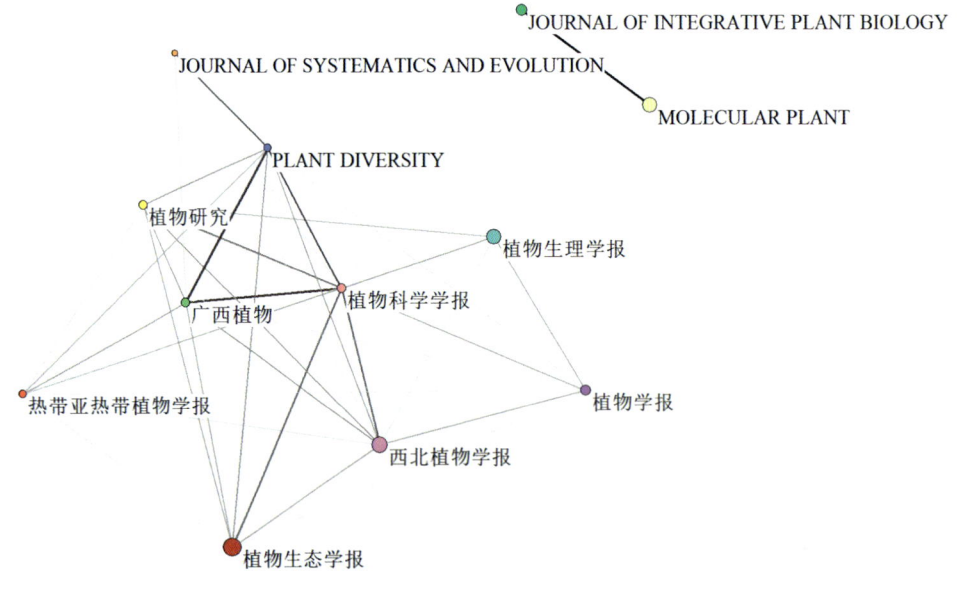

2021年植物学类期刊互引关系示意图

表 7-18 2021 年植物学类期刊主要指标

CODE	刊名	核心总被引频次			核心影响因子			综合评价总分		学科扩散指标	学科影响指标	红点指标
		数值	排名	离均差率	数值	排名	离均差率	数值	排名			
F029	JOURNAL OF INTEGRATIVE PLANT BIOLOGY	2043	5	−0.03	1.536	3	0.22	49.1	6	25.58	1.00	0.39
F039	JOURNAL OF SYSTEMATICS AND EVOLUTION	708	12	−0.67	0.762	11	−0.39	12.1	12	11.58	0.92	0.19
F019	MOLECULAR PLANT	3390	3	0.60	2.681	1	1.14	64.6	2	22.67	1.00	0.19
F007	PLANT DIVERSITY	968	10	−0.54	0.594	12	−0.53	30.7	10	16.75	0.92	0.36
F028	广西植物	1370	7	−0.35	0.804	10	−0.36	35.5	9	23.83	0.83	0.41
F228	热带亚热带植物学报	831	11	−0.61	0.944	8	−0.25	30.6	11	18.25	0.75	0.60
F020	西北植物学报	3901	2	0.84	1.225	5	−0.02	58.4	3	28.42	0.83	0.49
F008	植物科学学报	1105	9	−0.48	0.880	9	−0.30	44.7	7	20.42	0.83	0.29
F038	植物生理学报	3341	4	0.58	1.205	6	−0.04	57.8	4	24.58	0.75	0.54
F009	植物生态学报	4883	1	1.31	2.058	2	0.64	80.4	1	30.17	0.83	0.29
F023	植物学报	1688	6	−0.20	1.373	4	0.09	52.1	5	25.08	0.92	0.46
F050	植物研究	1179	8	−0.44	0.983	7	−0.22	37.2	8	20.17	0.83	0.45
	12 种期刊平均值	2117			1.254							

昆虫学、动物学

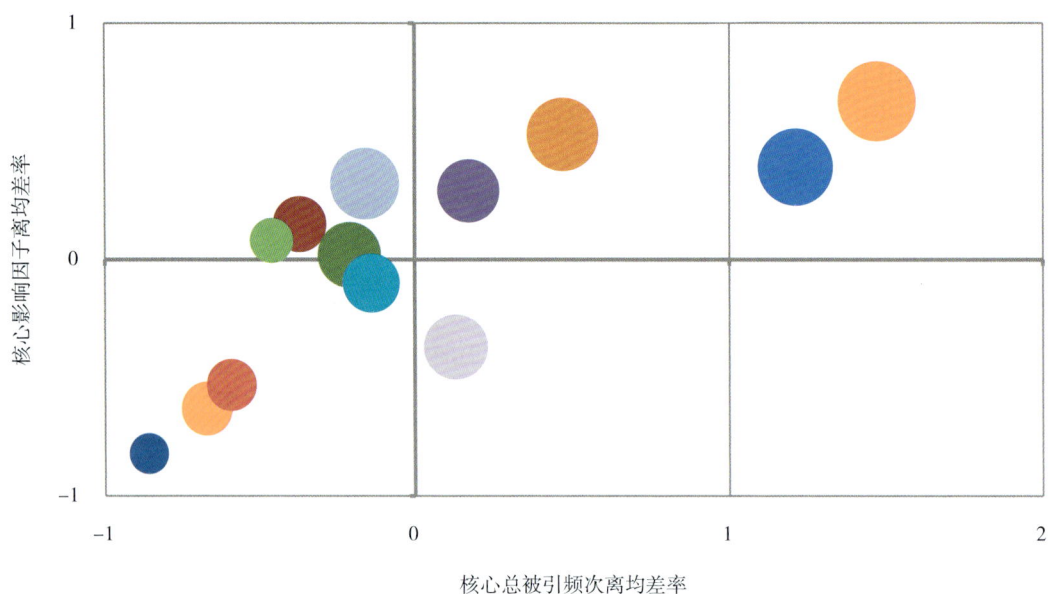

2021年昆虫学、动物学类期刊核心总被引频次和核心影响因子离均差率的分布图
（节点大小表示综合评价总分）

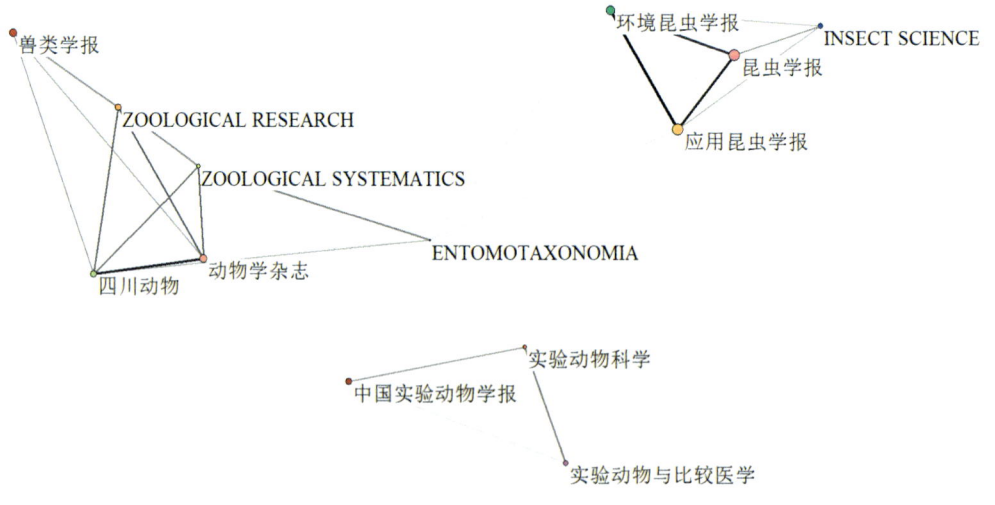

2021年昆虫学、动物学类期刊互引关系示意图

表 7-19 2021年昆虫学、动物学类期刊主要指标

CODE	刊名	核心总被引频次			核心影响因子			综合评价总分		学科扩散指标	学科影响指标	红点指标
		数值	排名	离均差率	数值	排名	离均差率	数值	排名			
F005	ENTOMOTAXONOMIA	118	13	−0.86	0.120	13	−0.82	21.6	13	2.92	0.46	0.95
I012	INSECT SCIENCE	545	9	−0.37	0.766	6	0.15	40.5	9	9.08	0.54	0.08
F022	ZOOLOGICAL RESEARCH	686	8	−0.21	0.679	8	0.02	55.3	5	15.31	0.69	0.04
F014	ZOOLOGICAL SYSTEMATICS	287	12	−0.67	0.245	12	−0.63	37.7	10	7.69	0.69	0.67
F043	动物学杂志	982	5	0.13	0.424	10	−0.37	52.0	7	14.92	0.54	0.39
H049	环境昆虫学报	1275	3	0.47	1.025	2	0.53	70.0	3	14.38	0.46	0.40
F015	昆虫学报	1923	2	1.21	0.928	3	0.39	77.8	2	16.77	0.62	0.54
F257	实验动物科学	359	11	−0.59	0.317	11	−0.53	35.1	11	12.15	0.31	0.36
G387	实验动物与比较医学	473	10	−0.46	0.722	7	0.08	26.3	12	10.85	0.23	0.67
F033	兽类学报	1022	4	0.17	0.863	5	0.29	52.3	6	7.77	0.38	0.21
F027	四川动物	750	6	−0.14	0.600	9	−0.10	45.6	8	13.92	0.62	0.43
F035	应用昆虫学报	2151	1	1.47	1.118	1	0.67	82.8	1	19.69	0.54	0.38
F047	中国实验动物学报	733	7	−0.16	0.880	4	0.32	67.0	4	20.77	0.23	0.47
	13种期刊平均值	870			0.668							

微生物学、病毒学

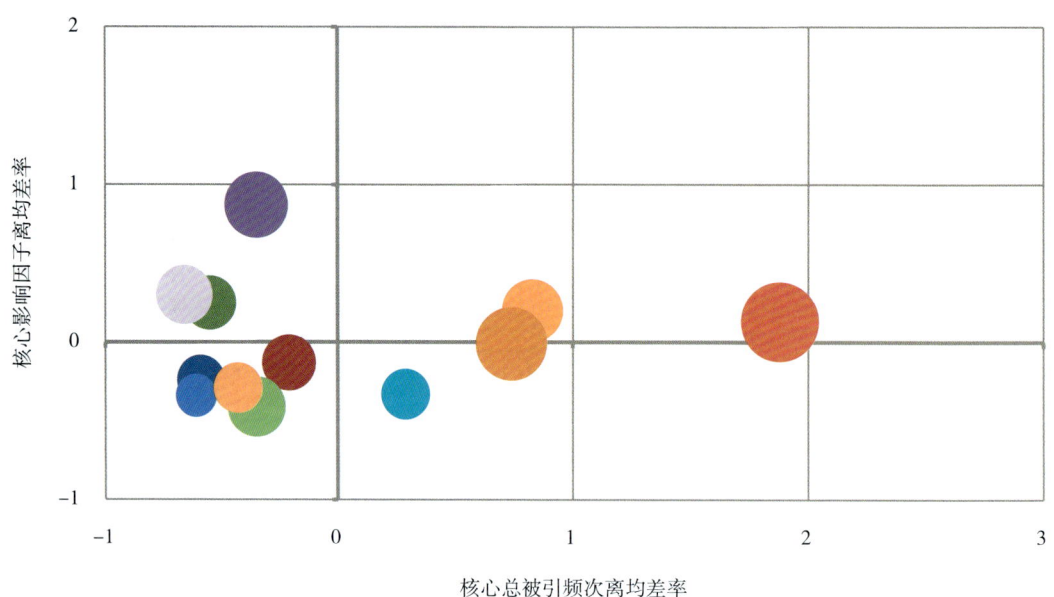

2021年微生物学、病毒学类期刊核心总被引频次和核心影响因子离均差率的分布图
（节点大小表示综合评价总分）

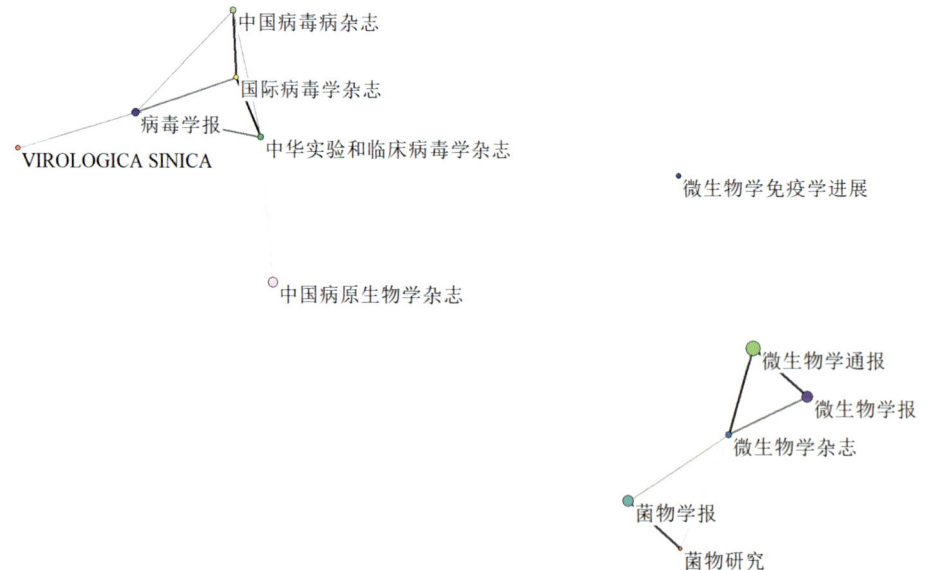

2021年微生物学、病毒学类期刊互引关系示意图

表 7-20 2021 年微生物学、病毒学类期刊主要指标

CODE	刊名	核心总被引频次			核心影响因子			综合评价总分		学科扩散指标	学科影响指标	红点指标
		数值	排名	离均差率	数值	排名	离均差率	数值	排名			
G095	VIROLOGICA SINICA	458	10	−0.59	0.813	8	−0.24	29.5	11	15.08	0.75	0.04
G018	病毒学报	878	5	−0.21	0.934	7	−0.13	37.7	7	19.17	0.83	0.51
G495	国际病毒学杂志	502	9	−0.55	1.340	3	0.25	34.8	8	9.67	0.42	0.60
F018	菌物学报	2026	2	0.83	1.289	4	0.20	47.0	4	24.50	0.42	0.32
C325	菌物研究	376	12	−0.66	1.403	2	0.30	38.5	6	9.75	0.33	0.31
F004	微生物学报	1923	3	0.74	1.070	6	−0.01	64.3	2	33.92	0.75	0.27
F206	微生物学免疫学进展	431	11	−0.61	0.709	11	−0.34	22.0	12	15.00	0.83	0.51
F011	微生物学通报	3177	1	1.88	1.215	5	0.13	75.2	1	42.08	0.58	0.32
F225	微生物学杂志	715	7	−0.35	0.634	12	−0.41	42.5	5	24.67	0.67	0.41
G769	中国病毒病杂志	720	6	−0.35	2.013	1	0.87	52.0	3	19.17	0.58	0.70
G339	中国病原生物学杂志	1425	4	0.29	0.724	10	−0.33	30.6	9	28.00	0.67	0.52
G162	中华实验和临床病毒学杂志	631	8	−0.43	0.762	9	−0.29	30.0	10	16.33	0.58	0.67
	12 种期刊平均值	1105			1.076							

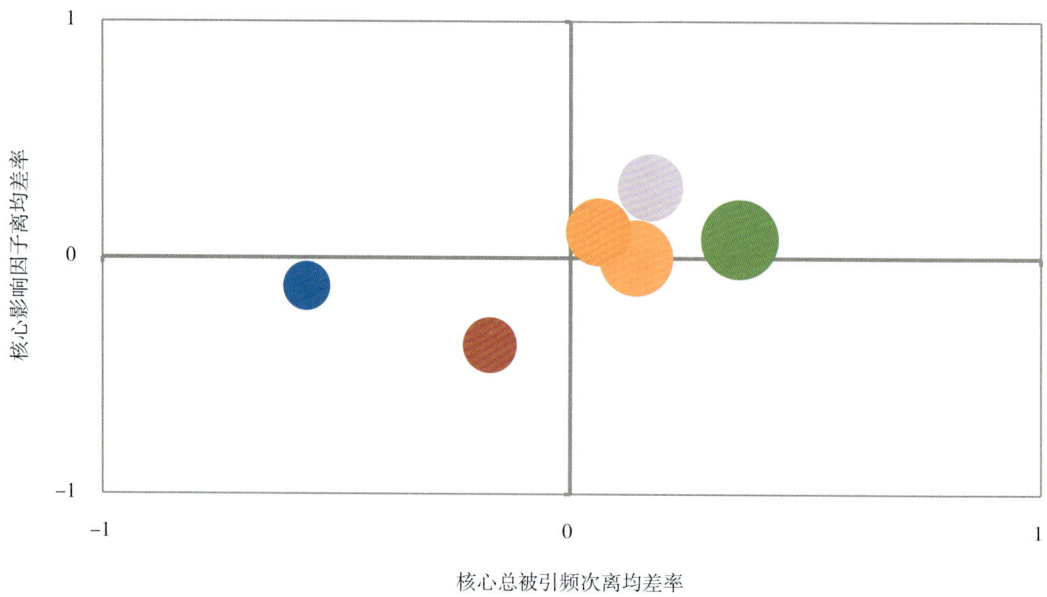

2021年心理学类期刊核心总被引频次和核心影响因子离均差率的分布图
（节点大小表示综合评价总分）

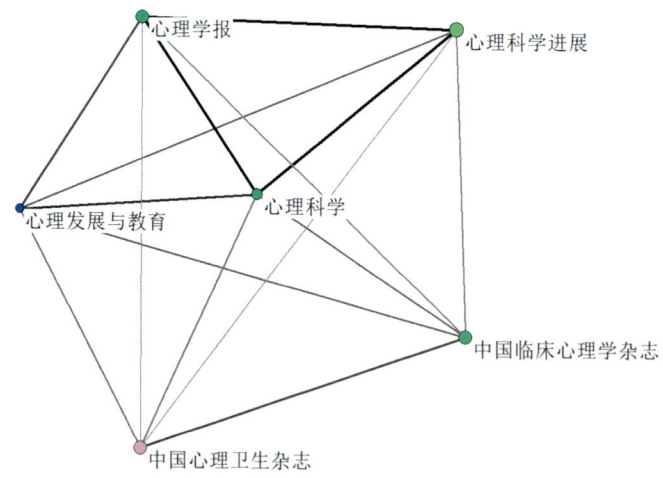

2021年心理学类期刊互引关系示意图

表 7-21　2021 年心理学类期刊主要指标

CODE	刊名	核心总被引频次			核心影响因子			综合评价总分		学科扩散指标	学科影响指标	红点指标
		数值	排名	离均差率	数值	排名	离均差率	数值	排名			
S700	心理发展与教育	1134	6	−0.56	0.896	5	−0.12	32.6	6	31.00	1.00	0.58
S918	心理科学	2146	5	−0.17	0.641	6	−0.37	42.1	5	60.33	1.00	0.23
S919	心理科学进展	3484	1	0.36	1.103	3	0.08	86.5	1	87.17	1.00	0.20
E046	心理学报	2940	3	0.14	1.017	4	0.00	78.2	2	77.83	1.00	0.16
G221	中国临床心理学杂志	3004	2	0.17	1.319	1	0.30	58.1	4	57.83	1.00	0.52
G117	中国心理卫生杂志	2720	4	0.06	1.129	2	0.11	62.2	3	68.33	1.00	0.63
	6 种期刊平均值	2571			1.018							

农业综合

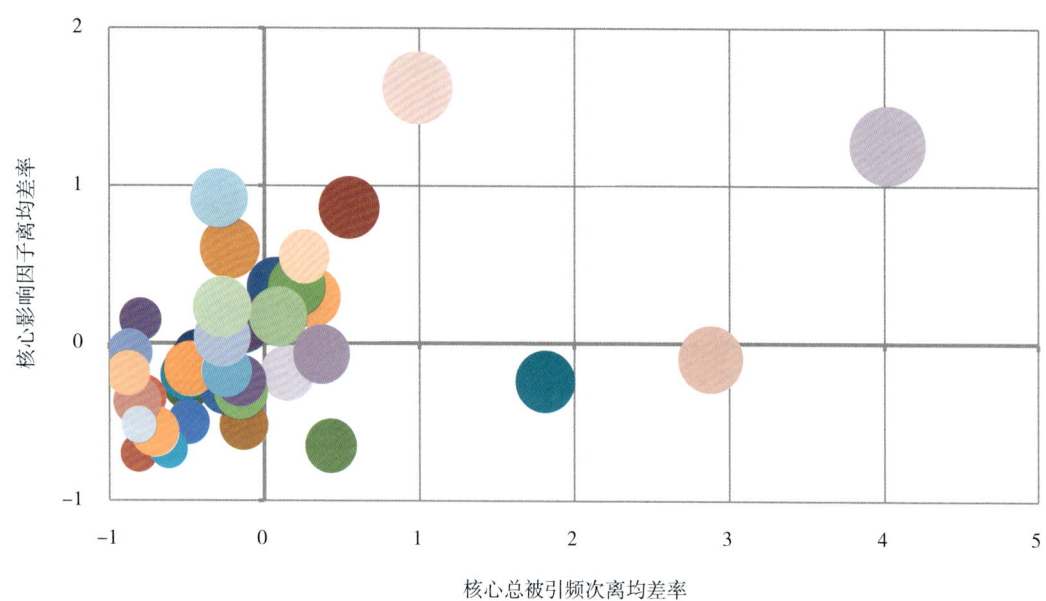

2021年农业综合类期刊核心总被引频次和核心影响因子离均差率的分布图
（节点大小表示综合评价总分）

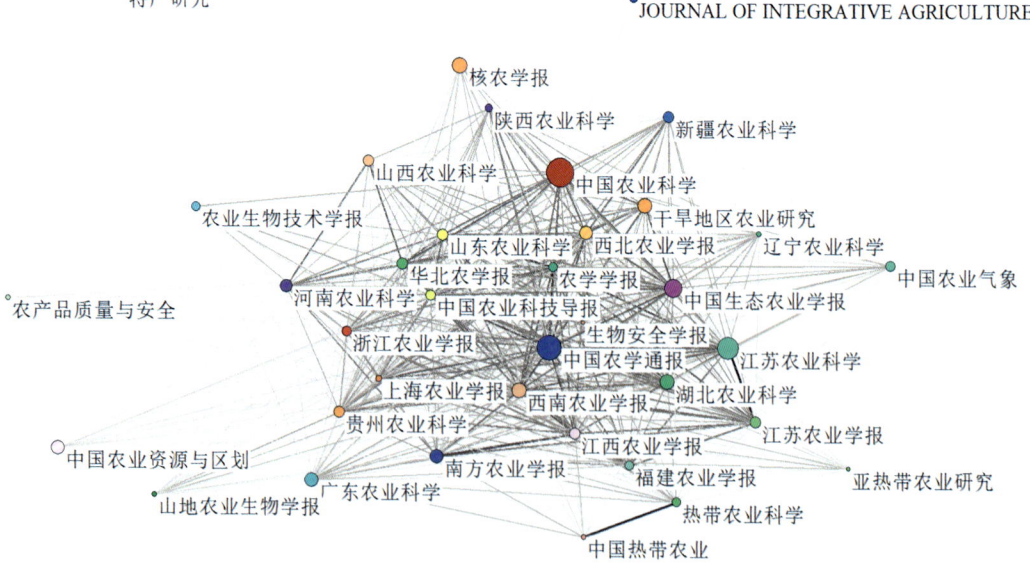

2021年农业综合类期刊互引关系示意图

表 7-22 2021 年农业综合类期刊主要指标

CODE	刊名	核心总被引频次			核心影响因子			综合评价总分		学科扩散指标	学科影响指标	红点指标
		数值	排名	离均差率	数值	排名	离均差率	数值	排名			
H017	JOURNAL OF INTEGRATIVE AGRICULTURE	1377	24	−0.43	0.858	17	−0.08	38.8	23	6.89	0.84	0.02
H227	东北农业科学	1130	29	−0.53	0.812	19	−0.13	18.6	38	5.55	0.95	0.63
H265	福建农业学报	1206	27	−0.50	0.690	27	−0.26	36.4	26	6.92	0.95	0.65
H045	干旱地区农业研究	3149	8	0.31	1.207	9	0.29	51.0	8	8.26	0.89	0.76
H228	广东农业科学	2767	11	0.15	0.760	22	−0.19	41.0	20	11.42	1.00	0.66
H275	贵州农业科学	2083	14	−0.13	0.452	33	−0.52	35.0	28	9.71	0.97	0.73
H356	河南农业科学	2564	13	0.07	1.271	7	0.36	47.3	15	9.13	0.95	0.72
H042	核农学报	3725	5	0.55	1.742	4	0.86	54.9	4	8.97	0.97	0.66
H203	湖北农业科学	3441	6	0.43	0.328	36	−0.65	41.2	18	14.61	1.00	0.49
H032	华北农学报	2066	15	−0.14	1.051	13	0.12	47.9	14	6.76	0.97	0.88
H700	江苏农业科学	6749	3	1.81	0.706	26	−0.24	54.1	5	17.42	1.00	0.63
H199	江苏农业学报	1871	18	−0.22	1.494	5	0.60	52.7	6	8.32	0.92	0.57
H701	江西农业学报	1790	20	−0.25	0.673	28	−0.28	41.2	19	9.26	0.95	0.61
H261	辽宁农业科学	449	35	−0.81	0.279	38	−0.70	20.2	36	3.53	0.87	0.66
H069	南方农业学报	2902	10	0.21	1.267	8	0.36	50.0	9	9.50	1.00	0.72
H071	农产品质量与安全	475	33	−0.80	1.077	12	0.15	26.1	34	3.68	0.71	0.40
H105	农学学报	1179	28	−0.51	0.744	24	−0.20	38.9	22	7.24	1.00	0.77
H286	农业生物技术学报	1241	25	−0.48	0.784	20	−0.16	42.7	16	6.29	0.87	0.50
H516	热带农业科学	1220	26	−0.49	0.472	32	−0.50	28.0	33	6.29	0.92	0.62
H070	山地农业生物学报	522	32	−0.78	0.612	30	−0.35	30.6	31	4.84	0.76	0.53
H804	山东农业科学	2029	17	−0.15	0.644	29	−0.31	42.4	17	7.92	1.00	0.76
H390	山西农业科学	2043	16	−0.15	0.712	25	−0.24	37.3	25	8.05	0.95	0.74
H217	陕西农业科学	910	30	−0.62	0.312	37	−0.67	21.4	35	6.29	0.95	0.69
H282	上海农业学报	697	31	−0.71	0.413	35	−0.56	35.4	27	5.47	0.92	0.61
H080	生物安全学报	305	37	−0.87	0.880	15	−0.06	30.7	30	2.74	0.58	0.36
H041	特产研究	435	36	−0.82	0.588	31	−0.37	34.3	29	4.89	0.53	0.50
H288	西北农业学报	2607	12	0.09	1.096	11	0.17	49.9	10	8.58	0.92	0.69
H061	西南农业学报	3288	7	0.37	0.872	16	−0.07	49.7	12	9.87	1.00	0.66
H276	新疆农业科学	1813	19	−0.24	0.767	21	−0.18	38.3	24	7.16	1.00	0.68
H200	亚热带农业研究	283	38	−0.88	0.753	23	−0.19	29.3	32	2.71	0.61	0.54
H201	浙江农业学报	1743	22	−0.27	0.969	14	0.04	48.7	13	9.79	0.95	0.56
H958	中国农学通报	9296	2	2.88	0.837	18	−0.10	63.6	3	17.34	1.00	0.68
H567	中国农业科技导报	1762	21	−0.27	1.146	10	0.23	51.4	7	9.42	0.95	0.62
H030	中国农业科学	12035	1	4.02	2.111	2	1.26	88.4	1	13.21	1.00	0.67
H210	中国农业气象	1711	23	−0.29	1.794	3	0.92	49.8	11	6.97	0.84	0.60
H221	中国农业资源与区划	3019	9	0.26	1.451	6	0.55	40.3	21	10.39	0.87	0.43
H081	中国热带农业	450	34	−0.81	0.451	34	−0.52	18.7	37	2.74	0.50	0.57
H555	中国生态农业学报	4783	4	0.99	2.446	1	1.62	74.7	2	11.74	0.97	0.53
	38 种期刊平均值	2398			0.935							

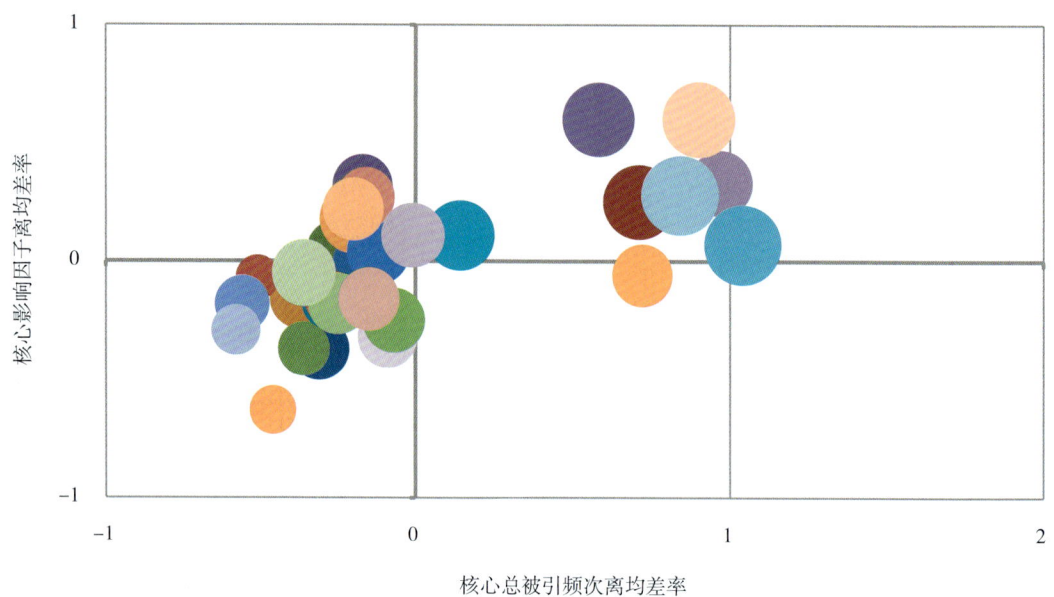

2021年农业大学学报类期刊核心总被引频次和核心影响因子离均差率的分布图
（节点大小表示综合评价总分）

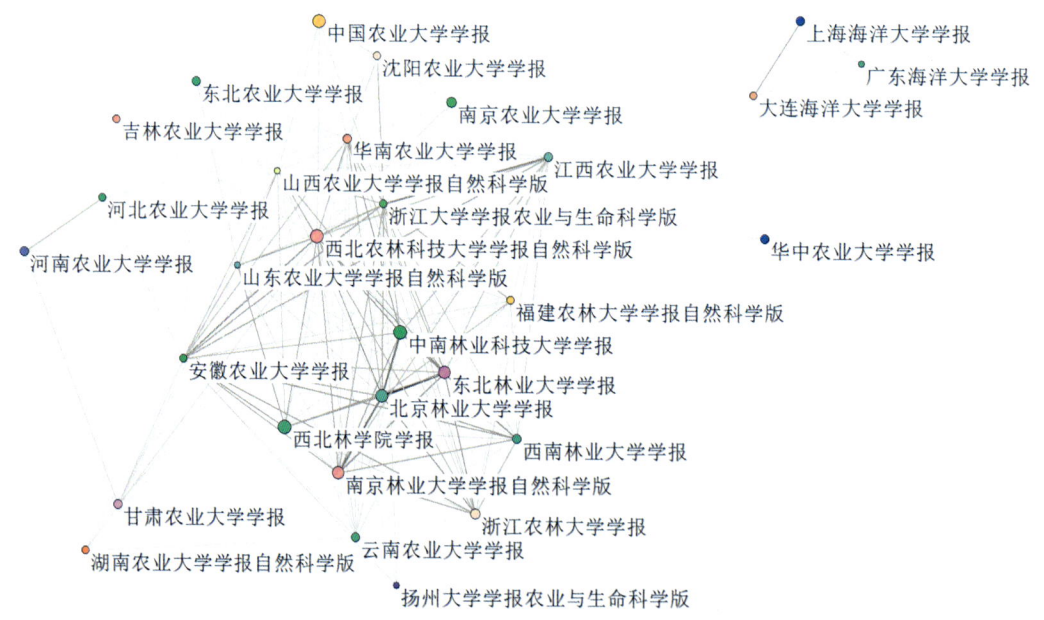

2021年农业大学学报类期刊互引关系示意图

表 7-23　2021 年农业大学学报类期刊主要指标

CODE	刊名	核心总被引频次			核心影响因子			综合评价总分		学科扩散指标	学科影响指标	红点指标
		数值	排名	离均差率	数值	排名	离均差率	数值	排名			
H002	安徽农业大学学报	1006	23	−0.31	0.663	28	−0.37	47.9	16	10.97	0.93	0.41
H025	北京林业大学学报	2481	6	0.71	1.325	7	0.25	68.9	4	11.70	0.83	0.38
H005	大连海洋大学学报	1075	20	−0.26	1.108	13	0.05	39.7	22	6.47	0.67	0.40
H262	东北林业大学学报	2489	5	0.72	0.994	17	−0.06	47.9	16	12.33	0.90	0.47
H006	东北农业大学学报	1322	11	−0.09	0.721	27	−0.32	44.6	20	11.07	0.87	0.43
H268	福建农林大学学报自然科学版	902	26	−0.38	0.884	21	−0.16	41.8	21	8.63	0.77	0.52
H047	甘肃农业大学学报	1188	16	−0.18	1.045	15	−0.01	38.5	24	9.80	0.87	0.42
H272	广东海洋大学学报	711	28	−0.51	0.985	18	−0.07	24.9	30	5.13	0.33	0.38
H244	河北农业大学学报	926	25	−0.36	0.661	29	−0.37	36.1	27	9.57	0.87	0.51
H011	河南农业大学学报	1209	15	−0.17	1.394	4	0.32	48.1	15	9.23	0.77	0.48
H060	湖南农业大学学报自然科学版	1048	22	−0.28	0.875	22	−0.17	38.2	25	9.17	0.83	0.58
H013	华南农业大学学报	1156	18	−0.20	1.252	9	0.18	59.8	7	9.97	0.87	0.43
H003	华中农业大学学报	1283	12	−0.12	1.101	14	0.04	52.6	10	10.00	0.87	0.45
H243	吉林农业大学学报	1058	21	−0.27	0.890	19	−0.16	37.8	26	9.40	0.70	0.51
H283	江西农业大学学报	1353	10	−0.07	0.794	25	−0.25	51.6	12	10.70	0.87	0.54
H033	南京林业大学学报自然科学版	2294	7	0.58	1.695	1	0.60	67.7	5	12.87	0.90	0.46
H021	南京农业大学学报	1651	8	0.14	1.177	10	0.11	61.2	6	10.93	1.00	0.51
H031	山东农业大学学报自然科学版	785	27	−0.46	0.390	30	−0.63	29.2	29	11.30	0.70	0.39
H393	山西农业大学学报自然科学版	645	29	−0.56	0.862	24	−0.18	39.3	23	7.73	0.83	0.65
H292	上海海洋大学学报	1214	14	−0.16	1.344	6	0.27	44.9	19	6.73	0.43	0.37
H024	沈阳农业大学学报	1092	19	−0.25	0.863	23	−0.18	46.4	18	9.13	0.93	0.50
H224	西北林学院学报	2854	2	0.97	1.402	3	0.33	53.7	9	12.33	0.90	0.39
H018	西北农林科技大学学报自然科学版	2955	1	1.04	1.132	12	0.07	78.4	1	15.20	0.93	0.44
H270	西南林业大学学报	1167	17	−0.20	1.287	8	0.22	48.7	14	8.70	0.83	0.68
H016	扬州大学学报农业与生命科学版	610	30	−0.58	0.753	26	−0.29	31.5	28	6.97	0.70	0.45
H269	云南农业大学学报	1235	13	−0.15	0.890	19	−0.16	49.2	13	9.73	0.83	0.49
H035	浙江大学学报农业与生命科学版	934	24	−0.36	1.000	16	−0.05	54.7	8	9.37	0.90	0.56
H019	浙江农林大学学报	1441	9	−0.01	1.170	11	0.11	51.9	11	9.83	0.70	0.61
H027	中国农业大学学报	2665	4	0.84	1.348	5	0.28	78.0	2	15.97	1.00	0.37
H053	中南林业科技大学学报	2754	3	0.90	1.690	2	0.60	69.9	3	12.07	0.87	0.51
	30 种期刊平均值	1450			1.057							

农艺学

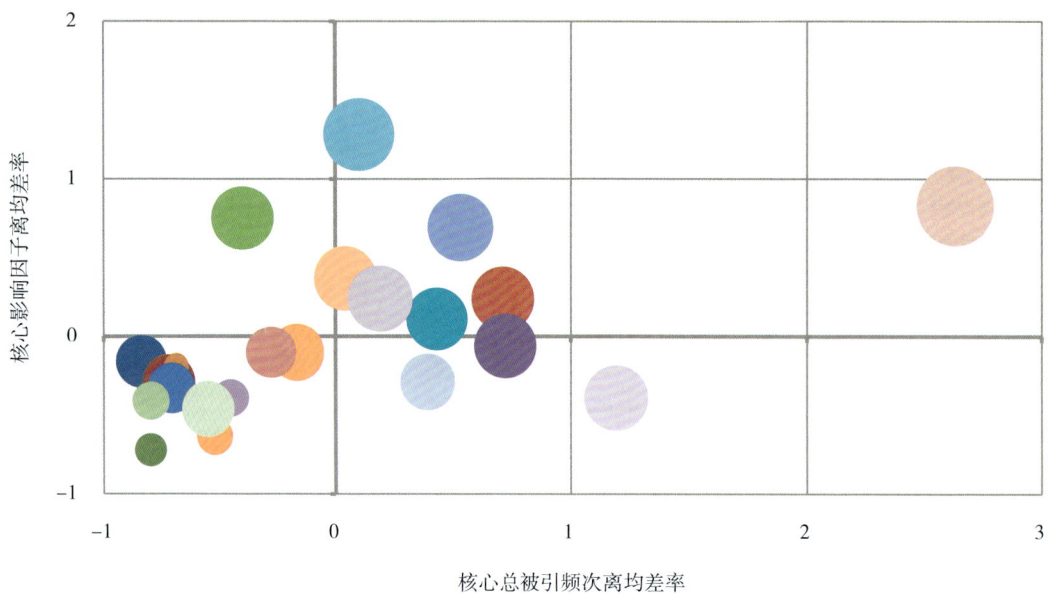

2021年农艺学类期刊核心总被引频次和核心影响因子离均差率的分布图
（节点大小表示综合评价总分）

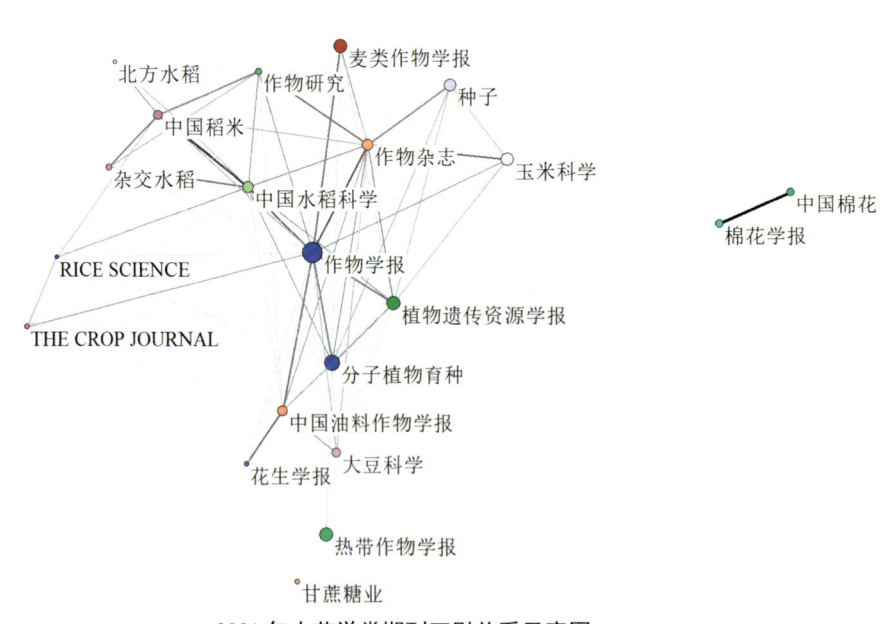

2021年农艺学类期刊互引关系示意图

表 7-24 2021 年农艺学类期刊主要指标

CODE	刊名	核心总被引频次			核心影响因子			综合评价总分		学科扩散指标	学科影响指标	红点指标
		数值	排名	离均差率	数值	排名	离均差率	数值	排名			
I065	RICE SCIENCE	268	22	−0.84	0.980	12	−0.16	37.8	15	4.73	0.59	0.44
H064	THE CROP JOURNAL	468	19	−0.72	0.830	14	−0.29	41.7	14	5.55	0.73	0.22
H128	北方水稻	336	21	−0.80	0.324	22	−0.72	14.9	21	3.55	0.59	0.74
H038	大豆科学	1406	11	−0.17	1.044	11	−0.10	45.2	11	9.91	0.68	0.75
H845	分子植物育种	3719	2	1.19	0.710	18	−0.39	54.9	9	14.05	1.00	0.61
H844	甘蔗糖业	527	17	−0.69	0.945	13	−0.19	9.6	22	2.77	0.32	0.37
H665	花生学报	492	18	−0.71	0.783	16	−0.33	34.5	17	4.32	0.50	0.69
H748	麦类作物学报	2900	4	0.71	1.448	7	0.24	56.9	5	9.68	0.82	0.80
H037	棉花学报	1017	13	−0.40	2.038	3	0.75	55.2	8	6.18	0.77	0.83
H223	热带作物学报	2928	3	0.72	1.091	9	−0.06	56.4	6	14.32	0.77	0.46
H909	玉米科学	2423	6	0.43	1.296	8	0.11	54.2	10	8.59	0.86	0.91
H293	杂交水稻	811	15	−0.52	0.433	21	−0.63	20.1	18	4.45	0.77	0.95
H238	植物遗传资源学报	2596	5	0.53	1.965	4	0.69	61.9	3	8.91	0.95	0.74
H939	中国稻米	1230	12	−0.28	1.050	10	−0.10	35.9	16	7.05	0.73	0.84
H212	中国麻业科学	347	20	−0.80	0.682	19	−0.41	19.9	19	3.68	0.41	0.50
H211	中国棉花	940	14	−0.45	0.712	17	−0.39	19.2	20	4.64	0.55	0.72
H020	中国水稻科学	1865	9	0.10	2.661	1	1.28	72.3	2	8.68	0.86	0.84
H205	中国油料作物学报	1768	10	0.04	1.593	5	0.37	56.4	7	10.14	0.77	0.64
H103	种子	2362	7	0.39	0.829	15	−0.29	43.6	12	11.41	0.91	0.71
H034	作物学报	6167	1	2.63	2.137	2	0.83	86.8	1	12.95	1.00	0.82
H410	作物研究	763	16	−0.55	0.628	20	−0.46	42.1	13	8.59	0.95	0.79
H202	作物杂志	2021	8	0.19	1.449	6	0.24	60.0	4	10.64	0.95	0.82
	22 种期刊平均值	1698			1.165							

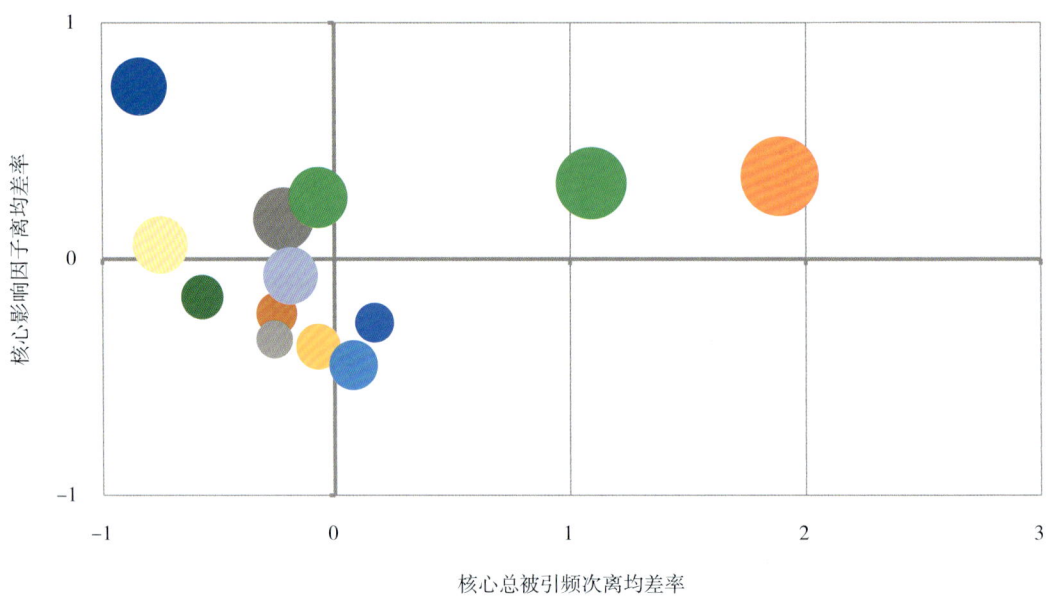

2021年园艺学类期刊核心总被引频次和核心影响因子离均差率的分布图
（节点大小表示综合评价总分）

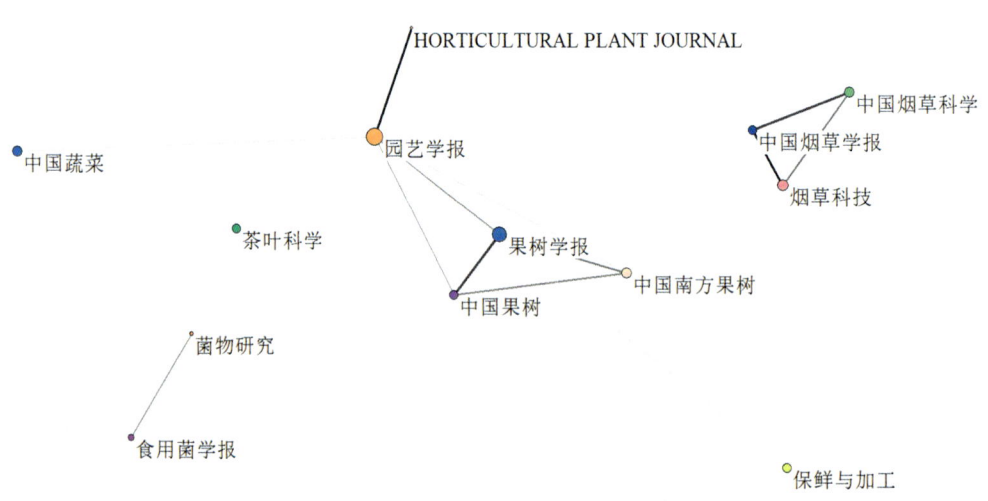

2021年园艺学类期刊互引关系示意图

表 7-25　2021 年园艺学类期刊主要指标

CODE	刊名	核心总被引频次			核心影响因子			综合评价总分		学科扩散指标	学科影响指标	红点指标
		数值	排名	离均差率	数值	排名	离均差率	数值	排名			
H062	HORTICULTURAL PLANT JOURNAL	238	13	−0.84	2.289	1	0.73	45.2	5	3.38	0.38	0.02
U645	保鲜与加工	1148	9	−0.25	1.021	9	−0.23	24.4	11	12.31	0.69	0.50
H001	茶叶科学	1193	8	−0.22	1.538	5	0.17	53.3	3	15.15	0.38	0.38
H028	果树学报	3193	2	1.09	1.737	3	0.32	69.8	2	17.54	0.77	0.61
C325	菌物研究	376	12	−0.75	1.403	6	0.06	41.3	7	9.00	0.38	0.18
H838	食用菌学报	658	11	−0.57	1.109	8	−0.16	26.2	10	9.38	0.31	0.29
U562	烟草科技	1789	3	0.17	0.970	10	−0.27	21.3	12	15.62	0.62	0.54
H039	园艺学报	4420	1	1.89	1.783	2	0.35	84.6	1	18.69	1.00	0.68
H215	中国果树	1135	10	−0.26	0.869	11	−0.34	19.6	13	12.23	0.38	0.59
H273	中国南方果树	1426	6	−0.07	0.836	12	−0.37	28.5	9	12.15	0.38	0.48
H207	中国蔬菜	1651	4	0.08	0.725	13	−0.45	33.2	8	16.00	0.85	0.38
H208	中国烟草科学	1431	5	−0.07	1.659	4	0.26	49.9	4	12.08	0.46	0.63
U647	中国烟草学报	1242	7	−0.19	1.223	7	−0.07	43.9	6	13.08	0.46	0.49
	13 种期刊平均值	1531			1.320							

土壤学

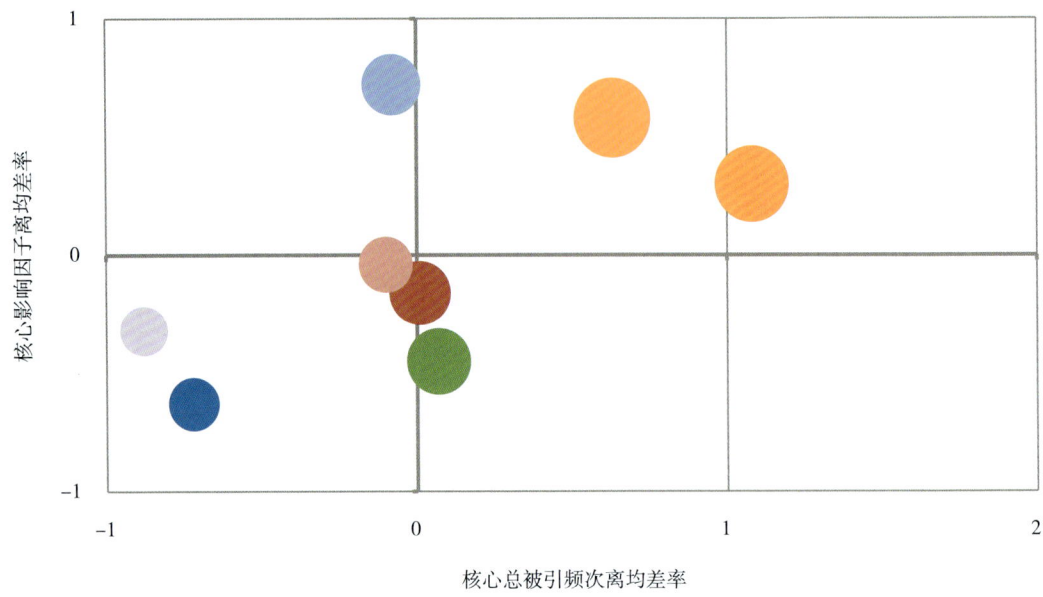

2021年土壤学类期刊核心总被引频次和核心影响因子离均差率的分布图
（节点大小表示综合评价总分）

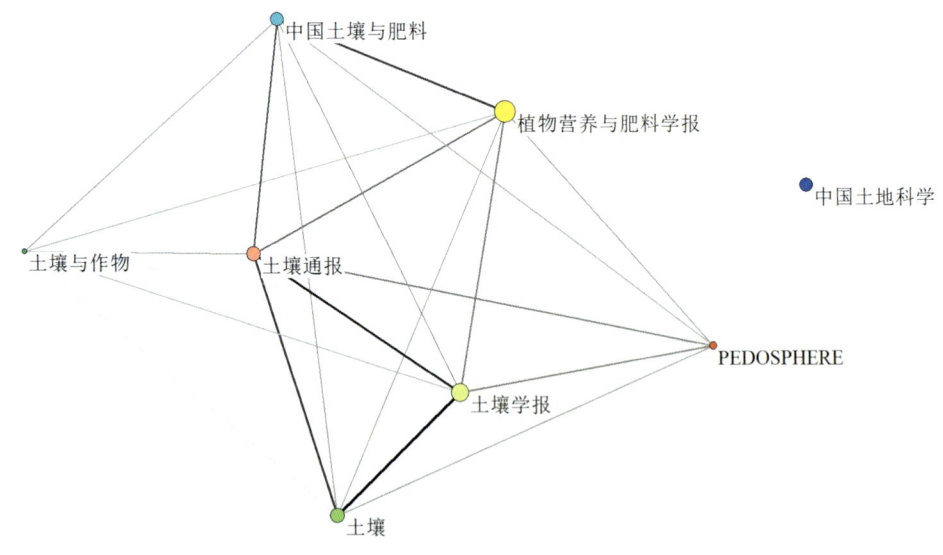

2021年土壤学类期刊互引关系示意图

表 7-26 2021 年土壤学类期刊主要指标

CODE	刊名	核心总被引频次			核心影响因子			综合评价总分		学科扩散指标	学科影响指标	红点指标
		数值	排名	离均差率	数值	排名	离均差率	数值	排名			
H046	PEDOSPHERE	898	7	−0.72	0.756	8	−0.63	35.6	7	31.38	0.88	0.00
H043	土壤	3271	4	0.01	1.692	5	−0.16	50.9	4	49.25	0.88	0.48
H057	土壤通报	3474	3	0.07	1.105	7	−0.45	55.3	3	49.38	1.00	0.41
H012	土壤学报	5262	2	0.63	3.187	2	0.58	79.7	1	55.13	1.00	0.39
H048	土壤与作物	398	8	−0.88	1.384	6	−0.32	28.3	8	17.25	0.75	0.54
H890	植物营养与肥料学报	6718	1	1.08	2.632	3	0.30	73.7	2	38.75	0.88	0.56
H350	中国土地科学	2970	5	−0.08	3.475	1	0.72	47.0	5	39.75	0.50	0.11
H233	中国土壤与肥料	2906	6	−0.10	1.947	4	−0.04	39.2	6	33.25	0.75	0.64
	8 种期刊平均值	3237			2.022							

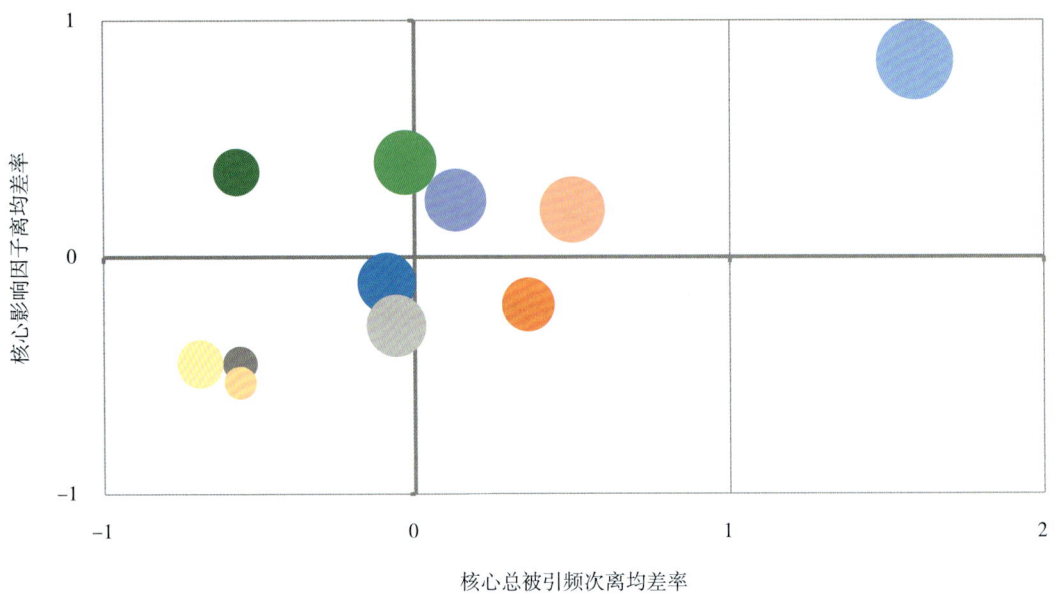

2021年植物保护学类期刊核心总被引频次和核心影响因子离均差率的分布图
（节点大小表示综合评价总分）

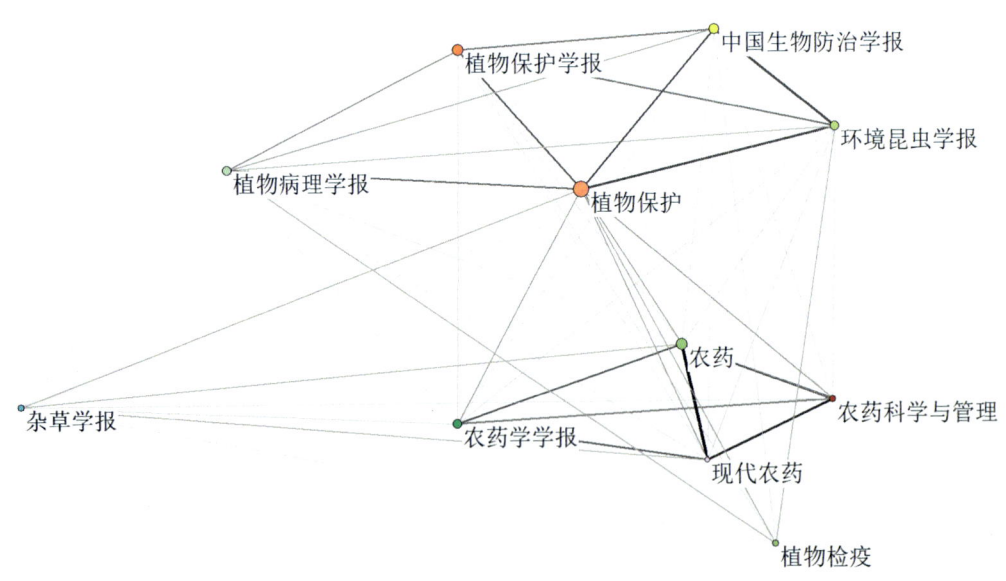

2021年植物保护学类期刊互引关系示意图

表 7-27　2021 年植物保护学类期刊主要指标

CODE	刊名	核心总被引频次			核心影响因子			综合评价总分		学科扩散指标	学科影响指标	红点指标
		数值	排名	离均差率	数值	排名	离均差率	数值	排名			
H049	环境昆虫学报	1275	7	-0.09	1.025	6	-0.11	51.9	6	17.00	0.91	0.30
T034	农药	1908	3	0.36	0.919	7	-0.20	41.1	7	21.09	1.00	0.59
T924	农药科学与管理	613	9	-0.56	0.629	10	-0.45	17.7	10	13.09	0.82	0.64
H404	农药学学报	1357	5	-0.03	1.601	2	0.40	59.4	3	19.73	1.00	0.62
H417	现代农药	431	11	-0.69	0.635	9	-0.45	31.3	9	12.00	1.00	0.66
H989	杂草学报	611	10	-0.57	1.554	3	0.36	31.7	8	9.36	0.73	0.62
H577	植物保护	3634	1	1.59	2.101	1	0.83	90.3	1	24.73	1.00	0.46
H014	植物保护学报	2104	2	0.50	1.372	5	0.20	62.4	2	19.27	1.00	0.34
H052	植物病理学报	1319	6	-0.06	0.810	8	-0.29	54.4	5	16.45	0.91	0.18
H584	植物检疫	616	8	-0.56	0.541	11	-0.53	15.6	11	11.27	0.82	0.51
H044	中国生物防治学报	1592	4	0.13	1.418	4	0.24	56.3	4	18.18	0.91	0.43
	11 种期刊平均值	1405			1.146							

林学

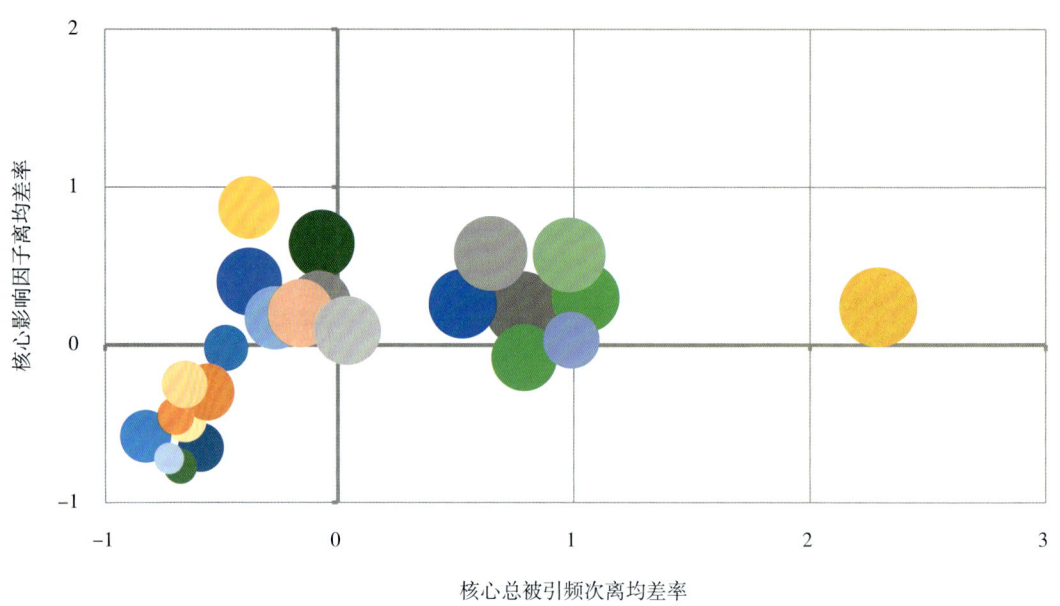

2021年林学类期刊核心总被引频次和核心影响因子离均差率的分布图
（节点大小表示综合评价总分）

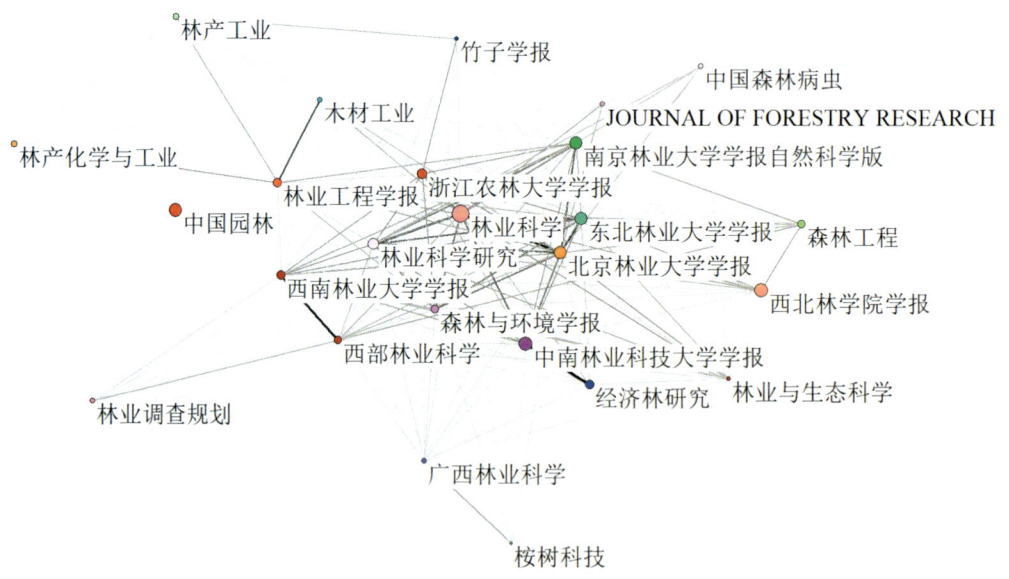

2021年林学类期刊互引关系示意图

表 7-28 2021年林学类期刊主要指标

CODE	刊名	核心总被引频次			核心影响因子			综合评价总分		学科扩散指标	学科影响指标	红点指标
		数值	排名	离均差率	数值	排名	离均差率	数值	排名			
I018	JOURNAL OF FORESTRY RESEARCH	572	18	−0.59	0.381	23	−0.65	30.5	18	6.92	0.84	0.00
H340	桉树科技	194	25	−0.86	0.457	21	−0.57	10.8	25	2.12	0.68	0.57
H025	北京林业大学学报	2481	6	0.78	1.325	10	0.23	70.8	2	14.04	0.96	0.49
H262	东北林业大学学报	2489	5	0.79	0.994	16	−0.08	57.3	11	14.80	1.00	0.51
H364	广西林业科学	480	19	−0.66	0.575	20	−0.47	25.0	21	4.60	0.88	0.49
H266	经济林研究	1288	10	−0.07	1.767	2	0.64	59.9	8	7.56	0.84	0.60
U037	林产工业	724	16	−0.48	1.056	15	−0.02	27.4	20	4.68	0.72	0.29
T017	林产化学与工业	614	17	−0.56	0.755	18	−0.30	41.2	16	7.76	0.60	0.13
H740	林业工程学报	1282	11	−0.08	1.358	7	0.26	55.8	12	11.96	1.00	0.35
H280	林业科学	4579	1	2.29	1.328	9	0.24	81.0	1	15.60	1.00	0.44
H281	林业科学研究	2128	8	0.53	1.350	8	0.26	60.9	5	10.24	0.96	0.53
H102	林业调查规划	446	21	−0.68	0.250	25	−0.77	15.3	23	5.92	0.84	0.40
H289	林业与生态科学	242	24	−0.83	0.453	22	−0.58	35.4	17	4.88	0.84	0.33
U533	木材工业	420	22	−0.70	0.587	19	−0.45	18.5	22	3.32	0.60	0.14
H033	南京林业大学学报自然科学版	2294	7	0.65	1.695	3	0.58	70.7	3	15.44	1.00	0.42
H382	森林工程	860	15	−0.38	2.015	1	0.87	50.7	13	7.88	0.84	0.34
H051	森林与环境学报	865	14	−0.38	1.503	5	0.40	58.1	10	8.28	0.92	0.55
H224	西北林学院学报	2854	2	1.05	1.402	6	0.30	60.9	6	14.80	1.00	0.48
H385	西部林业科学	1017	13	−0.27	1.258	12	0.17	50.2	14	8.48	0.92	0.53
H270	西南林业大学学报	1167	12	−0.16	1.287	11	0.20	59.1	9	10.44	1.00	0.67
H019	浙江农林大学学报	1441	9	0.04	1.170	13	0.09	60.6	7	11.80	0.96	0.60
H793	中国森林病虫	470	20	−0.66	0.807	17	−0.25	29.3	19	4.24	0.72	0.33
V039	中国园林	2770	3	0.99	1.104	14	0.03	41.6	15	9.64	0.64	1.00
H053	中南林业科技大学学报	2754	4	0.98	1.690	4	0.57	70.4	4	14.48	1.00	0.57
H026	竹子学报	373	23	−0.73	0.300	24	−0.72	12.2	24	3.00	0.68	0.27
	25种期刊平均值	1392			1.075							

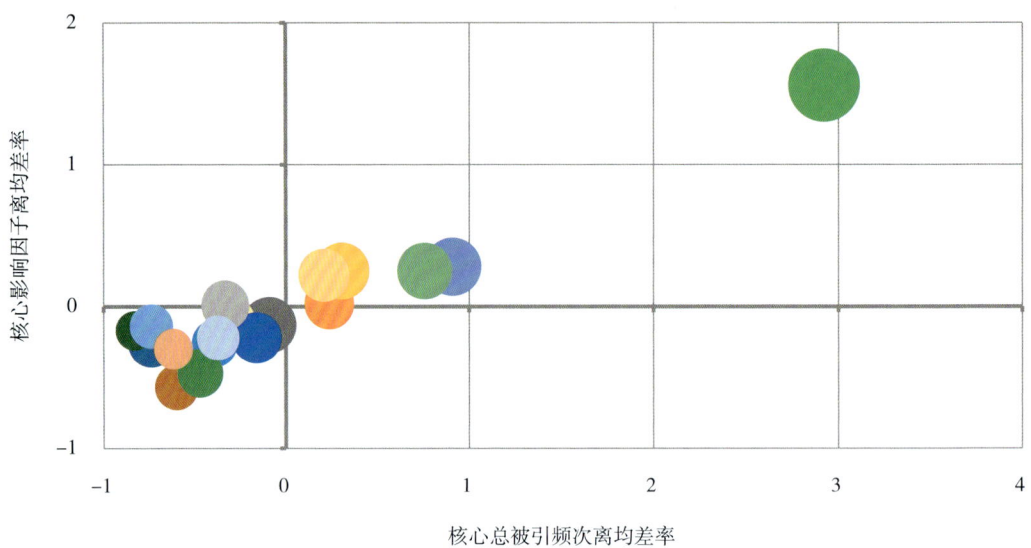

2021年畜牧、兽医科学类期刊核心总被引频次和核心影响因子离均差率的分布图
（节点大小表示综合评价总分）

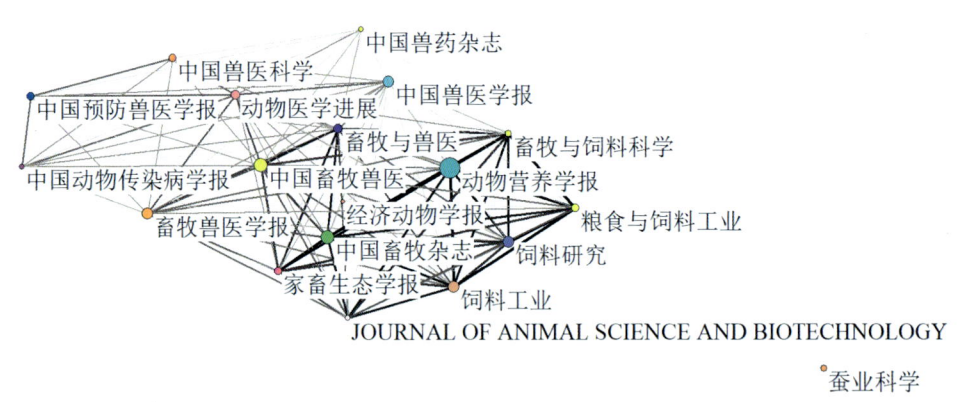

2021年畜牧、兽医科学类期刊互引关系示意图

表 7-29 2021 年畜牧、兽医科学类期刊主要指标

CODE	刊名	核心总被引频次			核心影响因子			综合评价总分		学科扩散指标	学科影响指标	红点指标
		数值	排名	离均差率	数值	排名	离均差率	数值	排名			
H029	JOURNAL OF ANIMAL SCIENCE AND BIOTECHNOLOGY	399	17	−0.74	0.540	15	−0.26	32.8	12	4.37	0.79	0.00
H009	蚕业科学	624	15	−0.60	0.312	19	−0.57	29.8	14	8.16	0.42	0.11
G775	动物医学进展	1404	8	−0.09	0.635	10	−0.13	44.3	5	17.21	0.95	0.48
F231	动物营养学报	6054	1	2.92	1.867	1	1.56	76.7	1	15.37	1.00	0.81
H240	家畜生态学报	1086	10	−0.30	0.650	9	−0.11	33.9	11	8.89	0.74	0.54
H333	经济动物学报	255	19	−0.83	0.606	12	−0.17	22.0	19	4.26	0.74	0.40
U055	粮食与饲料工业	936	13	−0.39	0.540	15	−0.26	32.3	13	8.89	0.79	0.35
H862	饲料工业	1906	6	0.24	0.748	7	0.02	37.7	7	10.58	0.84	0.77
H864	饲料研究	1986	5	0.29	0.918	3	0.26	24.6	17	9.42	0.84	0.76
H023	畜牧兽医学报	2022	4	0.31	0.909	5	0.25	45.6	3	11.26	0.89	0.54
H218	畜牧与兽医	1298	9	−0.16	0.570	13	−0.22	37.0	8	10.47	0.95	0.60
H247	畜牧与饲料科学	817	14	−0.47	0.385	18	−0.47	33.9	10	10.37	0.89	0.47
H891	中国动物传染病学报	399	17	−0.74	0.628	11	−0.14	27.8	16	4.74	0.74	0.43
H317	中国兽药杂志	593	16	−0.62	0.514	17	−0.30	23.5	18	8.21	0.89	0.24
H326	中国兽医科学	1033	11	−0.33	0.739	8	0.01	34.7	9	8.47	0.89	0.55
H225	中国兽医学报	1865	7	0.21	0.891	6	0.22	39.4	6	12.11	0.89	0.50
H294	中国畜牧兽医	2954	2	0.91	0.932	2	0.28	48.0	2	15.05	0.95	0.58
H242	中国畜牧杂志	2716	3	0.76	0.916	4	0.25	45.0	4	12.32	1.00	0.61
H099	中国预防兽医学报	968	12	−0.37	0.567	14	−0.22	27.9	15	7.16	0.89	0.47
	19 种期刊平均值	1543			0.730							

草原学

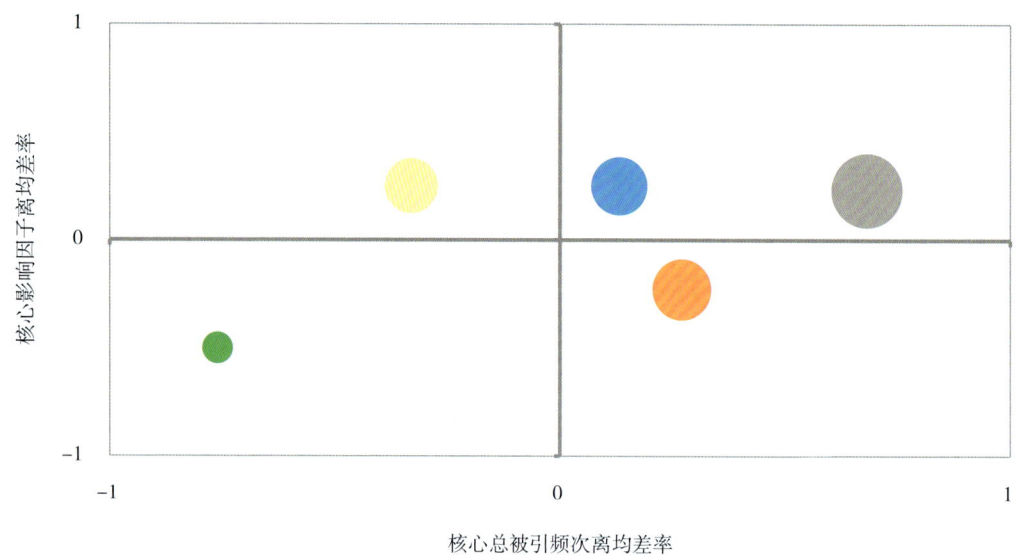

2021年草原学类期刊核心总被引频次和核心影响因子离均差率的分布图
（节点大小表示综合评价总分）

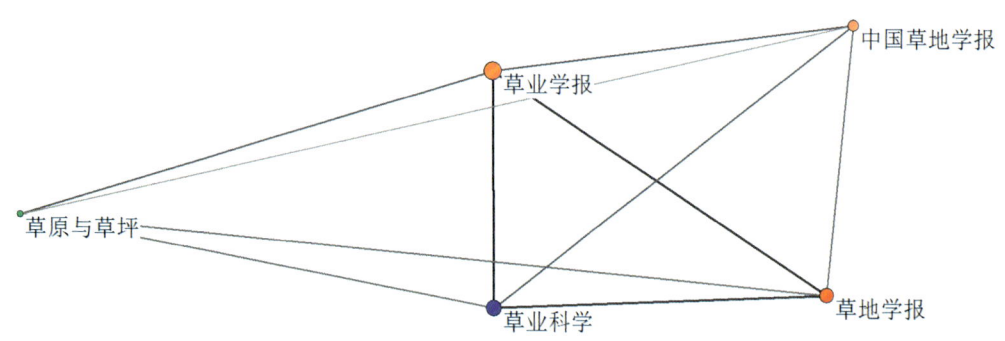

2021年草原学类期刊互引关系示意图

表 7-30 2021年草原学类期刊主要指标

CODE	刊名	核心总被引频次			核心影响因子			综合评价总分		学科扩散指标	学科影响指标	红点指标
		数值	排名	离均差率	数值	排名	离均差率	数值	排名			
H525	草地学报	3386	3	0.13	2.223	2	0.25	58.7	3	52.80	1.00	0.52
H234	草业科学	3795	2	0.27	1.382	4	−0.23	63.8	2	68.00	1.00	0.47
H527	草业学报	5028	1	0.68	2.192	3	0.23	94.7	1	67.60	1.00	0.43
H538	草原与草坪	730	5	−0.76	0.890	5	−0.50	17.8	5	32.20	1.00	0.53
H213	中国草地学报	1992	4	−0.33	2.233	1	0.25	49.1	4	41.60	1.00	0.57
	5种期刊平均值	2986			1.784							

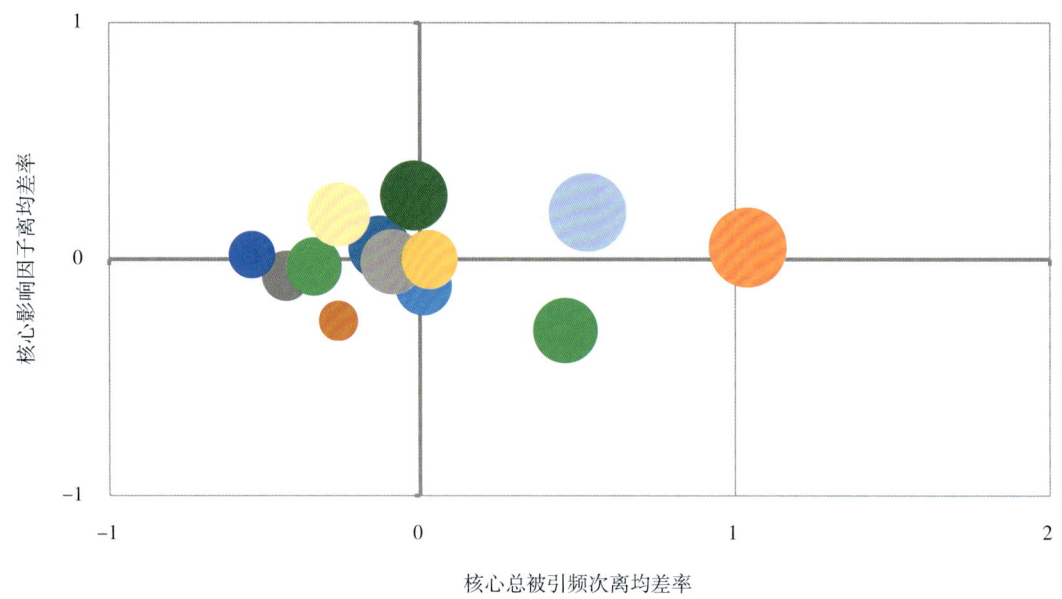

2021年水产学类期刊核心总被引频次和核心影响因子离均差率的分布图
（节点大小表示综合评价总分）

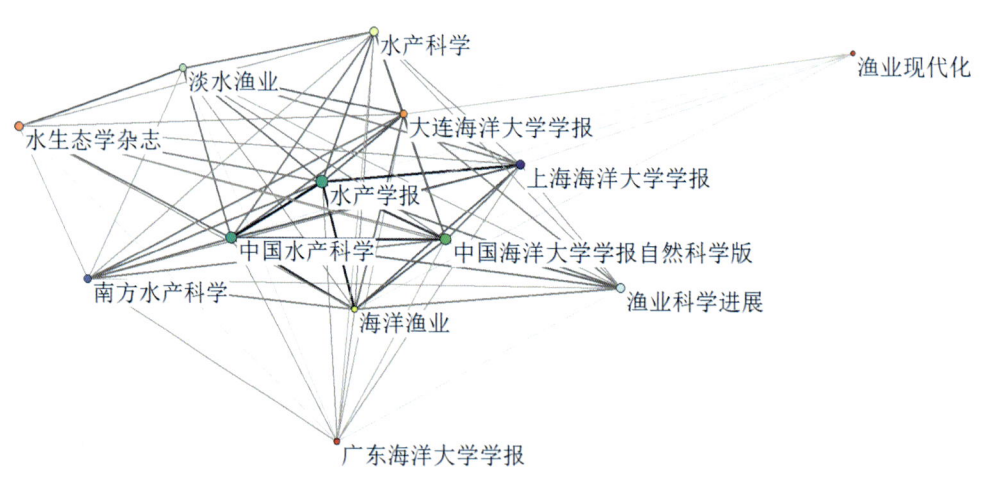

2021年水产学类期刊互引关系示意图

表 7-31 2021 年水产学类期刊主要指标

CODE	刊名	核心总被引频次			核心影响因子			综合评价总分		学科扩散指标	学科影响指标	红点指数
		数值	排名	离均差率	数值	排名	离均差率	数值	排名			
H005	大连海洋大学学报	1075	8	−0.13	1.108	4	0.05	48.0	6	14.92	1.00	0.43
H040	淡水渔业	917	10	−0.26	0.783	12	−0.26	19.4	13	10.69	1.00	0.47
H272	广东海洋大学学报	711	12	−0.43	0.985	10	−0.07	30.0	11	11.85	1.00	0.36
H284	海洋渔业	822	11	−0.34	1.026	9	−0.03	40.2	10	9.23	1.00	0.37
H068	南方水产科学	925	9	−0.26	1.261	3	0.19	45.8	7	10.08	1.00	0.38
H292	上海海洋大学学报	1214	6	−0.02	1.344	1	0.27	58.3	3	15.54	1.00	0.47
H847	水产科学	1252	5	0.01	0.937	11	−0.11	41.6	8	13.38	1.00	0.52
H008	水产学报	2529	1	1.04	1.106	5	0.05	75.6	1	17.00	1.00	0.48
H850	水生态学杂志	1127	7	−0.09	1.041	8	−0.01	50.2	5	16.77	1.00	0.31
H998	渔业科学进展	1281	4	0.03	1.057	7	0.00	40.7	9	11.46	1.00	0.46
H220	渔业现代化	576	13	−0.54	1.078	6	0.02	26.8	12	10.23	1.00	0.36
E313	中国海洋大学学报自然科学版	1812	3	0.46	0.739	13	−0.30	51.1	4	34.15	1.00	0.22
H290	中国水产科学	1905	2	0.53	1.266	2	0.20	73.6	2	15.15	1.00	0.52
	13 种期刊平均值	1242			1.056							

医学综合

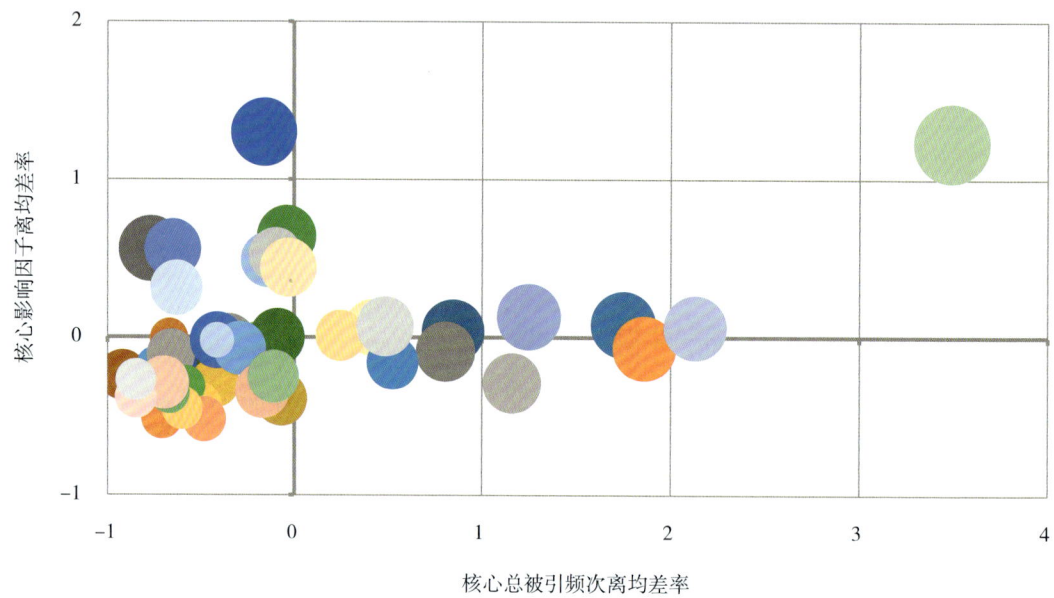

2021年医学综合类期刊核心总被引频次和核心影响因子离均差率的分布图
（节点大小表示综合评价总分）

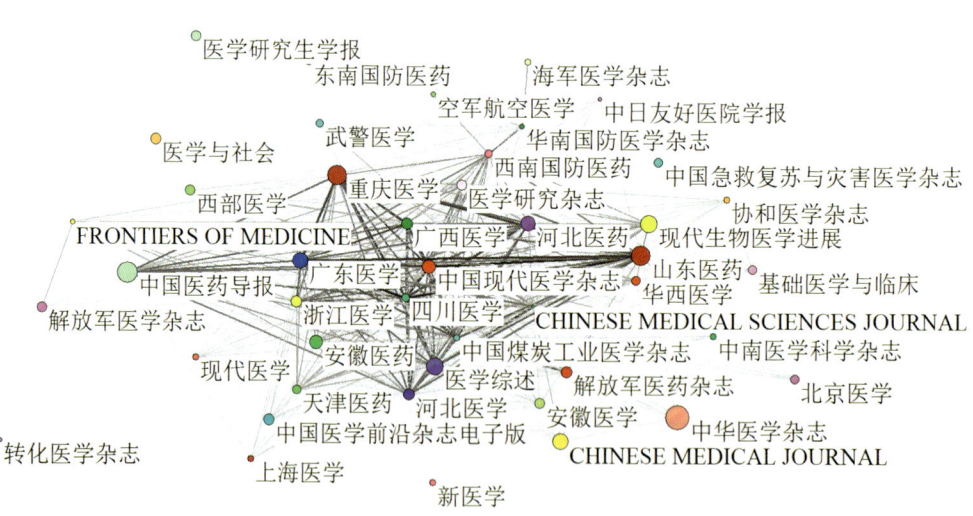

2021年医学综合类期刊互引关系示意图

表 7-32　2021 年医学综合类期刊主要指标

CODE	刊名	核心总被引频次			核心影响因子			综合评价总分		学科扩散指标	学科影响指标	红点指标
		数值	排名	离均差率	数值	排名	离均差率	数值	排名			
I201	CHINESE MEDICAL JOURNAL	3700	7	0.85	0.815	15	0.04	49.9	8	15.98	0.98	0.01
G126	CHINESE MEDICAL SCIENCES JOURNAL	165	45	−0.92	0.596	31	−0.24	31.8	30	2.98	0.33	0.00
I237	FRONTIERS OF MEDICINE	463	42	−0.77	1.218	5	0.56	54.9	5	6.27	0.56	0.00
G786	安徽医学	1593	22	−0.20	0.734	22	−0.06	29.6	33	9.18	0.73	0.65
Q906	安徽医药	2853	11	0.42	0.831	13	0.06	37.4	23	11.98	0.84	0.81
G016	北京医学	1171	27	−0.42	0.634	30	−0.19	28.0	34	9.11	0.78	0.60
G225	重庆医学	5516	4	1.75	0.846	11	0.08	55.8	3	16.67	0.93	0.74
G944	东南国防医药	658	38	−0.67	0.774	18	−0.01	20.8	42	5.60	0.67	0.61
G026	广东医学	3625	8	0.81	0.714	25	−0.09	44.7	13	13.98	0.93	0.69
G816	广西医学	1855	15	−0.07	0.475	41	−0.39	37.7	22	10.71	0.82	0.82
G899	海军医学杂志	767	33	−0.62	0.650	28	−0.17	20.3	43	5.47	0.73	0.57
G641	河北医学	1829	16	−0.09	0.783	17	0.00	41.2	15	8.80	0.67	0.74
G898	河北医药	3070	9	0.53	0.654	27	−0.16	36.7	24	11.87	0.89	0.73
G340	华南国防医学杂志	589	40	−0.71	0.383	44	−0.51	23.1	38	5.38	0.49	0.62
G294	华西医学	1307	24	−0.35	0.755	21	−0.03	40.5	16	10.02	0.78	0.62
G003	基础医学与临床	1159	28	−0.42	0.552	36	−0.29	31.3	31	9.82	0.78	0.52
G048	解放军医学杂志	1683	20	−0.16	1.797	1	1.30	58.9	2	11.31	0.89	0.71
G671	解放军医药杂志	1921	14	−0.04	1.283	3	0.64	48.3	9	9.44	0.71	0.87
Q907	空军航空医学	495	41	−0.75	0.641	29	−0.18	17.5	44	4.00	0.51	0.53
G511	山东医药	5735	3	1.86	0.729	23	−0.07	52.6	6	15.49	0.91	0.74
G069	上海医学	682	36	−0.66	0.696	26	−0.11	32.1	29	7.29	0.60	0.61
G575	四川医学	983	30	−0.51	0.438	42	−0.44	29.7	32	8.84	0.80	0.61
G076	天津医药	1179	26	−0.41	0.764	19	−0.02	40.3	17	9.76	0.73	0.82
G707	武警医学	840	31	−0.58	0.536	37	−0.31	21.2	41	7.33	0.62	0.53
G588	西部医学	1425	23	−0.29	0.726	24	−0.07	35.9	25	9.53	0.71	0.73
G312	西南国防医药	1041	29	−0.48	0.372	45	−0.52	26.0	35	8.38	0.76	0.56
F250	现代生物医学进展	4329	6	1.16	0.554	34	−0.29	46.0	10	16.07	0.87	0.81
G223	现代医学	811	32	−0.60	0.433	43	−0.45	23.6	36	7.09	0.58	0.76
G817	协和医学杂志	710	35	−0.65	1.221	4	0.56	45.1	11	7.51	0.56	0.58
G721	新医学	666	37	−0.67	0.509	39	−0.35	23.0	39	6.18	0.49	0.65
G281	医学研究生学报	1716	19	−0.14	1.169	7	0.49	39.3	18	10.53	0.78	0.75
G480	医学研究杂志	1656	21	−0.17	0.520	38	−0.34	38.5	20	11.40	0.80	0.72
G964	医学与社会	1797	17	−0.10	1.185	6	0.52	38.0	21	6.13	0.47	0.41
G308	医学与哲学	2498	12	0.25	0.786	16	0.01	32.9	28	10.36	0.62	0.25
G860	医学综述	4504	5	1.25	0.885	10	0.13	55.1	4	16.04	0.89	0.72
G810	浙江医学	1781	18	−0.11	0.587	32	−0.25	35.4	27	11.64	0.84	0.72
G852	中国急救复苏与灾害医学杂志	1191	25	−0.41	0.763	20	−0.02	15.6	45	4.56	0.69	0.63
G582	中国煤炭工业医学杂志	595	39	−0.70	0.554	34	−0.29	35.8	26	5.38	0.58	0.66
G237	中国现代医学杂志	2994	10	0.49	0.835	12	0.07	44.8	12	13.87	0.89	0.80

表 7-32 2021 年医学综合类期刊主要指标（续）

CODE	刊名	核心总被引频次			核心影响因子			综合评价总分		学科扩散指标	学科影响指标	红点指标
		数值	排名	离均差率	数值	排名	离均差率	数值	排名			
G471	中国医学前沿杂志电子版	1948	13	−0.03	1.126	8	0.44	44.3	14	10.44	0.91	0.77
G644	中国医药导报	6269	2	2.13	0.827	14	0.06	52.4	7	15.29	0.91	0.67
G176	中华医学杂志	8987	1	3.49	1.744	2	1.23	79.9	1	17.00	0.98	0.66
G682	中南医学科学杂志	748	34	−0.63	1.027	9	0.31	38.5	19	6.16	0.67	0.74
G180	中日友好医院学报	308	43	−0.85	0.486	40	−0.38	23.2	37	4.20	0.36	0.33
G407	转化医学杂志	306	44	−0.85	0.567	33	−0.27	21.8	40	3.80	0.40	0.58
	45 种期刊平均值	2003			0.782							

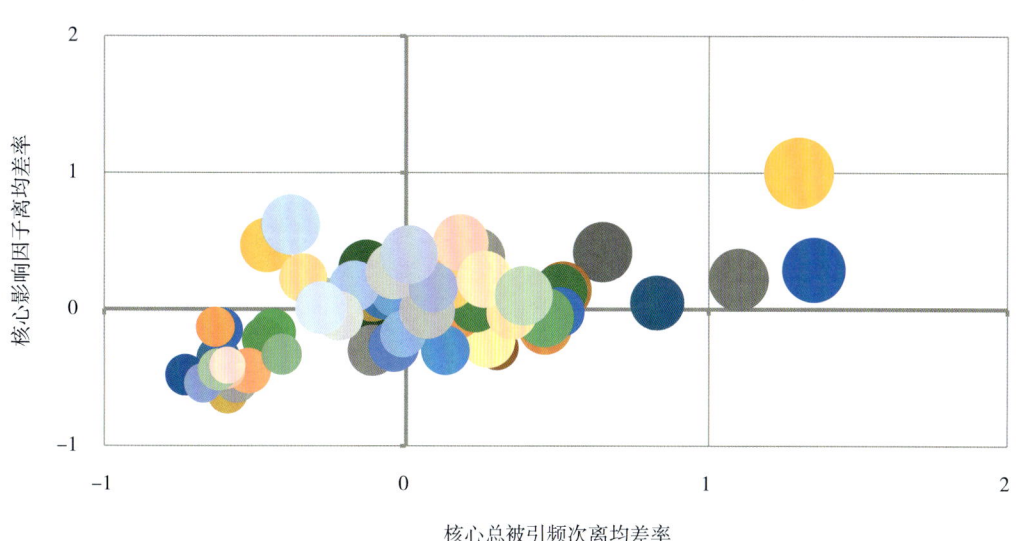

2021年医药大学学报类期刊核心总被引频次和核心影响因子离均差率的分布图
（节点大小表示综合评价总分）

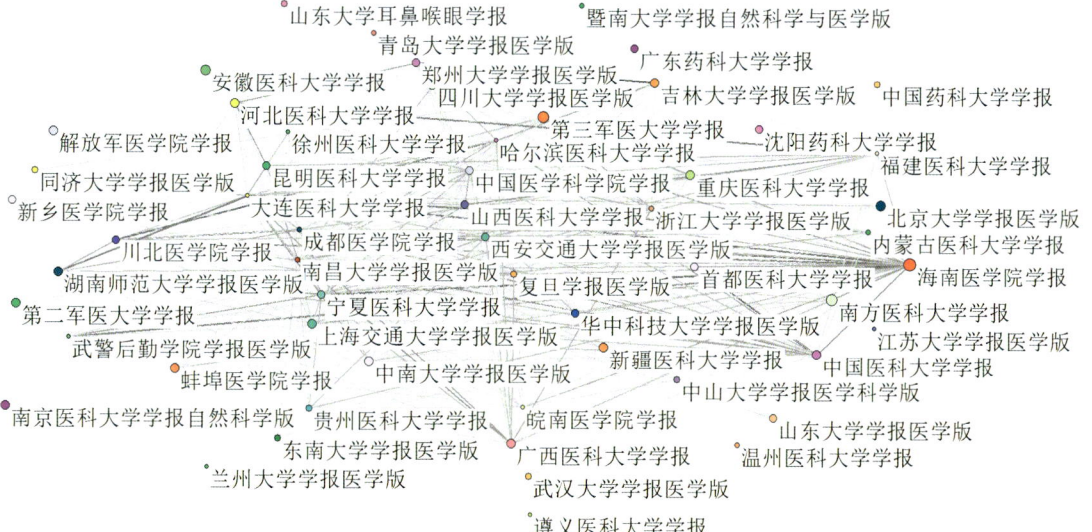

2021年医药大学学报类期刊互引关系示意图

表 7-33 2021年医药大学学报类期刊主要指标

CODE	刊名	核心总被引频次			核心影响因子			综合评价总分		学科扩散指标	学科影响指标	红点指标
		数值	排名	离均差率	数值	排名	离均差率	数值	排名			
G012	安徽医科大学学报	1703	4	0.83	0.738	26	0.05	54.8	20	8.63	0.66	0.65
G002	北京大学学报医学版	1537	5	0.65	0.997	5	0.42	66.1	5	9.34	0.70	0.45
G741	蚌埠医学院学报	1212	13	0.30	0.502	44	−0.28	36.4	43	6.96	0.64	0.63
G670	成都医学院学报	523	43	−0.44	0.584	39	−0.17	40.5	39	5.11	0.41	0.66
G186	重庆医科大学学报	1179	14	0.27	0.544	42	−0.22	54.4	21	8.21	0.68	0.67
G432	川北医学院学报	833	32	−0.10	0.649	35	−0.07	40.8	38	5.21	0.38	0.73
G020	大连医科大学学报	354	53	−0.62	0.451	48	−0.36	36.6	42	4.11	0.34	0.61
G005	第二军医大学学报	1410	6	0.52	0.799	18	0.14	60.9	12	9.50	0.70	0.58
G021	第三军医大学学报	1955	3	1.10	0.853	13	0.22	70.7	3	10.36	0.80	0.62
G057	东南大学学报医学版	826	33	−0.11	0.771	23	0.10	48.6	27	6.21	0.57	0.75
G024	福建医科大学学报	250	56	−0.73	0.363	53	−0.48	31.2	49	3.27	0.23	0.62
G068	复旦学报医学版	811	35	−0.13	0.912	8	0.30	59.7	13	7.57	0.46	0.48
G027	广东药科大学学报	868	31	−0.07	0.774	22	0.11	46.3	32	5.34	0.48	0.57
G028	广西医科大学学报	1354	9	0.46	0.608	37	−0.13	55.0	19	7.61	0.61	0.70
G031	贵州医科大学学报	824	34	−0.11	0.493	45	−0.30	46.4	31	6.36	0.43	0.80
G033	哈尔滨医科大学学报	378	50	−0.59	0.273	56	−0.61	31.4	48	4.11	0.32	0.64
G416	海南医学院学报	2183	1	1.35	0.906	10	0.29	77.3	2	7.89	0.77	0.71
G035	河北医科大学学报	1401	8	0.51	0.789	20	0.13	56.3	18	7.57	0.61	0.58
G548	湖南师范大学学报医学版	1144	16	0.23	0.781	21	0.12	25.8	54	5.02	0.48	0.67
G077	华中科技大学学报医学版	1079	20	0.16	0.696	29	−0.01	61.7	10	8.68	0.70	0.75
G014	吉林大学学报医学版	1141	17	0.23	0.968	7	0.38	65.8	6	7.52	0.68	0.68
A045	暨南大学学报自然科学与医学版	500	44	−0.46	1.027	4	0.47	53.8	23	5.61	0.30	0.67
G453	江苏大学学报医学版	363	51	−0.61	0.594	38	−0.15	35.2	45	3.55	0.38	0.78
G187	解放军医学院学报	1140	18	0.23	0.715	27	0.02	47.4	30	7.86	0.64	0.63
G053	昆明医科大学学报	1050	22	0.13	0.489	46	−0.30	44.3	35	7.34	0.54	0.58
G395	兰州大学学报医学版	343	54	−0.63	0.611	36	−0.13	29.2	51	3.36	0.29	0.69
G047	南昌大学学报医学版	405	47	−0.56	0.333	54	−0.52	36.0	44	4.43	0.43	0.72
G023	南方医科大学学报	2140	2	1.30	1.397	1	1.00	92.4	1	11.29	0.84	0.63
G058	南京医科大学学报自然科学版	1403	7	0.51	0.688	31	−0.02	45.0	34	8.29	0.68	0.59
G513	内蒙古医科大学学报	489	45	−0.47	0.549	41	−0.22	35.2	46	4.63	0.45	0.57
G665	宁夏医科大学学报	899	28	−0.03	0.793	19	0.13	50.2	24	6.55	0.48	0.61
G061	青岛大学学报医学版	448	46	−0.52	0.382	52	−0.45	37.1	41	4.45	0.48	0.84
G742	山东大学耳鼻喉眼学报	681	38	−0.27	0.766	25	0.09	27.7	53	3.46	0.32	0.49
G062	山东大学学报医学版	1059	21	0.14	0.844	15	0.21	61.2	11	8.30	0.63	0.61
G064	山西医科大学学报	893	30	−0.04	0.510	43	−0.27	47.4	29	6.79	0.63	0.71
G066	上海交通大学学报医学版	1353	10	0.46	0.658	34	−0.06	63.1	8	8.88	0.70	0.60
G071	沈阳药科大学学报	919	27	−0.01	0.573	40	−0.18	38.9	40	4.61	0.27	0.45
G073	首都医科大学学报	974	25	0.05	0.908	9	0.30	54.3	22	7.34	0.57	0.54
G045	四川大学学报医学版	996	24	0.07	0.693	30	−0.01	57.1	17	7.80	0.70	0.50

表 7-33 2021年医药大学学报类期刊主要指标（续）

CODE	刊名	核心总被引频次			核心影响因子			综合评价总分		学科扩散指标	学科影响指标	红点指标
		数值	排名	离均差率	数值	排名	离均差率	数值	排名			
G965	同济大学学报医学版	616	40	−0.34	0.862	12	0.23	44.0	36	5.39	0.43	0.68
G996	皖南医学院学报	308	55	−0.67	0.320	55	−0.54	28.3	52	3.48	0.36	0.60
G702	温州医科大学学报	544	42	−0.41	0.468	47	−0.33	30.3	50	5.30	0.45	0.67
G038	武汉大学学报医学版	775	36	−0.17	0.819	16	0.17	47.5	28	6.59	0.59	0.72
G771	武警后勤学院学报医学版	383	48	−0.59	0.384	51	−0.45	23.4	56	3.52	0.32	0.59
G081	西安交通大学学报医学版	896	29	−0.04	0.897	11	0.28	57.8	16	7.23	0.66	0.69
G980	新疆医科大学学报	1258	12	0.35	0.676	32	−0.03	48.8	26	7.27	0.52	0.61
G328	新乡医学院学报	1015	23	0.09	0.810	17	0.16	45.1	33	5.86	0.43	0.69
G565	徐州医科大学学报	356	52	−0.62	0.390	50	−0.44	31.6	47	3.82	0.30	0.65
G091	浙江大学学报医学版	578	41	−0.38	1.136	2	0.62	66.2	4	5.91	0.43	0.76
G036	郑州大学学报医学版	1095	19	0.18	1.046	3	0.49	58.3	15	6.71	0.57	0.61
G120	中国药科大学学报	721	37	−0.22	0.668	33	−0.05	44.0	37	4.41	0.29	0.49
G123	中国医科大学学报	1170	15	0.26	0.853	13	0.22	59.2	14	7.82	0.75	0.61
G125	中国医学科学院学报	939	26	0.01	0.977	6	0.40	61.9	9	7.68	0.70	0.56
G039	中南大学学报医学版	1291	11	0.39	0.767	24	0.10	64.5	7	9.43	0.70	0.61
G181	中山大学学报医学科学版	671	39	−0.28	0.704	28	0.01	50.1	25	6.09	0.52	0.62
G720	遵义医科大学学报	381	49	−0.59	0.414	49	−0.41	24.2	55	3.45	0.29	0.59
	56种期刊平均值	929			0.700							

基础医学

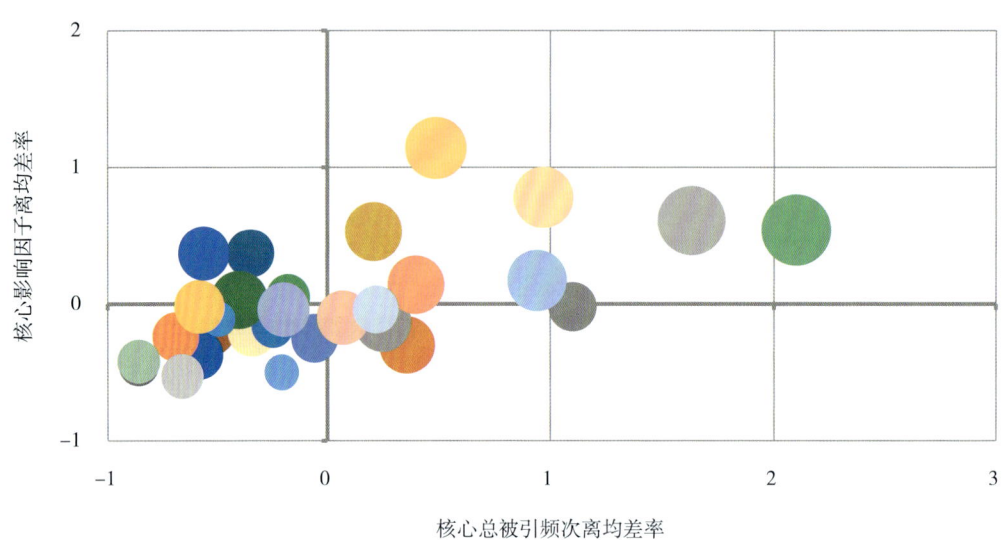

2021年基础医学类期刊核心总被引频次和核心影响因子离均差率的分布图
（节点大小表示综合评价总分）

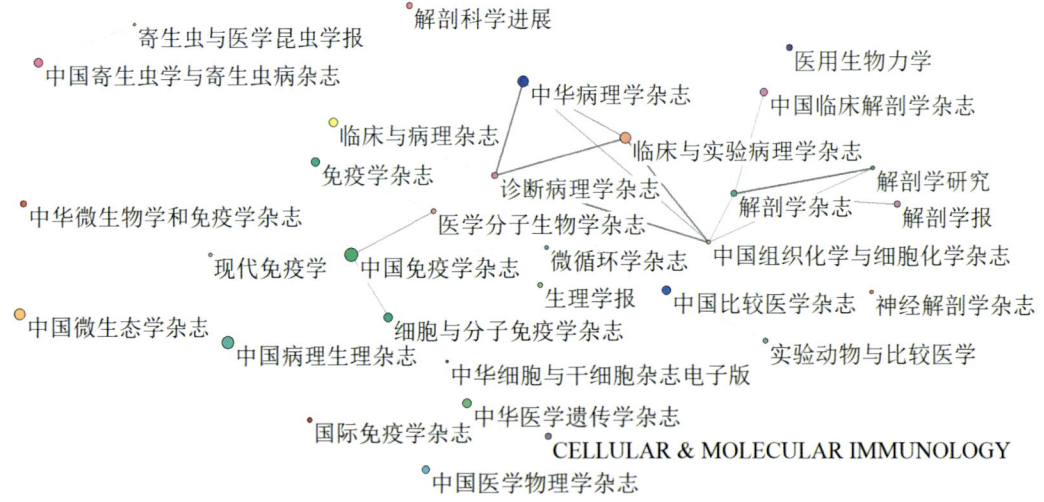

2021年基础医学类期刊互引关系示意图

表 7-34　2021 年基础医学类期刊主要指标

CODE	刊名	核心总被引频次			核心影响因子			综合评价总分		学科扩散指标	学科影响指标	红点指标
		数值	排名	离均差率	数值	排名	离均差率	数值	排名			
I206	CELLULAR & MOLECULAR IMMUNOLOGY	607	19	−0.35	1.117	6	0.37	32.7	20	5.58	0.42	0.02
G983	国际免疫学杂志	448	23	−0.52	0.648	21	−0.20	32.0	22	6.90	0.39	0.59
G292	寄生虫与医学昆虫学报	135	30	−0.86	0.450	29	−0.45	23.9	28	1.65	0.10	0.27
G507	解剖科学进展	606	20	−0.35	0.643	22	−0.21	28.0	25	7.03	0.45	0.68
G049	解剖学报	617	18	−0.34	0.650	20	−0.20	32.9	19	8.29	0.58	0.83
G358	解剖学研究	383	27	−0.59	0.462	28	−0.43	18.6	30	5.39	0.35	0.53
G050	解剖学杂志	706	17	−0.25	0.686	19	−0.16	27.2	27	7.42	0.29	0.29
G350	临床与病理杂志	1276	8	0.36	0.569	25	−0.30	47.0	9	14.42	0.58	0.53
G274	临床与实验病理学杂志	1965	3	1.10	0.800	13	−0.02	34.1	17	11.77	0.55	0.82
G056	免疫学杂志	1131	11	0.21	1.246	5	0.53	50.1	7	11.39	0.61	0.67
G070	神经解剖学杂志	389	26	−0.58	0.513	26	−0.37	35.8	15	5.94	0.42	0.72
F001	生理学报	559	21	−0.40	0.839	11	0.03	46.9	10	8.97	0.52	0.40
G387	实验动物与比较医学	473	22	−0.49	0.722	17	−0.11	17.6	31	4.55	0.19	0.64
G210	微循环学杂志	291	29	−0.69	0.616	23	−0.24	34.6	16	5.45	0.13	0.52
G188	细胞与分子免疫学杂志	1168	9	0.25	0.706	18	−0.13	50.9	6	12.74	0.58	0.59
G067	现代免疫学	393	25	−0.58	0.801	12	−0.02	40.0	14	6.55	0.39	0.68
G333	医学分子生物学杂志	412	24	−0.56	1.114	7	0.37	41.5	13	4.55	0.32	0.72
G088	医用生物力学	765	14	−0.18	0.851	10	0.05	30.4	23	6.68	0.29	0.29
G259	诊断病理学杂志	738	16	−0.21	0.404	30	−0.50	18.8	29	7.29	0.35	0.74
F048	中国比较医学杂志	1308	7	0.40	0.929	9	0.14	48.2	8	12.00	0.42	0.62
G096	中国病理生理杂志	2465	2	1.63	1.307	3	0.61	68.4	2	15.19	0.77	0.66
G105	中国寄生虫学与寄生虫病杂志	1399	6	0.49	1.743	1	1.14	54.7	3	4.55	0.29	0.44
G108	中国临床解剖学杂志	879	13	−0.06	0.611	24	−0.25	33.8	18	8.58	0.45	0.21
G111	中国免疫学杂志	2897	1	2.10	1.252	4	0.54	72.8	1	17.32	0.68	0.68
G517	中国微生态学杂志	1813	5	0.94	0.956	8	0.17	53.1	5	14.81	0.45	0.67
G622	中国医学物理学杂志	1003	12	0.07	0.736	16	−0.10	41.8	11	10.13	0.23	0.30
G134	中国组织化学与细胞化学杂志	317	28	−0.66	0.379	31	−0.53	28.9	24	5.87	0.55	0.61
G135	中华病理学杂志	1846	4	0.97	1.446	2	0.78	53.3	4	12.48	0.55	0.30
G165	中华微生物学和免疫学杂志	751	15	−0.20	0.784	14	−0.04	41.7	12	8.42	0.42	0.43
G470	中华细胞与干细胞杂志电子版	134	31	−0.86	0.476	27	−0.42	27.6	26	3.16	0.16	0.58
G175	中华医学遗传学杂志	1144	10	0.22	0.781	15	−0.04	32.2	21	8.13	0.26	0.42
	31 种期刊平均值	936			0.814							

临床医学综合

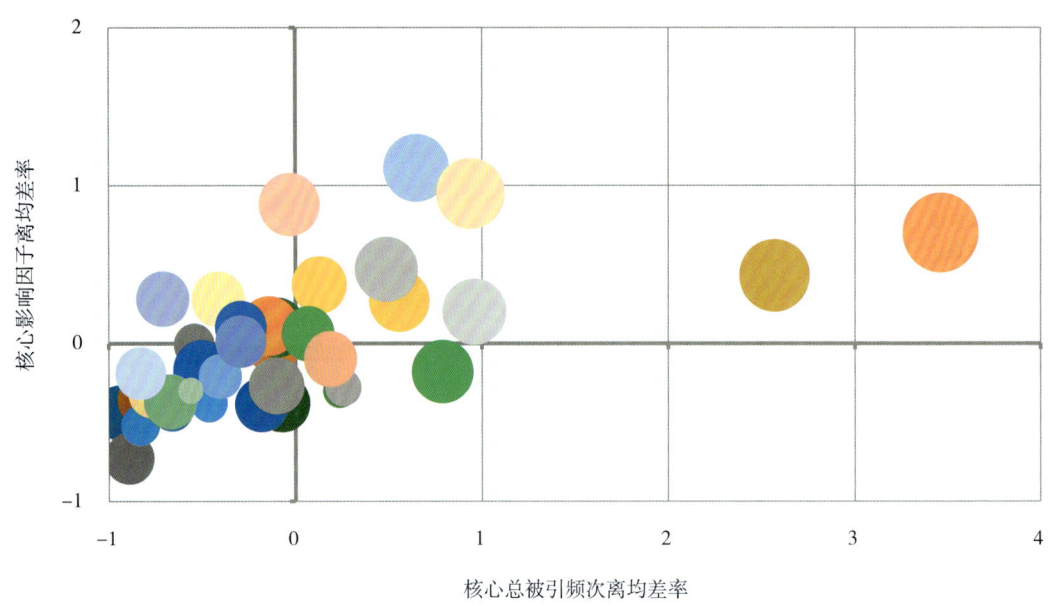

2021 年临床医学综合类期刊核心总被引频次和核心影响因子离均差率的分布图
（节点大小表示综合评价总分）

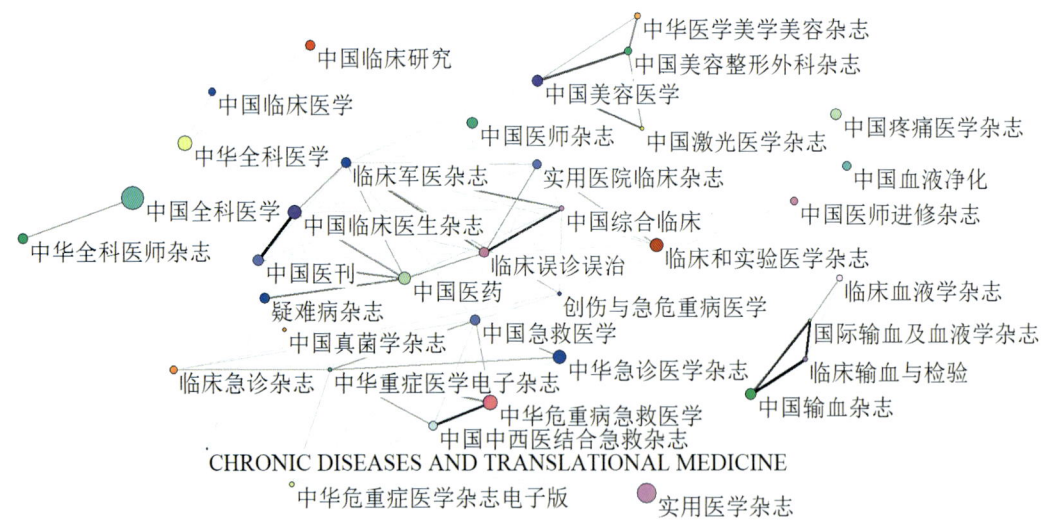

2021 年临床医学综合类期刊互引关系示意图

表 7-35 2021 年临床医学综合类期刊主要指标

CODE	刊名	核心总被引频次			核心影响因子			综合评价总分		学科扩散指标	学科影响指标	红点指标
		数值	排名	离均差率	数值	排名	离均差率	数值	排名			
G212	CHRONIC DISEASES AND TRANSLATIONAL MEDICINE	94	37	−0.94	0.557	35	−0.44	37.8	19	2.16	0.08	0.00
G085	创伤与急危重病医学	304	33	−0.82	0.635	29	−0.36	33.4	27	4.59	0.46	0.72
B525	国际输血及血液学杂志	188	36	−0.89	0.271	37	−0.73	32.8	28	2.92	0.32	0.90
G664	临床和实验医学杂志	3004	5	0.79	0.810	21	−0.18	50.3	7	15.46	0.81	0.72
G345	临床急诊杂志	980	24	−0.41	1.260	9	0.28	35.9	23	7.05	0.62	0.76
G881	临床军医杂志	1552	15	−0.07	0.611	31	−0.38	41.3	14	11.54	0.73	0.57
G797	临床输血与检验	568	29	−0.66	0.574	34	−0.42	24.0	31	4.32	0.43	0.44
G942	临床误诊误治	1466	18	−0.12	0.995	16	0.01	44.6	12	10.62	0.84	0.90
G293	临床血液学杂志	763	27	−0.54	0.979	18	−0.01	22.9	32	5.32	0.43	0.51
G324	实用医学杂志	5976	2	2.57	1.411	6	0.43	65.8	2	18.49	0.86	0.55
G760	实用医院临床杂志	1370	20	−0.18	0.598	33	−0.39	37.1	22	10.49	0.65	0.65
G455	疑难病杂志	1502	17	−0.10	1.082	14	0.10	44.6	11	9.62	0.70	0.85
R013	中国激光医学杂志	290	34	−0.83	0.471	36	−0.52	20.2	33	3.08	0.27	0.43
G241	中国急救医学	1440	19	−0.14	1.096	12	0.11	43.8	13	9.00	0.73	0.64
G754	中国临床研究	1512	16	−0.10	0.724	24	−0.27	40.2	16	11.38	0.78	0.60
G814	中国临床医生杂志	2609	7	0.56	1.254	10	0.27	48.2	9	13.00	0.81	0.61
G974	中国临床医学	841	26	−0.50	0.822	20	−0.17	44.8	10	10.73	0.68	0.51
G428	中国美容医学	2083	10	0.24	0.689	26	−0.30	15.1	36	8.19	0.41	0.57
G297	中国美容整形外科杂志	909	25	−0.46	0.611	31	−0.38	18.4	34	4.62	0.41	0.37
G776	中国全科医学	7468	1	3.46	1.681	4	0.70	78.9	1	19.51	0.84	0.81
G796	中国输血杂志	2117	9	0.26	0.707	25	−0.28	17.5	35	6.16	0.57	0.33
G521	中国疼痛医学杂志	1886	12	0.13	1.353	7	0.37	41.1	15	9.41	0.49	0.34
G633	中国血液净化	1183	22	−0.29	1.089	13	0.10	34.7	24	6.65	0.57	0.61
G809	中国医刊	1788	13	0.07	1.045	15	0.06	37.4	21	12.46	0.78	0.65
G306	中国医师进修杂志	1011	23	−0.40	0.784	23	−0.21	25.0	30	7.84	0.65	0.75
G313	中国医师杂志	2001	11	0.19	0.891	19	−0.10	38.3	17	11.84	0.65	0.68
G519	中国医药	2496	8	0.49	1.453	5	0.47	52.5	6	13.00	0.68	0.65
H067	中国真菌学杂志	381	32	−0.77	0.667	28	−0.32	29.2	29	4.24	0.35	0.31
G843	中国中西医结合急救杂志	1197	21	−0.29	0.995	16	0.01	33.5	26	7.03	0.70	0.65
G667	中国综合临床	555	30	−0.67	0.618	30	−0.37	37.6	20	6.30	0.68	0.58
G555	中华急诊医学杂志	2766	6	0.65	2.082	1	1.11	56.8	4	12.59	0.78	0.43
G526	中华全科医师杂志	1623	14	−0.03	1.855	3	0.88	49.4	8	10.78	0.73	0.74
G515	中华全科医学	3291	3	0.96	1.180	11	0.20	54.0	5	14.86	0.86	0.60
G116	中华危重病急救医学	3252	4	0.94	1.922	2	0.95	62.1	3	12.35	0.78	0.77
G761	中华危重症医学杂志电子版	483	31	−0.71	1.263	8	0.28	38.0	18	5.70	0.57	0.35
G489	中华医学美学美容杂志	737	28	−0.56	0.686	27	−0.30	8.6	37	2.68	0.32	0.36
Q954	中华重症医学电子杂志	277	35	−0.83	0.803	22	−0.19	34.2	25	3.65	0.41	0.65
	37 种期刊平均值	1675			0.987							

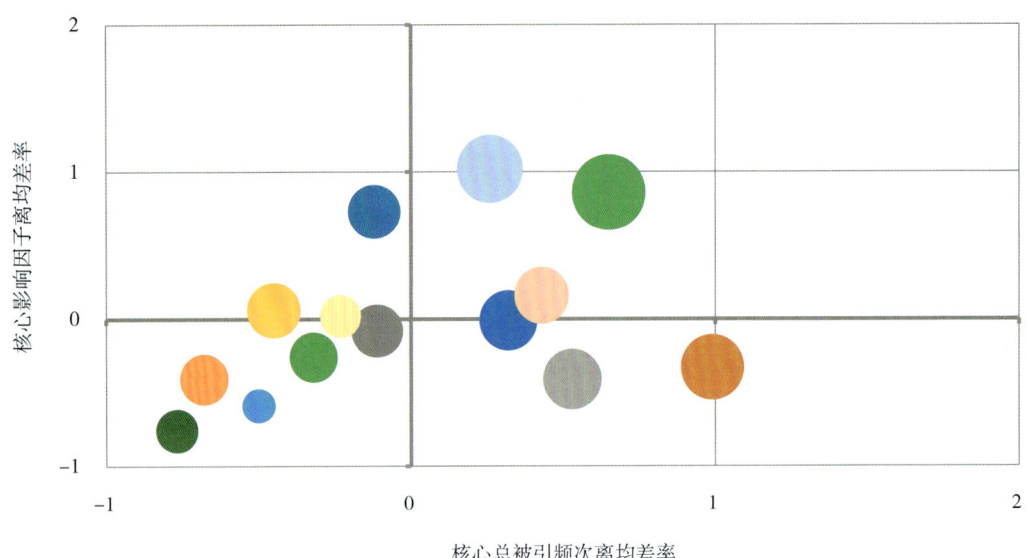

2021年临床诊断学类期刊核心总被引频次和核心影响因子离均差率的分布图
（节点大小表示综合评价总分）

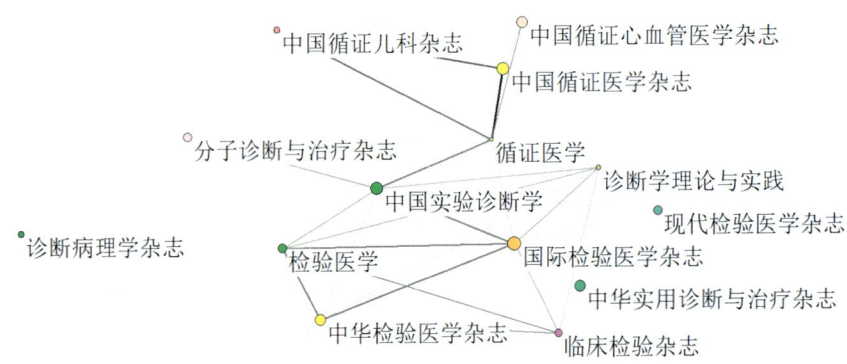

2021年临床诊断学类期刊互引关系示意图

表 7-36　2021 年临床诊断学类期刊主要指标

CODE	刊名	核心总被引频次			核心影响因子			综合评价总分		学科扩散指标	学科影响指标	红点指标
		数值	排名	离均差率	数值	排名	离均差率	数值	排名			
G556	分子诊断与治疗杂志	1300	8	−0.12	1.696	3	0.73	43.1	8	16.79	0.71	0.43
G362	国际检验医学杂志	2925	1	0.99	0.659	10	−0.33	63.9	3	40.79	0.93	0.52
G638	检验医学	1303	7	−0.11	0.900	8	−0.08	41.2	9	27.79	0.86	0.41
G204	临床检验杂志	1002	10	−0.32	0.723	9	−0.26	37.9	11	25.36	0.86	0.40
G653	现代检验医学杂志	1137	9	−0.23	1.000	6	0.02	25.0	13	19.21	0.71	0.52
G627	循证医学	331	14	−0.77	0.237	14	−0.76	28.1	12	14.00	0.50	0.71
G259	诊断病理学杂志	738	12	−0.50	0.404	13	−0.59	17.3	14	16.14	0.64	0.70
G615	诊断学理论与实践	464	13	−0.68	0.583	11	−0.41	38.9	10	18.71	0.71	0.38
G853	中国实验诊断学	2254	3	0.53	0.581	12	−0.41	54.9	4	38.29	0.79	0.20
G756	中国循证儿科杂志	806	11	−0.45	1.041	5	0.06	44.9	7	20.93	0.71	0.49
G645	中国循证心血管医学杂志	1936	5	0.32	0.968	7	−0.01	53.5	5	28.79	0.57	0.51
G396	中国循证医学杂志	2417	2	0.65	1.831	2	0.86	84.7	1	35.86	0.57	0.61
G174	中华检验医学杂志	1854	6	0.26	1.987	1	1.02	69.1	2	30.14	0.79	0.42
G367	中华实用诊断与治疗杂志	2099	4	0.43	1.136	4	0.16	48.1	6	30.71	0.71	0.49
	14 种期刊平均值	1469			0.982							

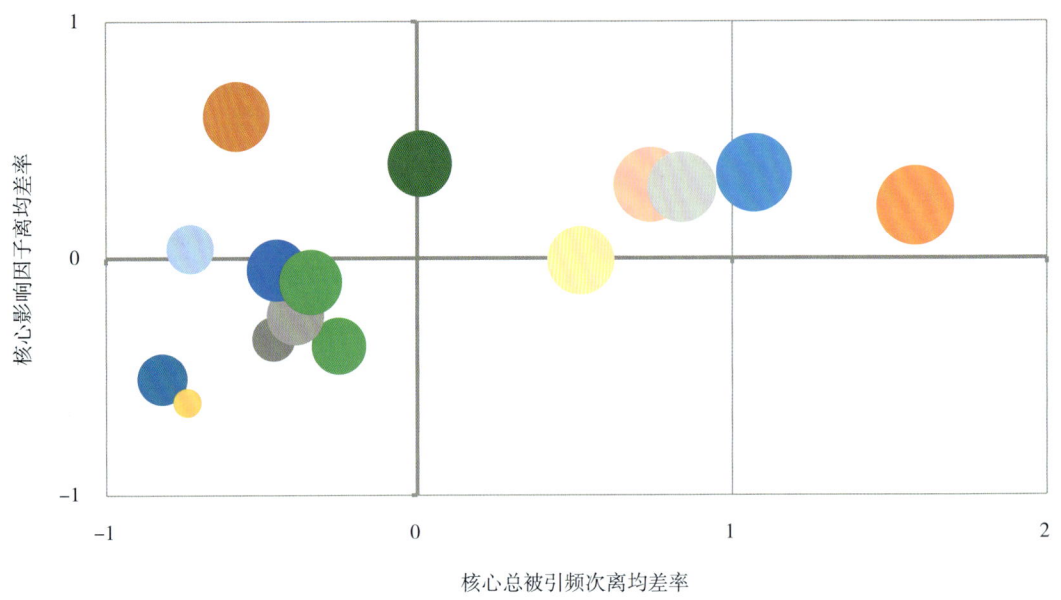

2021年保健医学类期刊核心总被引频次和核心影响因子离均差率的分布图
（节点大小表示综合评价总分）

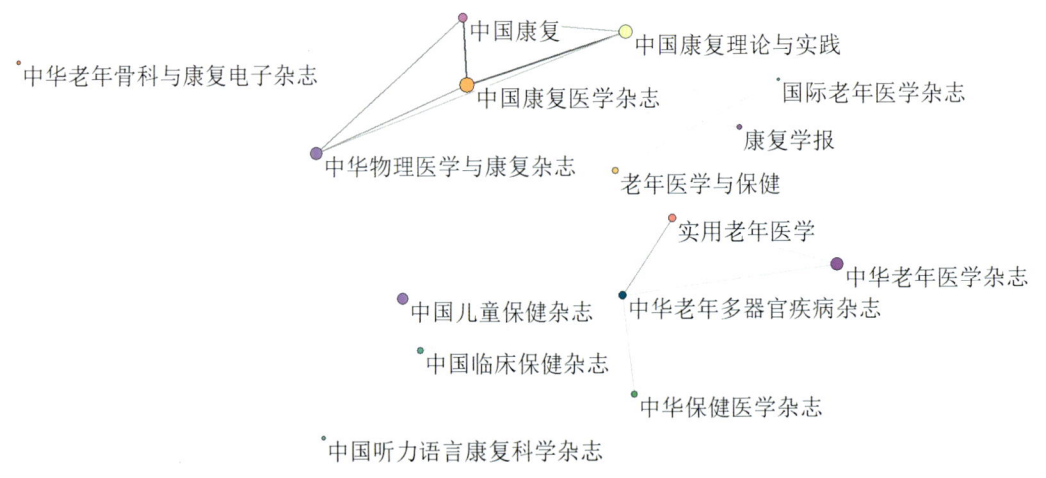

2021年保健医学类期刊互引关系示意图

表 7-37　2021 年保健医学类期刊主要指标

CODE	刊名	核心总被引频次			核心影响因子			综合评价总分		学科扩散指标	学科影响指标	红点指标
		数值	排名	离均差率	数值	排名	离均差率	数值	排名			
G496	国际老年医学杂志	239	15	−0.82	0.531	14	−0.51	31.0	12	9.67	0.40	0.60
Q933	康复学报	547	12	−0.58	1.745	1	0.60	57.0	5	11.07	0.53	0.62
G628	老年医学与保健	715	11	−0.46	0.718	12	−0.34	22.7	14	15.33	0.60	0.83
G700	实用老年医学	994	7	−0.25	0.690	13	−0.37	37.8	11	22.27	0.80	0.48
G825	中国儿童保健杂志	2001	5	0.52	1.083	8	−0.01	51.7	6	24.33	0.60	0.53
G323	中国康复	1330	6	0.01	1.531	2	0.40	50.8	7	18.27	0.93	0.70
G400	中国康复理论与实践	2725	2	1.07	1.486	3	0.36	70.8	2	28.33	1.00	0.68
G106	中国康复医学杂志	3405	1	1.58	1.333	6	0.22	73.8	1	31.07	1.00	0.30
G447	中国临床保健杂志	802	9	−0.39	0.828	11	−0.24	40.5	10	18.73	0.60	0.66
G437	中国听力语言康复科学杂志	340	14	−0.74	0.426	15	−0.61	9.7	15	6.47	0.40	0.22
G502	中华保健医学杂志	725	10	−0.45	1.037	9	−0.05	44.4	9	18.40	0.80	0.41
G639	中华老年多器官疾病杂志	875	8	−0.34	0.982	10	−0.10	49.0	8	22.07	0.73	0.69
Q949	中华老年骨科与康复电子杂志	357	13	−0.73	1.137	7	0.04	28.1	13	6.80	0.47	0.47
G150	中华老年医学杂志	2288	4	0.74	1.424	4	0.31	65.3	3	30.87	0.87	0.48
G166	中华物理医学与康复杂志	2424	3	0.84	1.413	5	0.30	57.9	4	23.13	0.93	0.58
	15 种期刊平均值	1318			1.091							

内科学综合

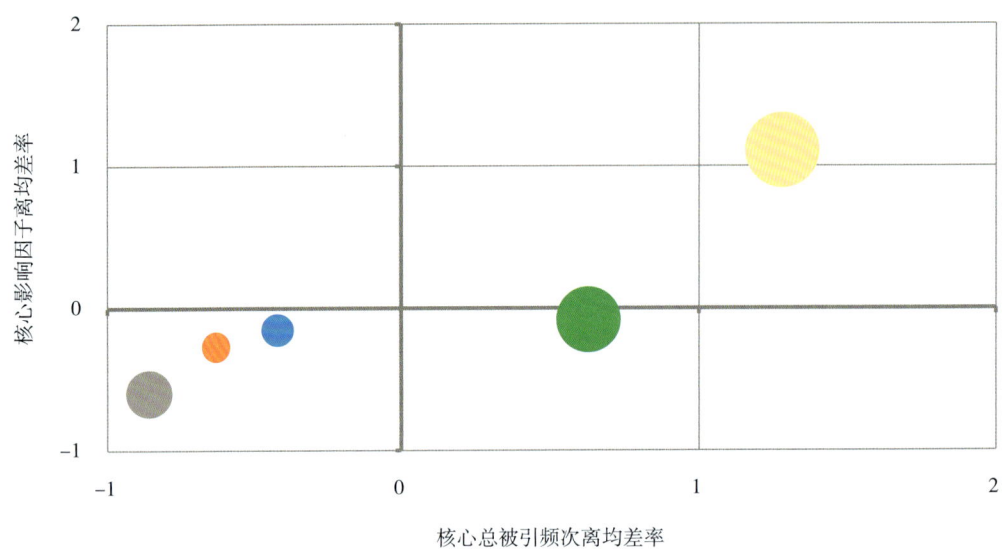

2021年内科学综合类期刊核心总被引频次和核心影响因子离均差率的分布图
（节点大小表示综合评价总分）

· 临床内科杂志

· 内科急危重症杂志

· 中华内科杂志

· 中国实用内科杂志

· 内科理论与实践

2021年内科学综合类期刊互引关系示意图

表 7-38 2021年内科学综合类期刊主要指标

CODE	刊名	核心总被引频次			核心影响因子			综合评价总分		学科扩散指标	学科影响指标	红点指标
		数值	排名	离均差率	数值	排名	离均差率	数值	排名			
G257	临床内科杂志	935	3	−0.42	0.988	3	−0.15	15.7	4	61.00	1.00	0.36
G662	内科急危重症杂志	591	4	−0.63	0.846	4	−0.27	13.6	5	44.80	0.60	0.33
G523	内科理论与实践	229	5	−0.86	0.469	5	−0.60	32.9	3	31.40	0.60	0.39
G267	中国实用内科杂志	2637	2	0.63	1.070	2	−0.08	63.4	2	100.40	1.00	0.41
G156	中华内科杂志	3688	1	1.28	2.459	1	1.11	80.0	1	114.80	1.00	0.41
	5种期刊平均值	1616			1.166							

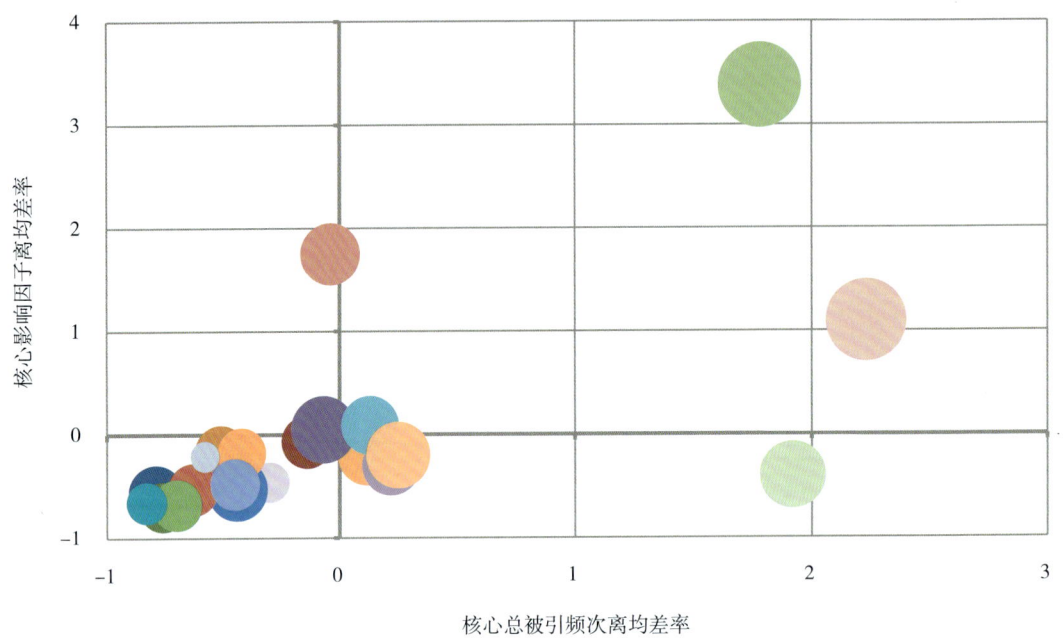

2021年心血管病学类期刊核心总被引频次和核心影响因子离均差率的分布图
（节点大小表示综合评价总分）

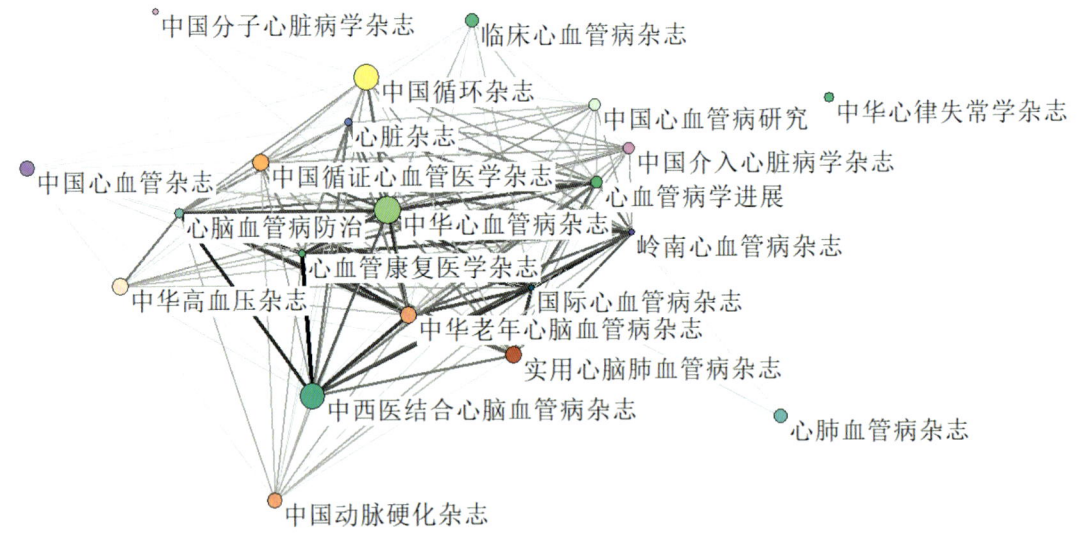

2021年心血管病学类期刊互引关系示意图

表 7-39 2021 年心血管病学类期刊主要指标

CODE	刊名	核心总被引频次			核心影响因子			综合评价总分		学科扩散指标	学科影响指标	红点指标
		数值	排名	离均差率	数值	排名	离均差率	数值	排名			
G940	国际心血管病杂志	337	20	−0.79	0.600	18	−0.57	35.2	11	8.76	0.81	0.55
G261	临床心血管病杂志	1357	10	−0.14	1.293	6	−0.07	30.8	13	14.10	1.00	0.76
G491	岭南心血管病杂志	379	19	−0.76	0.411	21	−0.70	27.1	18	8.38	0.81	0.72
G766	实用心脑肺血管病杂志	1779	7	0.12	1.116	9	−0.19	42.6	7	17.43	0.90	0.79
G083	心肺血管病杂志	1104	11	−0.30	0.750	14	−0.46	16.4	20	14.19	0.95	0.61
G476	心脑血管病防治	776	15	−0.51	1.132	7	−0.18	33.8	12	12.52	0.81	0.71
G419	心血管病学进展	884	13	−0.44	0.649	16	−0.53	43.2	6	14.00	0.86	0.70
G578	心血管康复医学杂志	585	17	−0.63	0.645	17	−0.53	29.8	14	10.24	0.81	0.89
G260	心脏杂志	475	18	−0.70	0.443	20	−0.68	28.7	15	9.71	0.90	0.60
G234	中国动脉硬化杂志	1474	9	−0.07	1.448	5	0.05	49.7	3	17.05	0.90	0.66
G402	中国分子心脏病学杂志	271	21	−0.83	0.470	19	−0.66	19.2	19	5.76	0.86	0.59
G239	中国介入心脏病学杂志	921	12	−0.42	1.132	7	−0.18	27.8	17	10.52	0.90	0.73
G718	中国心血管病研究	871	14	−0.45	0.715	15	−0.48	28.6	16	11.38	1.00	0.69
G380	中国心血管杂志	1520	8	−0.04	3.805	2	1.75	42.5	8	16.19	1.00	0.73
G119	中国循环杂志	4406	3	1.78	6.064	1	3.38	79.4	1	26.38	1.00	0.71
G645	中国循证心血管医学杂志	1936	5	0.22	0.968	12	−0.30	39.0	9	19.19	0.90	0.59
G235	中华高血压杂志	1791	6	0.13	1.503	4	0.09	38.1	10	16.76	0.95	0.47
G876	中华老年心脑血管病杂志	1971	4	0.25	1.103	10	−0.20	48.0	5	18.43	0.95	0.86
G892	中华心律失常学杂志	669	16	−0.58	1.100	11	−0.21	10.3	21	7.95	0.95	0.71
G170	中华心血管病杂志	5118	1	2.23	2.902	3	1.10	74.3	2	23.43	1.00	0.77
G597	中西医结合心脑血管病杂志	4618	2	1.92	0.826	13	−0.40	49.1	4	20.05	0.90	0.84
	21 种期刊平均值	1583			1.385							

呼吸病学、结核病学

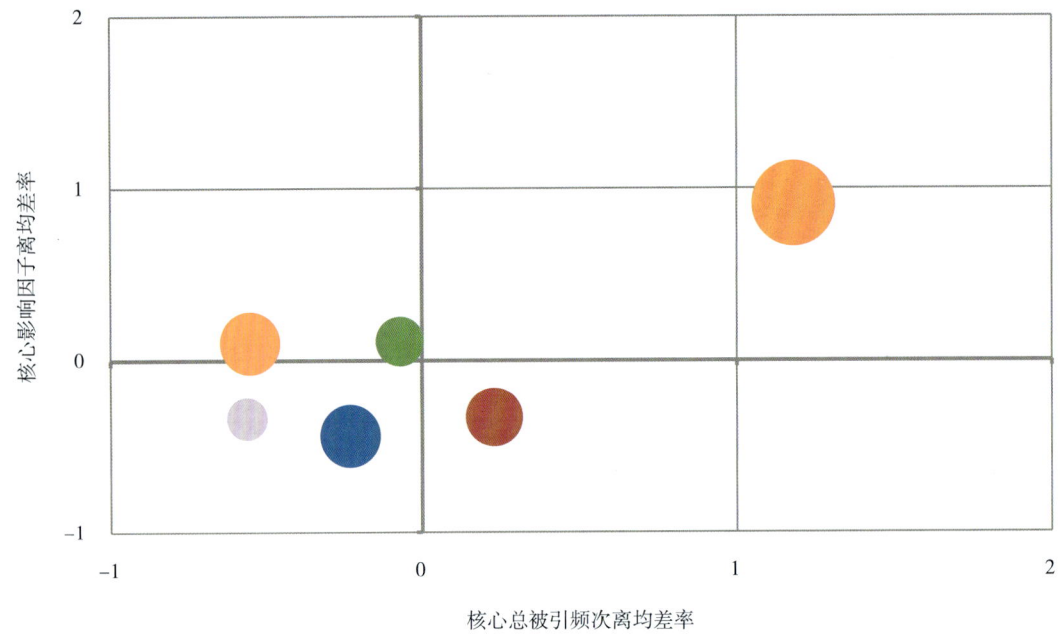

2021 年呼吸病学、结核病学类期刊核心总被引频次和核心影响因子离均差率的分布图
（节点大小表示综合评价总分）

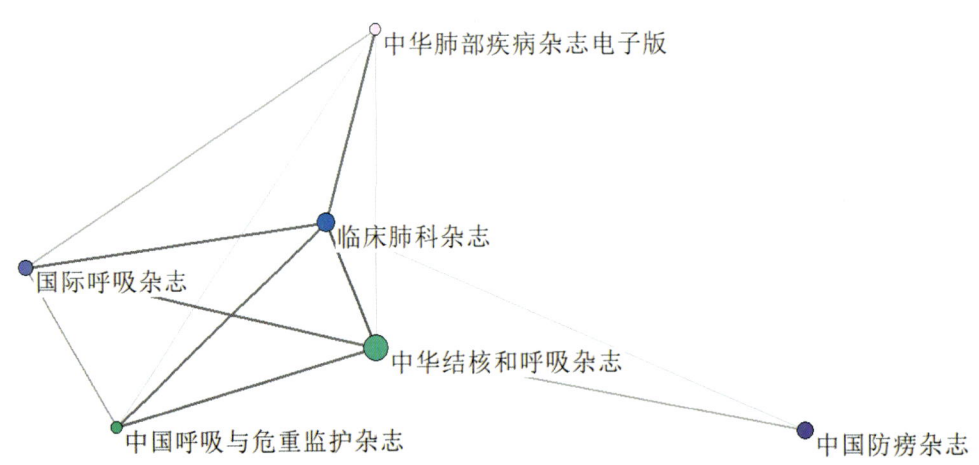

2021 年呼吸病学、结核病学类期刊互引关系示意图

表 7-40　2021年呼吸病学、结核病学类期刊主要指标

CODE	刊名	核心总被引频次			核心影响因子			综合评价总分		学科扩散指标	学科影响指标	红点指标
		数值	排名	离均差率	数值	排名	离均差率	数值	排名			
G938	国际呼吸杂志	1518	4	−0.23	0.711	6	−0.44	48.2	2	61.50	1.00	0.64
Q908	临床肺科杂志	2439	2	0.23	0.860	4	−0.33	41.5	4	69.83	1.00	0.40
G290	中国防痨杂志	1830	3	−0.07	1.419	2	0.11	29.7	5	41.17	1.00	0.90
G973	中国呼吸与危重监护杂志	886	5	−0.55	1.404	3	0.10	47.8	3	50.33	1.00	0.28
G474	中华肺部疾病杂志电子版	877	6	−0.56	0.847	5	−0.34	20.1	6	47.17	1.00	0.49
G147	中华结核和呼吸杂志	4309	1	1.18	2.441	1	0.91	88.3	1	85.50	1.00	0.16
	6种期刊平均值	1977			1.280							

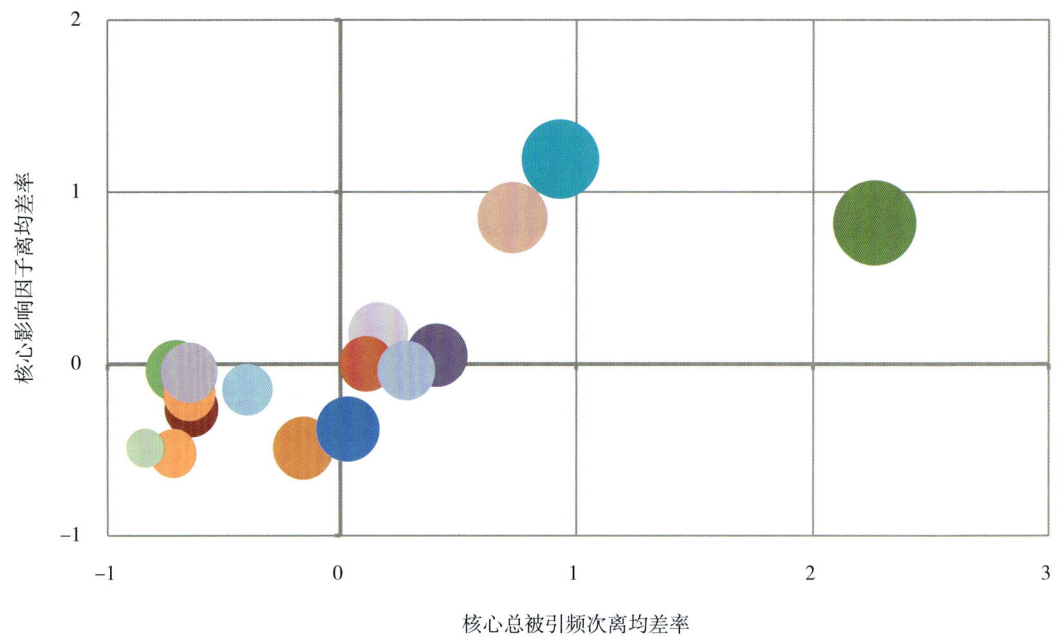

2021年消化病学类期刊核心总被引频次和核心影响因子离均差率的分布图
（节点大小表示综合评价总分）

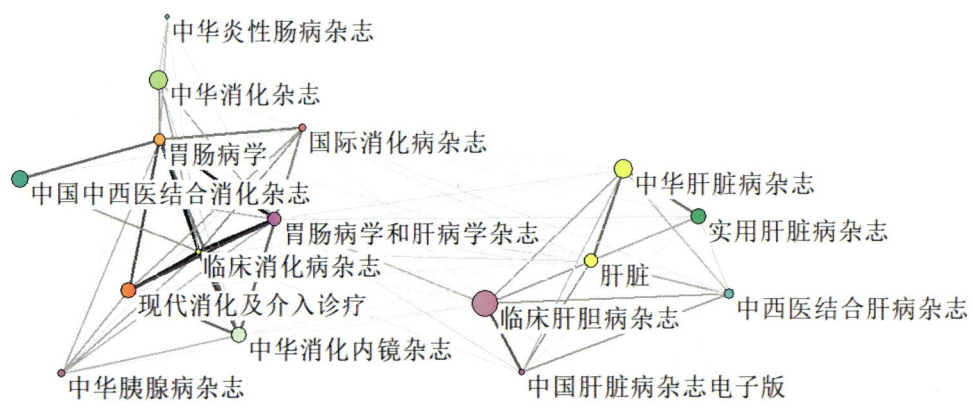

2021消化病学类期刊互引关系示意图

表 7-41 2021 年消化病学类主要指标

CODE	刊名	核心总被引频次			核心影响因子			综合评价总分		学科扩散指标	学科影响指标	红点指标
		数值	排名	离均差率	数值	排名	离均差率	数值	排名			
G803	肝脏	1118	9	−0.14	0.550	15	−0.49	27.0	15	18.24	0.76	0.58
G660	国际消化病杂志	469	12	−0.64	0.791	12	−0.26	34.2	11	12.47	0.94	0.75
G501	临床肝胆病杂志	4253	1	2.26	1.951	3	0.82	76.6	1	28.06	1.00	0.90
G855	临床消化病杂志	367	16	−0.72	0.512	17	−0.52	25.0	16	10.59	0.82	0.55
G746	实用肝脏病杂志	1510	6	0.16	1.262	4	0.18	37.1	10	19.59	0.82	0.86
G800	胃肠病学	1098	10	−0.16	0.551	14	−0.49	41.8	6	17.41	0.82	0.81
G326	胃肠病学和肝病学杂志	1342	8	0.03	0.666	13	−0.38	44.5	4	21.76	1.00	0.65
G451	现代消化及介入诊疗	1450	7	0.11	1.074	6	0.00	32.6	12	16.71	0.71	0.56
G475	中国肝脏病杂志电子版	382	15	−0.71	1.026	8	−0.04	40.1	7	8.53	0.59	0.65
G528	中国中西医结合消化杂志	1834	4	0.41	1.127	5	0.05	42.4	5	13.82	0.76	0.60
G231	中华肝脏病杂志	2509	2	0.93	2.347	1	1.19	66.2	2	24.71	0.88	0.72
G054	中华肝脏外科手术学电子杂志	461	13	−0.65	0.893	11	−0.17	32.5	13	8.59	0.71	0.79
G285	中华消化内镜杂志	1665	5	0.28	1.029	7	−0.04	37.6	9	18.00	0.88	0.56
G168	中华消化杂志	2248	3	0.73	1.991	2	0.85	53.9	3	23.12	1.00	0.57
Q209	中华炎性肠病杂志	211	17	−0.84	0.548	16	−0.49	16.2	17	5.00	0.47	0.94
G610	中华胰腺病杂志	454	14	−0.65	1.025	9	−0.05	38.3	8	10.82	0.76	0.75
G842	中西医结合肝病杂志	780	11	−0.40	0.908	10	−0.15	28.4	14	11.65	0.59	0.68
	17 种期刊平均值	1303			1.074							

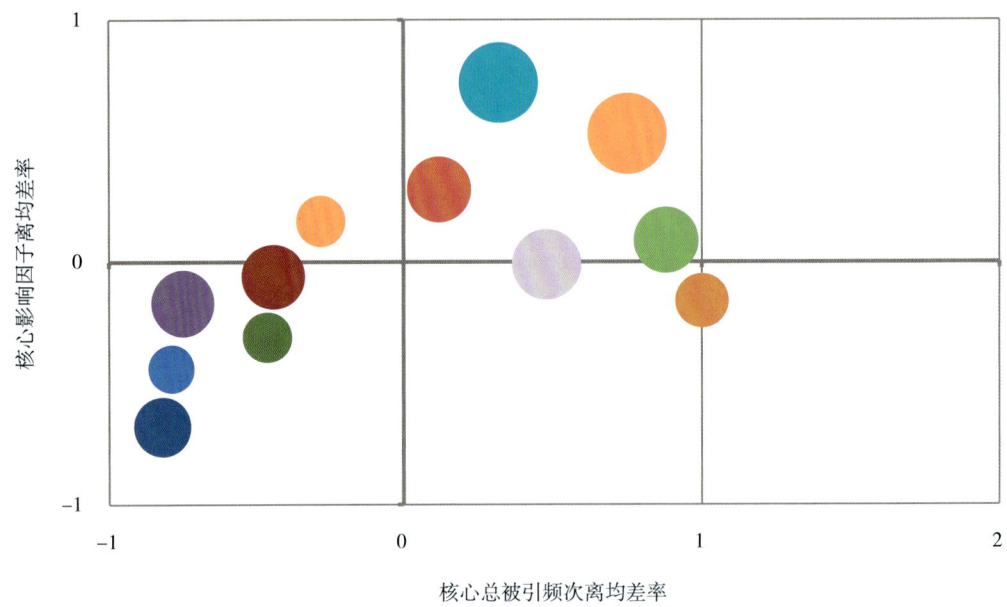

2021年血液病学、肾脏病学类期刊核心总被引频次和核心影响因子离均差率的分布图
（节点大小表示综合评价总分）

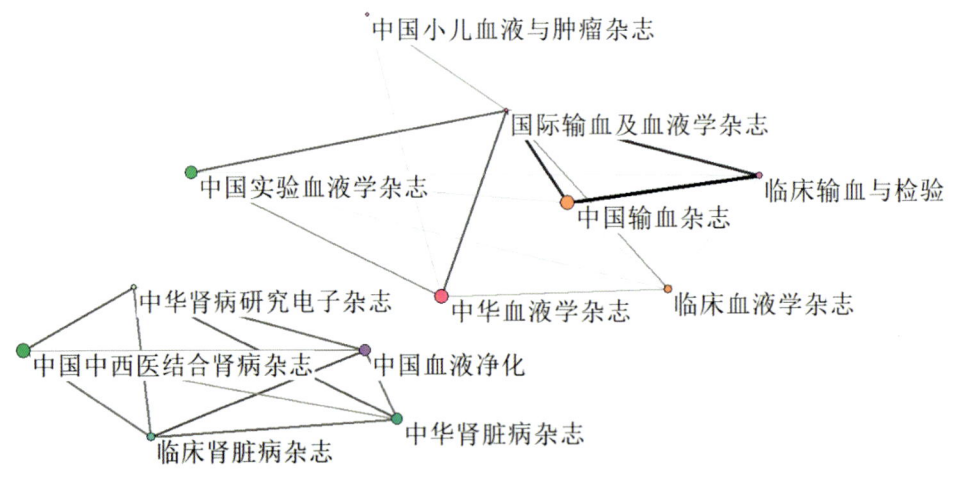

2021年血液病学、肾脏病学类期刊互引关系示意图

表 7-42 2021年血液病学、肾脏病学类期刊主要指标

CODE	刊名	核心总被引频次			核心影响因子			综合评价总分		学科扩散指标	学科影响指标	红点指标
		数值	排名	离均差率	数值	排名	离均差率	数值	排名			
B525	国际输血及血液学杂志	188	12	−0.82	0.271	12	−0.68	43.1	8	9.00	0.58	0.83
G423	临床肾脏病杂志	598	8	−0.44	0.790	7	−0.06	51.0	7	18.75	0.58	0.64
G797	临床输血与检验	568	9	−0.46	0.574	10	−0.31	30.5	11	13.33	0.58	0.32
G293	临床血液学杂志	763	7	−0.28	0.979	4	0.17	32.2	10	16.42	0.58	0.50
G883	中国实验血液学杂志	1566	4	0.48	0.827	6	−0.01	57.6	3	29.42	0.67	0.63
G796	中国输血杂志	2117	1	1.00	0.707	8	−0.16	35.8	9	19.00	0.58	0.33
G845	中国小儿血液与肿瘤杂志	221	11	−0.79	0.467	11	−0.44	28.6	12	10.50	0.42	0.45
G633	中国血液净化	1183	6	0.12	1.089	3	0.30	52.7	6	20.50	0.58	0.57
G846	中国中西医结合肾病杂志	1996	2	0.88	0.909	5	0.09	53.8	5	24.17	0.67	0.32
G065	中华肾病研究电子杂志	264	10	−0.75	0.691	9	−0.17	53.9	4	12.83	0.50	0.47
G161	中华肾脏病杂志	1394	5	0.32	1.455	1	0.74	79.6	2	27.00	0.75	0.79
G172	中华血液学杂志	1849	3	0.75	1.283	2	0.53	80.6	1	31.25	0.75	0.43
	12 种期刊平均值	1059			0.837							

内分泌病学与代谢病学、风湿病学

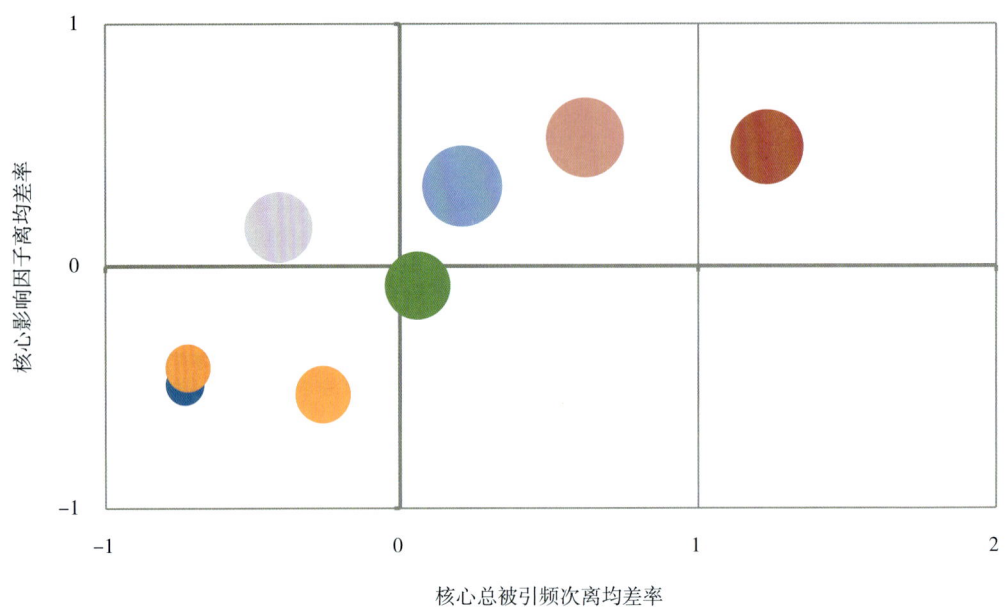

2021年内分泌病学与代谢病学、风湿病学类期刊核心总被引频次和核心影响因子离均差率的分布图
（节点大小表示综合评价总分）

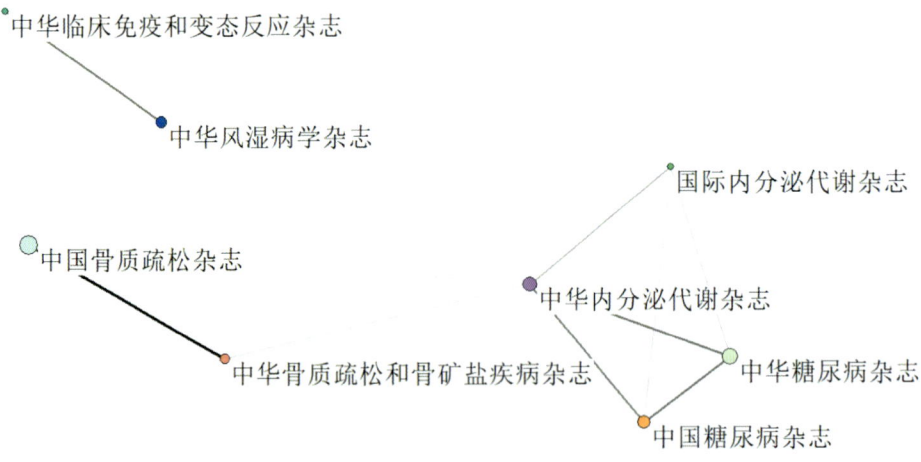

2021年内分泌病学与代谢病学、风湿病学类期刊互引关系示意图

表 7-43　2021年内分泌病学与代谢病学、风湿病学类期刊主要指标

CODE	刊名	核心总被引频次			核心影响因子			综合评价总分		学科扩散指标	学科影响指标	红点指标
		数值	排名	离均差率	数值	排名	离均差率	数值	排名			
G415	国际内分泌代谢杂志	420	8	−0.73	0.651	7	−0.49	19.2	8	24.25	0.63	0.47
G663	中国骨质疏松杂志	3516	1	1.23	1.885	2	0.49	63.6	3	50.00	1.00	0.80
G211	中国糖尿病杂志	1666	4	0.06	1.170	5	−0.08	52.7	5	50.00	0.88	0.75
G286	中华风湿病学杂志	1171	5	−0.26	0.598	8	−0.53	37.6	6	41.75	0.75	0.53
G728	中华骨质疏松和骨矿盐疾病杂志	931	6	−0.41	1.475	4	0.16	54.1	4	34.88	0.75	0.55
G693	中华临床免疫和变态反应杂志	434	7	−0.72	0.739	6	−0.42	25.9	7	26.00	0.63	0.13
G155	中华内分泌代谢杂志	1906	3	0.21	1.683	3	0.33	75.4	1	55.38	0.88	0.34
G739	中华糖尿病杂志	2555	2	0.62	1.943	1	0.53	72.1	2	53.38	0.75	0.79
	8种期刊平均值	1575			1.268							

感染性疾病学、传染病学

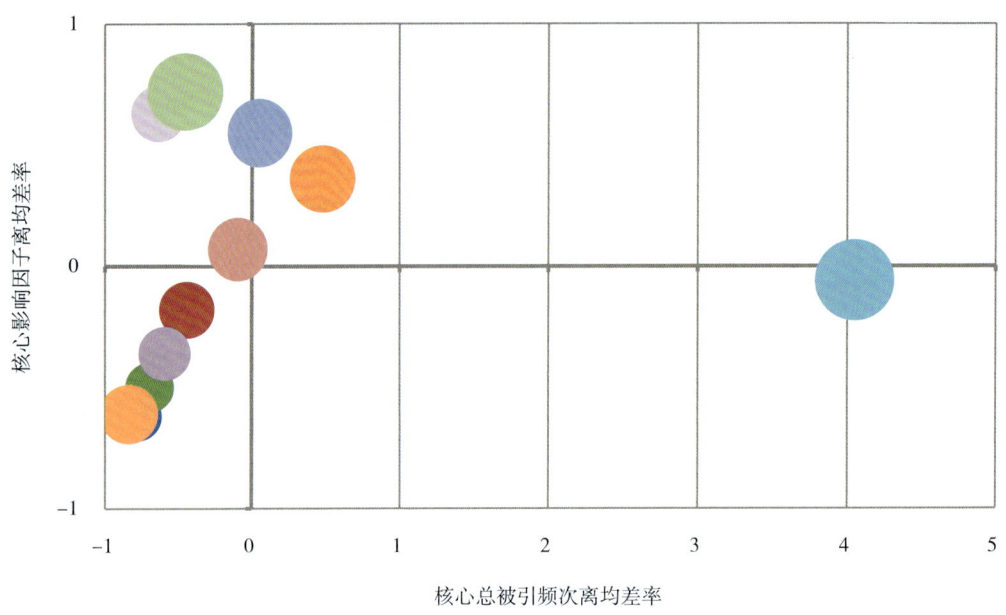

2021年感染性疾病学、传染病学类期刊核心总被引频次和核心影响因子离均差率的分布图
（节点大小表示综合评价总分）

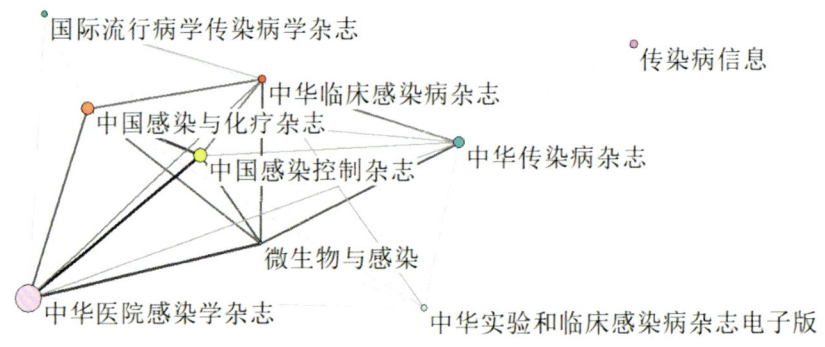

2021年感染性疾病学、传染病学类期刊互引关系示意图

表 7-44 2021年感染性疾病学、传染病学类期刊主要指标

CODE	刊名	核心总被引频次			核心影响因子			综合评价总分		学科扩散指标	学科影响指标	红点指标
		数值	排名	离均差率	数值	排名	离均差率	数值	排名			
Q709	INFECTIOUS DISEASES OF POVERTY	315	10	-0.78	0.561	11	-0.62	26.2	11	9.09	0.55	0.33
G458	传染病信息	776	5	-0.45	1.216	7	-0.18	35.1	7	24.64	0.91	0.67
G930	国际流行病学传染病学杂志	422	9	-0.70	0.747	9	-0.50	27.1	10	17.45	0.82	0.65
G651	微生物与感染	220	11	-0.84	0.581	10	-0.61	38.6	6	12.45	0.64	0.41
Q368	新发传染病电子杂志	508	8	-0.64	2.435	2	0.63	32.4	8	13.45	0.82	0.60
G631	中国感染控制杂志	2091	2	0.48	2.028	4	0.36	49.1	4	36.27	1.00	0.69
G337	中国感染与化疗杂志	1487	3	0.05	2.314	3	0.55	51.7	3	28.09	0.91	0.54
G136	中华传染病杂志	1278	4	-0.10	1.588	5	0.07	44.4	5	29.27	1.00	0.70
G692	中华临床感染病杂志	762	6	-0.46	2.569	1	0.72	65.6	2	25.45	0.91	0.77
G703	中华实验和临床感染病杂志电子版	565	7	-0.60	0.959	8	-0.36	31.2	9	20.27	0.82	0.68
G194	中华医院感染学杂志	7159	1	4.05	1.396	6	-0.06	72.1	1	56.73	0.91	0.66
	11 种期刊平均值	1417			1.490							

外科学综合

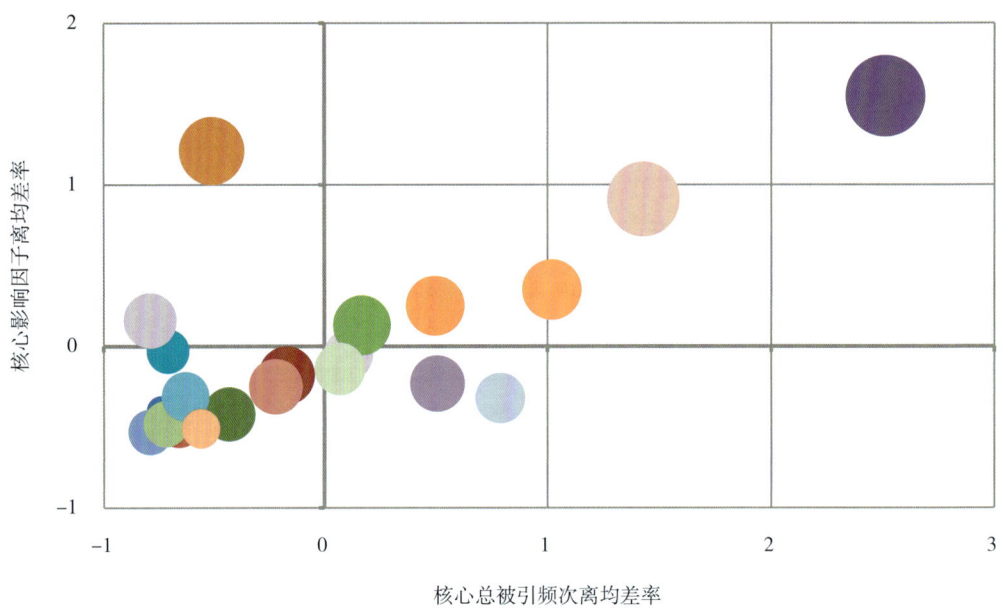

2021 年外科学综合类期刊核心总被引频次和核心影响因子离均差率的分布图
（节点大小表示综合评价总分）

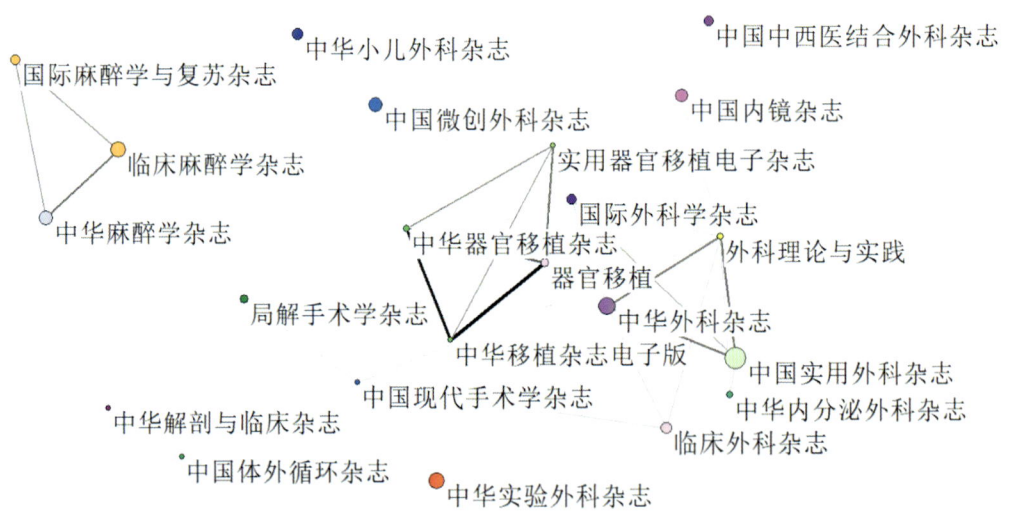

2021 年外科学综合类期刊互引关系示意图

表 7-45　2021 年外科学综合类期刊主要指标

CODE	刊名	核心总被引频次			核心影响因子			综合评价总分		学科扩散指标	学科影响指标	红点指标
		数值	排名	离均差率	数值	排名	离均差率	数值	排名			
G975	国际麻醉学与复苏杂志	999	11	−0.19	0.775	12	−0.22	31.7	14	12.14	0.59	0.63
G954	国际外科学杂志	1018	10	−0.17	0.811	11	−0.18	42.3	7	14.95	0.82	0.66
G553	局解手术学杂志	703	13	−0.43	0.572	18	−0.42	37.6	11	12.41	0.50	0.51
G222	临床麻醉学杂志	2476	3	1.02	1.332	4	0.35	46.8	4	17.18	0.82	0.37
G256	临床外科杂志	1365	8	0.11	0.944	9	−0.05	30.4	16	14.91	0.91	0.53
G595	器官移植	604	14	−0.51	2.187	2	1.21	59.5	3	8.36	0.55	0.85
G469	实用器官移植电子杂志	315	20	−0.74	0.594	17	−0.40	11.9	22	4.73	0.45	0.26
G601	外科理论与实践	418	17	−0.66	0.513	20	−0.48	29.4	17	7.05	0.59	0.45
G277	中国内镜杂志	1438	7	0.17	1.116	7	0.13	45.2	6	14.73	0.73	0.49
G272	中国实用外科杂志	4302	1	2.51	2.528	1	1.55	83.7	1	21.41	0.95	0.53
G444	中国体外循环杂志	352	18	−0.71	0.961	8	−0.03	25.1	20	5.14	0.45	0.83
G373	中国微创外科杂志	1841	6	0.50	1.237	5	0.25	45.7	5	16.14	0.82	0.23
G885	中国现代手术学杂志	253	22	−0.79	0.464	22	−0.53	26.8	19	6.27	0.45	0.38
G758	中国中西医结合外科杂志	963	12	−0.22	0.745	14	−0.25	38.6	9	13.50	0.50	0.39
Q905	中华解剖与临床杂志	349	19	−0.72	0.514	19	−0.48	27.6	18	7.45	0.36	0.33
G153	中华麻醉学杂志	1856	5	0.51	0.758	13	−0.23	40.0	8	16.59	0.91	0.56
G736	中华内分泌外科杂志	458	16	−0.63	0.681	15	−0.31	31.4	15	9.50	0.36	0.59
G158	中华器官移植杂志	540	15	−0.56	0.483	21	−0.51	20.6	21	7.32	0.50	0.92
G163	中华实验外科杂志	2195	4	0.79	0.673	16	−0.32	32.6	13	20.55	0.91	0.63
G164	中华外科杂志	2982	2	1.43	1.887	3	0.91	71.1	2	22.18	0.91	0.44
G169	中华小儿外科杂志	1314	9	0.07	0.852	10	−0.14	34.8	12	12.64	0.73	0.54
G897	中华移植杂志电子版	257	21	−0.79	1.151	6	0.16	38.2	10	4.55	0.36	0.63
	22 种期刊平均值	1227			0.990							

普通外科学、胸外科学、心血管外科学

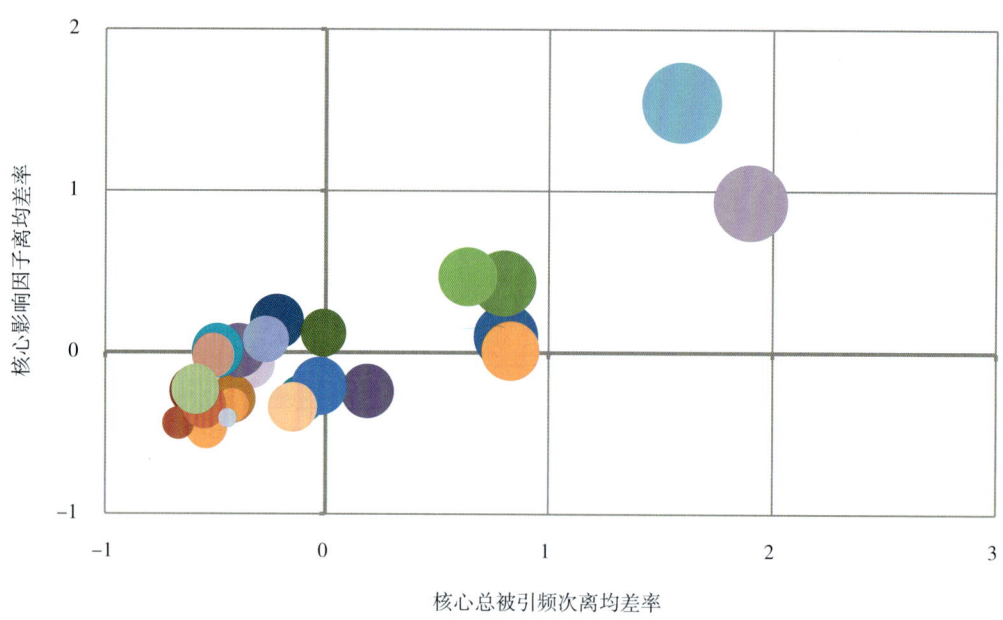

2021年普通外科学、胸外科学、心血管外科学类期刊核心总被引频次和核心影响因子离均差率的分布图
（节点大小表示综合评价总分）

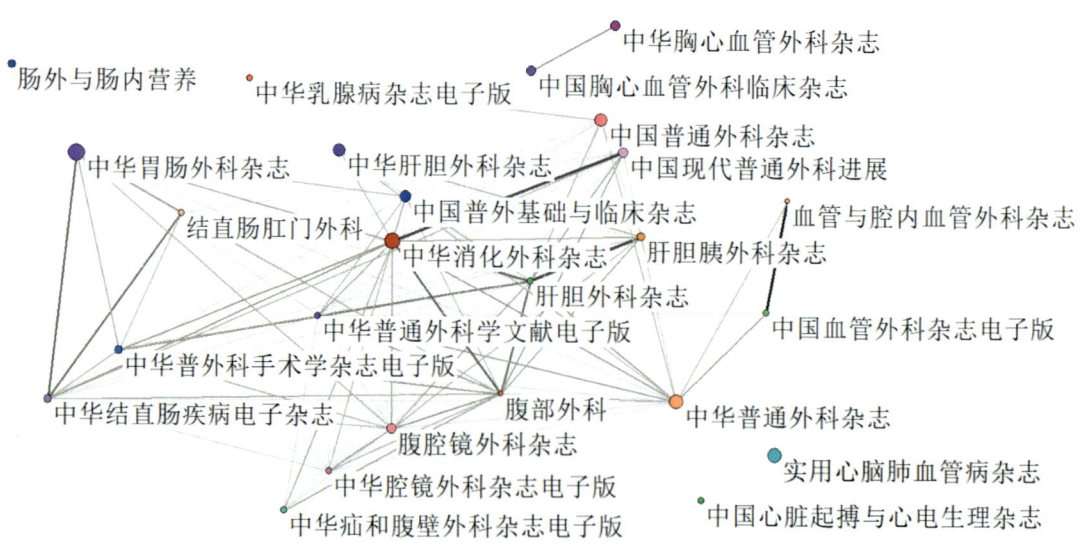

2021年普通外科学、胸外科学、心血管外科学类期刊互引关系示意图

表 7-46　2021年普通外科学、胸外科学、心血管外科学类期刊主要指标

CODE	刊名	核心总被引频次			核心影响因子			综合评价总分		学科扩散指标	学科影响指标	红点指标
		数值	排名	离均差率	数值	排名	离均差率	数值	排名			
G264	肠外与肠内营养	763	12	−0.22	1.207	5	0.19	40.2	9	9.48	0.56	0.39
G957	腹部外科	392	24	−0.60	0.767	17	−0.24	33.8	13	6.04	0.80	0.66
G338	腹腔镜外科杂志	971	8	−0.01	1.130	6	0.12	30.6	18	7.08	0.80	0.82
G879	肝胆外科杂志	452	21	−0.54	0.551	25	−0.46	27.2	21	6.80	0.48	0.69
G690	肝胆胰外科杂志	651	14	−0.34	0.939	13	−0.07	31.7	17	7.96	0.60	0.42
G869	结直肠肛门外科	565	17	−0.42	0.724	18	−0.29	31.9	15	7.64	0.56	0.34
G766	实用心脑肺血管病杂志	1779	4	0.81	1.116	7	0.10	57.7	4	14.64	0.32	0.75
Q958	血管与腔内血管外科杂志	325	25	−0.67	0.564	24	−0.44	14.5	24	4.52	0.36	0.58
G226	中国普通外科杂志	1767	5	0.80	1.447	4	0.43	58.4	3	13.64	0.92	0.80
G269	中国普外基础与临床杂志	1168	7	0.19	0.773	16	−0.24	40.2	10	12.48	0.84	0.59
G841	中国现代普通外科进展	870	10	−0.11	0.718	19	−0.29	31.8	16	10.16	0.80	0.63
G203	中国心脏起搏与心电生理杂志	570	16	−0.42	0.676	20	−0.33	15.9	23	6.60	0.16	0.90
G232	中国胸心血管外科临床杂志	954	9	−0.03	0.803	14	−0.21	45.6	7	12.20	0.60	0.57
G464	中国血管外科杂志电子版	440	22	−0.55	0.675	21	−0.33	29.6	19	6.44	0.48	0.28
G262	中华肝胆外科杂志	1606	6	0.64	1.487	3	0.47	47.0	6	11.32	0.68	0.68
G060	中华结直肠疾病电子杂志	598	15	−0.39	1.022	11	0.01	39.6	11	7.76	0.64	0.86
G461	中华普通外科学文献电子版	500	19	−0.49	1.028	9	0.01	40.4	8	9.00	0.80	0.65
G254	中华普通外科杂志	1792	3	0.83	1.025	10	0.01	47.3	5	13.56	0.92	0.43
G462	中华普外科手术学杂志电子版	718	13	−0.27	1.096	8	0.08	28.7	20	6.84	0.72	0.98
G463	中华腔镜外科杂志电子版	479	20	−0.51	0.993	12	−0.02	26.4	22	5.32	0.76	0.45
G505	中华乳腺病杂志电子版	404	23	−0.59	0.785	15	−0.23	34.0	12	6.72	0.40	0.91
G472	中华疝和腹壁外科杂志电子版	549	18	−0.44	0.599	23	−0.41	5.0	25	3.60	0.52	0.75
G793	中华胃肠外科杂志	2845	1	1.90	1.953	2	0.93	78.2	2	15.04	0.80	0.72
G978	中华消化外科杂志	2539	2	1.59	2.579	1	1.55	88.7	1	13.60	0.92	0.89
G171	中华胸心血管外科杂志	831	11	−0.15	0.667	22	−0.34	33.5	14	9.52	0.44	0.26
	25种期刊平均值	981			1.013							

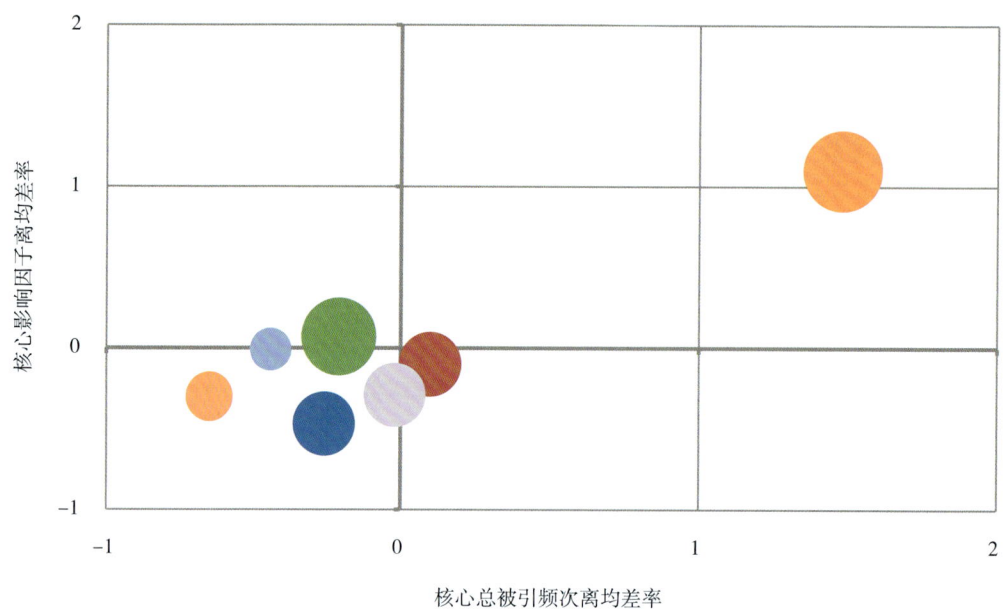

2021年泌尿外科学类期刊核心总被引频次和核心影响因子离均差率的分布图
（节点大小表示综合评价总分）

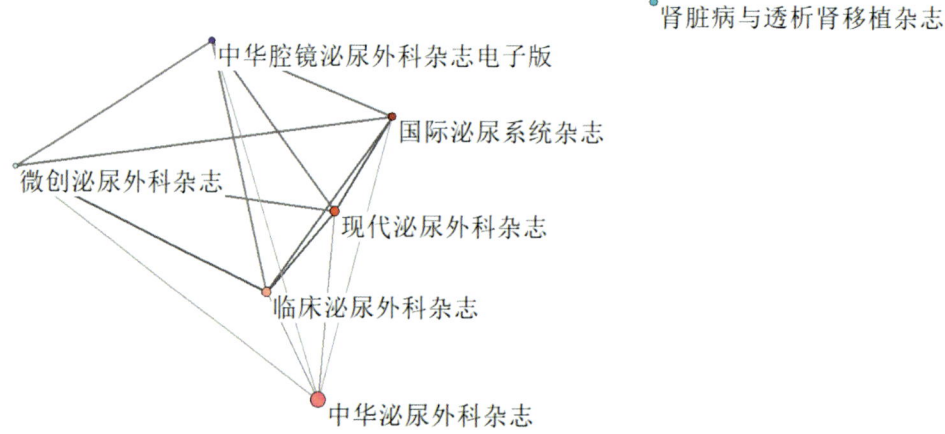

2021年泌尿外科学类期刊互引关系示意图

表 7-47　2021 年泌尿外科类期刊主要指标

CODE	刊名	核心总被引频次			核心影响因子			综合评价总分		学科扩散指标	学科影响指标	红点指标
		数值	排名	离均差率	数值	排名	离均差率	数值	排名			
G349	国际泌尿系统杂志	684	5	−0.26	0.453	7	−0.47	41.4	4	28.86	0.86	0.72
G317	临床泌尿外科杂志	1018	2	0.10	0.774	4	−0.10	41.7	3	31.14	0.86	0.52
G202	肾脏病与透析肾移植杂志	731	4	−0.21	0.918	2	0.07	60.1	2	35.57	0.57	0.45
G866	微创泌尿外科杂志	323	7	−0.65	0.604	6	−0.30	24.6	6	14.71	0.86	0.48
G341	现代泌尿外科杂志	904	3	−0.02	0.608	5	−0.29	38.4	5	34.86	0.86	0.49
G154	中华泌尿外科杂志	2300	1	1.48	1.809	1	1.10	66.0	1	42.43	0.86	0.75
G473	中华腔镜泌尿外科杂志电子版	523	6	−0.44	0.853	3	−0.01	18.2	7	17.14	1.00	0.66
	7 种期刊平均值	926			0.860							

骨外科学

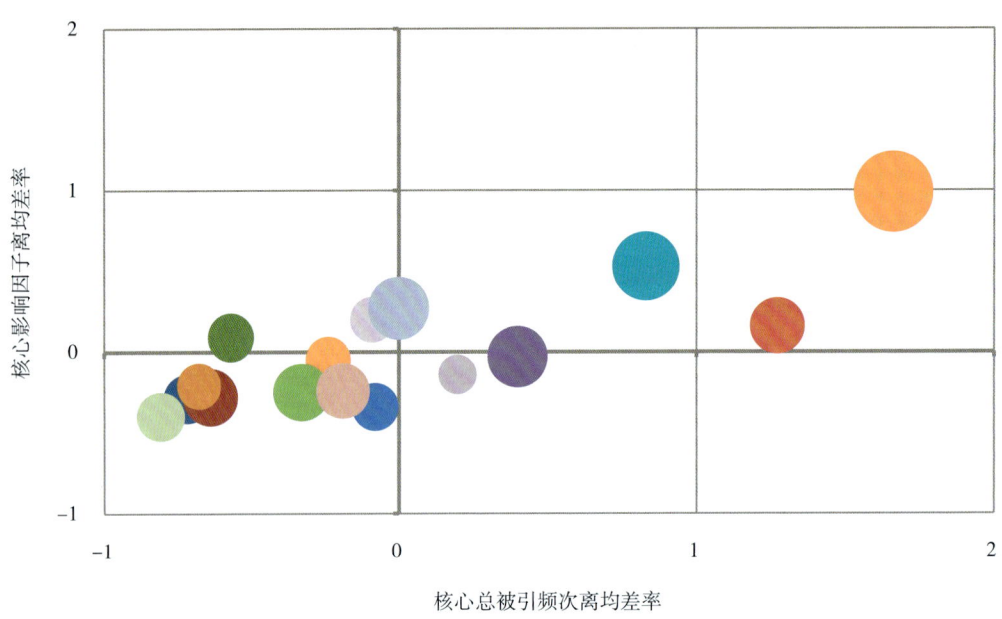

2021年骨外科学类期刊核心总被引频次和核心影响因子离均差率的分布图
（节点大小表示综合评价总分）

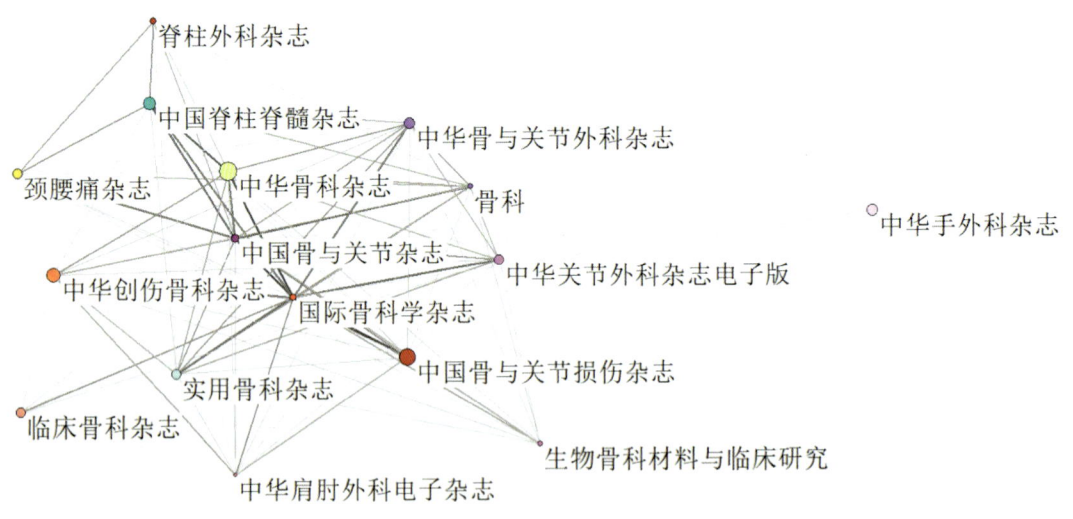

2021年骨外科学类期刊互引关系示意图

表 7-48 2021年骨外科学类期刊主要指标

CODE	刊名	核心总被引频次			核心影响因子			综合评价总分		学科扩散指标	学科影响指标	红点指标
		数值	排名	离均差率	数值	排名	离均差率	数值	排名			
G478	骨科	323	15	−0.72	0.738	14	−0.29	33.3	9	8.88	0.94	0.52
G498	国际骨科学杂志	421	13	−0.64	0.745	13	−0.28	45.4	5	10.44	0.94	0.40
G439	脊柱外科杂志	498	12	−0.57	1.133	6	0.09	32.6	11	7.31	0.81	0.91
G677	颈腰痛杂志	892	10	−0.24	0.984	8	−0.05	30.4	13	11.88	0.69	0.50
G291	临床骨科杂志	1058	8	−0.09	1.249	4	0.20	26.5	15	10.69	1.00	0.47
G401	生物骨科材料与临床研究	370	14	−0.68	0.821	10	−0.21	28.7	14	8.38	1.00	0.46
G457	实用骨科杂志	1078	7	−0.08	0.687	15	−0.34	31.8	12	13.19	1.00	0.41
G249	中国骨与关节损伤杂志	2654	2	1.27	1.207	5	0.16	43.2	7	16.13	1.00	0.57
G857	中国骨与关节杂志	787	11	−0.33	0.775	12	−0.25	45.2	6	13.81	1.00	0.88
G192	中国脊柱脊髓杂志	1635	4	0.40	1.003	7	−0.03	51.4	4	15.38	0.81	0.25
G408	中华创伤骨科杂志	2133	3	0.83	1.589	2	0.53	65.5	2	15.56	1.00	0.80
G143	中华骨科杂志	3110	1	1.66	2.070	1	0.99	90.2	1	20.56	1.00	0.66
G648	中华骨与关节外科杂志	1168	6	0.00	1.318	3	0.27	54.2	3	16.06	1.00	0.40
G691	中华关节外科杂志电子版	946	9	−0.19	0.789	11	−0.24	42.4	8	14.94	0.81	0.80
G055	中华肩肘外科电子杂志	223	16	−0.81	0.628	16	−0.40	33.1	10	4.81	0.81	0.30
G848	中华手外科杂志	1397	5	0.20	0.891	9	−0.14	21.2	16	8.13	0.81	0.71
	16种期刊平均值	1168			1.039							

烧伤外科学、整形外科学

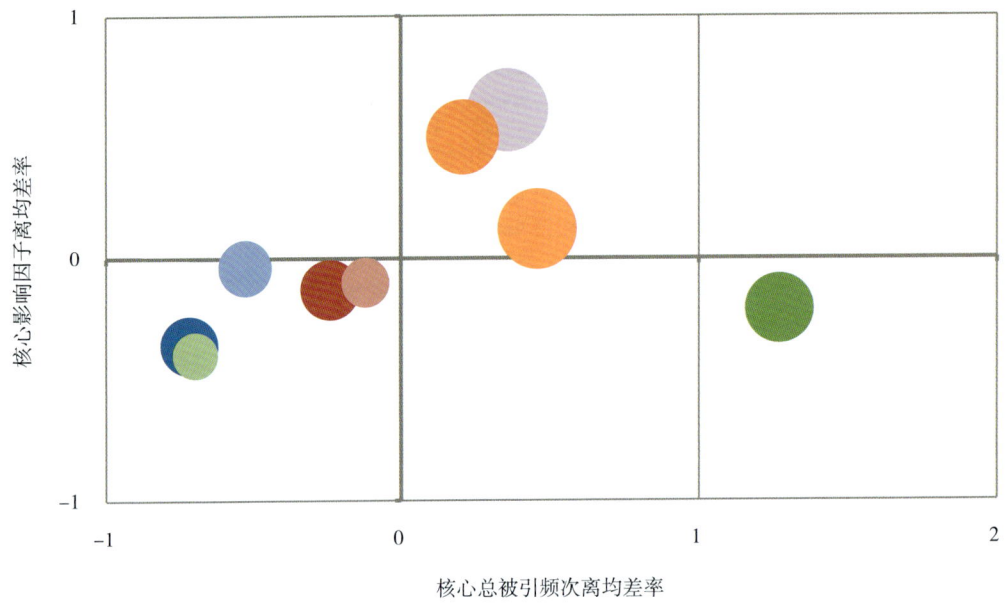

2021年烧伤外科学、整形外科学类期刊核心总被引频次和核心影响因子离均差率的分布图
（节点大小表示综合评价总分）

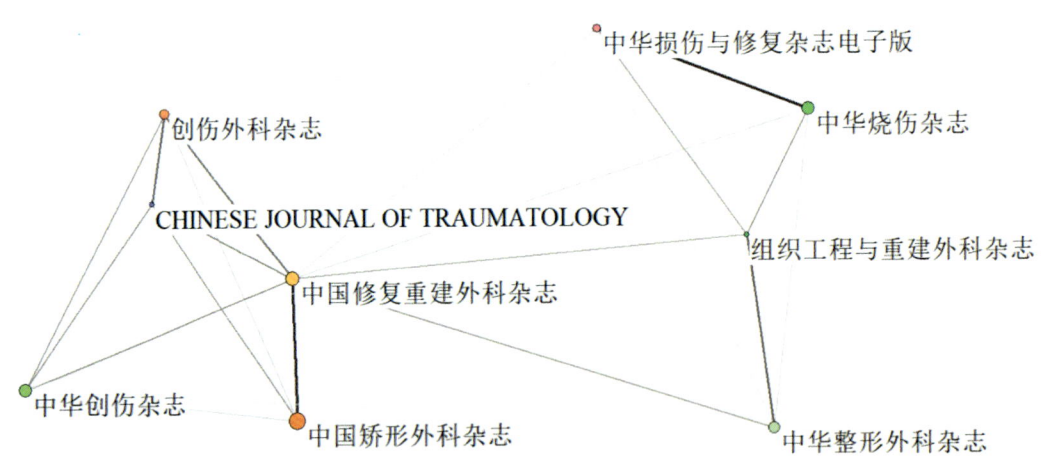

2021年烧伤外科学、整形外科学类期刊互引关系示意图

表 7-49 2021年烧伤外科学、整形外科学类期刊主要指标

CODE	刊名	核心总被引频次			核心影响因子			综合评价总分		学科扩散指标	学科影响指标	红点指标
		数值	排名	离均差率	数值	排名	离均差率	数值	排名			
I200	CHINESE JOURNAL OF TRAUMATOLOGY	354	9	−0.72	0.643	8	−0.36	34.2	6	19.78	0.78	0.00
G322	创伤外科杂志	981	6	−0.24	0.880	6	−0.13	36.0	5	27.00	0.89	0.50
G233	中国矫形外科杂志	2921	1	1.27	0.799	7	−0.21	48.0	4	38.78	0.89	0.46
G118	中国修复重建外科杂志	1877	2	0.46	1.132	3	0.12	63.3	2	35.78	0.89	0.41
G137	中华创伤杂志	1753	3	0.36	1.625	1	0.61	64.5	1	30.00	1.00	0.68
G900	中华烧伤杂志	1556	4	0.21	1.517	2	0.50	55.4	3	27.67	0.89	0.83
G506	中华损伤与修复杂志电子版	607	7	−0.53	0.968	4	−0.04	31.4	7	21.44	0.89	0.70
G178	中华整形外科杂志	1134	5	−0.12	0.909	5	−0.10	24.4	8	23.56	0.89	0.53
G701	组织工程与重建外科杂志	383	8	−0.70	0.610	9	−0.40	21.1	9	16.89	0.78	0.27
	9 种期刊平均值	1285			1.009							

妇产科学

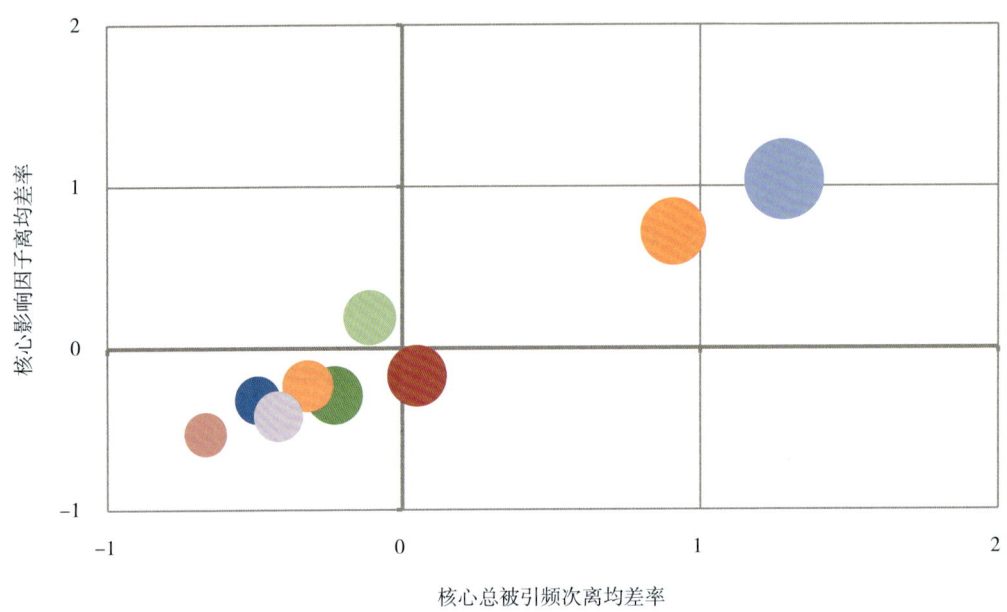

2021年妇产科学类期刊核心总被引频次和核心影响因子离均差率的分布图
（节点大小表示综合评价总分）

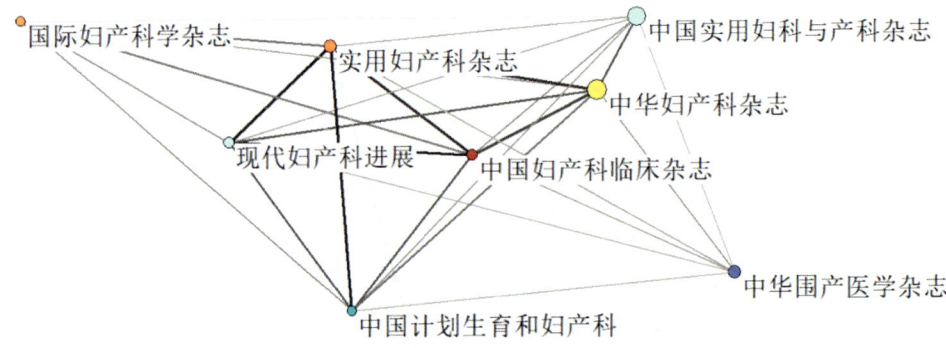

2021年妇产科学类期刊互引关系示意图

表 7-50 2021年妇产科学类期刊主要指标

CODE	刊名	核心总被引频次			核心影响因子			综合评价总分		学科扩散指标	学科影响指标	红点指标
		数值	排名	离均差率	数值	排名	离均差率	数值	排名			
G659	国际妇产科学杂志	854	8	−0.49	0.905	7	−0.32	29.1	8	28.67	0.89	0.90
G586	实用妇产科杂志	1748	3	0.05	1.110	4	−0.17	46.6	3	38.56	1.00	0.28
G300	现代妇产科进展	1276	5	−0.23	0.949	6	−0.29	42.7	4	34.44	1.00	0.57
G456	中国妇产科临床杂志	1138	6	−0.32	1.032	5	−0.23	33.3	6	31.78	1.00	0.51
G560	中国计划生育和妇产科	961	7	−0.42	0.771	8	−0.42	29.7	7	27.22	1.00	0.47
G228	中国实用妇科与产科杂志	3185	2	0.91	2.288	2	0.72	56.2	2	44.67	1.00	0.55
G142	中华妇产科杂志	3797	1	1.28	2.724	1	1.04	81.7	1	49.33	1.00	0.46
G689	中华妇幼临床医学杂志电子版	546	9	−0.67	0.632	9	−0.53	24.3	9	24.00	1.00	0.94
G296	中华围产医学杂志	1486	4	−0.11	1.592	3	0.19	37.4	5	30.22	1.00	0.78
	9种期刊平均值	1666			1.334							

儿科学

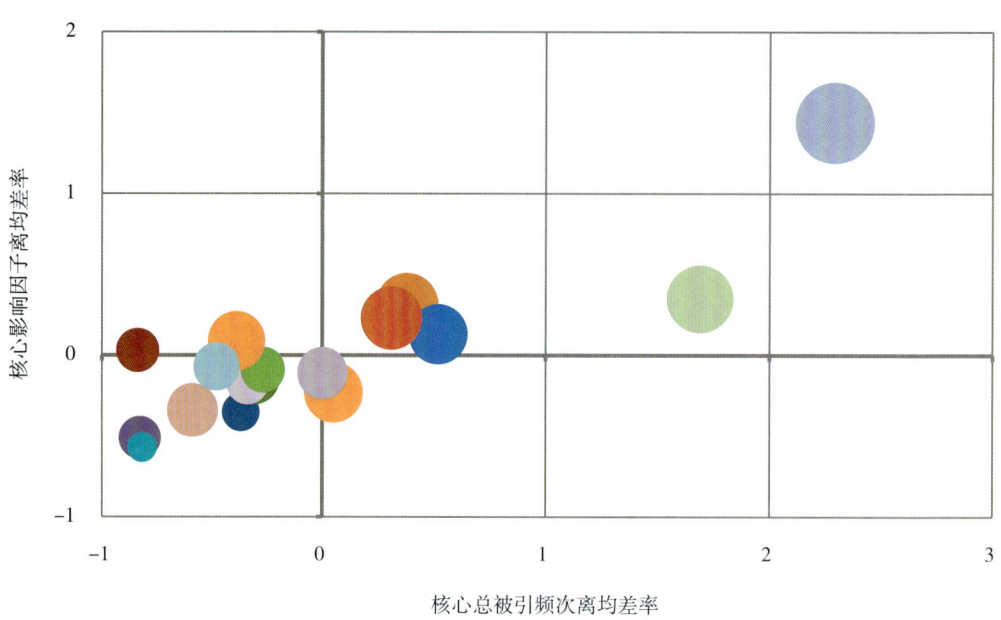

2021 年儿科学类期刊核心总被引频次和核心影响因子离均差率的分布图
（节点大小表示综合评价总分）

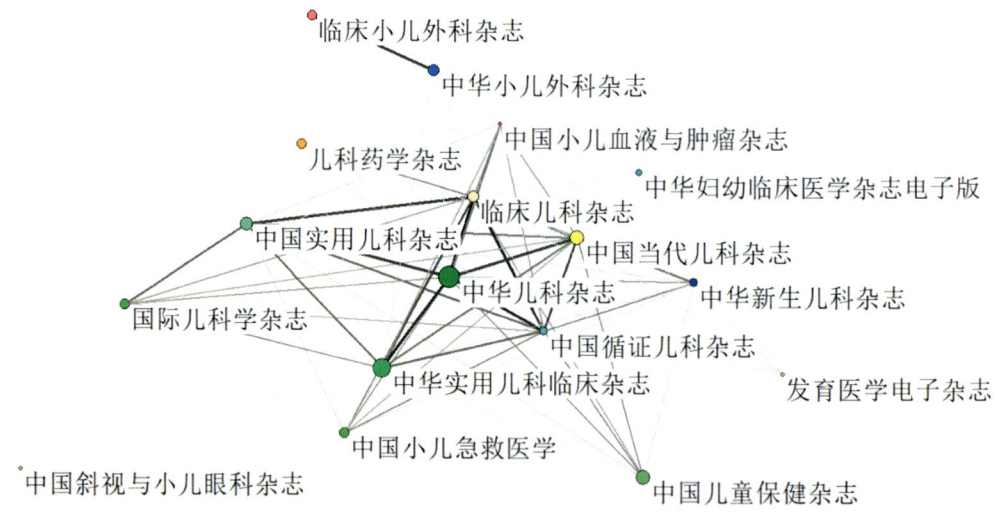

2021 年儿科学类期刊互引关系示意图

表 7-51　2021 年儿科学类期刊主要指标

CODE	刊名	核心总被引频次			核心影响因子			综合评价总分		学科扩散指标	学科影响指标	红点指标
		数值	排名	离均差率	数值	排名	离均差率	数值	排名			
G920	儿科药学杂志	834	11	−0.37	0.628	15	−0.35	19.3	16	14.88	0.82	0.55
G199	发育医学电子杂志	211	17	−0.84	0.984	7	0.03	24.8	13	5.00	0.59	0.33
G936	国际儿科学杂志	905	9	−0.31	0.829	11	−0.14	35.5	9	16.76	1.00	0.72
G607	临床儿科杂志	1388	6	0.05	0.743	13	−0.23	46.5	5	22.82	0.94	0.58
Q909	临床小儿外科杂志	870	10	−0.34	0.800	12	−0.17	21.9	15	11.59	0.82	0.71
G901	中国当代儿科杂志	1811	4	0.38	1.255	3	0.31	53.6	3	24.24	0.94	0.88
G825	中国儿童保健杂志	2001	3	0.52	1.083	5	0.13	45.8	6	21.47	0.76	0.65
G273	中国实用儿科杂志	1729	5	0.31	1.176	4	0.23	51.4	4	22.88	0.94	0.68
G765	中国小儿急救医学	962	8	−0.27	0.869	9	−0.09	26.5	12	13.94	0.88	0.79
G845	中国小儿血液与肿瘤杂志	221	16	−0.83	0.467	16	−0.51	24.0	14	7.41	0.76	0.47
G298	中国斜视与小儿眼科杂志	237	15	−0.82	0.414	17	−0.57	11.6	17	4.18	0.18	0.33
G756	中国循证儿科杂志	806	12	−0.39	1.041	6	0.09	44.1	7	17.24	0.94	0.57
G138	中华儿科杂志	4329	1	2.29	2.343	1	1.44	84.3	1	29.35	0.94	0.38
G689	中华妇幼临床医学杂志电子版	546	14	−0.59	0.632	14	−0.34	37.1	8	12.71	0.76	0.79
G875	中华实用儿科临床杂志	3538	2	1.69	1.297	2	0.35	59.1	2	29.12	0.94	0.75
G169	中华小儿外科杂志	1314	7	0.00	0.852	10	−0.11	34.6	10	16.35	0.94	0.62
G082	中华新生儿科杂志	686	13	−0.48	0.891	8	−0.07	29.2	11	11.24	0.88	0.83
	17 种期刊平均值	1317			0.959							

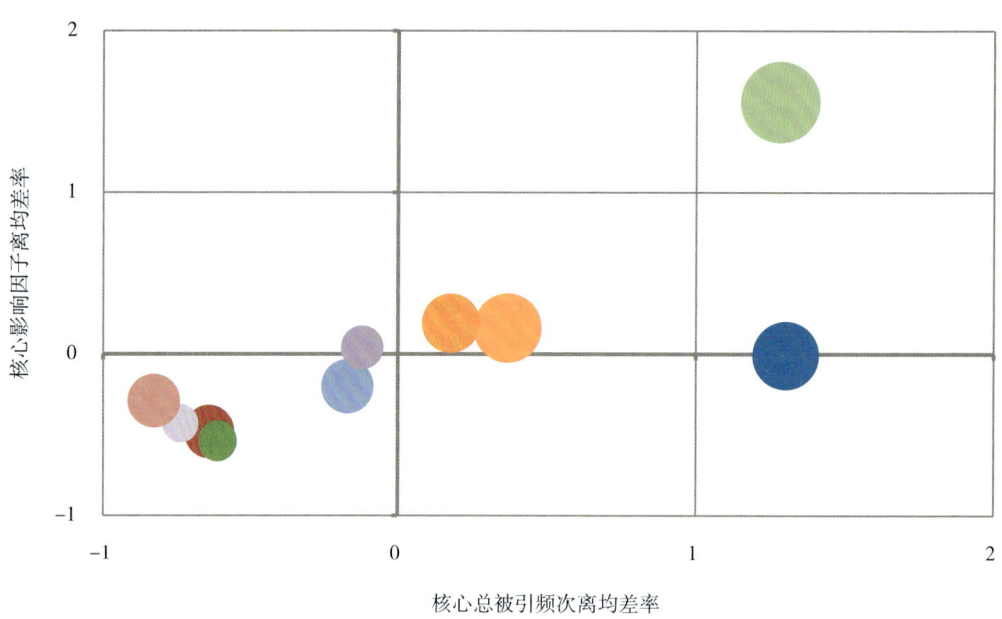

2021年眼科学类期刊核心总被引频次和核心影响因子离均差率的分布图
（节点大小表示综合评价总分）

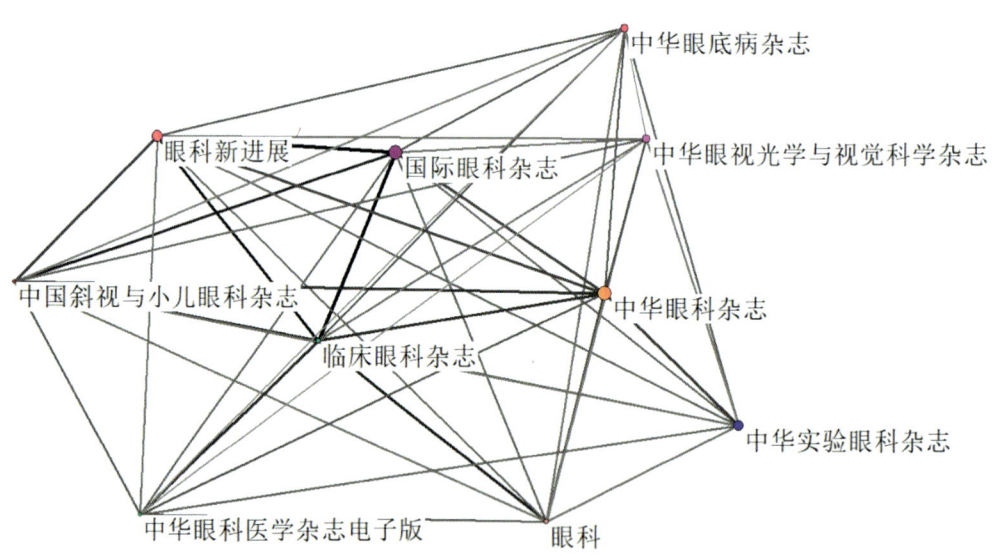

2021年眼科学类期刊互引关系示意图

表 7-52　2021 年眼科学类期刊主要指标

CODE	刊名	核心总被引频次			核心影响因子			综合评价总分		学科扩散指标	学科影响指标	红点指标
		数值	排名	离均差率	数值	排名	离均差率	数值	排名			
Q911	国际眼科杂志	2100	1	1.30	0.721	5	−0.01	54.3	3	31.40	1.00	0.58
Q913	临床眼科杂志	326	8	−0.64	0.377	9	−0.48	33.7	7	11.90	1.00	0.41
G962	眼科	356	7	−0.61	0.336	10	−0.54	19.6	9	10.90	0.90	0.22
G554	眼科新进展	1257	3	0.37	0.842	3	0.16	56.2	2	22.40	1.00	0.51
G298	中国斜视与小儿眼科杂志	237	9	−0.74	0.414	8	−0.43	15.8	10	7.10	1.00	0.47
G773	中华实验眼科杂志	1076	4	0.18	0.861	2	0.19	41.2	4	20.30	1.00	0.49
G191	中华眼底病杂志	762	6	−0.17	0.581	6	−0.20	34.4	5	15.60	1.00	0.78
G075	中华眼科医学杂志电子版	151	10	−0.83	0.512	7	−0.29	34.0	6	6.70	1.00	0.46
G173	中华眼科杂志	2082	2	1.28	1.855	1	1.56	77.2	1	28.80	1.00	0.52
G873	中华眼视光学与视觉科学杂志	805	5	−0.12	0.752	4	0.04	22.4	8	13.30	1.00	0.50
	10 种期刊平均值	915			0.725							

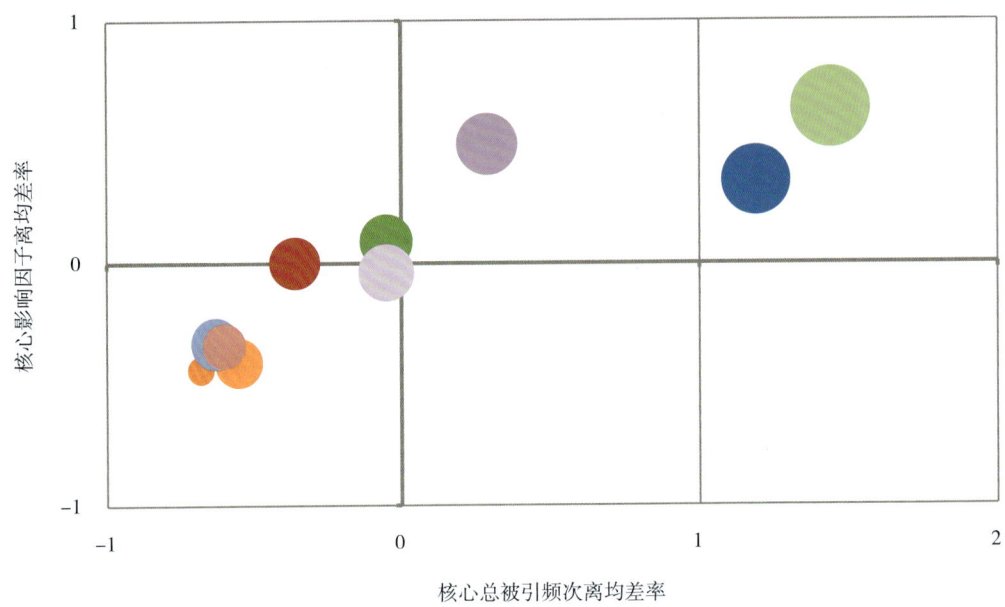

2021年耳鼻咽喉科学类期刊核心总被引频次和核心影响因子离均差率的分布图
（节点大小表示综合评价总分）

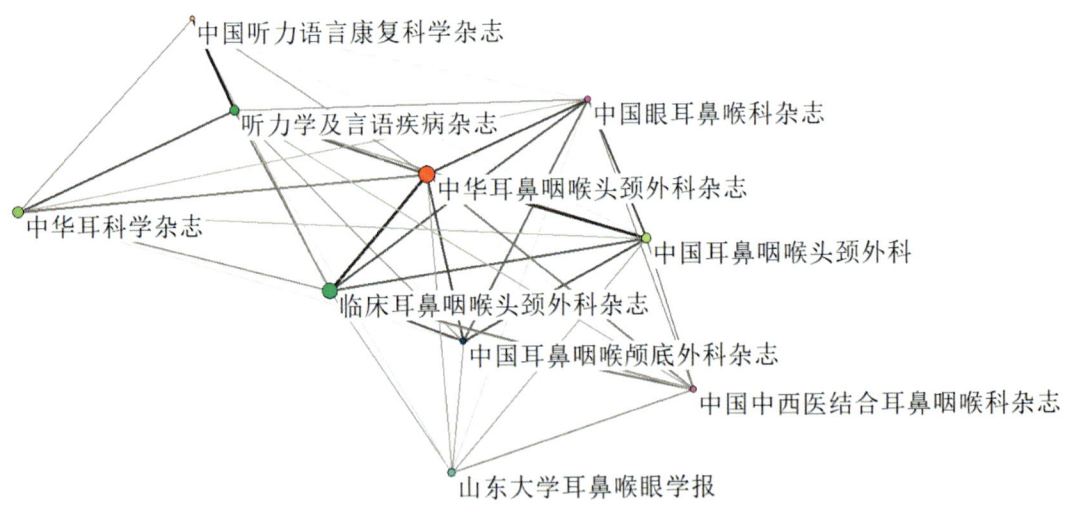

2021年耳鼻咽喉科学类期刊互引关系示意图

表 7-53　2021 年耳鼻咽喉科学类期刊主要指标

CODE	刊名	核心总被引频次			核心影响因子			综合评价总分		学科扩散指标	学科影响指标	红点指标
		数值	排名	离均差率	数值	排名	离均差率	数值	排名			
G276	临床耳鼻咽喉头颈外科杂志	2334	2	1.19	1.024	3	0.34	64.2	2	35.20	1.00	0.62
G742	山东大学耳鼻喉眼学报	681	6	−0.36	0.766	5	0.00	35.8	6	19.40	1.00	0.36
G238	听力学及言语疾病杂志	1013	5	−0.05	0.833	4	0.09	37.9	5	19.30	1.00	0.30
G270	中国耳鼻咽喉颅底外科杂志	477	7	−0.55	0.449	9	−0.41	31.9	8	18.90	1.00	0.48
G543	中国耳鼻咽喉头颈外科	1016	4	−0.05	0.736	6	−0.04	39.7	4	27.10	1.00	0.65
G437	中国听力语言康复科学杂志	340	10	−0.68	0.426	10	−0.44	10.5	10	9.70	1.00	0.25
G619	中国眼耳鼻喉科杂志	399	9	−0.63	0.517	7	−0.33	34.6	7	16.70	1.00	0.20
G347	中国中西医结合耳鼻咽喉科杂志	424	8	−0.60	0.502	8	−0.34	26.3	9	15.40	1.00	0.50
G139	中华耳鼻咽喉头颈外科杂志	2608	1	1.44	1.258	1	0.64	85.2	1	36.50	1.00	0.33
G743	中华耳科学杂志	1379	3	0.29	1.145	2	0.49	50.0	3	19.70	1.00	0.37
	10 种期刊平均值	1067			0.766							

口腔医学

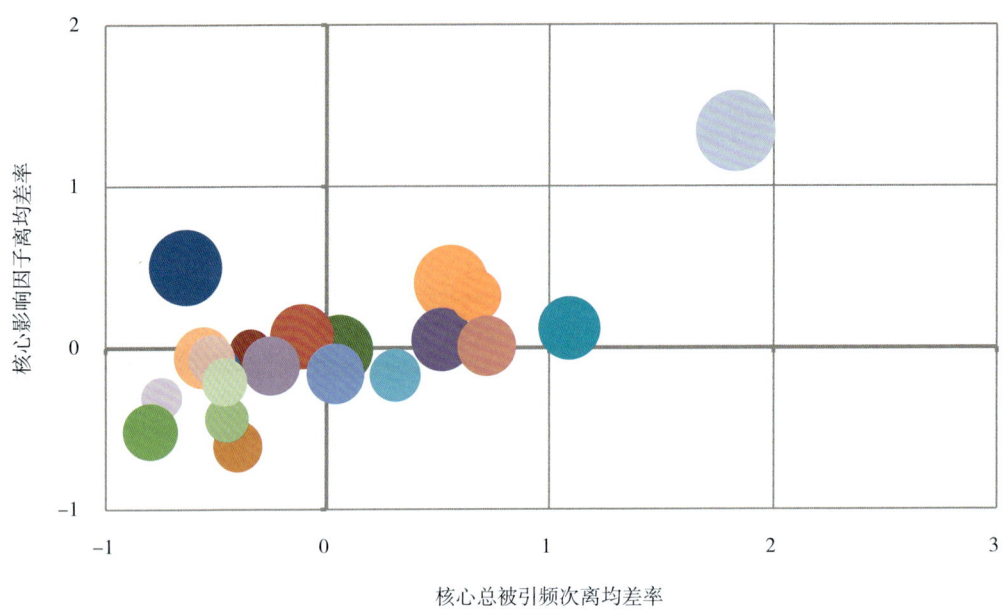

2021年口腔医学类期刊核心总被引频次和核心影响因子离均差率的分布图
（节点大小表示综合评价总分）

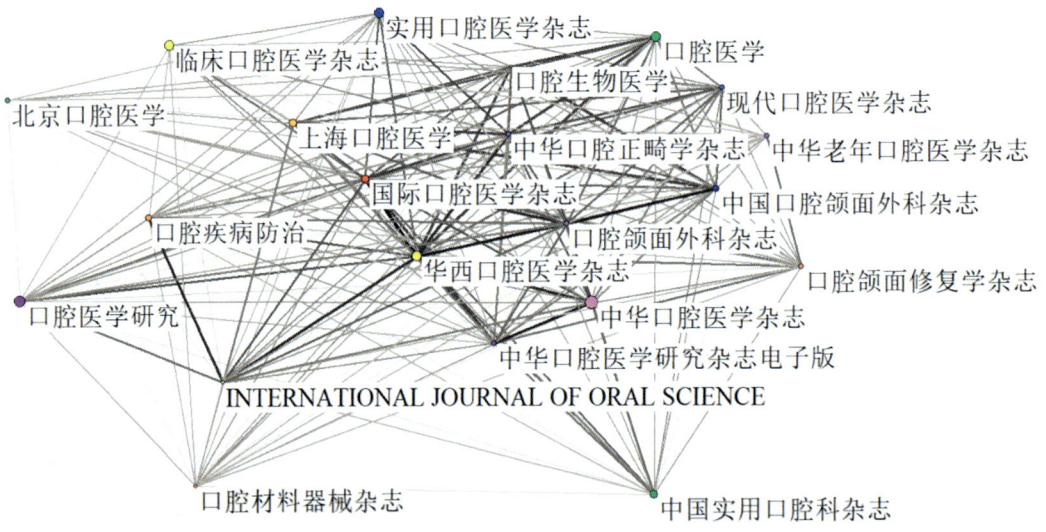

2021年口腔医学类期刊互引关系示意图

表 7-54 2021年口腔医学类期刊主要指标

CODE	刊名	核心总被引频次			核心影响因子			综合评价总分		学科扩散指标	学科影响指标	红点指标
		数值	排名	离均差率	数值	排名	离均差率	数值	排名			
Q213	INTERNATIONAL JOURNAL OF ORAL SCIENCE	208	19	-0.64	1.029	2	0.50	62.5	3	5.14	1.00	0.00
G500	北京口腔医学	386	12	-0.34	0.675	10	-0.02	21.0	20	5.14	0.86	0.37
G997	国际口腔医学杂志	618	8	0.06	0.683	9	-0.01	51.7	4	8.62	1.00	0.55
G043	华西口腔医学杂志	909	5	0.56	0.962	3	0.40	62.7	2	11.10	1.00	0.49
G672	口腔材料器械杂志	144	20	-0.75	0.473	18	-0.31	17.4	21	2.95	0.76	0.24
G246	口腔颌面外科杂志	347	13	-0.40	0.269	21	-0.61	28.8	15	5.43	0.95	0.51
G894	口腔颌面修复学杂志	295	16	-0.49	0.595	14	-0.14	25.5	17	4.48	0.90	0.52
G390	口腔疾病防治	516	10	-0.11	0.737	6	0.07	45.3	5	7.52	0.95	0.70
G594	口腔生物医学	116	21	-0.80	0.327	20	-0.52	34.3	12	3.05	0.71	0.50
G325	口腔医学	886	6	0.52	0.723	7	0.05	42.9	7	8.95	0.95	0.47
G266	口腔医学研究	1221	2	1.09	0.770	5	0.12	43.4	6	11.00	0.95	0.46
G287	临床口腔医学杂志	974	4	0.67	0.906	4	0.32	29.6	13	8.67	0.95	0.44
G283	上海口腔医学	606	9	0.04	0.579	15	-0.16	39.0	9	8.67	0.95	0.42
G224	实用口腔医学杂志	1002	3	0.72	0.694	8	0.01	38.8	10	9.81	0.95	0.46
G321	现代口腔医学杂志	320	14	-0.45	0.384	19	-0.44	23.2	19	5.10	0.90	0.31
G441	中国口腔颌面外科杂志	436	11	-0.25	0.615	13	-0.11	37.1	11	7.57	0.90	0.36
G867	中国实用口腔科杂志	766	7	0.31	0.570	16	-0.17	29.5	14	7.62	0.95	0.47
G579	中华口腔医学研究杂志电子版	258	18	-0.56	0.649	11	-0.06	40.9	8	5.29	0.86	0.65
G148	中华口腔医学杂志	1649	1	1.83	1.611	1	1.34	70.9	1	11.38	0.95	0.60
G280	中华口腔正畸学杂志	279	17	-0.52	0.643	12	-0.07	25.7	16	2.86	0.76	0.20
G833	中华老年口腔医学杂志	314	15	-0.46	0.544	17	-0.21	24.6	18	5.43	0.86	0.34
	21种期刊平均值	583			0.688							

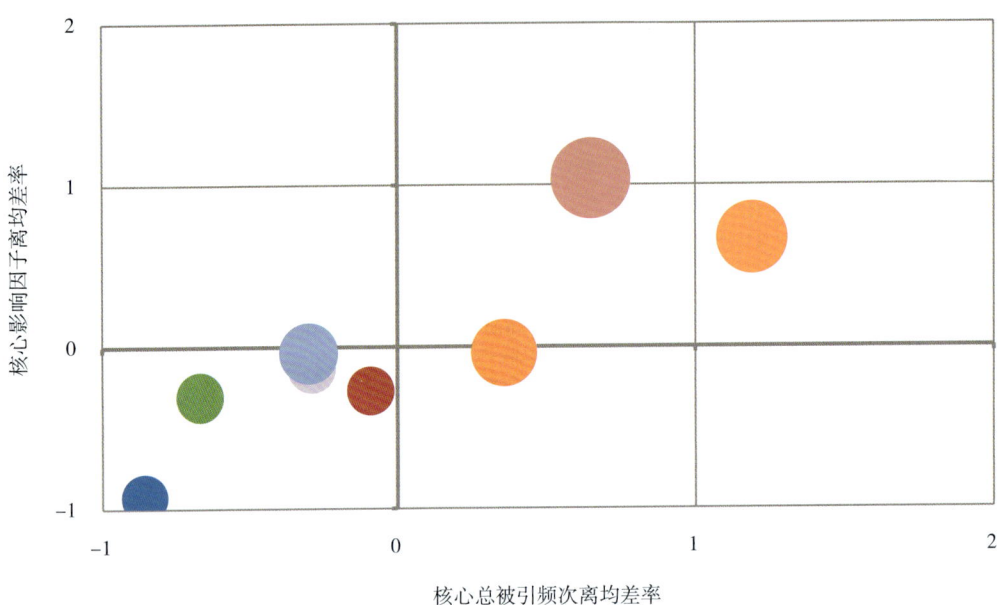

2021年皮肤病学类期刊核心总被引频次和核心影响因子离均差率的分布图
（节点大小表示综合评价总分）

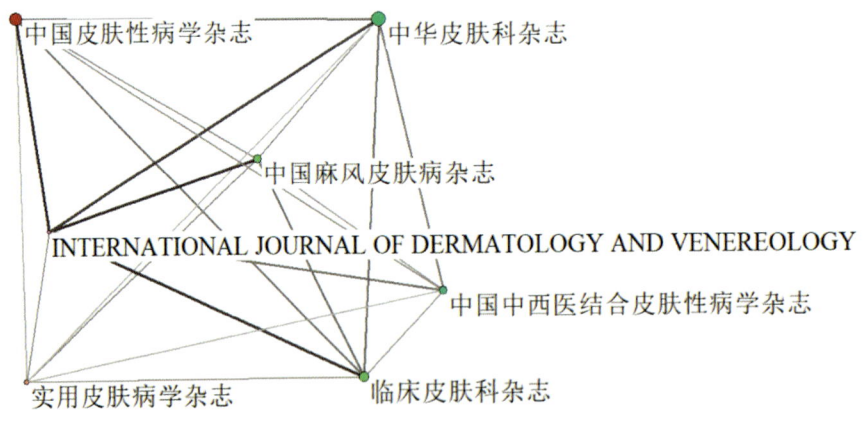

2021年皮肤病学类期刊互引关系示意图

表 7-55　2021 年皮肤病学类期刊主要指标

CODE	刊名	核心总被引频次			核心影响因子			综合评价总分		学科扩散指标	学科影响指标	红点指标
		数值	排名	离均差率	数值	排名	离均差率	数值	排名			
G889	INTERNATIONAL JOURNAL OF DERMATOLOGY AND VENEREOLOGY	157	8	−0.86	0.048	8	−0.93	28.7	8	9.75	1.00	0.00
G230	临床皮肤科杂志	1026	4	−0.09	0.482	6	−0.27	30.3	6	28.88	1.00	0.39
G652	实用皮肤病学杂志	374	7	−0.67	0.459	7	−0.31	32.2	5	17.25	1.00	0.58
G985	中国艾滋病性病	2471	1	1.19	1.105	2	0.67	66.9	2	25.63	0.88	0.80
G110	中国麻风皮肤病杂志	805	5	−0.29	0.578	5	−0.13	29.5	7	26.00	1.00	0.32
G311	中国皮肤性病学杂志	1529	3	0.36	0.639	3	−0.04	57.1	3	39.25	1.00	0.44
G757	中国中西医结合皮肤性病学杂志	789	6	−0.30	0.637	4	−0.04	47.0	4	22.25	0.88	0.44
G157	中华皮肤科杂志	1858	2	0.65	1.353	1	1.04	83.8	1	43.38	1.00	0.44
	8 种期刊平均值	1126			0.663							

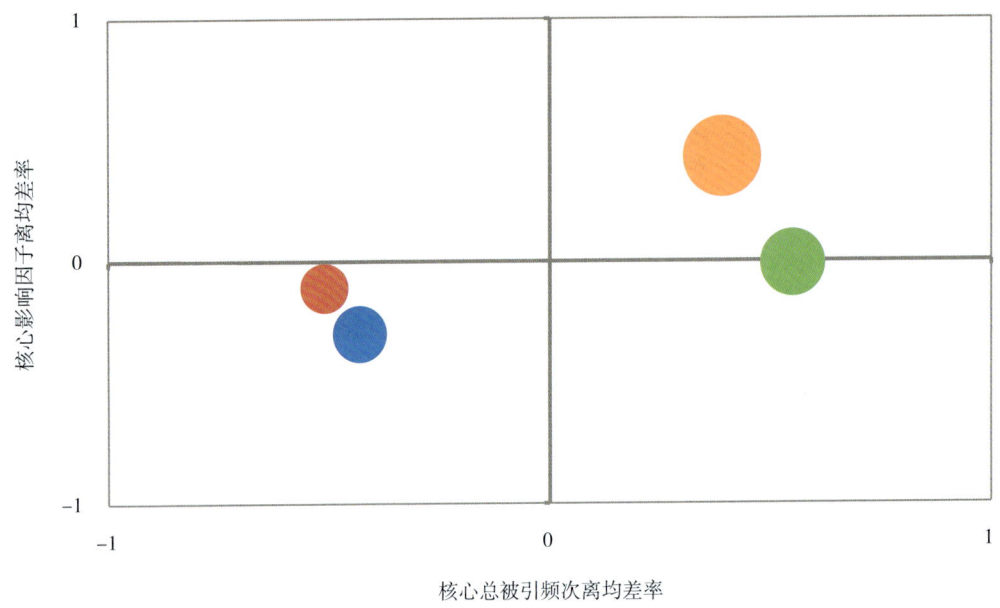

2021年性医学类期刊核心总被引频次和核心影响因子离均差率的分布图
（节点大小表示综合评价总分）

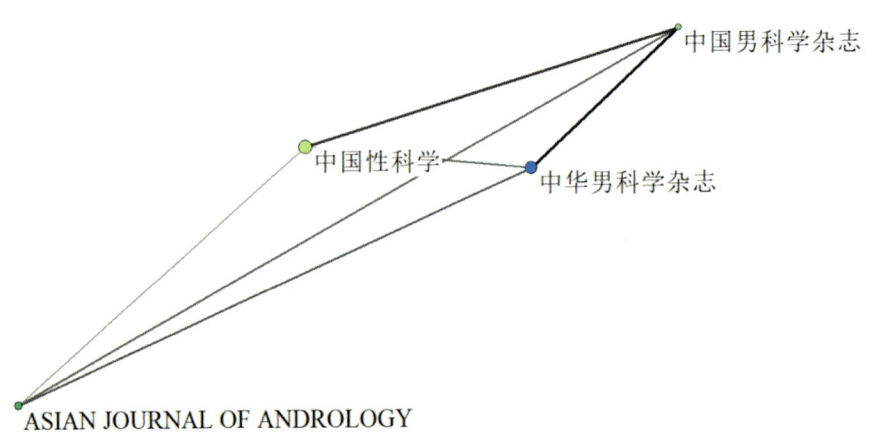

2021年性医学类期刊互引关系示意图

表 7-56　2021 年性医学类期刊主要指标

CODE	刊名	核心总被引频次			核心影响因子			综合评价总分		学科扩散指标	学科影响指标	红点指标
		数值	排名	离均差率	数值	排名	离均差率	数值	排名			
I282	ASIAN JOURNAL OF ANDROLOGY	664	3	−0.43	0.417	4	−0.30	33.7	3	50.00	1.00	0.14
G303	中国男科学杂志	569	4	−0.51	0.529	3	−0.11	26.1	4	40.25	0.75	0.58
G727	中国性科学	1791	1	0.55	0.589	2	−0.01	47.7	2	73.25	0.75	0.44
G282	中华男科学杂志	1608	2	0.39	0.851	1	0.43	69.1	1	73.00	1.00	0.52
	4 种期刊平均值	1158			0.597							

神经病学、精神病学

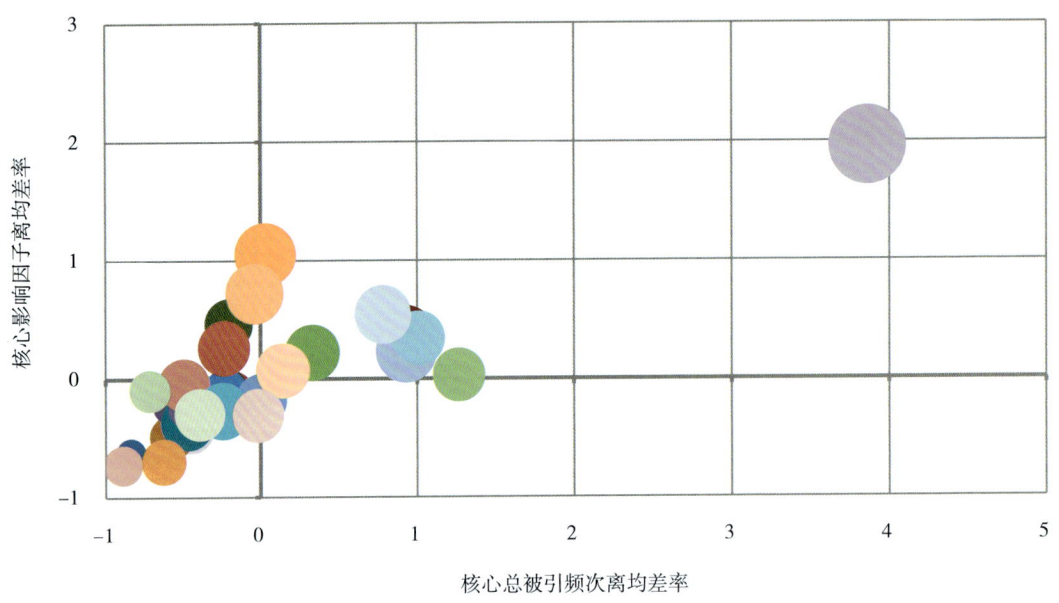

2021年神经病学、精神病学类期刊核心总被引频次和核心影响因子离均差率的分布图
（节点大小表示综合评价总分）

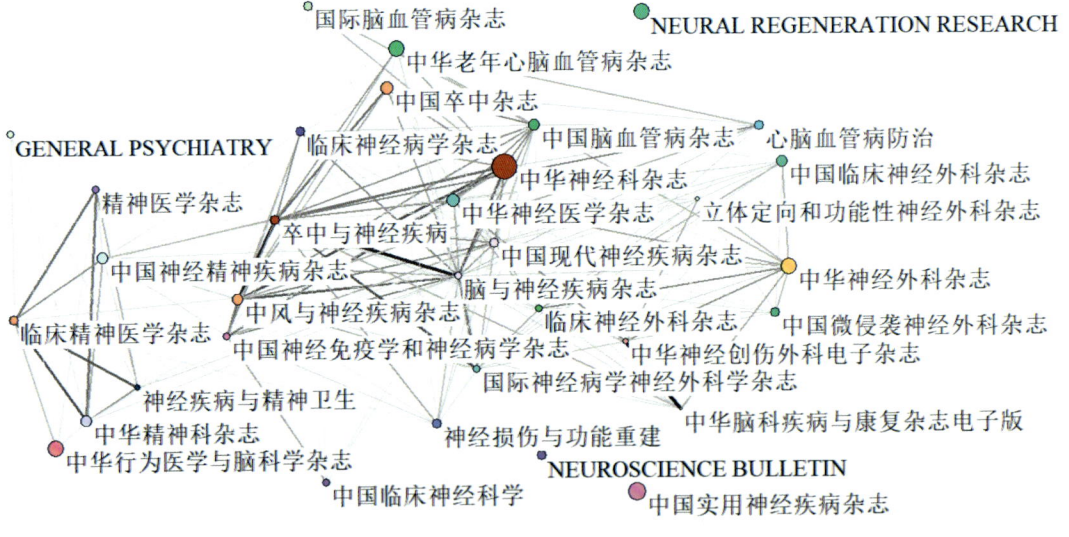

2021年神经病学、精神病学类期刊互引关系示意图

表 7-57 2021年神经病学、精神病学类期刊主要指标

CODE	刊名	核心总被引频次			核心影响因子			综合评价总分		学科扩散指标	学科影响指标	红点指标
		数值	排名	离均差率	数值	排名	离均差率	数值	排名			
G343	GENERAL PSYCHIATRY	539	24	−0.47	0.712	20	−0.21	33.9	21	6.48	0.36	0.00
I232	NEURAL REGENERATION RESEARCH	1962	5	0.93	1.236	6	0.38	44.7	7	13.33	0.91	0.35
G278	NEUROSCIENCE BULLETIN	810	15	−0.21	1.310	5	0.46	36.2	19	8.52	0.79	0.07
G229	卒中与神经疾病	608	22	−0.40	0.627	26	−0.30	38.6	17	6.97	0.76	0.48
G939	国际脑血管病杂志	725	19	−0.29	0.735	19	−0.18	26.2	26	5.97	0.73	0.83
G426	国际神经病学神经外科学杂志	548	23	−0.46	0.519	29	−0.42	31.6	22	7.21	0.70	0.65
G953	精神医学杂志	428	29	−0.58	0.460	30	−0.49	27.7	25	5.33	0.30	0.54
G580	立体定向和功能性神经外科杂志	164	32	−0.84	0.336	31	−0.63	12.9	33	2.55	0.36	0.57
G310	临床精神医学杂志	826	14	−0.19	0.767	16	−0.14	35.3	20	7.45	0.45	0.57
G309	临床神经病学杂志	636	21	−0.38	0.738	18	−0.18	36.3	18	7.61	0.73	0.61
G802	临床神经外科杂志	443	28	−0.57	0.707	21	−0.21	25.8	28	4.94	0.55	0.62
G288	脑与神经疾病杂志	527	26	−0.48	0.568	28	−0.37	42.9	9	7.42	0.82	0.57
G329	神经疾病与精神卫生	374	30	−0.63	0.271	32	−0.70	29.1	23	4.79	0.42	0.77
G319	神经损伤与功能重建	780	16	−0.23	0.811	14	−0.10	29.0	24	8.27	0.64	0.68
G476	心脑血管病防治	776	17	−0.24	1.132	8	0.26	42.6	10	7.97	0.42	0.56
G529	中国卒中杂志	1355	7	0.33	1.097	10	0.22	44.0	8	9.55	0.88	0.76
G536	中国临床神经科学	537	25	−0.47	0.684	23	−0.24	26.1	27	6.61	0.73	0.75
G794	中国临床神经外科杂志	944	13	−0.07	0.695	22	−0.23	14.7	32	7.15	0.61	0.71
G422	中国脑血管病杂志	1053	9	0.03	1.842	2	1.05	56.9	2	8.61	0.79	0.80
G114	中国神经精神疾病杂志	1022	10	0.00	0.740	17	−0.18	39.3	15	9.70	0.88	0.54
G242	中国神经免疫学和神经病学杂志	508	27	−0.50	0.848	13	−0.05	39.2	16	6.39	0.58	0.76
G686	中国实用神经疾病杂志	2312	2	1.27	0.920	12	0.03	40.2	14	11.61	0.85	0.76
G959	中国微侵袭神经外科杂志	663	20	−0.35	0.675	24	−0.25	16.8	31	5.45	0.61	0.74
G623	中国现代神经疾病杂志	766	18	−0.25	0.654	25	−0.27	46.5	6	9.42	0.85	0.90
G159	中华精神科杂志	974	12	−0.04	1.542	3	0.72	51.5	4	7.94	0.39	0.77
G876	中华老年心脑血管病杂志	1971	4	0.93	1.103	9	0.23	55.3	3	11.73	0.85	0.86
Q926	中华脑科疾病与康复杂志电子版	116	33	−0.89	0.244	33	−0.73	22.1	30	2.45	0.33	0.56
Q950	中华神经创伤外科电子杂志	285	31	−0.72	0.804	15	−0.10	24.7	29	3.64	0.45	0.51
G197	中华神经科杂志	4956	1	3.86	2.654	1	1.96	88.6	1	13.91	0.88	0.77
G160	中华神经外科杂志	2052	3	1.01	1.199	7	0.34	41.7	12	10.27	0.82	0.55
G446	中华神经医学杂志	1157	8	0.14	0.960	11	0.07	42.1	11	9.24	0.88	0.64
G263	中华行为医学与脑科学杂志	1815	6	0.78	1.380	4	0.54	47.9	5	11.24	0.64	0.55
G094	中风与神经疾病杂志	998	11	−0.02	0.621	27	−0.31	40.8	13	9.15	0.73	0.68
	33种期刊平均值	1019			0.897							

核医学、医学影像学

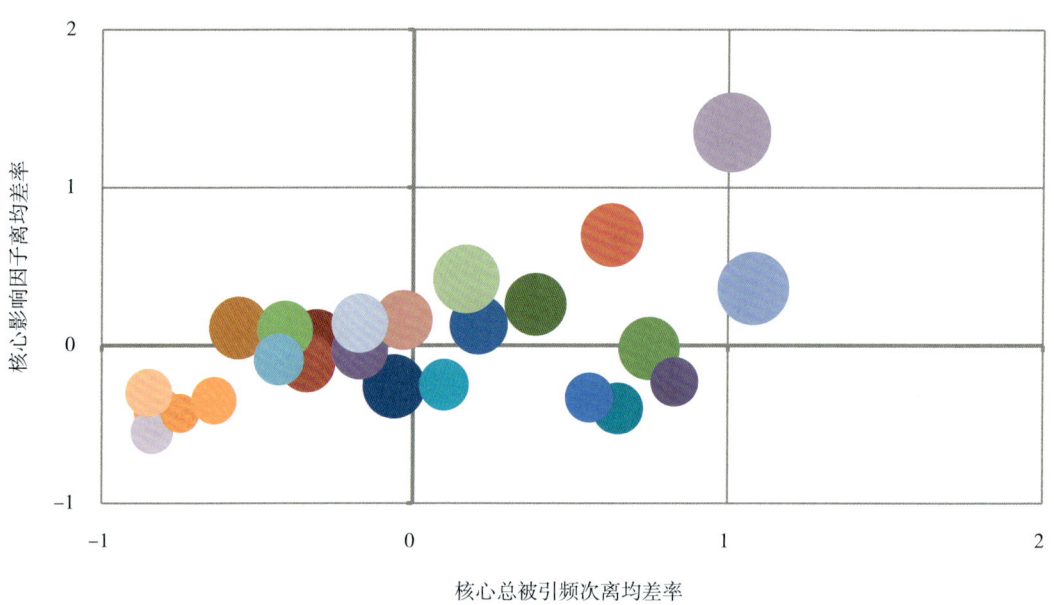

2021年核医学、医学影像学类期刊核心总被引频次和核心影响因子离均差率的分布图
（节点大小表示综合评价总分）

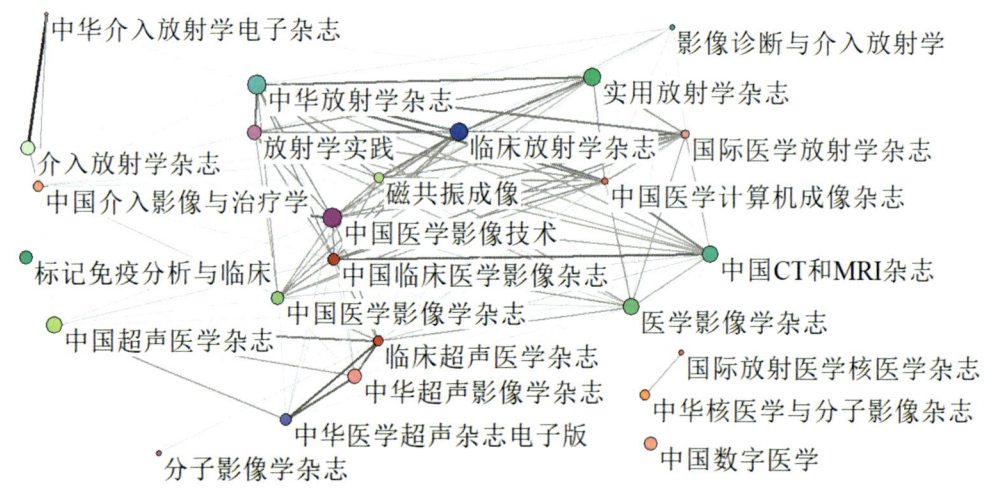

2021年核医学、医学影像学类期刊互引关系示意图

表 7-58 2021 年核医学、医学影像学类期刊主要指标

CODE	刊名	核心总被引频次			核心影响因子			综合评价总分		学科扩散指标	学科影响指标	红点指标
		数值	排名	离均差率	数值	排名	离均差率	数值	排名			
G410	标记免疫分析与临床	1452	13	−0.06	0.724	18	−0.26	49.4	4	14.92	0.44	0.35
G552	磁共振成像	1067	16	−0.31	1.002	11	0.03	47.4	8	9.84	0.80	0.90
G608	放射学实践	2140	8	0.39	1.226	5	0.26	47.8	7	13.00	1.00	0.93
Q931	分子影像学杂志	283	23	−0.82	0.569	23	−0.42	30.1	19	5.84	0.60	0.65
G497	国际放射医学核医学杂志	249	24	−0.84	0.441	25	−0.55	21.3	24	4.44	0.60	0.56
G661	国际医学放射学杂志	676	20	−0.56	1.086	9	0.11	47.3	9	8.80	0.88	0.84
G886	介入放射学杂志	1859	9	0.21	1.098	8	0.13	42.6	11	13.20	0.80	0.44
G880	临床超声医学杂志	1010	17	−0.34	0.871	15	−0.11	41.7	13	10.40	0.84	0.80
G271	临床放射学杂志	2697	4	0.75	0.956	12	−0.02	48.0	6	14.36	0.96	0.67
G534	实用放射学杂志	2809	3	0.83	0.750	16	−0.23	29.3	21	12.48	0.92	0.62
G265	医学影像学杂志	2532	5	0.65	0.589	22	−0.40	32.5	16	14.52	0.96	0.89
G649	影像诊断与介入放射学	384	22	−0.75	0.556	24	−0.43	18.5	25	5.16	0.84	0.56
G546	中国 CT 和 MRI 杂志	2406	7	0.56	0.658	20	−0.33	30.0	20	12.92	1.00	0.80
G097	中国超声医学杂志	2502	6	0.63	1.663	2	0.70	49.1	5	13.20	0.84	0.70
G206	中国介入影像与治疗学	909	18	−0.41	1.078	10	0.10	39.4	15	9.28	0.88	0.90
G304	中国临床医学影像杂志	1274	15	−0.17	0.946	13	−0.03	41.3	14	11.52	0.92	0.96
G926	中国数字医学	1687	11	0.10	0.731	17	−0.25	32.4	17	12.72	0.48	0.13
G236	中国医学计算机成像杂志	557	21	−0.64	0.636	21	−0.35	27.7	23	6.40	0.88	0.63
G127	中国医学影像技术	3207	1	1.08	1.332	4	0.36	65.0	2	17.40	0.96	0.94
G193	中国医学影像学杂志	1487	12	−0.03	1.132	6	0.16	43.1	10	11.32	0.96	0.99
G195	中华超声影像学杂志	1800	10	0.17	1.386	3	0.42	56.9	3	12.60	0.96	0.73
G140	中华放射学杂志	3095	2	1.01	2.292	1	1.35	76.9	1	16.56	0.96	0.84
G145	中华核医学与分子影像杂志	883	19	−0.43	0.892	14	−0.09	32.2	18	8.16	0.84	0.68
Q948	中华介入放射学电子杂志	237	25	−0.85	0.680	19	−0.30	28.0	22	4.84	0.44	0.45
Q920	中华医学超声杂志电子版	1283	14	−0.17	1.113	7	0.14	41.8	12	11.48	0.88	0.51
	25 种期刊平均值	1539			0.976							

肿瘤学

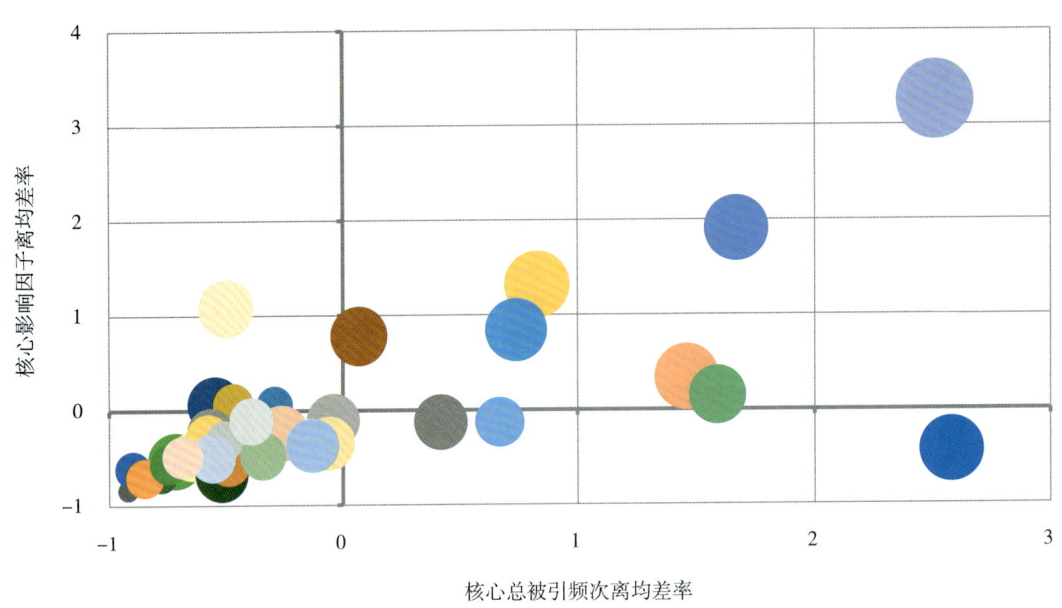

2021 年肿瘤学类期刊核心总被引频次和核心影响因子离均差率的分布图
（节点大小表示综合评价总分）

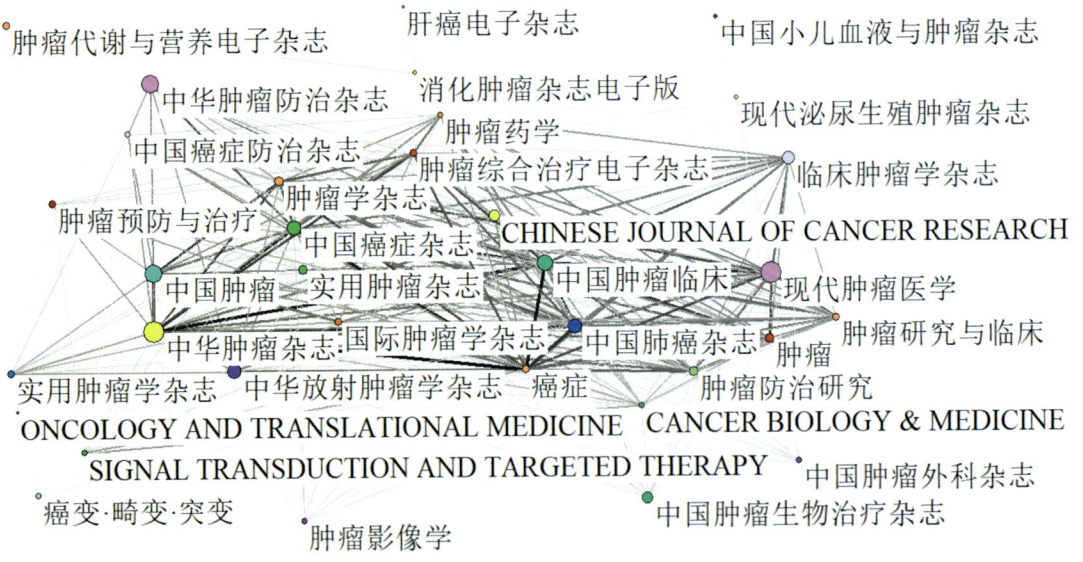

2021 年肿瘤学类期刊互引关系示意图

表 7-59 2021 年肿瘤学类期刊主要指标

CODE	刊名	核心总被引频次			核心影响因子			综合评价总分		学科扩散指标	学科影响指标	红点指标
		数值	排名	离均差率	数值	排名	离均差率	数值	排名			
G780	CANCER BIOLOGY & MEDICINE	392	23	−0.55	1.149	10	0.06	42.8	10	6.59	0.79	0.01
I037	CHINESE JOURNAL OF CANCER RESEARCH	936	10	0.07	1.932	6	0.78	45.8	7	9.68	0.94	0.00
G616	ONCOLOGY AND TRANSLATIONAL MEDICINE	71	34	−0.92	0.172	34	−0.84	5.6	34	1.32	0.21	0.00
Q718	SIGNAL TRANSDUCTION AND TARGETED THERAPY	246	29	−0.72	0.511	27	−0.53	40.8	12	4.85	0.50	0.00
G549	癌变·畸变·突变	306	27	−0.65	0.560	24	−0.48	28.5	23	5.03	0.29	0.51
G011	癌症	420	22	−0.52	0.357	31	−0.67	40.6	13	7.53	0.76	0.77
Q956	肝癌电子杂志	86	33	−0.90	0.417	30	−0.62	17.6	32	1.35	0.21	0.78
G937	国际肿瘤学杂志	451	19	−0.49	0.488	28	−0.55	27.8	24	5.85	0.59	0.84
Q910	临床肿瘤学杂志	1248	9	0.42	0.943	14	−0.13	40.3	14	11.62	0.79	0.85
G856	实用肿瘤学杂志	462	18	−0.47	1.147	11	0.06	24.5	26	6.18	0.62	0.91
G890	实用肿瘤杂志	624	15	−0.29	1.153	9	0.06	18.6	31	6.91	0.65	0.87
G798	现代泌尿生殖肿瘤杂志	194	31	−0.78	0.342	32	−0.69	14.3	33	2.82	0.15	0.49
G826	现代肿瘤医学	3140	1	2.58	0.622	22	−0.43	56.6	4	16.06	0.88	0.76
Q937	消化肿瘤杂志电子版	129	32	−0.85	0.315	33	−0.71	19.8	29	2.74	0.26	0.70
Q940	中国癌症防治杂志	374	25	−0.57	0.837	16	−0.23	30.5	20	5.41	0.59	0.90
G538	中国癌症杂志	1606	6	0.83	2.519	3	1.32	57.8	2	11.53	0.82	0.87
G320	中国肺癌杂志	1532	7	0.74	1.996	5	0.84	51.4	6	10.97	0.79	0.84
G845	中国小儿血液与肿瘤杂志	221	30	−0.75	0.467	29	−0.57	19.0	30	3.71	0.18	0.40
G642	中国肿瘤	2341	3	1.67	3.160	2	1.91	56.0	5	12.91	0.85	0.84
G133	中国肿瘤临床	2159	5	1.46	1.458	7	0.34	57.1	3	14.71	0.91	0.71
G255	中国肿瘤生物治疗杂志	840	11	−0.04	0.969	12	−0.11	38.8	15	9.03	0.71	0.88
G576	中国肿瘤外科杂志	365	26	−0.58	0.788	18	−0.28	27.3	25	5.47	0.44	0.67
G251	中华放射肿瘤学杂志	1464	8	0.67	0.941	15	−0.13	32.8	18	7.94	0.71	0.45
G858	中华肿瘤防治杂志	2274	4	1.59	1.254	8	0.15	44.6	8	13.79	0.88	0.79
G179	中华肿瘤杂志	3078	2	2.51	4.631	1	3.26	82.5	1	15.53	0.94	0.85
G184	肿瘤	653	14	−0.26	0.825	17	−0.24	41.5	11	8.82	0.59	0.88
Q929	肿瘤代谢与营养电子杂志	429	21	−0.51	0.734	19	−0.32	21.1	28	4.26	0.41	0.64
G185	肿瘤防治研究	826	12	−0.06	0.702	20	−0.35	37.8	16	9.68	0.71	0.81
G412	肿瘤学杂志	765	13	−0.13	0.681	21	−0.37	37.5	17	8.59	0.65	0.79
G522	肿瘤研究与临床	576	16	−0.34	0.567	23	−0.48	29.8	21	7.12	0.44	0.80
G196	肿瘤药学	388	24	−0.56	0.545	26	−0.50	30.9	19	6.41	0.56	0.68
G838	肿瘤影像学	273	28	−0.69	0.551	25	−0.49	22.6	27	3.56	0.29	0.78
G695	肿瘤预防与治疗	534	17	−0.39	0.968	13	−0.11	28.8	22	6.71	0.68	0.67
Q225	肿瘤综合治疗电子杂志	439	20	−0.50	2.263	4	1.08	43.7	9	6.56	0.53	0.72
	34 种期刊平均值	878			1.087							

护理学

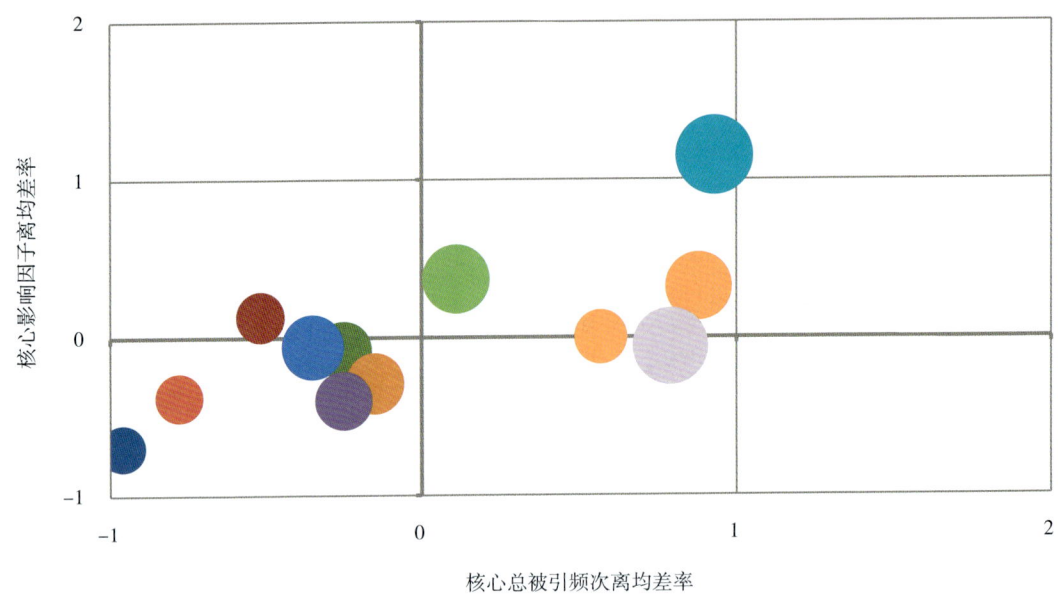

2021年护理学类期刊核心总被引频次和核心影响因子离均差率的分布图
（节点大小表示综合评价总分）

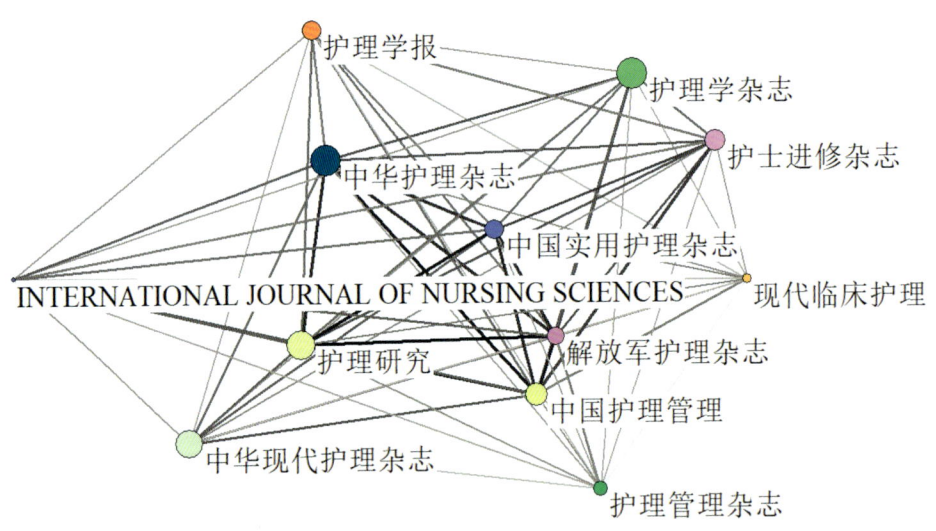

2021年护理学类期刊互引关系示意图

表 7-60 2021 年护理学类期刊主要指标

CODE	刊名	核心总被引频次			核心影响因子			综合评价总分		学科扩散指标	学科影响指标	红点指标
		数值	排名	离均差率	数值	排名	离均差率	数值	排名			
Q748	INTERNATIONAL JOURNAL OF NURSING SCIENCES	149	12	−0.96	0.385	12	−0.70	27.6	12	4.83	1.00	0.51
G336	护理管理杂志	1749	10	−0.52	1.427	4	0.13	32.9	10	18.83	1.00	0.74
G987	护理学报	2749	7	−0.25	1.166	8	−0.08	41.4	8	27.83	1.00	0.68
G503	护理学杂志	6892	2	0.88	1.666	3	0.32	58.2	4	37.58	1.00	0.81
G654	护理研究	6582	3	0.79	1.188	6	−0.06	70.6	2	44.00	1.00	0.96
G734	护士进修杂志	3129	6	−0.15	0.896	9	−0.29	46.6	6	30.33	0.92	0.81
G316	解放军护理杂志	2371	9	−0.35	1.186	7	−0.06	52.4	5	27.25	1.00	0.72
G438	现代临床护理	793	11	−0.78	0.788	10	−0.38	30.3	11	14.75	0.92	0.76
G417	中国护理管理	4078	5	0.11	1.737	2	0.37	60.1	3	28.17	1.00	0.74
G305	中国实用护理杂志	2749	7	−0.25	0.757	11	−0.40	42.9	7	28.67	1.00	0.71
G146	中华护理杂志	7073	1	0.93	2.724	1	1.15	79.4	1	39.50	1.00	0.90
G847	中华现代护理杂志	5753	4	0.57	1.261	5	0.00	36.7	9	34.25	1.00	0.84
	12 种期刊平均值	3672			1.265							

预防医学与公共卫生学综合

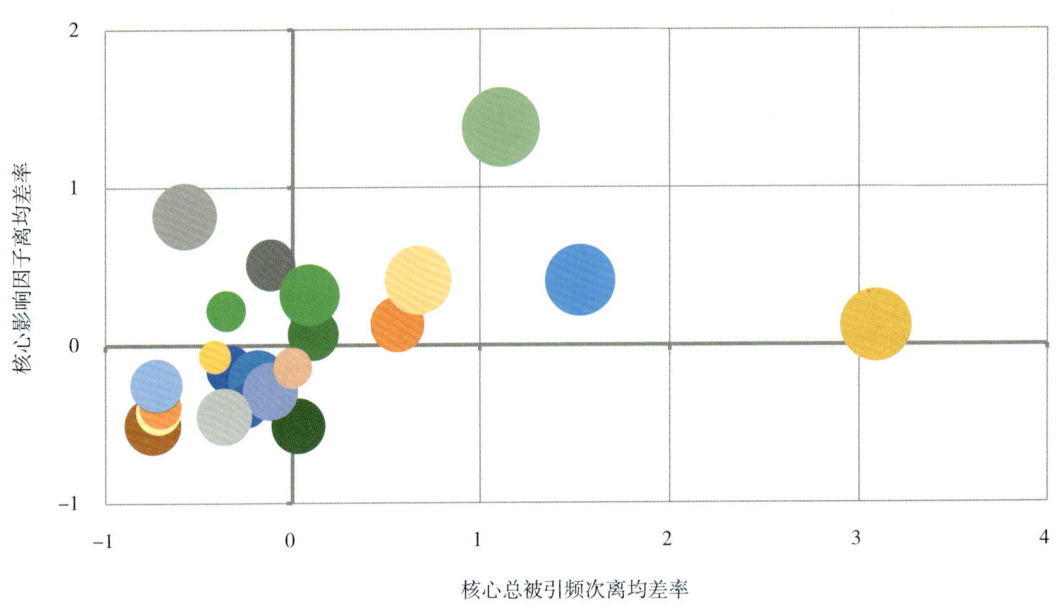

2021年预防医学与公共卫生学综合类期刊核心总被引频次和核心影响因子离均差率的分布图
（节点大小表示综合评价总分）

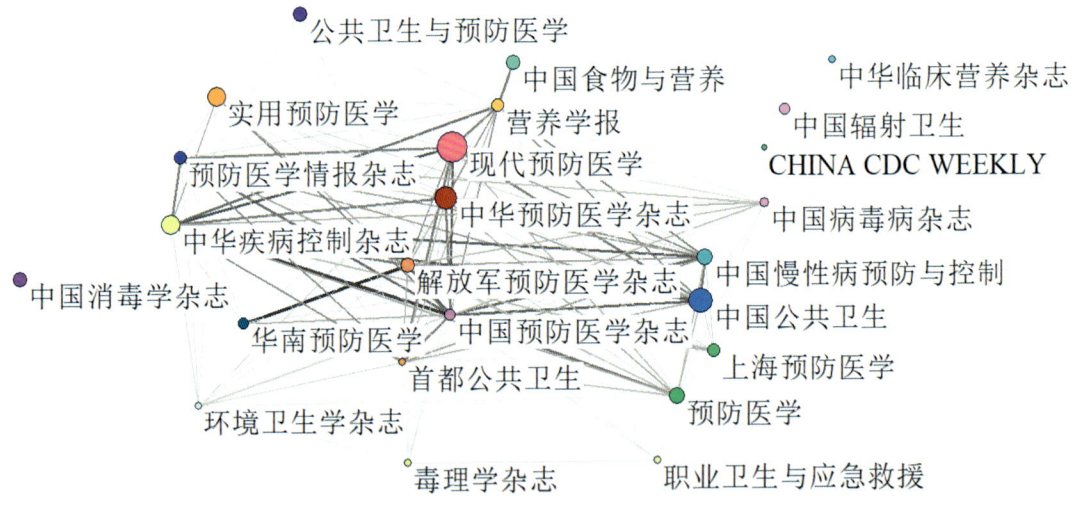

2021年预防医学与公共卫生学综合类期刊互引关系示意图

表 7-61　2021 年预防医学与公共卫生学综合类期刊主要指标

CODE	刊名	核心总被引频次			核心影响因子			综合评价总分		学科扩散指标	学科影响指标	红点指标
		数值	排名	离均差率	数值	排名	离均差率	数值	排名			
G015	CHINA CDC WEEKLY	384	24	-0.78	0.753	18	-0.32	5.4	24	2.96	0.54	0.00
G542	毒理学杂志	427	23	-0.75	0.537	24	-0.51	39.1	9	8.75	0.38	0.06
G207	公共卫生与预防医学	1503	10	-0.12	1.669	3	0.51	31.6	15	11.88	0.83	0.62
G525	华南预防医学	1091	15	-0.36	1.352	7	0.22	19.3	21	8.67	0.79	0.80
G971	环境卫生学杂志	470	20	-0.72	0.646	21	-0.42	22.8	18	6.83	0.75	0.45
G961	解放军预防医学杂志	1758	8	0.03	0.546	23	-0.51	36.3	11	18.13	0.79	0.30
Q219	上海预防医学	1133	14	-0.34	0.942	13	-0.15	27.8	16	10.92	0.83	0.66
G768	实用预防医学	2670	5	0.56	1.253	8	0.13	36.2	12	18.96	0.83	0.72
Q957	首都公共卫生	447	22	-0.74	0.789	16	-0.29	20.7	20	5.54	0.83	0.67
G963	现代预防医学	6997	1	3.09	1.239	9	0.12	62.3	2	29.63	0.92	0.61
G089	营养学报	1384	12	-0.19	0.861	14	-0.22	43.9	7	16.42	0.83	0.33
G479	预防医学	1889	6	0.11	1.185	10	0.07	31.9	14	14.54	0.83	0.68
G518	预防医学情报杂志	1277	13	-0.25	0.684	19	-0.38	23.4	17	11.50	0.83	0.69
G835	职业卫生与应急救援	500	19	-0.71	0.671	20	-0.39	21.6	19	4.08	0.67	0.39
G769	中国病毒病杂志	720	18	-0.58	2.013	2	0.82	51.2	5	9.58	0.63	0.62
G587	中国辐射卫生	990	17	-0.42	1.033	11	-0.07	12.6	23	5.33	0.46	0.15
G102	中国公共卫生	4323	2	1.53	1.558	4	0.41	60.5	3	27.13	0.92	0.62
G613	中国慢性病预防与控制	1863	7	0.09	1.463	6	0.32	44.9	6	15.33	0.71	0.75
U563	中国食物与营养	1499	11	-0.12	0.786	17	-0.29	39.2	8	15.54	0.63	0.28
G284	中国消毒学杂志	1706	9	0.00	0.950	12	-0.14	19.2	22	12.13	0.63	0.47
G753	中国预防医学杂志	1069	16	-0.37	0.608	22	-0.45	38.6	10	14.75	0.92	0.65
G302	中华疾病控制杂志	2850	4	0.67	1.555	5	0.41	55.3	4	19.25	0.79	0.69
G824	中华临床营养杂志	455	21	-0.73	0.831	15	-0.25	33.2	13	8.04	0.29	0.35
G177	中华预防医学杂志	3599	3	1.11	2.627	1	1.38	74.2	1	23.83	0.88	0.54
	24 种期刊平均值	1709			1.106							

流行病学、环境医学

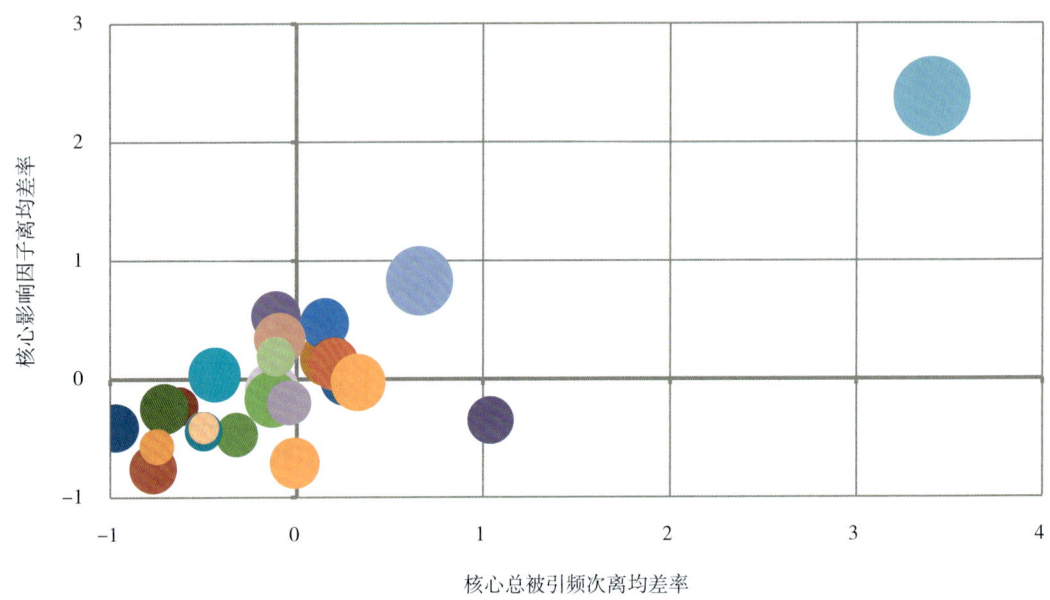

2021 年流行病学、环境医学类期刊核心总被引频次和核心影响因子离均差率的分布图
（节点大小表示综合评价总分）

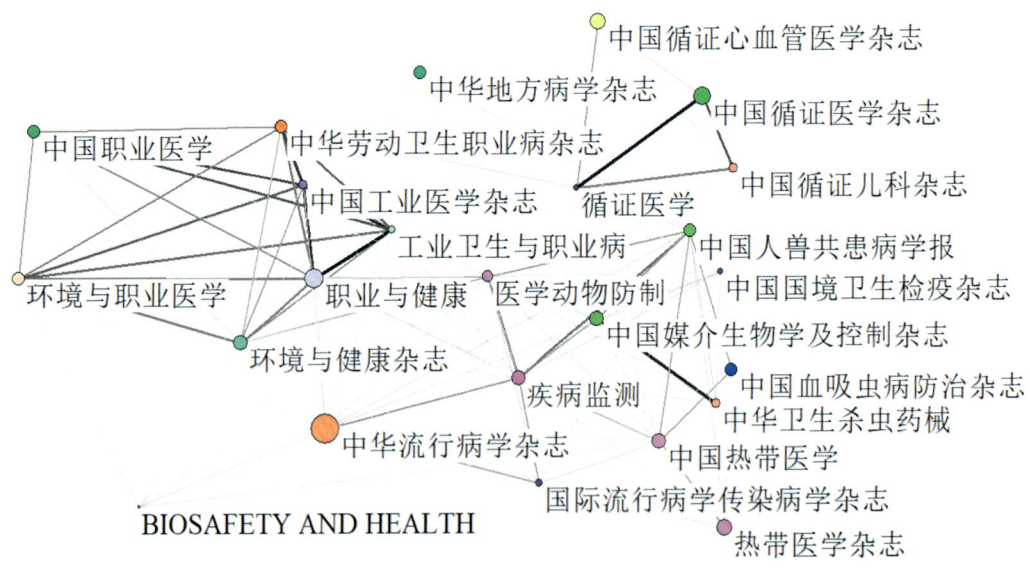

2021 年流行病学、环境医学类期刊互引关系示意图

表 7-62　2021 年流行病学、环境医学类期刊主要指标

CODE	刊名	核心总被引频次			核心影响因子			综合评价总分		学科扩散指标	学科影响指标	红点指标
		数值	排名	离均差率	数值	排名	离均差率	数值	排名			
H079	BIOSAFETY AND HEALTH	47	24	−0.97	0.592	18	−0.41	30.6	16	1.13	0.25	0.22
G025	工业卫生与职业病	543	20	−0.63	0.771	15	−0.23	20.6	20	4.96	0.46	0.54
G930	国际流行病学传染病学杂志	422	21	−0.71	0.747	16	−0.25	34.1	13	8.00	0.63	0.50
Z031	环境与健康杂志	1433	9	−0.01	0.292	23	−0.71	34.7	11	16.04	0.71	0.39
G882	环境与职业医学	1260	15	−0.13	0.912	12	−0.09	38.1	7	11.46	0.71	0.40
G452	疾病监测	1691	7	0.16	1.172	7	0.17	39.9	6	10.29	0.83	0.69
G609	热带医学杂志	1823	5	0.26	1.001	10	0.00	37.2	8	15.63	0.79	0.33
G627	循证医学	331	23	−0.77	0.237	24	−0.76	32.1	15	8.17	0.25	0.39
G482	医学动物防制	989	16	−0.32	0.531	21	−0.47	26.4	19	9.00	0.83	0.77
G884	职业与健康	2956	2	1.04	0.652	17	−0.35	30.4	17	18.71	0.92	0.61
G244	中国工业医学杂志	730	18	−0.50	0.555	20	−0.44	20.5	21	6.46	0.54	0.53
G637	中国国境卫生检疫杂志	362	22	−0.75	0.428	22	−0.57	17.0	23	4.54	0.63	0.41
G598	中国媒介生物学及控制杂志	1668	8	0.15	1.470	4	0.47	34.5	12	5.50	0.67	0.49
G629	中国热带医学	1747	6	0.20	1.123	8	0.13	36.7	9	13.96	0.79	0.59
G112	中国人兽共患病学报	1264	14	−0.13	0.833	13	−0.17	42.5	4	10.71	0.63	0.47
G675	中国血吸虫病防治杂志	1292	12	−0.11	1.522	3	0.53	34.1	14	5.58	0.63	0.52
G756	中国循证儿科杂志	806	17	−0.44	1.041	9	0.04	40.4	5	12.21	0.42	0.42
G645	中国循证心血管医学杂志	1936	4	0.33	0.968	11	−0.03	43.9	3	16.79	0.42	0.39
G396	中国循证医学杂志	2417	3	0.66	1.831	2	0.83	64.6	2	20.92	0.67	0.63
G945	中国职业医学	1326	11	−0.09	1.339	5	0.34	36.6	10	8.33	0.46	0.74
G098	中华地方病学杂志	1291	13	−0.11	1.187	6	0.19	20.4	22	8.71	0.75	0.59
G149	中华劳动卫生职业病杂志	1399	10	−0.04	0.796	14	−0.20	26.8	18	10.75	0.63	0.77
G152	中华流行病学杂志	6390	1	3.40	3.371	1	2.38	84.7	1	28.42	1.00	0.58
G740	中华卫生杀虫药械	723	19	−0.50	0.590	19	−0.41	13.5	24	3.88	0.54	0.59
	24 种期刊平均值	1452			0.998							

优生学、计划生育学

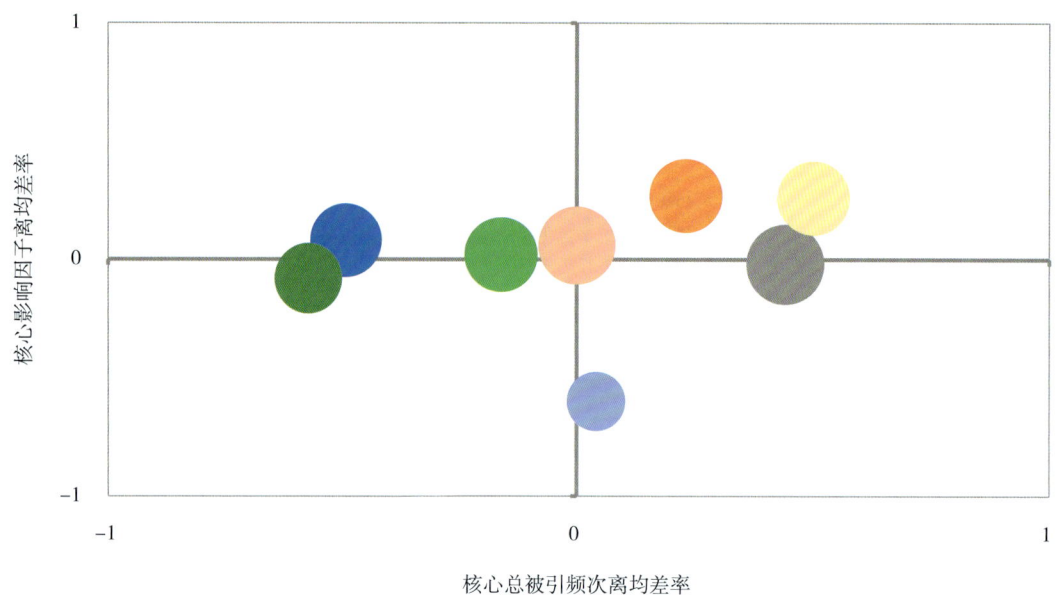

2021 年优生学、计划生育学类期刊核心总被引频次和核心影响因子离均差率的分布图
（节点大小表示综合评价总分）

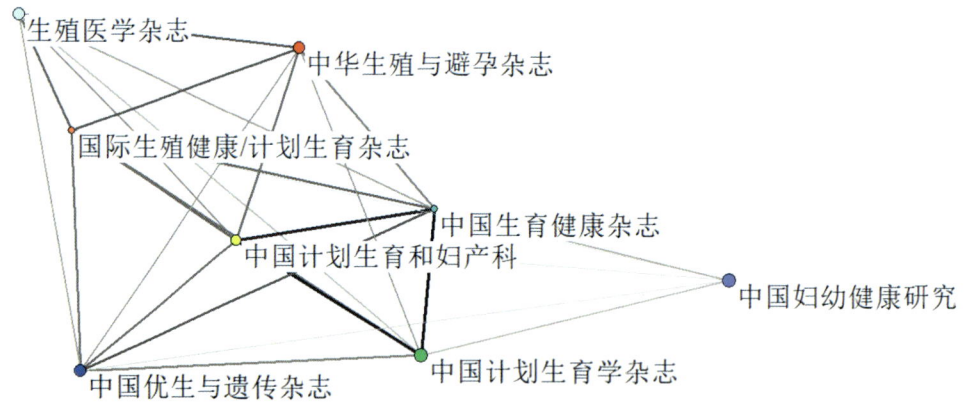

2021 年优生学、计划生育学类期刊互引关系示意图

表 7-63 2021年优生学、计划生育学类期刊主要指标

CODE	刊名	核心总被引频次			核心影响因子			综合评价总分		学科扩散指标	学科影响指标	红点指标
		数值	排名	离均差率	数值	排名	离均差率	数值	排名			
S157	国际生殖健康/计划生育杂志	587	7	−0.49	0.812	3	0.08	55.9	5	25.00	1.00	0.69
G624	生殖医学杂志	1397	3	0.23	0.960	1	0.27	56.2	4	31.25	1.00	0.60
G687	中国妇幼健康研究	1647	2	0.44	0.740	6	−0.02	65.2	1	46.00	1.00	0.62
G560	中国计划生育和妇产科	961	6	−0.16	0.771	5	0.02	56.9	3	30.63	1.00	0.57
G907	中国计划生育学杂志	1706	1	0.50	0.953	2	0.26	53.9	6	35.13	1.00	0.61
G715	中国生育健康杂志	486	8	−0.57	0.695	7	−0.08	50.4	7	27.25	1.00	0.57
G706	中国优生与遗传杂志	1188	4	0.04	0.301	8	−0.60	35.8	8	35.88	1.00	0.43
G072	中华生殖与避孕杂志	1145	5	0.00	0.803	4	0.06	62.5	2	29.75	1.00	0.57
	8 种期刊平均值	1140			0.754							

军事医学与特种医学

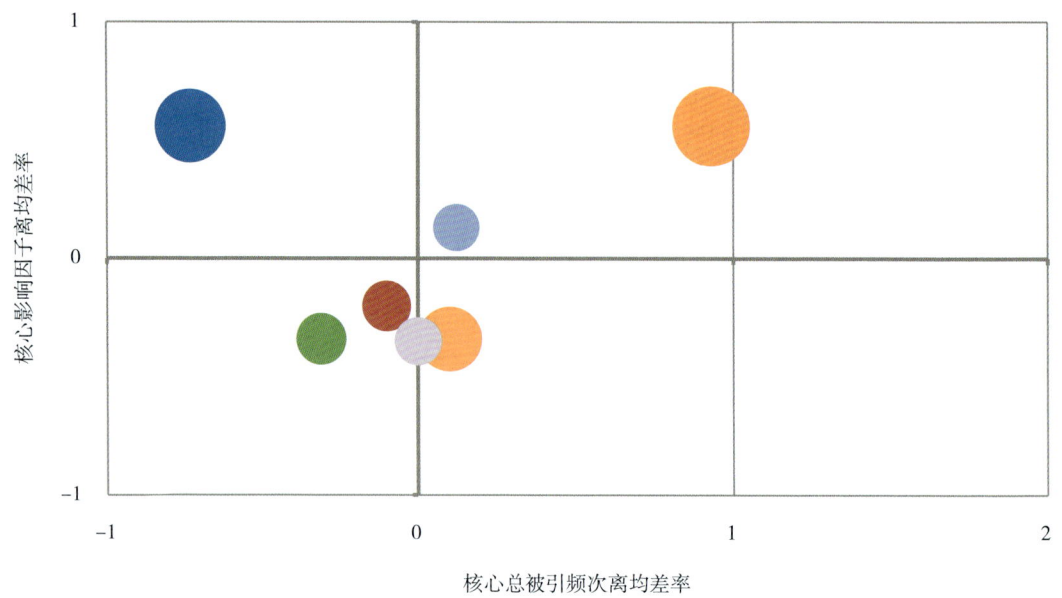

2021年军事医学与特种医学类期刊核心总被引频次和核心影响因子离均差率的分布图
（节点大小表示综合评价总分）

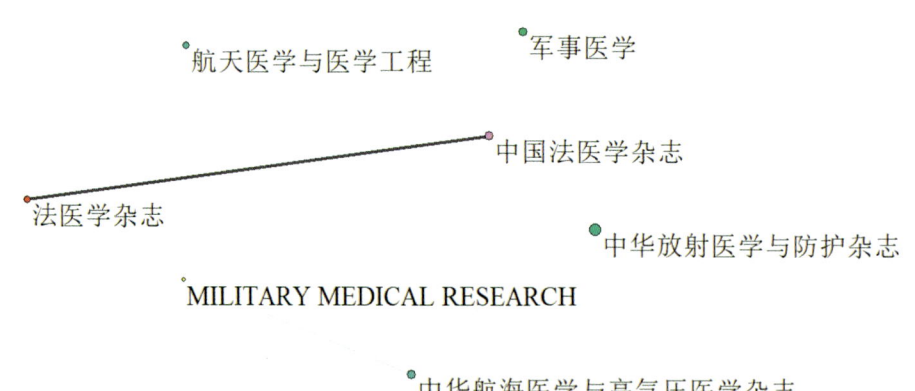

2021年军事医学与特种医学类期刊互引关系示意图

表 7-64 2021 年军事医学与特种医学类期刊主要指标

CODE	刊名	核心总被引频次			核心影响因子			综合评价总分		学科扩散指标	学科影响指标	红点指标
		数值	排名	离均差率	数值	排名	离均差率	数值	排名			
Q716	MILITARY MEDICAL RESEARCH	174	7	−0.73	1.122	1	0.56	68.4	2	17.14	0.43	0.00
G874	法医学杂志	587	5	−0.10	0.578	4	−0.20	32.4	5	25.86	0.57	0.98
G034	航天医学与医学工程	451	6	−0.31	0.473	5	−0.34	34.2	4	24.43	0.43	0.18
G052	军事医学	717	3	0.10	0.472	6	−0.34	53.0	3	44.71	0.43	0.05
G100	中国法医学杂志	657	4	0.00	0.465	7	−0.35	27.4	7	22.29	0.29	0.63
G141	中华放射医学与防护杂志	1259	1	0.93	1.120	2	0.56	80.5	1	35.43	0.43	0.35
G335	中华航海医学与高气压医学杂志	734	2	0.12	0.812	3	0.13	28.0	6	21.43	0.29	0.57
	7 种期刊平均值	654			0.720							

卫生管理学、健康教育学

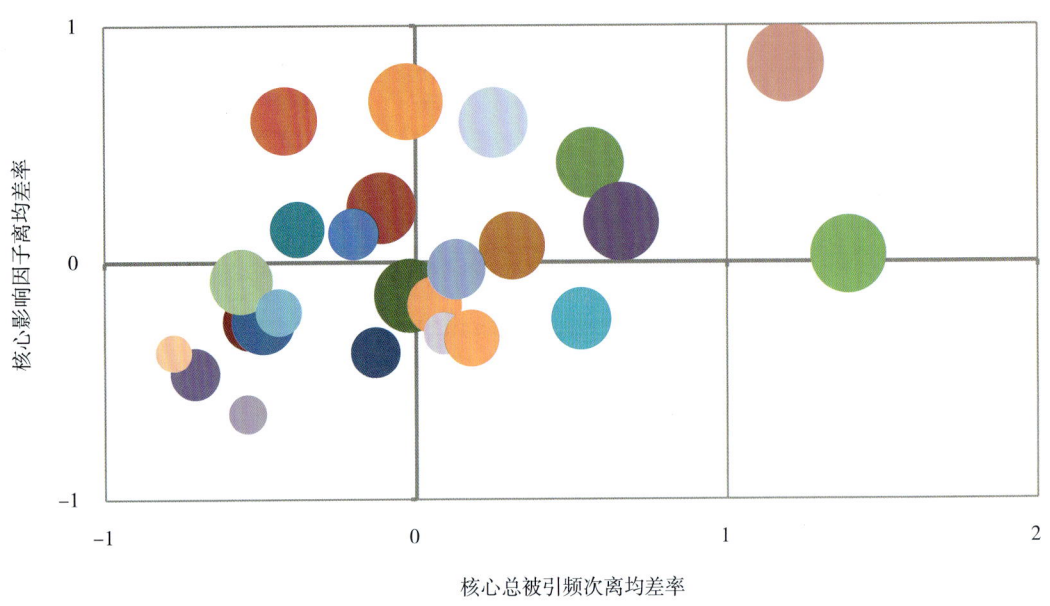

2021年卫生管理学、健康教育学类期刊核心总被引频次和核心影响因子离均差率的分布图
（节点大小表示综合评价总分）

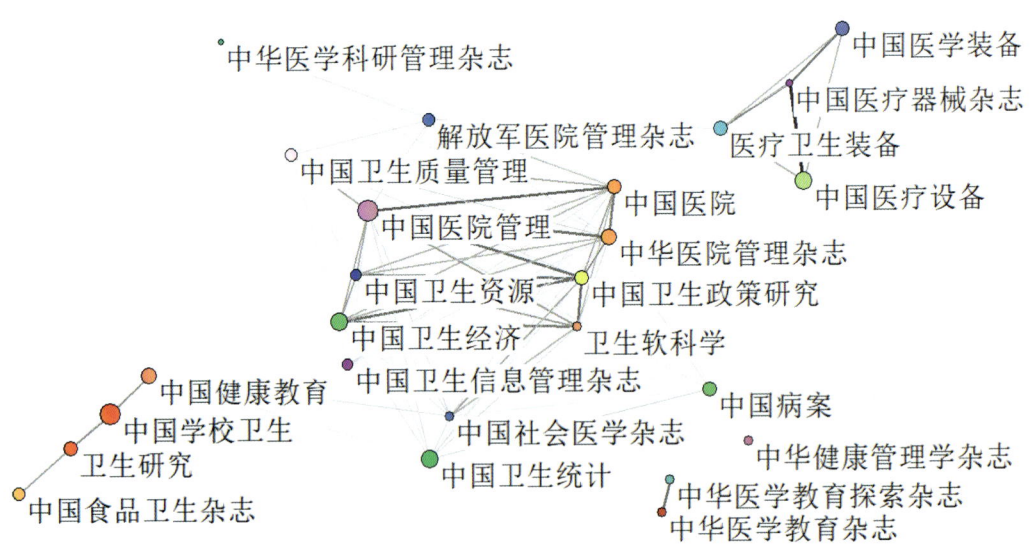

2021年卫生管理学、健康教育学类期刊互引关系示意图

表 7-65　2021 年卫生管理学、健康教育学类期刊主要指标

CODE	刊名	核心总被引频次			核心影响因子			综合评价总分		学科扩散指标	学科影响指标	红点指标
		数值	排名	离均差率	数值	排名	离均差率	数值	排名			
G315	解放军医院管理杂志	1270	15	−0.13	0.618	23	−0.38	29.2	21	7.16	0.80	0.56
S813	卫生软科学	683	21	−0.53	0.747	18	−0.25	36.9	16	6.56	0.84	0.56
G079	卫生研究	1444	12	−0.02	0.859	14	−0.14	61.4	5	16.84	0.44	0.25
G605	医疗卫生装备	1551	11	0.06	0.818	15	−0.18	37.4	15	12.80	0.72	0.24
G750	中国病案	1591	10	0.09	0.700	20	−0.30	18.2	23	10.08	0.84	0.61
G787	中国健康教育	1917	6	0.31	1.065	10	0.07	52.4	10	11.28	0.68	0.67
G366	中国社会医学杂志	753	20	−0.49	0.744	19	−0.25	47.3	12	8.84	0.92	0.63
G429	中国食品卫生杂志	1303	14	−0.11	1.230	6	0.23	58.3	6	9.56	0.36	0.28
S725	中国卫生经济	2285	4	0.56	1.414	5	0.42	55.7	8	10.60	0.92	0.47
G253	中国卫生统计	2435	3	0.66	1.165	7	0.17	70.0	2	20.68	0.96	0.46
G540	中国卫生信息管理杂志	905	17	−0.38	1.138	8	0.14	36.1	18	6.20	0.80	0.43
G716	中国卫生政策研究	1423	13	−0.03	1.672	2	0.68	67.1	4	9.92	0.88	0.45
G752	中国卫生质量管理	1170	16	−0.20	1.116	9	0.12	30.5	20	6.92	0.84	0.75
G541	中国卫生资源	850	18	−0.42	1.600	3	0.60	53.2	9	7.56	0.96	0.62
G908	中国学校卫生	3510	1	1.39	1.026	11	0.03	69.8	3	13.08	0.56	0.99
G124	中国医疗器械杂志	432	24	−0.71	0.533	24	−0.47	31.1	19	6.16	0.52	0.24
G679	中国医疗设备	2237	5	0.53	0.754	17	−0.24	43.6	13	15.32	0.72	0.36
S591	中国医学装备	1732	8	0.18	0.683	21	−0.32	36.3	17	15.12	0.72	0.33
Q918	中国医院	1660	9	0.13	0.969	12	−0.03	41.0	14	8.56	0.84	0.66
G454	中国医院管理	3204	2	1.19	1.835	1	0.84	72.1	1	12.56	0.92	0.62
G751	中华健康管理学杂志	641	23	−0.56	0.916	13	−0.08	47.8	11	9.44	0.56	0.58
S590	中华医学教育探索杂志	676	22	−0.54	0.357	25	−0.64	17.3	24	6.12	0.64	0.50
G705	中华医学教育杂志	822	19	−0.44	0.788	16	−0.21	25.2	22	6.36	0.72	0.59
G307	中华医学科研管理杂志	316	25	−0.78	0.623	22	−0.38	15.9	25	3.44	0.60	0.54
G591	中华医院管理杂志	1837	7	0.25	1.584	4	0.59	57.1	7	8.60	0.88	0.70
	25 种期刊平均值	1466			0.998							

药学

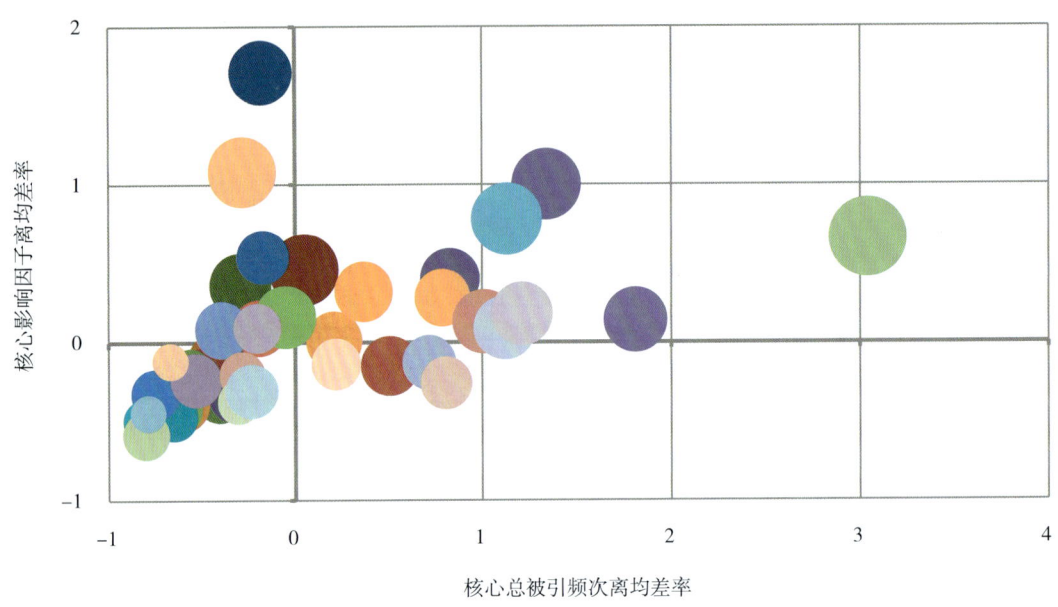

2021 年药学类期刊核心总被引频次和核心影响因子离均差率的分布图
（节点大小表示综合评价总分）

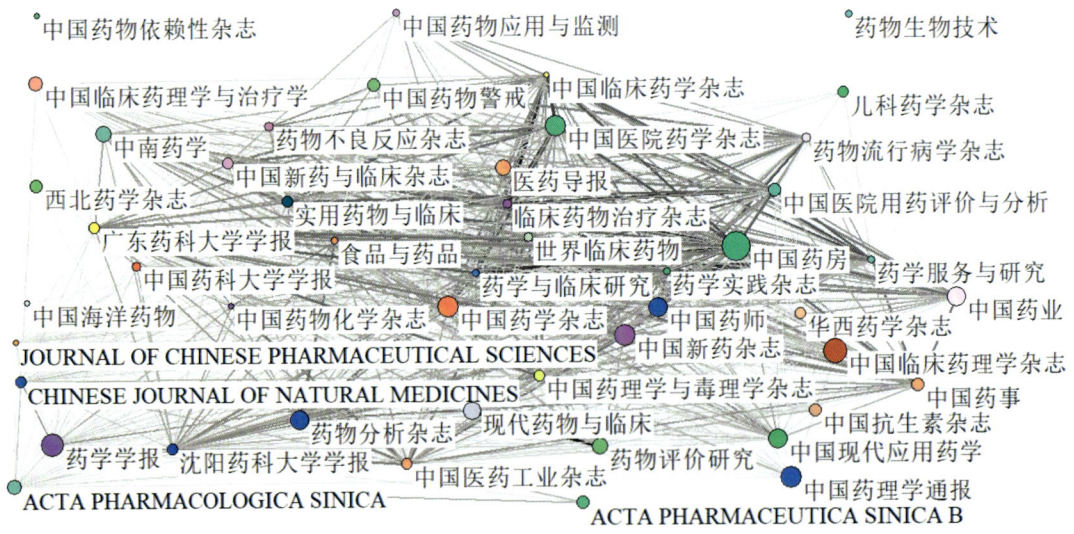

2021 年药学类期刊互引关系示意图

表 7-66　2021 年药学类期刊主要指标

CODE	刊名	核心总被引频次			核心影响因子			综合评价总分		学科扩散指标	学科影响指标	红点指标
		数值	排名	离均差率	数值	排名	离均差率	数值	排名			
G218	ACTA PHARMACEUTICA SINICA B	1254	19	−0.18	2.397	1	1.71	46.1	7	6.23	0.75	0.03
G001	ACTA PHARMACOLOGICA SINICA	1606	16	0.05	1.293	7	0.46	56.5	3	10.08	0.83	0.12
G101	CHINESE JOURNAL OF NATURAL MEDICINES	1087	25	−0.29	1.206	9	0.36	45.3	8	6.21	0.69	0.09
I227	JOURNAL OF CHINESE PHARMACEUTICAL SCIENCES	306	47	−0.80	0.438	47	−0.50	21.3	42	2.65	0.65	0.48
G920	儿科药学杂志	834	32	−0.46	0.628	33	−0.29	14.4	48	5.27	0.63	0.64
G027	广东药科大学学报	868	31	−0.43	0.774	22	−0.12	35.7	19	6.23	0.79	0.73
G044	华西药学杂志	990	28	−0.35	0.929	20	0.05	27.2	34	5.27	0.73	0.78
G673	临床药物治疗杂志	818	33	−0.47	0.716	28	−0.19	30.2	28	6.10	0.79	0.63
G071	沈阳药科大学学报	919	30	−0.40	0.573	37	−0.35	28.3	32	5.38	0.73	0.66
G834	实用药物与临床	1044	27	−0.32	0.593	35	−0.33	34.4	21	6.52	0.77	0.70
G748	食品与药品	534	40	−0.65	0.513	40	−0.42	28.3	33	4.50	0.54	0.68
G485	世界临床药物	621	37	−0.60	0.537	39	−0.39	33.9	22	5.85	0.71	0.64
G792	西北药学杂志	1276	18	−0.17	1.365	6	0.54	31.7	26	6.25	0.85	0.71
G421	现代药物与临床	2310	12	0.51	0.753	26	−0.15	39.7	15	7.71	0.88	0.67
G403	药物不良反应杂志	673	36	−0.56	0.732	27	−0.17	18.9	44	3.73	0.73	0.63
G087	药物分析杂志	2803	8	0.83	1.237	8	0.40	41.3	13	7.15	0.83	0.68
G877	药物流行病学杂志	746	34	−0.51	0.677	30	−0.23	23.5	39	4.19	0.71	0.85
G836	药物评价研究	1849	15	0.21	0.892	21	0.01	37.8	16	7.65	0.83	0.73
G514	药物生物技术	489	42	−0.68	0.467	45	−0.47	18.2	45	4.67	0.48	0.64
G977	药学服务与研究	428	43	−0.72	0.513	40	−0.42	22.9	40	3.58	0.75	0.80
G440	药学实践杂志	564	38	−0.63	0.509	42	−0.42	28.9	30	4.73	0.77	0.71
G008	药学学报	3585	3	1.34	1.771	3	1.00	56.0	4	10.46	0.94	0.57
G527	药学与临床研究	537	39	−0.65	0.470	44	−0.47	26.7	36	4.79	0.79	0.66
G844	医药导报	2109	13	0.37	1.164	10	0.32	39.9	14	9.02	0.94	0.70
G104	中国海洋药物	376	44	−0.75	0.591	36	−0.33	28.6	31	3.04	0.25	0.36
G107	中国抗生素杂志	1247	20	−0.19	0.961	17	0.09	34.6	20	7.31	0.81	0.50
G870	中国临床药理学与治疗学	1454	17	−0.05	1.027	13	0.16	42.9	12	7.75	0.81	0.67
G109	中国临床药理学杂志	4304	2	1.81	1.008	14	0.14	46.5	6	11.75	0.94	0.69
G544	中国临床药学杂志	297	48	−0.81	0.441	46	−0.50	21.5	41	2.98	0.71	0.81
G849	中国现代应用药学	2740	10	0.79	1.134	11	0.28	36.2	17	8.77	0.96	0.66
G250	中国新药与临床杂志	939	29	−0.39	0.953	19	0.08	35.9	18	6.50	0.83	0.76
G747	中国新药杂志	3088	7	1.01	0.997	15	0.13	45.1	9	10.85	0.94	0.59
G318	中国药房	6200	1	3.04	1.465	5	0.66	69.9	1	13.83	0.96	0.77
G120	中国药科大学学报	721	35	−0.53	0.668	31	−0.24	32.2	25	5.15	0.81	0.67
G121	中国药理学通报	3273	5	1.13	1.574	4	0.78	57.6	2	10.75	0.94	0.78
G122	中国药理学与毒理学杂志	1098	24	−0.28	1.836	2	1.08	54.9	5	7.02	0.75	0.50
G878	中国药师	2640	11	0.72	0.765	24	−0.13	33.6	23	9.06	0.94	0.78

表 7-66 2021 年药学类期刊主要指标（续）

CODE	刊名	核心总被引频次			核心影响因子			综合评价总分		学科扩散指标	学科影响指标	红点指标
		数值	排名	离均差率	数值	排名	离均差率	数值	排名			
G913	中国药事	1104	23	−0.28	0.702	29	−0.21	25.2	38	5.04	0.83	0.46
G220	中国药物化学杂志	311	46	−0.80	0.362	48	−0.59	26.2	37	2.52	0.54	0.52
G227	中国药物警戒	1233	21	−0.20	0.961	17	0.09	26.9	35	4.88	0.85	0.79
G248	中国药物依赖性杂志	319	45	−0.79	0.488	43	−0.45	15.1	47	2.58	0.31	0.26
G713	中国药物应用与监测	512	41	−0.67	0.774	22	−0.12	15.2	46	2.79	0.69	0.93
G009	中国药学杂志	3248	6	1.12	0.963	16	0.09	44.4	10	10.71	0.96	0.62
G755	中国药业	2769	9	0.81	0.653	32	−0.26	31.0	27	9.02	0.92	0.84
T019	中国医药工业杂志	1081	26	−0.30	0.548	38	−0.38	21.3	43	5.17	0.81	0.51
G243	中国医院药学杂志	3389	4	1.21	1.046	12	0.18	44.2	11	10.48	0.96	0.72
G625	中国医院用药评价与分析	1184	22	−0.23	0.608	34	−0.31	32.5	24	6.27	0.83	0.75
G599	中南药学	1870	14	0.22	0.758	25	−0.14	29.7	29	7.31	0.92	0.71
	48 种期刊平均值	1534			0.884							

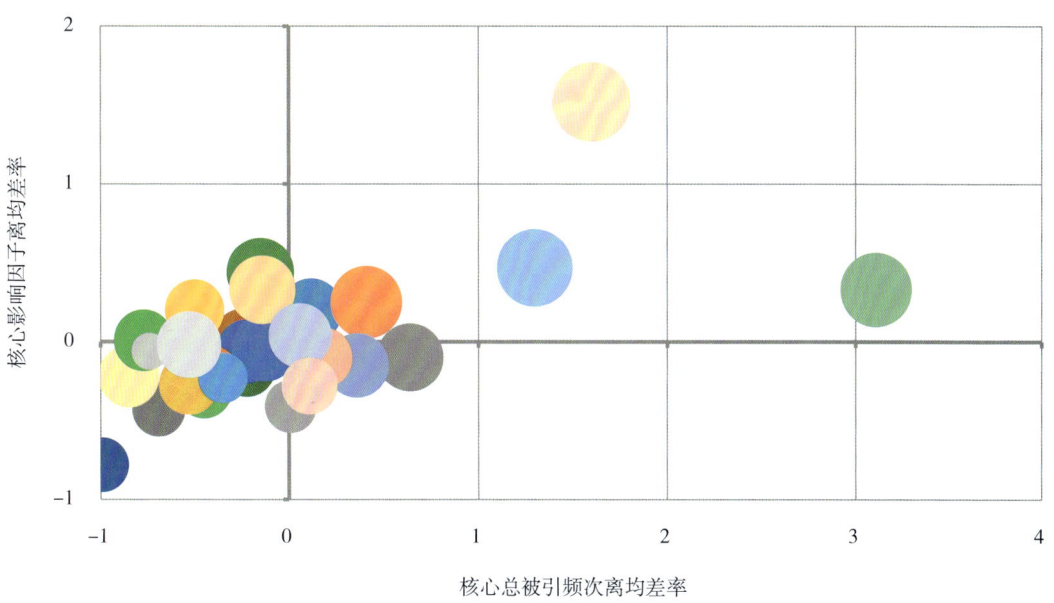

2021年中医学类期刊核心总被引频次和核心影响因子离均差率的分布图
（节点大小表示综合评价总分）

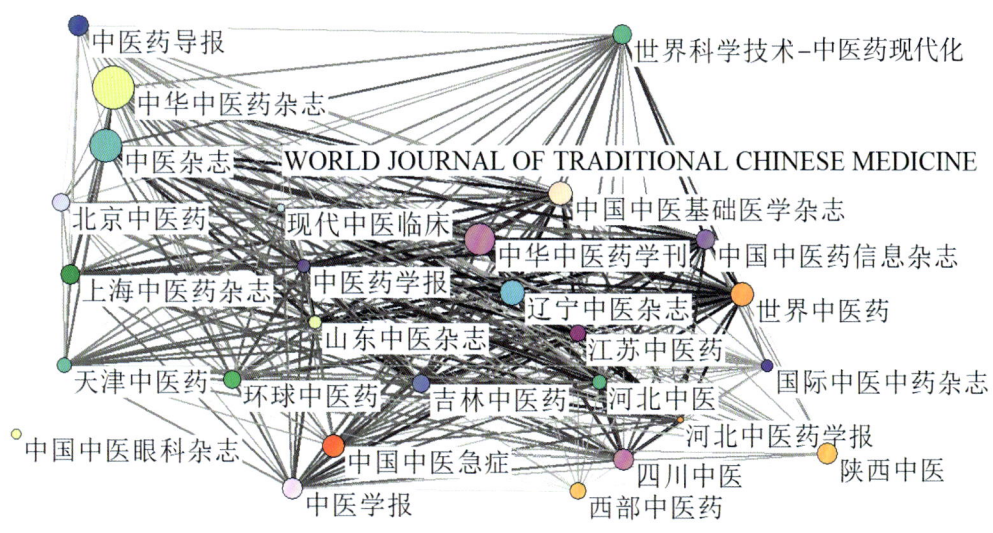

2021年中医学类期刊互引关系示意图

表 7-67　2021 年中医学类期刊主要指标

CODE	刊名	核心总被引频次			核心影响因子			综合评价总分		学科扩散指标	学科影响指标	红点指标
		数值	排名	离均差率	数值	排名	离均差率	数值	排名			
Q707	WORLD JOURNAL OF TRADITIONAL CHINESE MEDICINE	40	28	-0.99	0.261	28	-0.78	35.0	25	1.18	0.21	0.04
G620	北京中医药	2723	17	-0.25	1.197	10	0.03	37.0	22	8.86	1.00	0.75
G934	国际中医中药杂志	1131	24	-0.69	0.661	27	-0.43	35.1	24	8.11	0.96	0.83
G384	河北中医	2011	20	-0.45	0.809	25	-0.30	41.0	19	8.93	0.96	0.94
G301	河北中医药学报	544	27	-0.85	0.904	21	-0.22	43.7	17	4.89	0.93	0.63
G656	环球中医药	2837	16	-0.22	0.964	19	-0.17	38.3	21	9.68	0.96	0.72
G719	吉林中医药	2840	15	-0.22	1.097	14	-0.06	47.9	12	10.71	1.00	0.73
G397	江苏中医药	2165	19	-0.41	0.933	20	-0.20	36.9	23	8.36	0.96	0.91
G646	辽宁中医杂志	5991	4	0.64	1.046	16	-0.10	54.9	7	13.61	1.00	0.77
G574	山东中医杂志	1715	23	-0.53	0.843	23	-0.27	44.2	15	7.96	0.96	0.76
G725	陕西中医	4074	8	0.12	1.388	8	0.20	47.8	13	10.82	0.96	0.82
G389	上海中医药杂志	3115	14	-0.15	1.673	3	0.44	56.4	5	11.39	0.96	0.82
G906	世界科学技术-中医药现代化	3191	12	-0.13	1.114	13	-0.04	52.7	8	14.36	0.96	0.81
G483	世界中医药	5145	5	0.41	1.452	6	0.25	62.3	4	15.25	1.00	0.87
G745	四川中医	3702	11	0.01	0.688	26	-0.41	33.6	26	10.11	0.96	0.71
G626	天津中医药	1834	21	-0.50	1.396	7	0.20	43.9	16	9.18	0.96	0.73
G699	西部中医药	2381	18	-0.35	0.889	22	-0.23	30.1	27	10.18	0.96	0.76
G896	现代中医临床	826	26	-0.77	1.171	11	0.01	44.3	14	5.39	0.96	0.71
G632	中国中医基础医学杂志	4974	6	0.36	0.991	18	-0.15	48.9	11	12.39	1.00	0.71
G524	中国中医急症	4300	7	0.18	1.042	17	-0.10	43.6	18	11.89	1.00	0.81
G749	中国中医眼科杂志	948	25	-0.74	1.088	15	-0.06	15.8	28	4.43	0.86	0.58
G832	中国中医药信息杂志	3150	13	-0.14	1.540	4	0.33	55.3	6	13.29	1.00	0.80
G859	中华中医药学刊	8377	3	1.30	1.709	2	0.47	71.4	2	20.50	1.00	0.79
G910	中华中医药杂志	15010	1	3.11	1.539	5	0.33	65.2	3	22.14	1.00	0.74
G685	中医学报	3863	10	0.06	1.210	9	0.04	49.1	10	12.29	0.96	0.70
G681	中医药导报	4055	9	0.11	0.834	24	-0.28	38.8	20	13.71	0.96	0.80
G812	中医药学报	1719	22	-0.53	1.143	12	-0.02	51.9	9	9.57	0.96	0.68
G010	中医杂志	9489	2	1.60	2.923	1	1.52	75.3	1	14.75	1.00	0.73
	28 种期刊平均值	3648			1.161							

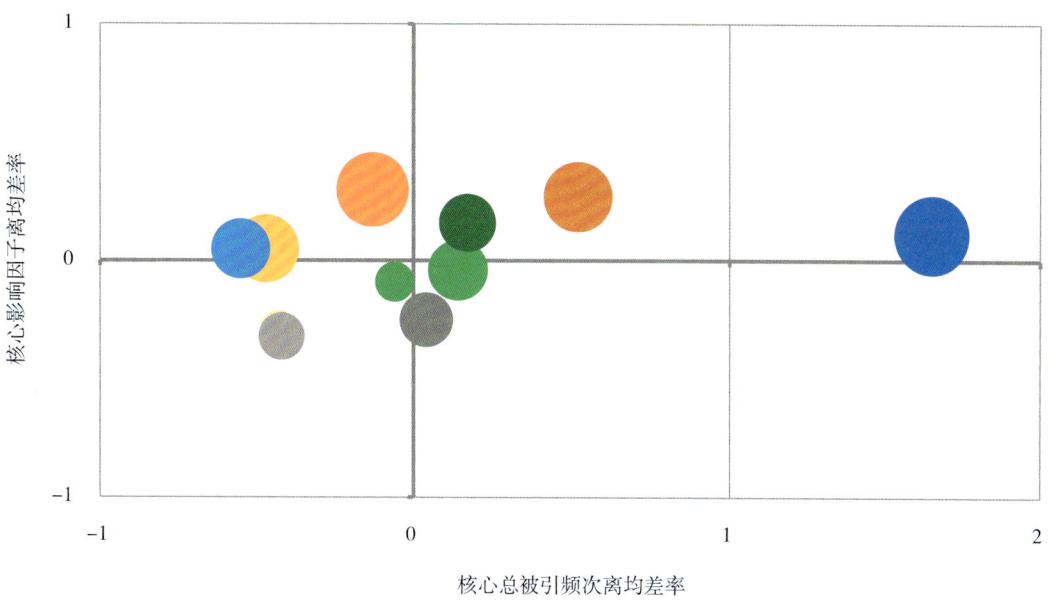

2021年中医药大学学报类期刊核心总被引频次和核心影响因子离均差率的分布图
（节点大小表示综合评价总分）

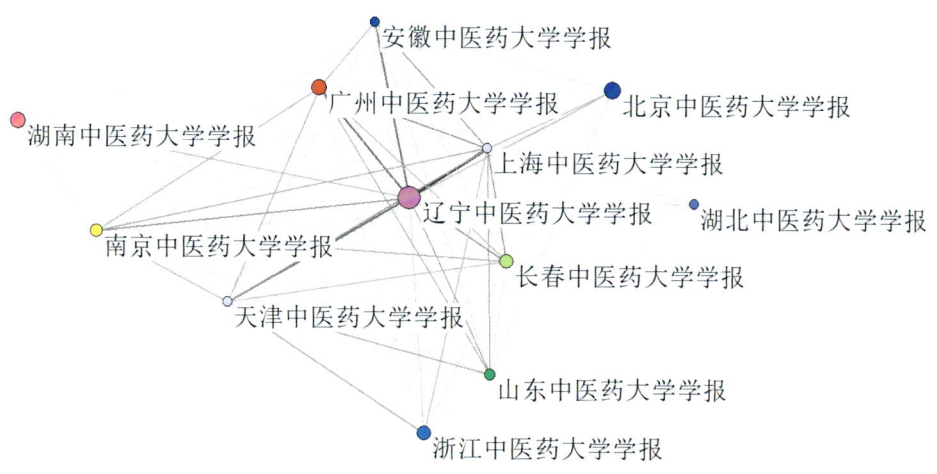

2021年中医药大学学报类期刊互引关系示意图

表 7-68　2021年中医药大学学报类期刊主要指标

CODE	刊名	核心总被引频次			核心影响因子			综合评价总分		学科扩散指标	学科影响指标	红点指标
		数值	排名	离均差率	数值	排名	离均差率	数值	排名			
G013	安徽中医药大学学报	1042	10	−0.46	1.204	5	0.05	40.2	8	17.67	1.00	0.44
G017	北京中医药大学学报	2926	2	0.52	1.453	2	0.27	63.2	3	25.17	1.00	0.56
G992	长春中医药大学学报	1997	5	0.04	0.861	10	−0.25	38.4	9	24.00	1.00	0.46
G030	广州中医药大学学报	2187	4	0.14	1.102	8	−0.04	47.7	5	25.33	1.00	0.63
G334	湖北中医药大学学报	1092	9	−0.43	0.812	11	−0.29	15.8	12	17.58	1.00	0.53
G041	湖南中医药大学学报	2242	3	0.17	1.326	3	0.16	43.5	7	26.25	0.92	0.56
G850	辽宁中医药大学学报	5091	1	1.65	1.267	4	0.11	82.4	1	35.00	1.00	0.73
G059	南京中医药大学学报	1682	7	−0.13	1.491	1	0.30	71.3	2	23.58	1.00	0.53
G063	山东中医药大学学报	1124	8	−0.42	0.773	12	−0.32	29.1	10	15.33	1.00	0.64
G946	上海中医药大学学报	1019	11	−0.47	1.201	6	0.05	60.4	4	17.42	1.00	0.64
G914	天津中医药大学学报	868	12	−0.55	1.195	7	0.05	47.1	6	16.50	0.92	0.50
G092	浙江中医药大学学报	1814	6	−0.06	1.035	9	−0.09	20.9	11	21.17	1.00	0.65
	12种期刊平均值	1924			1.143							

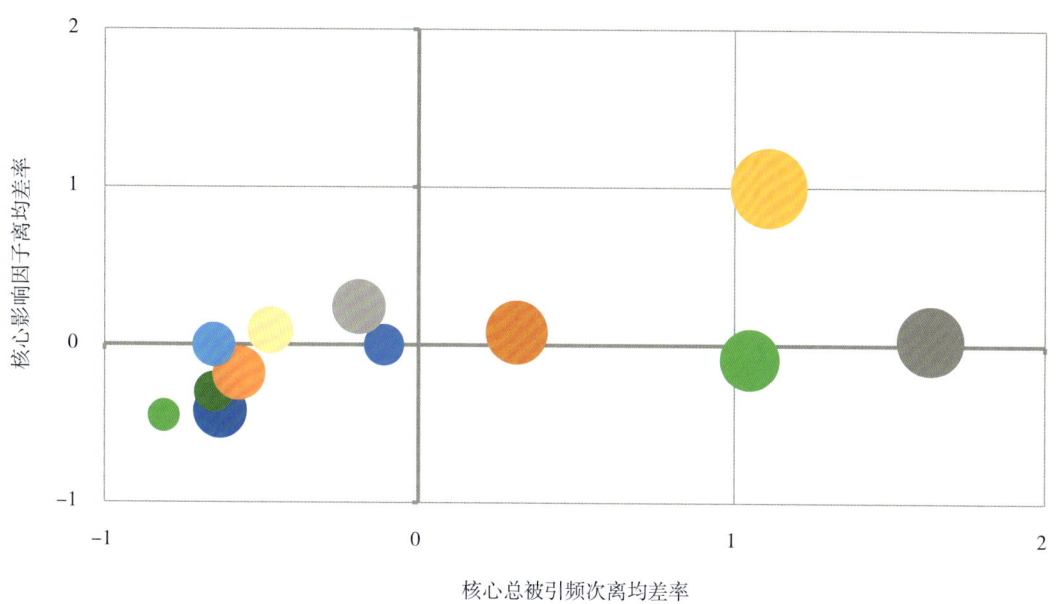

2021年中西医结合医学类期刊核心总被引频次和核心影响因子离均差率的分布图
（节点大小表示综合评价总分）

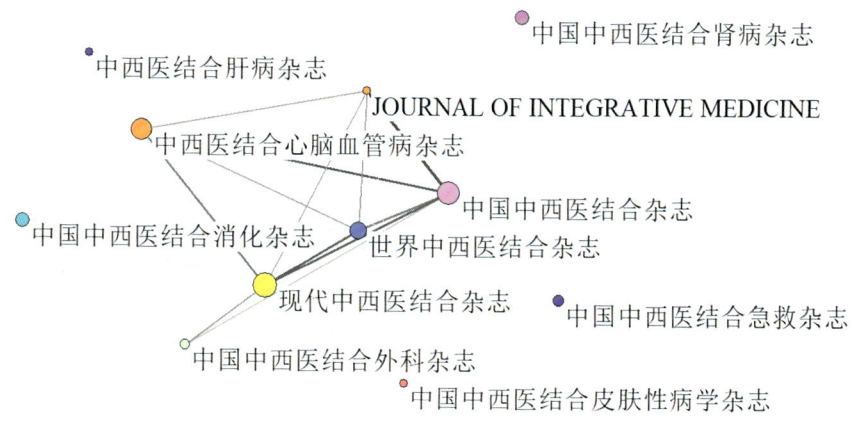

2021年中西医结合医学类期刊互引关系示意图

表 7-69　2021 年中西医结合医学类期刊主要指标

CODE	刊名	核心总被引频次			核心影响因子			综合评价总分		学科扩散指标	学科影响指标	红点指标
		数值	排名	离均差率	数值	排名	离均差率	数值	排名			
G442	JOURNAL OF INTEGRATIVE MEDICINE	823	9	−0.63	0.524	11	−0.42	39.0	5	19.33	0.83	0.00
G484	世界中西医结合杂志	2948	4	0.31	0.978	4	0.08	51.3	3	26.00	0.92	0.59
G951	现代中西医结合杂志	5932	1	1.63	0.940	5	0.03	61.9	2	42.50	1.00	0.56
G347	中国中西医结合耳鼻咽喉科杂志	424	12	−0.81	0.502	12	−0.45	14.0	12	12.83	0.25	0.38
G843	中国中西医结合急救杂志	1197	7	−0.47	0.995	3	0.09	25.5	8	21.67	0.75	0.47
G757	中国中西医结合皮肤性病学杂志	789	10	−0.65	0.637	10	−0.30	21.0	11	14.83	0.50	0.38
G846	中国中西医结合肾病杂志	1996	5	−0.11	0.909	6	0.00	21.7	10	24.17	0.50	0.31
G758	中国中西医结合外科杂志	963	8	−0.57	0.745	9	−0.18	36.8	7	24.75	0.75	0.47
G528	中国中西医结合消化杂志	1834	6	−0.19	1.127	2	0.24	37.9	6	19.58	0.58	0.69
G182	中国中西医结合杂志	4747	2	1.11	1.818	1	1.00	80.3	1	37.50	1.00	0.39
G842	中西医结合肝病杂志	780	11	−0.65	0.908	7	0.00	24.7	9	16.50	0.67	0.67
G597	中西医结合心脑血管病杂志	4618	3	1.05	0.826	8	−0.09	48.4	4	35.08	0.67	0.84
	12 种期刊平均值	2254			0.909							

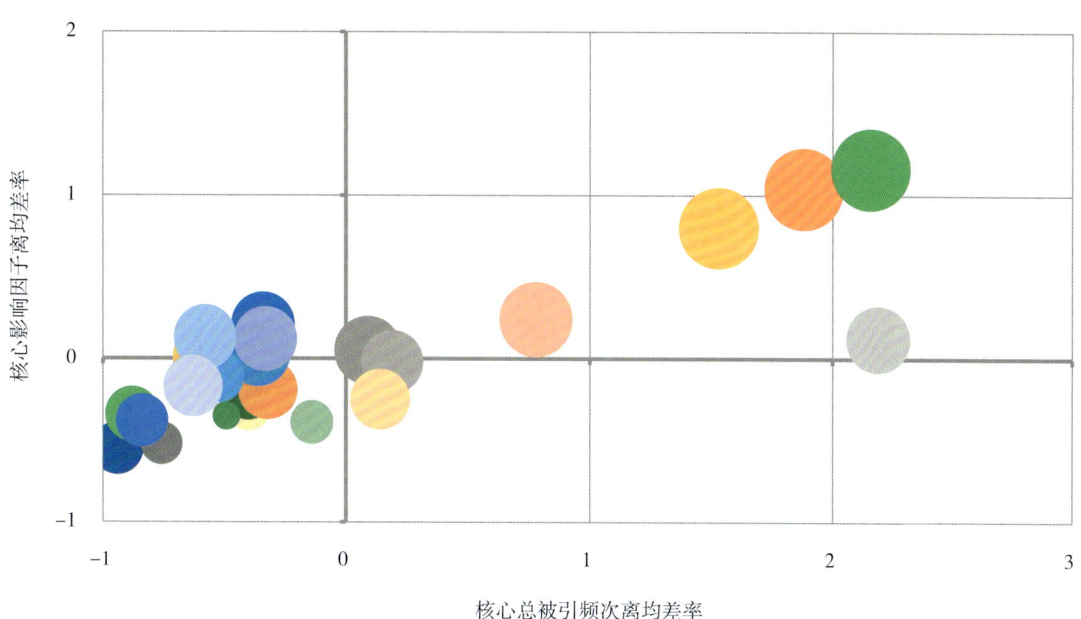

2021年中药学类期刊核心总被引频次和核心影响因子离均差率的分布图
（节点大小表示综合评价总分）

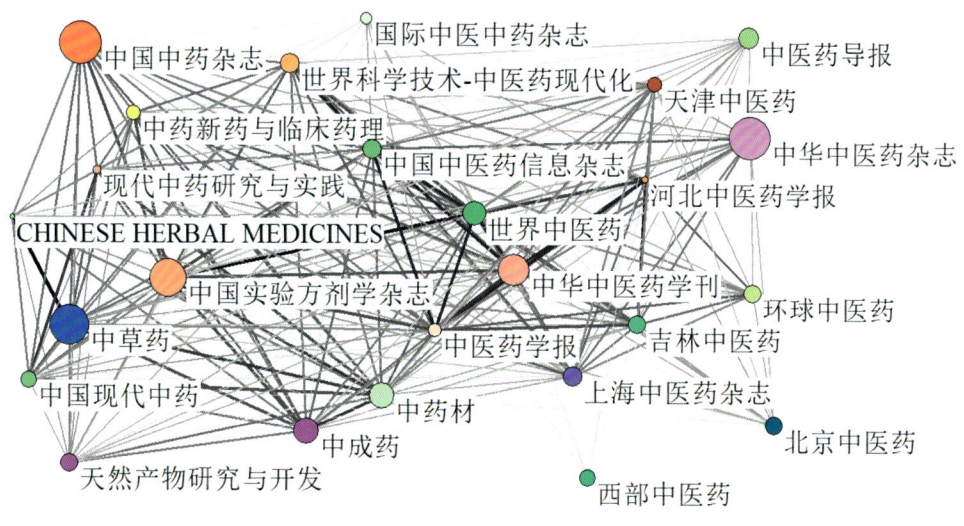

2021年中药学类期刊互引关系示意图

表 7-70　2021 年中药学类期刊主要指标

CODE	刊名	核心总被引频次			核心影响因子			综合评价总分		学科扩散指标	学科影响指标	红点指标
		数值	排名	离均差率	数值	排名	离均差率	数值	排名			
I207	CHINESE HERBAL MEDICINES	285	25	−0.94	0.625	25	−0.55	31.3	18	4.88	0.60	0.02
G620	北京中医药	2723	16	−0.42	1.197	14	−0.13	20.6	23	9.92	0.96	0.71
G934	国际中医中药杂志	1131	22	−0.76	0.661	24	−0.52	20.5	24	9.08	0.96	0.86
G301	河北中医药学报	544	24	−0.88	0.904	20	−0.34	34.2	16	5.48	0.84	0.54
G656	环球中医药	2837	15	−0.40	0.964	19	−0.30	22.8	21	10.84	0.92	0.66
G719	吉林中医药	2840	14	−0.40	1.097	17	−0.20	36.9	15	12.00	0.96	0.71
G389	上海中医药杂志	3115	12	−0.34	1.673	5	0.21	46.7	9	12.76	1.00	0.80
G906	世界科学技术−中医药现代化	3191	10	−0.32	1.114	16	−0.19	40.6	14	16.08	0.96	0.79
G483	世界中医药	5145	8	0.09	1.452	9	0.05	53.1	5	17.08	1.00	0.88
G626	天津中医药	1834	20	−0.61	1.396	11	0.01	30.7	19	10.28	0.96	0.69
T611	天然产物研究与开发	3018	13	−0.36	1.423	10	0.03	48.0	7	18.12	0.92	0.75
G699	西部中医药	2381	17	−0.49	0.889	21	−0.35	9.5	25	11.40	0.92	0.76
G486	现代中药研究与实践	744	23	−0.84	0.848	22	−0.38	32.0	17	9.00	0.88	0.69
G007	中草药	13553	3	1.88	2.809	2	1.04	75.4	1	26.32	1.00	0.71
G520	中成药	5622	6	0.19	1.352	12	−0.02	44.8	11	20.48	1.00	0.72
G604	中国实验方剂学杂志	11901	4	1.53	2.479	3	0.80	74.5	3	24.92	1.00	0.78
G377	中国现代中药	2258	18	−0.52	1.230	13	−0.11	29.9	20	13.44	1.00	0.63
G132	中国中药杂志	14865	2	2.16	2.970	1	1.16	75.4	1	28.92	1.00	0.71
G832	中国中医药信息杂志	3150	11	−0.33	1.540	7	0.12	46.6	10	14.88	1.00	0.82
G859	中华中医药学刊	8377	5	0.78	1.709	4	0.24	62.9	4	22.96	1.00	0.79
G910	中华中医药杂志	15010	1	2.19	1.539	8	0.12	49.9	6	24.80	1.00	0.73
G183	中药材	5348	7	0.14	1.033	18	−0.25	41.8	13	20.44	1.00	0.70
G564	中药新药与临床药理	1974	19	−0.58	1.557	6	0.13	47.2	8	13.48	1.00	0.89
G681	中医药导报	4055	9	−0.14	0.834	23	−0.39	21.9	22	15.36	1.00	0.80
G812	中医药学报	1719	21	−0.63	1.143	15	−0.17	42.5	12	10.72	1.00	0.69
	25 种期刊平均值	4705			1.378							

针灸、中医骨伤

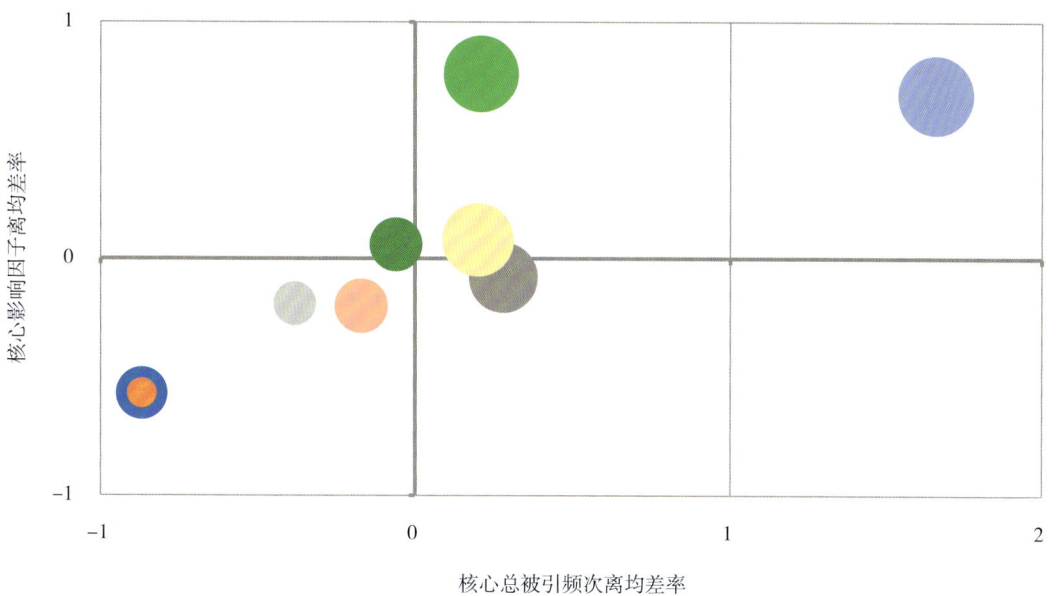

2021年针灸、中医骨伤类期刊核心总被引频次和核心影响因子离均差率的分布图
（节点大小表示综合评价总分）

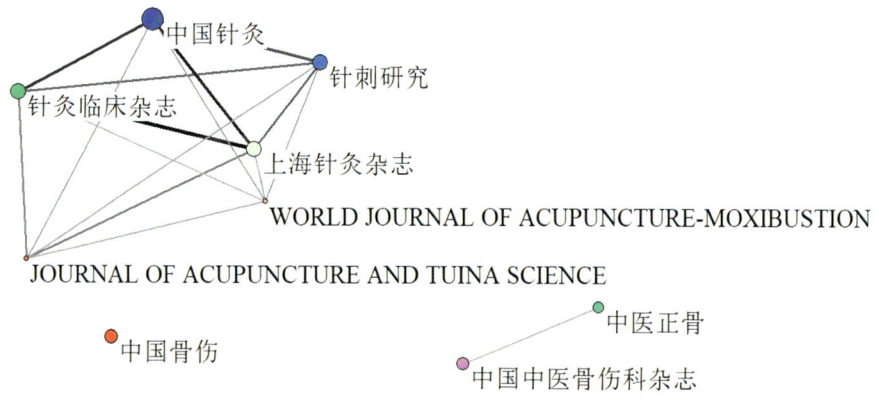

2021年针灸、中医骨伤类期刊互引关系示意图

表 7-71 2021年针灸、中医骨伤类期刊主要指标

CODE	刊名	核心总被引频次			核心影响因子			综合评价总分		学科扩散指标	学科影响指标	红点指标
		数值	排名	离均差率	数值	排名	离均差率	数值	排名			
I225	JOURNAL OF ACUPUNCTURE AND TUINA SCIENCE	266	8	−0.87	0.504	8	−0.57	34.0	7	9.78	0.89	0.99
I239	WORLD JOURNAL OF ACUPUNCTURE-MOXIBUSTION	265	9	−0.87	0.500	9	−0.57	11.1	9	7.67	0.78	0.34
G596	上海针灸杂志	2556	2	0.28	1.079	5	−0.08	60.0	4	24.67	0.89	0.92
G093	针刺研究	2422	3	0.21	2.082	1	0.78	71.6	2	26.22	1.00	0.64
G488	针灸临床杂志	2412	4	0.20	1.268	3	0.08	62.2	3	22.11	0.89	0.65
G103	中国骨伤	1880	5	−0.06	1.240	4	0.06	35.7	6	31.56	0.89	0.70
G600	中国针灸	5331	1	1.66	1.976	2	0.69	77.5	1	31.22	1.00	0.65
G240	中国中医骨伤科杂志	1657	6	−0.17	0.940	7	−0.20	36.2	5	24.44	1.00	0.35
G643	中医正骨	1247	7	−0.38	0.946	6	−0.19	23.4	8	22.00	1.00	0.79
	9种期刊平均值	2004			1.171							

工程与技术科学基础学科

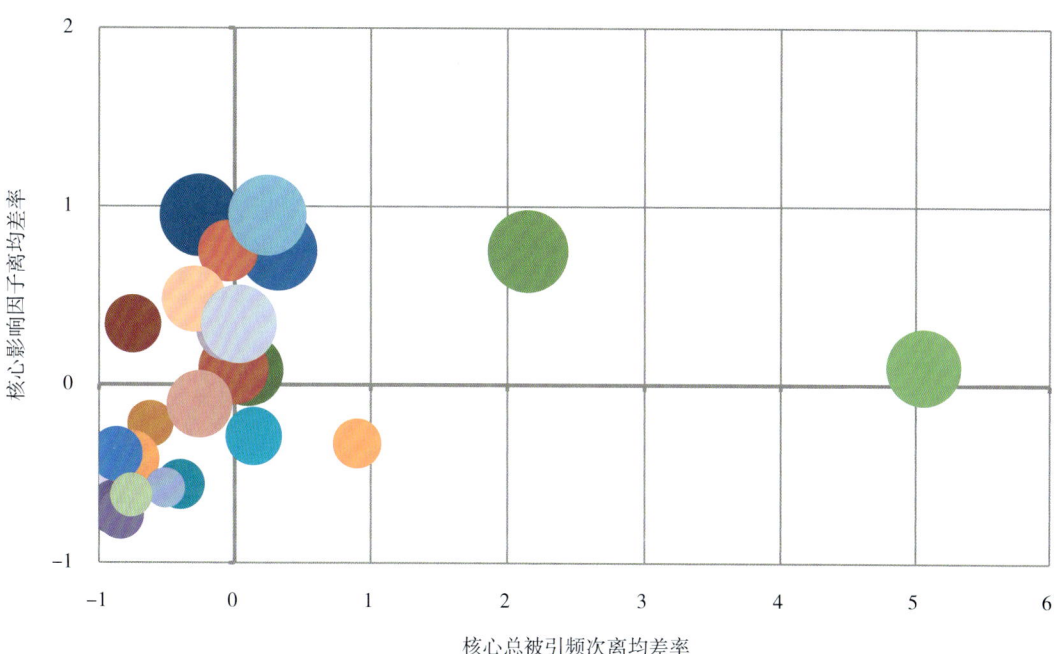

2021年工程与技术科学基础学科类期刊核心总被引频次和核心影响因子离均差率的分布图
（节点大小表示综合评价总分）

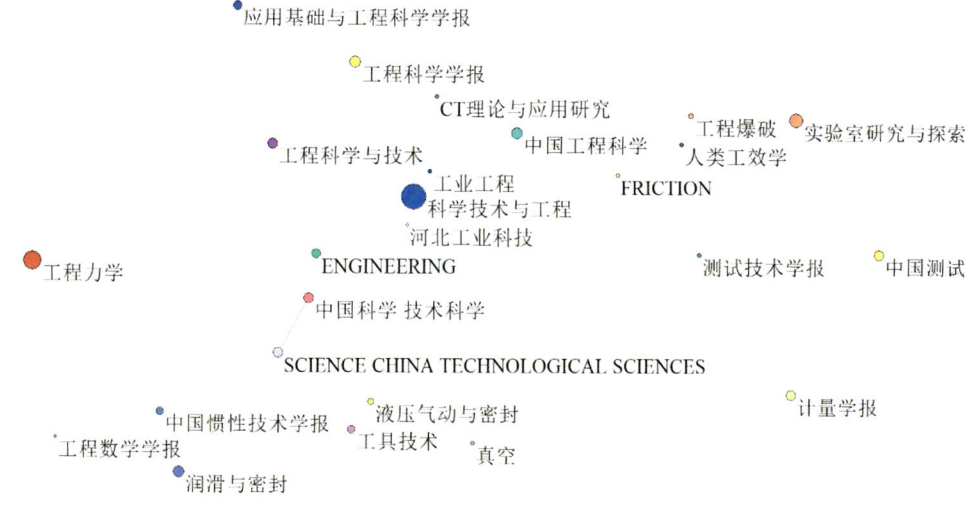

2021年工程与技术科学基础学科类期刊互引关系示意图

表 7-72　2021 年工程与技术科学基础学科类期刊主要指标

CODE	刊名	核心总被引频次			核心影响因子			综合评价总分		学科扩散指标	学科影响指标	红点指标
		数值	排名	离均差率	数值	排名	离均差率	数值	排名			
J075	ENGINEERING	1151	12	−0.26	1.645	1	0.95	63.9	2	20.76	0.48	0.01
N092	FRICTION	387	18	−0.75	1.132	8	0.34	31.9	14	2.88	0.24	0.31
I091	SCIENCE CHINA TECHNOLOGICAL SCIENCES	1722	7	0.10	0.916	12	0.08	48.6	8	19.44	0.68	0.00
E626	CT 理论与应用研究	316	21	−0.80	0.477	19	−0.44	27.8	18	6.40	0.16	0.35
R711	测试技术学报	298	22	−0.81	0.409	20	−0.52	27.7	19	6.64	0.32	0.31
N105	工程爆破	588	17	−0.62	0.656	14	−0.22	20.9	23	3.44	0.20	0.46
M030	工程科学学报	2063	4	0.32	1.481	3	0.75	60.5	4	17.60	0.56	0.32
J051	工程科学与技术	1540	9	−0.01	0.923	11	0.09	49.5	7	20.52	0.48	0.37
C002	工程力学	4906	2	2.15	1.477	5	0.75	64.7	1	17.36	0.64	0.45
B031	工程数学学报	182	25	−0.88	0.263	24	−0.69	29.0	16	4.52	0.16	0.26
N064	工具技术	937	15	−0.40	0.368	21	−0.56	23.6	20	7.72	0.32	0.46
J057	工业工程	376	19	−0.76	0.493	18	−0.42	31.6	15	6.16	0.16	0.29
J019	河北工业科技	208	24	−0.87	0.514	17	−0.39	28.1	17	5.36	0.08	0.33
N014	计量学报	1486	10	−0.05	1.481	3	0.75	36.0	12	10.00	0.32	1.00
A537	科学技术与工程	9440	1	5.06	0.933	10	0.10	56.4	6	41.88	0.72	0.41
N106	人类工效学	256	23	−0.84	0.229	25	−0.73	22.7	22	4.92	0.16	0.80
N029	润滑与密封	1782	6	0.14	0.596	15	−0.29	32.0	13	11.00	0.52	0.54
A115	实验室研究与探索	2965	3	0.90	0.568	16	−0.33	23.4	21	19.60	0.32	0.46
N079	液压气动与密封	758	16	−0.51	0.357	22	−0.58	15.1	25	5.24	0.16	0.55
A580	应用基础与工程科学学报	1148	13	−0.26	0.752	13	−0.11	43.2	9	16.12	0.44	0.50
N086	真空	368	20	−0.76	0.325	23	−0.62	18.1	24	5.40	0.16	0.30
N830	中国测试	1470	11	−0.06	1.108	9	0.31	36.8	11	16.04	0.40	0.32
N754	中国工程科学	1930	5	0.24	1.644	2	0.95	61.0	3	31.36	0.60	0.28
N104	中国惯性技术学报	1093	14	−0.30	1.252	6	0.48	41.5	10	7.60	0.28	0.28
A109	中国科学 技术科学	1599	8	0.03	1.136	7	0.34	57.6	5	21.16	0.44	0.32
	25 种期刊平均值	1559			0.845							

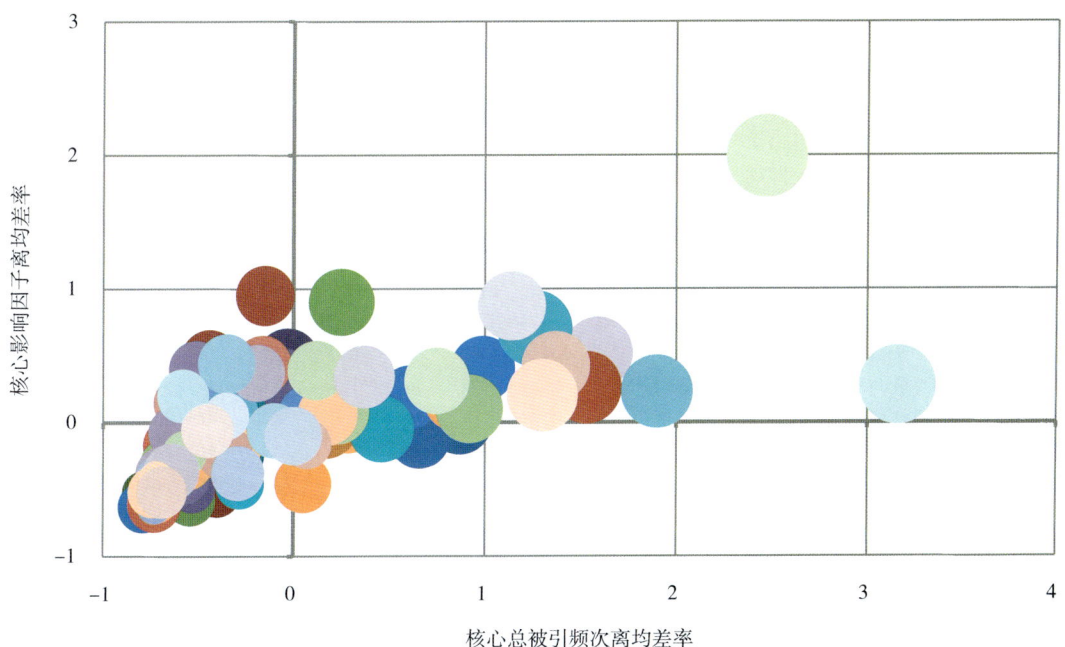

2021年工程技术大学学报类期刊核心总被引频次和核心影响因子离均差率的分布图
（节点大小表示综合评价总分）

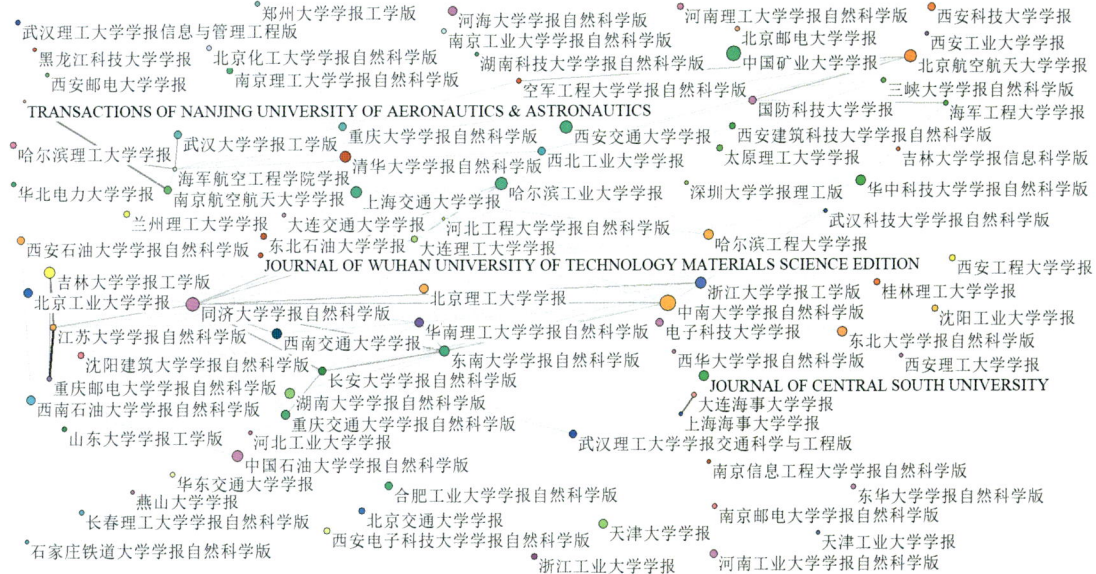

2021年工程技术大学学报类期刊互引关系示意图

表 7-73　2021 年工程技术大学学报类期刊主要指标

CODE	刊名	核心总被引频次			核心影响因子			综合评价总分		学科扩散指标	学科影响指标	红点指标
		数值	排名	离均差率	数值	排名	离均差率	数值	排名			
I067	JOURNAL OF CENTRAL SOUTH UNIVERSITY	1745	13	0.86	0.881	25	0.21	45.6	22	5.02	0.52	0.49
I090	JOURNAL OF WUHAN UNIVERSITY OF TECHNOLOGY MATERIALS SCIENCE EDITION	561	56	−0.40	0.353	80	−0.52	28.2	76	2.22	0.21	0.11
I017	TRANSACTIONS OF NANJING UNIVERSITY OF AERONAUTICS & ASTRONAUTICS	192	89	−0.79	0.349	82	−0.52	20.4	86	1.06	0.10	0.48
J030	北京工业大学学报	1195	23	0.28	0.744	41	0.02	50.5	12	5.34	0.53	0.67
Y001	北京航空航天大学学报	2422	4	1.59	1.109	6	0.52	55.0	7	5.80	0.69	0.43
T020	北京化工大学学报自然科学版	462	61	−0.51	0.493	67	−0.32	33.7	56	3.09	0.18	0.38
X014	北京交通大学学报	741	42	−0.21	0.934	20	0.28	42.0	29	3.58	0.43	0.62
N001	北京理工大学学报	1416	19	0.51	0.791	35	0.08	38.0	41	4.81	0.60	0.44
R018	北京邮电大学学报	498	60	−0.47	0.643	55	−0.12	32.6	61	2.35	0.31	0.42
X036	长安大学学报自然科学版	910	34	−0.03	1.063	8	0.46	47.6	18	2.63	0.42	1.00
N056	长春理工大学学报自然科学版	461	62	−0.51	0.457	69	−0.37	22.2	84	2.15	0.20	0.50
J021	重庆大学学报自然科学版	1095	27	0.17	0.709	44	−0.03	46.0	21	5.49	0.47	0.49
X029	重庆交通大学学报自然科学版	1296	21	0.38	0.888	24	0.22	37.1	43	3.91	0.57	0.95
R559	重庆邮电大学学报自然科学版	523	57	−0.44	1.071	7	0.47	40.2	33	1.72	0.19	0.50
X024	大连海事大学学报	416	67	−0.56	0.454	70	−0.38	30.9	67	1.85	0.21	0.38
X001	大连交通大学学报	363	74	−0.61	0.339	83	−0.54	20.8	85	1.81	0.22	0.52
J024	大连理工大学学报	650	46	−0.31	0.553	64	−0.24	42.8	27	3.69	0.45	0.41
R036	电子科技大学学报	834	37	−0.11	0.833	33	0.14	43.2	26	3.89	0.34	0.45
J023	东北大学学报自然科学版	1746	12	0.87	0.738	42	0.01	49.4	15	5.72	0.65	0.50
L004	东北石油大学学报	800	38	−0.15	1.423	2	0.95	40.7	32	1.57	0.16	0.47
U014	东华大学学报自然科学版	427	66	−0.54	0.309	85	−0.58	29.9	71	2.25	0.12	0.48
J028	东南大学学报自然科学版	1572	16	0.68	0.843	31	0.15	52.2	10	5.78	0.58	0.54
M033	桂林理工大学学报	753	41	−0.20	0.723	43	−0.01	35.0	49	2.87	0.17	0.37
A040	国防科技大学学报	954	32	0.02	0.675	50	−0.08	39.3	34	3.35	0.37	0.35
X025	哈尔滨工程大学学报	1556	17	0.66	0.651	53	−0.11	44.6	23	5.12	0.62	0.64
J003	哈尔滨工业大学学报	2367	5	1.53	0.919	22	0.26	58.7	5	7.07	0.78	0.55
J013	哈尔滨理工大学学报	630	50	−0.33	0.701	46	−0.04	30.7	68	2.78	0.21	0.51
J055	海军工程大学学报	443	64	−0.53	0.364	78	−0.50	24.7	79	2.01	0.24	0.25
Y029	海军航空工程学院学报	287	82	−0.69	0.326	84	−0.55	22.8	83	1.24	0.13	0.32
J053	合肥工业大学学报自然科学版	987	31	0.05	0.393	77	−0.46	37.4	42	5.09	0.44	0.45
K032	河北工程大学学报自然科学版	194	88	−0.79	0.271	89	−0.63	29.4	72	1.55	0.15	0.60
J017	河北工业大学学报	249	85	−0.73	0.287	87	−0.61	34.8	51	2.08	0.20	0.49
W012	河海大学学报自然科学版	1169	24	0.25	1.390	3	0.90	50.3	13	3.74	0.39	0.46
U004	河南工业大学学报自然科学版	889	35	−0.05	0.968	18	0.33	40.8	31	1.76	0.06	0.20
K526	河南理工大学学报自然科学版	644	48	−0.31	0.604	58	−0.17	34.0	53	2.93	0.28	0.54

表 7-73　2021 年工程技术大学学报类期刊主要指标(续)

CODE	刊名	核心总被引频次			核心影响因子			综合评价总分		学科扩散指标	学科影响指标	红点指标
		数值	排名	离均差率	数值	排名	离均差率	数值	排名			
K505	黑龙江科技大学学报	276	83	−0.71	0.295	86	−0.60	17.5	87	1.51	0.13	0.50
A028	湖南大学学报自然科学版	1511	18	0.61	0.871	28	0.19	44.4	24	5.00	0.61	0.70
K016	湖南科技大学学报自然科学版	327	77	−0.65	0.607	57	−0.17	34.0	53	1.92	0.20	0.45
R046	华北电力大学学报	580	55	−0.38	0.987	16	0.35	36.3	46	2.28	0.28	0.49
X003	华东交通大学学报	435	65	−0.54	0.649	54	−0.11	29.9	70	2.33	0.26	0.52
J004	华南理工大学学报自然科学版	1364	20	0.46	0.690	47	−0.05	49.7	14	5.78	0.62	0.50
J033	华中科技大学学报自然科学版	1731	14	0.85	0.864	29	0.18	48.2	17	6.06	0.71	0.52
J042	吉林大学学报工学版	1861	10	0.99	1.025	12	0.40	47.6	19	5.11	0.67	0.69
R586	吉林大学学报信息科学版	364	73	−0.61	0.568	62	−0.22	23.5	81	2.04	0.17	0.49
J035	江苏大学学报自然科学版	646	47	−0.31	0.709	44	−0.03	38.3	38	3.22	0.34	0.57
J059	空军工程大学学报自然科学版	399	70	−0.57	0.427	73	−0.42	28.1	78	1.94	0.19	0.53
J008	兰州理工大学学报	670	43	−0.28	0.395	76	−0.46	28.1	77	3.13	0.28	0.44
T011	南京工业大学学报自然科学版	516	58	−0.45	0.579	59	−0.21	32.1	64	2.79	0.25	0.33
Y026	南京航空航天大学学报	1000	29	0.07	0.772	39	0.06	38.0	40	3.66	0.45	0.56
N011	南京理工大学学报自然科学版	782	39	−0.16	1.047	10	0.43	38.7	36	3.39	0.38	0.56
E120	南京信息工程大学学报自然科学版	312	78	−0.67	0.500	66	−0.32	32.1	65	2.10	0.11	0.31
R008	南京邮电大学学报自然科学版	456	63	−0.51	1.021	13	0.40	36.0	47	1.93	0.19	0.49
J001	清华大学学报自然科学版	2115	8	1.26	1.240	5	0.70	65.7	3	8.15	0.66	0.39
R086	三峡大学学报自然科学版	413	68	−0.56	0.512	65	−0.30	33.9	55	2.54	0.25	0.61
J022	山东大学学报工学版	584	54	−0.38	0.856	30	0.17	41.3	30	3.45	0.31	0.61
X038	上海海事大学学报	371	72	−0.60	0.842	32	0.15	31.8	66	1.67	0.19	0.35
X006	上海交通大学学报	1798	11	0.92	0.804	34	0.10	51.3	11	6.49	0.72	0.49
A515	深圳大学学报理工版	357	75	−0.62	0.674	51	−0.08	34.9	50	2.46	0.25	0.57
J052	沈阳工业大学学报	635	49	−0.32	0.782	37	0.07	32.5	62	2.88	0.36	0.68
V011	沈阳建筑大学学报自然科学版	657	45	−0.30	0.571	61	−0.22	29.0	74	2.57	0.37	0.62
X042	石家庄铁道大学学报自然科学版	249	85	−0.73	0.276	88	−0.62	14.9	88	1.26	0.17	0.59
J011	太原理工大学学报	595	53	−0.36	0.573	60	−0.22	36.4	44	3.34	0.26	0.46
A041	天津大学学报	1154	25	0.23	0.790	36	0.08	46.2	20	5.29	0.56	0.48
U017	天津工业大学学报	294	79	−0.69	0.453	71	−0.38	32.9	58	1.87	0.11	0.34
J032	同济大学学报自然科学版	2712	3	1.90	0.898	23	0.23	59.8	4	6.88	0.67	0.44
W014	武汉大学学报工学版	1102	26	0.18	0.775	38	0.06	42.1	28	4.16	0.43	0.50
M032	武汉科技大学学报自然科学版	292	80	−0.69	0.417	75	−0.43	32.8	59	1.96	0.18	0.62
X017	武汉理工大学学报交通科学与工程版	999	30	0.07	0.616	56	−0.16	28.3	75	3.45	0.46	0.60
J018	武汉理工大学学报信息与管理工程版	401	69	−0.57	0.563	63	−0.23	22.9	82	2.20	0.21	0.33
R009	西安电子科技大学学报自然科学版	760	40	−0.19	1.000	15	0.37	35.8	48	2.73	0.33	0.55
U030	西安工程大学学报	610	51	−0.35	1.054	9	0.44	39.3	35	1.82	0.12	0.37
J036	西安工业大学学报	242	87	−0.74	0.353	80	−0.52	29.0	73	1.71	0.13	0.43
V018	西安建筑科技大学学报自然科学版	663	44	−0.29	0.449	72	−0.38	33.3	57	2.74	0.39	0.48
X030	西安交通大学学报	2216	6	1.37	1.035	11	0.42	54.3	8	5.66	0.76	0.49
A150	西安科技大学学报	1047	28	0.12	1.017	14	0.39	38.7	36	2.92	0.26	0.41

表7-73 2021年工程技术大学学报类期刊主要指标（续）

CODE	刊名	核心总被引频次			核心影响因子			综合评价总分		学科扩散指标	学科影响指标	红点指标
		数值	排名	离均差率	数值	排名	离均差率	数值	排名			
J002	西安理工大学学报	335	76	−0.64	0.461	68	−0.37	36.3	45	2.38	0.17	0.41
L010	西安石油大学学报自然科学版	847	36	−0.10	0.686	48	−0.06	34.7	52	2.36	0.19	0.49
R671	西安邮电大学学报	258	84	−0.72	0.422	74	−0.42	14.3	89	1.08	0.06	0.50
Y023	西北工业大学学报	932	33	0.00	0.655	52	−0.10	38.1	39	3.51	0.43	0.54
J045	西华大学学报自然科学版	292	80	−0.69	0.354	79	−0.52	30.4	69	2.12	0.19	0.45
X032	西南交通大学学报	1634	15	0.75	0.958	19	0.31	49.1	16	4.27	0.56	0.62
L002	西南石油大学学报自然科学版	1278	22	0.37	0.975	17	0.34	43.7	25	2.25	0.19	0.53
J025	燕山大学学报	395	71	−0.58	0.876	26	0.20	32.3	63	1.90	0.17	0.49
A017	浙江大学学报工学版	2150	7	1.30	0.876	26	0.20	58.4	6	6.80	0.76	0.48
J016	浙江工业大学学报	605	52	−0.35	0.769	40	0.05	24.6	80	2.90	0.18	0.50
J012	郑州大学学报工学版	513	59	−0.45	0.686	48	−0.06	32.7	60	2.93	0.27	0.50
K015	中国矿业大学学报	3246	2	2.47	2.183	1	1.99	76.3	1	4.53	0.42	0.42
L001	中国石油大学学报自然科学版	2001	9	1.14	1.363	4	0.87	53.4	9	3.57	0.40	0.39
K001	中南大学学报自然科学版	3894	1	3.16	0.931	21	0.28	69.9	2	7.61	0.74	0.48
	89种期刊平均值	936			0.730							

信息与系统科学相关工程与技术

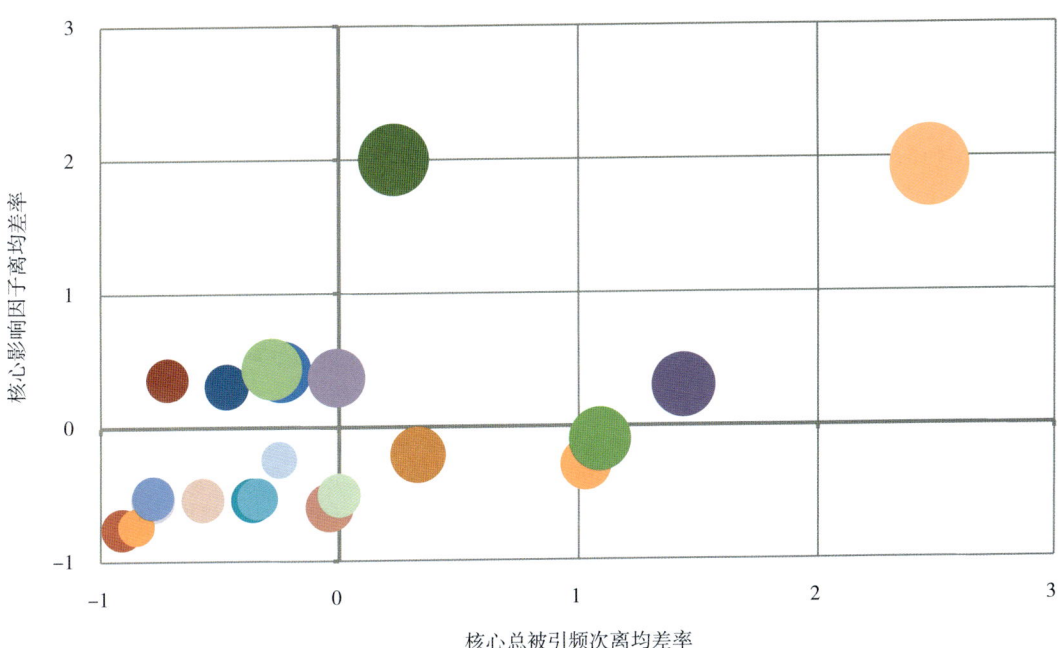

2021年信息与系统科学相关工程与技术类期刊核心总被引频次和核心影响因子离均差率的分布图
（节点大小表示综合评价总分）

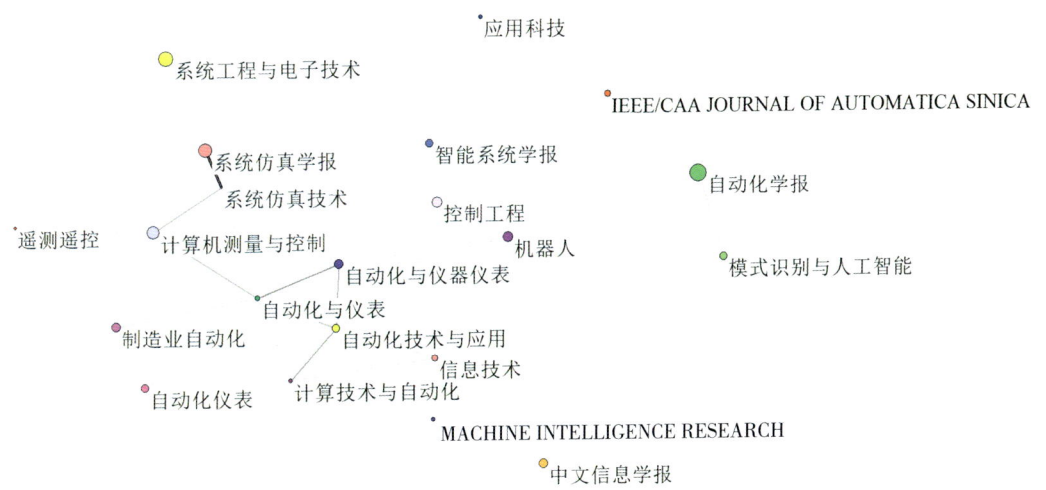

2021年信息与系统科学相关工程与技术类期刊互引关系示意图

表 7-74 2021年信息与系统科学相关工程与技术类期刊主要指标

CODE	刊名	核心总被引频次			核心影响因子			综合评价总分		学科扩散指标	学科影响指标	红点指标
		数值	排名	离均差率	数值	排名	离均差率	数值	排名			
R589	IEEE/CAA JOURNAL OF AUTOMATICA SINICA	675	15	−0.47	1.189	7	0.31	27.9	11	7.24	0.48	0.09
I224	MACHINE INTELLIGENCE RESEARCH	355	17	−0.72	1.230	6	0.36	26.0	15	5.76	0.48	0.18
S004	机器人	1568	6	0.23	2.722	1	2.00	70.7	2	13.76	0.76	0.40
S050	计算机测量与控制	2588	4	1.03	0.641	12	−0.29	36.9	9	20.48	0.76	0.53
S507	计算技术与自动化	286	18	−0.78	0.418	16	−0.54	25.5	16	6.24	0.57	0.53
S503	控制工程	1689	5	0.33	0.721	10	−0.21	43.6	8	17.71	0.71	0.50
S015	模式识别与人工智能	966	10	−0.24	1.289	4	0.42	50.8	6	12.71	0.76	0.53
S505	系统仿真技术	113	21	−0.91	0.219	21	−0.76	24.7	18	3.57	0.33	0.30
S003	系统仿真学报	2664	3	1.09	0.813	9	−0.10	54.7	4	26.00	0.90	0.40
R059	系统工程与电子技术	3106	2	1.44	1.180	8	0.30	57.0	3	19.48	0.90	0.34
R519	信息技术	810	14	−0.36	0.418	16	−0.54	26.6	13	13.10	0.62	0.56
S031	遥测遥控	197	20	−0.85	0.237	20	−0.74	19.1	20	3.95	0.33	0.26
X693	应用科技	279	19	−0.78	0.436	14	−0.52	25.4	17	7.05	0.43	0.56
S023	制造业自动化	1220	9	−0.04	0.367	19	−0.60	32.6	10	15.19	0.67	0.47
S052	智能系统学报	920	12	−0.28	1.306	3	0.44	51.2	5	14.62	0.76	0.75
S020	中文信息学报	1259	8	−0.01	1.239	5	0.37	46.1	7	10.05	0.62	0.46
R737	自动化技术与应用	841	13	−0.34	0.430	15	−0.53	23.5	19	11.43	0.67	0.48
S026	自动化学报	4421	1	2.47	2.656	2	1.93	92.2	1	29.57	0.95	0.49
N013	自动化仪表	960	11	−0.25	0.685	11	−0.24	18.4	21	11.10	0.43	0.56
S501	自动化与仪表	552	16	−0.57	0.416	18	−0.54	26.8	12	9.24	0.52	0.52
R611	自动化与仪器仪表	1270	7	0.00	0.440	13	−0.51	26.3	14	11.67	0.52	0.55
	21种期刊平均值	1273			0.907							

生物工程

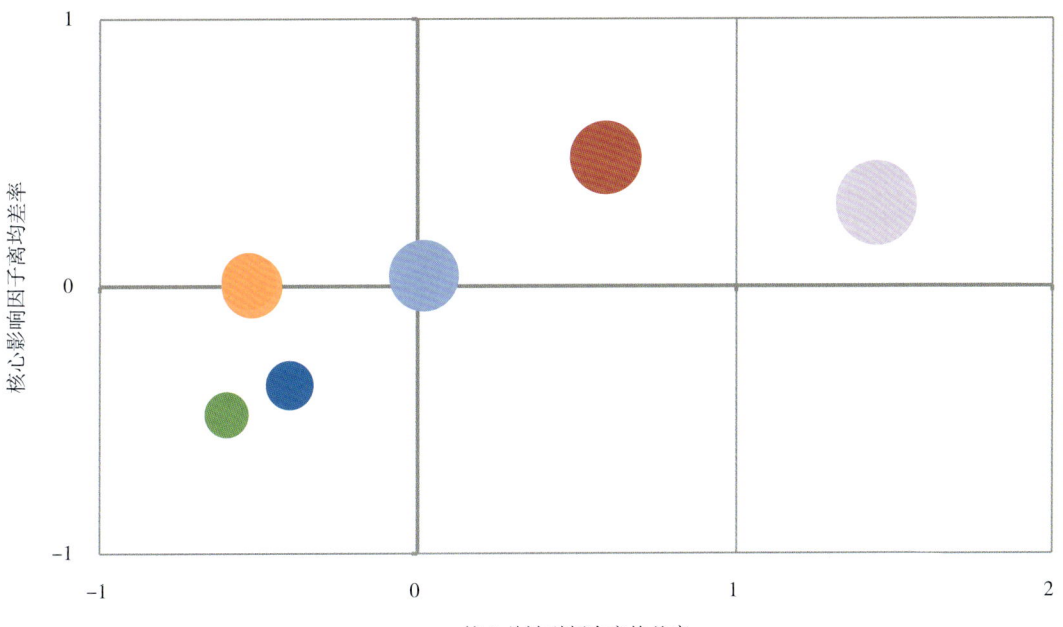

2021年生物工程类期刊核心总被引频次和核心影响因子离均差率的分布图
（节点大小表示综合评价总分）

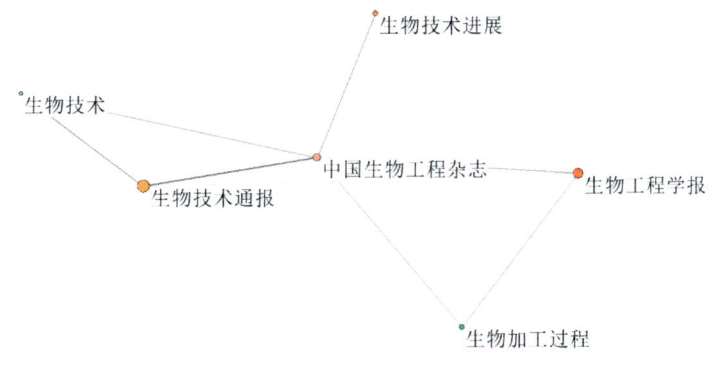

2021年生物工程类期刊互引关系示意图

表 7-75　2021 年生物工程类期刊主要指标

CODE	刊名	核心总被引频次			核心影响因子			综合评价总分		学科扩散指标	学科影响指标	红点指标
		数值	排名	离均差率	数值	排名	离均差率	数值	排名			
T553	化学与生物工程	547	4	−0.40	0.438	6	−0.37	28.8	6	36.86	0.57	0.26
F003	生物工程学报	1436	2	0.59	1.023	1	0.48	64.0	2	59.71	1.00	0.43
F229	生物技术	365	7	−0.60	0.359	7	−0.48	25.3	7	26.57	0.71	0.21
F214	生物技术进展	436	5	−0.52	0.691	5	0.00	47.4	4	31.57	0.71	0.30
F205	生物技术通报	2206	1	1.44	0.904	2	0.31	81.7	1	62.71	1.00	0.34
F204	生物加工过程	425	6	−0.53	0.705	4	0.02	38.4	5	23.71	0.71	0.34
F255	中国生物工程杂志	922	3	0.02	0.723	3	0.04	60.8	3	53.71	1.00	0.33
	7 种期刊平均值	905			0.692							

农业工程

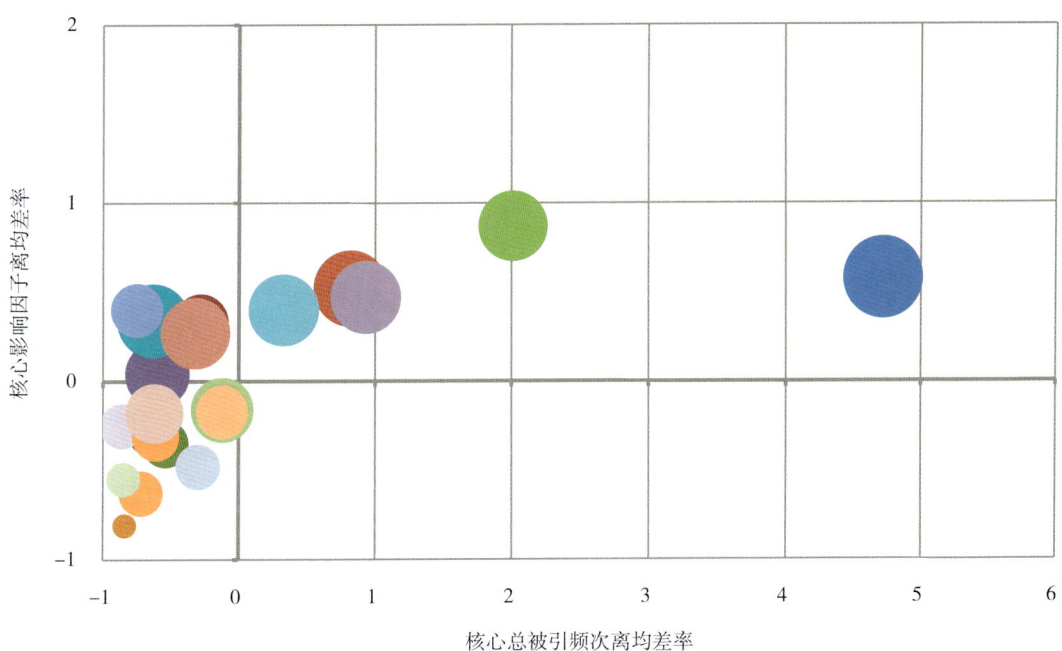

2021 年农业工程类期刊核心总被引频次和核心影响因子离均差率的分布图
（节点大小表示综合评价总分）

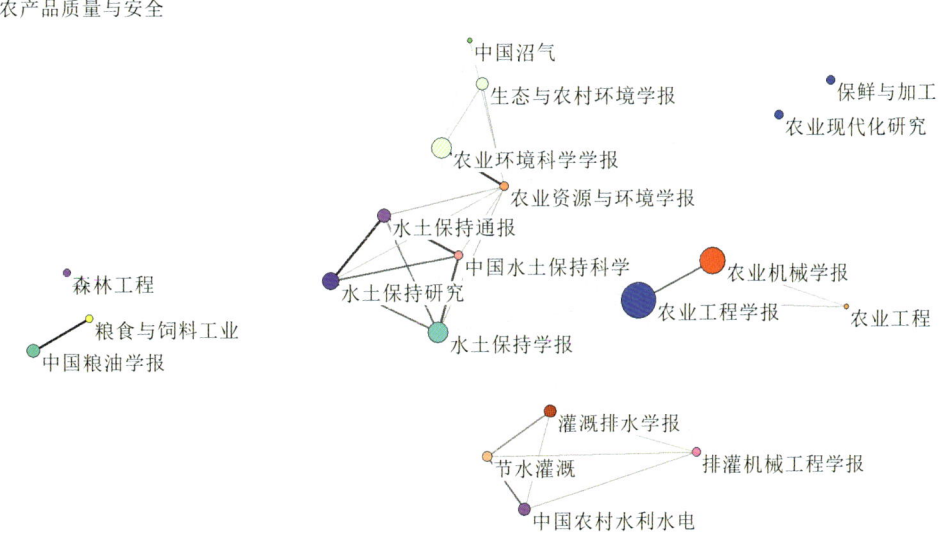

2021 年农业工程类期刊互引关系示意图

表 7-76 2021 年农业工程类期刊主要指标

CODE	刊名	核心总被引频次			核心影响因子			综合评价总分		学科扩散指标	学科影响指标	红点指标
		数值	排名	离均差率	数值	排名	离均差率	数值	排名			
U645	保鲜与加工	1148	16	−0.66	1.021	15	−0.29	21.7	18	7.62	0.38	0.52
H226	灌溉排水学报	2446	8	−0.28	1.916	8	0.33	37.9	11	13.81	0.71	0.65
W567	节水灌溉	1557	11	−0.54	0.934	17	−0.35	26.6	15	12.19	0.67	0.60
U055	粮食与饲料工业	936	17	−0.72	0.540	20	−0.63	23.5	17	8.05	0.29	0.26
H071	农产品质量与安全	475	21	−0.86	1.077	14	−0.25	21.5	19	6.67	0.33	0.40
H072	农业工程	533	19	−0.84	0.269	21	−0.81	6.8	21	8.62	0.71	0.36
H279	农业工程学报	19349	1	4.72	2.274	2	0.58	78.9	1	42.90	1.00	0.85
Z008	农业环境科学学报	6163	4	0.82	2.186	3	0.52	67.0	2	23.48	0.86	0.60
H278	农业机械学报	10161	2	2.01	2.691	1	0.87	57.5	7	34.19	1.00	0.50
H222	农业现代化研究	1363	12	−0.60	1.493	10	0.04	50.6	8	15.38	0.71	0.38
H773	农业资源与环境学报	1240	15	−0.63	1.927	7	0.34	63.8	3	15.05	0.90	0.62
H219	排灌机械工程学报	1312	13	−0.61	0.989	16	−0.31	27.2	14	11.10	0.48	0.49
H382	森林工程	860	18	−0.75	2.015	6	0.40	33.5	12	9.38	0.48	0.27
Z023	生态与农村环境学报	2309	10	−0.32	1.825	9	0.27	58.9	6	21.33	0.76	0.36
H015	水土保持通报	2969	7	−0.12	1.210	11	−0.16	48.4	9	18.86	0.86	0.46
H287	水土保持学报	6528	3	0.93	2.119	4	0.47	60.6	4	20.05	0.86	0.55
H056	水土保持研究	4493	5	0.33	2.021	5	0.40	59.7	5	21.33	0.76	0.50
U001	中国粮油学报	2977	6	−0.12	1.190	12	−0.17	33.4	13	14.52	0.48	0.36
W005	中国农村水利水电	2370	9	−0.30	0.750	18	−0.48	24.3	16	18.24	0.71	0.33
H295	中国水土保持科学	1301	14	−0.62	1.188	13	−0.18	41.0	10	12.10	0.71	0.54
H204	中国沼气	514	20	−0.85	0.649	19	−0.55	13.8	20	5.33	0.43	0.31
	21 种期刊平均值	3381			1.442							

生物医学工程学

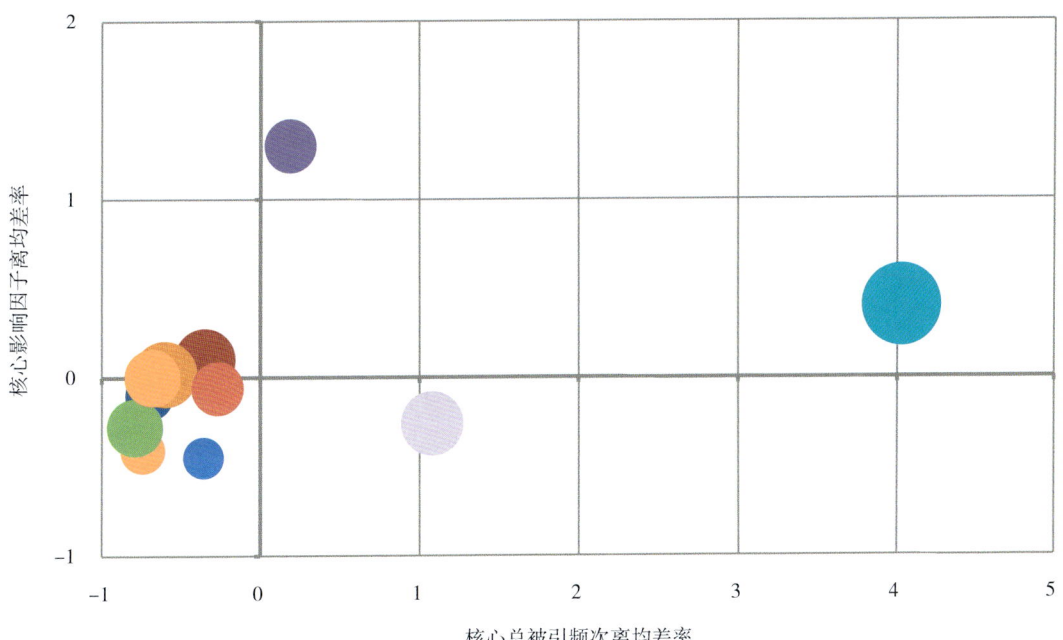

2021年生物医学工程学类期刊核心总被引频次和核心影响因子离均差率的分布图
（节点大小表示综合评价总分）

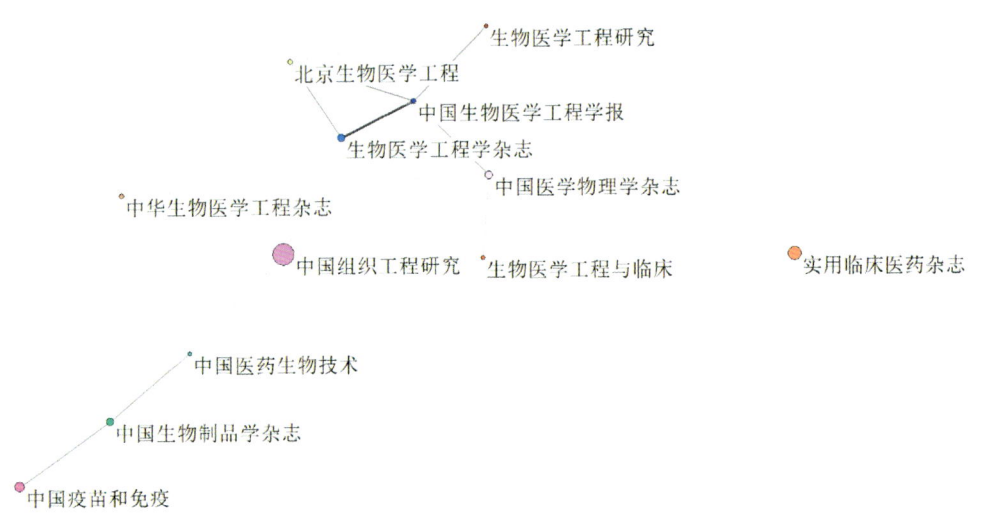

2021年生物医学工程学类期刊互引关系示意图

表 7-77 2021 年生物医学工程学类期刊主要指标

CODE	刊名	核心总被引频次			核心影响因子			综合评价总分		学科扩散指标	学科影响指标	红点指标
		数值	排名	离均差率	数值	排名	离均差率	数值	排名			
G004	北京生物医学工程	420	9	−0.70	0.705	7	−0.10	26.0	9	16.42	0.58	0.36
G006	生物医学工程学杂志	904	5	−0.35	0.856	3	0.10	42.5	3	32.67	0.92	0.31
G332	生物医学工程研究	248	12	−0.82	0.577	8	−0.26	18.6	12	10.75	0.50	0.33
G603	生物医学工程与临床	361	10	−0.74	0.457	11	−0.41	22.7	10	15.42	0.67	0.31
Q919	实用临床医药杂志	2882	2	1.08	0.577	8	−0.26	42.0	4	41.58	0.58	0.41
G115	中国生物医学工程学报	551	7	−0.60	0.799	4	0.02	47.1	2	21.50	0.67	0.24
G258	中国生物制品学杂志	883	6	−0.36	0.428	12	−0.45	19.0	11	22.33	0.50	0.32
G622	中国医学物理学杂志	1003	4	−0.27	0.736	6	−0.06	31.4	8	26.17	0.75	0.36
G531	中国医药生物技术	297	11	−0.79	0.562	10	−0.28	36.1	5	16.67	0.50	0.15
G314	中国疫苗和免疫	1649	3	0.19	1.797	1	1.30	31.4	7	13.33	0.25	0.47
G299	中国组织工程研究	6955	1	4.03	1.095	2	0.40	73.9	1	66.58	0.92	0.89
G737	中华生物医学工程杂志	437	8	−0.68	0.782	5	0.00	35.5	6	15.00	0.50	0.40
	12 种期刊平均值	1383			0.781							

测绘科学技术

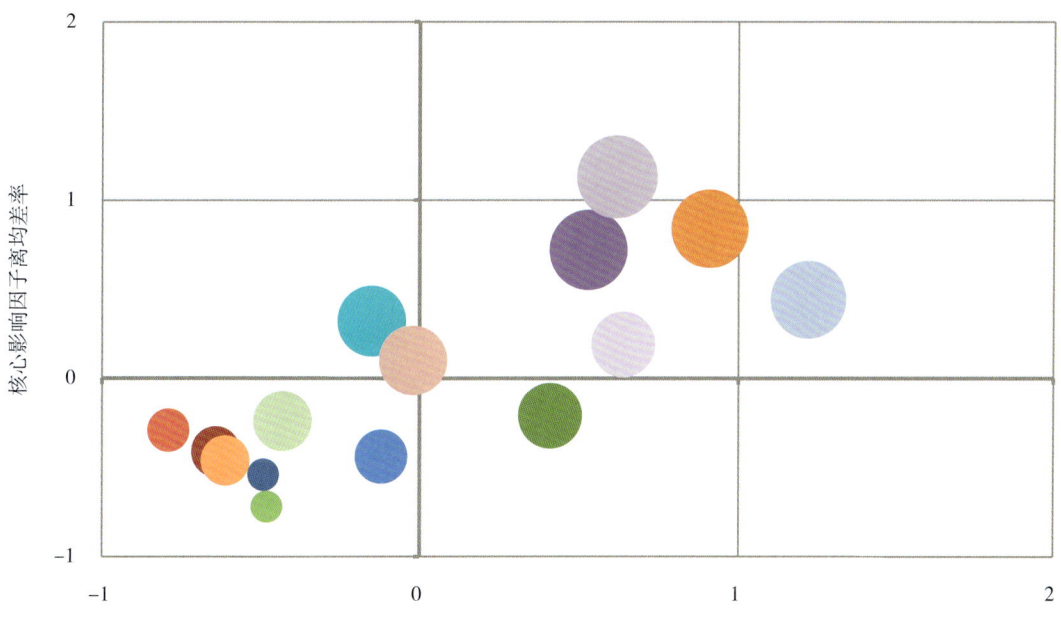

2021 年测绘科学技术类期刊核心总被引频次和核心影响因子离均差率的分布图
（节点大小表示综合评价总分）

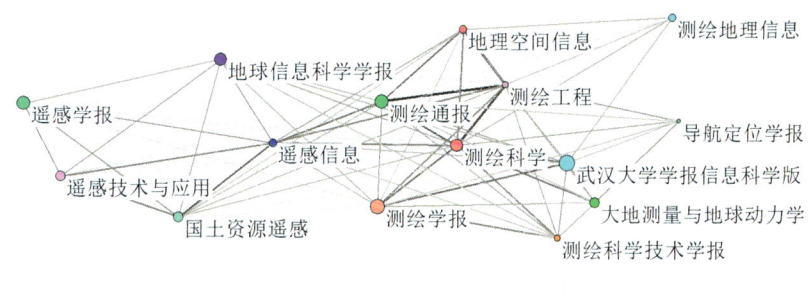

2021 年测绘科学技术类期刊互引关系示意图

表 7-78　2021 年测绘科学技术类期刊主要指标

CODE	刊名	核心总被引频次			核心影响因子			综合评价总分		学科扩散指标	学科影响指标	红点指标
		数值	排名	离均差率	数值	排名	离均差率	数值	排名			
E616	测绘地理信息	869	12	−0.49	0.552	15	−0.54	12.7	15	11.75	1.00	0.37
E543	测绘工程	603	15	−0.64	0.712	11	−0.41	31.1	11	12.75	1.00	0.33
E600	测绘科学	2386	6	0.41	0.957	8	−0.21	52.3	7	29.69	1.00	0.48
E615	测绘科学技术学报	667	14	−0.61	0.655	14	−0.46	30.4	12	12.19	1.00	0.43
E510	测绘通报	2789	3	0.64	1.430	6	0.19	49.0	8	28.44	1.00	0.53
E152	测绘学报	3240	2	0.91	2.220	2	0.84	74.7	3	22.69	1.00	0.40
E144	大地测量与地球动力学	1501	8	−0.12	0.672	13	−0.44	35.4	10	14.94	1.00	0.30
Y591	导航定位学报	356	16	−0.79	0.854	10	−0.29	22.8	13	8.19	0.75	0.52
E639	地理空间信息	885	11	−0.48	0.332	16	−0.72	12.7	14	16.00	1.00	0.43
E656	地球信息科学学报	2595	5	0.53	2.074	3	0.72	77.9	2	29.44	1.00	0.55
E591	国土资源遥感	1451	9	−0.15	1.595	5	0.32	60.3	5	20.63	0.88	0.63
E651	海洋测绘	684	13	−0.60	0.689	12	−0.43	12.2	16	8.94	0.94	0.19
E107	武汉大学学报信息科学版	3774	1	1.22	1.736	4	0.44	73.9	4	31.00	1.00	0.33
Z543	遥感技术与应用	1660	7	−0.02	1.324	7	0.10	58.7	6	23.50	1.00	0.58
S024	遥感信息	961	10	−0.43	0.910	9	−0.24	43.4	9	20.06	1.00	0.48
Z006	遥感学报	2753	4	0.62	2.561	1	1.13	82.9	1	28.19	0.94	0.69
	16 种期刊平均值	1698			1.205							

材料科学综合

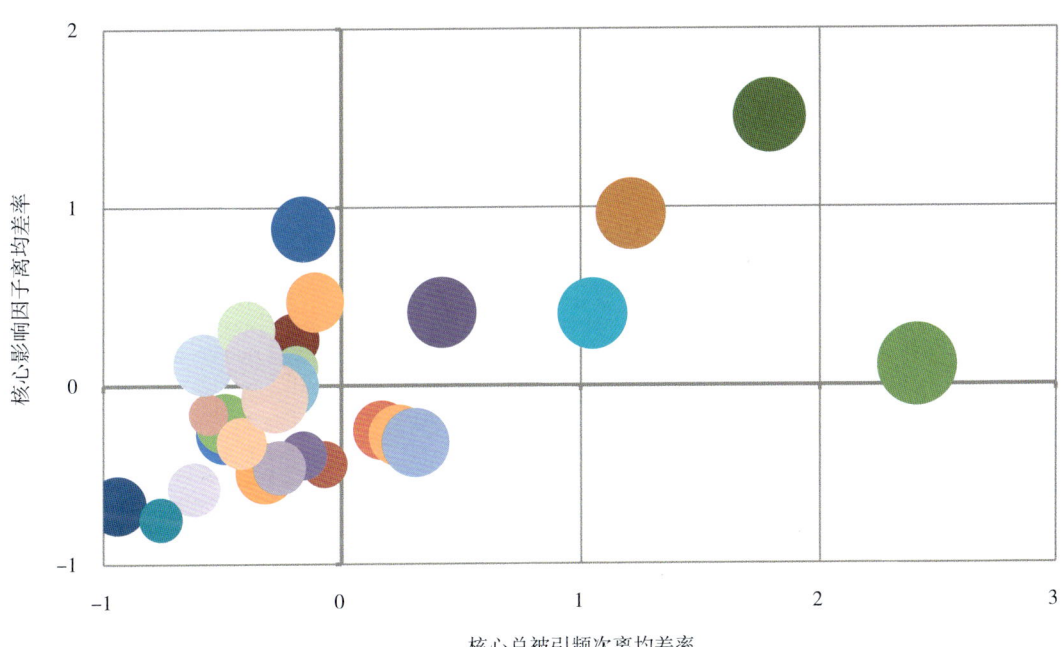

2021年材料科学综合类期刊核心总被引频次和核心影响因子离均差率的分布图
（节点大小表示综合评价总分）

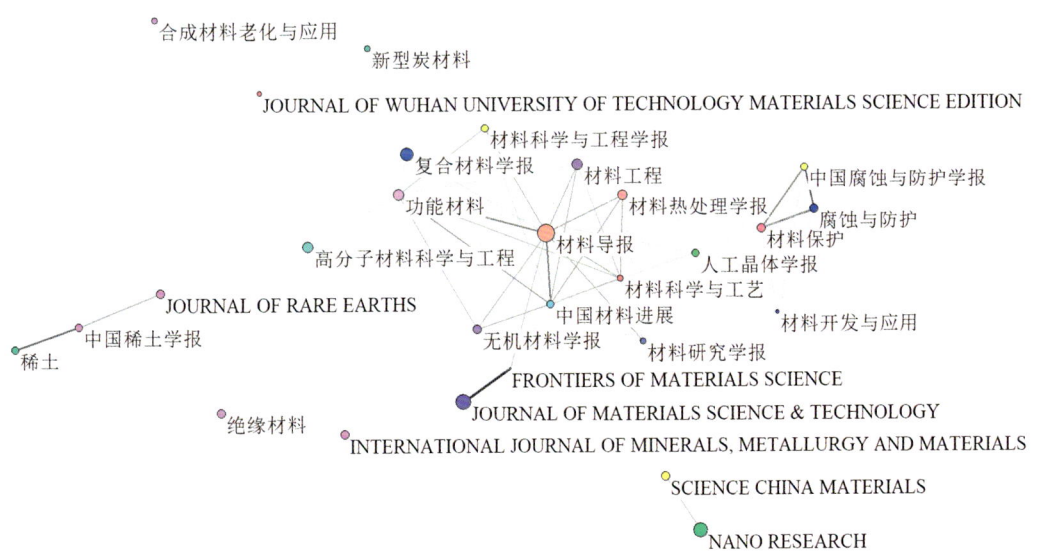

2021年材料科学综合类期刊互引关系示意图

表 7-79 2021 年材料科学综合类期刊主要指标

CODE	刊名	核心总被引频次			核心影响因子			综合评价总分		学科扩散指标	学科影响指标	红点指标
		数值	排名	离均差率	数值	排名	离均差率	数值	排名			
I243	FRONTIERS OF MATERIALS SCIENCE	95	28	−0.94	0.282	27	−0.67	39.0	19	2.14	0.25	0.33
K045	INTERNATIONAL JOURNAL OF MINERALS, METALLURGY AND MATERIALS	1173	14	−0.20	1.067	8	0.26	31.3	21	6.79	0.57	0.27
M015	JOURNAL OF MATERIALS SCIENCE & TECHNOLOGY	4084	2	1.79	2.133	1	1.51	62.6	2	10.14	0.93	0.35
M035	JOURNAL OF RARE EARTHS	1300	10	−0.11	1.249	4	0.47	40.0	17	7.75	0.68	0.83
I090	JOURNAL OF WUHAN UNIVERSITY OF TECHNOLOGY MATERIALS SCIENCE EDITION	561	26	−0.62	0.353	26	−0.58	30.8	22	7.07	0.57	0.27
I137	NANO RESEARCH	3245	3	1.21	1.664	2	0.96	57.6	3	9.89	0.71	0.31
M114	SCIENCE CHINA MATERIALS	1237	11	−0.16	1.596	3	0.88	49.1	9	6.86	0.71	0.24
M005	材料保护	1366	9	−0.07	0.472	23	−0.44	24.7	25	8.18	0.68	0.60
M103	材料导报	4993	1	2.41	0.945	11	0.11	77.0	1	22.04	0.82	0.54
Y007	材料工程	2080	5	0.42	1.193	5	0.41	56.3	5	12.54	0.75	0.63
M010	材料开发与应用	350	27	−0.76	0.216	28	−0.75	22.0	27	5.32	0.43	0.53
M008	材料科学与工程学报	995	18	−0.32	0.432	25	−0.49	42.5	11	12.04	0.75	0.59
M006	材料科学与工艺	749	22	−0.49	0.620	18	−0.27	40.6	15	8.14	0.82	0.61
N026	材料热处理学报	1720	8	0.17	0.640	17	−0.25	39.2	18	7.14	0.64	0.69
M009	材料研究学报	749	22	−0.49	0.669	16	−0.21	40.7	14	8.07	0.75	0.89
M505	腐蚀与防护	1234	12	−0.16	0.515	22	−0.39	26.9	24	7.29	0.50	0.62
Y019	复合材料学报	3000	4	1.05	1.192	6	0.40	57.2	4	15.21	0.79	0.68
T001	高分子材料科学与工程	1815	7	0.24	0.610	19	−0.28	42.4	12	10.57	0.54	0.59
N039	功能材料	1927	6	0.31	0.581	20	−0.32	53.3	7	15.79	0.75	0.69
T057	合成材料老化与应用	649	24	−0.56	0.712	15	−0.16	18.8	28	6.11	0.46	0.54
R016	绝缘材料	1184	13	−0.19	0.932	12	0.10	23.4	26	5.25	0.29	0.52
T013	人工晶体学报	1085	16	−0.26	0.459	24	−0.46	33.2	20	9.43	0.68	0.51
D003	无机材料学报	1124	15	−0.23	0.845	13	0.00	49.5	8	10.64	0.79	0.54
M041	稀土	853	21	−0.42	0.577	21	−0.32	30.1	23	6.50	0.46	0.43
M102	新型炭材料	622	25	−0.58	0.954	10	0.12	43.1	10	6.25	0.64	0.70
M053	中国材料进展	1060	17	−0.28	0.793	14	−0.07	53.5	6	10.32	0.79	0.44
M007	中国腐蚀与防护学报	874	20	−0.40	1.110	7	0.31	40.0	16	6.11	0.50	0.75
M022	中国稀土学报	928	19	−0.37	0.973	9	0.15	41.2	13	7.43	0.57	0.58
	28 种期刊平均值	1466			0.849							

金属材料

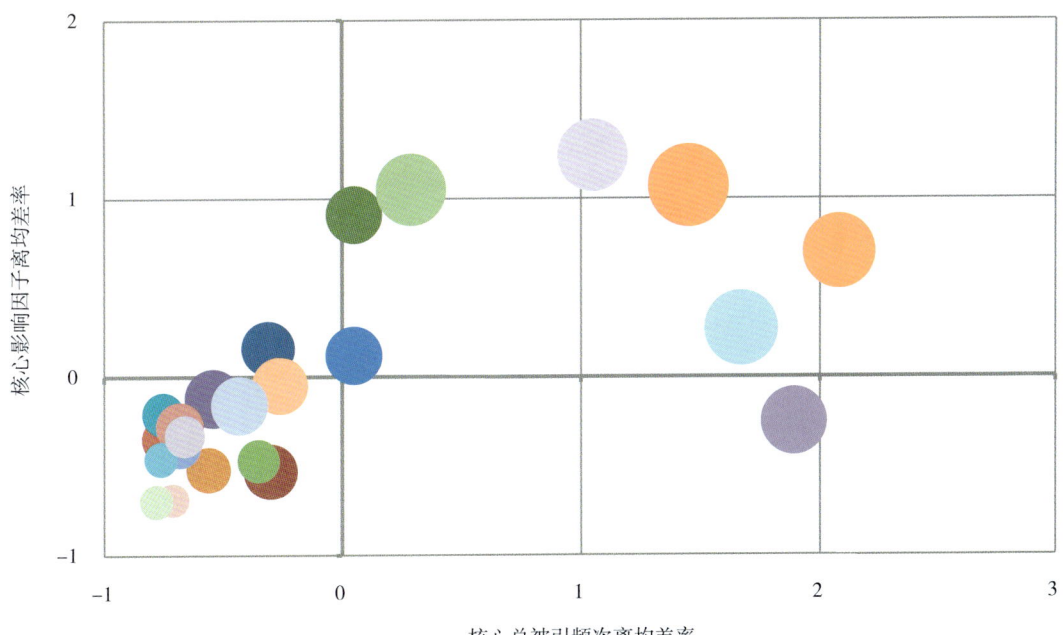

2021年金属材料类期刊核心总被引频次和核心影响因子离均差率的分布图
（节点大小表示综合评价总分）

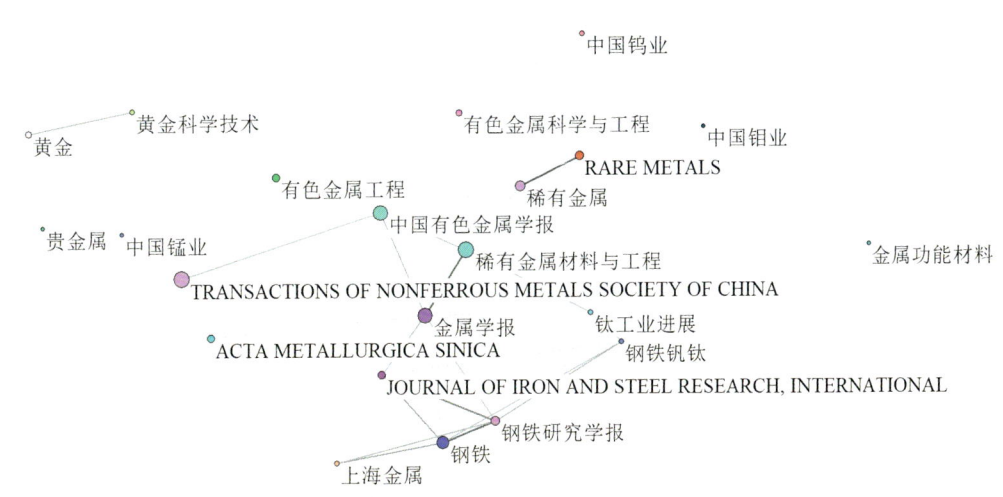

2021年金属材料类期刊互引关系示意图

表7-80 2021年金属材料类期刊主要指标

CODE	刊名	核心总被引频次			核心影响因子			综合评价总分		学科扩散指标	学科影响指标	红点指标
		数值	排名	离均差率	数值	排名	离均差率	数值	排名			
M100	ACTA METALLURGICA SINICA	876	11	−0.31	1.013	7	0.16	39.8	13	5.61	0.70	0.43
I142	JOURNAL OF IRON AND STEEL RESEARCH, INTERNATIONAL	881	10	−0.30	0.407	21	−0.53	40.4	12	6.13	0.70	0.19
I050	RARE METALS	1327	7	0.05	1.668	4	0.91	44.7	10	7.04	0.74	0.28
M104	TRANSACTIONS OF NONFERROUS METALS SOCIETY OF CHINA	3898	1	2.08	1.483	5	0.70	75.1	3	15.57	1.00	0.66
M050	钢铁	2589	5	1.05	1.955	1	1.24	66.2	5	8.13	0.57	0.36
M013	钢铁钒钛	560	15	−0.56	0.421	20	−0.52	27.8	15	4.74	0.70	0.65
M019	钢铁研究学报	1326	8	0.05	0.976	8	0.12	45.5	8	7.43	0.74	0.44
M048	贵金属	322	20	−0.75	0.565	16	−0.35	26.7	16	3.35	0.48	0.48
M631	黄金	821	12	−0.35	0.461	19	−0.47	24.8	18	5.22	0.57	0.42
M600	黄金科学技术	586	14	−0.54	0.767	10	−0.12	45.7	7	5.13	0.43	0.21
M051	金属功能材料	311	21	−0.75	0.693	12	−0.21	25.6	17	4.74	0.57	0.52
M012	金属学报	3106	4	1.45	1.807	2	1.07	91.0	1	11.04	0.87	0.52
M021	上海金属	409	17	−0.68	0.532	17	−0.39	24.3	19	3.78	0.52	0.59
M544	钛工业进展	400	18	−0.68	0.631	14	−0.28	32.2	14	4.09	0.43	0.78
M029	稀有金属	1638	6	0.29	1.792	3	1.05	69.1	4	9.83	0.96	0.50
M052	稀有金属材料与工程	3655	2	1.89	0.651	13	−0.25	62.1	6	14.09	0.91	0.64
M014	硬质合金	310	22	−0.76	0.472	18	−0.46	16.1	21	2.70	0.43	0.63
M036	有色金属工程	931	9	−0.26	0.827	9	−0.05	43.2	11	8.39	0.61	0.49
M504	有色金属科学与工程	718	13	−0.43	0.733	11	−0.16	45.1	9	7.35	0.74	0.36
K036	中国锰业	363	19	−0.71	0.274	22	−0.69	15.2	23	5.04	0.39	0.39
K550	中国钼业	275	23	−0.78	0.258	23	−0.70	15.9	22	3.13	0.52	0.43
K035	中国钨业	428	16	−0.66	0.585	15	−0.33	22.9	20	3.65	0.52	0.42
M028	中国有色金属学报	3380	3	1.67	1.111	6	0.27	75.3	2	15.39	1.00	0.55
	23种期刊平均值	1266			0.873							

矿山工程技术

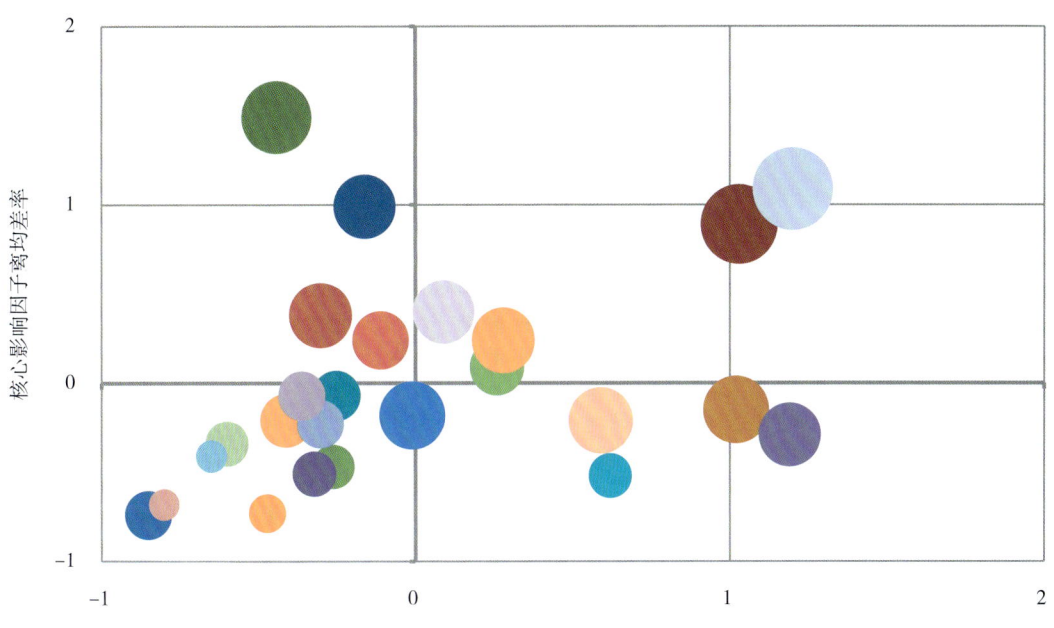

2021年矿山工程技术类期刊核心总被引频次和核心影响因子离均差率的分布图
（节点大小表示综合评价总分）

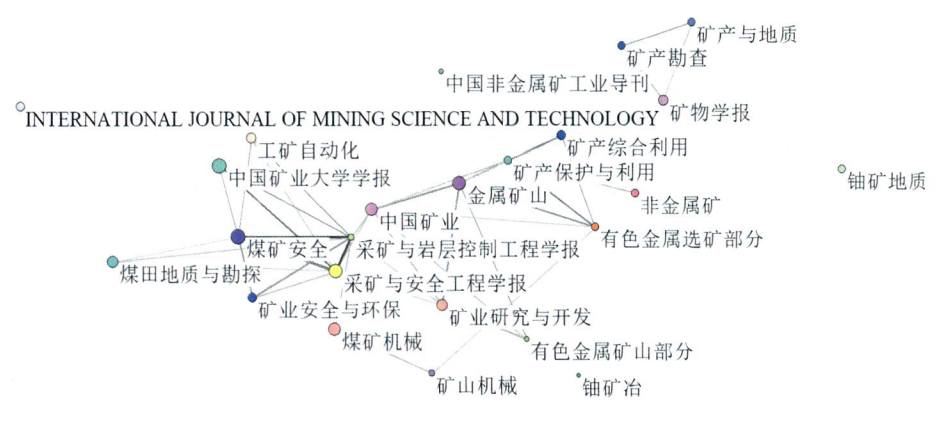

2021年矿山工程技术类期刊互引关系示意图

283

表 7-81 2021 年矿山工程技术类期刊主要指标

CODE	刊名	核心总被引频次			核心影响因子			综合评价总分		学科扩散指标	学科影响指标	红点指标
		数值	排名	离均差率	数值	排名	离均差率	数值	排名			
I184	INTERNATIONAL JOURNAL OF MINING SCIENCE AND TECHNOLOGY	1234	12	−0.16	2.081	3	0.99	49.4	10	7.64	0.76	0.01
K512	采矿与安全工程学报	2991	3	1.03	1.974	4	0.89	76.1	2	6.52	0.68	0.54
K504	采矿与岩层控制工程学报	824	20	−0.44	2.602	1	1.49	64.2	3	4.08	0.64	0.43
K002	非金属矿	873	19	−0.41	0.824	15	−0.21	35.2	14	7.76	0.52	0.55
K018	工矿自动化	1616	9	0.09	1.467	5	0.40	46.3	11	7.72	0.64	0.45
K022	金属矿山	2985	4	1.02	0.888	12	−0.15	55.8	5	12.28	1.00	0.57
M018	勘察科学技术	224	25	−0.85	0.271	25	−0.74	28.7	17	5.20	0.40	0.18
K525	矿产保护与利用	1035	16	−0.30	1.447	6	0.38	51.1	8	7.28	0.72	0.53
V054	矿产勘查	1100	14	−0.26	0.551	20	−0.47	23.5	22	5.96	0.56	0.54
K025	矿产与地质	1011	17	−0.32	0.512	21	−0.51	24.7	20	4.24	0.48	0.53
K004	矿产综合利用	1106	13	−0.25	0.968	11	−0.07	30.3	15	5.40	0.60	0.55
K014	矿山机械	783	21	−0.47	0.281	24	−0.73	18.2	23	7.04	0.60	0.24
E350	矿物学报	1466	10	−0.01	0.860	13	−0.18	56.4	4	8.40	0.64	0.51
K554	矿业安全与环保	1320	11	−0.11	1.298	7	0.24	40.9	12	5.84	0.72	0.71
K010	矿业研究与开发	1861	8	0.26	1.141	9	0.09	38.4	13	8.92	0.92	0.54
K558	煤矿安全	3229	2	1.19	0.739	17	−0.29	49.5	9	9.72	0.76	0.55
K517	煤矿机械	2388	5	0.62	0.504	22	−0.52	24.2	21	9.84	0.60	0.50
K009	煤田地质与勘探	1895	7	0.28	1.293	8	0.24	51.8	7	9.00	0.80	0.37
E051	铀矿地质	1037	15	−0.30	0.805	16	−0.23	28.1	18	4.00	0.48	0.36
K020	铀矿冶	296	24	−0.80	0.333	23	−0.68	11.9	25	2.68	0.44	0.21
K013	有色金属矿山部分	591	22	−0.60	0.695	18	−0.34	24.9	19	4.68	0.64	0.55
K580	有色金属选矿部分	943	18	−0.36	0.977	10	−0.07	28.8	16	3.12	0.60	0.52
V023	中国非金属矿工业导刊	515	23	−0.65	0.614	19	−0.41	12.8	24	4.80	0.44	0.58
K030	中国矿业	2350	6	0.59	0.831	14	−0.21	53.3	6	15.28	0.96	0.45
K015	中国矿业大学学报	3246	1	1.20	2.183	2	1.09	82.6	1	16.12	0.92	0.42
	25 种期刊平均值	1477			1.046							

冶金工程技术

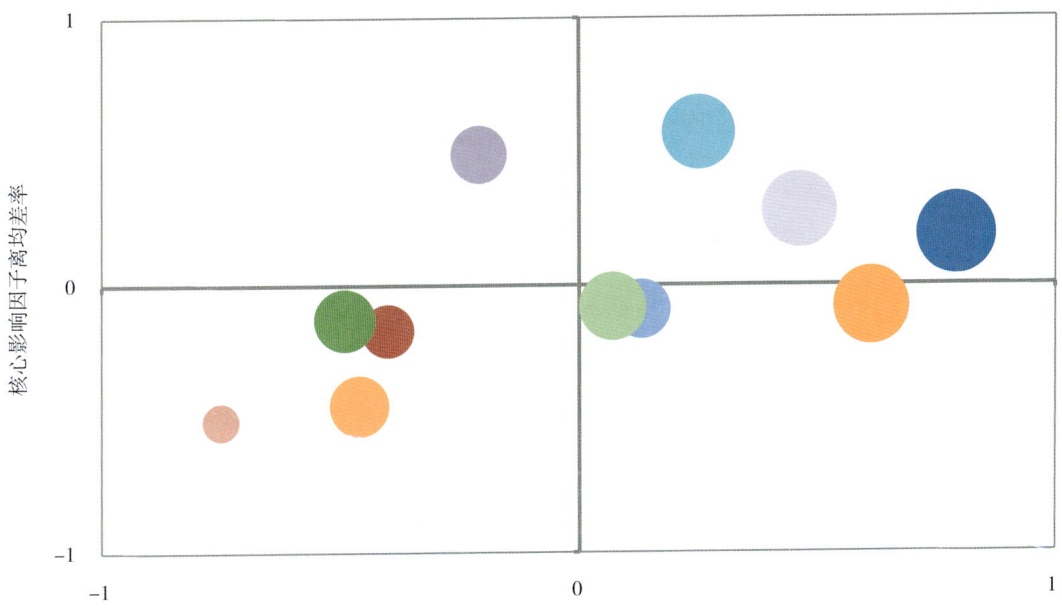

2021年冶金工程技术类期刊核心总被引频次和核心影响因子离均差率的分布图
（节点大小表示综合评价总分）

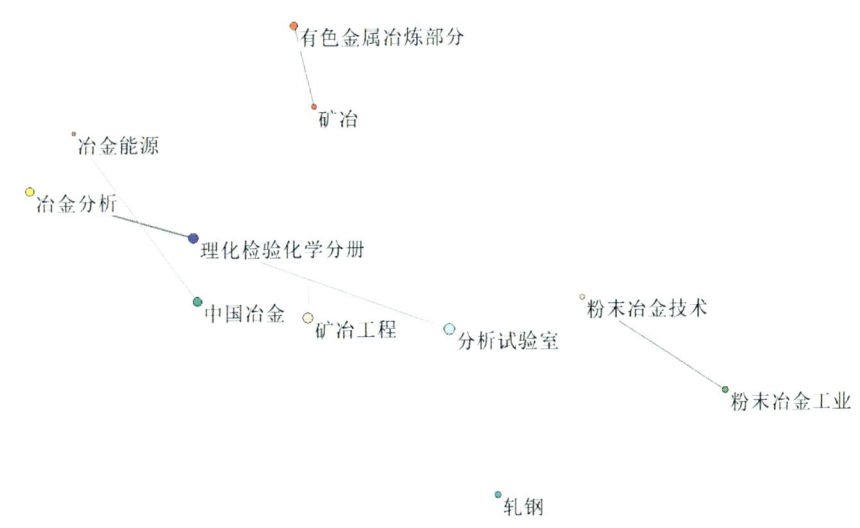

2021年冶金工程技术类期刊互引关系示意图

表 7-82　2021年冶金工程技术类期刊主要指标

CODE	刊名	核心总被引频次			核心影响因子			综合评价总分		学科扩散指标	学科影响指标	红点指标
		数值	排名	离均差率	数值	排名	离均差率	数值	排名			
D004	分析试验室	1797	1	0.79	1.005	4	0.19	77.3	1	29.36	0.36	0.26
M105	粉末冶金工业	601	8	−0.40	0.704	9	−0.17	32.4	10	10.27	0.36	0.43
M039	粉末冶金技术	513	10	−0.49	0.739	8	−0.13	44.7	6	8.82	0.36	0.46
M101	矿冶	547	9	−0.46	0.463	10	−0.45	41.8	7	11.73	0.73	0.35
M045	矿冶工程	1463	3	0.46	1.080	3	0.28	62.3	4	19.64	0.73	0.56
M001	理化检验化学分册	1621	2	0.61	0.779	5	−0.08	69.5	2	26.64	0.27	0.40
M023	冶金分析	1137	5	0.13	0.767	7	−0.09	39.7	8	12.73	0.36	0.45
M047	冶金能源	248	11	−0.75	0.413	11	−0.51	16.6	11	6.82	0.45	0.17
M020	有色金属冶炼部分	1070	6	0.07	0.776	6	−0.08	52.7	5	13.00	0.64	0.38
M043	轧钢	795	7	−0.21	1.262	2	0.49	38.1	9	5.82	0.45	0.26
M628	中国冶金	1255	4	0.25	1.330	1	0.57	62.9	3	10.82	0.82	0.32
	11种期刊平均值	1004			0.847							

机械工程设计

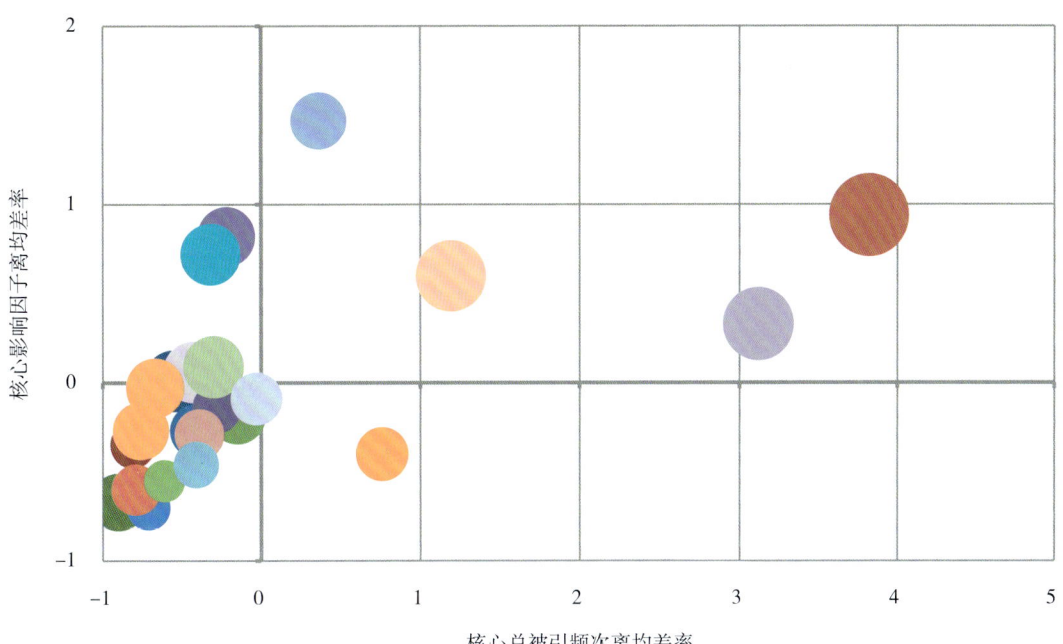

2021年机械工程设计类期刊核心总被引频次和核心影响因子离均差率的分布图
（节点大小表示综合评价总分）

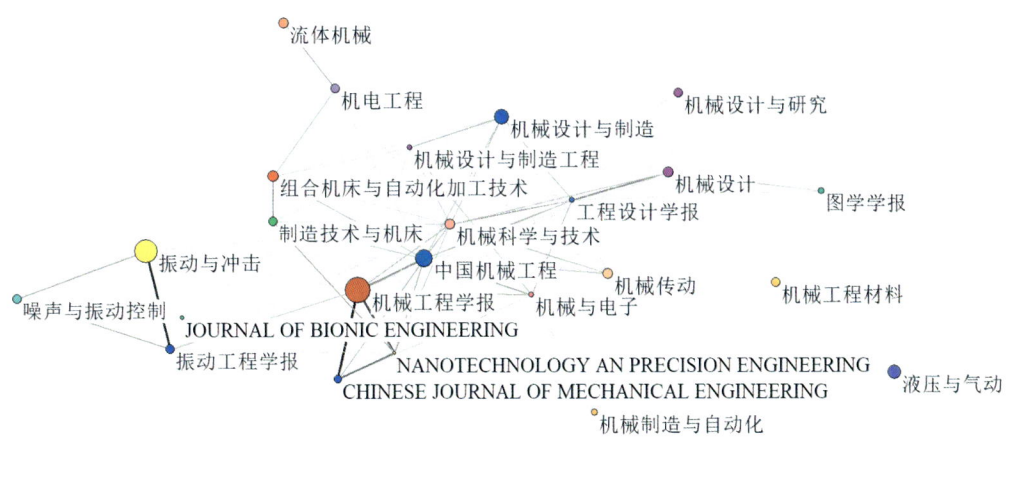

2021年机械工程设计类期刊互引关系示意图

表 7-83 2021 年机械工程设计类期刊主要指标

CODE	刊名	核心总被引频次			核心影响因子			综合评价总分		学科扩散指标	学科影响指标	红点指标
		数值	排名	离均差率	数值	排名	离均差率	数值	排名			
I218	CHINESE JOURNAL OF MECHANICAL ENGINEERING	884	18	−0.55	0.826	10	0.01	46.2	6	9.84	0.88	0.00
N764	JOURNAL OF BIONIC ENGINEERING	366	24	−0.81	0.532	19	−0.35	26.2	21	5.68	0.56	0.01
M655	NANOTECHNOLOGY AN PRECISION ENGINEERING	188	25	−0.90	0.269	24	−0.67	40.1	12	4.32	0.44	0.00
N590	工程设计学报	465	22	−0.76	0.593	17	−0.27	40.9	11	8.08	0.68	0.54
N672	机电工程	1115	17	−0.43	0.864	8	0.06	42.7	9	10.76	0.72	0.63
N040	机械传动	1637	8	−0.17	0.731	13	−0.10	29.8	20	9.12	0.88	0.64
M004	机械工程材料	1158	16	−0.41	0.596	16	−0.27	35.1	15	9.92	0.72	0.52
N051	机械工程学报	9498	1	3.82	1.584	2	0.94	83.0	1	25.56	1.00	0.49
N050	机械科学与技术	1680	7	−0.15	0.668	15	−0.18	42.0	10	14.16	0.92	0.56
N047	机械设计	1422	10	−0.28	0.704	14	−0.14	30.8	19	11.60	0.92	0.62
N054	机械设计与研究	1351	12	−0.31	0.845	9	0.04	23.6	24	9.56	0.92	0.60
N028	机械设计与制造	3474	4	0.76	0.490	20	−0.40	35.3	14	18.44	0.92	0.61
N063	机械设计与制造工程	562	21	−0.71	0.248	25	−0.70	24.4	23	9.12	0.84	0.53
N053	机械与电子	418	23	−0.79	0.329	23	−0.60	31.0	18	7.88	0.76	0.42
N515	机械制造与自动化	762	19	−0.61	0.370	22	−0.55	21.5	25	9.52	0.92	0.58
N023	流体机械	1536	9	−0.22	1.487	3	0.82	43.2	8	8.84	0.76	0.48
N084	摩擦学学报	1333	13	−0.32	1.400	4	0.72	46.4	5	9.76	0.88	0.61
N061	图学学报	653	20	−0.67	0.787	11	−0.03	43.4	7	9.96	0.60	0.43
N035	液压与气动	2685	5	0.36	2.014	1	1.47	40.0	13	8.52	0.76	0.53
C100	噪声与振动控制	1207	14	−0.39	0.575	18	−0.29	31.1	17	11.16	0.80	1.00
Y004	振动工程学报	1375	11	−0.30	0.885	7	0.09	46.9	4	11.60	0.84	0.67
N030	振动与冲击	8115	2	3.12	1.087	6	0.33	64.9	2	23.12	0.88	0.49
N046	制造技术与机床	1159	15	−0.41	0.438	21	−0.46	26.1	22	8.72	0.72	0.45
N059	中国机械工程	4312	3	1.19	1.304	5	0.60	62.3	3	20.84	1.00	0.48
N088	组合机床与自动化加工技术	1911	6	−0.03	0.741	12	−0.09	34.2	16	11.76	0.92	0.61
	25 种期刊平均值	1146			0.593							

机械制造工艺与设备

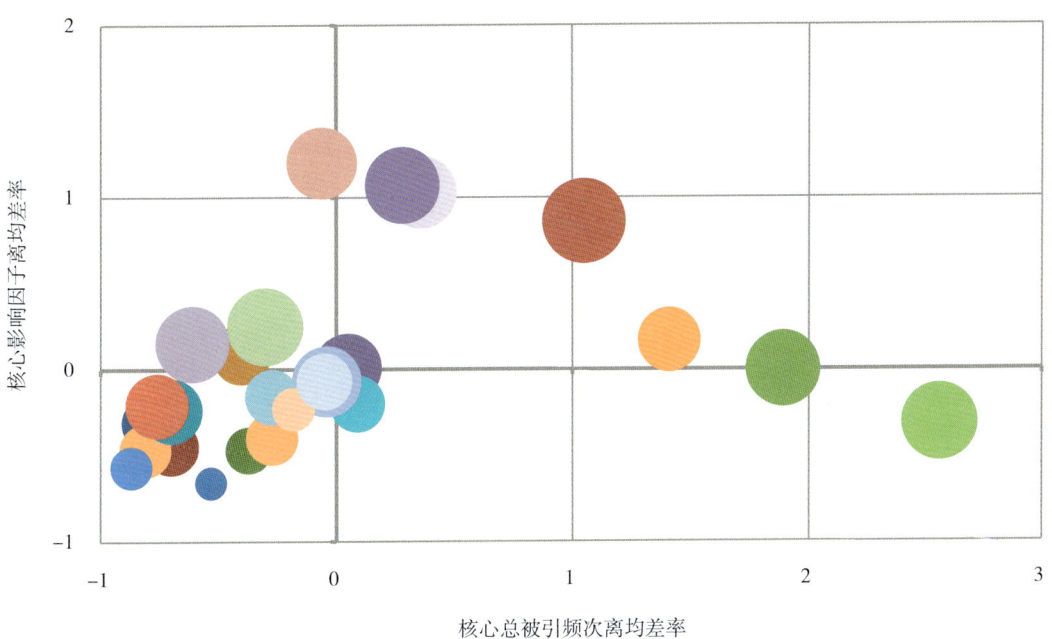

2021年机械制造工艺与设备类期刊核心总被引频次和核心影响因子离均差率的分布图
（节点大小表示综合评价总分）

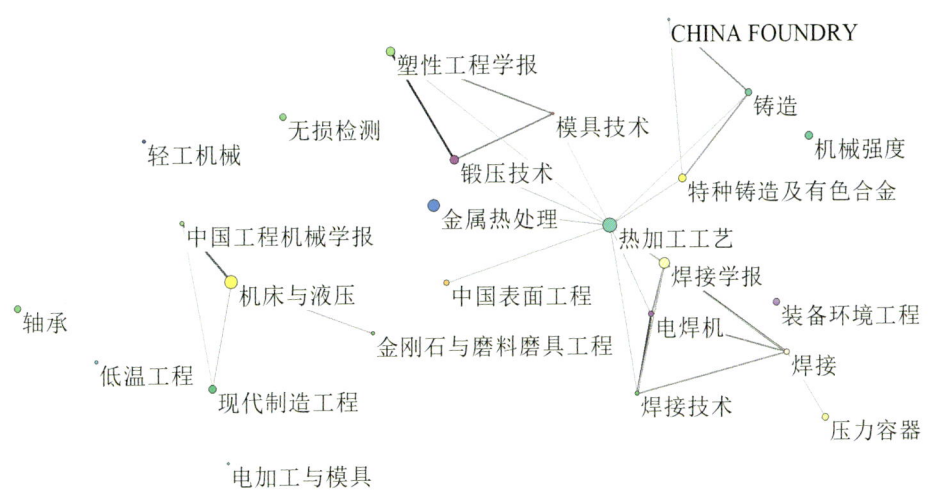

2021年机械制造工艺与设备类期刊互引关系示意图

表 7-84 2021 年机械制造工艺与设备类期刊主要指标

CODE	刊名	核心总被引频次			核心影响因子			综合评价总分		学科扩散指标	学科影响指标	红点指标
		数值	排名	离均差率	数值	排名	离均差率	数值	排名			
I165	CHINA FOUNDRY	229	23	−0.80	0.412	18	−0.31	24.7	19	1.92	0.24	0.26
N019	低温工程	346	20	−0.70	0.329	21	−0.45	28.2	15	5.44	0.24	0.17
N067	电焊机	721	16	−0.37	0.315	22	−0.47	19.2	22	5.32	0.72	0.60
N027	电加工与模具	223	24	−0.81	0.315	22	−0.47	24.6	20	2.64	0.48	0.40
N070	锻压技术	1563	5	0.36	1.204	3	1.03	44.1	8	7.08	0.68	0.52
N076	焊接	690	17	−0.40	0.649	8	0.09	32.4	14	4.72	0.88	0.71
N624	焊接技术	543	18	−0.53	0.199	25	−0.66	9.6	25	5.20	0.80	0.60
N021	焊接学报	2354	4	1.05	1.103	4	0.86	63.4	1	9.12	0.92	0.68
N069	机床与液压	3307	2	1.89	0.594	10	0.00	51.2	5	14.68	0.72	0.37
N057	机械强度	1207	8	0.05	0.600	9	0.01	41.4	10	11.40	0.72	0.54
N048	金刚石与磨料磨具工程	342	21	−0.70	0.450	17	−0.24	36.0	13	3.96	0.52	0.43
N083	金属热处理	2766	3	1.41	0.691	6	0.17	36.2	12	9.40	0.84	0.80
N107	模具技术	153	25	−0.87	0.257	24	−0.57	16.0	24	1.32	0.24	0.40
U535	轻工机械	272	22	−0.76	0.470	15	−0.21	36.4	11	5.08	0.56	0.36
N071	热加工工艺	4078	1	2.56	0.407	19	−0.31	52.8	3	13.68	0.96	0.69
T580	塑性工程学报	1470	6	0.28	1.226	2	1.07	51.5	4	6.48	0.64	0.66
N065	特种铸造及有色合金	1248	7	0.09	0.477	14	−0.20	28.1	16	6.84	0.68	0.73
N044	无损检测	840	13	−0.27	0.353	20	−0.40	24.4	21	8.32	0.72	0.33
N111	现代制造工程	1104	9	−0.04	0.552	11	−0.07	43.7	9	10.84	0.68	0.44
N052	压力容器	1079	11	−0.06	1.303	1	1.20	44.8	7	6.00	0.60	0.49
N103	中国表面工程	805	15	−0.30	0.744	5	0.25	53.0	2	6.48	0.68	0.56
N089	中国工程机械学报	451	19	−0.61	0.681	7	0.15	51.0	6	7.72	0.64	0.40
N022	轴承	838	14	−0.27	0.496	13	−0.16	26.6	18	5.48	0.48	0.99
N075	铸造	944	12	−0.18	0.457	16	−0.23	16.3	23	5.20	0.68	0.58
N034	装备环境工程	1086	10	−0.05	0.549	12	−0.07	27.8	17	9.64	0.44	0.36
	25 种期刊平均值	1146			0.593							

动力工程

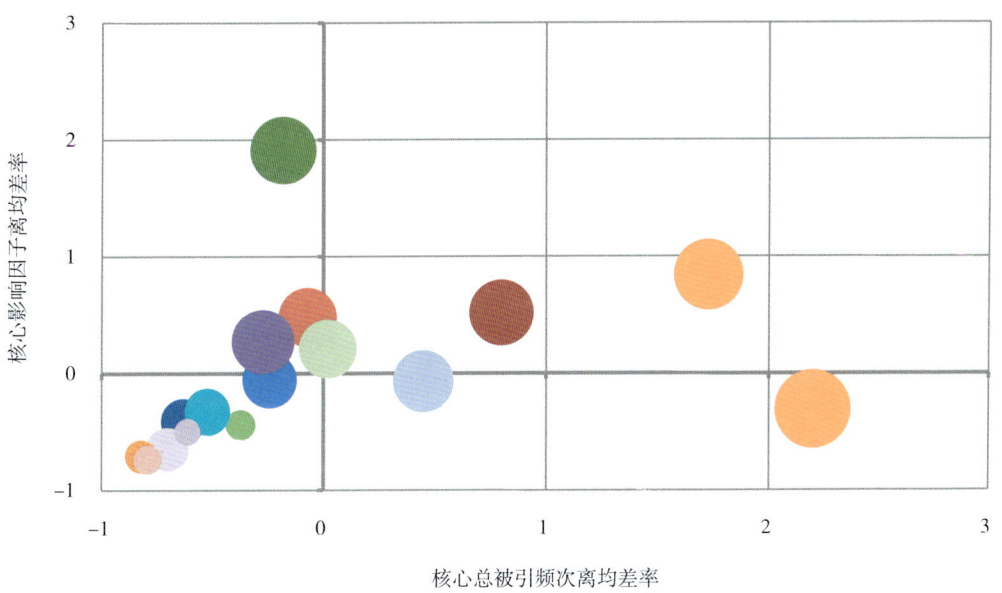

2021年动力工程类期刊核心总被引频次和核心影响因子离均差率的分布图
（节点大小表示综合评价总分）

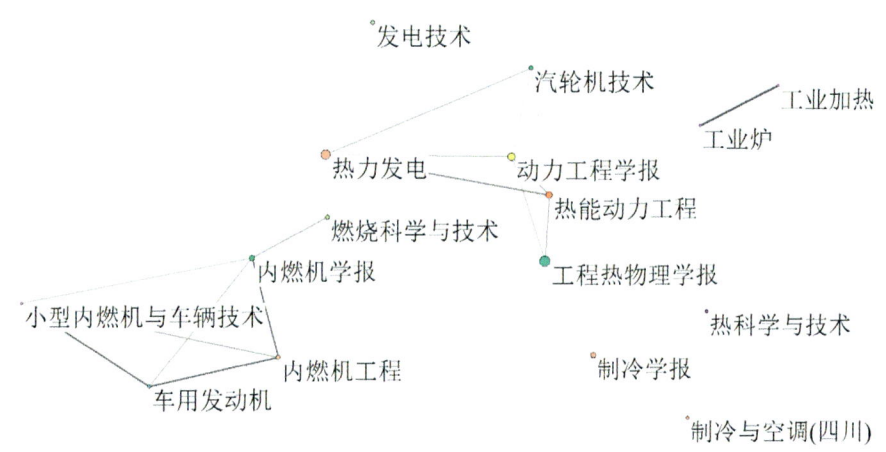

2021年动力工程类期刊互引关系示意图

表 7-85 2021 年动力工程类期刊主要指标

CODE	刊名	核心总被引频次			核心影响因子			综合评价总分		学科扩散指标	学科影响指标	红点指标
		数值	排名	离均差率	数值	排名	离均差率	数值	排名			
N024	车用发动机	259	13	−0.63	0.374	11	−0.41	24.7	11	5.44	0.38	0.65
P003	动力工程学报	1263	3	0.80	0.956	3	0.52	51.5	4	15.63	0.69	0.51
R575	发电技术	577	7	−0.18	1.835	1	1.91	54.0	3	7.38	0.63	0.46
C073	工程热物理学报	2248	1	2.20	0.433	9	−0.31	74.2	1	26.00	1.00	0.35
P009	工业加热	213	14	−0.70	0.220	14	−0.65	21.0	12	6.25	0.56	0.18
P005	工业炉	124	16	−0.82	0.185	15	−0.71	13.2	13	3.56	0.50	0.24
R533	内燃机工程	534	8	−0.24	0.594	7	−0.06	36.7	9	8.06	0.50	0.70
P004	内燃机学报	652	6	−0.07	0.931	4	0.48	42.1	7	7.88	0.63	0.58
P001	汽轮机技术	443	10	−0.37	0.350	12	−0.44	11.0	14	6.25	0.63	0.59
P011	燃烧科学与技术	514	9	−0.27	0.801	5	0.27	48.8	5	8.81	0.69	0.40
C134	热科学与技术	336	11	−0.52	0.421	10	−0.33	26.6	10	8.19	0.69	0.46
R501	热力发电	1922	2	1.73	1.161	2	0.84	59.4	2	15.88	0.75	0.51
P006	热能动力工程	1020	4	0.45	0.583	8	−0.07	45.6	6	15.25	0.81	0.49
P010	小型内燃机与车辆技术	145	15	−0.79	0.163	16	−0.74	9.9	15	3.75	0.31	0.34
U011	制冷学报	716	5	0.02	0.763	6	0.21	41.5	8	9.00	0.50	0.34
U640	制冷与空调(四川)	277	12	−0.61	0.313	13	−0.50	8.6	16	5.44	0.38	0.42
	16 种期刊平均值	703			0.630							

电气工程

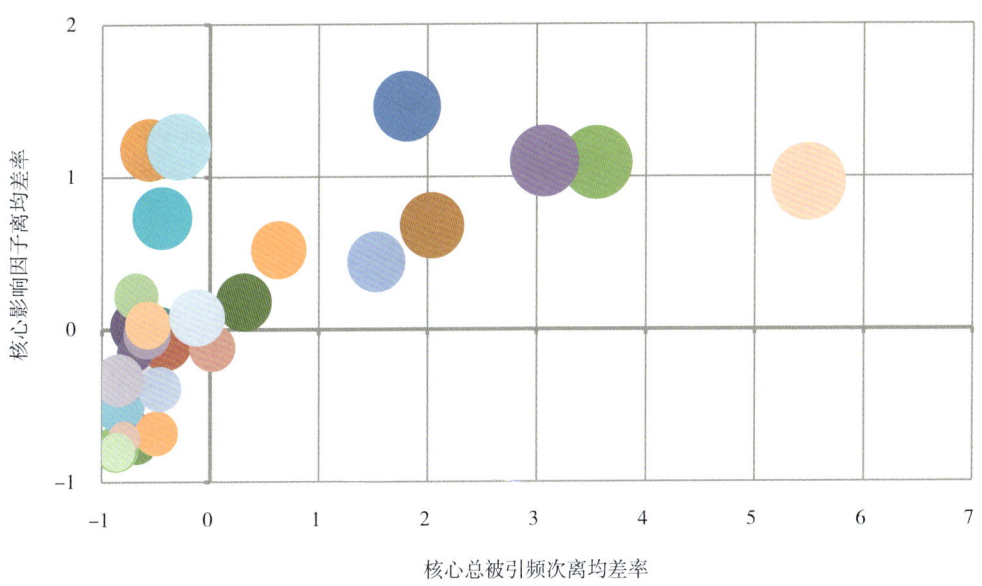

2021 年电气工程类期刊核心总被引频次和核心影响因子离均差率的分布图
（节点大小表示综合评价总分）

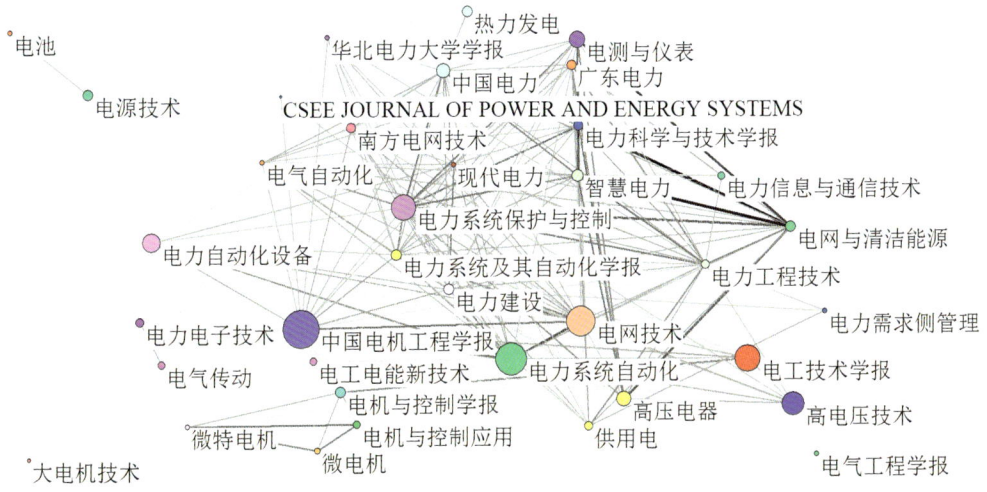

2021 年电气工程类期刊互引关系示意图

表 7-86　2021 年电气工程类期刊主要指标

CODE	刊名	核心总被引频次			核心影响因子			综合评价总分		学科扩散指标	学科影响指标	红点指标
		数值	排名	离均差率	数值	排名	离均差率	数值	排名			
I720	CSEE JOURNAL OF POWER AND ENERGY SYSTEMS	192	37	-0.95	0.439	34	-0.77	16.5	32	1.22	0.68	0.00
R051	大电机技术	311	36	-0.91	0.417	36	-0.78	4.4	37	2.32	0.70	0.36
R673	电测与仪表	4675	8	0.31	2.247	12	0.18	42.9	11	8.32	0.97	0.58
R003	电池	449	34	-0.87	0.842	28	-0.56	12.4	36	3.27	0.41	0.61
R010	电工电能新技术	1032	25	-0.71	1.381	22	-0.28	29.8	20	4.70	1.00	0.57
R043	电工技术学报	10871	4	2.04	3.203	8	0.68	56.6	6	11.49	1.00	0.47
R088	电机与控制学报	2104	12	-0.41	1.800	18	-0.06	40.0	14	6.97	0.84	0.68
R045	电机与控制应用	857	26	-0.76	0.749	29	-0.61	20.1	28	4.49	0.70	0.56
R011	电力电子技术	1196	21	-0.67	0.469	33	-0.75	21.3	27	4.84	0.92	0.61
R769	电力工程技术	1158	23	-0.68	1.954	15	0.02	38.6	16	3.46	0.92	0.65
A199	电力建设	1885	16	-0.47	1.846	17	-0.03	39.7	15	6.76	0.89	0.69
R654	电力科学与技术学报	1559	18	-0.56	4.174	3	1.18	50.0	8	3.68	0.84	0.67
N102	电力系统保护与控制	10045	5	1.81	4.701	1	1.46	63.6	4	9.41	0.97	0.69
R071	电力系统及其自动化学报	2104	12	-0.41	1.734	19	-0.09	38.5	17	6.76	0.95	0.73
S019	电力系统自动化	16272	2	3.55	3.997	5	1.09	69.5	2	10.97	1.00	0.74
R745	电力信息与通信技术	1094	24	-0.69	1.630	21	-0.15	18.4	31	3.49	0.70	0.58
R750	电力需求侧管理	502	31	-0.86	1.173	24	-0.39	18.5	30	2.49	0.73	0.72
R090	电力自动化设备	5808	7	0.63	2.905	9	0.52	43.0	10	8.03	0.97	0.71
R044	电气传动	842	27	-0.76	0.701	30	-0.63	15.5	33	4.57	0.84	0.57
R428	电气工程学报	398	35	-0.89	1.000	26	-0.48	14.6	35	3.22	0.89	0.56
R058	电气自动化	494	33	-0.86	0.428	35	-0.78	28.4	23	4.38	0.92	0.63
R039	电网技术	14530	3	3.07	4.010	4	1.10	65.7	3	11.59	1.00	0.65
R116	电网与清洁能源	2011	14	-0.44	3.312	7	0.73	50.2	7	5.00	0.86	0.61
R019	电源技术	1808	17	-0.49	0.613	31	-0.68	25.5	26	8.59	0.92	0.56
R038	高电压技术	9038	6	1.53	2.743	10	0.44	47.2	9	11.73	0.97	0.56
R037	高压电器	3631	9	0.02	1.686	20	-0.12	29.3	21	6.70	0.86	0.45
R095	供用电	1160	22	-0.68	2.338	11	0.22	27.9	24	3.08	0.81	0.66
R547	广东电力	1486	20	-0.58	1.850	16	-0.03	30.6	19	4.41	0.89	0.62
R046	华北电力大学学报	580	30	-0.84	0.987	27	-0.48	40.3	13	5.49	0.92	0.62
R117	南方电网技术	1533	19	-0.57	1.965	14	0.03	29.3	22	4.16	0.89	0.69
R501	热力发电	1922	15	-0.46	1.161	25	-0.39	26.1	25	6.86	0.78	0.46
R057	微电机	755	28	-0.79	0.556	32	-0.71	14.7	34	4.24	0.46	0.61
R085	微特电机	502	31	-0.86	0.391	37	-0.80	19.3	29	4.00	0.46	0.54
R089	现代电力	584	29	-0.84	1.272	23	-0.33	35.2	18	3.70	0.84	0.68
R072	智慧电力	2524	11	-0.29	4.210	2	1.20	56.8	5	4.51	0.81	0.64
R040	中国电机工程学报	23199	1	5.49	3.744	6	0.96	77.2	1	16.38	1.00	0.53
R511	中国电力	3129	10	-0.12	2.064	13	0.08	42.6	12	8.86	0.92	0.59
	37 种期刊平均值	3574			1.911							

能源科学综合

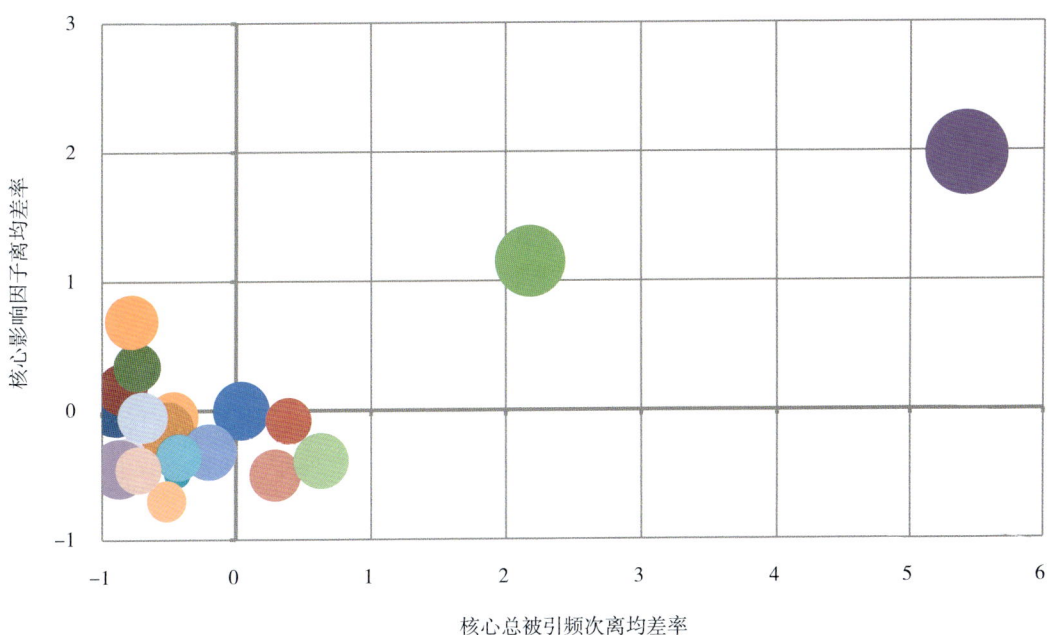

2021年能源科学综合类期刊核心总被引频次和核心影响因子离均差率的分布图
（节点大小表示综合评价总分）

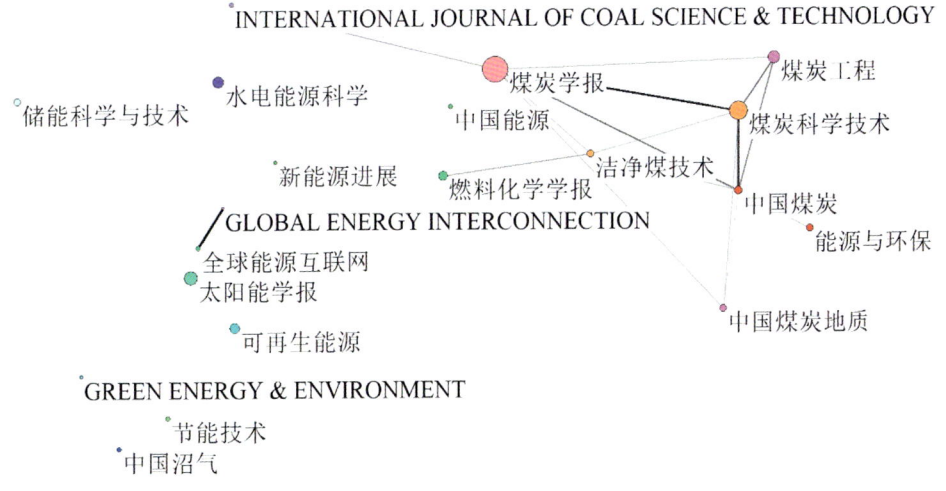

2021年能源科学综合类期刊互引关系示意图

表 7-87　2021 年能源科学综合类期刊主要指标

CODE	刊名	核心总被引频次			核心影响因子			综合评价总分		学科扩散指标	学科影响指标	红点指标
		数值	排名	离均差率	数值	排名	离均差率	数值	排名			
Q744	GLOBAL ENERGY INTERCONNECTION	187	20	−0.90	1.205	6	0.01	34.9	9	2.15	0.15	0.41
Z037	GREEN ENERGY & ENVIRONMENT	286	18	−0.85	1.394	5	0.17	31.6	12	3.35	0.25	0.01
I168	INTERNATIONAL JOURNAL OF COAL SCIENCE & TECHNOLOGY	505	15	−0.74	1.605	4	0.34	27.7	14	4.40	0.45	0.08
L508	储能科学与技术	1033	10	−0.47	1.130	9	−0.05	32.3	11	11.15	0.50	0.58
L587	节能技术	433	16	−0.78	0.781	13	−0.35	16.7	19	5.95	0.35	0.46
K553	洁净煤技术	934	11	−0.52	1.010	11	−0.15	38.5	5	8.50	0.65	0.35
L516	可再生能源	2017	6	0.04	1.196	7	0.00	40.8	4	20.70	0.75	0.52
K038	煤炭工程	2689	4	0.39	1.102	10	−0.08	25.7	17	12.40	0.45	0.47
K005	煤炭科学技术	6170	2	2.18	2.573	2	1.15	61.1	2	17.95	0.45	0.44
K017	煤炭学报	12446	1	5.42	3.561	1	1.98	86.6	1	26.20	0.70	0.43
K570	能源与环保	1085	9	−0.44	0.613	18	−0.49	9.3	20	8.70	0.50	0.37
L044	全球能源互联网	417	17	−0.78	2.021	3	0.69	35.5	8	3.80	0.40	0.44
D002	燃料化学学报	1547	7	−0.20	0.815	12	−0.32	38.1	6	11.15	0.70	0.42
P007	水电能源科学	2506	5	0.29	0.594	19	−0.50	32.7	10	22.15	0.60	0.31
L009	太阳能学报	3160	3	0.63	0.733	15	−0.39	37.6	7	24.20	0.70	0.73
R516	新能源进展	243	19	−0.87	0.657	16	−0.45	41.7	3	6.65	0.45	0.45
K579	中国煤炭	1104	8	−0.43	0.765	14	−0.36	26.6	15	9.75	0.50	0.51
K037	中国煤炭地质	923	12	−0.52	0.358	20	−0.70	20.0	18	8.70	0.45	0.30
R524	中国能源	577	13	−0.70	1.133	8	−0.05	31.0	13	10.95	0.75	0.43
H204	中国沼气	514	14	−0.73	0.649	17	−0.46	26.1	16	5.60	0.25	0.51
	20 种期刊平均值	1939			1.195							

石油天然气工程

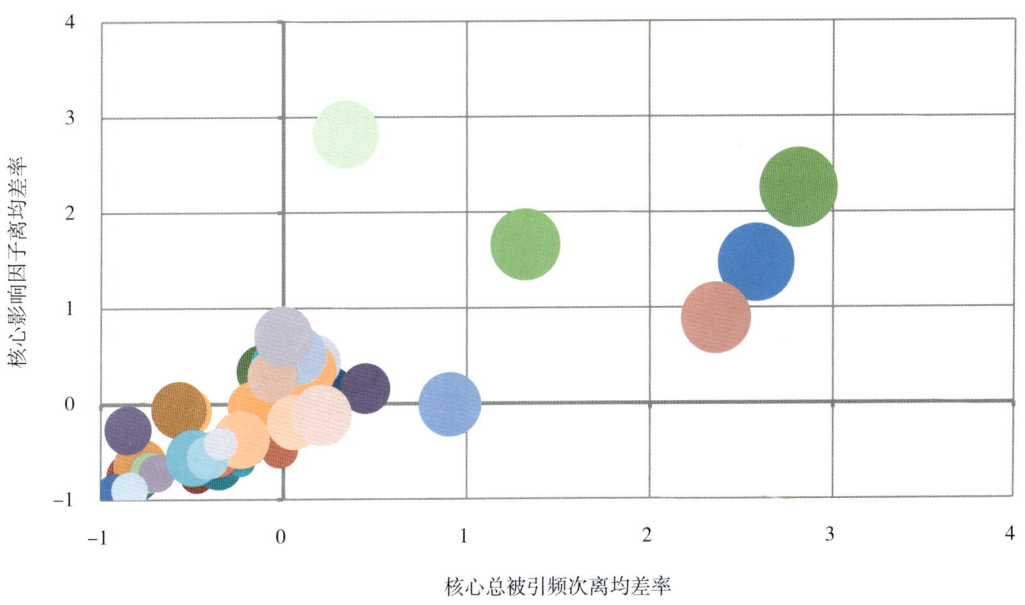

2021年石油天然气工程类期刊核心总被引频次和核心影响因子离均差率的分布图
（节点大小表示综合评价总分）

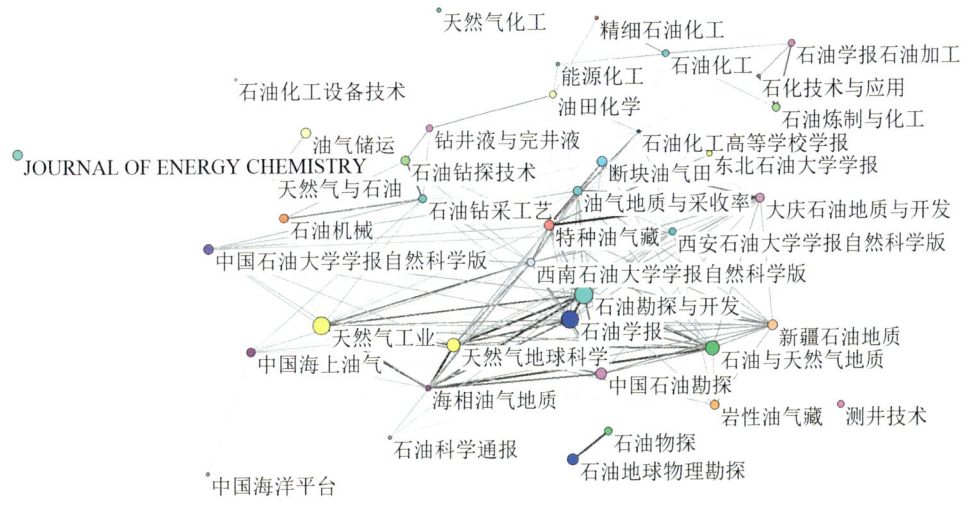

2021年石油天然气工程类期刊互引关系示意图

表 7-88 2021 年石油天然气工程类期刊主要指标

CODE	刊名	核心总被引频次			核心影响因子			综合评价总分		学科扩散指标	学科影响指标	红点指标
		数值	排名	离均差率	数值	排名	离均差率	数值	排名			
I105	JOURNAL OF ENERGY CHEMISTRY	2064	8	0.25	1.736	14	0.12	35.9	17	5.00	0.38	0.37
L017	测井技术	868	28	−0.47	0.393	35	−0.75	15.5	38	3.05	0.75	0.58
L512	大庆石油地质与开发	1475	19	−0.11	2.065	11	0.34	37.3	16	3.50	0.83	0.70
L004	东北石油大学学报	800	30	−0.52	1.423	18	−0.08	30.6	23	3.50	0.83	0.70
T241	断块油气田	1934	10	0.17	2.216	8	0.44	35.4	18	3.83	0.85	0.68
L037	海相油气地质	707	31	−0.57	1.451	17	−0.06	41.6	12	2.43	0.60	0.85
T542	精细石油化工	324	35	−0.80	0.367	36	−0.76	28.8	28	2.90	0.45	0.35
T501	能源化工	272	37	−0.84	0.365	37	−0.76	29.5	25	2.80	0.38	0.45
T933	石化技术与应用	299	36	−0.82	0.335	38	−0.78	18.6	35	2.48	0.25	0.50
L016	石油地球物理勘探	2394	6	0.45	1.785	13	0.16	32.4	20	4.88	0.65	0.35
L015	石油化工	1067	25	−0.35	0.538	31	−0.65	28.8	27	4.90	0.65	0.31
L034	石油化工高等学校学报	356	34	−0.78	0.534	32	−0.65	39.4	14	3.53	0.90	0.45
L021	石油化工设备技术	131	40	−0.92	0.111	40	−0.93	19.3	33	1.33	0.18	0.25
L019	石油机械	1613	16	−0.02	0.813	26	−0.47	19.0	34	4.83	0.68	0.41
L031	石油勘探与开发	6298	1	2.81	5.013	2	2.25	81.9	1	6.40	0.88	0.73
L043	石油科学通报	243	39	−0.85	1.132	22	−0.27	30.2	24	2.08	0.65	0.43
L030	石油炼制与化工	1270	23	−0.23	0.609	30	−0.61	10.6	40	3.70	0.43	0.49
L005	石油物探	1363	20	−0.17	1.500	16	−0.03	31.8	21	3.40	0.63	0.49
L028	石油学报	5908	2	2.58	3.806	4	1.47	77.9	2	7.20	0.93	0.66
L012	石油学报石油加工	1062	26	−0.36	0.748	27	−0.52	28.7	29	4.73	0.55	0.33
L006	石油与天然气地质	3832	4	1.32	4.110	3	1.66	65.7	3	4.10	0.85	0.93
L008	石油钻采工艺	1312	21	−0.21	0.931	24	−0.40	31.4	22	3.60	0.80	0.53
L025	石油钻探技术	1570	17	−0.05	2.178	9	0.41	28.9	26	4.18	0.85	0.76
L505	特种油气藏	1869	12	0.13	2.081	10	0.35	45.2	9	3.60	0.88	0.72
L518	天然气地球科学	3163	5	0.91	1.522	15	−0.01	52.8	6	4.23	0.83	0.73
L029	天然气工业	5557	3	2.36	2.915	5	0.89	64.9	4	8.20	0.95	0.66
T074	天然气化工	445	33	−0.73	0.454	33	−0.71	21.5	32	3.00	0.45	0.44
L507	天然气与石油	517	32	−0.69	0.435	34	−0.72	17.9	36	3.50	0.80	0.33
L010	西安石油大学学报自然科学版	847	29	−0.49	0.686	28	−0.56	40.7	13	5.25	0.93	0.55
L002	西南石油大学学报自然科学版	1278	22	−0.23	0.975	23	−0.37	43.0	11	5.00	0.90	0.56
L007	新疆石油地质	1790	13	0.08	2.336	7	0.51	43.9	10	3.55	0.80	0.86
E163	岩性油气藏	1555	18	−0.06	1.991	12	0.29	33.3	19	3.13	0.75	0.73
L027	油气储运	1934	10	0.17	1.314	20	−0.15	21.8	31	6.15	0.73	0.36
L504	油气地质与采收率	1656	15	0.00	2.636	6	0.71	45.5	8	4.00	0.88	0.71
L033	油田化学	968	27	−0.41	0.677	29	−0.56	23.4	30	2.65	0.70	0.59
L013	中国海上油气	1757	14	0.06	1.256	21	−0.19	39.1	15	4.70	0.88	0.47
L026	中国海洋平台	271	38	−0.84	0.155	39	−0.90	17.6	37	2.23	0.30	0.23
L001	中国石油大学学报自然科学版	2001	9	0.21	1.363	19	−0.12	48.7	7	7.95	0.95	0.35

表 7-88　2021年石油天然气工程类期刊主要指标（续）

CODE	刊名	核心总被引频次			核心影响因子			综合评价总分		学科扩散指标	学科影响指标	红点指标
		数值	排名	离均差率	数值	排名	离均差率	数值	排名			
L532	中国石油勘探	2221	7	0.34	5.901	1	2.82	59.4	5	3.68	0.80	0.71
L018	钻井液与完井液	1094	24	−0.34	0.907	25	−0.41	14.1	39	2.45	0.68	0.66
	40种期刊平均值	1652			1.544							

核科学技术

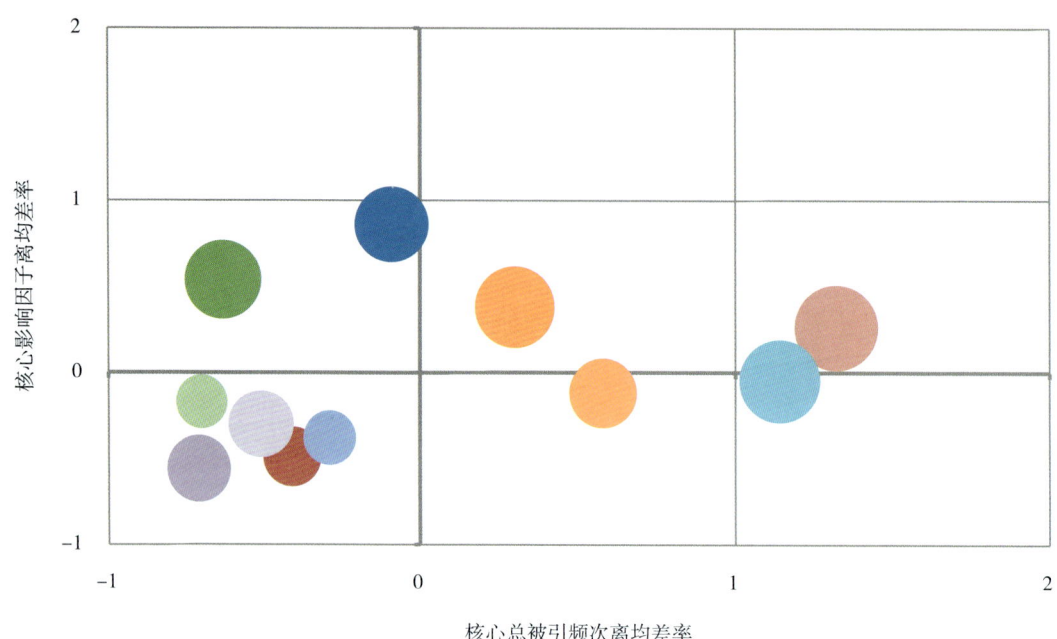

2021 年核科学技术类期刊核心总被引频次和核心影响因子离均差率的分布图
（节点大小表示综合评价总分）

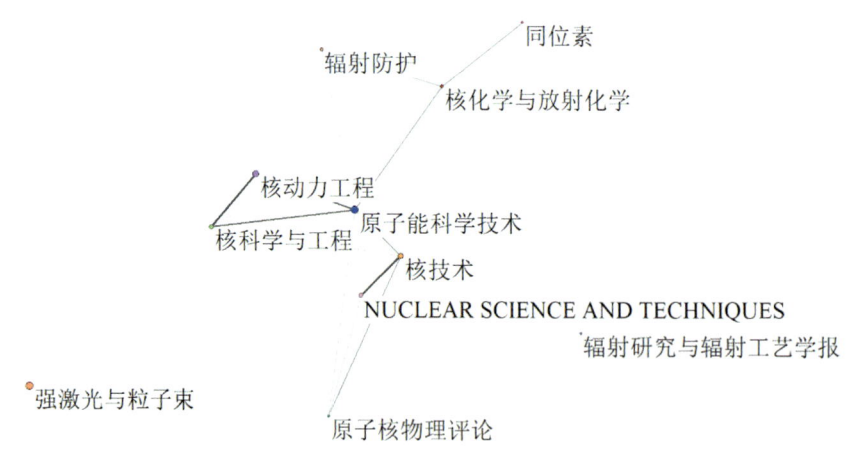

2021 年核科学技术类期刊互引关系示意图

表 7-89 2021年核科学技术类期刊主要指标

CODE	刊名	核心总被引频次			核心影响因子			综合评价总分		学科扩散指标	学科影响指标	红点指标
		数值	排名	离均差率	数值	排名	离均差率	数值	排名			
I074	NUCLEAR SCIENCE AND TECHNIQUES	548	5	−0.09	0.838	1	0.86	54.0	5	7.00	0.73	0.06
Q006	辐射防护	354	7	−0.41	0.229	10	−0.49	33.4	9	10.18	0.82	0.29
Q005	辐射研究与辐射工艺学报	223	9	−0.63	0.694	2	0.54	58.9	4	9.00	0.73	0.38
Q004	核动力工程	949	3	0.58	0.396	6	−0.12	45.8	6	18.55	0.82	0.32
Q002	核化学与放射化学	295	8	−0.51	0.316	8	−0.30	39.7	8	7.64	0.82	0.12
Q001	核技术	784	4	0.30	0.622	3	0.38	62.3	3	19.73	1.00	0.30
Q009	核科学与工程	428	6	−0.29	0.281	9	−0.38	28.1	10	11.00	0.91	0.35
C007	强激光与粒子束	1392	1	1.32	0.567	4	0.26	68.9	1	22.82	1.00	0.19
Q003	同位素	183	10	−0.70	0.375	7	−0.17	27.7	11	7.64	0.82	0.24
C108	原子核物理评论	173	11	−0.71	0.199	11	−0.56	42.2	7	7.18	0.73	0.20
Q008	原子能科学技术	1286	2	1.14	0.428	5	−0.05	65.0	2	22.82	1.00	0.34
	11 种期刊平均值	601			0.450							

电子技术

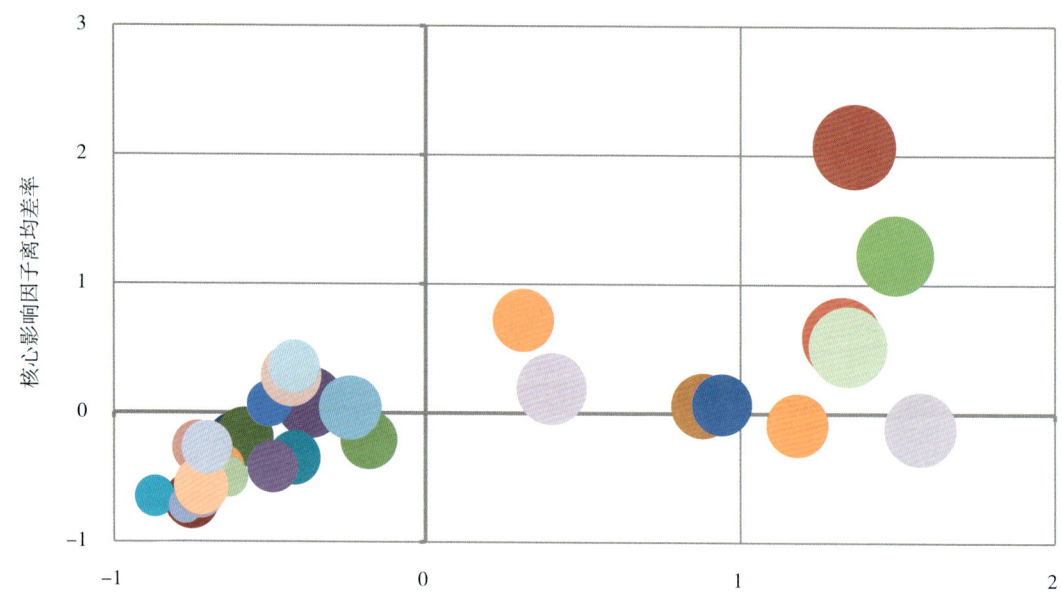

2021年电子技术类期刊核心总被引频次和核心影响因子离均差率的分布图
（节点大小表示综合评价总分）

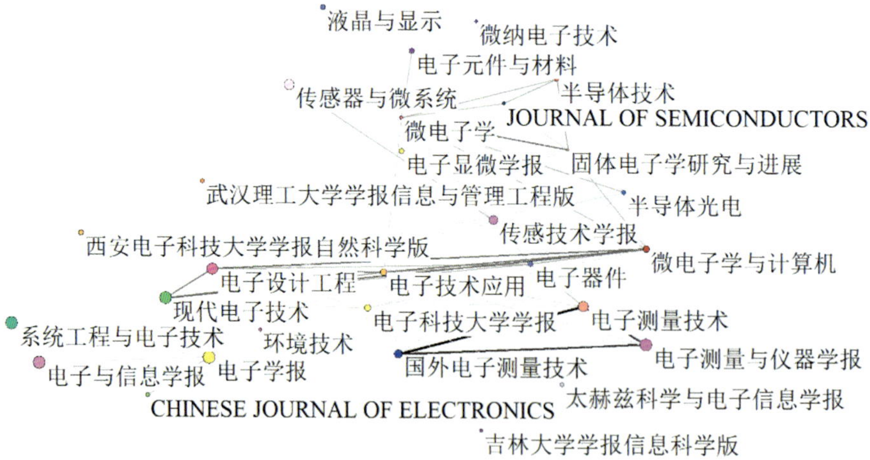

2021年电子技术类期刊互引关系示意图

表 7-90　2021 年电子技术类期刊主要指标

CODE	刊名	核心总被引频次			核心影响因子			综合评价总分		学科扩散指标	学科影响指标	红点指标
		数值	排名	离均差率	数值	排名	离均差率	数值	排名			
I116	CHINESE JOURNAL OF ELECTRONICS	504	20	−0.62	0.626	17	−0.19	23.6	24	4.93	0.45	0.02
R062	JOURNAL OF SEMICONDUCTORS	333	27	−0.75	0.245	28	−0.68	33.6	17	4.07	0.66	0.03
R024	半导体光电	559	19	−0.58	0.630	16	−0.19	36.8	14	6.14	0.66	0.37
R063	半导体技术	458	22	−0.65	0.450	22	−0.42	21.1	26	4.17	0.62	0.29
N060	传感技术学报	1851	9	0.40	0.924	8	0.19	50.9	7	13.55	0.79	0.54
R532	传感器与微系统	2490	8	0.88	0.817	12	0.06	43.8	8	15.41	0.76	0.47
R055	电子测量技术	2579	7	0.94	0.828	10	0.07	39.4	13	11.79	0.59	0.59
R021	电子测量与仪器学报	3125	3	1.36	2.375	1	2.07	75.1	1	12.72	0.76	0.57
R067	电子技术应用	1086	11	−0.18	0.610	18	−0.21	35.2	15	8.69	0.72	0.57
R036	电子科技大学学报	834	13	−0.37	0.833	9	0.08	53.5	6	11.93	0.76	0.46
R512	电子器件	774	14	−0.42	0.504	21	−0.35	30.5	18	6.69	0.72	0.52
R724	电子设计工程	2892	6	1.18	0.701	14	−0.09	41.4	10	13.79	0.79	0.54
R001	电子显微学报	662	18	−0.50	0.826	11	0.07	22.4	25	7.72	0.14	0.25
R006	电子学报	3078	5	1.32	1.227	4	0.59	68.4	2	15.55	0.83	0.42
R022	电子与信息学报	3300	2	1.49	1.727	2	1.23	65.8	4	13.10	0.83	0.43
R020	电子元件与材料	677	17	−0.49	0.449	23	−0.42	27.9	22	6.93	0.76	0.43
R047	固体电子学研究与进展	168	29	−0.87	0.273	27	−0.65	18.1	27	1.90	0.45	0.27
R683	国外电子测量技术	1743	10	0.31	1.335	3	0.72	40.9	12	7.93	0.55	0.56
Z500	环境技术	307	28	−0.77	0.214	29	−0.72	13.3	29	4.52	0.31	0.27
R586	吉林大学学报信息科学版	364	26	−0.73	0.568	19	−0.27	30.1	19	6.28	0.55	0.54
R652	太赫兹科学与电子信息学报	484	21	−0.63	0.386	24	−0.50	16.6	28	5.00	0.69	0.49
R064	微电子学	369	25	−0.72	0.286	26	−0.63	24.1	23	4.31	0.76	0.30
R004	微电子学与计算机	1002	12	−0.24	0.803	13	0.04	42.6	9	8.97	0.86	0.49
R098	微纳电子技术	376	24	−0.72	0.336	25	−0.57	33.7	16	5.52	0.66	0.49
J018	武汉理工大学学报信息与管理工程版	401	23	−0.70	0.563	20	−0.27	29.3	21	6.76	0.28	0.18
R009	西安电子科技大学学报自然科学版	760	16	−0.43	1.000	7	0.29	40.9	11	8.38	0.69	0.61
R059	系统工程与电子技术	3106	4	1.34	1.180	5	0.52	66.9	3	14.10	0.72	0.44
R748	现代电子技术	3409	1	1.57	0.682	15	−0.12	57.5	5	17.69	0.83	0.74
C503	液晶与显示	768	15	−0.42	1.050	6	0.36	29.3	20	4.83	0.48	0.36
	29 种期刊平均值	1326			0.774							

光电子学与激光技术

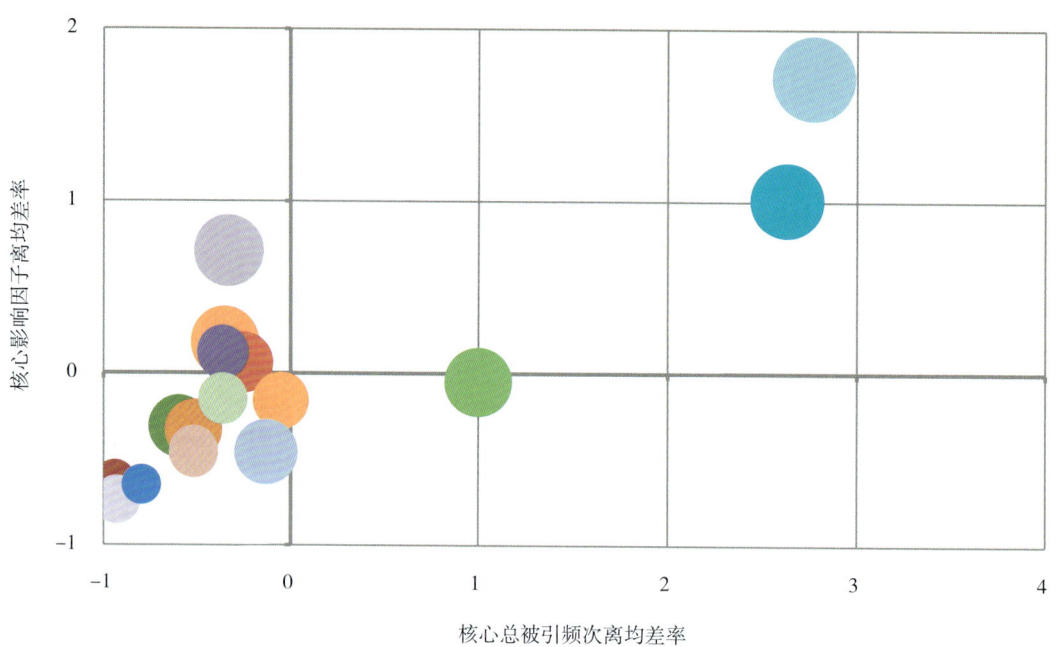

2021年光电子学与激光技术类期刊核心总被引频次和核心影响因子离均差率的分布图
（节点大小表示综合评价总分）

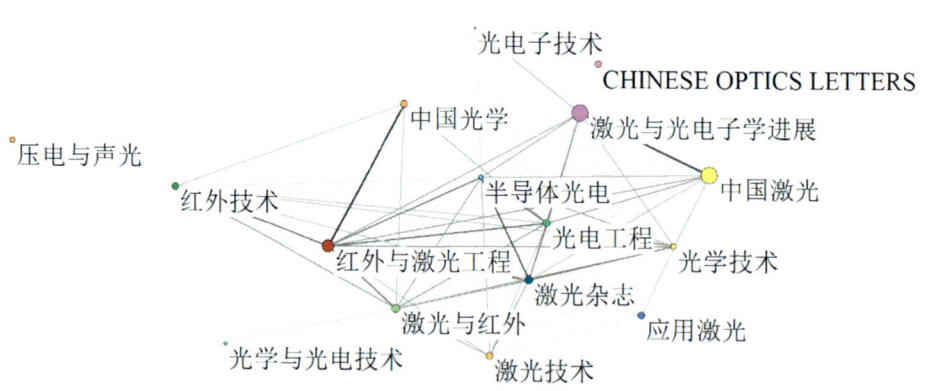

2021年光电子学与激光技术类期刊互引关系示意图

表 7-91　2021年光电子学与激光技术类期刊主要指标

CODE	刊名	核心总被引频次			核心影响因子			综合评价总分		学科扩散指标	学科影响指标	红点指标
		数值	排名	离均差率	数值	排名	离均差率	数值	排名			
I071	CHINESE OPTICS LETTERS	1014	7	−0.28	1.030	5	0.13	28.9	13	6.47	0.94	0.00
I132	FRONTIERS OF OPTOELECTRONICS	81	17	−0.94	0.341	15	−0.63	18.9	16	1.59	0.41	0.00
R024	半导体光电	559	14	−0.60	0.630	11	−0.31	42.1	7	10.47	0.88	0.36
R026	光电工程	918	9	−0.35	1.083	4	0.18	53.6	4	14.29	0.88	0.41
R082	光电子技术	103	16	−0.93	0.234	17	−0.74	23.0	15	3.00	0.53	0.16
N015	光学技术	676	12	−0.52	0.610	12	−0.33	39.3	8	11.82	0.82	0.46
R097	光学与光电技术	282	15	−0.80	0.318	16	−0.65	17.0	17	6.59	0.65	0.43
R535	红外技术	1058	6	−0.25	0.972	7	0.06	39.0	9	15.24	0.76	0.48
R084	红外与激光工程	2807	3	1.00	0.871	8	−0.05	50.8	5	21.59	0.88	0.39
R025	激光技术	900	10	−0.36	1.027	6	0.12	30.8	11	10.47	0.88	0.93
R514	激光与光电子学进展	5094	2	2.63	1.841	2	1.01	60.7	2	28.29	0.88	0.95
R521	激光与红外	1337	4	−0.05	0.772	10	−0.16	35.0	10	15.41	0.88	0.44
R028	激光杂志	1217	5	−0.13	0.492	14	−0.46	44.6	6	20.00	0.88	0.49
R069	压电与声光	676	12	−0.52	0.497	13	−0.46	29.1	12	10.94	0.59	0.27
R033	应用激光	893	11	−0.36	0.782	9	−0.15	28.3	14	10.29	0.65	0.63
C099	中国光学	942	8	−0.33	1.566	3	0.71	54.9	3	11.59	0.76	0.40
R066	中国激光	5289	1	2.77	2.487	1	1.72	77.3	1	22.29	0.94	0.95
	17种期刊平均值	1403			0.915							

通信技术

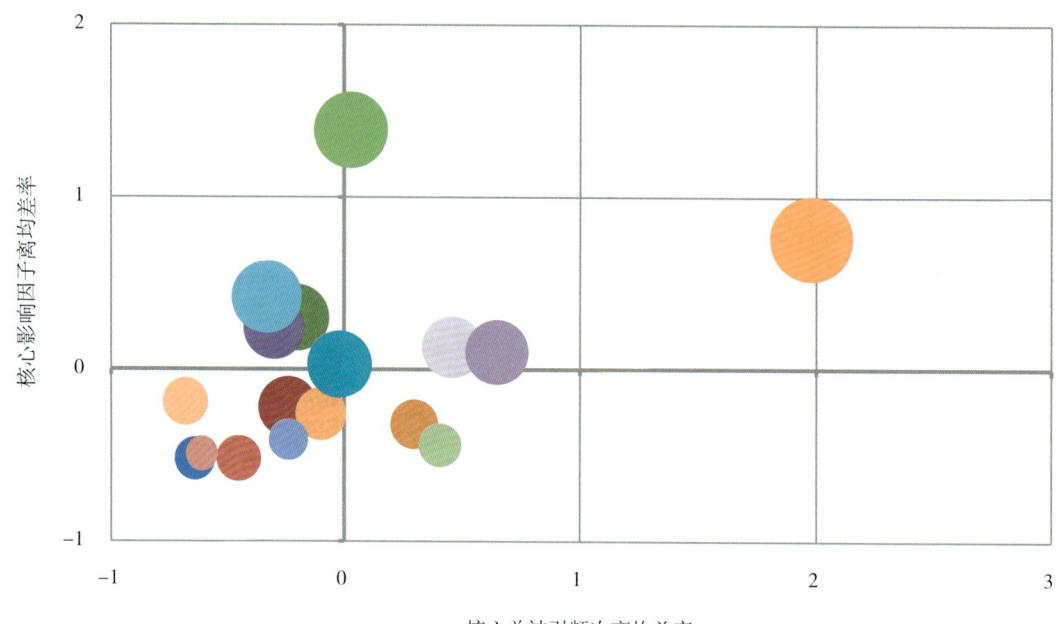

2021 年通信技术类期刊核心总被引频次和核心影响因子离均差率的分布图
（节点大小表示综合评价总分）

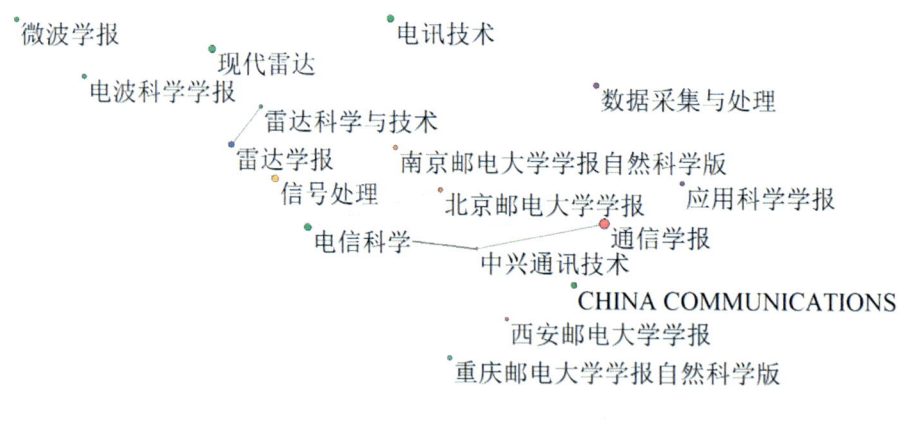

2021 年通信技术类期刊互引关系示意图

表 7-92 2021 年通信技术类期刊主要指标

CODE	刊名	核心总被引频次			核心影响因子			综合评价总分		学科扩散指标	学科影响指标	红点指标
		数值	排名	离均差率	数值	排名	离均差率	数值	排名			
I710	CHINA COMMUNICATIONS	654	7	0.00	0.833	9	0.01	33.0	10	7.94	0.72	0.15
R018	北京邮电大学学报	498	12	−0.24	0.643	11	−0.22	40.9	8	11.61	0.61	0.33
R559	重庆邮电大学学报自然科学版	523	10	−0.20	1.071	4	0.30	47.3	5	8.50	0.56	0.42
R007	电波科学学报	589	9	−0.10	0.611	12	−0.26	30.5	11	9.11	0.78	0.34
R684	电信科学	957	3	0.46	0.930	6	0.13	38.5	9	12.94	0.78	0.44
R754	电讯技术	850	5	0.30	0.557	13	−0.32	26.7	12	11.17	0.89	0.43
R688	光通信研究	233	17	−0.64	0.396	17	−0.52	20.1	16	4.94	0.39	0.28
R096	雷达科学与技术	361	15	−0.45	0.392	18	−0.52	22.6	14	6.44	0.44	0.24
R758	雷达学报	673	6	0.03	1.973	1	1.39	63.5	2	6.89	0.50	0.43
R008	南京邮电大学学报自然科学版	456	13	−0.30	1.021	5	0.24	42.3	7	9.56	0.67	0.39
R005	数据采集与处理	640	8	−0.02	0.852	8	0.03	48.6	4	14.28	0.61	0.43
R065	通信学报	1954	1	1.98	1.450	2	0.76	79.1	1	17.67	0.89	0.47
R070	微波学报	500	11	−0.24	0.485	14	−0.41	18.1	17	6.61	0.67	0.35
R671	西安邮电大学学报	258	16	−0.61	0.422	16	−0.49	12.7	18	5.33	0.22	0.44
R087	现代雷达	925	4	0.41	0.462	15	−0.44	20.5	15	9.22	0.56	0.30
R034	信号处理	1080	2	0.65	0.905	7	0.10	45.7	6	14.17	0.89	0.42
A015	应用科学学报	440	14	−0.33	1.170	3	0.42	57.3	3	13.06	0.28	0.55
R775	中兴通讯技术	209	18	−0.68	0.669	10	−0.19	25.2	13	5.44	0.67	0.51
	18 种期刊平均值	656			0.825							

计算机科学技术

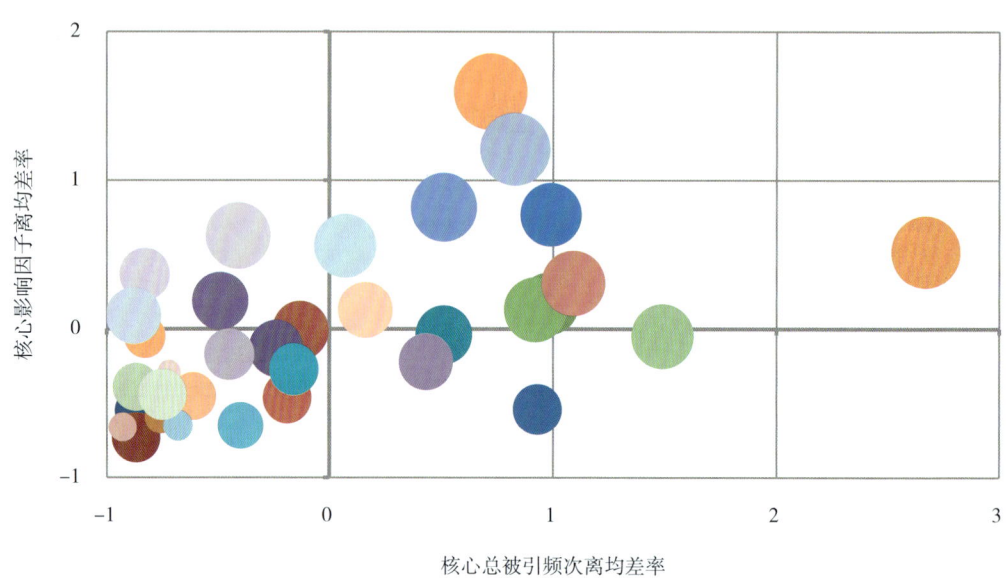

2021年计算机科学技术类期刊核心总被引频次和核心影响因子离均差率的分布图
（节点大小表示综合评价总分）

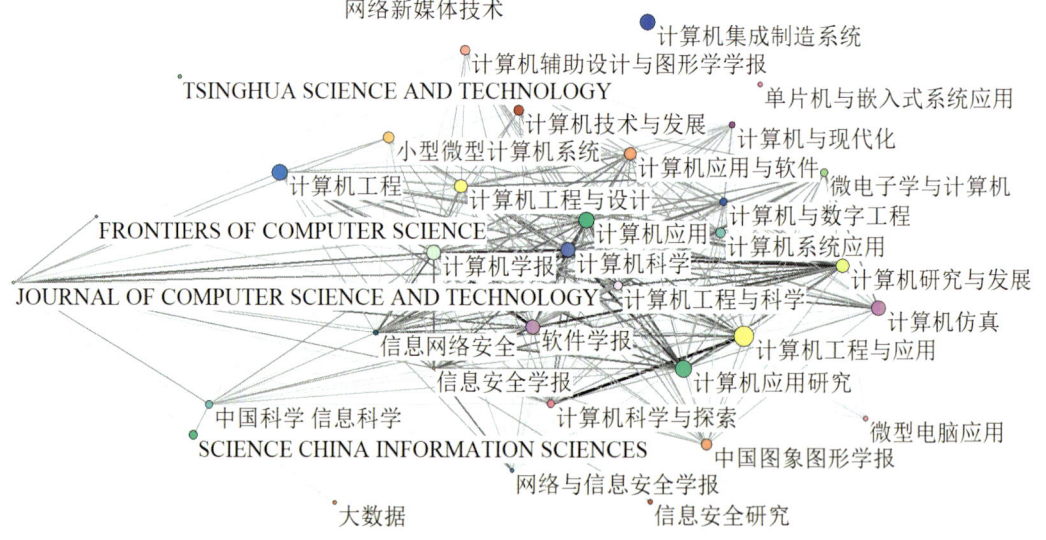

2021年计算机科学技术类期刊互引关系示意图

表 7-93　2021 年计算机科学技术类期刊主要指标

CODE	刊名	核心总被引频次			核心影响因子			综合评价总分		学科扩散指标	学科影响指标	红点指标
		数值	排名	离均差率	数值	排名	离均差率	数值	排名			
I735	FRONTIERS OF COMPUTER SCIENCE	233	33	−0.87	0.439	30	−0.55	27.0	30	2.77	0.77	0.04
S051	JOURNAL OF COMPUTER SCIENCE AND TECHNOLOGY	238	32	−0.87	0.265	35	−0.73	34.6	26	2.66	0.89	0.08
A146	SCIENCE CHINA INFORMATION SCIENCES	1366	19	−0.25	0.843	19	−0.13	34.9	25	8.23	0.91	0.02
I009	TSINGHUA SCIENCE AND TECHNOLOGY	316	29	−0.83	0.917	18	−0.05	25.5	31	3.66	0.60	0.06
S055	大数据	311	30	−0.83	1.321	8	0.37	35.6	24	4.29	0.57	0.55
S086	单片机与嵌入式系统应用	439	28	−0.76	0.394	31	−0.59	15.5	32	3.17	0.51	0.46
S049	计算机仿真	3487	6	0.93	0.440	29	−0.54	36.0	22	16.66	0.83	0.47
S013	计算机辅助设计与图形学学报	1583	15	−0.13	0.960	15	−0.01	48.3	12	10.83	0.80	0.61
S012	计算机工程	3580	5	0.98	1.129	11	0.17	54.2	11	15.77	0.91	0.74
S034	计算机工程与科学	1369	18	−0.24	0.842	20	−0.13	45.0	15	10.86	0.83	0.64
S022	计算机工程与设计	2732	11	0.51	0.925	16	−0.04	48.1	13	14.51	0.86	0.70
S025	计算机工程与应用	6635	1	2.67	1.468	7	0.52	72.7	3	22.63	0.86	0.73
S030	计算机集成制造系统	3599	4	0.99	1.708	4	0.77	55.9	10	11.66	0.63	0.47
S520	计算机技术与发展	1459	17	−0.19	0.518	28	−0.46	36.9	20	11.43	0.77	0.69
S006	计算机科学	3477	7	0.92	1.090	13	0.13	58.8	7	16.14	0.94	0.73
S085	计算机科学与探索	925	23	−0.49	1.149	10	0.19	46.3	14	6.66	0.80	0.64
S509	计算机系统应用	1513	16	−0.16	0.710	23	−0.27	37.7	19	11.71	0.80	0.69
S018	计算机学报	3112	9	0.72	2.513	1	1.60	80.7	1	15.26	1.00	0.76
S021	计算机研究与发展	2733	10	0.51	1.762	3	0.82	65.8	4	12.97	0.97	0.70
S029	计算机应用	3790	3	1.09	1.268	9	0.31	59.5	6	17.14	0.89	0.74
S016	计算机应用研究	4505	2	1.49	0.919	17	−0.05	58.3	8	18.43	0.94	0.65
S009	计算机应用与软件	2590	12	0.43	0.750	22	−0.22	44.1	17	15.97	0.86	0.65
S048	计算机与数字工程	1093	20	−0.40	0.341	33	−0.65	30.6	29	10.06	0.66	0.60
S500	计算机与现代化	701	24	−0.61	0.530	27	−0.45	31.5	28	6.80	0.71	0.69
S011	软件学报	3308	8	0.83	2.138	2	1.21	73.9	2	14.37	1.00	0.60
S017	网络新媒体技术	125	35	−0.93	0.328	34	−0.66	11.4	34	1.74	0.40	0.45
S082	网络与信息安全学报	244	31	−0.87	0.591	25	−0.39	31.6	27	2.51	0.60	0.60
R004	微电子学与计算机	1002	22	−0.45	0.803	21	−0.17	36.5	21	7.43	0.74	0.50
S033	微型电脑应用	586	25	−0.68	0.342	32	−0.65	13.6	33	4.00	0.40	0.48
S027	小型微型计算机系统	2104	13	0.16	1.091	12	0.13	44.1	18	9.77	0.83	0.72
S081	信息安全学报	216	34	−0.88	1.053	14	0.09	44.9	16	2.03	0.63	0.81
S087	信息安全研究	506	26	−0.72	0.688	24	−0.29	8.9	35	3.80	0.69	0.63
S046	信息网络安全	461	27	−0.75	0.540	26	−0.44	35.9	23	4.29	0.80	0.61
Z317	中国科学 信息科学	1063	21	−0.41	1.575	5	0.63	61.7	5	10.71	0.91	0.54
R083	中国图象图形学报	1940	14	0.07	1.506	6	0.56	56.7	9	11.66	0.71	0.74
	35 种期刊平均值	1810			0.967							

化学工程综合

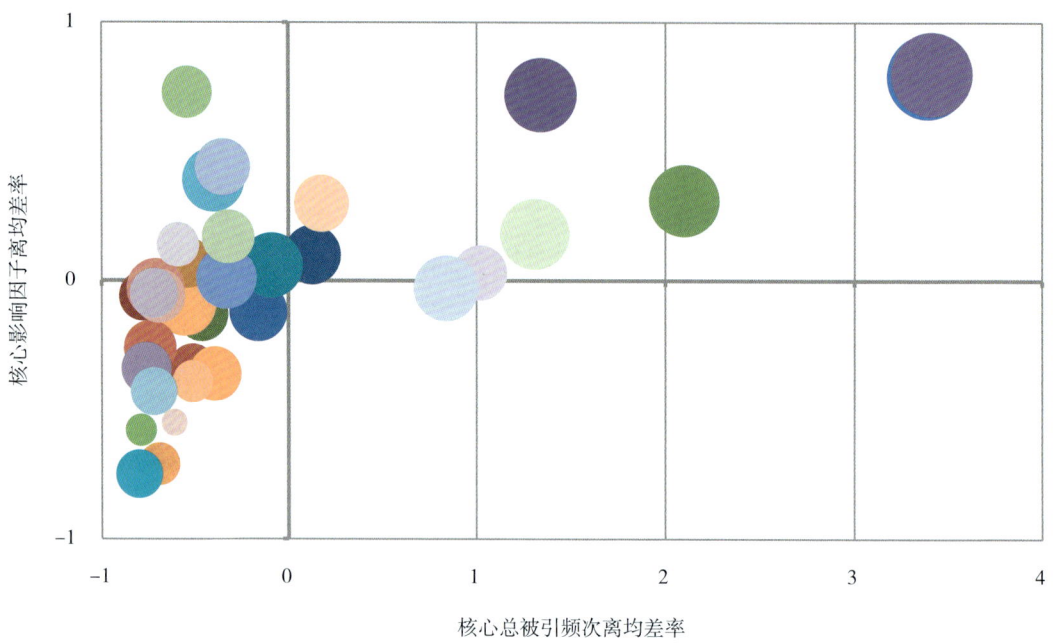

2021 年化学工程综合类期刊核心总被引频次和核心影响因子离均差率的分布图
（节点大小表示综合评价总分）

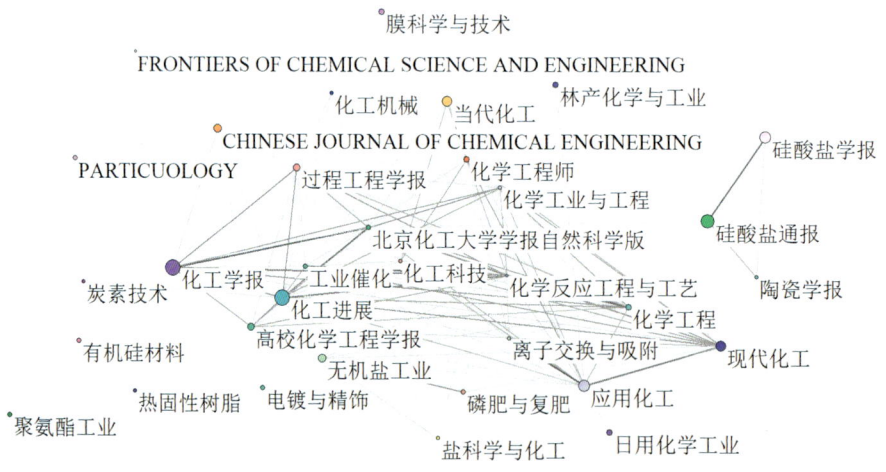

2021 年化学工程综合类期刊互引关系示意图

表 7-94　2021 年化学工程综合类期刊主要指标

CODE	刊名	核心总被引频次			核心影响因子			综合评价总分		学科扩散指标	学科影响指标	红点指标
		数值	排名	离均差率	数值	排名	离均差率	数值	排名			
T100	CHINESE JOURNAL OF CHEMICAL ENGINEERING	1153	9	0.13	0.599	12	0.10	41.6	12	8.62	0.74	0.17
I248	FRONTIERS OF CHEMICAL SCIENCE AND ENGINEERING	228	32	−0.78	0.512	21	−0.06	28.3	27	2.09	0.47	0.10
I202	PARTICUOLOGY	553	17	−0.46	0.472	24	−0.13	34.5	18	6.18	0.65	0.04
T020	北京化工大学学报自然科学版	462	22	−0.55	0.493	22	−0.09	48.2	8	8.09	0.59	0.17
T941	当代化工	2062	6	1.02	0.558	15	0.03	33.3	21	10.91	0.82	0.41
T508	电镀与精饰	470	21	−0.54	0.583	13	0.07	30.8	24	3.44	0.35	0.32
T016	高校化学工程学报	855	11	−0.16	0.480	23	−0.12	41.1	13	7.97	0.76	0.55
T563	工业催化	496	18	−0.51	0.358	27	−0.34	28.6	26	3.56	0.56	0.90
T004	硅酸盐通报	3166	3	2.10	0.714	7	0.31	60.9	4	12.41	0.71	0.60
T005	硅酸盐学报	2388	4	1.34	0.933	4	0.72	64.4	3	10.44	0.62	0.53
T008	过程工程学报	931	10	−0.09	0.578	14	0.06	49.5	7	8.32	0.85	0.57
T006	化工机械	318	25	−0.69	0.159	33	−0.71	21.1	31	3.71	0.29	0.37
T101	化工进展	4482	2	3.39	0.975	2	0.79	85.1	1	17.79	0.94	0.74
T532	化工科技	269	30	−0.74	0.401	25	−0.26	34.9	16	4.24	0.62	0.51
T146	化工设备与管道	215	33	−0.79	0.229	32	−0.58	12.2	33	1.97	0.26	0.18
T007	化工学报	4497	1	3.41	0.979	1	0.80	83.3	2	17.71	0.94	0.78
T009	化学反应工程与工艺	209	34	−0.80	0.137	34	−0.75	27.5	28	2.62	0.53	0.40
T025	化学工程	626	15	−0.39	0.346	28	−0.36	34.5	17	6.35	0.71	0.47
T567	化学工程师	679	13	−0.33	0.552	16	0.01	44.4	10	8.71	0.59	0.50
T076	化学工业与工程	292	27	−0.71	0.525	18	−0.03	42.7	11	4.44	0.62	0.62
T512	聚氨酯工业	474	20	−0.54	0.941	3	0.73	31.7	22	2.47	0.18	0.64
T010	离子交换与吸附	244	31	−0.76	0.360	26	−0.34	31.4	23	3.18	0.44	0.65
T017	林产化学与工业	614	16	−0.40	0.755	6	0.39	47.8	9	5.71	0.44	0.38
T231	磷肥与复肥	496	18	−0.51	0.332	29	−0.39	20.7	32	4.18	0.41	0.31
T077	膜科学与技术	660	14	−0.35	0.785	5	0.44	37.4	15	3.82	0.53	0.54
T105	热固性树脂	314	26	−0.69	0.513	20	−0.06	33.8	19	3.03	0.44	0.60
T070	日用化学工业	698	12	−0.32	0.637	10	0.17	33.7	20	5.68	0.44	0.47
T015	炭素技术	289	28	−0.72	0.518	19	−0.05	29.0	25	3.56	0.35	0.61
V531	陶瓷学报	287	29	−0.72	0.309	30	−0.43	27.4	29	3.50	0.38	0.38
T072	无机盐工业	1205	8	0.18	0.709	8	0.30	38.1	14	6.85	0.76	0.53
T063	现代化工	1879	7	0.84	0.530	17	−0.03	50.3	6	12.06	0.91	0.57
T054	盐科学与化工	397	24	−0.61	0.247	31	−0.55	8.6	34	3.38	0.47	0.30
T949	应用化工	2361	5	1.31	0.642	9	0.18	59.4	5	14.74	0.88	0.57
T916	有机硅材料	423	23	−0.59	0.618	11	0.14	23.2	30	2.35	0.38	0.47
	34 种期刊平均值	1020			0.544							

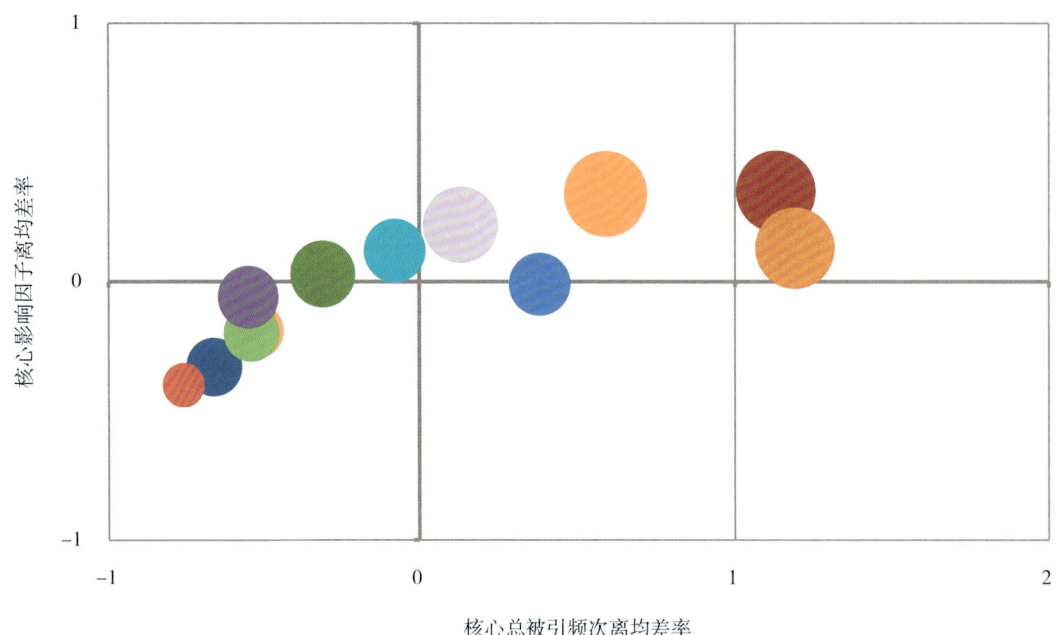

2021年高聚物工程类期刊核心总被引频次和核心影响因子离均差率的分布图
（节点大小表示综合评价总分）

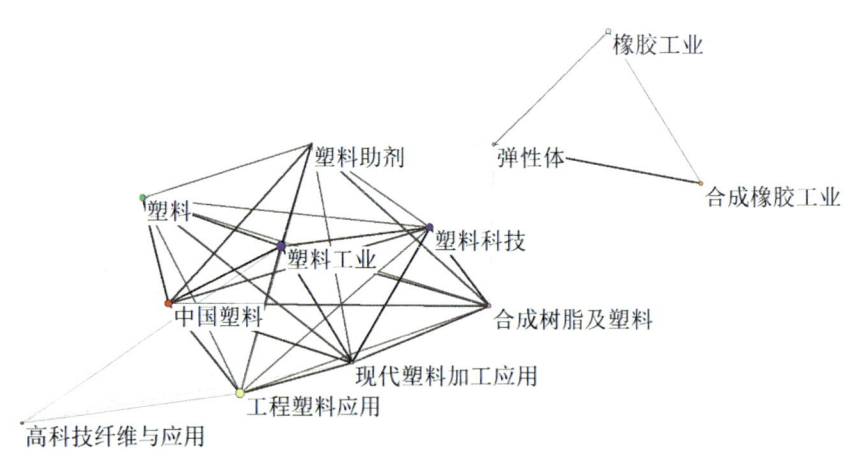

2021年高聚物工程类期刊互引关系示意图

表 7-95　2021 年高聚物工程类期刊主要指标

CODE	刊名	核心总被引频次			核心影响因子			综合评价总分		学科扩散指标	学科影响指标	红点指标
		数值	排名	离均差率	数值	排名	离均差率	数值	排名			
T078	高科技纤维与应用	290	11	−0.66	0.422	11	−0.33	36.7	9	7.92	0.67	0.47
T003	工程塑料应用	1792	2	1.13	0.857	1	0.35	71.4	3	19.08	1.00	0.65
T505	合成树脂及塑料	582	7	−0.31	0.651	6	0.03	48.2	5	8.92	0.92	0.51
T018	合成橡胶工业	403	8	−0.52	0.511	9	−0.19	31.4	11	7.00	1.00	0.80
T106	塑料	955	5	0.13	0.776	3	0.22	59.9	4	12.33	1.00	0.63
T014	塑料工业	1847	1	1.19	0.718	4	0.13	71.7	2	18.50	1.00	0.60
T536	塑料科技	1158	4	0.38	0.628	7	−0.01	42.6	7	16.00	1.00	0.73
T079	塑料助剂	206	12	−0.76	0.379	12	−0.40	21.3	12	5.67	0.83	0.46
T500	弹性体	391	9	−0.54	0.508	10	−0.20	34.5	10	8.83	0.92	0.44
T929	现代塑料加工应用	375	10	−0.55	0.596	8	−0.06	41.9	8	6.58	0.92	0.58
T064	橡胶工业	771	6	−0.08	0.710	5	0.12	44.5	6	12.42	0.83	0.49
T022	中国塑料	1337	3	0.59	0.850	2	0.34	78.5	1	18.58	1.00	0.61
	12 种期刊平均值	842			0.634							

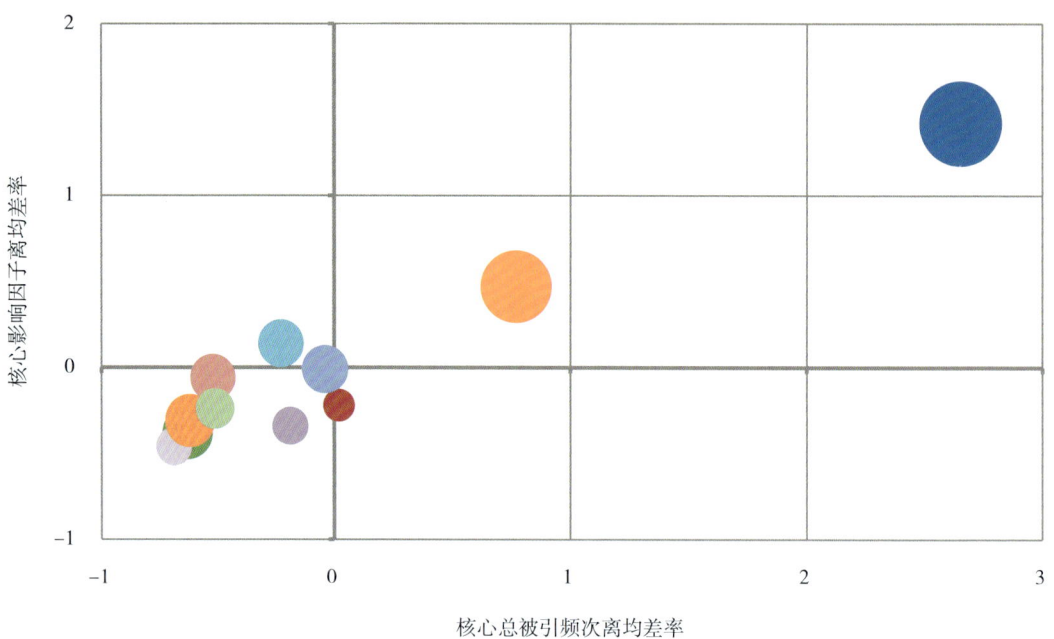

2021年精细化学工程类期刊核心总被引频次和核心影响因子离均差率的分布图
（节点大小表示综合评价总分）

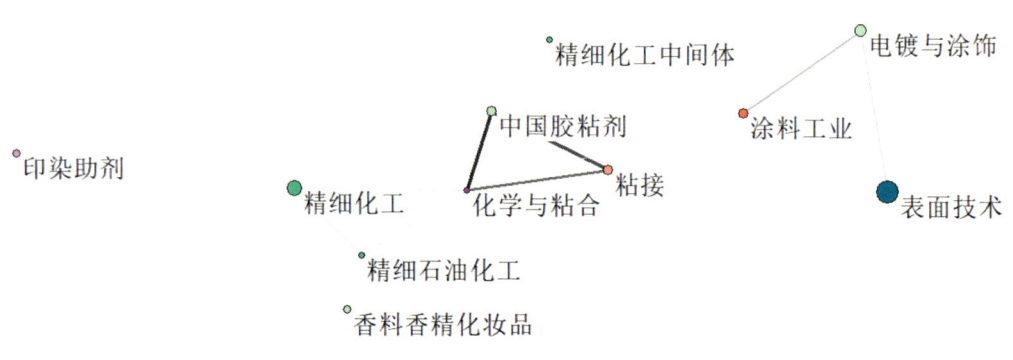

2021年精细化学工程类期刊互引关系示意图

表 7-96 2021年精细化学工程类期刊主要指标

CODE	刊名	核心总被引频次			核心影响因子			综合评价总分		学科扩散指标	学科影响指标	红点指标
		数值	排名	离均差率	数值	排名	离均差率	数值	排名			
T098	表面技术	3118	1	2.65	1.282	1	1.42	83.0	1	31.09	0.73	0.59
T598	电镀与涂饰	875	3	0.02	0.413	6	−0.22	12.2	11	14.73	0.55	0.74
T931	化学与粘合	316	10	−0.63	0.326	10	−0.38	32.6	3	12.91	1.00	0.33
T102	精细化工	1511	2	0.77	0.780	2	0.47	60.6	2	27.73	1.00	0.70
T955	精细化工中间体	261	11	−0.69	0.285	11	−0.46	15.4	10	10.27	0.55	0.30
T542	精细石油化工	324	9	−0.62	0.367	8	−0.31	32.0	4	10.55	0.64	0.30
T103	涂料工业	818	4	−0.04	0.523	4	−0.01	26.4	5	15.82	1.00	0.51
T073	香料香精化妆品	406	8	−0.52	0.495	5	−0.06	25.5	7	11.18	0.27	0.38
T104	印染助剂	417	7	−0.51	0.402	7	−0.24	18.6	8	10.91	0.82	0.29
T569	粘接	694	5	−0.19	0.348	9	−0.34	16.7	9	12.73	0.82	0.20
T075	中国胶粘剂	656	6	−0.23	0.601	3	0.14	26.2	6	12.73	0.82	0.51
	11种期刊平均值	854			0.529							

应用化学工程

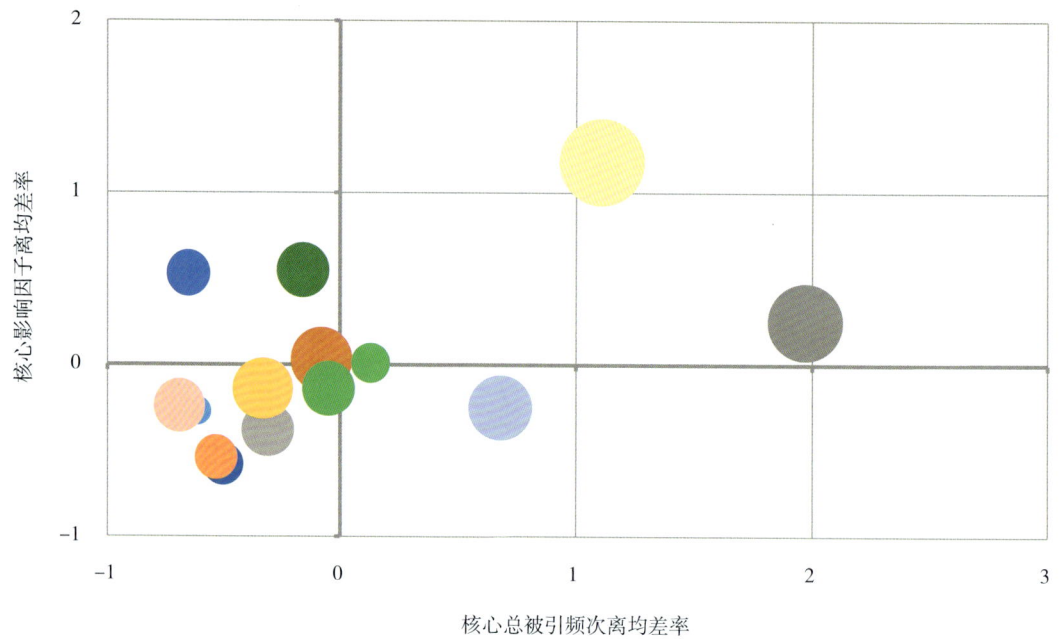

2021年应用化学工程类期刊核心总被引频次和核心影响因子离均差率的分布图
（节点大小表示综合评价总分）

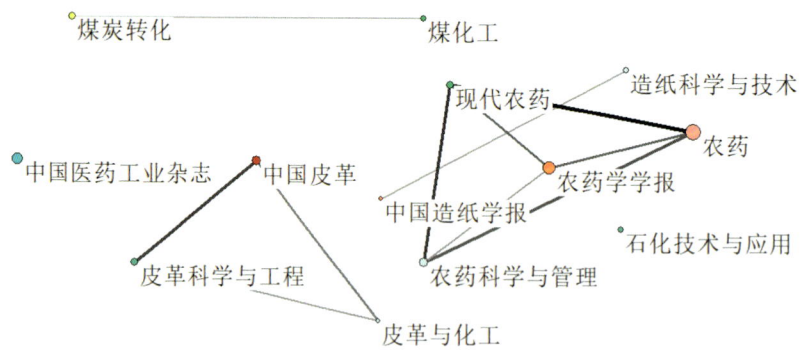

2021年应用化学工程类期刊互引关系示意图

表 7-97　2021 年应用化学工程类期刊主要指标

CODE	刊名	核心总被引频次			核心影响因子			综合评价总分		学科扩散指标	学科影响指标	红点指标
		数值	排名	离均差率	数值	排名	离均差率	数值	排名			
T060	煤化工	323	10	−0.50	0.310	14	−0.58	21.7	12	6.50	0.29	0.14
D027	煤炭转化	593	6	−0.08	0.760	5	0.03	49.5	4	8.07	0.36	0.19
T034	农药	1908	1	1.97	0.919	4	0.25	71.2	2	16.57	0.29	0.62
T924	农药科学与管理	613	5	−0.05	0.629	8	−0.14	36.0	7	10.29	0.36	0.69
H404	农药学学报	1357	2	1.11	1.601	1	1.18	86.9	1	15.50	0.29	0.64
U602	皮革科学与工程	542	7	−0.16	1.136	2	0.55	36.5	6	6.93	0.36	0.23
U604	皮革与化工	226	13	−0.65	1.126	3	0.53	26.3	10	3.57	0.29	0.32
T933	石化技术与应用	299	11	−0.53	0.335	13	−0.54	23.8	11	7.07	0.29	0.43
T074	天然气化工	445	8	−0.31	0.454	12	−0.38	34.0	9	8.57	0.36	0.27
H417	现代农药	431	9	−0.33	0.635	7	−0.14	45.0	5	9.43	0.36	0.68
U643	造纸科学与技术	249	12	−0.61	0.534	11	−0.27	10.0	14	6.07	0.43	0.24
U020	中国皮革	723	4	0.13	0.743	6	0.01	19.0	13	6.36	0.29	0.38
T019	中国医药工业杂志	1081	3	0.68	0.548	10	−0.25	51.0	3	17.71	0.14	0.32
U033	中国造纸学报	198	14	−0.69	0.559	9	−0.24	35.2	8	6.00	0.21	0.16
	14 种期刊平均值	642			0.735							

仪器仪表技术

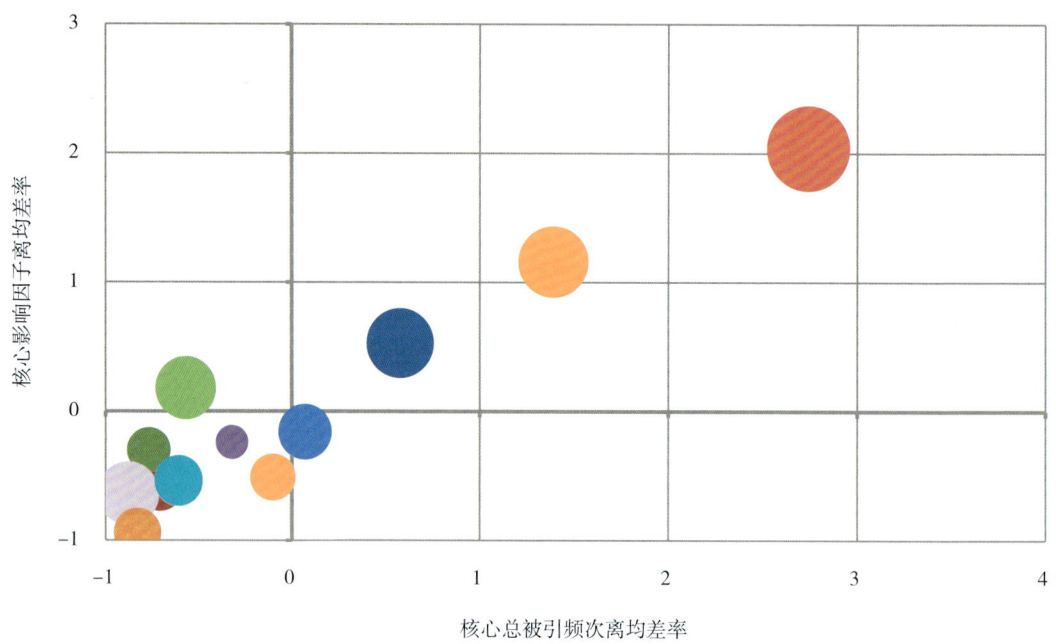

2021年仪器仪表技术类期刊核心总被引频次和核心影响因子离均差率的分布图
（节点大小表示综合评价总分）

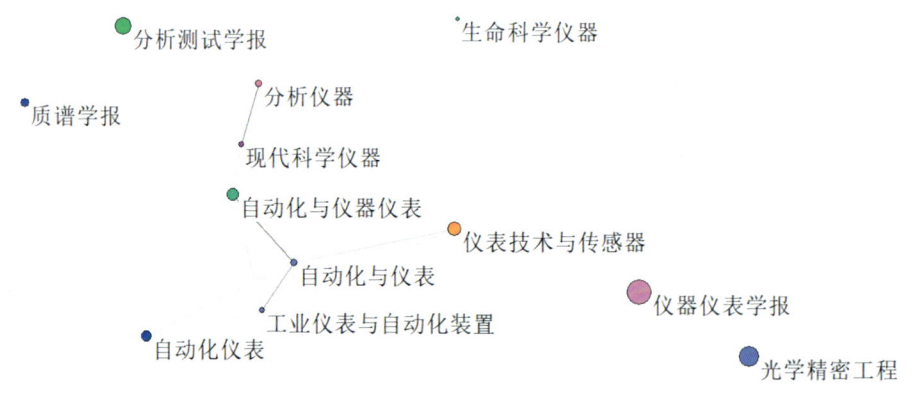

2021年仪器仪表技术类期刊互引关系示意图

表7-98 2021年仪器仪表技术类期刊主要指标

CODE	刊名	核心总被引频次			核心影响因子			综合评价总分		学科扩散指标	学科影响指标	红点指标
		数值	排名	离均差率	数值	排名	离均差率	数值	排名			
D022	分析测试学报	2229	3	0.58	1.373	3	0.53	54.5	3	31.25	0.50	0.41
D062	分析仪器	407	9	−0.71	0.371	10	−0.59	25.4	9	14.67	0.67	0.26
N037	工业仪表与自动化装置	326	10	−0.77	0.629	7	−0.30	22.6	11	10.58	0.50	0.53
N033	光学精密工程	3384	2	1.39	1.948	2	1.16	57.2	2	32.50	0.50	0.24
N759	生命科学仪器	173	12	−0.88	0.328	11	−0.64	42.7	5	11.17	0.50	0.16
N100	现代科学仪器	247	11	−0.83	0.051	12	−0.94	26.6	8	13.42	0.58	0.23
N074	仪表技术与传感器	1515	4	0.07	0.758	5	−0.16	34.5	6	24.92	0.92	0.50
N066	仪器仪表学报	5292	1	2.74	2.739	1	2.04	81.7	1	44.00	0.92	0.33
C034	质谱学报	613	7	−0.57	1.065	4	0.18	45.3	4	15.67	0.42	0.25
N013	自动化仪表	960	6	−0.32	0.685	6	−0.24	13.0	12	19.42	0.58	0.49
S501	自动化与仪表	552	8	−0.61	0.416	9	−0.54	28.8	7	16.17	0.67	0.50
R611	自动化与仪器仪表	1270	5	−0.10	0.440	8	−0.51	24.7	10	20.42	0.58	0.48
	12种期刊平均值	1414			0.900							

兵器科学与技术

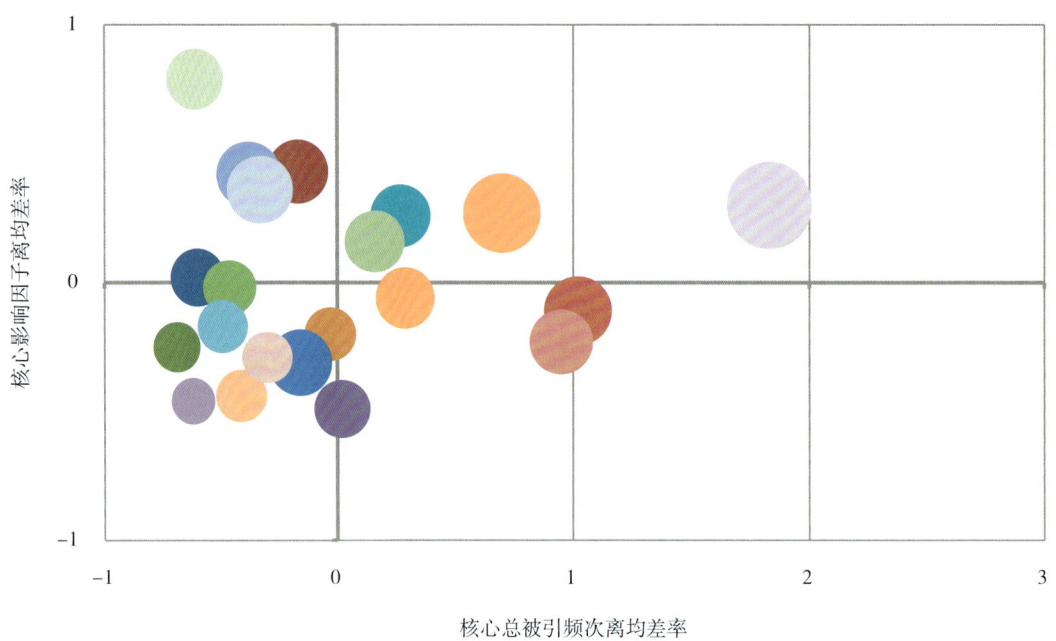

2021年兵器科学与技术类期刊核心总被引频次和核心影响因子离均差率的分布图
（节点大小表示综合评价总分）

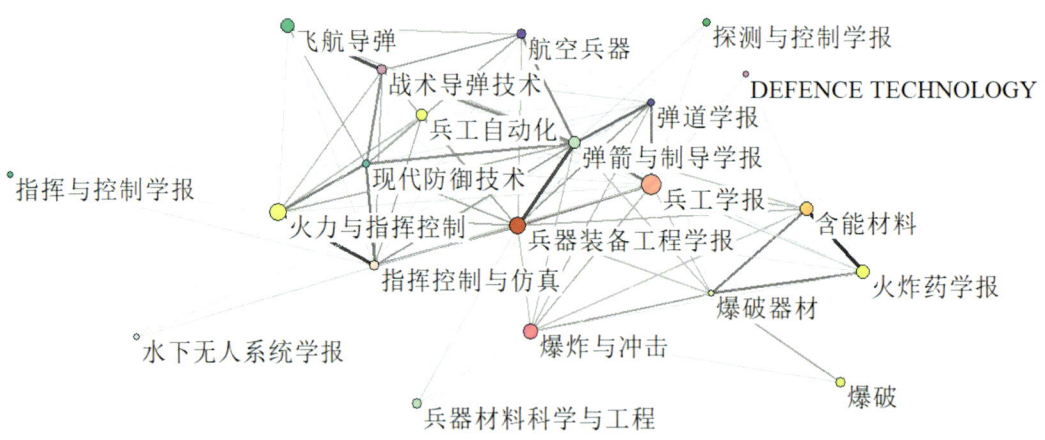

2021年兵器科学与技术类期刊互引关系示意图

表 7-99　2021年兵器科学与技术类期刊主要指标

CODE	刊名	核心总被引频次			核心影响因子			综合评价总分		学科扩散指标	学科影响指标	红点指标
		数值	排名	离均差率	数值	排名	离均差率	数值	排名			
I226	DEFENCE TECHNOLOGY	386	18	−0.60	0.783	9	0.02	35.4	13	5.86	0.86	0.01
N017	爆破	791	11	−0.17	1.091	2	0.43	42.9	8	4.95	0.43	0.45
N012	爆破器材	297	21	−0.69	0.575	16	−0.25	26.1	20	3.95	0.52	0.44
N006	爆炸与冲击	1633	4	0.70	0.974	6	0.27	65.8	2	12.19	0.71	0.29
N008	兵工学报	2713	1	1.83	0.995	5	0.30	76.0	1	18.86	1.00	0.37
R730	兵工自动化	927	9	−0.03	0.609	14	−0.20	30.0	16	10.14	0.90	0.36
N085	兵器材料科学与工程	804	10	−0.16	0.526	18	−0.31	46.1	5	9.67	0.57	0.41
T094	兵器装备工程学报	1939	2	1.02	0.680	12	−0.11	49.6	3	18.10	1.00	0.48
N004	弹道学报	513	16	−0.46	0.746	10	−0.02	32.2	15	4.71	0.95	0.60
N009	弹箭与制导学报	981	8	0.02	0.390	21	−0.49	35.4	14	8.95	1.00	0.37
Y571	飞航导弹	1221	6	0.27	0.965	7	0.26	41.3	9	9.38	0.86	0.40
L586	含能材料	1234	5	0.29	0.718	11	−0.06	39.5	11	6.24	0.81	0.53
Y556	航空兵器	598	14	−0.38	1.086	3	0.42	44.7	6	6.48	0.71	0.53
N005	火力与指挥控制	1867	3	0.95	0.587	15	−0.23	43.4	7	12.76	0.86	0.38
N007	火炸药学报	1107	7	0.16	0.885	8	0.16	39.7	10	4.43	0.71	0.78
N907	水下无人系统学报	360	20	−0.62	0.412	20	−0.46	23.2	21	5.29	0.71	0.50
N043	探测与控制学报	493	17	−0.49	0.634	13	−0.17	29.3	17	7.14	0.90	0.31
Y561	现代防御技术	563	15	−0.41	0.427	19	−0.44	28.9	18	6.33	0.76	0.51
Y521	战术导弹技术	638	13	−0.33	1.037	4	0.36	47.1	4	6.33	0.81	0.45
N091	指挥控制与仿真	668	12	−0.30	0.545	17	−0.29	27.1	19	6.14	0.71	0.39
N094	指挥与控制学报	377	19	−0.61	1.369	1	0.79	39.0	12	3.10	0.62	0.31
	21 种期刊平均值	958			0.764							

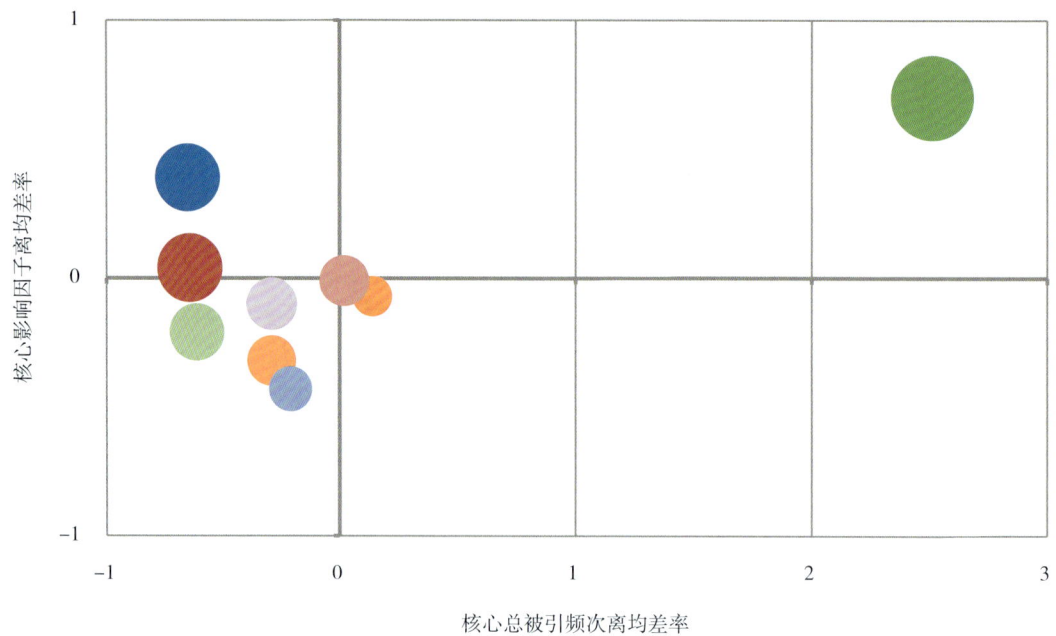

2021 年纺织科学技术类期刊核心总被引频次和核心影响因子离均差率的分布图
（节点大小表示综合评价总分）

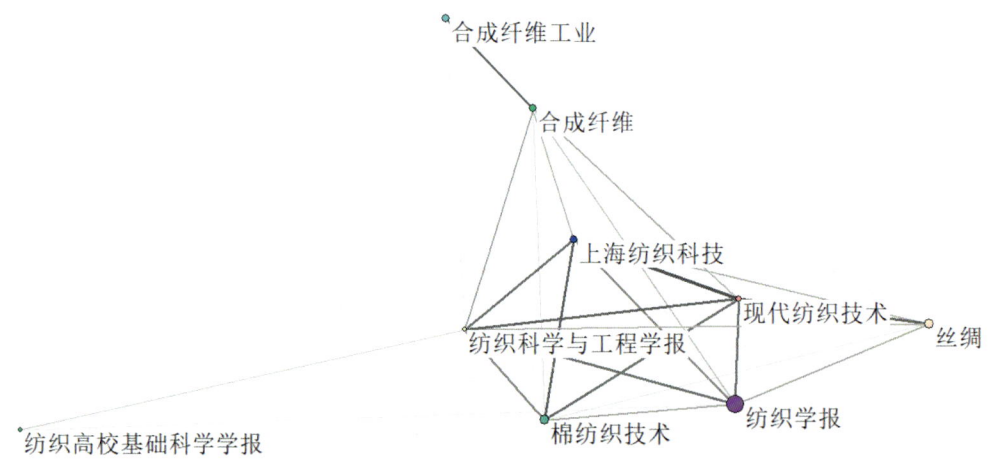

2021 年纺织科学技术类期刊互引关系示意图

表 7-100　2021 年纺织科学技术类期刊主要指标

CODE	刊名	核心总被引频次			核心影响因子			综合评价总分		学科扩散指标	学科影响指标	红点指标
		数值	排名	离均差率	数值	排名	离均差率	数值	排名			
U013	纺织高校基础科学学报	222	9	−0.65	0.729	2	0.39	49.2	3	7.78	0.89	0.12
Q418	纺织科学与工程学报	230	8	−0.64	0.546	3	0.04	49.7	2	8.56	0.89	0.50
U053	纺织学报	2217	1	2.51	0.896	1	0.70	77.1	1	28.33	1.00	0.37
T067	合成纤维	447	6	−0.29	0.360	8	−0.32	26.8	7	11.33	1.00	0.40
T065	合成纤维工业	450	5	−0.29	0.472	6	−0.10	27.2	6	11.11	1.00	0.62
U036	棉纺织技术	720	2	0.14	0.490	5	−0.07	17.7	9	11.44	1.00	0.41
U528	上海纺织科技	501	4	−0.21	0.299	9	−0.43	21.3	8	11.11	1.00	0.71
U056	丝绸	642	3	0.02	0.522	4	−0.01	27.7	5	10.22	1.00	0.24
U634	现代纺织技术	249	7	−0.61	0.417	7	−0.21	34.9	4	7.33	0.89	0.39
	9 种期刊平均值	631			0.526							

食品科学技术

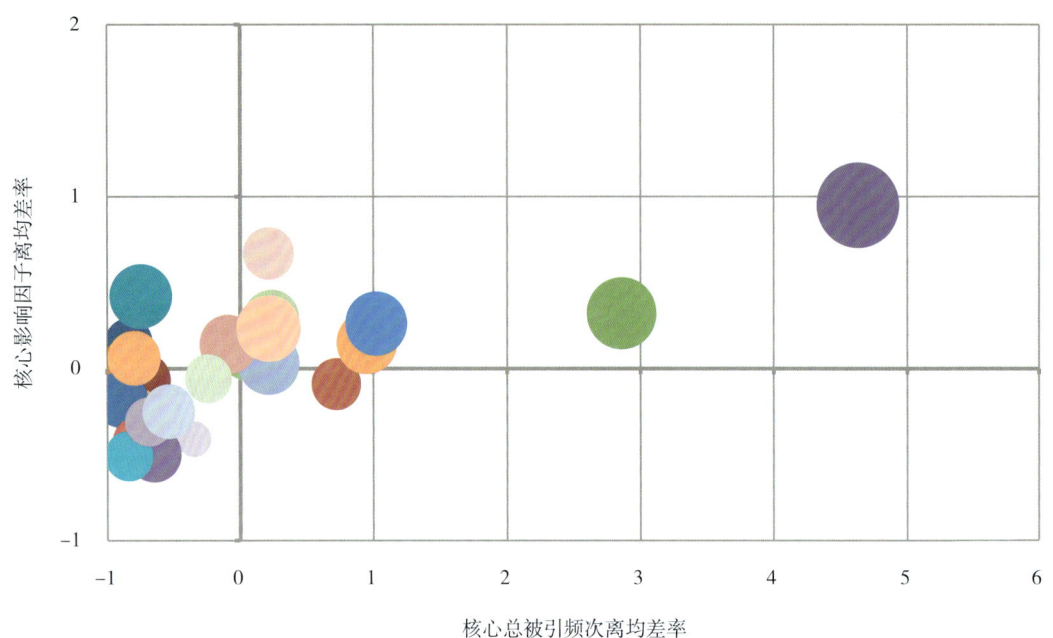

2021年食品科学技术类期刊核心总被引频次和核心影响因子离均差率的分布图
（节点大小表示综合评价总分）

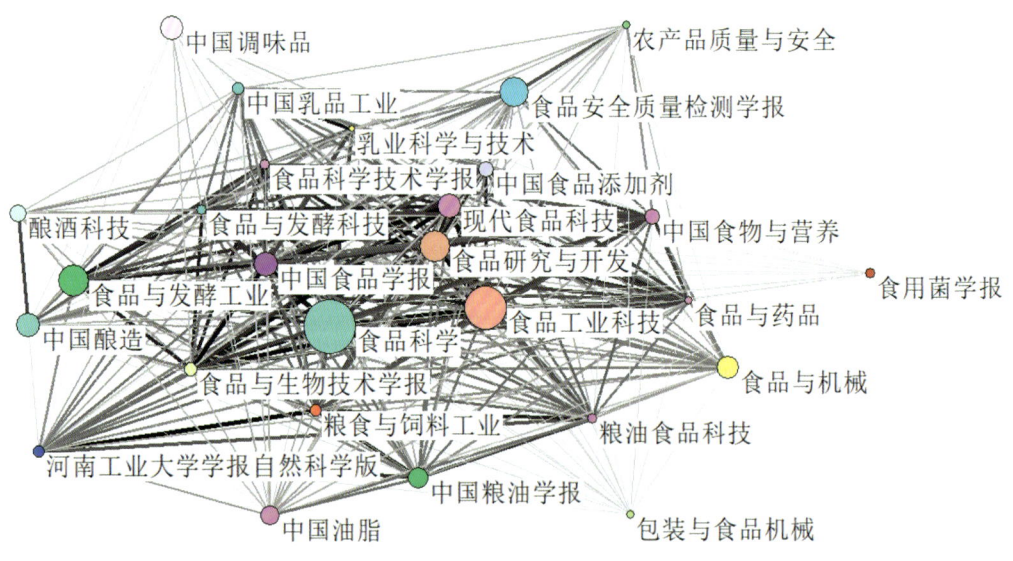

2021年食品科学技术类期刊互引关系示意图

表 7-101　2021 年食品科学技术类期刊主要指标

CODE	刊名	核心总被引频次			核心影响因子			综合评价总分		学科扩散指标	学科影响指标	红点指标
		数值	排名	离均差率	数值	排名	离均差率	数值	排名			
U521	包装与食品机械	531	25	−0.84	1.203	8	0.15	29.3	22	4.70	0.93	0.40
U004	河南工业大学学报自然科学版	889	19	−0.73	0.968	16	−0.07	38.1	11	5.81	0.89	0.61
U055	粮食与饲料工业	936	18	−0.71	0.540	25	−0.48	25.6	26	6.26	0.89	0.48
U626	粮油食品科技	711	21	−0.78	0.766	20	−0.26	31.8	18	5.81	0.96	0.60
U504	酿酒科技	2129	13	−0.35	0.613	23	−0.41	14.2	27	5.81	0.85	0.61
H071	农产品质量与安全	475	26	−0.85	1.077	14	0.03	31.5	19	5.19	0.78	0.38
H097	乳业科学与技术	335	27	−0.90	0.850	18	−0.18	37.8	12	2.96	0.81	0.75
U049	食品安全质量检测学报	5604	5	0.72	0.945	17	−0.09	32.5	17	17.04	1.00	0.65
U005	食品工业科技	12565	2	2.86	1.376	4	0.32	62.4	2	21.04	1.00	0.76
U006	食品科学	18349	1	4.63	2.035	1	0.95	87.9	1	24.15	1.00	0.65
A117	食品科学技术学报	809	20	−0.75	1.484	3	0.42	50.5	4	6.74	1.00	0.62
U617	食品研究与开发	6347	4	0.95	1.195	9	0.15	47.6	7	17.67	1.00	0.81
U035	食品与发酵工业	6571	3	1.02	1.315	6	0.26	49.6	5	15.78	1.00	0.68
U641	食品与发酵科技	696	22	−0.79	0.609	24	−0.42	26.5	25	5.59	0.93	0.58
U547	食品与机械	3413	10	0.05	1.146	11	0.10	40.1	9	14.04	1.00	0.55
U029	食品与生物技术学报	1142	16	−0.65	0.523	26	−0.50	37.7	13	9.70	0.96	0.51
G748	食品与药品	534	24	−0.84	0.513	27	−0.51	30.5	20	8.00	0.81	0.63
H838	食用菌学报	658	23	−0.80	1.109	12	0.06	36.1	15	4.52	0.67	0.36
U010	现代食品科技	3942	7	0.21	1.078	13	0.03	48.3	6	15.00	1.00	0.66
U001	中国粮油学报	2977	11	−0.09	1.190	10	0.14	42.5	8	11.30	0.96	0.60
U609	中国酿造	4010	6	0.23	1.342	5	0.29	39.7	10	10.78	0.96	0.81
U052	中国乳品工业	1023	17	−0.69	0.718	22	−0.31	29.3	21	4.67	0.89	0.62
U635	中国食品添加剂	1471	15	−0.55	0.766	20	−0.26	27.9	24	9.48	0.93	0.73
U007	中国食品学报	3926	9	0.21	1.277	7	0.23	52.7	3	14.78	1.00	0.66
U563	中国食物与营养	1499	14	−0.54	0.786	19	−0.25	36.4	14	13.81	1.00	0.42
U501	中国调味品	3934	8	0.21	1.738	2	0.67	33.2	16	8.30	0.96	0.76
U032	中国油脂	2477	12	−0.24	0.984	15	−0.06	29.2	23	10.89	0.89	0.50
	27 种期刊平均值	3258			1.042							

建筑科学与技术

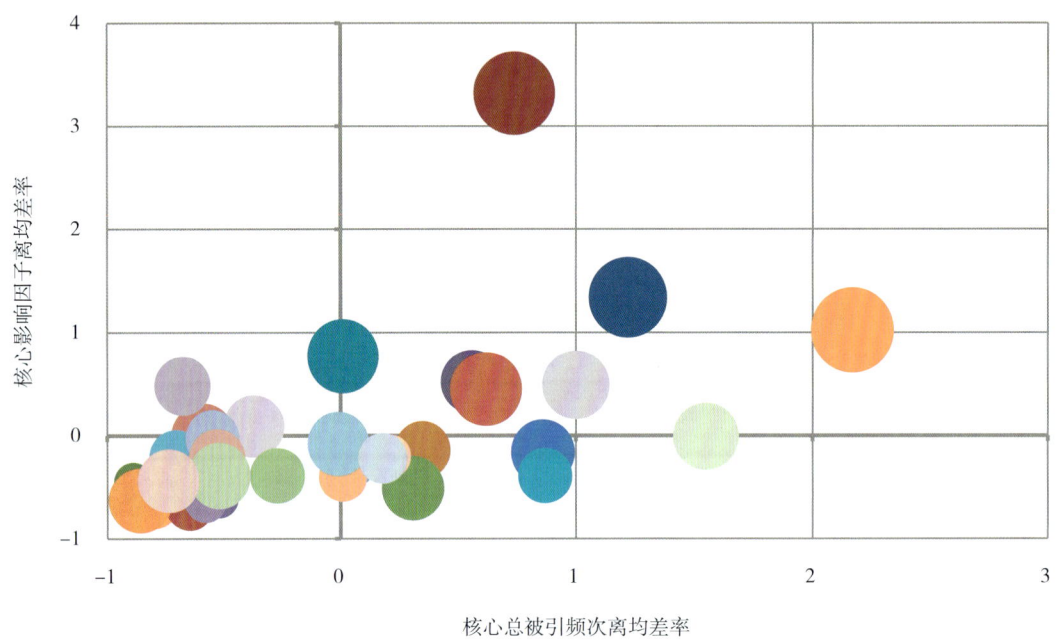

2021年建筑科学与技术类期刊核心总被引频次和核心影响因子离均差率的分布图
（节点大小表示综合评价总分）

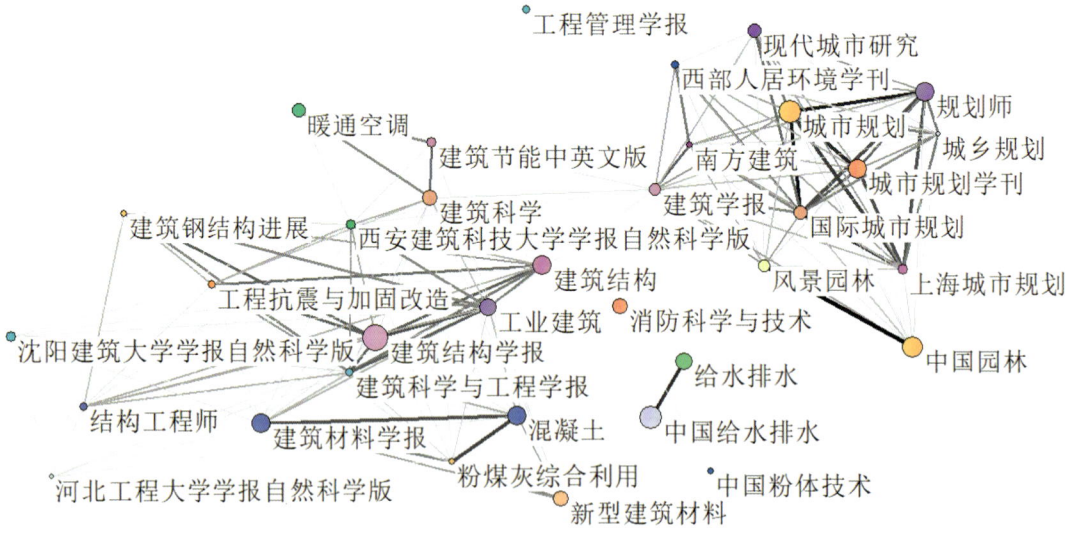

2021年建筑科学与技术类期刊互引关系示意图

表 7-102　2021 年建筑科学与技术类期刊主要指标

CODE	刊名	核心总被引频次			核心影响因子			综合评价总分		学科扩散指标	学科影响指标	红点指标
		数值	排名	离均差率	数值	排名	离均差率	数值	排名			
V050	城市规划	3069	3	1.22	1.731	2	1.34	60.6	3	8.59	0.65	0.47
V028	城市规划学刊	2406	7	0.74	3.189	1	3.32	65.5	2	6.21	0.53	0.40
V062	城乡规划	159	34	−0.89	0.407	28	−0.45	14.7	34	1.44	0.35	0.59
V052	粉煤灰综合利用	283	32	−0.80	0.245	33	−0.67	21.9	29	2.88	0.41	0.61
V048	风景园林	873	19	−0.37	0.809	9	0.09	34.2	18	3.53	0.53	0.66
V021	给水排水	1872	10	0.35	0.636	14	−0.14	31.6	20	8.35	0.41	0.31
S712	工程管理学报	429	28	−0.69	0.429	26	−0.42	20.9	30	4.35	0.32	0.24
V033	工程抗震与加固改造	486	26	−0.65	0.244	34	−0.67	25.2	26	3.38	0.47	0.62
V010	工业建筑	1817	11	0.31	0.359	29	−0.51	39.2	12	8.56	0.74	0.55
V572	规划师	2164	9	0.56	1.123	5	0.52	37.9	15	6.24	0.65	0.53
V529	国际城市规划	1402	15	0.01	1.307	4	0.77	51.7	4	6.00	0.53	0.42
K032	河北工程大学学报自然科学版	194	33	−0.86	0.271	32	−0.63	39.8	11	4.06	0.32	0.40
V560	混凝土	2573	6	0.86	0.621	15	−0.16	40.0	10	7.50	0.53	0.71
V051	建筑材料学报	2244	8	0.62	1.071	8	0.45	50.9	5	7.74	0.56	0.59
V057	建筑钢结构进展	370	30	−0.73	0.469	21	−0.37	26.4	25	2.74	0.44	0.74
V523	建筑节能中英文版	661	21	−0.52	0.293	30	−0.60	16.3	33	4.62	0.56	0.50
V014	建筑结构	2586	5	0.87	0.452	22	−0.39	28.8	23	7.56	0.62	0.50
V044	建筑结构学报	4386	1	2.17	1.496	3	1.02	68.3	1	8.00	0.53	0.76
V005	建筑科学	1420	14	0.03	0.567	20	−0.23	34.7	16	8.26	0.76	0.44
V013	建筑科学与工程学报	573	25	−0.59	0.721	11	−0.02	43.8	7	4.79	0.50	0.67
V047	建筑学报	1006	18	−0.27	0.448	24	−0.39	29.0	22	5.41	0.74	0.13
V049	结构工程师	587	24	−0.58	0.282	31	−0.62	20.4	31	4.59	0.47	0.59
V089	南方建筑	397	29	−0.71	0.585	17	−0.21	28.3	24	2.74	0.53	0.48
V032	暖通空调	1395	16	0.01	0.447	25	−0.40	23.4	28	5.76	0.47	0.47
V088	上海城市规划	627	23	−0.55	0.719	12	−0.03	30.7	21	3.21	0.44	0.42
V011	沈阳建筑大学学报自然科学版	657	22	−0.53	0.571	19	−0.23	34.3	17	6.74	0.59	0.53
V018	西安建筑科技大学学报自然科学版	663	20	−0.52	0.449	23	−0.39	41.3	9	7.18	0.68	0.46
V573	西部人居环境学刊	439	27	−0.68	1.091	7	0.48	32.6	19	2.76	0.53	0.36
V087	现代城市研究	1369	17	−0.01	0.682	13	−0.08	38.3	13	6.53	0.50	0.40
T953	消防科学与技术	1670	12	0.21	0.588	16	−0.20	17.8	32	7.12	0.53	0.41
V056	新型建筑材料	1639	13	0.18	0.576	18	−0.22	23.9	27	6.56	0.53	0.58
V568	中国粉体技术	354	31	−0.74	0.413	27	−0.44	37.9	14	5.09	0.21	0.13
V036	中国给水排水	3538	2	1.55	0.728	10	−0.01	42.2	8	10.79	0.47	0.32
V039	中国园林	2770	4	1.00	1.104	6	0.49	44.1	6	7.09	0.59	1.00
	34 种期刊平均值	1385			0.739							

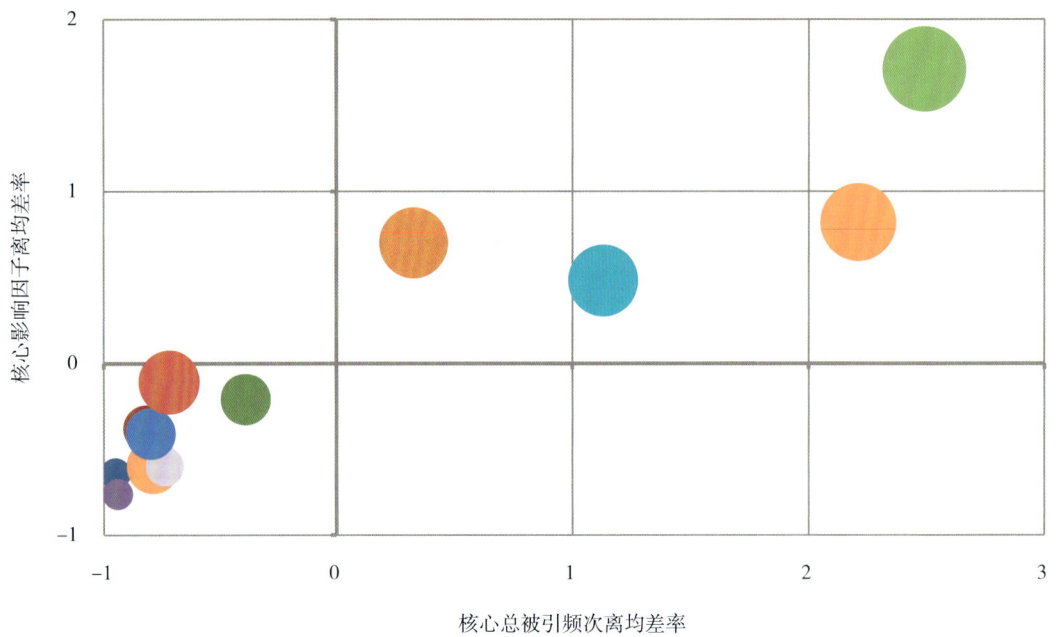

2021年土木工程类期刊核心总被引频次和核心影响因子离均差率的分布图
（节点大小表示综合评价总分）

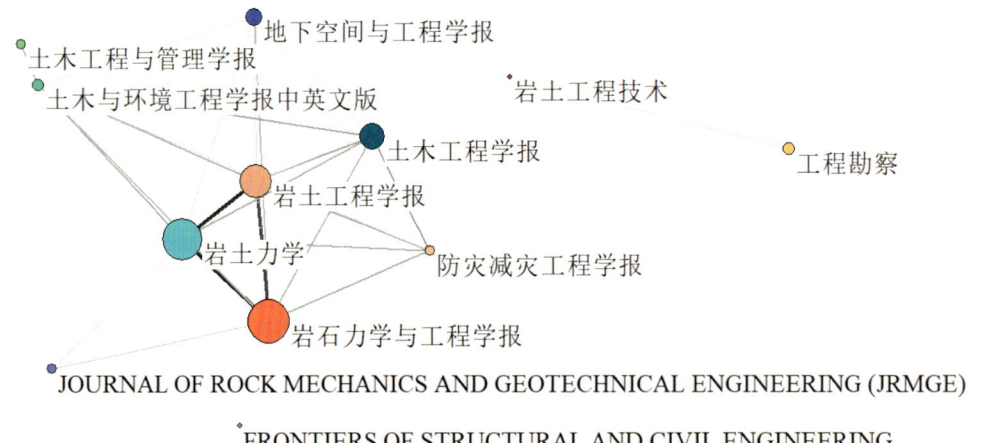

2021年土木工程类期刊互引关系示意图

表 7-103　2021 年土木工程类期刊主要指标

CODE	刊名	核心总被引频次			核心影响因子			综合评价总分		学科扩散指标	学科影响指标	红点指标
		数值	排名	离均差率	数值	排名	离均差率	数值	排名			
I725	FRONTIERS OF STRUCTURAL AND CIVIL ENGINEERING	191	12	−0.95	0.403	11	−0.64	11.6	12	5.92	0.58	0.00
C010	JOURNAL OF ROCK MECHANICS AND GEOTECHNICAL ENGINEERING (JRMGE)	623	10	−0.82	0.695	7	−0.38	26.3	9	12.42	0.75	0.00
V031	地下空间与工程学报	2119	5	−0.39	0.880	6	−0.21	31.8	7	25.08	0.92	0.49
Z544	防灾减灾工程学报	727	8	−0.79	0.452	9	−0.60	35.6	6	17.42	0.75	0.43
V030	工程勘察	892	7	−0.74	0.446	10	−0.60	16.6	10	19.67	0.75	0.31
V029	土木工程学报	4636	4	0.33	1.900	3	0.70	60.8	4	29.50	0.92	0.43
V035	土木工程与管理学报	691	9	−0.80	0.663	8	−0.41	31.3	8	18.50	0.67	0.31
V019	土木与环境工程学报中英文版	963	6	−0.72	0.996	5	−0.11	49.0	5	23.67	0.83	0.40
C005	岩石力学与工程学报	12181	1	2.49	3.025	1	1.71	87.0	1	38.58	1.00	0.95
V574	岩土工程技术	223	11	−0.94	0.273	12	−0.76	11.7	11	7.67	0.58	0.43
V037	岩土工程学报	7417	3	1.13	1.652	4	0.48	61.5	3	33.25	1.00	0.49
C004	岩土力学	11200	2	2.21	2.035	2	0.82	72.7	2	40.17	1.00	0.51
	12 种期刊平均值	3489			1.118							

水利工程

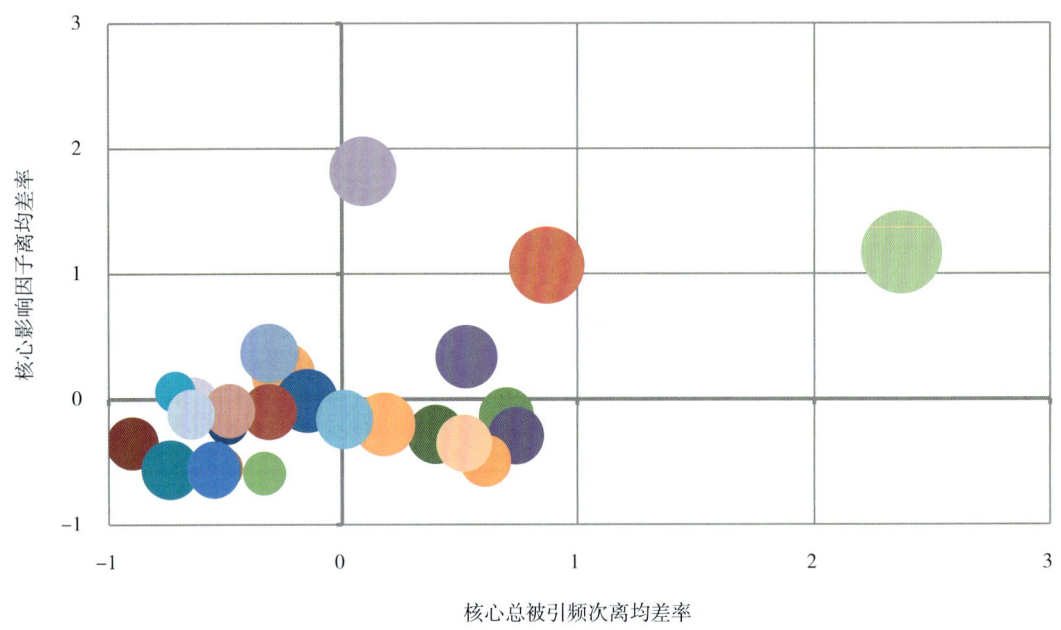

2021年水利工程类期刊核心总被引频次和核心影响因子离均差率的分布图
（节点大小表示综合评价总分）

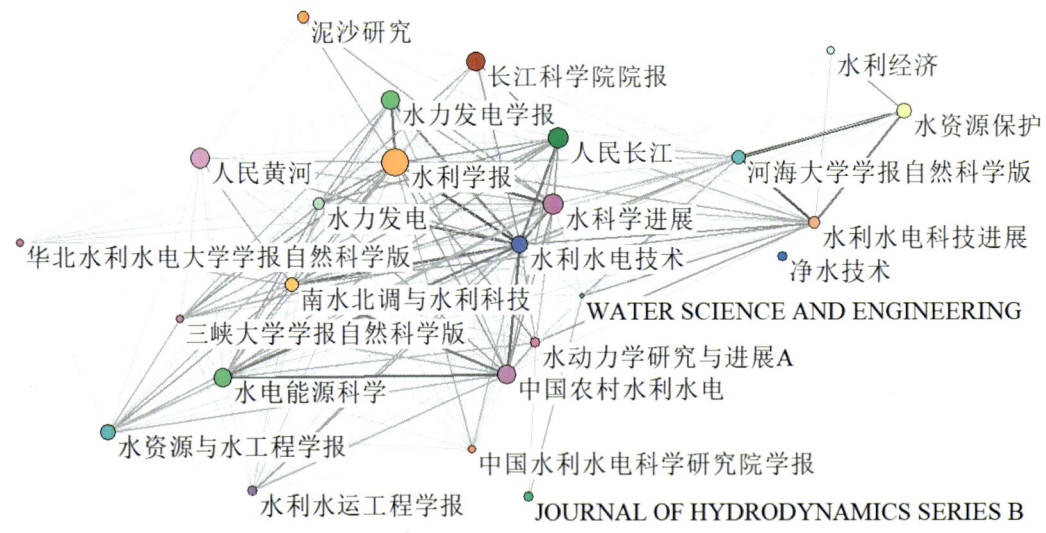

2021年水利工程类期刊互引关系示意图

表 7-104　2021 年水利工程类期刊主要指标

CODE	刊名	核心总被引频次			核心影响因子			综合评价总分		学科扩散指标	学科影响指标	红点指标
		数值	排名	离均差率	数值	排名	离均差率	数值	排名			
W015	JOURNAL OF HYDRODYNAMICS SERIES B	788	18	−0.49	0.952	15	−0.18	24.2	22	7.04	0.76	0.00
W030	WATER SCIENCE AND ENGINEERING	152	25	−0.90	0.757	19	−0.35	33.1	18	3.60	0.76	0.00
W010	长江科学院院报	2190	8	0.40	0.838	17	−0.28	41.5	9	15.56	0.92	0.52
W012	河海大学学报自然科学版	1169	13	−0.25	1.390	6	0.20	49.1	4	13.32	0.96	0.38
W543	华北水利水电大学学报自然科学版	559	21	−0.64	1.105	9	−0.04	32.7	19	7.96	0.80	0.41
Z553	净水技术	761	19	−0.51	0.526	22	−0.55	21.6	24	7.56	0.32	0.34
W590	南水北调与水利科技	1332	12	−0.15	1.148	8	−0.01	48.6	5	11.20	0.88	0.58
W002	泥沙研究	1071	15	−0.31	1.043	11	−0.10	36.8	16	5.92	0.76	0.36
W555	人民黄河	2645	4	0.70	1.010	13	−0.13	37.2	15	13.92	0.92	0.56
W504	人民长江	2720	3	0.74	0.825	18	−0.29	39.0	12	16.36	0.88	0.42
R086	三峡大学学报自然科学版	413	24	−0.74	0.512	23	−0.56	41.9	8	9.04	0.76	0.42
P007	水电能源科学	2506	5	0.61	0.594	21	−0.49	32.3	20	17.72	0.96	0.50
W004	水动力学研究与进展 A	697	20	−0.55	0.511	24	−0.56	38.9	13	8.68	0.88	0.26
W013	水科学进展	2923	2	0.87	2.390	3	1.07	70.7	2	12.92	0.96	0.43
R050	水力发电	1049	16	−0.33	0.470	25	−0.59	22.7	23	10.48	0.84	0.50
R049	水力发电学报	2381	6	0.53	1.556	5	0.34	47.9	6	12.28	0.96	0.51
R587	水利经济	442	23	−0.72	1.222	7	0.06	20.3	25	3.32	0.60	0.38
W011	水利水电技术	1844	9	0.18	0.927	16	−0.20	47.8	7	14.36	0.96	0.68
W502	水利水电科技进展	1077	14	−0.31	1.581	4	0.37	41.5	9	8.88	0.96	0.52
W006	水利水运工程学报	806	17	−0.48	1.053	10	−0.09	34.4	17	7.96	0.96	0.48
W003	水利学报	5255	1	2.37	2.505	2	1.17	82.4	1	20.48	1.00	0.43
R566	水资源保护	1698	10	0.09	3.268	1	1.82	57.3	3	10.92	0.92	0.52
W570	水资源与水工程学报	1570	11	0.01	0.974	14	−0.16	41.5	9	13.40	0.92	0.51
W005	中国农村水利水电	2370	7	0.52	0.750	20	−0.35	38.4	14	15.32	0.92	0.47
W557	中国水利水电科学研究院学报	545	22	−0.65	1.023	12	−0.12	29.5	21	6.80	0.84	0.38
	25 种期刊平均值	1559			1.157							

交通运输工程

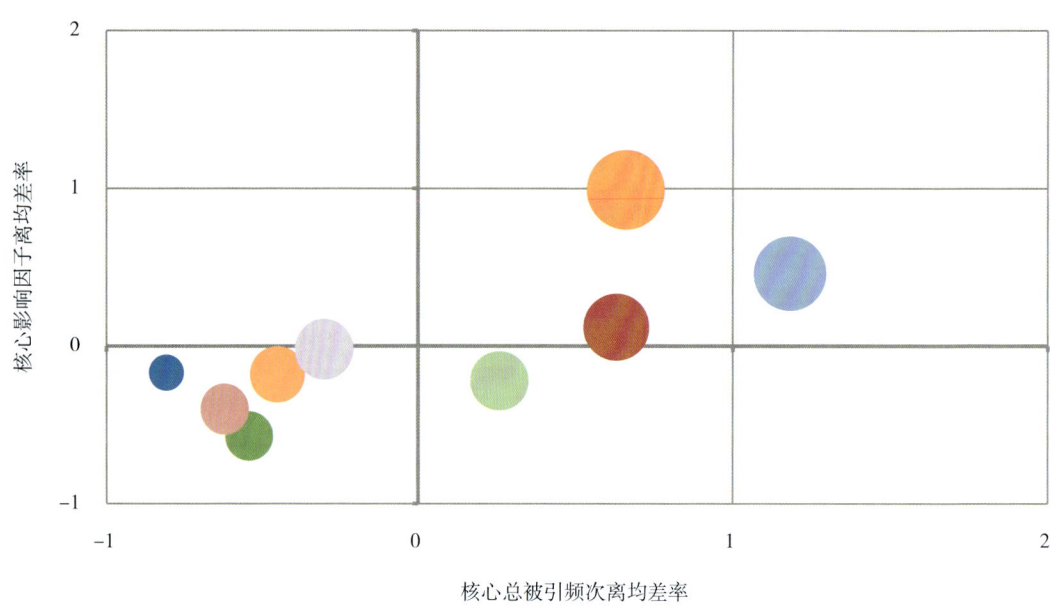

2021年交通运输工程类期刊核心总被引频次和核心影响因子离均差率的分布图
（节点大小表示综合评价总分）

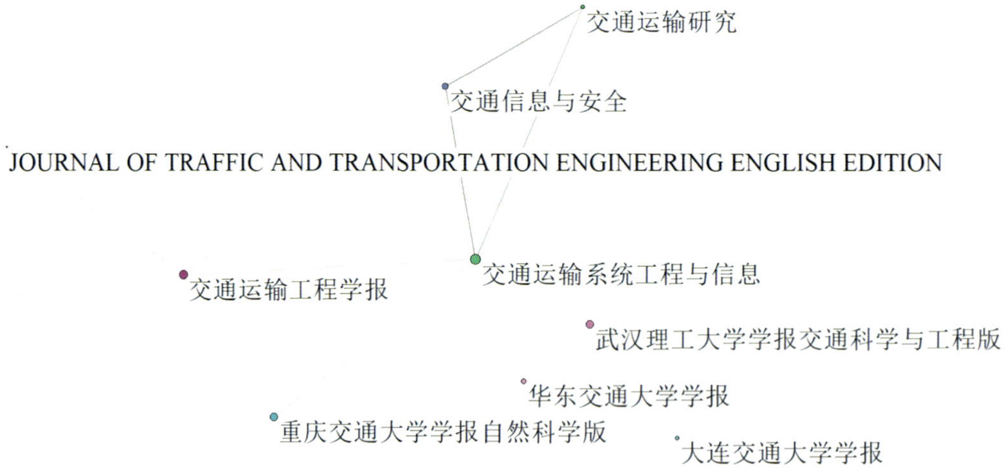

2021年交通运输工程类期刊互引关系示意图

表 7-105　2021年交通运输工程类期刊主要指标

CODE	刊名	核心总被引频次			核心影响因子			综合评价总分		学科扩散指标	学科影响指标	红点指标
		数值	排名	离均差率	数值	排名	离均差率	数值	排名			
X053	JOURNAL OF TRAFFIC AND TRANSPORTATION ENGINEERING ENGLISH EDITION	155	9	−0.81	0.657	5	−0.17	16.7	9	6.56	0.44	0.44
X029	重庆交通大学学报自然科学版	1296	3	0.63	0.888	3	0.12	57.2	3	38.67	1.00	0.92
X001	大连交通大学学报	363	7	−0.54	0.339	9	−0.57	30.9	8	17.89	0.89	0.16
X003	华东交通大学学报	435	6	−0.45	0.649	6	−0.18	40.1	6	23.00	1.00	0.28
X020	交通信息与安全	558	5	−0.30	0.774	4	−0.02	44.7	4	18.00	0.89	0.75
		1317	2	0.66	1.579	1	0.99	80.8	1	33.00	1.00	0.71
X672	交通运输工程学报	1737	1	1.18	1.153	2	0.46	70.0	2	30.67	1.00	0.95
X685	交通运输系统工程与信息	299	8	−0.62	0.475	8	−0.40	33.1	7	16.56	0.78	0.41
X516	交通运输研究	999	4	0.26	0.616	7	−0.22	44.4	5	34.11	1.00	0.38
X017	武汉理工大学学报交通科学与工程版	155	9	−0.81	0.657	5	−0.17	16.7	9	6.56	0.44	0.44
	9 种期刊平均值	795			0.792							

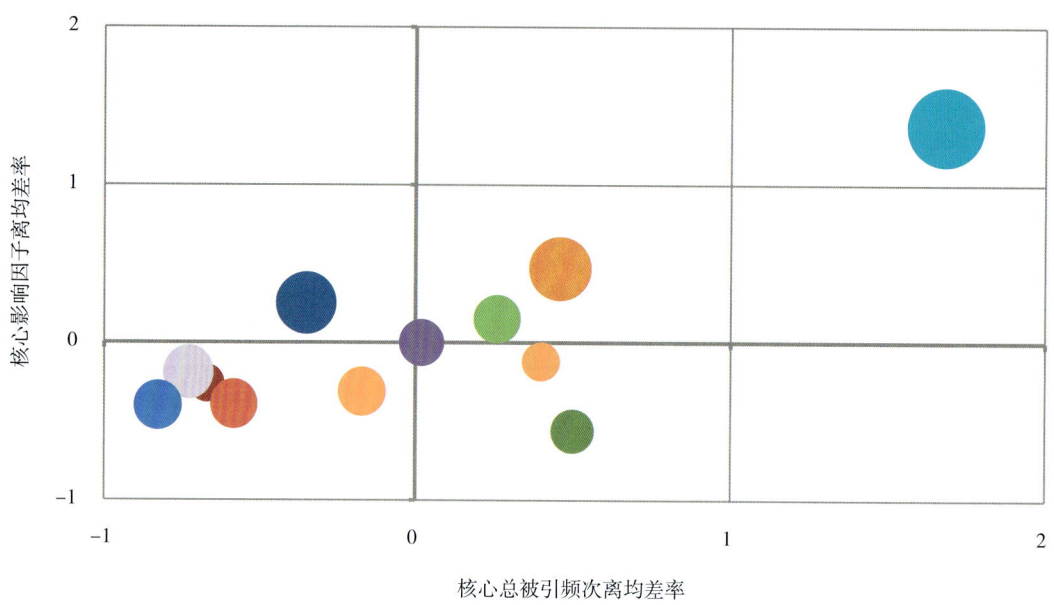

2021年公路运输类期刊核心总被引频次和核心影响因子离均差率的分布图
（节点大小表示综合评价总分）

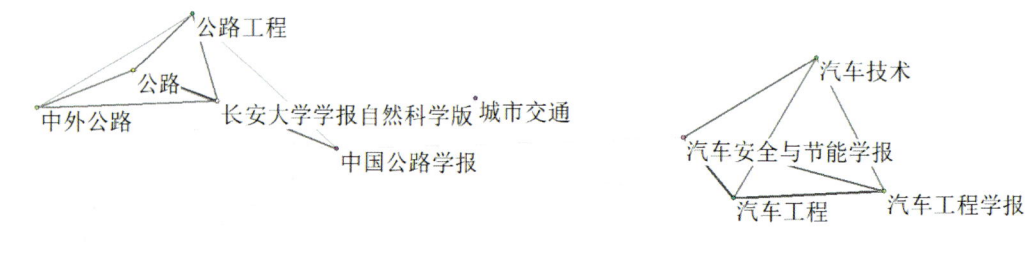

2021年公路运输类期刊互引关系示意图

表 7-106 2021年公路运输类期刊主要指标

CODE	刊名	核心总被引频次			核心影响因子			综合评价总分		学科扩散指标	学科影响指标	红点指标
		数值	排名	离均差率	数值	排名	离均差率	数值	排名			
X036	长安大学学报自然科学版	910	8	−0.35	1.063	3	0.25	57.4	3	19.50	0.92	1.00
X046	城市交通	458	10	−0.67	0.629	8	−0.26	21.6	12	9.42	0.50	0.30
X579	公路	2109	2	0.50	0.372	12	−0.56	28.7	10	25.08	0.67	0.63
X022	公路工程	1161	7	−0.17	0.583	9	−0.31	36.0	7	17.00	0.58	0.63
X532	汽车安全与节能学报	382	11	−0.73	0.692	7	−0.19	39.6	4	11.42	0.42	0.18
X018	汽车工程	2048	3	0.46	1.252	2	0.47	60.2	2	24.25	0.58	0.28
X500	汽车工程学报	233	12	−0.83	0.508	11	−0.40	36.1	6	9.67	0.42	0.21
X013	汽车技术	587	9	−0.58	0.519	10	−0.39	36.7	5	14.42	0.67	0.17
X634	隧道建设	1770	5	0.26	0.977	4	0.15	34.6	8	18.33	0.58	0.46
X673	现代隧道技术	1437	6	0.02	0.853	5	0.00	33.1	9	16.92	0.58	0.65
X031	中国公路学报	3762	1	1.68	2.018	1	1.37	94.2	1	33.58	1.00	1.00
X539	中外公路	1965	4	0.40	0.750	6	−0.12	22.4	11	16.83	0.67	0.55
	12种期刊平均值	1402			0.851							

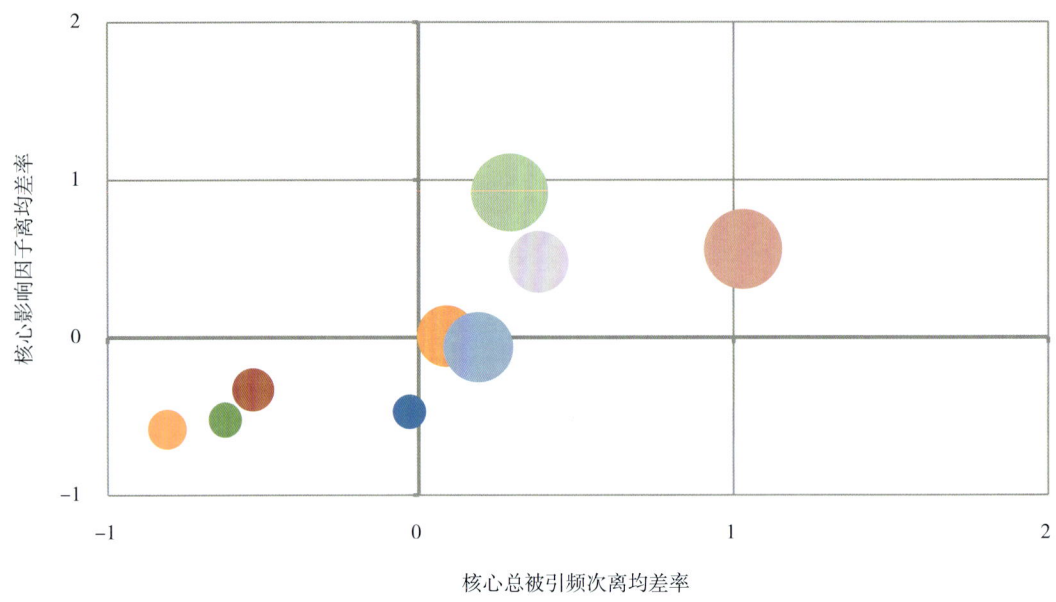

2021年铁路运输类期刊核心总被引频次和核心影响因子离均差率的分布图
（节点大小表示综合评价总分）

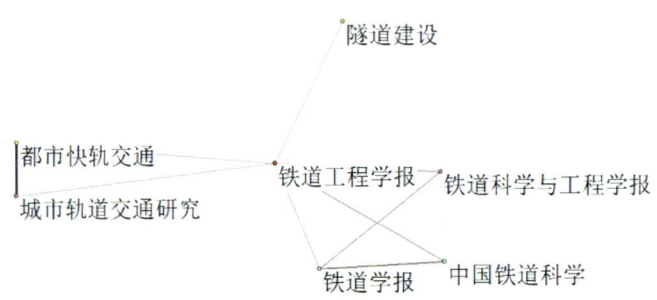

2021年铁路运输类期刊互引关系示意图

表 7-107　2021年铁路运输类期刊主要指标

CODE	刊名	核心总被引频次			核心影响因子			综合评价总分		学科扩散指标	学科影响指标	红点指标
		数值	排名	离均差率	数值	排名	离均差率	数值	排名			
X043	城市轨道交通研究	1236	6	−0.03	0.348	7	−0.47	15.5	9	25.67	1.00	0.65
X034	都市快轨交通	598	7	−0.53	0.446	6	−0.33	24.1	6	16.44	1.00	0.85
X011	机车电传动	488	8	−0.62	0.320	8	−0.52	16.0	8	12.22	0.89	0.79
X042	石家庄铁道大学学报自然科学版	249	9	−0.81	0.276	9	−0.58	20.6	7	12.44	0.78	0.35
X634	隧道建设	1770	2	0.38	0.977	3	0.48	46.7	5	24.44	1.00	0.46
X521	铁道工程学报	1387	5	0.09	0.667	4	0.01	49.3	4	27.56	1.00	0.45
X007	铁道科学与工程学报	1525	4	0.19	0.621	5	−0.06	63.9	3	35.11	1.00	0.39
X005	铁道学报	2596	1	1.03	1.028	2	0.56	82.2	1	38.89	1.00	0.40
X004	中国铁道科学	1652	3	0.29	1.269	1	0.92	78.9	2	31.56	1.00	0.57
	9种期刊平均值	1278			0.661							

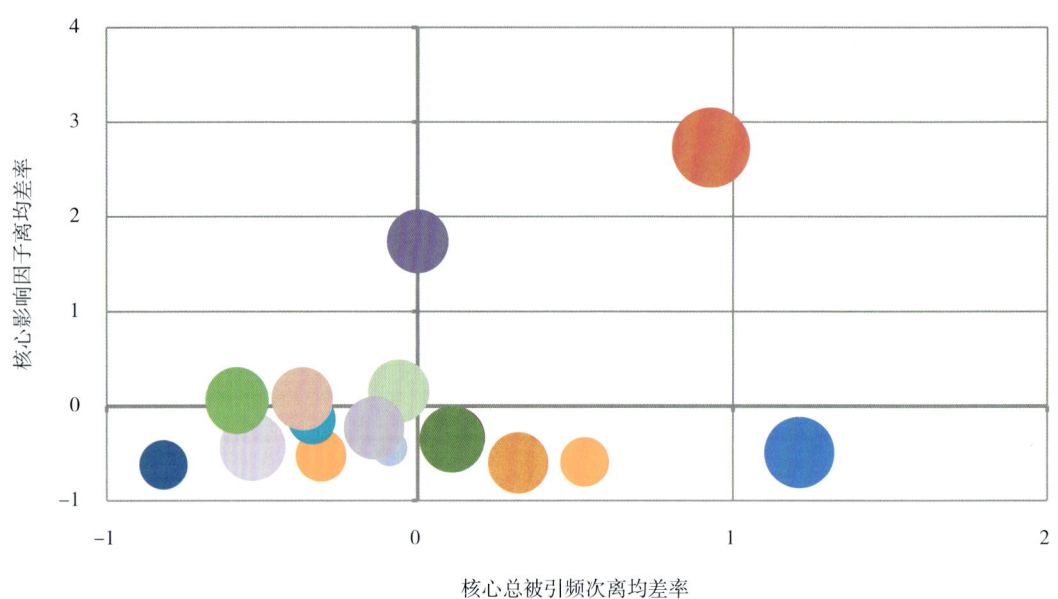

2021年水路运输类期刊核心总被引频次和核心影响因子离均差率的分布图
（节点大小表示综合评价总分）

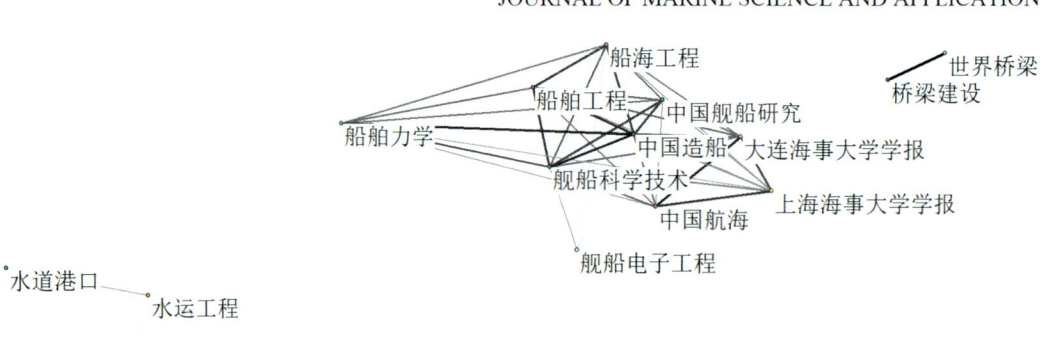

2021年水路运输类期刊互引关系示意图

表 7-108　2021年水路运输类期刊主要指标

CODE	刊名	核心总被引频次			核心影响因子			综合评价总分		学科扩散指标	学科影响指标	红点指标
		数值	排名	离均差率	数值	排名	离均差率	数值	排名			
I229	JOURNAL OF MARINE SCIENCE AND APPLICATION	156	16	−0.82	0.299	16	−0.62	26.0	13	4.13	0.63	0.00
X010	船舶工程	987	5	0.12	0.533	8	−0.33	39.1	11	14.50	0.81	0.33
X633	船舶力学	978	6	0.11	0.517	9	−0.35	45.9	5	11.56	0.88	0.38
X635	船海工程	607	11	−0.31	0.384	13	−0.52	29.2	12	10.81	0.81	0.26
X024	大连海事大学学报	416	14	−0.53	0.454	10	−0.43	46.7	3	10.31	0.75	0.30
Y522	舰船电子工程	1162	4	0.32	0.315	15	−0.60	40.0	10	16.38	0.63	0.28
Y564	舰船科学技术	1943	1	1.21	0.408	12	−0.49	53.7	2	22.81	0.81	0.46
X021	桥梁建设	1697	2	0.93	2.975	1	2.73	66.5	1	8.56	0.44	0.87
X038	上海海事大学学报	371	15	−0.58	0.842	5	0.06	46.5	4	9.31	0.69	0.26
X538	世界桥梁	877	7	0.00	2.180	2	1.74	42.6	6	5.44	0.25	0.85
X533	水道港口	579	12	−0.34	0.683	6	−0.14	25.4	15	5.56	0.56	0.40
X528	水运工程	1346	3	0.53	0.323	14	−0.59	26.0	14	13.19	0.88	0.39
X035	中国港湾建设	801	9	−0.09	0.445	11	−0.44	13.9	16	6.63	0.75	0.35
X039	中国航海	556	13	−0.37	0.860	4	0.08	41.1	8	8.69	0.88	0.33
N108	中国舰船研究	827	8	−0.06	0.924	3	0.16	41.9	7	10.75	0.69	0.41
X012	中国造船	757	10	−0.14	0.613	7	−0.23	41.1	9	9.75	0.75	0.50
	16种期刊平均值	879			0.797							

航空、航天科学技术

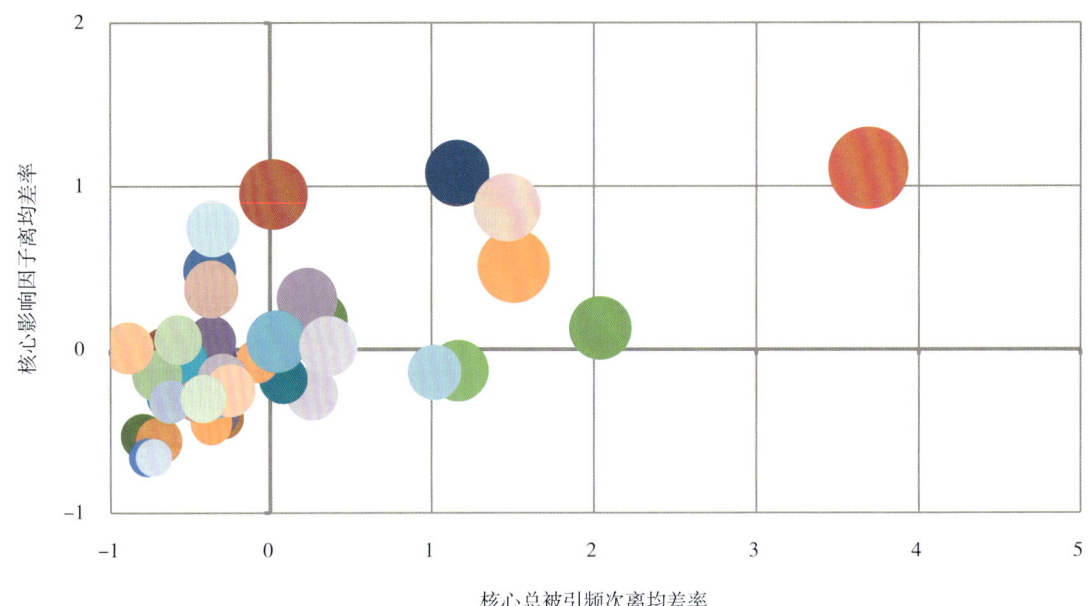

2021年航空、航天科学技术类期刊核心总被引频次和核心影响因子离均差率的分布图
（节点大小表示综合评价总分）

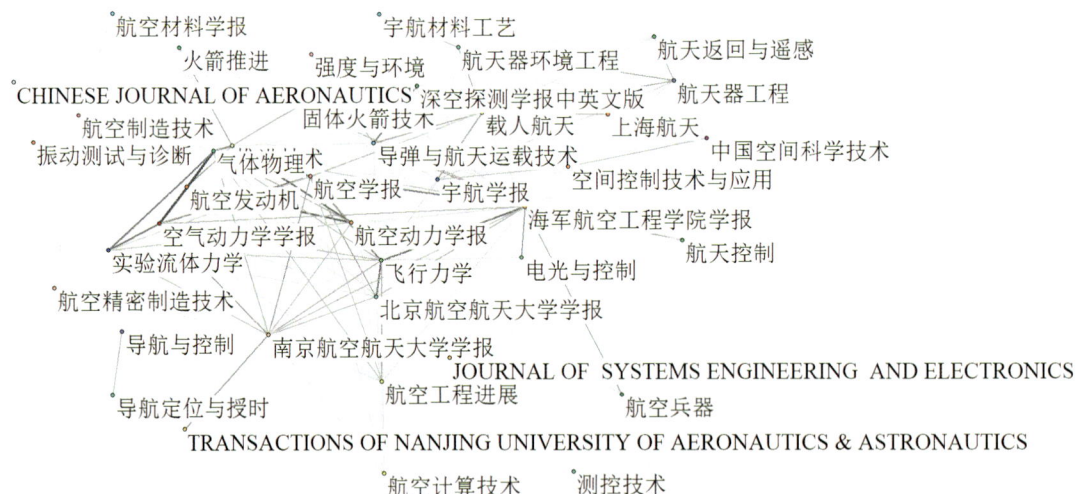

2021年航空、航天科学技术类期刊互引关系示意图

表 7-109　2021 年航空、航天科学技术类期刊主要指标

CODE	刊名	核心总被引频次			核心影响因子			综合评价总分		学科扩散指标	学科影响指标	红点指标
		数值	排名	离均差率	数值	排名	离均差率	数值	排名			
I122	CHINESE JOURNAL OF AERONAUTICS	2086	6	1.16	1.532	2	1.08	54.1	5	6.63	0.83	0.01
I144	JOURNAL OF SYSTEMS ENGINEERING AND ELECTRONICS	564	27	−0.42	0.633	23	−0.14	41.9	11	4.49	0.37	0.00
I017	TRANSACTIONS OF NANJING UNIVERSITY OF AERONAUTICS & ASTRONAUTICS	192	40	−0.80	0.349	38	−0.53	25.5	33	2.29	0.39	0.41
Y001	北京航空航天大学学报	2422	3	1.51	1.109	6	0.51	67.1	2	12.59	1.00	0.41
Y022	测控技术	1215	10	0.26	0.540	29	−0.27	33.9	20	7.49	0.71	0.40
Y503	导弹与航天运载技术	683	17	−0.29	0.428	36	−0.42	21.3	39	3.85	0.85	0.47
Y563	导航定位与授时	375	32	−0.61	0.670	21	−0.09	30.1	27	2.95	0.39	0.30
Y585	导航与控制	327	35	−0.66	0.731	17	−0.01	30.2	26	3.22	0.49	0.25
R740	电光与控制	1263	9	0.31	0.866	10	0.18	40.5	13	6.15	0.56	0.42
Y006	飞行力学	610	22	−0.37	0.711	18	−0.03	34.6	18	3.49	0.71	0.55
Y013	固体火箭技术	1039	12	0.08	0.600	26	−0.18	30.3	25	3.90	0.71	0.49
Y029	海军航空工程学院学报	287	36	−0.70	0.326	39	−0.56	28.8	29	2.68	0.49	0.37
Y556	航空兵器	598	26	−0.38	1.086	7	0.48	38.5	15	3.32	0.68	0.53
Y027	航空材料学报	983	14	0.02	1.436	3	0.95	61.6	3	4.93	0.44	0.60
Y017	航空动力学报	2933	2	2.04	0.831	11	0.13	50.1	6	7.78	0.83	0.43
Y554	航空发动机	651	19	−0.33	0.446	35	−0.39	25.7	31	3.90	0.44	0.86
Y052	航空工程进展	344	34	−0.64	0.526	31	−0.29	25.6	32	2.73	0.59	0.60
Y031	航空计算技术	607	23	−0.37	0.403	37	−0.45	23.7	36	4.29	0.71	0.37
Y012	航空精密制造技术	226	39	−0.77	0.249	41	−0.66	18.4	40	2.44	0.46	0.36
Y002	航空学报	4526	1	3.69	1.555	1	1.11	83.0	1	11.10	1.00	0.54
Y014	航空制造技术	2096	5	1.17	0.643	22	−0.13	47.2	9	7.12	0.76	0.59
Y034	航天返回与遥感	607	23	−0.37	0.772	13	0.05	33.6	22	3.66	0.54	0.63
Y015	航天控制	457	30	−0.53	0.685	19	−0.07	25.5	34	3.27	0.71	0.66
Y033	航天器工程	891	15	−0.08	0.683	20	−0.07	24.5	35	4.34	0.73	0.50
Y032	航天器环境工程	639	20	−0.34	0.537	30	−0.27	29.5	28	4.00	0.68	0.38
Y040	火箭推进	511	29	−0.47	0.506	33	−0.31	22.3	38	2.78	0.71	0.54
Y051	空间控制技术与应用	280	37	−0.71	0.621	25	−0.16	32.6	23	2.51	0.56	0.37
Y016	空气动力学学报	1190	11	0.23	0.966	9	0.31	47.9	8	4.95	0.66	0.48
Y026	南京航空航天大学学报	1000	13	0.04	0.772	13	0.05	48.1	7	7.95	0.80	0.49
Y504	气体物理	109	41	−0.89	0.740	16	0.01	33.6	21	1.00	0.29	0.44
Y009	强度与环境	361	33	−0.63	0.500	34	−0.32	22.7	37	2.73	0.63	0.55
Y555	上海航天	604	25	−0.37	1.008	8	0.37	40.8	12	4.71	0.76	0.34
T763	深空探测学报中英文版	404	31	−0.58	0.779	12	0.06	30.6	24	2.00	0.46	0.51
Y018	实验流体力学	678	18	−0.30	0.595	27	−0.19	36.2	17	4.54	0.54	0.51
Y025	推进技术	1950	7	1.02	0.633	23	−0.14	38.4	16	5.17	0.80	0.61
Y020	宇航材料工艺	722	16	−0.25	0.549	28	−0.25	34.0	19	4.83	0.59	0.50
Y008	宇航计测技术	262	38	−0.73	0.250	40	−0.66	17.4	41	3.05	0.46	0.18
Y024	宇航学报	2384	4	1.47	1.374	4	0.87	57.5	4	6.93	0.90	0.57
Y057	载人航天	564	27	−0.42	0.518	32	−0.30	28.7	30	3.66	0.73	0.35

表 7-109　2021 年航空、航天科学技术类期刊主要指标（续）

CODE	刊名	核心总被引频次			核心影响因子			综合评价总分		学科扩散指标	学科影响指标	红点指标
		数值	排名	离均差率	数值	排名	离均差率	数值	排名			
Y010	振动测试与诊断	1310	8	0.36	0.749	15	0.02	45.2	10	7.07	0.56	0.51
Y003	中国空间科学技术	613	21	−0.36	1.280	5	0.74	39.5	14	3.41	0.66	0.52
	41 种期刊平均值	965			0.736							

环境科学技术及资源科学技术

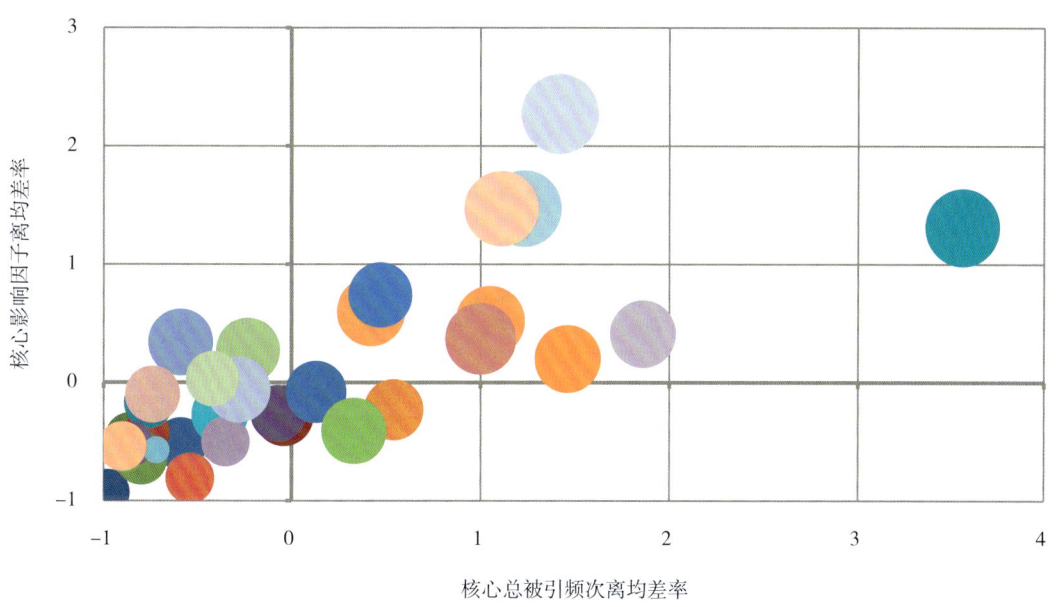

2021年环境科学技术及资源科学技术类期刊核心总被引频次和核心影响因子离均差率的分布图
（节点大小表示综合评价总分）

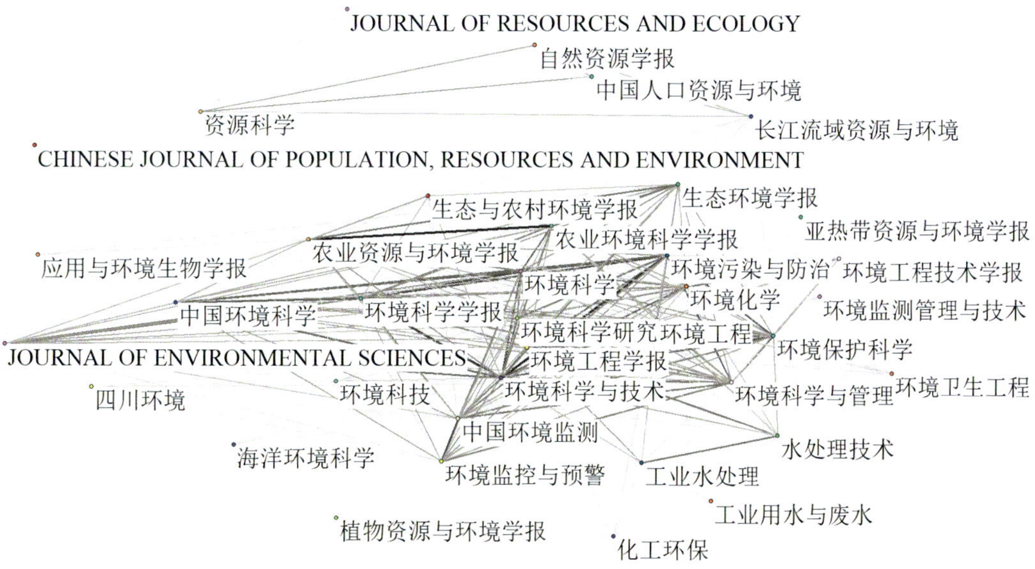

2021年环境科学技术及资源科学技术类期刊互引关系示意图

表 7-110　2021 年环境科学技术及资源科学技术类期刊主要指标

CODE	刊名	核心总被引频次			核心影响因子			综合评价总分		学科扩散指标	学科影响指标	红点指标
		数值	排名	离均差率	数值	排名	离均差率	数值	排名			
I219	CHINESE JOURNAL OF POPULATION, RESOURCES AND ENVIRONMENT	52	37	−0.98	0.100	37	−0.93	25.6	32	1.08	0.22	0.00
Z027	JOURNAL OF ENVIRONMENTAL SCIENCES	2886	14	−0.04	1.033	22	−0.28	43.9	17	13.97	0.89	0.06
F208	JOURNAL OF RESOURCES AND ECOLOGY	418	34	−0.86	0.761	26	−0.47	31.7	24	4.24	0.46	0.48
Z029	长江流域资源与环境	4281	11	0.42	2.304	6	0.60	58.3	7	12.86	0.81	0.49
Z013	工业水处理	1730	21	−0.43	0.823	25	−0.43	27.6	29	7.86	0.73	0.58
Z032	工业用水与废水	630	30	−0.79	0.621	33	−0.57	5.3	37	3.46	0.46	0.49
Z010	海洋环境科学	1232	24	−0.59	0.690	29	−0.52	34.2	23	7.73	0.84	0.50
Z009	化工环保	684	29	−0.77	0.833	24	−0.42	26.3	31	5.16	0.59	0.57
Z017	环境保护科学	602	31	−0.80	0.518	35	−0.64	34.5	22	6.32	0.78	0.57
Z005	环境工程	2816	15	−0.07	1.060	20	−0.26	38.0	20	13.24	0.89	0.49
Z550	环境工程技术学报	730	28	−0.76	1.193	18	−0.17	31.3	25	5.78	0.81	0.61
Z021	环境工程学报	4630	9	0.54	1.107	19	−0.23	44.6	16	15.49	0.86	0.59
D024	环境化学	3396	13	0.13	1.322	15	−0.08	46.1	15	13.54	0.89	0.64
Z554	环境监测管理与技术	758	27	−0.75	1.246	17	−0.13	25.5	33	5.97	0.76	0.73
Z525	环境监控与预警	327	35	−0.89	0.636	32	−0.56	27.4	30	3.62	0.62	0.72
Z506	环境科技	461	32	−0.85	0.689	30	−0.52	24.3	34	4.59	0.76	0.60
Z004	环境科学	13744	1	3.56	3.317	4	1.31	73.4	2	19.89	0.95	0.80
Z003	环境科学学报	7418	3	1.46	1.728	12	0.20	55.7	8	18.92	0.97	0.68
Z002	环境科学研究	4423	10	0.47	2.497	5	0.74	51.1	14	15.51	0.92	0.64
Z521	环境科学与管理	1386	22	−0.54	0.273	36	−0.81	30.6	26	11.86	0.86	0.47
Z025	环境科学与技术	4022	12	0.33	0.842	23	−0.41	52.9	11	18.54	0.97	0.70
Z035	环境卫生工程	455	33	−0.85	0.706	28	−0.51	15.9	35	3.27	0.59	0.53
Z019	环境污染与防治	1882	19	−0.38	1.054	21	−0.27	41.5	18	11.59	0.84	0.73
Z008	农业环境科学学报	6163	7	1.05	2.186	7	0.52	59.6	6	13.32	0.95	0.72
H773	农业资源与环境学报	1240	23	−0.59	1.927	10	0.34	53.7	10	8.54	0.81	0.63
H784	生态环境学报	6030	8	1.00	1.967	9	0.37	62.1	5	16.24	0.97	0.65
Z023	生态与农村环境学报	2309	16	−0.23	1.825	11	0.27	51.6	12	12.11	0.95	0.58
Z016	水处理技术	1968	18	−0.35	0.723	27	−0.50	30.3	27	8.03	0.81	0.58
Z007	四川环境	839	25	−0.72	0.615	34	−0.57	8.8	36	7.08	0.84	0.49
E047	亚热带资源与环境学报	296	36	−0.90	0.663	31	−0.54	29.8	28	4.05	0.41	0.33
F100	应用与环境生物学报	2183	17	−0.28	1.356	14	−0.06	51.5	13	10.38	0.81	0.34
Z551	植物资源与环境学报	773	26	−0.74	1.291	16	−0.10	38.5	19	5.76	0.30	0.25
Z030	中国环境监测	1742	20	−0.42	1.482	13	0.03	36.2	21	9.92	0.86	0.59
Z001	中国环境科学	8632	2	1.86	2.034	8	0.41	55.3	9	20.62	0.97	0.63
Z546	中国人口资源与环境	6716	5	1.23	3.545	3	1.47	70.7	3	16.81	0.81	0.31
Z022	资源科学	6350	6	1.11	3.550	2	1.47	68.6	4	16.41	0.81	0.41
Z012	自然资源学报	7286	4	1.42	4.707	1	2.27	76.2	1	15.35	0.76	0.49
	37 种期刊平均值	3013			1.438							

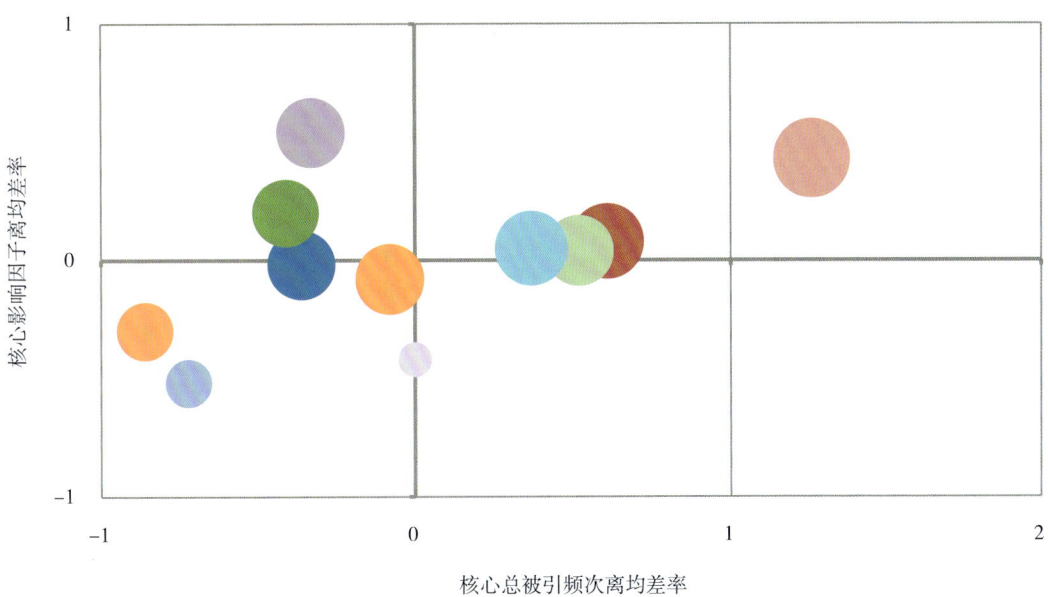

2021年安全科学技术类期刊核心总被引频次和核心影响因子离均差率的分布图
（节点大小表示综合评价总分）

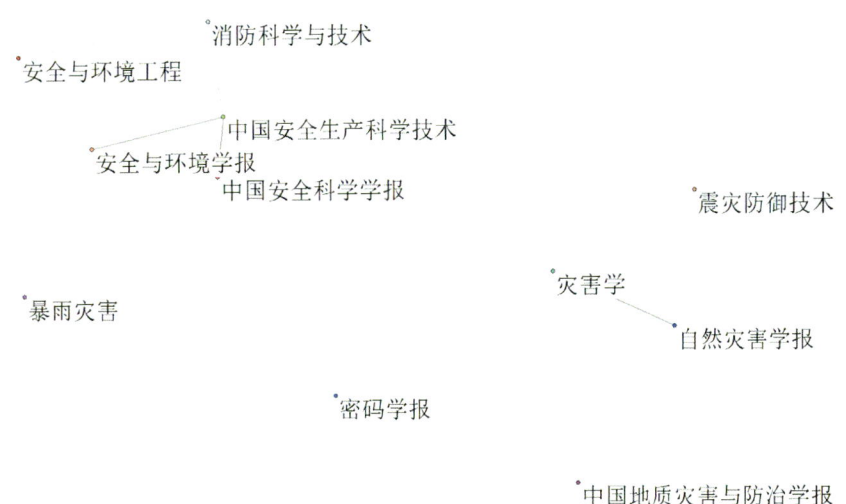

2021年安全科学技术类期刊互引关系示意图

表 7-111 2021 年安全科学技术类期刊主要指标

CODE	刊名	核心总被引频次			核心影响因子			综合评价总分		学科扩散指标	学科影响指标	红点指标
		数值	排名	离均差率	数值	排名	离均差率	数值	排名			
E625	安全与环境工程	1072	8	−0.36	0.997	7	−0.02	57.8	7	29.55	0.82	0.29
Z549	安全与环境学报	2674	2	0.61	1.098	4	0.08	68.8	2	54.00	0.73	0.96
E045	暴雨灾害	975	9	−0.41	1.221	3	0.20	55.3	8	8.64	0.45	0.09
R119	密码学报	231	11	−0.86	0.716	9	−0.30	41.3	9	5.91	0.09	0.11
T953	消防科学与技术	1670	5	0.00	0.588	10	−0.42	13.1	11	22.00	0.64	0.53
E148	灾害学	1526	6	−0.08	0.936	8	−0.08	60.4	4	33.00	0.91	0.39
E316	震灾防御技术	469	10	−0.72	0.486	11	−0.52	27.9	10	8.91	0.64	0.22
G129	中国安全科学学报	3759	1	1.26	1.455	2	0.43	76.7	1	46.45	0.91	0.35
Z552	中国安全生产科学技术	2531	3	0.52	1.059	6	0.04	60.3	5	37.82	0.82	0.36
E604	中国地质灾害与防治学报	1122	7	−0.33	1.564	1	0.54	58.9	6	19.45	0.73	0.37
E137	自然灾害学报	2275	4	0.37	1.063	5	0.05	67.4	3	39.73	0.91	0.28
	11 种期刊平均值	1664			1.017							

管理学

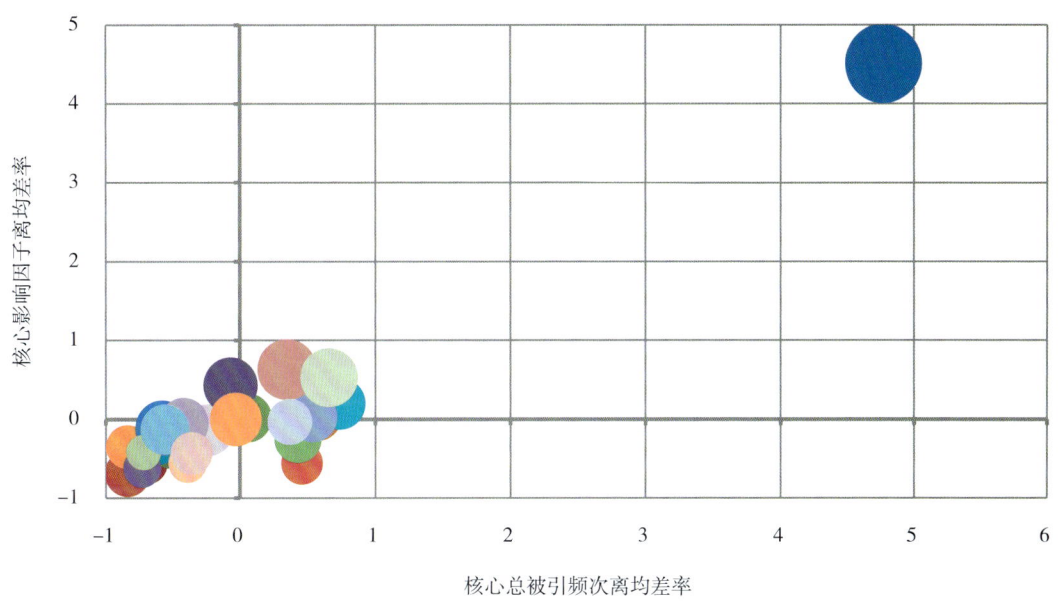

2021年管理学类期刊核心总被引频次和核心影响因子离均差率的分布图
（节点大小表示综合评价总分）

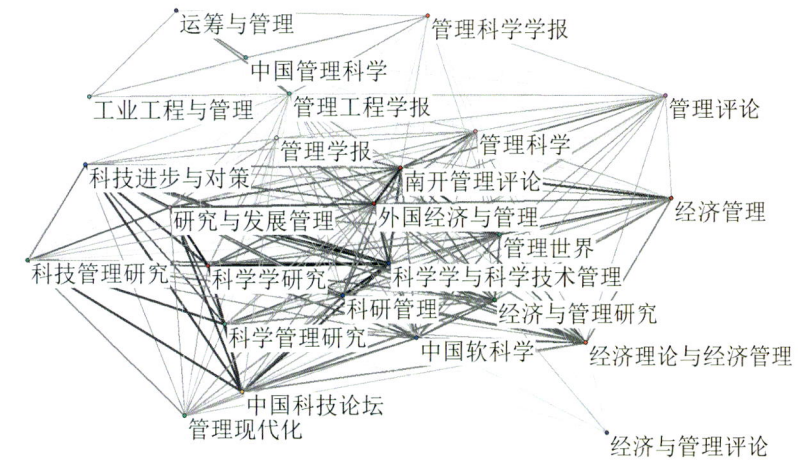

2021年管理学类期刊互引关系示意图

表 7-112 2021 年管理学类期刊主要指标

CODE	刊名	核心总被引频次			核心影响因子			综合评价总分		学科扩散指标	学科影响指标	红点指标
		数值	排名	离均差率	数值	排名	离均差率	数值	排名			
S712	工程管理学报	429	27	−0.84	0.429	27	−0.77	0.0	27	5.48	0.37	0.35
N110	工业工程与管理	846	22	−0.69	0.807	22	−0.56	23.7	23	8.30	0.70	0.32
W007	管理工程学报	1333	17	−0.51	1.261	18	−0.31	34.8	12	10.67	0.96	0.33
W018	管理科学	1284	18	−0.52	1.486	15	−0.19	37.0	9	8.74	0.96	0.38
W008	管理科学学报	2065	13	−0.24	1.571	14	−0.14	34.7	13	11.11	1.00	0.39
W025	管理评论	4279	4	0.58	1.881	7	0.03	30.8	17	16.07	1.00	0.38
S744	管理世界	15585	1	4.77	10.069	1	4.51	87.4	1	19.37	1.00	0.33
S745	管理现代化	433	26	−0.84	0.569	26	−0.69	29.9	18	7.22	0.78	0.44
W016	管理学报	2863	10	0.06	1.860	8	0.02	32.6	15	13.30	0.96	0.39
S759	经济管理	2508	12	−0.07	2.615	4	0.43	43.3	4	11.93	0.96	0.44
S762	经济理论与经济管理	1046	21	−0.61	1.388	16	−0.24	38.0	7	8.78	0.93	0.40
S230	经济与管理评论	445	25	−0.84	1.178	19	−0.35	26.6	20	6.59	0.78	0.44
S773	经济与管理研究	1125	20	−0.58	1.619	12	−0.11	42.5	5	11.04	1.00	0.54
S812	科技管理研究	3955	6	0.46	0.796	23	−0.56	25.1	22	21.56	0.96	0.53
R588	科技进步与对策	3877	7	0.43	1.369	17	−0.25	31.8	16	16.70	1.00	0.57
S816	科学管理研究	718	24	−0.73	0.692	25	−0.62	21.0	25	7.44	0.70	0.56
W514	科学学研究	4688	2	0.74	2.200	5	0.20	37.2	8	19.22	1.00	0.47
S818	科学学与科学技术管理	2617	11	−0.03	1.827	9	0.00	39.4	6	12.07	1.00	0.52
W531	科研管理	4155	5	0.54	1.882	6	0.03	34.2	14	14.15	1.00	0.58
S776	南开管理评论	3655	9	0.35	2.982	2	0.63	50.4	2	11.07	1.00	0.37
W009	数理统计与管理	748	23	−0.72	1.054	20	−0.42	17.6	26	10.96	0.59	0.17
S795	外国经济与管理	1554	16	−0.42	1.741	11	−0.05	36.2	10	9.48	0.93	0.44
S821	研究与发展管理	1178	19	−0.56	1.595	13	−0.13	35.0	11	7.33	0.89	0.56
B522	运筹与管理	1655	15	−0.39	0.796	23	−0.56	21.2	24	12.11	0.89	0.34
W021	中国管理科学	3701	8	0.37	1.780	10	−0.03	28.6	19	15.59	1.00	0.40
A098	中国科技论坛	1735	14	−0.36	1.049	21	−0.43	25.3	21	12.04	0.93	0.50
S825	中国软科学	4490	3	0.66	2.797	3	0.53	47.2	3	19.89	1.00	0.46
	27 种期刊平均值	2702			1.826							

8 2021 年中国科技核心期刊综合评价

表 8-1　2021 年中国科技核心期刊综合评价总分排名（自然科学）

CODE	刊名	核心总被引频次 数值	核心总被引频次 排名	核心影响因子 数值	核心影响因子 排名	综合评价总分* 数值	综合评价总分* 排名
H527	草业学报	5028	93	2.192	107	94.7	1
X031	中国公路学报	3762	160	2.018	145	94.2	2
G023	南方医科大学学报	2140	438	1.397	364	92.4	3
S026	自动化学报	4421	119	2.656	59	92.2	4
E305	地理学报	12784	13	5.978	3	92.1	5
M012	金属学报	3106	240	1.807	200	91.0	6
H577	植物保护	3634	171	2.101	123	90.3	7
G143	中华骨科杂志	3110	239	2.070	130	90.2	8
G978	中华消化外科杂志	2539	347	2.579	67	88.7	9
G197	中华神经科杂志	4956	97	2.654	60	88.6	10
H030	中国农业科学	12035	17	2.111	122	88.4	11
G147	中华结核和呼吸杂志	4309	127	2.441	82	88.3	12
U006	食品科学	18349	4	2.035	137	87.9	13
A103	中国科学 物理学力学天文学	875	1174	0.896	884	51.2; 45.6; 87.9	13
S744	管理世界	15585	6	10.069	1	87.4	15
C005	岩石力学与工程学报	12181	16	3.025	35	87.0; 87.3	16
H404	农药学学报	1357	785	1.601	266	59.4; 86.9	17
H034	作物学报	6167	64	2.137	116	86.8	18
K017	煤炭学报	12446	15	3.561	19	86.6	19
E153	地球物理学报	8450	32	1.359	389	86.5	20
S919	心理科学进展	3484	185	1.103	613	86.5	20
A108	中国科学 地球科学	5120	89	2.568	70	86.5	20
E111	湖泊科学	3545	179	2.719	53	86.0	23
G139	中华耳鼻咽喉头颈外科杂志	2608	332	1.258	464	85.2	24
T101	化工进展	4482	117	0.975	765	85.1	25
G396	中国循证医学杂志	2417	376	1.831	194	84.7; 64.6	26
G152	中华流行病学杂志	6390	56	3.371	24	84.7	26
H039	园艺学报	4420	120	1.783	208	84.6	28
G138	中华儿科杂志	4329	123	2.343	88	84.3	29
G157	中华皮肤科杂志	1858	539	1.353	392	83.8	30
G272	中国实用外科杂志	4302	129	2.528	72	83.7	31
T007	化工学报	4497	114	0.979	758	83.3	32
T098	表面技术	3118	236	1.282	443	83.0	33
Y002	航空学报	4526	110	1.555	289	83.0	33
N051	机械工程学报	9498	23	1.584	275	83.0	33
Z006	遥感学报	2753	303	2.561	71	82.9	36
F035	应用昆虫学报	2151	435	1.118	589	82.8	37
K015	中国矿业大学学报	3246	216	2.183	110	82.6; 76.3	38

表 8-1　2021年中国科技核心期刊综合评价总分排名（自然科学）（续）

CODE	刊名	核心总被引频次		核心影响因子		综合评价总分*	
		数值	排名	数值	排名	数值	排名
G179	中华肿瘤杂志	3078	245	4.631	8	82.5	39
G850	辽宁中医药大学学报	5091	92	1.267	452	82.4	40
W003	水利学报	5255	87	2.505	75	82.4	40
X005	铁道学报	2596	334	1.028	699	82.2	42
A010	北京师范大学学报自然科学版	842	1206	0.906	873	82.0	43
L031	石油勘探与开发	6298	59	5.013	5	81.9	44
F205	生物技术通报	2206	423	0.904	878	81.7	45
N066	仪器仪表学报	5292	84	2.739	48	81.7	45
G142	中华妇产科杂志	3797	156	2.724	50	81.7	45
H280	林业科学	4579	109	1.328	410	81.0	48
Z014	生态学报	27307	1	3.249	28	80.9	49
X672	交通运输工程学报	1317	808	1.579	278	80.8	50
S018	计算机学报	3112	238	2.513	74	80.7	51
G172	中华血液学杂志	1849	546	1.283	440	80.6	52
G141	中华放射医学与防护杂志	1259	851	1.120	588	80.5	53
F009	植物生态学报	4883	100	2.058	134	80.4	54
G182	中国中西医结合杂志	4747	102	1.818	197	80.3	55
G156	中华内科杂志	3688	168	2.459	80	80.0	56
G176	中华医学杂志	8987	29	1.744	215	79.9	57
H012	土壤学报	5262	86	3.187	31	79.7	58
G161	中华肾脏病杂志	1394	763	1.455	332	79.6	59
G119	中国循环杂志	4406	121	6.064	2	79.4	60
G146	中华护理杂志	7073	43	2.724	50	79.4	60
R065	通信学报	1954	496	1.450	339	79.1	62
H279	农业工程学报	19349	3	2.274	97	78.9	63
G776	中国全科医学	7468	37	1.681	241	78.9	63
X004	中国铁道科学	1652	640	1.269	449	78.9	63
B025	系统工程理论与实践	4524	111	1.873	181	78.6	66
T022	中国塑料	1337	795	0.850	955	78.5	67
H018	西北农林科技大学学报自然科学版	2955	264	1.132	570	78.4	68
E046	心理学报	2940	267	1.017	720	78.2	69
G793	中华胃肠外科杂志	2845	287	1.953	162	78.2	69
H027	中国农业大学学报	2665	323	1.348	397	78.0	71
E656	地球信息科学学报	2595	336	2.074	129	77.9	72
L028	石油学报	5908	71	3.806	15	77.9	72
F015	昆虫学报	1923	509	0.928	843	77.8	74
G600	中国针灸	5331	83	1.976	154	77.5	75
D004	分析试验室	1797	571	1.005	727	36.9; 77.3	76
G416	海南医学院学报	2183	428	0.906	873	77.3	76
R066	中国激光	5289	85	2.487	77	77.3	76
R040	中国电机工程学报	23199	2	3.744	17	77.2	79
G173	中华眼科杂志	2082	461	1.855	184	77.2	79
U053	纺织学报	2217	421	0.896	884	77.1	81

表 8-1 2021年中国科技核心期刊综合评价总分排名（自然科学）（续）

CODE	刊名	核心总被引频次 数值	核心总被引频次 排名	核心影响因子 数值	核心影响因子 排名	综合评价总分* 数值	综合评价总分* 排名
M103	材料导报	4993	95	0.945	811	77.0	82
G140	中华放射学杂志	3095	242	2.292	94	76.9	83
F231	动物营养学报	6054	66	1.867	182	76.7	84
G129	中国安全科学学报	3759	161	1.455	332	76.7	84
G501	临床肝胆病杂志	4253	134	1.951	163	76.6	86
Z012	自然资源学报	7286	40	4.707	6	76.2	87
K512	采矿与安全工程学报	2991	256	1.974	155	76.1	88
N008	兵工学报	2713	314	0.995	740	76.0	89
H008	水产学报	2529	351	1.106	608	75.6	90
G007	中草药	13553	12	2.809	45	75.4	91
G132	中国中药杂志	14865	8	2.970	38	75.4	91
G155	中华内分泌代谢杂志	1906	516	1.683	239	75.4	91
M028	中国有色金属学报	3380	201	1.111	600	75.3	94
G010	中医杂志	9489	25	2.923	40	75.3	94
F011	微生物学通报	3177	226	1.215	499	75.2	96
M104	TRANSACTIONS OF NONFERROUS METALS SOCIETY OF CHINA	3898	149	1.483	320	75.1	97
R021	电子测量与仪器学报	3125	235	2.375	86	75.1	97
E357	地学前缘	5522	80	1.776	210	75.0	99
I072	CELL RESEARCH	2934	268	2.244	100	74.9	100
E152	测绘学报	3240	218	2.220	104	74.7	101
H555	中国生态农业学报中英文版	4783	101	2.446	81	74.7	101
G604	中国实验方剂学杂志	11901	18	2.479	78	74.5	103
G170	中华心血管病杂志	5118	90	2.902	43	74.3	104
C073	工程热物理学报	2248	414	0.433	1836	74.2; 46.0	105
G177	中华预防医学杂志	3599	174	2.627	63	74.2	105
E310	地理研究	8327	35	4.438	9	74.0	107
S011	软件学报	3308	205	2.138	115	73.9	108
E107	武汉大学学报信息科学版	3774	159	1.736	222	73.9; 72.7	108
G299	中国组织工程研究	6955	45	1.095	628	73.9	108
G106	中国康复医学杂志	3405	194	1.333	405	73.8	111
H890	植物营养与肥料学报	6718	49	2.632	62	73.7	112
H290	中国水产科学	1905	518	1.266	454	73.6	113
I150	SCIENCE CHINA LIFE SCIENCES	1854	542	2.163	113	73.5	114
C050	光学学报	5691	76	2.119	120	73.4	115
Z004	环境科学	13744	11	3.317	25	73.4	115
E309	岩石学报	9492	24	1.726	228	73.1	117
G111	中国免疫学杂志	2897	279	1.252	471	72.8	118
E010	地质学报	6561	54	2.340	89	72.7	119
S025	计算机工程与应用	6635	51	1.468	327	72.7	119
C004	岩土力学	11200	19	2.035	137	72.7; 72.7	119
H020	中国水稻科学	1865	532	2.661	58	72.3	122
A004	华中师范大学学报自然科学版	675	1395	0.739	1188	72.1	123

表 8-1　2021年中国科技核心期刊综合评价总分排名（自然科学）（续）

CODE	刊名	核心总被引频次 数值	核心总被引频次 排名	核心影响因子 数值	核心影响因子 排名	综合评价总分* 数值	综合评价总分* 排名
G454	中国医院管理	3204	221	1.835	192	72.1	123
G739	中华糖尿病杂志	2555	346	1.943	166	72.1	123
G194	中华医院感染学杂志	7159	42	1.396	365	72.1	123
T014	塑料工业	1847	548	0.718	1236	71.7	127
G093	针刺研究	2422	374	2.082	125	71.6	128
A075	科学通报	7185	41	1.285	439	71.5	129
T003	工程塑料应用	1792	573	0.857	942	71.4	130
G859	中华中医药学刊	8377	34	1.709	231	71.4; 62.9	130
G059	南京中医药大学学报	1682	627	1.491	314	71.3	132
T034	农药	1908	515	0.919	851	41.1; 71.2	133
G164	中华外科杂志	2982	258	1.887	176	71.1	134
E142	地球科学	5006	94	2.161	114	71.0	135
G148	中华口腔医学杂志	1649	643	1.611	262	70.9	136
H025	北京林业大学学报	2481	363	1.325	413	70.8; 68.9	137
G400	中国康复理论与实践	2725	309	1.486	317	70.8	137
G021	第三军医大学学报	1955	495	0.853	946	70.7	139
S004	机器人	1568	674	2.722	52	70.7	139
H033	南京林业大学学报自然科学版	2294	403	1.695	234	70.7; 67.7	139
W013	水科学进展	2923	273	2.390	85	70.7	139
Z546	中国人口资源与环境	6716	50	3.545	21	70.7	139
G654	护理研究	6582	52	1.188	525	70.6	144
Z018	应用生态学报	13804	10	2.737	49	70.6	144
H053	中南林业科技大学学报	2754	302	1.690	237	70.4; 69.9	146
H049	环境昆虫学报	1275	842	1.025	709	51.9; 70.0	147
X685	交通运输系统工程与信息	1737	603	1.153	549	70.0	147
G253	中国卫生统计	2435	370	1.165	545	70.0	147
G318	中国药房	6200	62	1.465	329	69.9	150
K001	中南大学学报自然科学版	3894	150	0.931	836	69.9	150
C091	光谱学与光谱分析	4647	105	0.998	735	69.8; 69.3	152
H028	果树学报	3193	223	1.737	220	69.8	152
G908	中国学校卫生	3510	183	1.026	705	69.8	152
E115	地球科学进展	3378	202	1.607	264	69.5	155
S019	电力系统自动化	16272	5	3.997	14	69.5	155
M001	理化检验化学分册	1621	654	0.779	1097	69.5	155
M029	稀有金属	1638	647	1.792	206	69.1	158
G174	中华检验医学杂志	1854	542	1.987	152	69.1	158
G282	中华男科学杂志	1608	658	0.851	953	69.1	158
C007	强激光与粒子束	1392	765	0.567	1585	68.9	161
Z549	安全与环境学报	2674	321	1.098	620	68.8	162
Z022	资源科学	6350	57	3.550	20	68.6	163
Q716	MILITARY MEDICAL RESEARCH	174	2068	1.122	587	68.4	164
R006	电子学报	3078	245	1.227	489	68.4	164
G096	中国病理生理杂志	2465	367	1.307	423	68.4	164

表 8-1　2021年中国科技核心期刊综合评价总分排名（自然科学）（续）

CODE	刊名	核心总被引频次 数值	核心总被引频次 排名	核心影响因子 数值	核心影响因子 排名	综合评价总分* 数值	综合评价总分* 排名
V044	建筑结构学报	4386	122	1.496	311	68.3	167
E005	高原气象	3462	189	2.627	63	68.0	168
A107	中国科学 生命科学	1446	732	1.655	250	67.7	169
E001	气象学报	3024	249	2.126	119	67.6	170
E137	自然灾害学报	2275	407	1.063	658	67.4; 40.0	171
D013	CHINESE JOURNAL OF CATALYSIS	2778	296	2.962	39	67.3	172
S001	控制与决策	3879	151	1.439	346	67.3	172
F049	生物多样性	3440	191	1.631	256	67.3	172
Y001	北京航空航天大学学报	2422	374	1.109	603	67.1; 55.0	175
G716	中国卫生政策研究	1423	746	1.672	243	67.1	175
Z008	农业环境科学学报	6163	65	2.186	109	67.0; 59.6	177
F047	中国实验动物学报	733	1323	0.880	908	67.0	177
R059	系统工程与电子技术	3106	240	1.180	531	66.9; 57.0	179
G985	中国艾滋病性病	2471	366	1.105	609	66.9	179
X021	桥梁建设	1697	621	2.975	37	66.5	181
M050	钢铁	2589	339	1.955	160	66.2	182
G091	浙江大学学报医学版	578	1510	1.136	563	66.2	182
G231	中华肝脏病杂志	2509	354	2.347	87	66.2	182
G002	北京大学学报医学版	1537	689	0.997	736	66.1	185
G154	中华泌尿外科杂志	2300	402	1.809	199	66.0	186
N006	爆炸与冲击	1633	652	0.974	767	65.8	187
R022	电子与信息学报	3300	207	1.727	227	65.8	187
G014	吉林大学学报医学版	1141	946	0.968	776	65.8	187
S021	计算机研究与发展	2733	307	1.762	213	65.8	187
G324	实用医学杂志	5976	69	1.411	359	65.8	187
R039	电网技术	14530	9	4.010	13	65.7	192
J001	清华大学学报自然科学版	2115	447	1.240	479	65.7	192
L006	石油与天然气地质	3832	155	4.110	12	65.7	192
G692	中华临床感染病杂志	762	1295	2.569	69	65.6	195
V028	城市规划学刊	2406	378	3.189	30	65.5	196
G408	中华创伤骨科杂志	2133	441	1.589	273	65.5	196
E584	地理科学进展	5818	72	3.181	32	65.4	198
G150	中华老年医学杂志	2288	404	1.424	351	65.3	199
G687	中国妇幼健康研究	1647	645	0.740	1185	65.2	200
G910	中华中医药杂志	15010	7	1.539	295	65.2; 49.9	200
E599	经济地理	8528	31	3.392	23	65.1	202
Q008	原子能科学技术	1286	828	0.428	1844	65.0	203
G127	中国医学影像技术	3207	220	1.332	406	65.0	203
E130	地理科学	6906	46	3.580	18	64.9	205
L029	天然气工业	5557	79	2.915	41	64.9	205
N030	振动与冲击	8115	36	1.087	636	64.9	205
E122	应用气象学报	2435	370	3.141	34	64.8	208
C002	工程力学	4906	99	1.477	324	64.7; 50.3	209

表 8-1　2021 年中国科技核心期刊综合评价总分排名（自然科学）（续）

CODE	刊名	核心总被引频次 数值	核心总被引频次 排名	核心影响因子 数值	核心影响因子 排名	综合评价总分* 数值	综合评价总分* 排名
F019	MOLECULAR PLANT	3390	196	2.681	55	64.6	210
G137	中华创伤杂志	1753	594	1.625	259	64.5	211
G039	中南大学学报医学版	1291	825	0.767	1121	64.5	211
T005	硅酸盐学报	2388	381	0.933	830	64.4	213
F004	微生物学报	1923	509	1.070	652	64.3	214
K504	采矿与岩层控制工程学报	824	1231	2.602	66	64.2	215
G276	临床耳鼻咽喉头颈外科杂志	2334	396	1.024	713	64.2	215
C006	物理学报	6207	61	0.835	980	64.1	217
F003	生物工程学报	1436	740	1.023	715	64.0	218
J075	ENGINEERING	1151	937	1.645	252	63.9	219
G362	国际检验医学杂志	2925	272	0.659	1370	63.9	219
X007	铁道科学与工程学报	1525	696	0.621	1454	63.9	219
H234	草业科学	3795	157	1.382	376	63.8	222
H773	农业资源与环境学报	1240	864	1.927	169	63.8; 53.7	222
B522	运筹与管理	1655	639	0.796	1055	63.7; 21.2	224
N102	电力系统保护与控制	10045	22	4.701	7	63.6	225
G663	中国骨质疏松杂志	3516	182	1.885	178	63.6	225
H958	中国农学通报	9296	27	0.837	977	63.6	225
R758	雷达学报	673	1397	1.973	156	63.5	228
N021	焊接学报	2354	392	1.103	613	63.4	229
G267	中国实用内科杂志	2637	329	1.070	652	63.4	229
G118	中国修复重建外科杂志	1877	526	1.132	570	63.3	231
G017	北京中医药大学学报	2926	271	1.453	334	63.2	232
Z317	中国科学 信息科学	1063	1009	1.575	279	63.2; 61.7	232
G066	上海交通大学学报医学版	1353	790	0.658	1372	63.1	234
F100	应用与环境生物学报	2183	428	1.356	391	51.5; 62.9	235
M628	中国冶金	1255	855	1.330	409	62.9	235
I083	SCIENCE BULLETIN	4938	98	2.066	131	62.8	237
G043	华西口腔医学杂志	909	1142	0.962	787	62.7	238
M015	JOURNAL OF MATERIALS SCIENCE & TECHNOLOGY	4084	136	2.133	117	62.6	239
Q213	INTERNATIONAL JOURNAL OF ORAL SCIENCE	208	2045	1.029	697	62.5	240
G072	中华生殖与避孕杂志	1145	941	0.803	1044	62.5	240
U005	食品工业科技	12565	14	1.376	380	62.4	242
H014	植物保护学报	2104	450	1.372	384	62.4	242
Q001	核技术	784	1272	0.622	1452	62.3	244
M045	矿冶工程	1463	725	1.080	642	62.3	244
E352	气象	4003	143	2.019	144	62.3	244
G483	世界中医药	5145	88	1.452	336	62.3; 53.1	244
G963	现代预防医学	6997	44	1.239	481	62.3	244
N059	中国机械工程	4312	126	1.304	426	62.3	244
G488	针灸临床杂志	2412	377	1.268	450	62.2	250
G117	中国心理卫生杂志	2720	311	1.129	579	62.2	250
H784	生态环境学报	6030	67	1.967	157	57.0; 62.1	252

表 8-1 2021年中国科技核心期刊综合评价总分排名（自然科学）（续）

CODE	刊名	核心总被引频次		核心影响因子		综合评价总分*	
		数值	排名	数值	排名	数值	排名
M052	稀有金属材料与工程	3655	169	0.651	1385	62.1	252
G116	中华危重病急救医学	3252	214	1.922	172	62.1	252
G951	现代中西医结合杂志	5932	70	0.940	820	61.9	255
H238	植物遗传资源学报	2596	334	1.965	158	61.9	255
G125	中国医学科学院学报	939	1114	0.977	761	61.9	255
G077	华中科技大学学报医学版	1079	995	0.696	1285	61.7	258
Y027	航空材料学报	983	1077	1.436	347	61.6	259
Z028	生态学杂志	8422	33	2.092	124	61.5	260
V037	岩土工程学报	7417	39	1.652	251	61.5	260
G079	卫生研究	1444	733	0.859	940	61.4	262
H021	南京农业大学学报	1651	641	1.177	533	61.2	263
G062	山东大学学报医学版	1059	1012	0.844	964	61.2	263
K005	煤炭科学技术	6170	63	2.573	68	61.1	265
N754	中国工程科学	1930	506	1.644	253	61.0	266
G005	第二军医大学学报	1410	751	0.799	1052	60.9	267
T004	硅酸盐通报	3166	227	0.714	1245	60.9	267
H281	林业科学研究	2128	443	1.350	396	60.9	267
H224	西北林学院学报	2854	284	1.402	362	60.9; 53.7	267
E654	中国地质	3872	153	1.927	169	60.9	267
A005	北京大学学报自然科学版	1586	668	1.098	620	60.8	272
V029	土木工程学报	4636	106	1.900	174	60.8	272
F255	中国生物工程杂志	922	1134	0.723	1224	60.8	272
R514	激光与光电子学进展	5094	91	1.841	190	60.7	275
V050	城市规划	3069	248	1.731	225	60.6	276
T102	精细化工	1511	702	0.780	1095	60.6	276
H287	水土保持学报	6528	55	2.119	120	60.6	276
H019	浙江农林大学学报	1441	734	1.170	539	60.6; 51.9	276
M030	工程科学学报	2063	468	1.481	322	60.5	280
G102	中国公共卫生	4323	125	1.558	285	60.5	280
G946	上海中医药大学学报	1019	1042	1.201	512	60.4	282
E148	灾害学	1526	695	0.936	825	55.1; 60.4	282
E591	国土资源遥感	1451	730	1.595	269	60.3	284
Z552	中国安全生产科学技术	2531	350	1.059	661	60.3	284
X018	汽车工程	2048	471	1.252	471	60.2	286
E308	地球物理学进展	3740	162	1.076	648	60.1	287
E106	矿床地质	2686	318	2.232	102	60.1	287
G202	肾脏病与透析肾移植杂志	731	1324	0.918	854	60.1	287
G417	中国护理管理	4078	137	1.737	220	60.1	287
G596	上海针灸杂志	2556	345	1.079	643	60.0	291
W009	数理统计与管理	748	1313	1.054	664	60.0; 17.6	291
H202	作物杂志	2021	477	1.449	340	60.0	291
H266	经济林研究	1288	827	1.767	212	59.9	294
A066	陕西师范大学学报自然科学版	527	1569	0.606	1497	59.9	294

表 8-1　2021年中国科技核心期刊综合评价总分排名（自然科学）（续）

CODE	刊名	核心总被引频次		核心影响因子		综合评价总分*	
		数值	排名	数值	排名	数值	排名
T106	塑料	955	1102	0.776	1100	59.9	294
H013	华南农业大学学报	1156	934	1.252	471	59.8	297
J032	同济大学学报自然科学版	2712	315	0.898	882	59.8	297
G068	复旦学报医学版	811	1243	0.912	863	59.7	299
H056	水土保持研究	4493	115	2.021	141	59.7	299
S029	计算机应用	3790	158	1.268	450	59.5	301
G595	器官移植	604	1474	2.187	108	59.5	301
R501	热力发电	1922	511	1.161	547	26.1; 59.4	303
T949	应用化工	2361	391	0.642	1411	59.4	303
L532	中国石油勘探	2221	420	5.901	4	59.4	303
D024	环境化学	3396	195	1.322	415	46.1; 59.3	306
G123	中国医科大学学报	1170	916	0.853	946	59.2	307
H270	西南林业大学学报	1167	923	1.287	437	59.1; 48.7	308
G875	中华实用儿科临床杂志	3538	180	1.297	429	59.1	308
E116	吉林大学学报地球科学版	2532	348	1.286	438	49.0; 59.0	310
Q005	辐射研究与辐射工艺学报	223	2023	0.694	1293	58.9	311
G048	解放军医学杂志	1683	626	1.797	203	58.9	311
Z023	生态与农村环境学报	2309	401	1.825	196	58.9; 51.6	311
E604	中国地质灾害与防治学报	1122	963	1.564	283	34.5; 58.9	311
S006	计算机科学	3477	186	1.090	633	58.8	315
H525	草地学报	3386	198	2.223	103	58.7	316
J003	哈尔滨工业大学学报	2367	389	0.919	851	58.7	316
Z543	遥感技术与应用	1660	634	1.324	414	58.7	316
A061	南京师大学报自然科学版	398	1747	0.595	1517	58.6	319
E154	水文地质工程地质	2137	440	1.722	229	58.6; 49.8	319
F020	西北植物学报	3901	148	1.225	492	58.4	321
A017	浙江大学学报工学版	2150	436	0.876	914	58.4	321
G226	中国普通外科杂志	1767	587	1.447	343	58.4	321
Z029	长江流域资源与环境	4281	131	2.304	93	58.3	324
S016	计算机应用研究	4505	112	0.919	851	58.3	324
H292	上海海洋大学学报	1214	882	1.344	399	58.3; 44.9	324
G036	郑州大学学报医学版	1095	978	1.046	676	58.3	324
G429	中国食品卫生杂志	1303	816	1.230	486	58.3	324
G503	护理学杂志	6892	47	1.666	246	58.2	329
H051	森林与环境学报	865	1191	1.503	306	58.1	330
G221	中国临床心理学杂志	3004	252	1.319	417	58.1	330
E009	地质论评	3386	198	1.979	153	57.9	332
G166	中华物理医学与康复杂志	2424	372	1.413	357	57.9	332
E625	安全与环境工程	1072	1001	0.997	736	57.8	334
G081	西安交通大学学报医学版	896	1153	0.897	883	57.8	334
F038	植物生理学报	3341	203	1.205	506	57.8	334
G538	中国癌症杂志	1606	660	2.519	73	57.8	334
G766	实用心脑肺血管病杂志	1779	584	1.116	592	42.6; 57.7	338

表 8-1 2021 年中国科技核心期刊综合评价总分排名（自然科学）（续）

CODE	刊名	核心总被引频次		核心影响因子		综合评价总分*	
		数值	排名	数值	排名	数值	排名
I137	NANO RESEARCH	3245	217	1.664	247	57.6	339
A109	中国科学 技术科学	1599	663	1.136	563	57.6	339
G883	中国实验血液学杂志	1566	675	0.827	998	57.6	339
G121	中国药理学通报	3273	212	1.574	280	57.6	339
H278	农业机械学报	10161	21	2.691	54	57.5	343
R748	现代电子技术	3409	193	0.682	1329	57.5	343
Y024	宇航学报	2384	384	1.374	381	57.5	343
X036	长安大学学报自然科学版	910	1140	1.063	658	57.4; 47.6	346
H262	东北林业大学学报	2489	362	0.994	743	57.3; 47.9	347
R566	水资源保护	1698	620	3.268	27	57.3	347
A015	应用科学学报	440	1684	1.170	539	57.3	347
X029	重庆交通大学学报自然科学版	1296	822	0.888	898	57.2; 37.1	350
Y019	复合材料学报	3000	254	1.192	522	57.2	350
N033	光学精密工程	3384	200	1.948	164	57.2	350
H004	西南大学学报自然科学版	1851	544	1.113	598	57.2	350
G045	四川大学学报医学版	996	1068	0.693	1295	57.1	354
G311	中国皮肤性病学杂志	1529	694	0.639	1416	57.1	354
G133	中国肿瘤临床	2159	434	1.458	331	57.1	354
G591	中华医院管理杂志	1837	553	1.584	275	57.1	354
Q933	康复学报	547	1546	1.745	214	57.0	358
B015	数学的实践与认识	2167	431	0.344	1960	57.0	358
H748	麦类作物学报	2900	278	1.448	341	56.9	360
G560	中国计划生育和妇产科	961	1098	0.771	1115	56.9; 29.7	360
G422	中国脑血管病杂志	1053	1017	1.842	189	56.9	360
G195	中华超声影像学杂志	1800	569	1.386	374	56.9	360
R072	智慧电力	2524	353	4.210	10	56.8	364
G555	中华急诊医学杂志	2766	300	2.082	125	56.8	364
E113	沉积学报	3312	204	1.621	260	56.7	366
E109	大气科学	2901	277	1.346	398	56.7	366
R083	中国图象图形学报	1940	501	1.506	304	56.7	366
R043	电工技术学报	10871	20	3.203	29	56.6	369
G826	现代肿瘤医学	3140	232	0.622	1452	56.6	369
G001	ACTA PHARMACOLOGICA SINICA	1606	660	1.293	431	56.5	371
A537	科学技术与工程	9440	26	0.933	830	56.4	372
E350	矿物学报	1466	722	0.860	937	56.4	372
H223	热带作物学报	2928	270	1.091	629	56.4	372
G389	上海中医药杂志	3115	237	1.673	242	56.4; 46.7	372
F024	遗传	1387	767	1.170	539	56.4	372
H205	中国油料作物学报	1768	586	1.593	271	56.4	372
Y007	材料工程	2080	463	1.193	520	56.3	378
E003	海洋学报	2124	444	0.883	906	56.3	378
G035	河北医科大学学报	1401	757	0.789	1069	56.3	378
H044	中国生物防治学报	1592	666	1.418	355	56.3	378

表 8-1 2021年中国科技核心期刊综合评价总分排名（自然科学）（续）

CODE	刊名	核心总被引频次		核心影响因子		综合评价总分*	
		数值	排名	数值	排名	数值	排名
G624	生殖医学杂志	1397	760	0.960	791	56.2	382
G554	眼科新进展	1257	854	0.842	968	56.2	382
G228	中国实用妇科与产科杂志	3185	225	2.288	96	56.2	382
G008	药学学报	3585	176	1.771	211	56.0	385
G642	中国肿瘤	2341	395	3.160	33	56.0	385
S157	国际生殖健康/计划生育杂志	587	1494	0.812	1023	55.9	387
S030	计算机集成制造系统	3599	174	1.708	232	55.9	387
G225	重庆医学	5516	81	0.846	960	55.8	389
K022	金属矿山	2985	257	0.888	898	55.8	389
H740	林业工程学报	1282	833	1.358	390	55.8	389
E021	气候变化研究进展	1368	778	2.047	135	55.8	389
Z003	环境科学学报	7418	38	1.728	226	55.7	393
S725	中国卫生经济	2285	405	1.414	356	55.7	393
F215	生命科学	1047	1021	0.639	1416	55.5	395
A064	西南师范大学学报自然科学版	1172	913	0.607	1495	55.4	396
G900	中华烧伤杂志	1556	681	1.517	302	55.4	396
F022	ZOOLOGICAL RESEARCH	686	1377	0.679	1338	55.3	398
E045	暴雨灾害	975	1086	1.221	495	27.3; 55.3	398
H057	土壤通报	3474	187	1.105	609	55.3	398
Z001	中国环境科学	8632	30	2.034	139	55.3	398
G832	中国中医药信息杂志	3150	230	1.540	294	55.3; 46.6	398
G302	中华疾病控制杂志	2850	286	1.555	289	55.3	398
G876	中华老年心脑血管病杂志	1971	490	1.103	613	48.0; 55.3	398
D005	分析化学	2681	320	1.158	548	55.2	405
H037	棉花学报	1017	1046	2.038	136	55.2	405
D506	化学进展	1620	655	0.805	1038	55.1	407
G860	医学综述	4504	113	0.885	902	55.1	407
G028	广西医科大学学报	1354	789	0.608	1490	55.0	409
I237	FRONTIERS OF MEDICINE	463	1641	1.218	497	54.9	410
H845	分子植物育种	3719	164	0.710	1257	54.9	410
H042	核农学报	3725	163	1.742	217	54.9	410
G646	辽宁中医杂志	5991	68	1.046	676	54.9	410
C099	中国光学	942	1112	1.566	282	54.9; 52.1	410
E313	中国海洋大学学报自然科学版	1812	566	0.739	1188	54.9; 51.1; 47.9	410
G853	中国实验诊断学	2254	411	0.581	1552	54.9	410
G122	中国药理学与毒理学杂志	1098	976	1.836	191	54.9	410
G012	安徽医科大学学报	1703	619	0.738	1194	54.8	418
D012	色谱	2343	394	1.683	239	54.8	418
S003	系统仿真学报	2664	325	0.813	1020	54.7	420
H035	浙江大学学报农业与生命科学版	934	1121	1.000	731	54.7	420
G105	中国寄生虫学与寄生虫病杂志	1399	758	1.743	216	54.7	420
D022	分析测试学报	2229	419	1.373	382	49.6; 54.5	423
G186	重庆医科大学学报	1179	907	0.544	1633	54.4	424

表 8-1 2021年中国科技核心期刊综合评价总分排名（自然科学）（续）

CODE	刊名	核心总被引频次		核心影响因子		综合评价总分*	
		数值	排名	数值	排名	数值	排名
H052	植物病理学报	1319	807	0.810	1029	54.4	424
Q911	国际眼科杂志	2100	454	0.721	1230	54.3	426
E008	海洋与湖沼	1833	556	0.902	880	54.3	426
G073	首都医科大学学报	974	1087	0.908	870	54.3	426
X030	西安交通大学学报	2216	422	1.035	690	54.3	426
S012	计算机工程	3580	177	1.129	579	54.2	430
H909	玉米科学	2423	373	1.296	430	54.2	430
G648	中华骨与关节外科杂志	1168	920	1.318	418	54.2	430
I122	CHINESE JOURNAL OF AERONAUTICS	2086	458	1.532	298	54.1	433
H700	江苏农业科学	6749	48	0.706	1266	54.1	433
G728	中华骨质疏松和骨矿盐疾病杂志	931	1124	1.475	325	54.1	433
I074	NUCLEAR SCIENCE AND TECHNIQUES	548	1544	0.838	975	54.0	436
R575	发电技术	577	1511	1.835	192	54.0	436
G515	中华全科医学	3291	208	1.180	531	54.0	436
G907	中国计划生育学杂志	1706	617	0.953	802	53.9	439
G065	中华肾病研究电子杂志	264	1969	0.691	1299	53.9	439
G168	中华消化杂志	2248	414	1.991	150	53.9	439
A045	暨南大学学报自然科学与医学版	500	1601	1.027	701	45.5; 53.8	442
G846	中国中西医结合肾病杂志	1996	485	0.909	866	21.7; 53.8	442
Y564	舰船科学技术	1943	500	0.408	1880	53.7	444
R026	光电工程	918	1138	1.083	639	53.6	445
G901	中国当代儿科杂志	1811	567	1.255	467	53.6	445
E026	地质力学学报	1151	937	2.460	79	51.9; 53.5	447
R036	电子科技大学学报	834	1217	0.833	983	53.5; 43.2	447
M053	中国材料进展	1060	1011	0.793	1061	53.5	447
G645	中国循证心血管医学杂志	1936	503	0.968	776	39.0; 43.9; 53.5	447
L001	中国石油大学学报自然科学版	2001	481	1.363	388	48.7; 53.4	451
H001	茶叶科学	1193	896	1.538	296	53.3	452
N039	功能材料	1927	508	0.581	1552	53.3	452
K030	中国矿业	2350	393	0.831	989	53.3	452
G135	中华病理学杂志	1846	549	1.446	345	53.3	452
G541	中国卫生资源	850	1201	1.600	267	53.2	456
E360	工程地质学报	3087	244	2.884	44	53.1	457
G517	中国微生态学杂志	1813	564	0.956	798	24.3; 53.1	457
G052	军事医学	717	1347	0.472	1758	53.0	459
E126	石油实验地质	2250	413	2.681	55	53.0	459
N103	中国表面工程	805	1251	0.744	1177	53.0	459
A055	湖南师范大学自然科学学报	311	1887	0.638	1418	52.9	462
Z025	环境科学与技术	4022	141	0.842	968	52.9	462
N071	热加工工艺	4078	137	0.407	1882	52.8	464
L518	天然气地球科学	3163	228	1.522	300	52.8	464
A106	中国科学 化学	1189	899	0.651	1385	52.8	464
H199	江苏农业学报	1871	528	1.494	312	52.7	467

表 8-1　2021 年中国科技核心期刊综合评价总分排名（自然科学）（续）

CODE	刊名	核心总被引频次 数值	核心总被引频次 排名	核心影响因子 数值	核心影响因子 排名	综合评价总分* 数值	综合评价总分* 排名
G906	世界科学技术-中医药现代化	3191	224	1.114	596	52.7; 40.6	467
M020	有色金属冶炼部分	1070	1003	0.776	1100	52.7	467
U007	中国食品学报	3926	147	1.277	445	52.7	467
G211	中国糖尿病杂志	1666	631	1.170	539	52.7	467
G633	中国血液净化	1183	904	1.089	634	52.7; 34.7	467
H003	华中农业大学学报	1283	831	1.101	618	52.6	473
G511	山东医药	5735	75	0.729	1214	52.6	473
G519	中国医药	2496	360	1.453	334	52.5	475
E300	地球学报	2318	397	1.381	377	52.4	476
A527	贵州师范大学学报自然科学版	449	1669	0.626	1448	52.4	476
G316	解放军护理杂志	2371	387	1.186	528	52.4	476
G787	中国健康教育	1917	513	1.065	655	52.4	476
G644	中国医药导报	6269	60	0.827	998	52.4	476
E600	测绘科学	2386	383	0.957	797	52.3	481
F033	兽类学报	1022	1038	0.863	930	52.3	481
I159	JOURNAL OF ZHEJIANG UNIVERSITY SCIENCE B	760	1299	0.964	784	49.1; 52.2	483
J028	东南大学学报自然科学版	1572	671	0.843	965	52.2	483
F023	植物学报	1688	624	1.373	382	52.1	485
F043	动物学杂志	982	1080	0.424	1854	52.0	486
G769	中国病毒病杂志	720	1342	2.013	148	52.0; 51.2	486
A636	中国科学院院刊	2594	337	2.662	57	52.0	486
G812	中医药学报	1719	611	1.143	559	51.9; 42.5	489
K009	煤田地质与勘探	1895	519	1.293	431	51.8	490
V529	国际城市规划	1402	756	1.307	423	51.7	491
G997	国际口腔医学杂志	618	1452	0.683	1325	51.7	491
A032	西北大学学报自然科学版	856	1195	0.864	927	51.7	491
G825	中国儿童保健杂志	2001	481	1.083	639	45.8; 51.7	491
G337	中国感染与化疗杂志	1487	712	2.314	92	51.7	491
H283	江西农业大学学报	1353	790	0.794	1058	51.6	496
P003	动力工程学报	1263	848	0.956	798	51.5	497
T580	塑性工程学报	1470	720	1.226	490	51.5	497
G159	中华精神科杂志	974	1087	1.542	292	51.5	497
G320	中国肺癌杂志	1532	693	1.996	149	51.4	500
G192	中国脊柱脊髓杂志	1635	650	1.003	728	51.4	500
H567	中国农业科技导报	1762	589	1.146	556	51.4	500
G273	中国实用儿科杂志	1729	608	1.176	534	51.4	500
X006	上海交通大学学报	1798	570	0.804	1040	51.3	504
G484	世界中西医结合杂志	2948	266	0.978	760	51.3	504
N069	机床与液压	3307	206	0.594	1520	51.2	506
S052	智能系统学报	920	1136	1.306	425	51.2	506
Z002	环境科学研究	4423	118	2.497	76	51.1	508
K525	矿产保护与利用	1035	1032	1.447	343	51.1	508
H045	干旱地区农业研究	3149	231	1.207	502	51.0	510

表 8-1 2021 年中国科技核心期刊综合评价总分排名（自然科学）（续）

CODE	刊名	核心总被引频次		核心影响因子		综合评价总分*	
		数值	排名	数值	排名	数值	排名
E145	海洋科学	1638	647	0.599	1507	51.0	510
G423	临床肾脏病杂志	598	1479	0.790	1065	51.0	510
N089	中国工程机械学报	451	1664	0.681	1332	51.0	510
A105	中国科学 数学	329	1857	0.371	1930	51.0	510
T019	中国医药工业杂志	1081	993	0.548	1624	21.3; 51.0	510
N060	传感技术学报	1851	544	0.924	846	50.9	516
V051	建筑材料学报	2244	416	1.071	650	50.9	516
H043	土壤	3271	213	1.692	236	50.9	516
G188	细胞与分子免疫学杂志	1168	920	0.706	1266	50.9	516
R084	红外与激光工程	2807	293	0.871	919	50.8	520
S015	模式识别与人工智能	966	1094	1.289	435	50.8	520
G323	中国康复	1330	801	1.531	299	50.8	520
A036	中山大学学报自然科学版	833	1219	0.665	1363	50.8	520
H382	森林工程	860	1192	2.015	146	50.7; 33.5	524
D030	化学学报	1594	664	1.609	263	50.6	525
H222	农业现代化研究	1363	783	1.493	313	50.6	525
I254	LIGHT SCIENCE & APPLICATIONS	1456	727	1.806	201	50.5	527
J030	北京工业大学学报	1195	895	0.744	1177	50.5	527
A117	食品科学技术学报	809	1248	1.484	319	50.5	527
E127	地质通报	4267	133	1.202	511	50.4	530
S776	南开管理评论	3655	169	2.982	36	50.4	530
G715	中国生育健康杂志	486	1619	0.695	1288	50.4	530
W012	河海大学学报自然科学版	1169	918	1.390	371	49.1; 50.3	533
G664	临床和实验医学杂志	3004	252	0.810	1029	50.3	533
T063	现代化工	1879	525	0.530	1659	50.3	533
B020	应用数学和力学	648	1429	0.753	1153	29.4; 50.3	533
I157	SCIENCE CHINA PHYSICS, MECHANICS & ASTRONOMY	1041	1027	1.326	411	50.2	537
R116	电网与清洁能源	2011	479	3.312	26	50.2	537
G665	宁夏医科大学学报	899	1151	0.793	1061	50.2	537
H850	水生态学杂志	1127	959	1.041	685	31.4; 50.2	537
H385	西部林业科学	1017	1046	1.258	464	50.2	537
E146	大地构造与成矿学	1763	588	1.309	422	50.1	542
Y017	航空动力学报	2933	269	0.831	989	50.1	542
G056	免疫学杂志	1131	956	1.246	477	50.1	542
G181	中山大学学报医学科学版	671	1399	0.704	1271	50.1	542
R654	电力科学与技术学报	1559	679	4.174	11	50.0	546
H069	南方农业学报	2902	276	1.267	452	50.0	546
G743	中华耳科学杂志	1379	771	1.145	558	50.0	546
I201	CHINESE MEDICAL JOURNAL	3700	167	0.815	1018	49.9	549
H288	西北农业学报	2607	333	1.096	625	49.9	549
H208	中国烟草科学	1431	742	1.659	249	49.9	549
H210	中国农业气象	1711	616	1.794	205	49.8; 49.7	552
Q418	纺织科学与工程学报	230	2013	0.546	1628	49.7	553

表8-1 2021年中国科技核心期刊综合评价总分排名（自然科学）（续）

CODE	刊名	核心总被引频次 数值	核心总被引频次 排名	核心影响因子 数值	核心影响因子 排名	综合评价总分* 数值	综合评价总分* 排名
E601	古地理学报	1718	612	1.845	188	49.7	553
J004	华南理工大学学报自然科学版	1364	782	0.690	1303	49.7	553
D001	物理化学学报	2082	461	1.331	408	49.7	553
H061	西南农业学报	3288	209	0.872	918	49.7	553
G234	中国动脉硬化杂志	1474	718	1.448	341	49.7	553
T094	兵器装备工程学报	1939	502	0.680	1336	49.6	559
A025	南京大学学报自然科学版	760	1299	0.720	1234	49.6	559
U035	食品与发酵工业	6571	53	1.315	419	49.6	559
E150	地震地质	1859	537	0.909	866	49.5	562
J051	工程科学与技术	1540	688	0.923	848	49.5	562
T008	过程工程学报	931	1124	0.578	1560	49.5	562
K558	煤矿安全	3229	219	0.739	1188	49.5	562
D027	煤炭转化	593	1485	0.760	1141	49.5	562
F010	水生生物学报	1944	499	0.959	794	49.5	562
D003	无机材料学报	1124	961	0.845	962	49.5	562
D031	CHINESE CHEMICAL LETTERS	3561	178	1.927	169	49.4	569
I184	INTERNATIONAL JOURNAL OF MINING SCIENCE AND TECHNOLOGY	1234	868	2.081	127	49.4	569
G410	标记免疫分析与临床	1452	729	0.724	1219	49.4	569
J023	东北大学学报自然科学版	1746	598	0.738	1194	49.4	569
A054	华东师范大学学报自然科学版	437	1689	0.403	1889	49.4	569
H245	基因组学与应用生物学	2503	357	0.459	1785	49.4	569
G526	中华全科医师杂志	1623	653	1.855	184	49.4	569
X521	铁道工程学报	1387	767	0.667	1358	49.3	576
E549	地球与环境	1201	891	1.261	459	49.2	577
A030	东北师大学报自然科学版	383	1768	0.470	1765	49.2	577
U013	纺织高校基础科学学报	222	2027	0.729	1214	49.2	577
H269	云南农业大学学报	1235	867	0.890	894	49.2	577
F029	JOURNAL OF INTEGRATIVE PLANT BIOLOGY	2043	472	1.536	297	49.1	581
M114	SCIENCE CHINA MATERIALS	1237	865	1.596	268	49.1	581
E155	海洋地质与第四纪地质	1785	581	0.987	748	49.1; 38.0	581
X032	西南交通大学学报	1634	651	0.958	796	49.1	581
H213	中国草地学报	1992	486	2.233	101	49.1	581
G097	中国超声医学杂志	2502	358	1.663	248	49.1	581
G631	中国感染控制杂志	2091	457	2.028	140	49.1	581
G597	中西医结合心脑血管病杂志	4618	108	0.826	1002	48.4; 49.1	581
G685	中医学报	3863	154	1.210	500	49.1	581
E510	测绘通报	2789	295	1.430	348	49.0	590
V019	土木与环境工程学报中英文版	963	1095	0.996	739	49.0	590
G639	中华老年多器官疾病杂志	875	1174	0.982	756	49.0	590
G632	中国中医基础医学杂志	4974	96	0.991	745	48.9	593
P011	燃烧科学与技术	514	1583	0.801	1048	48.8	594
G980	新疆医科大学学报	1258	853	0.676	1341	48.8	594

表 8-1　2021年中国科技核心期刊综合评价总分排名（自然科学）（续）

CODE	刊名	核心总被引频次		核心影响因子		综合评价总分*	
		数值	排名	数值	排名	数值	排名
H201	浙江农业学报	1743	600	0.969	773	48.7	596
I091	SCIENCE CHINA TECHNOLOGICAL SCIENCES	1722	609	0.916	857	48.6	597
G057	东南大学学报医学版	826	1227	0.771	1115	48.6	597
W590	南水北调与水利科技	1332	799	1.148	554	48.6	597
R005	数据采集与处理	640	1436	0.852	951	48.6	597
E563	热带地理	1205	889	1.694	235	48.4	601
H015	水土保持通报	2969	261	1.210	500	48.4	601
A058	河南师范大学学报自然科学版	352	1831	0.447	1813	48.3	603
S013	计算机辅助设计与图形学学报	1583	670	0.960	791	48.3	603
G671	解放军医药杂志	1921	512	1.283	440	48.3	603
U010	现代食品科技	3942	145	1.078	644	48.3	603
T020	北京化工大学学报自然科学版	462	1643	0.493	1729	48.2; 33.7	607
G938	国际呼吸杂志	1518	698	0.711	1255	48.2	607
T505	合成树脂及塑料	582	1506	0.651	1385	48.2	607
J033	华中科技大学学报自然科学版	1731	606	0.864	927	48.2	607
F048	中国比较医学杂志	1308	814	0.929	841	48.2	607
G814	中国临床医生杂志	2609	331	1.254	468	48.2	607
A062	广西师范大学学报自然科学版	471	1632	0.698	1283	48.1	613
H011	河南农业大学学报	1209	885	1.394	368	48.1	613
S022	计算机工程与设计	2732	308	0.925	845	48.1	613
Y026	南京航空航天大学学报	1000	1064	0.772	1112	48.1; 38.0	613
G367	中华实用诊断与治疗杂志	2099	455	1.136	563	48.1	613
H005	大连海洋大学学报	1075	1000	1.108	605	48.0; 39.7	618
G271	临床放射学杂志	2697	316	0.956	798	48.0	618
T611	天然产物研究与开发	3018	251	1.423	352	48.0	618
G233	中国矫形外科杂志	2921	274	0.799	1052	48.0	618
H294	中国畜牧兽医	2954	265	0.932	834	48.0	618
H002	安徽农业大学学报	1006	1058	0.663	1365	47.9	623
H032	华北农学报	2066	465	1.051	669	47.9	623
G719	吉林中医药	2840	288	1.097	623	47.9; 36.9	623
Y016	空气动力学学报	1190	898	0.966	782	47.9	623
R049	水力发电学报	2381	385	1.556	287	47.9	623
G263	中华行为医学与脑科学杂志	1815	561	1.380	379	47.9	623
G608	放射学实践	2140	438	1.226	490	47.8	629
T017	林产化学与工业	614	1456	0.755	1150	41.2; 47.8	629
G725	陕西中医	4074	139	1.388	372	47.8	629
W011	水利水电技术	1844	551	0.927	844	47.8	629
G973	中国呼吸与危重监护杂志	886	1160	1.404	360	47.8	629
G751	中华健康管理学杂志	641	1434	0.916	857	47.8	629
G030	广州中医药大学学报	2187	427	1.102	616	47.7	635
G727	中国性科学	1791	575	0.589	1534	47.7	635
J042	吉林大学学报工学版	1861	535	1.025	709	47.6	637
F016	生物化学与生物物理进展	692	1372	0.665	1363	47.6	637

表 8-1　2021年中国科技核心期刊综合评价总分排名（自然科学）（续）

CODE	刊名	核心总被引频次 数值	核心总被引频次 排名	核心影响因子 数值	核心影响因子 排名	综合评价总分* 数值	综合评价总分* 排名
U617	食品研究与开发	6347	58	1.195	518	47.6	637
G038	武汉大学学报医学版	775	1281	0.819	1013	47.5	640
G552	磁共振成像	1067	1006	1.002	729	47.4	641
G187	解放军医学院学报	1140	948	0.715	1243	47.4	641
G064	山西医科大学学报	893	1154	0.510	1706	47.4	641
F214	生物技术进展	436	1691	0.691	1299	47.4	641
R559	重庆邮电大学学报自然科学版	523	1572	1.071	650	47.3; 40.2	645
G661	国际医学放射学杂志	676	1391	1.086	637	47.3	645
H356	河南农业科学	2564	344	1.271	448	47.3	645
G366	中国社会医学杂志	753	1307	0.744	1177	47.3	645
G254	中华普通外科杂志	1792	573	1.025	709	47.3	645
R038	高电压技术	9038	28	2.743	47	47.2	650
Y014	航空制造技术	2096	456	0.643	1406	47.2	650
E504	矿物岩石地球化学通报	1501	708	0.950	806	47.2	650
S825	中国软科学	4490	116	2.797	46	47.2	650
G564	中药新药与临床药理	1974	489	1.557	286	47.2	650
G914	天津中医药大学学报	868	1187	1.195	518	47.1	655
Y521	战术导弹技术	638	1438	1.037	687	47.1	655
G115	中国生物医学工程学报	551	1542	0.799	1052	47.1	655
F018	菌物学报	2026	475	1.289	435	47.0	658
G350	临床与病理杂志	1276	839	0.569	1579	47.0	658
H350	中国土地科学	2970	260	3.475	22	47.0	658
G757	中国中西医结合皮肤性病学杂志	789	1265	0.637	1420	21.0; 47.0	658
G262	中华肝胆外科杂志	1606	660	1.487	315	47.0	658
F001	生理学报	559	1532	0.839	973	36.8; 46.9	663
Y004	振动工程学报	1375	773	0.885	902	39.8; 46.9	663
G222	临床麻醉学杂志	2476	365	1.332	406	46.8	665
X024	大连海事大学学报	416	1730	0.454	1794	46.7; 30.9	666
E112	地震研究	860	1192	1.036	689	46.7	666
X634	隧道建设中英文版	1770	585	0.977	761	34.6; 46.7	666
G734	护士进修杂志	3129	233	0.896	884	46.6	669
E361	气候与环境研究	1069	1004	0.940	820	46.6	669
G586	实用妇产科杂志	1748	596	1.110	601	46.6	669
A063	厦门大学学报自然科学版	679	1387	0.498	1724	46.6	669
C037	光子学报	1754	593	0.970	771	46.5	673
G607	临床儿科杂志	1388	766	0.743	1181	46.5	673
X038	上海海事大学学报	371	1797	0.842	968	46.5; 31.8	673
G109	中国临床药理学杂志	4304	128	1.008	725	46.5	673
F002	中国生物化学与分子生物学报	845	1205	0.794	1058	46.5	673
G623	中国现代神经疾病杂志	766	1288	0.654	1380	46.5	673
E024	地球化学	1661	633	0.916	857	46.4	679
G031	贵州医科大学学报	824	1231	0.493	1729	46.4	679
N084	摩擦学学报	1333	797	1.400	363	46.4	679

表 8-1　2021 年中国科技核心期刊综合评价总分排名（自然科学）（续）

CODE	刊名	核心总被引频次		核心影响因子		综合评价总分*	
		数值	排名	数值	排名	数值	排名
H024	沈阳农业大学学报	1092	984	0.863	930	46.4	679
K018	工矿自动化	1616	656	1.467	328	46.3	683
G027	广东药科大学学报	868	1187	0.774	1105	46.3; 35.7	683
S085	计算机科学与探索	925	1130	1.149	552	46.3	683
A022	西北师范大学学报自然科学版	382	1772	0.351	1954	46.3	683
I218	CHINESE JOURNAL OF MECHANICAL ENGINEERING	884	1163	0.826	1002	46.2	687
I129	PROTEIN & CELL	712	1351	1.026	705	46.2	687
F203	生理科学进展	641	1434	0.888	898	46.2	687
A041	天津大学学报	1154	935	0.790	1065	46.2	687
G218	ACTA PHARMACEUTICA SINICA B	1254	856	2.397	84	46.1	691
N085	兵器材料科学与工程	804	1255	0.526	1663	46.1	691
S020	中文信息学报	1259	851	1.239	481	46.1	691
J021	重庆大学学报自然科学版	1095	978	0.709	1260	46.0	694
E027	现代地质	2279	406	1.283	440	46.0	694
F250	现代生物医学进展	4329	123	0.554	1605	46.0	694
X633	船舶力学	978	1085	0.517	1684	45.9; 24.7	697
I037	CHINESE JOURNAL OF CANCER RESEARCH	936	1118	1.932	168	45.8	698
Q004	核动力工程	949	1105	0.396	1896	45.8	698
H068	南方水产科学	925	1130	1.261	459	45.8	698
E143	地震学报	1394	763	0.762	1137	45.7	701
M600	黄金科学技术	586	1498	0.767	1121	45.7	701
R034	信号处理	1080	994	0.905	876	45.7	701
G373	中国微创外科杂志	1841	552	1.237	483	45.7	701
I067	JOURNAL OF CENTRAL SOUTH UNIVERSITY	1745	599	0.881	907	45.6	705
A512	重庆师范大学学报自然科学版	377	1781	0.433	1836	45.6	705
P006	热能动力工程	1020	1041	0.583	1547	45.6	705
F027	四川动物	750	1310	0.600	1503	45.6	705
H023	畜牧兽医学报	2022	476	0.909	866	45.6	705
G232	中国胸心血管外科临床杂志	954	1103	0.803	1044	45.6	705
M019	钢铁研究学报	1326	803	0.976	764	45.5	711
L504	油气地质与采收率	1656	637	2.636	61	45.5	711
E004	地球科学与环境学报	879	1168	1.174	535	45.4	713
E118	地震工程与工程振动	1846	549	0.751	1160	45.4	713
G498	国际骨科学杂志	421	1718	0.745	1175	45.4	713
G101	CHINESE JOURNAL OF NATURAL MEDICINES	1087	987	1.206	505	45.3	716
I146	SCIENCE CHINA CHEMISTRY	1607	659	1.514	303	45.3	716
E527	地理与地理信息科学	1716	613	1.626	258	45.3	716
E358	高校地质学报	1495	711	0.819	1013	45.3	716
G390	口腔疾病防治	516	1580	0.737	1198	45.3	716
C034	质谱学报	613	1457	1.065	655	37.2; 45.3	716
H062	HORTICULTURAL PLANT JOURNAL	238	2001	2.289	95	45.2	722
H038	大豆科学	1406	753	1.044	681	45.2	722
R060	控制理论与应用	2069	464	1.064	657	45.2	722

表 8-1　2021年中国科技核心期刊综合评价总分排名（自然科学）（续）

CODE	刊名	核心总被引频次 数值	核心总被引频次 排名	核心影响因子 数值	核心影响因子 排名	综合评价总分* 数值	综合评价总分* 排名
L505	特种油气藏	1869	530	2.081	127	45.2	722
Y010	振动测试与诊断	1310	813	0.749	1166	45.2	722
G857	中国骨与关节杂志	787	1268	0.775	1102	45.2	722
G277	中国内镜杂志	1438	737	1.116	592	45.2	722
G817	协和医学杂志	710	1354	1.221	495	45.1	729
G328	新乡医学院学报	1015	1049	0.810	1029	45.1	729
M504	有色金属科学与工程	718	1344	0.733	1205	45.1	729
G747	中国新药杂志	3088	243	0.997	736	45.1	729
D020	高等学校化学学报	1762	589	0.765	1131	45.0	733
S034	计算机工程与科学	1369	776	0.842	968	45.0	733
G058	南京医科大学学报自然科学版	1403	755	0.688	1311	45.0	733
E101	山地学报	1509	705	1.343	400	45.0	733
H417	现代农药	431	1700	0.635	1425	31.3; 45.0	733
H242	中国畜牧杂志	2716	313	0.916	857	45.0	733
S081	信息安全学报	216	2033	1.053	667	44.9	739
G613	中国慢性病预防与控制	1863	534	1.463	330	44.9	739
G756	中国循证儿科杂志	806	1249	1.041	685	44.1; 40.4; 44.9	739
N052	压力容器	1079	995	1.303	427	44.8	742
G520	中成药	5622	77	1.352	394	44.8	742
G974	中国临床医学	841	1208	0.822	1011	44.8	742
G237	中国现代医学杂志	2994	255	0.835	980	44.8	742
I232	NEURAL REGENERATION RESEARCH	1962	494	1.236	485	44.7	746
I050	RARE METALS	1327	802	1.668	245	44.7	746
M039	粉末冶金技术	513	1585	0.739	1188	44.7	746
G026	广东医学	3625	173	0.714	1245	44.7	746
Y556	航空兵器	598	1479	1.086	637	44.7; 38.5	746
X020	交通信息与安全	558	1535	0.774	1105	44.7	746
F008	植物科学学报	1105	969	0.880	908	44.7	746
H006	东北农业大学学报	1322	805	0.721	1230	44.6	753
X025	哈尔滨工程大学学报	1556	681	0.651	1385	44.6	753
Z021	环境工程学报	4630	107	1.107	607	44.6	753
R028	激光杂志	1217	880	0.492	1733	44.6	753
G942	临床误诊误治	1466	722	0.995	740	44.6	753
G455	疑难病杂志	1502	707	1.082	641	44.6	753
G858	中华肿瘤防治杂志	2274	408	1.254	468	44.6	753
A078	福建师范大学学报自然科学版	296	1910	0.447	1813	44.5	760
G326	胃肠病学和肝病学杂志	1342	794	0.666	1362	44.5	760
T064	橡胶工业	771	1284	0.710	1257	44.5	760
A028	湖南大学学报自然科学版	1511	702	0.871	919	44.4	763
T567	化学工程师	679	1387	0.552	1610	44.4	763
X017	武汉理工大学学报交通科学与工程版	999	1065	0.616	1466	44.4; 28.3	763
G009	中国药学杂志	3248	215	0.963	786	44.4	763
G502	中华保健医学杂志	725	1333	1.037	687	44.4	763

表 8-1　2021 年中国科技核心期刊综合评价总分排名（自然科学）（续）

CODE	刊名	核心总被引频次		核心影响因子		综合评价总分*	
		数值	排名	数值	排名	数值	排名
G136	中华传染病杂志	1278	836	1.588	274	44.4	763
E362	地质科技通报	2314	398	1.812	198	44.3	769
G775	动物医学进展	1404	754	0.635	1425	44.3	769
G053	昆明医科大学学报	1050	1018	0.489	1736	44.3	769
G896	现代中医临床	826	1227	1.171	538	44.3	769
G471	中国医学前沿杂志电子版	1948	498	1.126	582	44.3	769
C059	CHINESE PHYSICS LETTERS	1560	678	0.866	925	44.2	774
G574	山东中医杂志	1715	615	0.843	965	44.2	774
G243	中国医院药学杂志	3389	197	1.046	676	44.2	774
N070	锻压技术	1563	676	1.204	508	44.1	777
S009	计算机应用与软件	2590	338	0.750	1161	44.1	777
S027	小型微型计算机系统	2104	450	1.091	629	44.1	777
V039	中国园林	2770	297	1.104	612	41.6; 44.1	777
G965	同济大学学报医学版	616	1454	0.862	932	44.0	781
A002	浙江大学学报理学版	563	1527	0.610	1482	44.0	781
G529	中国卒中杂志	1355	787	1.097	623	44.0	781
G120	中国药科大学学报	721	1340	0.668	1356	44.0; 32.2	781
Z027	JOURNAL OF ENVIRONMENTAL SCIENCES	2886	281	1.033	692	43.9	785
G626	天津中医药	1834	554	1.396	365	43.9; 30.7	785
L007	新疆石油地质	1790	577	2.336	91	43.9	785
G089	营养学报	1384	770	0.861	934	43.9	785
U647	中国烟草学报	1242	862	1.223	493	43.9	785
R532	传感器与微系统	2490	361	0.817	1017	43.8	790
V013	建筑科学与工程学报	573	1515	0.721	1230	43.8	790
G241	中国急救医学	1440	735	1.096	625	43.8	790
D021	高分子学报	1218	878	1.277	445	43.7	793
G301	河北中医药学报	544	1552	0.904	878	43.7; 34.2	793
L002	西南石油大学学报自然科学版	1278	836	0.975	765	43.0; 43.7	793
N111	现代制造工程	1104	970	0.552	1610	43.7	793
F025	中国细胞生物学学报	945	1108	0.574	1570	43.7	793
Q225	肿瘤综合治疗电子杂志	439	1686	2.263	98	43.7	793
S503	控制工程	1689	623	0.721	1230	43.6	799
G679	中国医疗设备	2237	418	0.754	1152	43.6	799
G524	中国中医急症	4300	130	1.042	684	43.6	799
H103	种子	2362	390	0.829	994	43.6	799
G041	湖南中医药大学学报	2242	417	1.326	411	43.5	803
A052	华南师范大学学报自然科学版	473	1630	0.532	1653	43.5	803
N005	火力与指挥控制	1867	531	0.587	1540	43.4	805
G266	口腔医学研究	1221	874	0.770	1118	43.4	805
N061	图学学报	653	1421	0.787	1075	43.4	805
S024	遥感信息	961	1098	0.910	865	43.4	805
S759	经济管理	2508	355	2.615	65	43.3	809
F034	ACTA BIOCHIMICA ET BIOPHYSICA SINICA	871	1180	0.730	1213	43.2	810

表 8-1　2021 年中国科技核心期刊综合评价总分排名（自然科学）（续）

CODE	刊名	核心总被引频次 数值	核心总被引频次 排名	核心影响因子 数值	核心影响因子 排名	综合评价总分* 数值	综合评价总分* 排名
N023	流体机械	1536	690	1.487	315	43.2	810
G419	心血管病学进展	884	1163	0.649	1394	43.2	810
A580	应用基础与工程科学学报	1148	939	0.752	1158	43.2	810
M036	有色金属工程	931	1124	0.827	998	43.2	810
G249	中国骨与关节损伤杂志	2654	326	1.207	502	43.2	810
G556	分子诊断与治疗杂志	1300	819	1.696	233	43.1	816
B525	国际输血及血液学杂志	188	2062	0.271	2047	43.1; 32.8	816
A024	武汉大学学报理学版	378	1779	0.779	1097	43.1	816
M102	新型炭材料	622	1450	0.954	801	43.1	816
G193	中国医学影像学杂志	1487	712	1.132	570	43.1	816
R090	电力自动化设备	5808	73	2.905	42	43.0	821
N017	爆破	791	1264	1.091	629	42.9	822
R673	电测与仪表	4675	104	2.247	99	42.9	822
G325	口腔医学	886	1160	0.723	1224	42.9	822
G288	脑与神经疾病杂志	527	1569	0.568	1582	42.9	822
G870	中国临床药理学与治疗学	1454	728	1.027	701	42.9	822
G305	中国实用护理杂志	2749	304	0.757	1147	42.9	822
G780	CANCER BIOLOGY & MEDICINE	392	1756	1.149	552	42.8	828
J024	大连理工大学学报	650	1427	0.553	1608	42.8	828
A645	科技导报	2272	409	0.689	1307	42.8	828
B001	应用数学学报	268	1964	0.390	1906	42.8	828
T076	化学工业与工程	292	1920	0.525	1666	42.7	832
N672	机电工程	1115	966	0.864	927	42.7	832
H286	农业生物技术学报	1241	863	0.784	1082	42.7	832
N759	生命科学仪器	173	2069	0.328	1982	42.7	832
G300	现代妇产科进展	1276	839	0.949	808	42.7	832
G886	介入放射学杂志	1859	537	1.098	620	42.6	837
X538	世界桥梁	877	1171	2.180	111	42.6	837
T536	塑料科技	1158	930	0.628	1441	42.6	837
R004	微电子学与计算机	1002	1061	0.803	1044	42.6; 36.5	837
G476	心脑血管病防治	776	1278	1.132	570	33.8; 42.6	837
R511	中国电力	3129	233	2.064	133	42.6	837
M008	材料科学与工程学报	995	1069	0.432	1840	42.5	843
S773	经济与管理研究	1125	960	1.619	261	42.5	843
G006	生物医学工程学杂志	904	1147	0.856	943	42.5	843
F225	微生物学杂志	715	1349	0.634	1428	42.5	843
U001	中国粮油学报	2977	259	1.190	523	42.5; 33.4	843
G112	中国人兽共患病学报	1264	847	0.833	983	42.5	843
G380	中国心血管杂志	1520	697	3.805	16	42.5	843
T001	高分子材料科学与工程	1815	561	0.610	1482	42.4	850
H804	山东农业科学	2029	474	0.644	1405	42.4	850
B021	系统科学与数学	670	1400	0.550	1619	13.9; 42.4	850
G528	中国中西医结合消化杂志	1834	554	1.127	581	37.9; 42.4	850

表 8-1　2021年中国科技核心期刊综合评价总分排名（自然科学）（续）

CODE	刊名	核心总被引频次 数值	核心总被引频次 排名	核心影响因子 数值	核心影响因子 排名	综合评价总分* 数值	综合评价总分* 排名
G691	中华关节外科杂志电子版	946	1107	0.789	1069	42.4	850
E102	成都理工大学学报自然科学版	1212	883	0.787	1075	38.3; 42.3	855
G954	国际外科学杂志	1018	1044	0.811	1027	42.3	855
R008	南京邮电大学学报自然科学版	456	1657	1.021	718	42.3; 36.0	855
C108	原子核物理评论	173	2069	0.199	2095	26.4; 42.2	858
V036	中国给水排水	3538	180	0.728	1216	42.2	858
R024	半导体光电	559	1532	0.630	1436	36.8; 42.1	860
P004	内燃机学报	652	1424	0.931	836	42.1	860
W014	武汉大学学报工学版	1102	974	0.775	1102	42.1	860
S918	心理科学	2146	437	0.641	1412	42.1	860
G446	中华神经医学杂志	1157	933	0.960	791	42.1	860
H410	作物研究	763	1292	0.628	1441	42.1	860
X014	北京交通大学学报	741	1318	0.934	827	42.0	866
N050	机械科学与技术	1680	628	0.668	1356	42.0	866
Q919	实用临床医药杂志	2882	282	0.577	1563	42.0	866
I144	JOURNAL OF SYSTEMS ENGINEERING AND ELECTRONICS	564	1524	0.633	1432	41.9	869
R086	三峡大学学报自然科学版	413	1731	0.512	1695	41.9; 33.9	869
F046	生命科学研究	385	1765	0.646	1402	41.9	869
T929	现代塑料加工应用	375	1788	0.596	1513	41.9	869
N108	中国舰船研究	827	1226	0.924	846	41.9	869
H268	福建农林大学学报自然科学版	902	1149	0.884	905	41.8	874
M101	矿冶	547	1546	0.463	1778	41.8	874
G800	胃肠病学	1098	976	0.551	1614	41.8	874
A007	中国科学技术大学学报	441	1683	0.188	2099	41.8	874
G622	中国医学物理学杂志	1003	1060	0.736	1199	41.8; 31.4	874
Q920	中华医学超声杂志电子版	1283	831	1.113	598	41.8	874
G183	中药材	5348	82	1.033	692	41.8	874
H064	THE CROP JOURNAL	468	1638	0.830	993	41.7	881
G880	临床超声医学杂志	1010	1055	0.871	919	41.7	881
G317	临床泌尿外科杂志	1018	1044	0.774	1105	41.7	881
R516	新能源进展	243	1995	0.657	1374	41.7	881
G160	中华神经外科杂志	2052	470	1.199	513	41.7	881
G165	中华微生物学和免疫学杂志	751	1309	0.784	1082	41.7	881
T100	CHINESE JOURNAL OF CHEMICAL ENGINEERING	1153	936	0.599	1507	41.6	887
L037	海相油气地质	707	1359	1.451	337	41.6	887
H847	水产科学	1252	857	0.937	824	41.6	887
I154	CHINESE GEOGRAPHICAL SCIENCE	583	1504	0.742	1183	41.5	890
W010	长江科学院院报	2190	426	0.838	975	41.5	890
E301	第四纪研究	2819	290	1.887	176	41.5	890
Z019	环境污染与防治	1882	523	1.054	664	41.5	890
Q908	临床肺科杂志	2439	369	0.860	937	41.5	890
W502	水利水电科技进展	1077	998	1.581	277	41.5	890
W570	水资源与水工程学报	1570	672	0.974	767	41.5	890

表 8-1　2021 年中国科技核心期刊综合评价总分排名（自然科学）（续）

CODE	刊名	核心总被引频次		核心影响因子		综合评价总分*	
		数值	排名	数值	排名	数值	排名
G333	医学分子生物学杂志	412	1733	1.114	596	41.5	890
U011	制冷学报	716	1348	0.763	1135	41.5	890
N104	中国惯性技术学报	1093	982	1.252	471	41.5	890
G184	肿瘤	653	1421	0.825	1005	41.5	890
R724	电子设计工程	2892	280	0.701	1277	41.4	901
G349	国际泌尿系统杂志	684	1380	0.453	1796	41.4	901
G987	护理学报	2749	304	1.166	544	41.4	901
N057	机械强度	1207	886	0.600	1503	41.4	901
Y571	飞航导弹	1221	874	0.965	783	41.3	905
C325	菌物研究	376	1784	1.403	361	41.3; 38.5	905
G881	临床军医杂志	1552	685	0.611	1477	41.3	905
R119	密码学报	231	2012	0.716	1241	41.3	905
E642	热带海洋学报	838	1215	0.597	1512	41.3	905
J022	山东大学学报工学版	584	1502	0.856	943	41.3	905
V018	西安建筑科技大学学报自然科学版	663	1409	0.449	1809	41.3; 33.3	905
G087	药物分析杂志	2803	294	1.237	483	41.3	905
G304	中国临床医学影像杂志	1274	843	0.946	809	41.3	905
G641	河北医学	1829	558	0.783	1085	41.2	914
H203	湖北农业科学	3441	190	0.328	1982	41.2	914
G638	检验医学	1303	816	0.900	881	41.2	914
H701	江西农业学报	1790	577	0.673	1348	41.2	914
A038	云南大学学报自然科学版	868	1187	0.833	983	41.2	914
M022	中国稀土学报	928	1127	0.973	769	41.2	914
G773	中华实验眼科杂志	1076	999	0.861	934	41.2	914
T016	高校化学工程学报	855	1196	0.480	1746	41.1	921
X039	中国航海	556	1538	0.860	937	41.1	921
G521	中国疼痛医学杂志	1886	521	1.353	392	41.1	921
X012	中国造船	757	1304	0.613	1472	41.1	921
H228	广东农业科学	2767	299	0.760	1141	41.0	925
G384	河北中医	2011	479	0.809	1033	41.0	925
S002	信息与控制	723	1336	1.265	455	41.0	925
H295	中国水土保持科学	1301	818	1.188	525	41.0	925
Q918	中国医院	1660	634	0.969	773	41.0	925
R018	北京邮电大学学报	498	1606	0.643	1406	40.9; 32.6	930
N590	工程设计学报	465	1639	0.593	1527	40.9	930
R683	国外电子测量技术	1743	600	1.335	404	40.9	930
K554	矿业安全与环保	1320	806	1.298	428	40.9	930
R009	西安电子科技大学学报自然科学版	760	1299	1.000	731	40.9; 35.8	930
G579	中华口腔医学研究杂志电子版	258	1976	0.649	1394	40.9	930
I063	JOURNAL OF GEOGRAPHICAL SCIENCES	1279	835	1.024	713	40.8	936
Q718	SIGNAL TRANSDUCTION AND TARGETED THERAPY	246	1992	0.511	1701	40.8	936
G432	川北医学院学报	833	1219	0.649	1394	40.8	936
E139	地质科学	1437	738	0.553	1608	40.8	936

表 8-1 2021年中国科技核心期刊综合评价总分排名（自然科学）（续）

CODE	刊名	核心总被引频次 数值	核心总被引频次 排名	核心影响因子 数值	核心影响因子 排名	综合评价总分* 数值	综合评价总分* 排名
U004	河南工业大学学报自然科学版	889	1159	0.968	776	38.1; 40.8	936
L516	可再生能源	2017	478	1.196	516	40.8	936
Y555	上海航天中英文版	604	1474	1.008	725	40.8	936
E351	中国地震	805	1251	0.810	1029	40.8	936
G094	中风与神经疾病杂志	998	1067	0.621	1454	40.8	936
M009	材料研究学报	749	1311	0.669	1353	40.7	945
L004	东北石油大学学报	800	1259	1.423	352	30.6; 40.7	945
A029	福州大学学报自然科学版	522	1575	0.592	1529	40.7	945
A016	兰州大学学报自然科学版	1019	1042	0.790	1065	40.7	945
Z512	生态科学	1534	691	1.125	584	40.7	945
L010	西安石油大学学报自然科学版	847	1203	0.686	1316	40.7; 34.7	945
H998	渔业科学进展	1281	834	1.057	662	40.7	945
G011	癌症	420	1719	0.357	1947	40.6	952
M006	材料科学与工艺	749	1311	0.620	1459	40.6	952
F044	生物资源	541	1558	0.887	901	40.6	952
I012	INSECT SCIENCE	545	1550	0.766	1127	40.5	955
G670	成都医学院学报	523	1572	0.584	1545	40.5	955
R740	电光与控制	1263	848	0.866	925	40.5	955
G294	华西医学	1307	815	0.755	1150	40.5	955
A102	中国科学院大学学报	588	1492	0.652	1383	40.5	955
G447	中国临床保健杂志	802	1257	0.828	996	40.5	955
I142	JOURNAL OF IRON AND STEEL RESEARCH, INTERNATIONAL	881	1167	0.407	1882	40.4	961
G461	中华普通外科学文献电子版	500	1601	1.028	699	40.4	961
R046	华北电力大学学报自然科学版	580	1507	0.987	748	40.3; 36.3	963
Q910	临床肿瘤学杂志	1248	858	0.943	816	40.3	963
G076	天津医药	1179	907	0.764	1134	40.3	963
H221	中国农业资源与区划	3019	250	1.451	337	40.3	963
I255	NATIONAL SCIENCE REVIEW	1065	1008	1.503	306	40.2	967
G013	安徽中医药大学学报	1042	1026	1.204	508	40.2	967
G264	肠外与肠内营养	763	1292	1.207	502	40.2	967
C071	发光学报	771	1284	0.818	1015	40.2	967
E311	海洋通报	1054	1016	0.827	998	40.2	967
H284	海洋渔业	822	1234	1.026	705	40.2	967
G754	中国临床研究	1512	701	0.724	1219	40.2	967
G269	中国普外基础与临床杂志	1168	920	0.773	1110	40.2	967
G686	中国实用神经疾病杂志	2312	399	0.920	850	40.2	967
M655	NANOTECHNOLOGY AN PRECISION ENGINEERING	188	2062	0.269	2052	40.1	976
E105	干旱区研究	2665	323	1.942	167	40.1	976
X003	华东交通大学学报	435	1694	0.649	1394	40.1; 29.9	976
U547	食品与机械	3413	192	1.146	556	40.1	976
D016	应用化学	700	1364	0.548	1624	40.1	976
G475	中国肝脏病杂志电子版	382	1772	1.026	705	40.1	976
M035	JOURNAL OF RARE EARTHS	1300	819	1.249	475	40.0	982

表 8-1　2021 年中国科技核心期刊综合评价总分排名（自然科学）（续）

CODE	刊名	核心总被引频次		核心影响因子		综合评价总分*	
		数值	排名	数值	排名	数值	排名
R088	电机与控制学报	2104	450	1.800	202	40.0	982
V560	混凝土	2573	343	0.621	1454	40.0	982
Y522	舰船电子工程	1162	924	0.315	2003	40.0	982
B028	系统工程	1161	925	0.870	922	40.0	982
G067	现代免疫学	393	1753	0.801	1048	40.0	982
N035	液压与气动	2685	319	2.014	147	40.0	982
M007	中国腐蚀与防护学报	874	1177	1.110	601	40.0	982
G153	中华麻醉学杂志	1856	540	0.758	1144	40.0	982
G452	疾病监测	1691	622	1.172	537	39.9	991
G844	医药导报	2109	448	1.164	546	39.9	991
M100	ACTA METALLURGICA SINICA	876	1173	1.013	722	39.8	993
K032	河北工程大学学报自然科学版	194	2055	0.271	2047	39.8; 29.4	993
A199	电力建设	1885	522	1.846	187	39.7	995
Q002	核化学与放射化学	295	1914	0.316	2002	19.0; 39.7	995
N007	火炸药学报	1107	967	0.885	902	39.7	995
G421	现代药物与临床	2310	400	0.753	1153	39.7	995
M023	冶金分析	1137	951	0.767	1121	39.7	995
G543	中国耳鼻咽喉头颈外科	1016	1048	0.736	1199	39.7	995
U609	中国酿造	4010	142	1.342	401	39.7	995
X532	汽车安全与节能学报	382	1772	0.692	1297	39.6	1002
E655	世界地理研究	1022	1038	1.562	284	39.6	1002
G060	中华结直肠疾病电子杂志	598	1479	1.022	717	39.6	1002
L586	含能材料	1234	868	0.718	1236	39.5	1005
Y003	中国空间科学技术	613	1457	1.280	444	39.5	1005
E570	地球环境学报	336	1849	0.669	1353	39.4	1007
R055	电子测量技术	2579	342	0.828	996	39.4	1007
S818	科学学与科学技术管理	2617	330	1.827	195	39.4	1007
L034	石油化工高等学校学报	356	1822	0.534	1649	39.4	1007
G206	中国介入影像与治疗学	909	1142	1.078	644	39.4	1007
H225	中国兽医学报	1865	532	0.891	890	39.4	1007
N015	光学技术	676	1391	0.610	1482	39.3; 34.6	1013
A040	国防科技大学学报	954	1103	0.675	1343	39.3	1013
A656	济南大学学报自然科学版	291	1924	0.524	1667	39.3	1013
H393	山西农业大学学报自然科学版	645	1431	0.862	932	39.3	1013
U030	西安工程大学学报	610	1461	1.054	664	39.3	1013
E053	岩矿测试	1355	787	1.541	293	39.3	1013
G281	医学研究生学报	1716	613	1.169	543	39.3	1013
G114	中国神经精神疾病杂志	1022	1038	0.740	1185	39.3	1013
E135	冰川冻土	3195	222	1.413	357	39.2	1021
N026	材料热处理学报	1720	610	0.640	1415	39.2	1021
V010	工业建筑	1817	560	0.359	1943	39.2	1021
G242	中国神经免疫学和神经病学杂志	508	1591	0.848	957	39.2	1021
U563	中国食物与营养	1499	710	0.786	1077	36.4; 39.2	1021

表 8-1　2021年中国科技核心期刊综合评价总分排名（自然科学）（续）

CODE	刊名	核心总被引频次 数值	核心总被引频次 排名	核心影响因子 数值	核心影响因子 排名	综合评价总分* 数值	综合评价总分* 排名
H233	中国土壤与肥料	2906	275	1.947	165	39.2	1021
X010	船舶工程	987	1074	0.533	1651	39.1	1027
G542	毒理学杂志	427	1709	0.537	1643	39.1	1027
Z010	海洋环境科学	1232	872	0.690	1303	34.2; 39.1	1027
D002	燃料化学学报	1547	687	0.815	1018	38.1; 39.1	1027
L013	中国海上油气	1757	592	1.256	466	39.1	1027
E124	中国沙漠	3280	210	1.637	254	39.1	1027
I243	FRONTIERS OF MATERIALS SCIENCE	95	2114	0.282	2030	39.0	1033
G442	JOURNAL OF INTEGRATIVE MEDICINE	823	1233	0.524	1667	39.0	1033
R535	红外技术	1058	1013	0.972	770	39.0	1033
W504	人民长江	2720	311	0.825	1005	39.0	1033
G283	上海口腔医学	606	1470	0.579	1557	39.0	1033
N094	指挥与控制学报	377	1781	1.369	385	39.0	1033
H105	农学学报	1179	907	0.744	1177	38.9	1039
G071	沈阳药科大学学报	919	1137	0.573	1572	38.9; 28.3	1039
W004	水动力学研究与进展 A	697	1366	0.511	1701	38.9	1039
G615	诊断学理论与实践	464	1640	0.583	1547	38.9	1039
H017	JOURNAL OF INTEGRATIVE AGRICULTURE	1377	772	0.858	941	38.8	1043
C035	红外与毫米波学报	667	1404	0.630	1436	38.8	1043
D018	化学通报	692	1372	0.406	1885	38.8	1043
G224	实用口腔医学杂志	1002	1061	0.694	1293	38.8	1043
G255	中国肿瘤生物治疗杂志	840	1211	0.969	773	38.8	1043
G681	中医药导报	4055	140	0.834	982	38.8; 21.9	1043
C001	力学学报	1989	487	1.891	175	38.7	1049
N011	南京理工大学学报自然科学版	782	1274	1.047	674	38.7	1049
A150	西安科技大学学报	1047	1021	1.017	720	38.7	1049
I726	FRONTIERS OF PHYSICS	382	1772	0.935	826	38.6	1052
R769	电力工程技术	1158	930	1.954	161	38.6	1052
G651	微生物与感染	220	2029	0.581	1552	38.6	1052
E157	岩石矿物学杂志	1407	752	0.712	1248	38.6	1052
G753	中国预防医学杂志	1069	1004	0.608	1490	38.6	1052
G758	中国中西医结合外科杂志	963	1095	0.745	1175	36.8; 38.6	1052
G229	卒中与神经疾病	608	1464	0.627	1446	38.6	1052
R071	电力系统及其自动化学报	2104	450	1.734	224	38.5	1059
R684	电信科学	957	1101	0.930	840	38.5	1059
H047	甘肃农业大学学报	1188	900	1.045	679	38.5	1059
A112	江西师范大学学报自然科学版	347	1835	0.512	1695	38.5	1059
K553	洁净煤技术	934	1121	1.010	723	38.5	1059
A006	四川大学学报自然科学版	776	1278	0.712	1248	38.5	1059
G480	医学研究杂志	1656	637	0.520	1675	38.5	1059
Z551	植物资源与环境学报	773	1283	1.291	434	38.5	1059
G682	中南医学科学杂志	748	1313	1.027	701	38.5	1059
G992	长春中医药大学学报	1997	484	0.861	934	38.4	1068

表 8-1 2021年中国科技核心期刊综合评价总分排名（自然科学）（续）

CODE	刊名	核心总被引频次 数值	核心总被引频次 排名	核心影响因子 数值	核心影响因子 排名	综合评价总分* 数值	综合评价总分* 排名
K010	矿业研究与开发	1861	535	1.141	560	38.4	1068
F204	生物加工过程	425	1711	0.705	1269	38.4	1068
Y025	推进技术	1950	497	0.633	1432	38.4	1068
G341	现代泌尿外科杂志	904	1147	0.608	1490	38.4	1068
W005	中国农村水利水电	2370	388	0.750	1161	24.3; 38.4	1068
C056	高压物理学报	585	1500	0.794	1058	38.3	1074
G656	环球中医药	2837	289	0.964	784	38.3; 22.8	1074
J035	江苏大学学报自然科学版	646	1430	0.709	1260	38.3	1074
V087	现代城市研究	1369	776	0.682	1329	38.3	1074
H276	新疆农业科学	1813	564	0.767	1121	38.3	1074
G313	中国医师杂志	2001	481	0.891	890	38.3	1074
G610	中华胰腺病杂志	454	1660	1.025	709	38.3	1074
H060	湖南农业大学学报自然科学版	1048	1020	0.875	916	38.2	1081
G897	中华移植杂志电子版	257	1978	1.151	551	38.2	1081
G882	环境与职业医学	1260	850	0.912	863	38.1	1083
T072	无机盐工业	1205	889	0.709	1260	38.1	1083
Y023	西北工业大学学报	932	1123	0.655	1378	38.1	1083
M043	轧钢	795	1260	1.262	457	38.1	1083
G235	中华高血压杂志	1791	575	1.503	306	38.1	1083
N001	北京理工大学学报	1416	750	0.791	1063	38.0	1088
Z005	环境工程	2816	291	1.060	660	38.0	1088
S762	经济理论与经济管理	1046	1023	1.388	372	38.0	1088
J020	昆明理工大学学报自然科学版	453	1662	0.489	1736	38.0	1088
G964	医学与社会	1797	571	1.185	529	38.0	1088
G761	中华危重症医学杂志电子版	483	1622	1.263	456	38.0	1088
E144	大地测量与地球动力学	1501	708	0.672	1350	37.9; 35.4	1094
H226	灌溉排水学报	2446	368	1.916	173	37.9	1094
V572	规划师	2164	433	1.123	585	37.9	1094
A031	河北大学学报自然科学版	298	1905	0.405	1887	37.9	1094
G204	临床检验杂志	1002	1061	0.723	1224	37.9	1094
G238	听力学及言语疾病杂志	1013	1051	0.833	983	37.9	1094
V568	中国粉体技术	354	1827	0.413	1871	37.9	1094
G212	CHRONIC DISEASES AND TRANSLATIONAL MEDICINE	94	2115	0.557	1600	37.8	1101
I065	RICE SCIENCE	268	1964	0.980	757	37.8	1101
H243	吉林农业大学学报	1058	1013	0.890	894	37.8	1101
H097	乳业科学与技术	335	1852	0.850	955	37.8	1101
G700	实用老年医学	994	1070	0.690	1303	37.8	1101
G836	药物评价研究	1849	546	0.892	888	37.8	1101
G185	肿瘤防治研究	826	1227	0.702	1275	37.8	1101
I189	SCIENCE CHINA MATHEMATICS	494	1612	0.200	2094	37.7	1108
F014	ZOOLOGICAL SYSTEMATICS	287	1930	0.245	2071	37.7	1108
G018	病毒学报	878	1170	0.934	827	37.7	1108
G816	广西医学	1855	541	0.475	1751	37.7	1108

表 8-1 2021年中国科技核心期刊综合评价总分排名（自然科学）（续）

CODE	刊名	核心总被引频次 数值	核心总被引频次 排名	核心影响因子 数值	核心影响因子 排名	综合评价总分* 数值	综合评价总分* 排名
S509	计算机系统应用	1513	700	0.710	1257	37.7	1108
U029	食品与生物技术学报	1142	945	0.523	1670	37.7	1108
H862	饲料工业	1906	516	0.748	1168	37.7	1108
G553	局解手术学杂志	703	1362	0.572	1574	37.6	1115
L009	太阳能学报	3160	229	0.733	1205	37.6	1115
G667	中国综合临床	555	1539	0.618	1461	37.6	1115
G286	中华风湿病学杂志	1171	914	0.598	1510	37.6	1115
G285	中华消化内镜杂志	1665	632	1.029	697	37.6	1115
B031	工程数学学报	182	2067	0.263	2059	29.0; 37.5	1120
A191	杭州师范大学学报自然科学版	236	2005	0.380	1920	37.5	1120
G412	肿瘤学杂志	765	1290	0.681	1332	37.5	1120
Q906	安徽医药	2853	285	0.831	989	37.4	1123
A001	复旦学报自然科学版	393	1753	0.511	1701	37.4	1123
J053	合肥工业大学学报自然科学版	987	1074	0.393	1902	37.4	1123
T077	膜科学与技术	660	1413	0.785	1079	37.4	1123
G605	医疗卫生装备	1551	686	0.818	1015	37.4	1123
G809	中国医刊	1788	580	1.045	679	37.4	1123
G296	中华围产医学杂志	1486	714	1.592	272	37.4	1123
L512	大庆石油地质与开发	1475	717	2.065	132	37.3	1130
E151	地质与勘探	2199	424	1.556	287	37.3	1130
B014	计算数学	79	2119	0.081	2121	37.3	1130
H390	山西农业科学	2043	472	0.712	1248	37.3	1130
W514	科学学研究	4688	103	2.200	106	37.2	1134
G609	热带医学杂志	1823	559	1.001	730	37.2	1134
W555	人民黄河	2645	327	1.010	723	37.2	1134
E123	应用海洋学学报	658	1414	0.649	1394	37.2	1134
F050	植物研究	1179	907	0.983	754	37.2	1134
G061	青岛大学学报医学版	448	1672	0.382	1918	37.1	1139
G746	实用肝脏病杂志	1510	704	1.262	457	37.1	1139
G760	实用医院临床杂志	1370	774	0.598	1510	37.1	1139
G441	中国口腔颌面外科杂志	436	1691	0.615	1468	37.1	1139
G689	中华妇幼临床医学杂志电子版	546	1549	0.632	1434	24.3; 37.1	1139
G620	北京中医药	2723	310	1.197	515	37.0; 20.6	1144
W018	管理科学	1284	829	1.486	317	37.0	1144
E006	海洋科学进展	605	1472	0.439	1826	37.0	1144
F213	生物学杂志	704	1361	0.524	1667	37.0	1144
H218	畜牧与兽医	1298	821	0.570	1577	37.0	1144
E020	干旱区地理	2528	352	2.128	118	36.9	1149
S050	计算机测量与控制	2588	340	0.641	1412	36.9	1149
S520	计算机技术与发展	1459	726	0.518	1678	36.9	1149
G397	江苏中医药	2165	432	0.933	830	36.9	1149
S813	卫生软科学	683	1383	0.747	1170	36.9	1149
E131	海洋工程	1040	1029	0.951	805	36.8	1154

表 8-1 2021年中国科技核心期刊综合评价总分排名（自然科学）（续）

CODE	刊名	核心总被引频次		核心影响因子		综合评价总分*	
		数值	排名	数值	排名	数值	排名
W002	泥沙研究	1071	1002	1.043	682	36.8	1154
N830	中国测试	1470	720	1.108	605	36.8	1154
F013	JOURNAL OF GENETICS AND GENOMICS	822	1234	0.459	1785	36.7	1157
T078	高科技纤维与应用	290	1926	0.422	1856	36.7	1157
G898	河北医药	3070	247	0.654	1380	36.7	1157
R533	内燃机工程	534	1563	0.594	1520	36.7	1157
X013	汽车技术	587	1494	0.519	1676	36.7	1157
B007	数学进展	230	2013	0.150	2113	36.7	1157
G629	中国热带医学	1747	597	1.123	585	36.7	1157
G847	中华现代护理杂志	5753	74	1.261	459	36.7	1157
G020	大连医科大学学报	354	1827	0.451	1802	36.6	1165
B006	数学学报	277	1949	0.197	2097	36.6	1165
G945	中国职业医学	1326	803	1.339	403	36.6	1165
E091	大气科学学报	1440	735	1.394	368	36.5	1168
U602	皮革科学与工程	542	1556	1.136	563	36.5	1168
G741	蚌埠医学院学报	1212	883	0.502	1718	36.4	1170
H265	福建农业学报	1206	888	0.690	1303	36.4	1170
U535	轻工机械	272	1957	0.470	1765	36.4	1170
A141	山东科技大学学报自然科学版	447	1674	0.790	1065	36.4	1170
J011	太原理工大学学报	595	1483	0.573	1572	36.4	1170
B027	系统管理学报	983	1077	0.824	1007	36.4	1170
I041	JOURNAL OF ZHEJIANG UNIVERSITY SCIENCE A	505	1594	0.724	1219	36.3	1176
N757	重庆理工大学学报自然科学版	1183	904	0.638	1418	36.3	1176
D026	分析科学学报	726	1331	0.747	1170	36.3	1176
E312	海洋湖沼通报	686	1377	0.536	1646	36.3	1176
G961	解放军预防医学杂志	1758	591	0.546	1628	36.3	1176
G309	临床神经病学杂志	636	1439	0.738	1194	36.3	1176
J002	西安理工大学学报	335	1852	0.461	1781	36.3	1176
S591	中国医学装备	1732	605	0.683	1325	36.3	1176
A905	自然杂志	583	1504	0.582	1551	36.3	1176
G278	NEUROSCIENCE BULLETIN	810	1246	1.310	421	36.2	1185
N083	金属热处理	2766	300	0.691	1299	36.2	1185
Y018	实验流体力学	678	1389	0.595	1517	36.2	1185
G768	实用预防医学	2670	322	1.253	470	36.2	1185
S795	外国经济与管理	1554	684	1.741	218	36.2	1185
Z030	中国环境监测	1742	602	1.482	321	36.2	1185
G849	中国现代应用药学	2740	306	1.134	567	36.2	1185
G240	中国中医骨伤科杂志	1657	636	0.940	820	36.2	1185
C106	CHINESE PHYSICS B	3276	211	0.627	1446	36.1	1193
C103	固体力学学报	542	1556	0.695	1288	36.1	1193
A042	广西大学学报自然科学版	741	1318	0.431	1841	36.1	1193
H244	河北农业大学学报	926	1129	0.661	1368	36.1	1193
X500	汽车工程学报	233	2007	0.508	1709	36.1	1193

表 8-1　2021年中国科技核心期刊综合评价总分排名（自然科学）（续）

CODE	刊名	核心总被引频次 数值	核心总被引频次 排名	核心影响因子 数值	核心影响因子 排名	综合评价总分 数值	综合评价总分 排名
H838	食用菌学报	658	1414	1.109	603	26.2; 36.1	1193
A079	中国基础科学	233	2007	0.192	2098	36.1	1193
G540	中国卫生信息管理杂志	905	1145	1.138	561	36.1	1193
G531	中国医药生物技术	297	1907	0.562	1594	36.1	1193
G322	创伤外科杂志	981	1081	0.880	908	36.0	1202
X022	公路工程	1161	925	0.583	1547	36.0	1202
N014	计量学报	1486	714	1.481	322	36.0	1202
S049	计算机仿真	3487	184	0.440	1824	36.0	1202
N048	金刚石与磨料磨具工程	342	1843	0.450	1804	36.0	1202
G047	南昌大学学报医学版	405	1737	0.333	1976	36.0	1202
T924	农药科学与管理	613	1457	0.629	1438	17.7; 36.0	1202
A056	上海大学学报自然科学版	322	1871	0.319	1997	36.0	1202
I105	JOURNAL OF ENERGY CHEMISTRY	2064	467	1.736	222	35.9	1210
E307	地震工程学报	1008	1057	0.619	1460	35.9	1210
G345	临床急诊杂志	980	1083	1.260	463	35.9	1210
G588	西部医学	1425	744	0.726	1217	35.9	1210
S046	信息网络安全	461	1646	0.540	1637	35.9	1210
C052	应用声学	558	1535	0.584	1545	35.9	1210
H939	中国稻米	1230	873	1.050	670	35.9	1210
G250	中国新药与临床杂志	939	1114	0.953	802	35.9	1210
I209	ACTA OCEANOLOGICA SINICA	757	1304	0.319	1997	35.8	1218
G742	山东大学耳鼻喉眼学报	681	1386	0.766	1127	35.8; 27.7	1218
G070	神经解剖学杂志	389	1760	0.513	1690	35.8	1218
A615	石河子大学学报自然科学版	513	1585	0.551	1614	35.8	1218
G582	中国煤炭工业医学杂志	595	1483	0.554	1605	35.8	1218
G796	中国输血杂志	2117	446	0.707	1264	17.5; 35.8	1218
G706	中国优生与遗传杂志	1188	900	0.301	2016	35.8	1218
G103	中国骨伤	1880	524	1.240	479	35.7	1225
H046	PEDOSPHERE	898	1152	0.756	1149	35.6	1226
S055	大数据	311	1887	1.321	416	35.6	1226
Z544	防灾减灾工程学报	727	1330	0.452	1799	35.6	1226
E092	JOURNAL OF METEOROLOGICAL RESEARCH	579	1508	0.770	1118	35.5	1229
F021	JOURNAL OF MOLECULAR CELL BIOLOGY	424	1712	0.588	1537	35.5	1229
F028	广西植物	1370	774	0.804	1040	35.5	1229
G936	国际儿科学杂志	905	1145	0.829	994	35.5	1229
E149	海洋学研究	366	1804	0.388	1910	35.5	1229
L044	全球能源互联网	417	1727	2.021	141	35.5	1229
G737	中华生物医学工程杂志	437	1689	0.782	1089	35.5	1229
I226	DEFENCE TECHNOLOGY	386	1763	0.783	1085	35.4	1236
N009	弹箭与制导学报	981	1081	0.390	1906	35.4	1236
T241	断块油气田	1934	504	2.216	105	35.4	1236
H289	林业与生态科学	242	1998	0.453	1796	35.4	1236
H282	上海农业学报	697	1366	0.413	1871	35.4	1236

表8-1 2021年中国科技核心期刊综合评价总分排名（自然科学）（续）

CODE	刊名	核心总被引频次 数值	核心总被引频次 排名	核心影响因子 数值	核心影响因子 排名	综合评价总分* 数值	综合评价总分* 排名
G810	浙江医学	1781	583	0.587	1540	35.4	1236
T553	化学与生物工程	547	1546	0.438	1829	28.8; 35.3	1242
N028	机械设计与制造	3474	187	0.490	1734	35.3	1242
G310	临床精神医学杂志	826	1227	0.767	1121	35.3	1242
R067	电子技术应用	1086	988	0.610	1482	35.2	1245
K002	非金属矿	873	1178	0.824	1007	35.2	1245
G940	国际心血管病杂志	337	1848	0.600	1503	35.2	1245
G453	江苏大学学报医学版	363	1810	0.594	1520	35.2	1245
G513	内蒙古医科大学学报	489	1616	0.549	1621	35.2	1245
E540	水文	980	1083	0.839	973	35.2	1245
R089	现代电力	584	1502	1.272	447	35.2	1245
U033	中国造纸学报	198	2052	0.559	1597	35.2	1245
G458	传染病信息	776	1278	1.216	498	35.1	1253
G934	国际中医中药杂志	1131	956	0.661	1368	35.1; 20.5	1253
M004	机械工程材料	1158	930	0.596	1513	35.1	1253
F257	实验动物科学	359	1818	0.317	2001	35.1	1253
Q707	WORLD JOURNAL OF TRADITIONAL CHINESE MEDICINE	40	2125	0.261	2061	35.0	1257
H275	贵州农业科学	2083	459	0.452	1799	35.0	1257
M033	桂林理工大学学报	753	1307	0.723	1224	35.0	1257
R521	激光与红外	1337	795	0.772	1112	35.0	1257
S821	研究与发展管理	1178	911	1.595	269	35.0	1257
Q744	GLOBAL ENERGY INTERCONNECTION	187	2064	1.205	506	34.9	1262
A146	SCIENCE CHINA INFORMATION SCIENCES	1366	779	0.843	965	34.9	1262
T532	化工科技	269	1963	0.401	1894	34.9	1262
A515	深圳大学学报理工版	357	1819	0.674	1347	34.9	1262
U634	现代纺织技术	249	1984	0.417	1862	34.9	1262
W007	管理工程学报	1333	797	1.261	459	34.8	1267
G495	国际病毒学杂志	502	1597	1.340	402	34.8	1267
J017	河北工业大学学报	249	1984	0.287	2027	34.8	1267
C054	声学学报	1169	918	0.931	836	34.8	1267
B013	运筹学学报	110	2106	0.280	2035	34.8	1267
G169	中华小儿外科杂志	1314	809	0.852	951	34.6; 34.8	1267
W008	管理科学学报	2065	466	1.571	281	34.7	1273
Z031	环境与健康杂志	1433	741	0.292	2026	34.7	1273
V005	建筑科学	1420	749	0.567	1585	34.7	1273
H326	中国兽医科学	1033	1033	0.739	1188	34.7	1273
S051	JOURNAL OF COMPUTER SCIENCE AND TECHNOLOGY	238	2001	0.265	2058	34.6	1277
Y006	飞行力学	610	1461	0.711	1255	34.6	1277
E048	干旱气象	1585	669	1.429	349	34.6; 27.1	1277
E354	矿物岩石	785	1270	0.681	1332	34.6	1277
G210	微循环学杂志	291	1924	0.616	1466	34.6	1277
G107	中国抗生素杂志	1247	860	0.961	788	34.6	1277
G619	中国眼耳鼻喉科杂志	399	1743	0.517	1684	34.6	1277

表 8-1 2021 年中国科技核心期刊综合评价总分排名（自然科学）（续）

CODE	刊名	核心总被引频次		核心影响因子		综合评价总分*	
		数值	排名	数值	排名	数值	排名
I202	PARTICUOLOGY	553	1540	0.472	1758	34.5	1284
H665	花生学报	492	1615	0.783	1085	34.5	1284
T025	化学工程	626	1445	0.346	1959	34.5	1284
Z017	环境保护科学	602	1477	0.518	1678	34.5	1284
T500	弹性体	391	1758	0.508	1709	34.5	1284
N074	仪表技术与传感器	1515	699	0.758	1144	34.5	1284
G598	中国媒介生物学及控制杂志	1668	630	1.470	326	34.5	1284
A652	北华大学学报自然科学版	458	1651	0.377	1924	34.4	1291
A014	山西大学学报自然科学版	339	1846	0.325	1990	34.4	1291
G834	实用药物与临床	1044	1024	0.593	1527	34.4	1291
W006	水利水运工程学报	806	1249	1.053	667	34.4	1291
G191	中华眼底病杂志	762	1295	0.581	1552	34.4	1291
F045	激光生物学报	332	1855	0.535	1648	34.3	1296
G594	口腔生物医学	116	2101	0.327	1986	34.3	1296
K008	辽宁工程技术大学学报自然科学版	803	1256	0.473	1755	34.3	1296
V011	沈阳建筑大学学报自然科学版	657	1417	0.571	1575	34.3; 29.0	1296
H041	特产研究	435	1694	0.588	1537	34.3	1296
I200	CHINESE JOURNAL OF TRAUMATOLOGY	354	1827	0.643	1406	34.2	1301
V048	风景园林	873	1178	0.809	1033	34.2	1301
G660	国际消化病杂志	469	1636	0.791	1063	34.2	1301
G034	航天医学与医学工程	451	1664	0.473	1755	34.2	1301
W531	科研管理	4155	135	1.882	179	34.2	1301
Q954	中华重症医学电子杂志	277	1949	0.803	1044	34.2	1301
N088	组合机床与自动化加工技术	1911	514	0.741	1184	34.2	1301
G930	国际流行病学传染病学杂志	422	1716	0.747	1170	34.1; 27.1	1308
G274	临床与实验病理学杂志	1965	492	0.800	1050	34.1	1308
A033	四川师范大学学报自然科学版	279	1945	0.295	2023	34.1	1308
G675	中国血吸虫病防治杂志	1292	824	1.522	300	34.1	1308
I225	JOURNAL OF ACUPUNCTURE AND TUINA SCIENCE	266	1967	0.504	1713	34.0	1312
K526	河南理工大学学报自然科学版	644	1432	0.604	1499	34.0	1312
K016	湖南科技大学学报自然科学版	327	1860	0.607	1495	34.0	1312
T074	天然气化工	445	1678	0.454	1794	34.0; 21.5	1312
Y020	宇航材料工艺	722	1339	0.549	1621	34.0	1312
G505	中华乳腺病杂志电子版	404	1738	0.785	1079	34.0	1312
G075	中华眼科医学杂志电子版	151	2084	0.512	1695	34.0	1312
G343	GENERAL PSYCHIATRY	539	1560	0.712	1248	33.9	1319
Y022	测控技术	1215	881	0.540	1637	33.9	1319
H240	家畜生态学报	1086	988	0.650	1390	33.9	1319
G485	世界临床药物	621	1451	0.537	1643	33.9	1319
H247	畜牧与饲料科学	817	1241	0.385	1912	33.9	1319
G957	腹部外科	392	1756	0.767	1121	33.8	1324
T105	热固性树脂	314	1884	0.513	1690	33.8	1324
G108	中国临床解剖学杂志	879	1168	0.611	1477	33.8	1324

表 8-1 2021 年中国科技核心期刊综合评价总分排名（自然科学）（续）

CODE	刊名	核心总被引频次 数值	核心总被引频次 排名	核心影响因子 数值	核心影响因子 排名	综合评价总分* 数值	综合评价总分* 排名
I282	ASIAN JOURNAL OF ANDROLOGY	664	1408	0.417	1862	33.7	1327
I071	CHINESE OPTICS LETTERS	1014	1050	1.030	696	28.9; 33.7	1327
C101	力学季刊	374	1790	0.337	1970	33.7	1327
Q913	临床眼科杂志	326	1864	0.377	1924	33.7	1327
T070	日用化学工业	698	1365	0.637	1420	33.7	1327
A504	天津师范大学学报自然科学版	292	1920	0.425	1853	33.7	1327
R098	微纳电子技术	376	1784	0.336	1972	33.7	1327
R062	JOURNAL OF SEMICONDUCTORS	333	1854	0.245	2071	33.6; 29.4	1334
E306	地震	653	1421	0.608	1490	33.6	1334
Y034	航天返回与遥感	607	1465	0.772	1112	33.6	1334
Y504	气体物理	109	2108	0.740	1185	33.6; 30.2	1334
G745	四川中医	3702	165	0.688	1311	33.6	1334
G878	中国药师	2640	328	0.765	1131	33.6	1334
G843	中国中西医结合急救杂志	1197	893	0.995	740	25.5; 33.5	1340
G171	中华胸心血管外科杂志	831	1223	0.667	1358	33.5	1340
G085	创伤与急危重病医学	304	1901	0.635	1425	33.4	1342
Q006	辐射防护	354	1827	0.229	2082	33.4	1342
E012	JOURNAL OF OCEANOLOGY AND LIMNOLOGY	695	1369	0.370	1932	33.3	1344
T941	当代化工	2062	469	0.558	1599	33.3	1344
G478	骨科	323	1868	0.738	1194	33.3	1344
E163	岩性油气藏	1555	683	1.991	150	33.3	1344
G456	中国妇产科临床杂志	1138	950	1.032	695	33.3	1344
A076	河北师范大学学报自然科学版	160	2075	0.235	2079	33.2	1349
T013	人工晶体学报	1085	991	0.459	1785	33.2	1349
E114	天文学进展	110	2106	0.274	2040	33.2	1349
H207	中国蔬菜	1651	641	0.725	1218	33.2	1349
U501	中国调味品	3934	146	1.738	219	33.2	1349
G824	中华临床营养杂志	455	1658	0.831	989	33.2	1349
W030	WATER SCIENCE AND ENGINEERING	152	2082	0.757	1147	33.1	1355
C097	光散射学报	164	2073	0.271	2047	33.1	1355
X516	交通运输研究	299	1902	0.475	1751	33.1	1355
E110	热带气象学报	1182	906	1.196	516	33.1	1355
X673	现代隧道技术	1437	738	0.853	946	33.1	1355
G055	中华肩肘外科电子杂志	223	2023	0.628	1441	33.1	1355
I710	CHINA COMMUNICATIONS	654	1420	0.833	983	33.0	1361
G336	护理管理杂志	1749	595	1.427	350	32.9	1362
G049	解剖学报	617	1453	0.650	1390	32.9	1362
G523	内科理论与实践	229	2015	0.469	1770	32.9	1362
U017	天津工业大学学报	294	1917	0.453	1796	32.9	1362
G308	医学与哲学	2498	359	0.786	1077	32.9	1362
H029	JOURNAL OF ANIMAL SCIENCE AND BIOTECHNOLOGY	399	1743	0.540	1637	32.8	1367
C072	RESEARCH IN ASTRONOMY AND ASTROPHYSICS	212	2036	0.159	2109	32.8	1367
M032	武汉科技大学学报自然科学版	292	1920	0.417	1862	32.8	1367

表 8-1　2021年中国科技核心期刊综合评价总分排名（自然科学）（续）

CODE	刊名	核心总被引频次 数值	核心总被引频次 排名	核心影响因子 数值	核心影响因子 排名	综合评价总分* 数值	综合评价总分* 排名
G251	中华放射肿瘤学杂志	1464	724	0.941	818	32.8	1367
I206	CELLULAR & MOLECULAR IMMUNOLOGY	607	1465	1.117	591	32.7	1371
W543	华北水利水电大学学报自然科学版	559	1532	1.105	609	32.7	1371
P007	水电能源科学	2506	356	0.594	1520	32.7; 32.3	1371
J012	郑州大学学报工学版	513	1585	0.686	1316	32.7	1371
W016	管理学报	2863	283	1.860	183	32.6	1375
T931	化学与粘合	316	1878	0.326	1987	32.6; 21.8	1375
G439	脊柱外科杂志	498	1606	1.133	568	32.6	1375
Y051	空间控制技术与应用	280	1944	0.621	1454	32.6	1375
V573	西部人居环境学刊	439	1686	1.091	629	32.6	1375
G451	现代消化及介入诊疗	1450	731	1.074	649	32.6	1375
S023	制造业自动化	1220	876	0.367	1935	32.6	1375
G163	中华实验外科杂志	2195	425	0.673	1348	32.6	1375
B003	高校应用数学学报	122	2097	0.340	1966	32.5	1383
J052	沈阳工业大学学报	635	1440	0.782	1089	32.5	1383
U049	食品安全质量检测学报	5604	78	0.945	811	32.5	1383
G265	医学影像学杂志	2532	348	0.589	1534	32.5	1383
G625	中国医院用药评价与分析	1184	902	0.608	1490	32.5	1383
G054	中华肝脏外科手术学电子杂志	461	1646	0.893	887	32.5	1383
G874	法医学杂志	587	1494	0.578	1560	32.4	1389
M105	粉末冶金工业	601	1478	0.704	1271	32.4	1389
N076	焊接	690	1375	0.649	1394	32.4	1389
L016	石油地球物理勘探	2394	380	1.785	207	32.4	1389
Q368	新发传染病电子杂志	508	1591	2.435	83	32.4	1389
G926	中国数字医学	1687	625	0.731	1209	32.4	1389
I062	ADVANCES IN ATMOSPHERIC SCIENCES	1332	799	0.873	917	32.3	1395
L508	储能科学与技术	1033	1033	1.130	577	32.3	1395
D035	分子科学学报	122	2097	0.296	2022	32.3	1395
J058	河北科技大学学报	293	1918	0.691	1299	32.3	1395
U055	粮食与饲料工业	936	1118	0.540	1637	25.6; 23.5; 32.3	1395
A008	南开大学学报自然科学版	277	1949	0.326	1987	32.3	1395
J025	燕山大学学报	395	1752	0.876	914	32.3	1395
B008	应用概率统计	115	2103	0.167	2105	32.3	1395
N004	弹道学报	513	1585	0.746	1174	32.2	1403
G293	临床血液学杂志	763	1292	0.979	758	32.2; 22.9	1403
G652	实用皮肤病学杂志	374	1790	0.459	1785	32.2	1403
M544	钛工业进展	400	1742	0.631	1435	32.2	1403
G145	中华核医学与分子影像杂志	883	1165	0.892	888	32.2	1403
G175	中华医学遗传学杂志	1144	943	0.781	1092	32.2	1403
A021	华侨大学学报自然科学版	368	1801	0.504	1713	32.1	1409
T011	南京工业大学学报自然科学版	516	1580	0.579	1557	32.1	1409
E120	南京信息工程大学学报自然科学版	312	1886	0.500	1720	32.1	1409
G069	上海医学	682	1385	0.696	1285	32.1	1409

表 8-1 2021年中国科技核心期刊综合评价总分排名（自然科学）（续）

CODE	刊名	核心总被引频次		核心影响因子		综合评价总分*	
		数值	排名	数值	排名	数值	排名
E548	世界地质	688	1376	0.523	1670	32.1	1409
D023	无机化学学报	1044	1024	0.603	1501	32.1	1409
G627	循证医学	331	1856	0.237	2077	28.1; 32.1	1409
G983	国际免疫学杂志	448	1672	0.648	1401	32.0	1416
T542	精细石油化工	324	1867	0.367	1935	32.0; 28.8	1416
N029	润滑与密封	1782	582	0.596	1513	32.0	1416
F042	生命的化学	870	1182	0.699	1282	32.0	1416
G486	现代中药研究与实践	744	1316	0.848	957	32.0	1416
N092	FRICTION	387	1762	1.132	570	31.9	1421
G869	结直肠肛门外科	565	1521	0.724	1219	31.9	1421
D025	有机化学	2254	411	1.050	670	31.9	1421
G479	预防医学	1889	520	1.185	529	31.9	1421
G270	中国耳鼻咽喉颅底外科杂志	477	1626	0.449	1809	31.9	1421
G126	CHINESE MEDICAL SCIENCES JOURNAL	165	2072	0.596	1513	31.8	1426
V031	地下空间与工程学报	2119	445	0.880	908	31.8	1426
R588	科技进步与对策	3877	152	1.369	385	31.8	1426
U626	粮油食品科技	711	1352	0.766	1127	31.8	1426
L005	石油物探	1363	783	1.500	310	31.8	1426
G457	实用骨科杂志	1078	997	0.687	1315	31.8	1426
G841	中国现代普通外科进展	870	1182	0.718	1236	31.8	1426
F208	JOURNAL OF RESOURCES AND ECOLOGY	418	1723	0.761	1140	31.7	1433
G690	肝胆胰外科杂志	651	1425	0.939	823	31.7	1433
G975	国际麻醉学与复苏杂志	999	1065	0.775	1102	31.7	1433
T512	聚氨酯工业	474	1629	0.941	818	31.7	1433
G792	西北药学杂志	1276	839	1.365	387	31.7	1433
H989	杂草学报	611	1460	1.554	291	31.7	1433
Z037	GREEN ENERGY & ENVIRONMENT	286	1934	1.394	368	31.6	1439
V021	给水排水	1872	527	0.636	1422	31.6	1439
J057	工业工程	376	1784	0.493	1729	31.6	1439
G207	公共卫生与预防医学	1503	706	1.669	244	31.6	1439
G426	国际神经病学神经外科学杂志	548	1544	0.519	1676	31.6	1439
A084	黑龙江大学自然科学学报	212	2036	0.263	2059	31.6	1439
E363	世界地震工程	729	1328	0.415	1868	31.6	1439
S082	网络与信息安全学报	244	1993	0.591	1531	31.6	1439
G565	徐州医科大学学报	356	1822	0.390	1906	31.6	1439
I222	GENOMICS PROTEOMICS & BIOINFORMATICS	422	1716	0.618	1461	31.5	1448
S500	计算机与现代化	701	1363	0.530	1659	31.5	1448
H071	农产品质量与安全	475	1627	1.077	647	26.1; 21.5; 31.5	1448
H016	扬州大学学报农业与生命科学版	610	1461	0.753	1153	31.5	1448
A019	郑州大学学报理学版	274	1955	0.853	946	31.5	1448
I051	ACTA MATHEMATICAE APPLICATAE SINICA	122	2097	0.174	2103	31.4	1453
G033	哈尔滨医科大学学报	378	1779	0.273	2043	31.4	1453
T018	合成橡胶工业	403	1740	0.511	1701	31.4	1453

表 8-1　2021 年中国科技核心期刊综合评价总分排名（自然科学）（续）

CODE	刊名	核心总被引频次		核心影响因子		综合评价总分*	
		数值	排名	数值	排名	数值	排名
T010	离子交换与吸附	244	1993	0.360	1941	31.4	1453
L008	石油钻采工艺	1312	811	0.931	836	31.4	1453
G314	中国疫苗和免疫	1649	643	1.797	203	31.4	1453
G736	中华内分泌外科杂志	458	1651	0.681	1332	31.4	1453
G506	中华损伤与修复杂志电子版	607	1465	0.968	776	31.4	1453
I207	CHINESE HERBAL MEDICINES	285	1936	0.625	1450	31.3	1461
K045	INTERNATIONAL JOURNAL OF MINERALS, METALLURGY AND MATERIALS	1173	912	1.067	654	31.3	1461
Z550	环境工程技术学报	730	1325	1.193	520	31.3	1461
G003	基础医学与临床	1159	928	0.552	1610	31.3	1461
V035	土木工程与管理学报	691	1374	0.663	1365	31.3	1461
C109	应用光学	937	1116	0.785	1079	31.3	1461
G024	福建医科大学学报	250	1983	0.363	1939	31.2	1467
G703	中华实验和临床感染病杂志电子版	565	1521	0.959	794	31.2	1467
E543	测绘工程	603	1476	0.712	1248	31.1	1469
C003	计算力学学报	789	1265	0.529	1661	31.1	1469
E125	西北地质	1140	948	1.118	589	31.1	1469
C100	噪声与振动控制	1207	886	0.575	1567	31.1	1469
G124	中国医疗器械杂志	432	1699	0.533	1651	31.1	1469
G496	国际老年医学杂志	239	2000	0.531	1657	31.0	1474
E569	海洋地质前沿	822	1234	0.780	1095	31.0	1474
N053	机械与电子	418	1723	0.329	1980	31.0	1474
A035	吉林大学学报理学版	729	1328	0.650	1390	31.0	1474
R524	中国能源	577	1511	1.133	568	31.0	1474
G755	中国药业	2769	298	0.653	1382	31.0	1474
X001	大连交通大学学报	363	1810	0.339	1967	30.9; 20.8	1480
C503	液晶与显示	768	1286	1.050	670	30.9; 29.3	1480
G196	肿瘤药学	388	1761	0.545	1630	30.9	1480
E049	JOURNAL OF ARID LAND	418	1723	0.747	1170	30.8	1483
I090	JOURNAL OF WUHAN UNIVERSITY OF TECHNOLOGY MATERIALS SCIENCE EDITION	561	1530	0.353	1951	30.8; 28.2	1483
T508	电镀与精饰	470	1633	0.583	1547	30.8	1483
W025	管理评论	4279	132	1.881	180	30.8	1483
N047	机械设计	1422	747	0.704	1271	30.8	1483
R025	激光技术	900	1150	1.027	701	30.8	1483
G261	临床心血管病杂志	1357	785	1.293	431	30.8	1483
F007	PLANT DIVERSITY	968	1091	0.594	1520	30.7	1490
B002	高等学校计算数学学报	39	2126	0.113	2118	30.7	1490
J013	哈尔滨理工大学学报	630	1442	0.701	1277	30.7	1490
V088	上海城市规划	627	1444	0.719	1235	30.7	1490
H080	生物安全学报	305	1900	0.880	908	30.7	1490
H079	BIOSAFETY AND HEALTH	47	2124	0.592	1529	30.6	1495
G338	腹腔镜外科杂志	971	1090	1.130	577	30.6	1495

表8-1 2021年中国科技核心期刊综合评价总分排名（自然科学）（续）

CODE	刊名	核心总被引频次 数值	核心总被引频次 排名	核心影响因子 数值	核心影响因子 排名	综合评价总分* 数值	综合评价总分* 排名
R547	广东电力	1486	714	1.850	186	30.6	1495
Z521	环境科学与管理	1386	769	0.273	2043	30.6	1495
S048	计算机与数字工程	1093	982	0.341	1964	30.6	1495
A111	内蒙古师范大学学报自然科学汉文版	201	2049	0.177	2102	30.6	1495
F228	热带亚热带植物学报	831	1223	0.944	814	30.6	1495
H070	山地农业生物学报	522	1575	0.612	1476	30.6	1495
T763	深空探测学报中英文版	404	1738	0.779	1097	30.6	1495
G339	中国病原生物学杂志	1425	744	0.724	1219	30.6	1495
I018	JOURNAL OF FORESTRY RESEARCH	572	1516	0.381	1919	30.5	1505
R007	电波科学学报	589	1490	0.611	1477	30.5	1505
R512	电子器件	774	1282	0.504	1713	30.5	1505
G797	临床输血与检验	568	1519	0.574	1570	24.0; 30.5	1505
H415	热带生物学报	295	1914	0.489	1736	30.5	1505
G748	食品与药品	534	1563	0.513	1690	30.5; 28.3	1505
A060	西南民族大学学报自然科学版	296	1910	0.450	1804	30.5	1505
Q940	中国癌症防治杂志	374	1790	0.837	977	30.5	1505
G752	中国卫生质量管理	1170	916	1.116	592	30.5	1505
E615	测绘科学技术学报	667	1404	0.655	1378	30.4	1514
G677	颈腰痛杂志	892	1156	0.984	751	30.4	1514
G256	临床外科杂志	1365	781	0.944	814	30.4	1514
A023	首都师范大学学报自然科学版	320	1873	0.339	1967	30.4	1514
J045	西华大学学报自然科学版	292	1920	0.354	1950	30.4	1514
G088	医用生物力学	765	1290	0.851	953	19.0; 30.4	1514
G884	职业与健康	2956	263	0.652	1383	30.4	1514
D017	CHINESE JOURNAL OF POLYMER SCIENCE	792	1262	0.933	830	30.3	1521
Y013	固体火箭技术	1039	1030	0.600	1503	30.3	1521
K004	矿产综合利用	1106	968	0.968	776	30.3	1521
G230	临床皮肤科杂志	1026	1036	0.482	1745	30.3	1521
B017	模糊系统与数学	390	1759	0.406	1885	30.3	1521
C033	声学技术	592	1487	0.476	1749	30.3	1521
Z016	水处理技术	1968	491	0.723	1224	30.3	1521
G702	温州医科大学学报	544	1552	0.468	1773	30.3	1521
G438	现代临床护理	793	1261	0.788	1072	30.3	1521
I139	CHEMICAL RESEARCH IN CHINESE UNIVERSITIES	436	1691	0.532	1653	30.2	1530
Y585	导航与控制	327	1860	0.731	1209	30.2	1530
B029	复杂系统与复杂性科学	272	1957	0.507	1711	30.2	1530
G673	临床药物治疗杂志	818	1239	0.716	1241	30.2	1530
L043	石油科学通报	243	1995	1.132	570	30.2	1530
I173	CHINESE JOURNAL OF CHEMISTRY	833	1219	1.047	674	30.1	1535
I120	JOURNAL OF OCEAN UNIVERSITY OF CHINA	377	1781	0.297	2021	30.1; 26.2	1535
Y563	导航定位与授时	375	1788	0.670	1352	30.1	1535
Q931	分子影像学杂志	283	1939	0.569	1579	30.1	1535
E574	工程地球物理学报	1145	941	1.395	367	30.1	1535

表 8-1　2021 年中国科技核心期刊综合评价总分排名（自然科学）（续）

CODE	刊名	核心总被引频次 数值	核心总被引频次 排名	核心影响因子 数值	核心影响因子 排名	综合评价总分* 数值	综合评价总分* 排名
D503	功能高分子学报	346	1839	0.697	1284	30.1	1535
R586	吉林大学学报信息科学版	364	1809	0.568	1582	30.1; 23.5	1535
G699	西部中医药	2381	385	0.889	897	30.1; 9.5	1535
M041	稀土	853	1199	0.577	1563	30.1	1535
E169	中国地质调查	373	1794	0.878	913	30.1	1535
R730	兵工自动化	927	1128	0.609	1487	30.0	1545
H272	广东海洋大学学报	711	1352	0.985	750	30.0; 24.9	1545
G546	中国 CT 和 MRI 杂志	2406	378	0.658	1372	30.0	1545
G162	中华实验和临床病毒学杂志	631	1441	0.762	1137	30.0	1545
U014	东华大学学报自然科学版	427	1709	0.309	2011	29.9	1549
S745	管理现代化	433	1697	0.569	1579	29.9	1549
G377	中国现代中药	2258	410	1.230	486	29.9	1549
H009	蚕业科学	624	1447	0.312	2008	29.8	1552
S741	地域研究与开发	2172	430	1.503	306	29.8	1552
R010	电工电能新技术	1032	1035	1.381	377	29.8	1552
D036	电化学	259	1974	0.493	1729	29.8	1552
N040	机械传动	1637	649	0.731	1209	29.8	1552
E359	气象科学	1200	892	1.116	592	29.8	1552
G578	心血管康复医学杂志	585	1500	0.645	1404	29.8	1552
E047	亚热带资源与环境学报	296	1910	0.663	1365	29.8	1552
G522	肿瘤研究与临床	576	1513	0.567	1585	29.8	1552
G575	四川医学	983	1077	0.438	1829	29.7	1561
A510	信阳师范学院学报自然科学版	357	1819	0.571	1575	29.7	1561
A053	云南师范大学学报自然科学版	219	2030	0.395	1899	29.7	1561
G290	中国防痨杂志	1830	557	1.419	354	29.7	1561
G599	中南药学	1870	529	0.758	1144	29.7	1561
G786	安徽医学	1593	665	0.734	1203	29.6	1566
G287	临床口腔医学杂志	974	1087	0.906	873	29.6	1566
D014	影像科学与光化学	226	2018	0.548	1624	29.6	1566
G464	中国血管外科杂志电子版	440	1684	0.675	1343	29.6	1566
G095	VIROLOGICA SINICA	458	1651	0.813	1020	29.5	1570
T002	高分子通报	792	1262	0.545	1630	29.5	1570
Y032	航天器环境工程	639	1437	0.537	1643	29.5	1570
D501	化学研究	287	1930	0.450	1804	29.5	1570
T501	能源化工	272	1957	0.365	1937	29.5	1570
G110	中国麻风皮肤病杂志	805	1251	0.578	1560	29.5	1570
G867	中国实用口腔科杂志	766	1288	0.570	1577	29.5	1570
W557	中国水利水电科学研究院学报	545	1550	1.023	715	29.5	1570
E302	湿地科学	1314	809	1.634	255	29.4	1578
G601	外科理论与实践	418	1723	0.513	1690	29.4	1578
A009	安徽师范大学学报自然科学版	198	2052	0.226	2086	29.3	1580
U521	包装与食品机械	531	1568	1.203	510	29.3	1580
R037	高压电器	3631	172	1.686	238	29.3	1580

表 8-1　2021 年中国科技核心期刊综合评价总分排名（自然科学）（续）

CODE	刊名	核心总被引频次		核心影响因子		综合评价总分[*]	
		数值	排名	数值	排名	数值	排名
R117	南方电网技术	1533	692	1.965	158	29.3	1580
G534	实用放射学杂志	2809	292	0.750	1161	29.3	1580
N043	探测与控制学报	493	1614	0.634	1428	29.3	1580
J018	武汉理工大学学报信息与管理工程版	401	1741	0.563	1592	29.3; 22.9	1580
H200	亚热带农业研究	283	1939	0.753	1153	29.3	1580
U052	中国乳品工业	1023	1037	0.718	1236	29.3	1580
H793	中国森林病虫	470	1633	0.807	1035	29.3	1580
X635	船海工程	607	1465	0.384	1914	29.2	1590
A067	河南大学学报自然科学版	372	1796	0.657	1374	29.2	1590
G315	解放军医院管理杂志	1270	844	0.618	1461	29.2	1590
G395	兰州大学学报医学版	343	1842	0.611	1477	29.2	1590
A020	山东大学学报理学版	462	1643	0.423	1855	29.2	1590
H031	山东农业大学学报自然科学版	785	1270	0.390	1906	29.2	1590
B011	应用数学	157	2077	0.207	2093	29.2	1590
U032	中国油脂	2477	364	0.984	751	29.2	1590
H067	中国真菌学杂志	381	1776	0.667	1358	29.2	1590
G082	中华新生儿科杂志中英文版	686	1377	0.891	890	29.2	1590
I166	CHINESE JOURNAL OF ACOUSTICS	129	2093	0.187	2100	29.1	1600
G659	国际妇产科学杂志	854	1198	0.905	876	29.1	1600
G063	山东中医药大学学报	1124	961	0.773	1110	29.1	1600
G329	神经疾病与精神卫生	374	1790	0.271	2047	29.1	1600
R069	压电与声光	676	1391	0.497	1725	29.1	1600
V047	建筑学报	1006	1058	0.448	1812	29.0	1605
G319	神经损伤与功能重建	780	1275	0.811	1027	29.0	1605
T015	炭素技术	289	1928	0.518	1678	29.0	1605
J036	西安工业大学学报	242	1998	0.353	1951	29.0	1605
I059	ACTA GEOLOGICA SINICA ENGLISH EDITION	1121	964	0.701	1277	28.9	1609
L025	石油钻探技术	1570	672	2.178	112	28.9	1609
Y561	现代防御技术	563	1527	0.427	1849	28.9	1609
G440	药学实践杂志	564	1524	0.509	1707	28.9	1609
G134	中国组织化学与细胞化学杂志	317	1877	0.379	1922	28.9	1609
Y029	海军航空工程学院学报	287	1930	0.326	1987	28.8; 22.8	1614
V014	建筑结构	2586	341	0.452	1799	28.8	1614
G246	口腔颌面外科杂志	347	1835	0.269	2052	28.8	1614
E521	气象与环境科学	1009	1056	2.020	143	28.8	1614
L015	石油化工	1067	1006	0.538	1641	28.8	1614
B012	数学杂志	140	2088	0.165	2106	28.8	1614
K580	有色金属选矿部分	943	1111	0.977	761	28.8	1614
G695	肿瘤预防与治疗	534	1563	0.968	776	28.8	1614
S501	自动化与仪表	552	1541	0.416	1867	26.8; 28.8	1614
G889	INTERNATIONAL JOURNAL OF DERMATOLOGY AND VENEREOLOGY	157	2077	0.048	2126	28.7	1623
E133	地层学杂志	1011	1052	0.696	1285	28.7	1623

表 8-1 2021年中国科技核心期刊综合评价总分排名（自然科学）（续）

CODE	刊名	核心总被引频次 数值	核心总被引频次 排名	核心影响因子 数值	核心影响因子 排名	综合评价总分* 数值	综合评价总分* 排名
X579	公路	2109	448	0.372	1928	28.7	1623
M018	勘察科学技术	224	2022	0.271	2047	28.7	1623
G401	生物骨科材料与临床研究	370	1798	0.821	1012	28.7	1623
L012	石油学报石油加工	1062	1010	0.748	1168	28.7	1623
G260	心脏杂志	475	1627	0.443	1821	28.7	1623
Y057	载人航天	564	1524	0.518	1678	28.7	1623
G462	中华普外科手术学杂志电子版	718	1344	1.096	625	28.7	1623
T563	工业催化	496	1609	0.358	1945	28.6	1632
E578	国土资源科技管理	219	2030	0.344	1960	28.6	1632
E138	物探与化探	1928	507	0.922	849	28.6	1632
W021	中国管理科学	3701	166	1.780	209	28.6	1632
G104	中国海洋药物	376	1784	0.591	1531	28.6	1632
G845	中国小儿血液与肿瘤杂志	221	2028	0.467	1774	24.0; 28.6; 19.0	1632
G718	中国心血管病研究	871	1180	0.715	1243	28.6	1632
G549	癌变·畸变·突变	306	1897	0.560	1596	28.5	1639
H273	中国南方果树	1426	743	0.836	979	28.5	1639
R058	电气自动化	494	1612	0.428	1844	28.4	1641
G842	中西医结合肝病杂志	780	1275	0.908	870	24.7; 28.4	1641
I248	FRONTIERS OF CHEMICAL SCIENCE AND ENGINEERING	228	2017	0.512	1695	28.3	1643
E132	地质找矿论丛	520	1578	0.408	1880	28.3	1643
V089	南方建筑	397	1750	0.585	1543	28.3	1643
H048	土壤与作物	398	1747	1.384	375	28.3	1643
G996	皖南医学院学报	308	1894	0.320	1995	28.3	1643
R033	应用激光	893	1154	0.782	1089	28.3	1643
N019	低温工程	346	1839	0.329	1980	28.2	1649
A110	宁夏大学学报自然科学版	152	2082	0.220	2088	28.2	1649
E316	震灾防御技术	469	1636	0.486	1741	27.9; 28.2	1649
J019	河北工业科技	208	2045	0.514	1687	28.1	1652
Q009	核科学与工程	428	1705	0.281	2032	28.1	1652
J059	空军工程大学学报自然科学版	399	1743	0.427	1849	28.1	1652
J008	兰州理工大学学报	670	1400	0.395	1899	28.1	1652
N065	特种铸造及有色合金	1248	858	0.477	1747	28.1	1652
E051	铀矿地质	1037	1031	0.805	1038	28.1	1652
Q949	中华老年骨科与康复电子杂志	357	1819	1.137	562	28.1	1652
G016	北京医学	1171	914	0.634	1428	28.0	1659
J014	河南科技大学学报自然科学版	454	1660	0.688	1311	28.0	1659
G507	解剖科学进展	606	1470	0.643	1406	28.0	1659
A506	宁波大学学报理工版	263	1970	0.302	2015	28.0	1659
H516	热带农业科学	1220	876	0.472	1758	28.0	1659
G335	中华航海医学与高气压医学杂志	734	1322	0.812	1023	28.0	1659
Q948	中华介入放射学电子杂志	237	2003	0.680	1336	28.0	1659
R589	IEEE/CAA JOURNAL OF AUTOMATICA SINICA	675	1395	1.189	524	27.9	1666
R020	电子元件与材料	677	1390	0.449	1809	27.9	1666

表8-1　2021年中国科技核心期刊综合评价总分排名（自然科学）（续）

CODE	刊名	核心总被引频次		核心影响因子		综合评价总分*	
		数值	排名	数值	排名	数值	排名
R095	供用电	1160	927	2.338	90	27.9	1666
E633	气象与环境学报	1218	878	1.505	305	27.9	1666
U635	中国食品添加剂	1471	719	0.766	1127	27.9	1666
H099	中国预防兽医学报	968	1091	0.567	1585	27.9	1666
E626	CT理论与应用研究	316	1878	0.477	1747	27.8	1672
M013	钢铁钒钛	560	1531	0.421	1858	27.8	1672
G937	国际肿瘤学杂志	451	1664	0.488	1739	27.8	1672
Q219	上海预防医学	1133	955	0.942	817	27.8	1672
H891	中国动物传染病学报	399	1743	0.628	1441	27.8	1672
G239	中国介入心脏病学杂志	921	1135	1.132	570	27.8	1672
N034	装备环境工程	1086	988	0.549	1621	27.8	1672
I168	INTERNATIONAL JOURNAL OF COAL SCIENCE & TECHNOLOGY	505	1594	1.605	265	27.7	1679
R711	测试技术学报	298	1905	0.409	1879	27.7	1679
G953	精神医学杂志	428	1705	0.460	1783	27.7	1679
C032	量子电子学报	340	1844	0.559	1597	27.7	1679
U056	丝绸	642	1433	0.522	1673	27.7	1679
Q003	同位素	183	2066	0.375	1926	27.7	1679
G236	中国医学计算机成像杂志	557	1537	0.636	1422	27.7	1679
Q748	INTERNATIONAL JOURNAL OF NURSING SCIENCES	149	2085	0.385	1912	27.6	1686
Z013	工业水处理	1730	607	0.823	1010	27.6	1686
F040	生物信息学	140	2088	0.594	1520	27.6	1686
Q905	中华解剖与临床杂志	349	1834	0.514	1687	27.6	1686
G470	中华细胞与干细胞杂志电子版	134	2091	0.476	1749	27.6	1686
T009	化学反应工程与工艺	209	2042	0.137	2115	27.5	1691
A039	湖北大学学报自然科学版	285	1936	0.308	2013	27.4	1692
Z525	环境监控与预警	327	1860	0.636	1422	27.4	1692
U037	林产工业	724	1335	1.056	663	27.4	1692
V531	陶瓷学报	287	1930	0.309	2011	27.4	1692
G100	中国法医学杂志	657	1417	0.465	1776	27.4	1692
A081	中国科学基金	778	1277	1.712	230	27.4	1692
G576	中国肿瘤外科杂志	365	1807	0.788	1072	27.3	1698
G879	肝胆外科杂志	452	1663	0.551	1614	27.2	1699
T065	合成纤维工业	450	1667	0.472	1758	27.2	1699
G044	华西药学杂志	990	1071	0.929	841	27.2	1699
G050	解剖学杂志	706	1360	0.686	1316	27.2	1699
H219	排灌机械工程学报	1312	811	0.989	746	27.2	1699
E303	中国岩溶	1421	748	0.983	754	27.2	1699
G491	岭南心血管病杂志	379	1778	0.411	1877	27.1	1705
B004	数学年刊A	109	2108	0.075	2122	27.1	1705
N091	指挥控制与仿真	668	1403	0.545	1630	27.1	1705
I735	FRONTIERS OF COMPUTER SCIENCE	233	2007	0.439	1826	27.0	1708
G803	肝脏	1118	965	0.550	1619	27.0	1708

表 8-1 2021 年中国科技核心期刊综合评价总分排名（自然科学）（续）

CODE	刊名	核心总被引频次		核心影响因子		综合评价总分*	
		数值	排名	数值	排名	数值	排名
M505	腐蚀与防护	1234	868	0.515	1686	26.9	1710
G227	中国药物警戒	1233	871	0.961	788	26.9	1710
T067	合成纤维	447	1674	0.360	1941	26.8	1712
E500	盐湖研究	417	1727	0.500	1720	26.8	1712
H220	渔业现代化	576	1513	1.078	644	26.8	1712
G885	中国现代手术学杂志	253	1982	0.464	1777	26.8	1712
G149	中华劳动卫生职业病杂志	1399	758	0.796	1055	26.8	1712
R754	电讯技术	850	1201	0.557	1600	26.7	1717
M048	贵金属	322	1871	0.565	1590	26.7	1717
E023	天文学报	187	2064	0.435	1834	26.7	1717
G527	药学与临床研究	537	1561	0.470	1765	26.7	1717
E141	华北地震科学	199	2051	0.319	1997	26.6	1721
E007	极地研究	413	1731	0.554	1605	26.6	1721
W567	节水灌溉	1557	680	0.934	827	26.6	1721
C134	热科学与技术	336	1849	0.421	1858	24.3; 26.6	1721
N100	现代科学仪器	247	1991	0.051	2125	26.6	1721
R519	信息技术	810	1246	0.418	1860	26.6	1721
K579	中国煤炭	1104	970	0.765	1131	26.6	1721
N022	轴承	838	1215	0.496	1726	26.6	1721
G291	临床骨科杂志	1058	1013	1.249	475	26.5	1729
U641	食品与发酵科技	696	1368	0.609	1487	26.5	1729
C093	现代应用物理	102	2111	0.266	2056	26.5	1729
G765	中国小儿急救医学	962	1097	0.869	923	26.5	1729
D015	分子催化	327	1860	0.759	1143	26.4	1733
V057	建筑钢结构进展	370	1798	0.469	1770	26.4	1733
T103	涂料工业	818	1239	0.523	1670	26.4	1733
G482	医学动物防制	989	1073	0.531	1657	26.4	1733
G463	中华腔镜外科杂志电子版	479	1625	0.993	744	26.4	1733
C010	JOURNAL OF ROCK MECHANICS AND GEOTECHNICAL ENGINEERING (JRMGE)	623	1449	0.695	1288	26.3	1738
Z009	化工环保	684	1380	0.833	983	26.3	1738
U604	皮革与化工	226	2018	1.126	582	26.3	1738
G387	实验动物与比较医学	473	1630	0.722	1229	17.6; 26.3	1738
G347	中国中西医结合耳鼻咽喉科杂志	424	1712	0.502	1718	14.0; 26.3	1738
R611	自动化与仪器仪表	1270	844	0.440	1824	26.3; 24.7	1738
Q709	INFECTIOUS DISEASES OF POVERTY	315	1882	0.561	1595	26.2	1744
N764	JOURNAL OF BIONIC ENGINEERING	366	1804	0.532	1653	26.2	1744
C060	波谱学杂志	235	2006	0.731	1209	26.2	1744
A077	贵州大学学报自然科学版	366	1804	0.518	1678	26.2	1744
G939	国际脑血管病杂志	725	1333	0.735	1202	26.2	1744
T075	中国胶粘剂	656	1419	0.601	1502	26.2	1744
G220	中国药物化学杂志	311	1887	0.362	1940	26.2	1744
N012	爆破器材	297	1907	0.575	1567	26.1	1751

表8-1 2021年中国科技核心期刊综合评价总分排名（自然科学）（续）

CODE	刊名	核心总被引频次 数值	核心总被引频次 排名	核心影响因子 数值	核心影响因子 排名	综合评价总分* 数值	综合评价总分* 排名
D037	化学研究与应用	1141	946	0.563	1592	26.1	1751
N046	制造技术与机床	1159	928	0.438	1829	26.1	1751
G536	中国临床神经科学	537	1561	0.684	1323	26.1	1751
G303	中国男科学杂志	569	1518	0.529	1661	26.1	1751
H204	中国沼气	514	1583	0.649	1394	13.8; 26.1	1751
I229	JOURNAL OF MARINE SCIENCE AND APPLICATION	156	2079	0.299	2018	26.0	1757
I224	MACHINE INTELLIGENCE RESEARCH	355	1826	1.230	486	26.0	1757
G004	北京生物医学工程	420	1719	0.705	1269	26.0	1757
C009	实验力学	851	1200	0.589	1534	26.0	1757
X528	水运工程	1346	793	0.323	1994	26.0	1757
G312	西南国防医药	1041	1027	0.372	1928	26.0	1757
G693	中华临床免疫和变态反应杂志	434	1696	0.739	1188	25.9	1763
G548	湖南师范大学学报医学版	1144	943	0.781	1092	25.8	1764
G802	临床神经外科杂志	443	1679	0.707	1264	25.8	1764
Y554	航空发动机	651	1425	0.446	1816	25.7	1766
K038	煤炭工程	2689	317	1.102	616	25.7	1766
G280	中华口腔正畸学杂志	279	1945	0.643	1406	25.7	1766
I219	CHINESE JOURNAL OF POPULATION, RESOURCES AND ENVIRONMENT	52	2123	0.100	2120	25.6	1769
Y052	航空工程进展	344	1841	0.526	1663	25.6	1769
M051	金属功能材料	311	1887	0.693	1295	25.6	1769
A013	南昌大学学报理科版	338	1847	0.396	1896	25.6	1769
I017	TRANSACTIONS OF NANJING UNIVERSITY OF AERONAUTICS & ASTRONAUTICS	192	2058	0.349	1956	25.5; 20.4	1773
I009	TSINGHUA SCIENCE AND TECHNOLOGY	316	1878	0.917	856	25.5	1773
R019	电源技术	1808	568	0.613	1472	25.5	1773
Y015	航天控制	457	1656	0.685	1320	25.5	1773
Z554	环境监测管理与技术	758	1302	1.246	477	25.5	1773
S507	计算技术与自动化	286	1934	0.418	1860	25.5	1773
G894	口腔颌面修复学杂志	295	1914	0.595	1517	25.5	1773
T073	香料香精化妆品	406	1736	0.495	1727	25.5	1773
D062	分析仪器	407	1735	0.371	1930	25.4	1781
X533	水道港口	579	1508	0.683	1325	25.4	1781
X693	应用科技	279	1945	0.436	1833	25.4	1781
G130	中国应用生理学杂志	855	1196	0.732	1207	25.4	1781
F229	生物技术	365	1807	0.359	1943	25.3	1785
A098	中国科技论坛	1735	604	1.049	673	25.3	1785
V033	工程抗震与加固改造	486	1619	0.244	2074	25.2	1787
G913	中国药事	1104	970	0.702	1275	25.2	1787
G705	中华医学教育杂志	822	1234	0.788	1072	25.2	1787
R775	中兴通讯技术	209	2042	0.669	1353	25.2	1787
S812	科技管理研究	3955	144	0.796	1055	25.1	1791
A654	云南民族大学学报自然科学版	212	2036	0.397	1895	25.1	1791

表 8-1　2021年中国科技核心期刊综合评价总分排名（自然科学）（续）

CODE	刊名	核心总被引频次 数值	核心总被引频次 排名	核心影响因子 数值	核心影响因子 排名	综合评价总分* 数值	综合评价总分* 排名
G444	中国体外循环杂志	352	1831	0.961	788	25.1	1791
H364	广西林业科学	480	1624	0.575	1567	25.0	1794
G855	临床消化病杂志	367	1803	0.512	1695	25.0	1794
G653	现代检验医学杂志	1137	951	1.000	731	25.0	1794
G306	中国医师进修杂志	1011	1052	0.784	1082	25.0	1794
D011	化学试剂	709	1356	0.511	1701	24.9	1798
K013	有色金属矿山部分	591	1488	0.695	1288	24.9	1798
I008	WUHAN UNIVERSITY JOURNAL OF NATURAL SCIENCES	98	2112	0.146	2114	24.8	1800
G199	发育医学电子杂志	211	2040	0.984	751	24.8	1800
M631	黄金	821	1238	0.461	1781	24.8	1800
I165	CHINA FOUNDRY	229	2015	0.412	1875	24.7	1803
M005	材料保护	1366	779	0.472	1758	24.7	1803
N024	车用发动机	259	1974	0.374	1927	24.7	1803
J055	海军工程大学学报	443	1679	0.364	1938	24.7	1803
K025	矿产与地质	1011	1052	0.512	1695	24.7	1803
S505	系统仿真技术	113	2104	0.219	2090	24.7	1803
A018	湘潭大学自然科学学报	209	2042	0.232	2081	24.7	1803
Q950	中华神经创伤外科电子杂志	285	1936	0.804	1040	24.7	1803
N027	电加工与模具	223	2023	0.315	2003	24.6	1811
H864	饲料研究	1986	488	0.918	854	24.6	1811
G866	微创泌尿外科杂志	323	1868	0.604	1499	24.6	1811
J016	浙江工业大学学报	605	1472	0.769	1120	24.6	1811
G833	中华老年口腔医学杂志	314	1884	0.544	1633	24.6	1811
Y033	航天器工程	891	1158	0.683	1325	24.5	1816
G856	实用肿瘤学杂志	462	1643	1.147	555	24.5	1816
U645	保鲜与加工	1148	939	1.021	718	21.7; 24.4	1818
N063	机械设计与制造工程	562	1529	0.248	2067	24.4	1818
E052	微体古生物学报	463	1641	0.380	1920	24.4	1818
N044	无损检测	840	1211	0.353	1951	24.4	1818
G178	中华整形外科杂志	1134	954	0.909	866	24.4	1818
Z506	环境科技	461	1646	0.689	1307	24.3	1823
A083	科技通报	986	1076	0.280	2035	24.3	1823
M021	上海金属	409	1734	0.532	1653	24.3	1823
W015	JOURNAL OF HYDRODYNAMICS SERIES B	788	1267	0.952	804	24.2	1826
K517	煤矿机械	2388	381	0.504	1713	24.2	1826
G720	遵义医科大学学报	381	1776	0.414	1869	24.2	1826
B030	ACTA MATHEMATICA SINICA ENGLISH SERIES	218	2032	0.117	2117	24.1	1829
C058	CHINESE PHYSICS C	709	1356	0.504	1713	24.1	1829
E050	GEOSCIENCE FRONTIERS	831	1223	0.806	1037	24.1	1829
X034	都市快轨交通	598	1479	0.446	1816	24.1	1829
E564	海洋技术学报	522	1575	0.304	2014	24.1	1829
R064	微电子学	369	1800	0.286	2028	24.1	1829
E537	JOURNAL OF EARTH SCIENCE	710	1354	0.824	1007	23.9	1835

表 8-1　2021年中国科技核心期刊综合评价总分排名（自然科学）（续）

CODE	刊名	核心总被引频次		核心影响因子		综合评价总分*	
		数值	排名	数值	排名	数值	排名
G292	寄生虫与医学昆虫学报	135	2090	0.450	1804	23.9	1835
V056	新型建筑材料	1639	646	0.576	1566	23.9	1835
A003	安徽大学学报自然科学版	201	2049	0.339	1967	23.8	1838
T933	石化技术与应用	299	1902	0.335	1975	23.8; 18.6	1838
N110	工业工程与管理	846	1204	0.807	1035	23.7	1840
Y031	航空计算技术	607	1465	0.403	1889	23.7	1840
I116	CHINESE JOURNAL OF ELECTRONICS	504	1596	0.626	1448	23.6	1842
E525	地质与资源	625	1446	0.914	862	23.6	1842
N064	工具技术	937	1116	0.368	1934	23.6	1842
N054	机械设计与研究	1351	792	0.845	962	23.6	1842
B018	系统工程学报	870	1182	0.659	1370	23.6	1842
G223	现代医学	811	1243	0.433	1836	23.6	1842
V054	矿产勘查	1100	975	0.551	1614	23.5	1848
G877	药物流行病学杂志	746	1315	0.677	1339	23.5	1848
H317	中国兽药杂志	593	1485	0.514	1687	23.5	1848
R737	自动化技术与应用	841	1208	0.430	1842	23.5	1848
R016	绝缘材料	1184	902	0.932	834	23.4	1852
V032	暖通空调	1395	762	0.447	1813	23.4	1852
A115	实验室研究与探索	2965	262	0.568	1582	23.4	1852
G771	武警后勤学院学报医学版	383	1768	0.384	1914	23.4	1852
L033	油田化学	968	1091	0.677	1339	23.4	1852
G518	预防医学情报杂志	1277	838	0.684	1323	23.4	1852
C038	真空与低温	232	2011	0.324	1992	23.4	1852
G643	中医正骨	1247	860	0.946	809	23.4	1852
A535	广西科学	429	1702	0.518	1678	23.3	1860
C070	CHINESE JOURNAL OF CHEMICAL PHYSICS	225	2021	0.229	2082	23.2	1861
I250	FRONTIERS OF MATHEMATICS IN CHINA	98	2112	0.162	2108	23.2	1861
N907	水下无人系统学报	360	1817	0.412	1875	23.2	1861
G321	现代口腔医学杂志	320	1873	0.384	1914	23.2	1861
T916	有机硅材料	423	1715	0.618	1461	23.2	1861
G180	中日友好医院学报	308	1894	0.486	1741	23.2	1861
G340	华南国防医学杂志	589	1490	0.383	1917	23.1	1867
R082	光电子技术	103	2110	0.234	2080	23.0	1868
A586	沈阳师范大学学报自然科学版	208	2045	0.242	2076	23.0	1868
G721	新医学	666	1406	0.509	1707	23.0	1868
G977	药学服务与研究	428	1705	0.513	1690	22.9	1871
K035	中国钨业	428	1705	0.585	1543	22.9	1871
Y591	导航定位学报	356	1822	0.854	945	22.8	1873
G971	环境卫生学杂志	470	1633	0.646	1402	22.8	1873
I230	JOURNAL OF MOUNTAIN SCIENCE	841	1208	0.495	1727	22.7	1875
E108	海洋预报	482	1623	0.685	1320	22.7	1875
G628	老年医学与保健	715	1349	0.718	1236	22.7	1875
E566	气象科技	1562	677	1.198	514	22.7	1875

表 8-1　2021 年中国科技核心期刊综合评价总分排名（自然科学）（续）

CODE	刊名	核心总被引频次		核心影响因子		综合评价总分*	
		数值	排名	数值	排名	数值	排名
Y009	强度与环境	361	1814	0.500	1720	22.7	1875
N106	人类工效学	256	1979	0.229	2082	22.7	1875
G603	生物医学工程与临床	361	1814	0.457	1789	22.7	1875
R050	水力发电	1049	1019	0.470	1765	22.7	1875
N037	工业仪表与自动化装置	326	1864	0.629	1438	22.6	1883
R096	雷达科学与技术	361	1814	0.392	1904	22.6	1883
C036	数学物理学报	283	1939	0.337	1970	22.6; 22.5	1883
E159	新疆地质	833	1219	0.617	1465	22.6	1883
G838	肿瘤影像学	273	1956	0.551	1614	22.6	1883
E140	空间科学学报	347	1835	0.299	2018	15.4; 22.5	1888
R001	电子显微学报	662	1411	0.826	1002	22.4	1889
G873	中华眼视光学与视觉科学杂志	805	1251	0.752	1158	22.4	1889
X539	中外公路	1965	492	0.750	1161	22.4	1889
Y040	火箭推进	511	1590	0.506	1712	22.3	1892
B023	CHINESE ANNALS OF MATHEMATICS SERIES B	82	2117	0.071	2123	22.2	1893
N056	长春理工大学学报自然科学版	461	1646	0.457	1789	22.2	1893
C094	计算物理	499	1605	0.736	1199	22.2	1893
E022	古生物学报	786	1269	0.444	1820	22.1	1896
Q926	中华脑科疾病与康复杂志电子版	116	2101	0.244	2074	22.1	1896
M010	材料开发与应用	350	1833	0.216	2091	22.0	1898
H333	经济动物学报	255	1980	0.606	1497	22.0	1898
F206	微生物学免疫学进展	431	1700	0.709	1260	22.0	1898
V052	粉煤灰综合利用	283	1939	0.245	2071	21.9	1901
D604	化学分析计量	726	1331	0.615	1468	21.9	1901
Q909	临床小儿外科杂志	870	1182	0.800	1050	21.9	1901
D602	合成化学	329	1857	0.328	1982	21.8	1904
L027	油气储运	1934	504	1.314	420	21.8	1904
G407	转化医学杂志	306	1897	0.567	1585	21.8	1904
T060	煤化工	323	1868	0.310	2010	21.7	1907
E136	物探化探计算技术	459	1650	0.266	2056	21.7	1907
F005	ENTOMOTAXONOMIA	118	2100	0.120	2116	21.6	1909
X046	城市交通	458	1651	0.629	1438	21.6	1909
Z553	净水技术	761	1298	0.526	1663	21.6	1909
G835	职业卫生与应急救援	500	1601	0.671	1351	21.6	1909
N515	机械制造与自动化	762	1295	0.370	1932	21.5	1913
G544	中国临床药学杂志	297	1907	0.441	1822	21.5	1913
H217	陕西农业科学	910	1140	0.312	2008	21.4	1915
I227	JOURNAL OF CHINESE PHARMACEUTICAL SCIENCES	306	1897	0.438	1829	21.3	1916
Y503	导弹与航天运载技术	683	1383	0.428	1844	21.3	1916
R011	电力电子技术	1196	894	0.469	1770	21.3	1916
G497	国际放射医学核医学杂志	249	1984	0.441	1822	21.3	1916
A026	内蒙古大学学报自然科学版	268	1964	0.281	2032	21.3	1916
U528	上海纺织科技	501	1600	0.299	2018	21.3	1916

表 8-1　2021年中国科技核心期刊综合评价总分排名（自然科学）（续）

CODE	刊名	核心总被引频次		核心影响因子		综合评价总分*	
		数值	排名	数值	排名	数值	排名
T079	塑料助剂	206	2048	0.379	1922	21.3	1916
U562	烟草科技	1789	579	0.970	771	21.3	1916
C055	低温物理学报	58	2122	0.052	2124	21.2	1924
G707	武警医学	840	1211	0.536	1646	21.2	1924
G848	中华手外科杂志	1397	760	0.891	890	21.2	1924
R063	半导体技术	458	1651	0.450	1804	21.1	1927
P018	动力学与控制学报	328	1859	0.541	1635	21.1	1927
T006	化工机械	318	1876	0.159	2109	21.1	1927
Q929	肿瘤代谢与营养电子杂志	429	1702	0.734	1203	21.1	1927
G701	组织工程与重建外科杂志	383	1768	0.610	1482	21.1	1927
G500	北京口腔医学	386	1763	0.675	1343	21.0	1932
P009	工业加热	213	2035	0.220	2088	21.0	1932
S816	科学管理研究	718	1344	0.692	1297	21.0	1932
N105	工程爆破	588	1492	0.656	1377	20.9	1935
S712	工程管理学报	429	1702	0.429	1843	0.0; 20.9	1935
G092	浙江中医药大学学报	1814	563	1.035	690	20.9	1935
E315	地理信息世界	532	1567	0.579	1557	20.8	1938
G944	东南国防医药	658	1414	0.774	1105	20.8	1938
T231	磷肥与复肥	496	1609	0.332	1978	20.7	1940
T012	青岛科技大学学报自然科学版	271	1960	0.426	1851	20.7	1940
Q957	首都公共卫生	447	1674	0.789	1069	20.7	1940
C008	应用力学学报	1293	823	0.704	1271	20.7	1940
G025	工业卫生与职业病	543	1554	0.771	1115	20.6	1944
X042	石家庄铁道大学学报自然科学版	249	1984	0.276	2039	20.6; 14.9	1944
G158	中华器官移植杂志	540	1559	0.483	1744	20.6	1944
E103	华南地震	289	1928	0.410	1878	20.5	1947
A637	山东科学	309	1893	0.474	1754	20.5	1947
R087	现代雷达	925	1130	0.462	1779	20.5	1947
G244	中国工业医学杂志	730	1325	0.555	1604	20.5	1947
V049	结构工程师	587	1494	0.282	2030	20.4	1951
G098	中华地方病学杂志	1291	825	1.187	527	20.4	1951
G899	海军医学杂志	767	1287	0.650	1390	20.3	1953
R587	水利经济	442	1682	1.222	494	20.3	1953
H261	辽宁农业科学	449	1669	0.279	2037	20.2	1955
R013	中国激光医学杂志	290	1926	0.471	1764	20.2	1955
R045	电机与控制应用	857	1194	0.749	1166	20.1	1957
R688	光通信研究	233	2007	0.396	1896	20.1	1957
H293	杂交水稻	811	1243	0.433	1836	20.1	1957
G474	中华肺部疾病杂志电子版	877	1171	0.847	959	20.1	1957
E158	CHINA OCEAN ENGINEERING	293	1918	0.403	1889	20.0	1961
C095	COMMUNICATIONS IN THEORETICAL PHYSICS	393	1753	0.247	2068	20.0	1961
K037	中国煤炭地质	923	1133	0.358	1945	20.0	1961
H212	中国麻业科学	347	1835	0.682	1329	19.9	1964

表 8-1　2021年中国科技核心期刊综合评价总分排名（自然科学）（续）

CODE	刊名	核心总被引频次		核心影响因子		综合评价总分*	
		数值	排名	数值	排名	数值	排名
Z034	生态毒理学报	1284	829	0.804	1040	19.8	1965
Q937	消化肿瘤杂志电子版	129	2093	0.315	2003	19.8	1965
G962	眼科	356	1822	0.336	1972	19.6	1967
H215	中国果树	1135	953	0.869	923	19.6	1967
H040	淡水渔业	917	1139	0.783	1085	19.4	1969
G920	儿科药学杂志	834	1217	0.628	1441	14.4; 19.3	1970
G525	华南预防医学	1091	986	1.352	394	19.3	1970
L021	石油化工设备技术	131	2092	0.111	2119	19.3	1970
R085	微特电机	502	1597	0.391	1905	19.3	1970
N067	电焊机	721	1340	0.315	2003	19.2	1974
G415	国际内分泌代谢杂志	420	1719	0.651	1385	19.2	1974
G402	中国分子心脏病学杂志	271	1960	0.470	1765	19.2	1974
H211	中国棉花	940	1113	0.712	1248	19.2	1974
G284	中国消毒学杂志	1706	617	0.950	806	19.2	1974
E096	CHINA GEOLOGY	192	2058	0.667	1358	19.1	1979
S031	遥测遥控	197	2054	0.237	2077	19.1	1979
L019	石油机械	1613	657	0.813	1020	19.0	1981
U020	中国皮革	723	1336	0.743	1181	19.0	1981
G258	中国生物制品学杂志	883	1165	0.428	1844	19.0	1981
I132	FRONTIERS OF OPTOELECTRONICS	81	2118	0.341	1964	18.9	1984
G403	药物不良反应杂志	673	1397	0.732	1207	18.9	1984
T057	合成材料老化与应用	649	1428	0.712	1248	18.8	1986
F041	人类学学报	742	1317	0.634	1428	18.8	1986
G259	诊断病理学杂志	738	1320	0.404	1888	17.3; 18.8	1986
H081	中国热带农业	450	1667	0.451	1802	18.7	1989
H227	东北农业科学	1130	958	0.812	1023	18.6	1990
G358	解剖学研究	383	1768	0.462	1779	18.6	1990
G332	生物医学工程研究	248	1989	0.577	1563	18.6	1990
G890	实用肿瘤杂志	624	1447	1.153	549	18.6	1990
T104	印染助剂	417	1727	0.402	1893	18.6	1990
R750	电力需求侧管理	502	1597	1.173	536	18.5	1995
A080	高技术通讯	568	1519	0.713	1247	18.5	1995
U533	木材工业	420	1719	0.587	1540	18.5	1995
G649	影像诊断与介入放射学	384	1766	0.556	1602	18.5	1995
R745	电力信息与通信技术	1094	980	1.630	257	18.4	1999
Y012	航空精密制造技术	226	2018	0.249	2066	18.4	1999
G297	中国美容整形外科杂志	909	1142	0.611	1477	18.4	1999
N013	自动化仪表	960	1100	0.685	1320	18.4; 13.0	1999
C096	ACTA MATHEMATICA SCIENTIA	299	1902	0.268	2055	17.6; 18.3	2003
K014	矿山机械	783	1273	0.281	2032	18.2	2004
G514	药物生物技术	489	1616	0.467	1774	18.2	2004
G750	中国病案	1591	667	0.700	1281	18.2	2004
G473	中华腔镜泌尿外科杂志电子版	523	1572	0.853	946	18.2	2004

表 8-1 2021 年中国科技核心期刊综合评价总分排名（自然科学）（续）

CODE	刊名	核心总被引频次 数值	核心总被引频次 排名	核心影响因子 数值	核心影响因子 排名	综合评价总分* 数值	综合评价总分* 排名
R047	固体电子学研究与进展	168	2071	0.273	2043	18.1	2008
R070	微波学报	500	1601	0.485	1743	18.1	2008
N086	真空	368	1801	0.325	1990	18.1	2008
L507	天然气与石油	517	1579	0.435	1834	17.9	2011
H538	草原与草坪	730	1325	0.890	894	17.8	2012
T953	消防科学与技术	1670	629	0.588	1537	13.1; 17.8	2012
U036	棉纺织技术	720	1342	0.490	1734	17.7	2014
Q956	肝癌电子杂志	86	2116	0.417	1862	17.6	2015
R097	光学与光电技术	282	1943	0.318	2000	17.0; 17.6	2015
L026	中国海洋平台	271	1960	0.155	2112	17.6	2015
K505	黑龙江科技大学学报	276	1953	0.295	2023	17.5	2018
Q907	空军航空医学	495	1611	0.641	1412	17.5	2018
G672	口腔材料器械杂志	144	2087	0.473	1755	17.4	2020
Y008	宇航计测技术	262	1972	0.250	2064	17.4	2020
S590	中华医学教育探索杂志	676	1391	0.357	1947	17.3	2022
G637	中国国境卫生检疫杂志	362	1813	0.428	1844	17.0	2023
G959	中国微侵袭神经外科杂志	663	1409	0.675	1343	16.8	2024
X053	JOURNAL OF TRAFFIC AND TRANSPORTATION ENGINEERING ENGLISH EDITION	155	2080	0.657	1374	16.7	2025
L587	节能技术	433	1697	0.781	1092	16.7	2025
T569	粘接	694	1370	0.348	1957	16.7	2025
V030	工程勘察	892	1156	0.446	1816	16.6	2028
R652	太赫兹科学与电子信息学报	484	1621	0.386	1911	16.6	2028
A087	新疆大学学报自然科学版中英文版	243	1995	0.538	1641	16.6	2028
M047	冶金能源	248	1989	0.413	1871	16.6	2028
I720	CSEE JOURNAL OF POWER AND ENERGY SYSTEMS	192	2058	0.439	1826	16.5	2032
G083	心肺血管病杂志	1104	970	0.750	1161	16.4	2033
V523	建筑节能中英文版	661	1412	0.293	2025	16.3	2034
N075	铸造	944	1109	0.457	1789	16.3	2034
Q209	中华炎性肠病杂志中英文版	211	2040	0.548	1624	16.2	2036
M014	硬质合金	310	1892	0.472	1758	16.1	2037
X011	机车电传动	488	1618	0.320	1995	16.0	2038
N107	模具技术	153	2081	0.257	2063	16.0	2038
Z035	环境卫生工程	455	1658	0.706	1266	15.9	2040
K550	中国钼业	275	1954	0.258	2062	15.9	2040
G203	中国心脏起搏与心电生理杂志	570	1517	0.676	1341	15.9	2040
G307	中华医学科研管理杂志	316	1878	0.623	1451	15.9	2040
A034	甘肃科学学报	279	1945	0.274	2040	15.8	2044
G334	湖北中医药大学学报	1092	984	0.812	1023	15.8	2044
G298	中国斜视与小儿眼科杂志	237	2003	0.414	1869	15.8; 11.6	2044
G749	中国中医眼科杂志	948	1106	1.088	635	15.8	2044
G257	临床内科杂志	935	1120	0.988	747	15.7	2048
A011	河南科学	565	1521	0.277	2038	15.6	2049

表 8-1 2021年中国科技核心期刊综合评价总分排名（自然科学）（续）

CODE	刊名	核心总被引频次		核心影响因子		综合评价总分*	
		数值	排名	数值	排名	数值	排名
H584	植物检疫	616	1454	0.541	1635	15.6	2049
G852	中国急救复苏与灾害医学杂志	1191	897	0.763	1135	15.6	2049
L017	测井技术	868	1187	0.393	1902	15.5	2052
X043	城市轨道交通研究	1236	866	0.348	1957	15.5	2052
S086	单片机与嵌入式系统应用	439	1686	0.394	1901	15.5	2052
R044	电气传动	842	1206	0.701	1277	15.5	2052
T955	精细化工中间体	261	1973	0.285	2029	15.4	2056
C105	ACTA MECHANICA SINICA	693	1371	1.043	682	15.3	2057
C092	核聚变与等离子体物理	112	2105	0.157	2111	15.3	2057
H102	林业调查规划	446	1677	0.250	2064	15.3	2057
K036	中国锰业	363	1810	0.274	2040	15.2	2060
G713	中国药物应用与监测	512	1589	0.774	1105	15.2	2060
A074	沈阳大学学报自然科学版	255	1980	0.456	1793	15.1	2062
N079	液压气动与密封	758	1302	0.357	1947	15.1	2062
G428	中国美容医学	2083	459	0.689	1307	15.1	2062
G248	中国药物依赖性杂志	319	1875	0.488	1739	15.1	2062
H128	北方水稻	336	1849	0.324	1992	14.9	2066
C104	力学与实践	665	1407	0.460	1783	14.8	2067
V062	城乡规划	159	2076	0.407	1882	14.7	2068
R057	微电机	755	1306	0.556	1602	14.7	2068
G794	中国临床神经外科杂志	944	1109	0.695	1288	14.7	2068
R428	电气工程学报	398	1747	1.000	731	14.6	2071
Q958	血管与腔内血管外科杂志	325	1866	0.564	1591	14.5	2072
R671	西安邮电大学学报	258	1976	0.422	1856	12.7; 14.3	2073
G798	现代泌尿生殖肿瘤杂志	194	2055	0.342	1962	14.3	2073
U504	酿酒科技	2129	442	0.613	1472	14.2	2075
L018	钻井液与完井液	1094	980	0.907	872	14.1	2076
E635	沙漠与绿洲气象	816	1242	0.916	857	13.7; 14.0	2077
X035	中国港湾建设	801	1258	0.445	1819	13.9	2078
E304	古脊椎动物学报	498	1606	0.475	1751	13.6	2079
G662	内科急危重症杂志	591	1488	0.846	960	13.6	2079
S033	微型电脑应用	586	1498	0.342	1962	13.6	2079
G740	中华卫生杀虫药械	723	1336	0.590	1533	13.5	2082
Z500	环境技术	307	1896	0.214	2092	13.3	2083
P005	工业炉	124	2096	0.185	2101	13.2	2084
G580	立体定向和功能性神经外科杂志	164	2073	0.336	1972	12.9	2085
V023	中国非金属矿工业导刊	515	1582	0.614	1471	12.8	2086
E616	测绘地理信息	869	1186	0.552	1610	12.7	2087
E639	地理空间信息	885	1162	0.332	1978	12.7; 9.2	2087
G587	中国辐射卫生	990	1071	1.033	692	12.6	2089
R003	电池	449	1669	0.842	968	12.4	2090
T598	电镀与涂饰	875	1174	0.413	1871	12.2	2091
E651	海洋测绘	684	1380	0.689	1307	12.2; 9.1	2091

表 8-1 2021年中国科技核心期刊综合评价总分排名（自然科学）（续）

CODE	刊名	核心总被引频次		核心影响因子		综合评价总分*	
		数值	排名	数值	排名	数值	排名
T146	化工设备与管道	215	2034	0.229	2082	12.2	2091
H026	竹子学报	373	1794	0.300	2017	12.2	2091
F039	JOURNAL OF SYSTEMATICS AND EVOLUTION	708	1358	0.762	1137	12.1	2095
G469	实用器官移植电子杂志	315	1882	0.594	1520	11.9	2096
K020	铀矿冶	296	1910	0.333	1976	11.9	2096
V574	岩土工程技术	223	2023	0.273	2043	11.7	2098
I725	FRONTIERS OF STRUCTURAL AND CIVIL ENGINEERING	191	2061	0.403	1889	11.6	2099
S017	网络新媒体技术	125	2095	0.328	1982	11.4	2100
I239	WORLD JOURNAL OF ACUPUNCTURE-MOXIBUSTION	265	1968	0.500	1720	11.1	2101
P001	汽轮机技术	443	1679	0.350	1955	11.0	2102
H340	桉树科技	194	2055	0.457	1789	10.8	2103
E636	湿地科学与管理	263	1970	0.522	1673	10.8	2103
L030	石油炼制与化工	1270	844	0.609	1487	10.6	2105
G437	中国听力语言康复科学杂志	340	1844	0.426	1851	9.7; 10.5	2106
G892	中华心律失常学杂志	669	1402	1.100	619	10.3	2107
U643	造纸科学与技术	249	1984	0.534	1649	10.0	2108
P010	小型内燃机与车辆技术	145	2086	0.163	2107	9.9	2109
I220	FRONTIERS OF EARTH SCIENCE	73	2120	0.226	2086	9.6	2110
H844	甘蔗糖业	527	1569	0.945	811	9.6	2110
N624	焊接技术	543	1554	0.199	2095	9.6	2110
K570	能源与环保	1085	991	0.613	1472	9.3	2113
S087	信息安全研究	506	1593	0.688	1311	8.9	2114
Z007	四川环境	839	1214	0.615	1468	8.8	2115
T054	盐科学与化工	397	1750	0.247	2068	8.6	2116
U640	制冷与空调（四川）	277	1949	0.313	2007	8.6	2116
G489	中华医学美学美容杂志	737	1321	0.686	1316	8.6	2116
H072	农业工程	533	1566	0.269	2052	6.8	2119
G616	ONCOLOGY AND TRANSLATIONAL MEDICINE	71	2121	0.172	2104	5.6	2120
G015	CHINA CDC WEEKLY	384	1766	0.753	1153	5.4	2121
E546	高原山地气象研究	424	1712	0.581	1552	5.4	2121
Z032	工业用水与废水	630	1442	0.621	1454	5.3	2123
G472	中华疝和腹壁外科杂志电子版	549	1543	0.599	1507	5.0	2124
R051	大电机技术	311	1887	0.417	1862	4.4	2125
C509	物理与工程	212	2036	0.246	2070	4.2	2126

*注：对复分入多个学科的期刊，在不同学科内计算的综合评价总分不同，以自然科学领域学科较高的一个总分分值参加排名。

9　2021年中国科技核心期刊目录

9.1　2021年中国科技核心期刊（中文）目录

表9-1　2021年中国科技核心期刊（中文）目录

CODE	刊名	学科分类	主编
E626	CT理论与应用研究	工程与技术科学基础学科	丁志峰
G549	癌变·畸变·突变	肿瘤学	程书钧
G011	癌症	肿瘤学	曾益新
A003	安徽大学学报自然科学版	自然科学综合大学学报	胡舒合
H002	安徽农业大学学报	农业大学学报	宛晓春
A009	安徽师范大学学报自然科学版	自然科学师范大学学报	王伦
G012	安徽医科大学学报	医药大学学报	曹云霞
G786	安徽医学	医学综合	高开焰
Q906	安徽医药	医学综合	徐恒秋
G013	安徽中医药大学学报	中医药大学学报	马宗华
E625	安全与环境工程	安全科学技术	赵云胜
Z549	安全与环境学报	安全科学技术	冯长根
H340	桉树科技	林学	谢耀坚
R024	半导体光电	电子技术；光电子学与激光技术	蒋志伟
R063	半导体技术	电子技术	赵小宁
U521	包装与食品机械	食品科学技术	李善为
U645	保鲜与加工	农业工程；园艺学	王莉
E045	暴雨灾害	大气科学；安全科学技术	宇如聪
N017	爆破	兵器科学与技术	梁开水
N012	爆破器材	兵器科学与技术	吕春绪
N006	爆炸与冲击	兵器科学与技术	刘仓理
H128	北方水稻	农艺学	姜存松
A652	北华大学学报自然科学版	自然科学综合大学学报	吕洪斌
G002	北京大学学报医学版	医药大学学报	韩启德
A005	北京大学学报自然科学版	自然科学综合大学学报	赵光达
J030	北京工业大学学报	工程技术大学学报	隋允康
Y001	北京航空航天大学学报	航空、航天科学技术；工程技术大学学报	赵沁平
T020	北京化工大学学报自然科学版	化学工程综合；工程技术大学学报	汪文川
X014	北京交通大学学报	工程技术大学学报	宁滨
G500	北京口腔医学	口腔医学	王邦康
N001	北京理工大学学报	工程技术大学学报	梅凤翔
H025	北京林业大学学报	林学；农业大学学报	贺庆棠
G004	北京生物医学工程	生物医学工程学	孙衍庆
A010	北京师范大学学报自然科学版	自然科学师范大学学报	陈浩元
G016	北京医学	医学综合	金大鹏

表 9-1　2021 年中国科技核心期刊（中文）目录（续）

CODE	刊名	学科分类	主编
R018	北京邮电大学学报	通信技术；工程技术大学学报	刘杰
G620	北京中医	中医学；中药学	屠志涛
G017	北京中医药大学学报	中医药大学学报	王永炎
G741	蚌埠医学院学报	医药大学学报	祝延
G410	标记免疫分析与临床	核医学、医学影像学	田亚平
T098	表面技术	精细化学工程	吴护林
E135	冰川冻土	地理学	程国栋
N008	兵工学报	兵器科学与技术	高修柱
R730	兵工自动化	兵器科学与技术	黄荔
N085	兵器材料科学与工程	兵器科学与技术	赵宝荣
T094	兵器装备工程学报	兵器科学与技术	彭熙
G018	病毒学报	微生物学、病毒学	侯云德
C060	波谱学杂志	物理学	刘买利
M005	材料保护	材料科学综合	张建设
M103	材料导报	材料科学综合	黄维
Y007	材料工程	材料科学综合	曹春晓
M010	材料开发与应用	材料科学综合	王其红
M008	材料科学与工程学报	材料科学综合	赵新兵
M006	材料科学与工艺	材料科学综合	冯吉才
N026	材料热处理学报	材料科学综合	周敬恩
M009	材料研究学报	材料科学综合	叶恒强
K512	采矿与安全工程学报	矿山工程技术	曹胜根
K504	采矿与岩层控制工程学报	矿山工程技术	宁宇
H009	蚕业科学	畜牧、兽医科学	郭锡杰
H525	草地学报	草原学	洪绂曾
H234	草业科学	草原学	侯扶江
H527	草业学报	草原学	南志标
H538	草原与草坪	草原学	师尚礼
E616	测绘地理信息	测绘科学技术	李清泉
E543	测绘工程	测绘科学技术	顾建高
E600	测绘科学	测绘科学技术	林宗坚
E615	测绘科学技术学报	测绘科学技术	张卫强
E510	测绘通报	测绘科学技术	陈平
E152	测绘学报	测绘科学技术	陈俊勇
L017	测井技术	石油天然气工程	陆大卫
Y022	测控技术	航空、航天科学技术	金钢
R711	测试技术学报	工程与技术科学基础学科	温廷敦
H001	茶叶科学	园艺学	陈宗懋
X036	长安大学学报自然科学版	公路运输；工程技术大学学报	马建
N056	长春理工大学学报自然科学版	工程技术大学学报	于光伟
G992	长春中医药大学学报	中医药大学学报	仝小林
W010	长江科学院院报	水利工程	陈进
Z029	长江流域资源与环境	环境科学技术及资源科学技术	许厚泽

表 9-1　2021 年中国科技核心期刊（中文）目录（续）

CODE	刊名	学科分类	主编
G264	肠外与肠内营养	普通外科学、胸外科学、心血管外科学	黎介寿
N024	车用发动机	动力工程	段金栋
E113	沉积学报	地质学	孙枢
E102	成都理工大学学报自然科学版	地球科学综合；自然科学综合大学学报	刘家铎
G670	成都医学院学报	医药大学学报	余小平
V050	城市规划	建筑科学与技术	吴良镛
V028	城市规划学刊	建筑科学与技术	董鉴泓
X043	城市轨道交通研究	铁路运输	孙章
X046	城市交通	公路运输	王静霞
V062	城乡规划	建筑科学与技术	陈秉钊
J021	重庆大学学报自然科学版	工程技术大学学报	孙才新
X029	重庆交通大学学报自然科学版	交通运输工程；工程技术大学学报	唐伯明
N757	重庆理工大学学报自然科学版	自然科学综合大学学报	刘全利
A512	重庆师范大学学报自然科学版	自然科学师范大学学报	杨新民
G186	重庆医科大学学报	医药大学学报	黄爱龙
G225	重庆医学	医学综合	夏永鹏；屈谦
R559	重庆邮电大学学报自然科学版	通信技术；工程技术大学学报	李银国
L508	储能科学与技术	能源科学综合	黄学杰
G432	川北医学院学报	医药大学学报	康健
N060	传感技术学报	电子技术	黄庆安
R532	传感器与微系统	电子技术	刘学林
G458	传染病信息	感染性疾病学、传染病学	王福生
X010	船舶工程	水路运输	闻雪友
X633	船舶力学	水路运输；力学	沈泓萃
X635	船海工程	水路运输	刘祖源
G322	创伤外科杂志	烧伤外科学、整形外科学	蒋耀光
G085	创伤与急危重病医学	临床医学综合	侯明晓
G552	磁共振成像	核医学、医学影像学	戴建平
G229	卒中与神经疾病	神经病学、精神病学	曾庆杏；张兆辉
E144	大地测量与地球动力学	地球物理学；测绘科学技术	姚运生
E146	大地构造与成矿学	地质学	徐义刚
R051	大电机技术	电气工程	陶星明
H038	大豆科学	农艺学	刘忠堂
X024	大连海事大学学报	水路运输；工程技术大学学报	袁林新
H005	大连海洋大学学报	水产学；农业大学学报	姚杰
X001	大连交通大学学报	交通运输工程；工程技术大学学报	杨德新
J024	大连理工大学学报	工程技术大学学报	程耿东
G020	大连医科大学学报	医药大学学报	赵杰
E109	大气科学	大气科学	黄荣辉
E091	大气科学学报	大气科学	管兆勇
L512	大庆石油地质与开发	石油天然气工程	吴河勇
S055	大数据	计算机科学技术	郑纬民
S086	单片机与嵌入式系统应用	计算机科学技术	何立民

表 9-1　2021 年中国科技核心期刊（中文）目录（续）

CODE	刊名	学科分类	主编
H040	淡水渔业	水产学	魏开金
N004	弹道学报	兵器科学与技术	王中原
N009	弹箭与制导学报	兵器科学与技术	王东
T941	当代化工	化学工程综合	王雪丽
Y503	导弹与航天运载技术	航空、航天科学技术	樊灵芳
Y591	导航定位学报	测绘科学技术	王权
Y563	导航定位与授时	航空、航天科学技术	罗列
Y585	导航与控制	航空、航天科学技术	陈东生
N019	低温工程	机械制造工艺与设备	杨思锋
C055	低温物理学报	物理学	赵忠贤
E133	地层学杂志	地质学	周志炎
E130	地理科学	地理学	陈发虎
E584	地理科学进展	地理学	廖小罕
E639	地理空间信息	测绘科学技术；地理学	张建仁
E315	地理信息世界	地理学	陈军
E305	地理学报	地理学	刘昌明
E310	地理研究	地理学	刘纪远
E527	地理与地理信息科学	地理学	孙立汉
E024	地球化学	地球科学综合	彭平安
E570	地球环境学报	地球科学综合	安芷生
E142	地球科学	地球科学综合	王亨君
E115	地球科学进展	地球科学综合	程国栋
E004	地球科学与环境学报	地球科学综合	刘建明
E153	地球物理学报	地球物理学	潘永信
E308	地球物理学进展	地球物理学	刘光鼎
E656	地球信息科学学报	测绘科学技术	陈述彭
E300	地球学报	地球科学综合	严光生
E549	地球与环境	地球科学综合	欧阳自远
V031	地下空间与工程学报	土木工程	张永兴
E357	地学前缘	地球科学综合	翟裕生
S741	地域研究与开发	地理学	冯德显
E306	地震	地球物理学	张国民
E150	地震地质	地球物理学	马瑾
E307	地震工程学报	地球物理学	王兰民
E118	地震工程与工程振动	地球物理学	谢礼立
E143	地震学报	地球物理学	陈运泰
E112	地震研究	地球物理学	晏凤桐
E362	地质科技通报	地质学	王华
E139	地质科学	地质学	刘嘉麒
E026	地质力学学报	地质学；力学	邢树文
E009	地质论评	地质学	任纪舜
E127	地质通报	地质学	肖序常
E010	地质学报	地质学	陈毓川

表 9-1 2021 年中国科技核心期刊（中文）目录（续）

CODE	刊名	学科分类	主编
E151	地质与勘探	地质学	王京彬
E525	地质与资源	地质学	马德有
E132	地质找矿论丛	地质学	余和勇
G005	第二军医大学学报	医药大学学报	吴孟超
G021	第三军医大学学报	医药大学学报	卞修武
E301	第四纪研究	地质学	丁仲礼
R007	电波科学学报	通信技术	董庆生
R673	电测与仪表	电气工程	刘献成
R003	电池	电气工程	文力
T508	电镀与精饰	化学工程综合	赵达均
T598	电镀与涂饰	精细化学工程	谢素玲
R010	电工电能新技术	电气工程	林良真
R043	电工技术学报	电气工程	马伟明
R740	电光与控制	航空、航天科学技术	刘红漫
N067	电焊机	机械制造工艺与设备	彭亚萍
D036	电化学	化学	田昭武
R088	电机与控制学报	电气工程	戈宝军
R045	电机与控制应用	电气工程	黄坚
N027	电加工与模具	机械制造工艺与设备	吴强
R011	电力电子技术	电气工程	吕庆敏
R769	电力工程技术	电气工程	薛一如
A199	电力建设	电气工程	郑宝森
R654	电力科学与技术学报	电气工程	曾祥君
N102	电力系统保护与控制	电气工程	姚志清
R071	电力系统及其自动化学报	电气工程	李林川
S019	电力系统自动化	电气工程	薛禹胜
R745	电力信息与通信技术	电气工程	郭剑波
R750	电力需求侧管理	电气工程	陈江华
R090	电力自动化设备	电气工程	郭效军
R044	电气传动	电气工程	王建峰
R428	电气工程学报	电气工程	程明
R058	电气自动化	电气工程	黄建民
R039	电网技术	电气工程	吴玉生
R116	电网与清洁能源	电气工程	衣立东
R684	电信科学	通信技术	梁海滨
R754	电讯技术	通信技术	雷厉
R019	电源技术	电气工程	黄才勇
R055	电子测量技术	电子技术	孙圣和
R021	电子测量与仪器学报	电子技术	彭喜元
R067	电子技术应用	电子技术	余莲
R036	电子科技大学学报	电子技术; 工程技术大学学报	周小佳
R512	电子器件	电子技术	雷威
R724	电子设计工程	电子技术	金戈

表 9-1　2021年中国科技核心期刊（中文）目录（续）

CODE	刊名	学科分类	主编
R001	电子显微学报	电子技术	张泽
R006	电子学报	电子技术	郝跃
R022	电子与信息学报	电子技术	朱敏慧
R020	电子元件与材料	电子技术	钟彩霞
J023	东北大学学报自然科学版	工程技术大学学报	左良
H262	东北林业大学学报	林学；农业大学学报	李坚
H006	东北农业大学学报	农业大学学报	李庆章
H227	东北农业科学	农业综合	王立春
A030	东北师大学报自然科学版	自然科学师范大学学报	薛康
L004	东北石油大学学报	石油天然气工程；工程技术大学学报	阎铁
U014	东华大学学报自然科学版	工程技术大学学报	孙福良
G057	东南大学学报医学版	医药大学学报	朱正娥
J028	东南大学学报自然科学版	工程技术大学学报	毛善锋
G944	东南国防医药	医学综合	曹文献
P003	动力工程学报	动力工程	严宏强
P018	动力学与控制学报	力学	赵跃宇
F043	动物学杂志	昆虫学、动物学	孙悦华
G775	动物医学进展	畜牧、兽医科学	张彦明
F231	动物营养学报	畜牧、兽医科学	计成
X034	都市快轨交通	铁路运输	施仲衡
G542	毒理学杂志	预防医学与公共卫生学综合	高星
T241	断块油气田	石油天然气工程	孔凡群
N070	锻压技术	机械制造工艺与设备	陆辛
G920	儿科药学杂志	药学；儿科学	李廷玉
R575	发电技术	动力工程	彭桂云
C071	发光学报	物理学	申德振
G199	发育医学电子杂志	儿科学	封志纯
G874	法医学杂志	军事医学与特种医学	朱广友
Z544	防灾减灾工程学报	土木工程	欧进萍
U013	纺织高校基础科学学报	纺织科学技术	李鹏飞
Q418	纺织科学与工程学报	纺织科学技术	夏平
U053	纺织学报	纺织科学技术	刘军
G608	放射学实践	核医学、医学影像学	郭俊渊；胡道予；Paul Gerhardt
Y571	飞航导弹	兵器科学与技术	李文杰
Y006	飞行力学	航空、航天科学技术	张东卫
K002	非金属矿	矿山工程技术	贾茂荣
D022	分析测试学报	化学；仪器仪表技术	程志青
D005	分析化学	化学	汪尔康
D026	分析科学学报	化学	程介克
D004	分析试验室	化学；冶金工程技术	屠海令
D062	分析仪器	仪器仪表技术	毛兰群
D015	分子催化	化学	李树本

表 9-1　2021 年中国科技核心期刊（中文）目录（续）

CODE	刊名	学科分类	主编
D035	分子科学学报	化学	孙家钟
Q931	分子影像学杂志	核医学、医学影像学	陈敏生
G556	分子诊断与治疗杂志	临床诊断学	李明
H845	分子植物育种	农艺学	张启发
V052	粉煤灰综合利用	建筑科学与技术	王长荣
M105	粉末冶金工业	冶金工程技术	杨树森
M039	粉末冶金技术	冶金工程技术	王尔德
V048	风景园林	建筑科学与技术	王向荣
Q006	辐射防护	核科学技术	李德平
Q005	辐射研究与辐射工艺学报	核科学技术	李景烨
H268	福建农林大学学报自然科学版	农业大学学报	郑金贵
H265	福建农业学报	农业综合	王景辉
A078	福建师范大学学报自然科学版	自然科学师范大学学报	朱鹤健
G024	福建医科大学学报	医药大学学报	林建银
A029	福州大学学报自然科学版	自然科学综合大学学报	魏可镁
M505	腐蚀与防护	材料科学综合	杨武
G068	复旦学报医学版	医药大学学报	曹世龙
A001	复旦学报自然科学版	自然科学综合大学学报	杨福家
Y019	复合材料学报	材料科学综合	章明秋
B029	复杂系统与复杂性科学	信息科学与系统科学	李天恒
G957	腹部外科	普通外科学、胸外科学、心血管外科学	陈孝平
G338	腹腔镜外科杂志	普通外科学、胸外科学、心血管外科学	姜希宏; 寿楠海
A034	甘肃科学学报	自然科学综合	李枝葱
H047	甘肃农业大学学报	农业大学学报	赵兴绪
H844	甘蔗糖业	农艺学	安玉兴
Q956	肝癌电子杂志	肿瘤学	蔡建强; 董家鸿
G879	肝胆外科杂志	普通外科学、胸外科学、心血管外科学	吴孟超
G690	肝胆胰外科杂志	普通外科学、胸外科学、心血管外科学	夏景林
G803	肝脏	消化病学	姚光弼
H045	干旱地区农业研究	农业综合	贾志宽
E048	干旱气象	大气科学; 地理学	张书余
E020	干旱区地理	地理学	黄文房
E105	干旱区研究	地理学	夏训诚
M050	钢铁	金属材料	田志凌
M013	钢铁钒钛	金属材料	古隆建
M019	钢铁研究学报	金属材料	干勇
D020	高等学校化学学报	化学	于吉红
B002	高等学校计算数学学报	数学	陈志明
R038	高电压技术	电气工程	杨迎建
T001	高分子材料科学与工程	材料科学综合	徐僖
T002	高分子通报	化学	黄志镗
D021	高分子学报	化学	王佛松
A080	高技术通讯	自然科学综合	张旭

表 9-1 2021年中国科技核心期刊（中文）目录（续）

CODE	刊名	学科分类	主编
T078	高科技纤维与应用	高聚物工程	罗益锋
E358	高校地质学报	地质学	王德滋
T016	高校化学工程学报	化学工程综合	岑沛霖
B003	高校应用数学学报	数学	李大潜；林正炎
R037	高压电器	电气工程	薛晔
C056	高压物理学报	物理学	经福谦
E005	高原气象	大气科学	文军
E546	高原山地气象研究	大气科学	李跃清
V021	给水排水	建筑科学与技术	关兴旺
N105	工程爆破	工程与技术科学基础学科	张梅花
E574	工程地球物理学报	地球物理学	何继善
E360	工程地质学报	地质学	王思敬
S712	工程管理学报	管理学；建筑科学与技术	王要武
V030	工程勘察	土木工程	方鸿琪
V033	工程抗震与加固改造	建筑科学与技术	王亚勇
M030	工程科学学报	工程与技术科学基础学科	徐金梧
J051	工程科学与技术	工程与技术科学基础学科	谢和平
C002	工程力学	工程与技术科学基础学科；力学	袁驷
C073	工程热物理学报	动力工程；物理学	蔡睿贤
N590	工程设计学报	机械工程设计	冯培恩
B031	工程数学学报	工程与技术科学基础学科；数学	李大潜
T003	工程塑料应用	高聚物工程	孙安垣
N064	工具技术	工程与技术科学基础学科	辛节之
K018	工矿自动化	矿山工程技术	胡穗延
T563	工业催化	化学工程综合	房根祥
J057	工业工程	工程与技术科学基础学科	孙友松
N110	工业工程与管理	管理学	饶芳权
P009	工业加热	动力工程	范超英
V010	工业建筑	建筑科学与技术	白云
P005	工业炉	动力工程	曹田力
Z013	工业水处理	环境科学技术及资源科学技术	刘燕飞
G025	工业卫生与职业病	流行病学、环境医学	李涛
N037	工业仪表与自动化装置	仪器仪表技术	印建安
Z032	工业用水与废水	环境科学技术及资源科学技术	韩玲
G207	公共卫生与预防医学	预防医学与公共卫生学综合	孙昌松
X579	公路	公路运输	谭昌富
X022	公路工程	公路运输	龚赛群
N039	功能材料	材料科学综合	赵光明
D503	功能高分子学报	化学	林嘉平
R095	供用电	电气工程	余贻鑫
E601	古地理学报	地质学	冯增昭
E304	古脊椎动物学报	地质学	张弥曼
E022	古生物学报	地质学	李星学

表 9-1 2021年中国科技核心期刊（中文）目录（续）

CODE	刊名	学科分类	主编
G478	骨科	骨外科学	陈安民
R047	固体电子学研究与进展	电子技术	林金庭
Y013	固体火箭技术	航空、航天科学技术	何晓兴
C103	固体力学学报	力学	郑泉水
W007	管理工程学报	管理学	许庆瑞
W018	管理科学	管理学	于渤
W008	管理科学学报	管理学	郭重庆
W025	管理评论	管理学	石勇
S744	管理世界	管理学	李志军
S745	管理现代化	管理学	周子康
W016	管理学报	管理学	张金隆
H226	灌溉排水学报	农业工程	庞鸿宾
R026	光电工程	光电子学与激光技术	罗先刚
R082	光电子技术	光电子学与激光技术	陈向真
C091	光谱学与光谱分析	化学；物理学	高松
C097	光散射学报	物理学	杨经国
R688	光通信研究	通信技术	余少华
N015	光学技术	光电子学与激光技术；物理学	揭德尔
N033	光学精密工程	仪器仪表技术	曹健林
C050	光学学报	物理学	龚旗煌
R097	光学与光电技术	光电子学与激光技术；物理学	潘德彬
C037	光子学报	物理学	郝跃
R547	广东电力	电气工程	何宏明
H272	广东海洋大学学报	水产学；农业大学学报	刘楚吾
H228	广东农业科学	农业综合	蒋宗勇
G027	广东药科大学学报	医药大学学报；药学	朱家勇
G026	广东医学	医学综合	苏焕群
A042	广西大学学报自然科学版	自然科学综合大学学报	戴牧民
A535	广西科学	自然科学综合	罗海鹏
H364	广西林业科学	林学	袁铁象
A062	广西师范大学学报自然科学版	自然科学师范大学学报	梁宏
G028	广西医科大学学报	医药大学学报	黄光武
G816	广西医学	医学综合	杨光业
F028	广西植物	植物学	李锋
G030	广州中医药大学学报	中医药大学学报	陈蔚文
V572	规划师	建筑科学与技术	雷翔
T004	硅酸盐通报	化学工程综合	缪昌文
T005	硅酸盐学报	化学工程综合	黄勇
M048	贵金属	金属材料	侯树谦
A077	贵州大学学报自然科学版	自然科学综合大学学报	李坚石
H275	贵州农业科学	农业综合	刘远坤
A527	贵州师范大学学报自然科学版	自然科学师范大学学报	卢家鑫
G031	贵州医科大学学报	医药大学学报	梁贵友

表 9-1　2021年中国科技核心期刊（中文）目录（续）

CODE	刊名	学科分类	主编
M033	桂林理工大学学报	工程技术大学学报	阮百尧
A040	国防科技大学学报	工程技术大学学报	卢锡城
G495	国际病毒学杂志	微生物学、病毒学	王全意
V529	国际城市规划	建筑科学与技术	夏宗轩
G936	国际儿科学杂志	儿科学	李书琴
G497	国际放射医学核医学杂志	核医学、医学影像学	樊飞跃
G659	国际妇产科学杂志	妇产科学	郎景和
G498	国际骨科学杂志	骨外科学	杨庆铭
G938	国际呼吸杂志	呼吸病学、结核病学	阎锡新
G362	国际检验医学杂志	临床诊断学	府伟灵
G997	国际口腔医学杂志	口腔医学	巢永烈
G496	国际老年医学杂志	保健医学	孙连坤
G930	国际流行病学传染病学杂志	流行病学、环境医学；感染性疾病学、传染病学	毛江森
G975	国际麻醉学与复苏杂志	外科学综合	曾因明
G349	国际泌尿系统杂志	泌尿外科学	朱冬三
G983	国际免疫学杂志	基础医学	李殿俊
G939	国际脑血管病杂志	神经病学、精神病学	田增民
G415	国际内分泌代谢杂志	内分泌病学与代谢病学、风湿病学	陆再英
G426	国际神经病学神经外科学杂志	神经病学、精神病学	刘运生；杨期东
S157	国际生殖健康/计划生育杂志	优生学、计划生育学	王一飞；周福刚
B525	国际输血及血液学杂志	血液病学、肾脏病学；临床医学综合	廖清奎
G954	国际外科学杂志	外科学综合	刘建
G660	国际消化病杂志	消化病学	邱德凯
G940	国际心血管病杂志	心血管病学	沈卫峰
Q911	国际眼科杂志	眼科学	惠延年
G661	国际医学放射学杂志	核医学、医学影像学	刘筠
G934	国际中医中药杂志	中医学；中药学	曹洪欣
G937	国际肿瘤学杂志	肿瘤学	李宝生
E578	国土资源科技管理	地理学	黄宗理
E591	国土资源遥感	测绘科学技术	张炳熹
R683	国外电子测量技术	电子技术	陈光（礻禹）
H028	果树学报	园艺学	王宇霖
T008	过程工程学报	化学工程综合	刘会洲
X025	哈尔滨工程大学学报	工程技术大学学报	杨士莪
J003	哈尔滨工业大学学报	工程技术大学学报	段广仁
J013	哈尔滨理工大学学报	工程技术大学学报	刘献礼
G033	哈尔滨医科大学学报	医药大学学报	杨宝峰
J055	海军工程大学学报	工程技术大学学报	李泽良
Y029	海军航空工程学院学报	航空、航天科学技术；工程技术大学学报	钟阳春
G899	海军医学杂志	医学综合	管柏林
G416	海南医学院学报	医药大学学报	刘军保
L037	海相油气地质	石油天然气工程	熊湘华
E651	海洋测绘	测绘科学技术；海洋科学、水文学	申家双

表 9-1 2021 年中国科技核心期刊（中文）目录（续）

CODE	刊名	学科分类	主编
E569	海洋地质前沿	海洋科学、水文学	张训华
E155	海洋地质与第四纪地质	海洋科学、水文学；地质学	张光威
E131	海洋工程	海洋科学、水文学	左其华
E312	海洋湖沼通报	海洋科学、水文学	王彬华
Z010	海洋环境科学	环境科学技术及资源科学技术；海洋科学、水文学	丁德文
E564	海洋技术学报	海洋科学、水文学	罗续业
E145	海洋科学	海洋科学、水文学	周百成
E006	海洋科学进展	海洋科学、水文学	袁业立
E311	海洋通报	海洋科学、水文学	王宏
E003	海洋学报	海洋科学、水文学	巢纪平
E149	海洋学研究	海洋科学、水文学	王康墡
H284	海洋渔业	水产学	庄平
E008	海洋与湖沼	海洋科学、水文学	相建海
E108	海洋预报	海洋科学、水文学	余宙文
L586	含能材料	兵器科学与技术	黄辉
N076	焊接	机械制造工艺与设备	王守业
N624	焊接技术	机械制造工艺与设备	胡胜
N021	焊接学报	机械制造工艺与设备	王亚
A191	杭州师范大学学报自然科学版	自然科学师范大学学报	叶高翔
Y556	航空兵器	兵器科学与技术；航空、航天科学技术	樊会涛
Y027	航空材料学报	航空、航天科学技术	颜鸣皋
Y017	航空动力学报	航空、航天科学技术	陶智
Y554	航空发动机	航空、航天科学技术	蔚夺魁
Y052	航空工程进展	航空、航天科学技术	唐长红
Y031	航空计算技术	航空、航天科学技术	牛文生
Y012	航空精密制造技术	航空、航天科学技术	吴晓峰
Y002	航空学报	航空、航天科学技术	孙晓峰
Y014	航空制造技术	航空、航天科学技术	刘柱
Y034	航天返回与遥感	航空、航天科学技术	王小勇
Y015	航天控制	航空、航天科学技术	齐春棠
Y033	航天器工程	航空、航天科学技术	彭成荣
Y032	航天器环境工程	航空、航天科学技术	张润卿
G034	航天医学与医学工程	军事医学与特种医学	陈善广
T057	合成材料老化与应用	材料科学综合	杨育农
D602	合成化学	化学	彭宇行
T505	合成树脂及塑料	高聚物工程	洪定一
T067	合成纤维	纺织科学技术	金立国
T065	合成纤维工业	纺织科学技术	戴立平
T018	合成橡胶工业	高聚物工程	朱景芬
J053	合肥工业大学学报自然科学版	工程技术大学学报	何晓雄
A031	河北大学学报自然科学版	自然科学综合大学学报	孙汉文
K032	河北工程大学学报自然科学版	建筑科学与技术；工程技术大学学报	李万庆
J017	河北工业大学学报	工程技术大学学报	夏巨敏

表 9-1 2021 年中国科技核心期刊（中文）目录（续）

CODE	刊名	学科分类	主编
J019	河北工业科技	工程与技术科学基础学科	靳占忠
J058	河北科技大学学报	自然科学综合大学学报	李强
H244	河北农业大学学报	农业大学学报	王慧军
A076	河北师范大学学报自然科学版	自然科学师范大学学报	李有成
G035	河北医科大学学报	医药大学学报	温进坤
G641	河北医学	医学综合	孟庆仁
G898	河北医药	医学综合	狄岩
G384	河北中医	中医学	李立
G301	河北中医药学报	中医学；中药学	宗全和
W012	河海大学学报自然科学版	水利工程；工程技术大学学报	郭志平
A067	河南大学学报自然科学版	自然科学综合大学学报	李小建
U004	河南工业大学学报自然科学版	食品科学技术；工程技术大学学报	吴成福
J014	河南科技大学学报自然科学版	自然科学综合大学学报	苏娟华
A011	河南科学	自然科学综合	姜俊
K526	河南理工大学学报自然科学版	工程技术大学学报	邹友峰
H011	河南农业大学学报	农业大学学报	王艳玲
H356	河南农业科学	农业综合	张新友
A058	河南师范大学学报自然科学版	自然科学师范大学学报	李红星
Q004	核动力工程	核科学技术	罗琦
Q002	核化学与放射化学	化学；核科学技术	沈兴海
Q001	核技术	核科学技术	马余刚
C092	核聚变与等离子体物理	物理学	李正武
Q009	核科学与工程	核科学技术	阮可强
H042	核农学报	农业综合	温贤芳
A084	黑龙江大学自然科学学报	自然科学综合大学学报	陈念陔
K505	黑龙江科技大学学报	工程技术大学学报	郝传波
R535	红外技术	光电子学与激光技术	苏君红
C035	红外与毫米波学报	物理学	褚君浩
R084	红外与激光工程	光电子学与激光技术	孙再龙
A039	湖北大学学报自然科学版	自然科学综合大学学报	吴传喜
H203	湖北农业科学	农业综合	昌炎新
G334	湖北中医药大学学报	中医药大学学报	王华
A028	湖南大学学报自然科学版	工程技术大学学报	王道平
K016	湖南科技大学学报自然科学版	工程技术大学学报	许中坚
H060	湖南农业大学学报自然科学版	农业大学学报	官春云
G548	湖南师范大学学报医学版	医药大学学报	符晓华
A055	湖南师范大学自然科学学报	自然科学师范大学学报	杨春明
G041	湖南中医药大学学报	中医药大学学报	尤昭玲
E111	湖泊科学	海洋科学、水文学	秦伯强
G336	护理管理杂志	护理学	张秀英
G987	护理学报	护理学	周春兰
G503	护理学杂志	护理学	刘义兰
G654	护理研究	护理学	王斌全；王益锵

表 9-1　2021 年中国科技核心期刊（中文）目录（续）

CODE	刊名	学科分类	主编
G734	护士进修杂志	护理学	过慧谨
H665	花生学报	农艺学	段淑芬
E141	华北地震科学	地球物理学	罗兰格
R046	华北电力大学学报自然科学版	电气工程; 工程技术大学学报	阎维平
H032	华北农学报	农业综合	李广敏
W543	华北水利水电大学学报自然科学版	水利工程	李宝萍
X003	华东交通大学学报	交通运输工程; 工程技术大学学报	王全金
A054	华东师范大学学报自然科学版	自然科学师范大学学报	王建磐
E103	华南地震	地球物理学	王正尚
G340	华南国防医学杂志	医学综合	江建荣
J004	华南理工大学学报自然科学版	工程技术大学学报	李元元
H013	华南农业大学学报	农业大学学报	庞雄飞
A052	华南师范大学学报自然科学版	自然科学师范大学学报	翁佩萱
G525	华南预防医学	预防医学与公共卫生学综合	杨杏芬
A021	华侨大学学报自然科学版	自然科学综合大学学报	吴承业
G043	华西口腔医学杂志	口腔医学	周学东
G044	华西药学杂志	药学	张志荣
G294	华西医学	医学综合	李为民
G077	华中科技大学学报医学版	医药大学学报	田玉科
J033	华中科技大学学报自然科学版	工程技术大学学报	李培根
H003	华中农业大学学报	农业大学学报	邓秀新
A004	华中师范大学学报自然科学版	自然科学师范大学学报	邱紫华
Z009	化工环保	环境科学技术及资源科学技术	杨再鹏
T006	化工机械	化学工程综合	张志远
T101	化工进展	化学工程综合	黄丽娟
T532	化工科技	化学工程综合	鲁建春
T146	化工设备与管道	化学工程综合	叶文邦
T007	化工学报	化学工程综合	李静海
T009	化学反应工程与工艺	化学工程综合	洪定一
D604	化学分析计量	化学	孙安恒
T025	化学工程	化学工程综合	程惠亭
T567	化学工程师	化学工程综合	尚影
T076	化学工业与工程	化学工程综合	韩金玉
D506	化学进展	化学	王夔
D011	化学试剂	化学	李建华
D018	化学通报	化学	朱道本
D030	化学学报	化学	沈延昌
D501	化学研究	化学	倪嘉缵
D037	化学研究与应用	化学	赵华明
T931	化学与粘合	精细化学工程; 化学	白雪峰
T553	化学与生物工程	生物工程; 化学	刘安强
Z017	环境保护科学	环境科学技术及资源科学技术	王振宇
Z005	环境工程	环境科学技术及资源科学技术	翁仲颖

表 9-1　2021 年中国科技核心期刊（中文）目录（续）

CODE	刊名	学科分类	主编
Z550	环境工程技术学报	环境科学技术及资源科学技术	孟伟
Z021	环境工程学报	环境科学技术及资源科学技术	冯宗炜
D024	环境化学	环境科学技术及资源科学技术；化学	汪桂斌
Z500	环境技术	电子技术	康志萍
Z554	环境监测管理与技术	环境科学技术及资源科学技术	喻义勇
Z525	环境监控与预警	环境科学技术及资源科学技术	张涛
Z506	环境科技	环境科学技术及资源科学技术	孙菱
Z004	环境科学	环境科学技术及资源科学技术	赵进才
Z003	环境科学学报	环境科学技术及资源科学技术	汤鸿宵
Z002	环境科学研究	环境科学技术及资源科学技术	刘鸿亮
Z521	环境科学与管理	环境科学技术及资源科学技术	王泽斌
Z025	环境科学与技术	环境科学技术及资源科学技术	纪洪盛
H049	环境昆虫学报	植物保护学；昆虫学、动物学	庞雄飞
Z035	环境卫生工程	环境科学技术及资源科学技术	张范
G971	环境卫生学杂志	预防医学与公共卫生学综合	金银龙
Z019	环境污染与防治	环境科学技术及资源科学技术	李全胜
Z031	环境与健康杂志	流行病学、环境医学	王撷秀
G882	环境与职业医学	流行病学、环境医学	张胜年
G656	环球中医药	中医学；中药学	张伯礼
M631	黄金	金属材料	韦华南
M600	黄金科学技术	金属材料	陈玉民
V560	混凝土	建筑科学与技术	张彤
Y040	火箭推进	航空、航天科学技术	旷武岳
N005	火力与指挥控制	兵器科学与技术	高英武
N007	火炸药学报	兵器科学与技术	覃光明
X011	机车电传动	铁路运输	丁荣军
N069	机床与液压	机械制造工艺与设备	闵新和
N672	机电工程	机械工程设计	赵群
S004	机器人	信息与系统科学相关工程与技术	于海斌
N040	机械传动	机械工程设计	王长路
M004	机械工程材料	机械工程设计	杨武
N051	机械工程学报	机械工程设计	宋天虎
N050	机械科学与技术	机械工程设计	周宗锡
N057	机械强度	机械制造工艺与设备	王长路
N047	机械设计	机械工程设计	王庆禹
N054	机械设计与研究	机械工程设计	邹慧君
N028	机械设计与制造	机械工程设计	甄星耀
N063	机械设计与制造工程	机械工程设计	汤文成
N053	机械与电子	机械工程设计	付建平
N515	机械制造与自动化	机械工程设计	易红
G003	基础医学与临床	医学综合	陈孟勤
H245	基因组学与应用生物学	生物学基础学科	李宁
R025	激光技术	光电子学与激光技术	曹三松

表 9-1　2021年中国科技核心期刊（中文）目录（续）

CODE	刊名	学科分类	主编
F045	激光生物学报	生物学基础学科	胡能书
R514	激光与光电子学进展	光电子学与激光技术	范滇元
R521	激光与红外	光电子学与激光技术	耿林
R028	激光杂志	光电子学与激光技术	程正学
E116	吉林大学学报地球科学版	地球科学综合; 自然科学综合大学学报	林学钰
J042	吉林大学学报工学版	工程技术大学学报	任露泉
A035	吉林大学学报理学版	自然科学综合大学学报	裘式纶
R586	吉林大学学报信息科学版	电子技术; 工程技术大学学报	刘大有
G014	吉林大学学报医学版	医药大学学报	李玉林
H243	吉林农业大学学报	农业大学学报	肖振铎
G719	吉林中医药	中医学; 中药学	仝小林
E007	极地研究	海洋科学、水文学	刘瑞源
A656	济南大学学报自然科学版	自然科学综合大学学报	赵锡平
G452	疾病监测	流行病学、环境医学	祁国明
G439	脊柱外科杂志	骨外科学	贾连顺
N014	计量学报	工程与技术科学基础学科	赵晓娜
S050	计算机测量与控制	信息与系统科学相关工程与技术	苟永明
S049	计算机仿真	计算机科学技术	吴连伟
S013	计算机辅助设计与图形学学报	计算机科学技术	吴恩华
S012	计算机工程	计算机科学技术	游小明
S034	计算机工程与科学	计算机科学技术	王志英
S022	计算机工程与设计	计算机科学技术	沈志达
S025	计算机工程与应用	计算机科学技术	怀进鹏
S030	计算机集成制造系统	计算机科学技术	杨海成
S520	计算机技术与发展	计算机科学技术	王守智
S006	计算机科学	计算机科学技术	陈国良
S085	计算机科学与探索	计算机科学技术	何新贵
S509	计算机系统应用	计算机科学技术	苏振泽
S018	计算机学报	计算机科学技术	高文
S021	计算机研究与发展	计算机科学技术	樊建平
S029	计算机应用	计算机科学技术	张景中
S016	计算机应用研究	计算机科学技术	刘营
S009	计算机应用与软件	计算机科学技术	朱三元
S048	计算机与数字工程	计算机科学技术	马中
S500	计算机与现代化	计算机科学技术	刘波平
S507	计算技术与自动化	信息与系统科学相关工程与技术	罗安
C003	计算力学学报	力学	钟万勰
B014	计算数学	数学	石钟慈
C094	计算物理	物理学	江松
G292	寄生虫与医学昆虫学报	基础医学	吴厚永
A045	暨南大学学报自然科学与医学版	自然科学综合大学学报; 医药大学学报	陈光潮
H240	家畜生态学报	畜牧、兽医科学	陈玉林
G638	检验医学	临床诊断学	吕元

表9-1 2021年中国科技核心期刊（中文）目录（续）

CODE	刊名	学科分类	主编
V051	建筑材料学报	建筑科学与技术	王培铭
V057	建筑钢结构进展	建筑科学与技术	孙飞飞
V523	建筑节能中英文版	建筑科学与技术	邹庆堂
V014	建筑结构	建筑科学与技术	张幼启
V044	建筑结构学报	建筑科学与技术	聂建国
V005	建筑科学	建筑科学与技术	黄世敏
V013	建筑科学与工程学报	建筑科学与技术	周绪红
V047	建筑学报	建筑科学与技术	周畅
Y522	舰船电子工程	水路运输	王小非
Y564	舰船科学技术	水路运输	张素芳
G453	江苏大学学报医学版	医药大学学报	许化溪
J035	江苏大学学报自然科学版	工程技术大学学报	杨继昌
H700	江苏农业科学	农业综合	常有宏
H199	江苏农业学报	农业综合	严少华
G397	江苏中医药	中医学	黄亚博
H283	江西农业大学学报	农业大学学报	石庆华
H701	江西农业学报	农业综合	戴星照
A112	江西师范大学学报自然科学版	自然科学师范大学学报	颜长青
X020	交通信息与安全	交通运输工程	徐凯声
X672	交通运输工程学报	交通运输工程	陈荫三
X685	交通运输系统工程与信息	交通运输工程	毛保华
X516	交通运输研究	交通运输工程	石宝林
L587	节能技术	能源科学综合	尚德敏
W567	节水灌溉	农业工程	燕在华
K553	洁净煤技术	能源科学综合	解强
V049	结构工程师	建筑科学与技术	吕西林
G869	结直肠肛门外科	普通外科学、胸外科学、心血管外科学	高枫
G316	解放军护理杂志	护理学	李树贞
G187	解放军医学院学报	医药大学学报	周定标
G048	解放军医学杂志	医学综合	盛志勇
G671	解放军医药杂志	医学综合	赵会懂
G315	解放军医院管理杂志	卫生管理学、健康教育学	黄伟灿
G961	解放军预防医学杂志	预防医学与公共卫生学综合	晁福寰
G507	解剖科学进展	基础医学	方秀斌
G049	解剖学报	基础医学	章静波
G358	解剖学研究	基础医学	姚志彬
G050	解剖学杂志	基础医学	黄瀛
G886	介入放射学杂志	核医学、医学影像学	陈星荣
N048	金刚石与磨料磨具工程	机械制造工艺与设备	王琴
M051	金属功能材料	金属材料	王新林
K022	金属矿山	矿山工程技术	王运敏
N083	金属热处理	机械制造工艺与设备	徐跃明
M012	金属学报	金属材料	柯俊

表 9-1　2021 年中国科技核心期刊（中文）目录（续）

CODE	刊名	学科分类	主编
E599	经济地理	地理学	樊杰
H333	经济动物学报	畜牧、兽医科学	刘忠军
S759	经济管理	管理学	黄群慧
S762	经济理论与经济管理	管理学	方福前
H266	经济林研究	林学	谭晓风
S773	经济与管理研究	管理学	戚聿东
G953	精神医学杂志	神经病学、精神病学	卢传华
T102	精细化工	精细化学工程	邵玉昌
T955	精细化工中间体	精细化学工程	王晓光
T542	精细石油化工	精细化学工程；石油天然气工程	王立新
G677	颈腰痛杂志	骨外科学	李嘉寿
Z553	净水技术	水利工程	吴今明
G553	局解手术学杂志	外科学综合	张绍祥
T512	聚氨酯工业	化学工程综合	张骥红
R016	绝缘材料	材料科学综合	祝晚华
G052	军事医学	军事医学与特种医学	吴祖泽
F018	菌物学报	微生物学、病毒学	戴玉成
C325	菌物研究	园艺学；微生物学、病毒学	李玉
M018	勘察科学技术	矿山工程技术	杨书涛
Q933	康复学报	保健医学	陈立典
A645	科技导报	自然科学综合	冯长根
S812	科技管理研究	管理学	蔡齐祥；黎懋明
R588	科技进步与对策	管理学	穆荣平
A083	科技通报	自然科学综合	温树伟
S816	科学管理研究	管理学	云涛
A537	科学技术与工程	工程与技术科学基础学科	马阳
A075	科学通报	自然科学综合	周光召；朱作言
W514	科学学研究	管理学	方新
S818	科学学与科学技术管理	管理学	柳卸林
W531	科研管理	管理学	穆荣平
L516	可再生能源	能源科学综合	张大雷
E140	空间科学学报	天文学；地球物理学	肖佐
Y051	空间控制技术与应用	航空、航天科学技术	张笃周
J059	空军工程大学学报自然科学版	工程技术大学学报	张建业
Q907	空军航空医学	医学综合	马中立
Y016	空气动力学学报	航空、航天科学技术	唐志共
S503	控制工程	信息与系统科学相关工程与技术	柴天佑
R060	控制理论与应用	信息科学与系统科学	陈翰馥
S001	控制与决策	信息科学与系统科学	张嗣瀛
G672	口腔材料器械杂志	口腔医学	薛淼
G246	口腔颌面外科杂志	口腔医学	王佐林
G894	口腔颌面修复学杂志	口腔医学	王邦康
G390	口腔疾病防治	口腔医学	邵龙泉

表 9-1　2021 年中国科技核心期刊（中文）目录（续）

CODE	刊名	学科分类	主编
G594	口腔生物医学	口腔医学	陈宁；王松灵
G325	口腔医学	口腔医学	王林
G266	口腔医学研究	口腔医学	樊明文
K525	矿产保护与利用	矿山工程技术	张克仁
V054	矿产勘查	矿山工程技术	王思敬
K025	矿产与地质	矿山工程技术	贾国相
K004	矿产综合利用	矿山工程技术	陈炳炎
E106	矿床地质	地质学	宋叔和
K014	矿山机械	矿山工程技术	刘汉卿
E350	矿物学报	矿山工程技术	涂光炽
E354	矿物岩石	地质学	兰江华
E504	矿物岩石地球化学通报	地球科学综合	欧阳自远
M101	矿冶	冶金工程技术	朱穗玲
M045	矿冶工程	冶金工程技术	曾维勇
K554	矿业安全与环保	矿山工程技术	谢和平
K010	矿业研究与开发	矿山工程技术	周爱民
F015	昆虫学报	昆虫学、动物学	黄大卫
J020	昆明理工大学学报自然科学版	自然科学综合大学学报	王华
G053	昆明医科大学学报	医药大学学报	冯忠堂
G395	兰州大学学报医学版	医药大学学报	陈晓峰
A016	兰州大学学报自然科学版	自然科学综合大学学报	苏力
J008	兰州理工大学学报	工程技术大学学报	孙品一
G628	老年医学与保健	保健医学	王传馥
R096	雷达科学与技术	通信技术	朱庆明
R758	雷达学报	通信技术	丁赤飚
T010	离子交换与吸附	化学工程综合	张全兴
M001	理化检验化学分册	冶金工程技术	吴诚
C101	力学季刊	力学	范立础
C001	力学学报	力学	杨卫
C104	力学与实践	力学	李俊峰
G580	立体定向和功能性神经外科杂志	神经病学、精神病学	汪业汉
U055	粮食与饲料工业	食品科学技术；农业工程；畜牧、兽医科学	王杭
U626	粮油食品科技	食品科学技术	孙辉
C032	量子电子学报	物理学	龚和本
K008	辽宁工程技术大学学报自然科学版	自然科学综合大学学报	邵良杉
H261	辽宁农业科学	农业综合	李正德
G850	辽宁中医药大学学报	中医药大学学报	康廷国
G646	辽宁中医杂志	中医学	康廷国
U037	林产工业	林学	张建辉
T017	林产化学与工业	林学；化学工程综合	宋湛谦
H740	林业工程学报	林学	蒋剑春
H280	林业科学	林学	沈国舫
H281	林业科学研究	林学	盛炜彤

表 9-1　2021年中国科技核心期刊（中文）目录（续）

CODE	刊名	学科分类	主编
H102	林业调查规划	林学	曹善寿
H289	林业与生态科学	林学	王志刚
T231	磷肥与复肥	化学工程综合	汤建伟
G880	临床超声医学杂志	核医学、医学影像学	杨浩
G607	临床儿科杂志	儿科学	吴圣楣
G276	临床耳鼻咽喉头颈外科杂志	耳鼻咽喉科学	孔维佳; 黄选兆
G271	临床放射学杂志	核医学、医学影像学	冯敢生
Q908	临床肺科杂志	呼吸病学、结核病学	孙耕耘
G501	临床肝胆病杂志	消化病学	贾继东
G291	临床骨科杂志	骨外科学	戴尅戎; 江曙
G664	临床和实验医学杂志	临床医学综合	刘建
G345	临床急诊杂志	临床医学综合	彭南生
G204	临床检验杂志	临床诊断学	武建国
G310	临床精神医学杂志	神经病学、精神病学	侯钢
G881	临床军医杂志	临床医学综合	薛蓬
G287	临床口腔医学杂志	口腔医学	陈卫民
G222	临床麻醉学杂志	外科学综合	于布为; 黄宇光
G317	临床泌尿外科杂志	泌尿外科学	肖传国
G257	临床内科杂志	内科学综合	宋善俊
G230	临床皮肤科杂志	皮肤病学	赵辨
G309	临床神经病学杂志	神经病学、精神病学	张贞浏
G802	临床神经外科杂志	神经病学、精神病学	刘宏毅
G423	临床肾脏病杂志	血液病学、肾脏病学	徐钢
G797	临床输血与检验	临床医学综合; 血液病学、肾脏病学	权循珍
G256	临床外科杂志	外科学综合	邹声泉
G942	临床误诊误治	临床医学综合	陈晓红
G855	临床消化病杂志	消化病学	易粹琼
Q909	临床小儿外科杂志	儿科学	梅海波
G261	临床心血管病杂志	心血管病学	廖玉华
G293	临床血液学杂志	血液病学、肾脏病学; 临床医学综合	宋善俊; 陆道培; 胡丽华
Q913	临床眼科杂志	眼科学	陈逖
G673	临床药物治疗杂志	药学	方来英
G350	临床与病理杂志	基础医学	李元建
G274	临床与实验病理学杂志	基础医学	孟刚
Q910	临床肿瘤学杂志	肿瘤学	秦叔逵
G491	岭南心血管病杂志	心血管病学	林曙光
N023	流体机械	机械工程设计	宋东岚
H748	麦类作物学报	农艺学	成吉万
T060	煤化工	应用化学工程	闫少伟
K558	煤矿安全	矿山工程技术	罗海珠
K517	煤矿机械	矿山工程技术	卢盛春
K038	煤炭工程	能源科学综合	任有福
K005	煤炭科学技术	能源科学综合	王金华

表 9-1　2021 年中国科技核心期刊（中文）目录（续）

CODE	刊名	学科分类	主编
K017	煤炭学报	能源科学综合	刘峰
D027	煤炭转化	应用化学工程	谢克昌
K009	煤田地质与勘探	矿山工程技术	王丽
R119	密码学报	安全科学技术	裴定一
U036	棉纺织技术	纺织科学技术	阎磊
H037	棉花学报	农艺学	李付广
G056	免疫学杂志	基础医学	朱锡华
B017	模糊系统与数学	数学	刘应明
S015	模式识别与人工智能	信息与系统科学相关工程与技术	戴汝为
T077	膜科学与技术	化学工程综合	刘宪秋
N084	摩擦学学报	机械工程设计	薛群基
N107	模具技术	机械制造工艺与设备	阮雪榆
U533	木材工业	林学	姜征
A013	南昌大学学报理科版	自然科学综合大学学报	徐冬荣
G047	南昌大学学报医学版	医药大学学报	傅克刚
R117	南方电网技术	电气工程	饶宏
V089	南方建筑	建筑科学与技术	何镜堂
H069	南方农业学报	农业综合	李杨瑞
H068	南方水产科学	水产学	徐泽智
G023	南方医科大学学报	医药大学学报	陈敏生
A025	南京大学学报自然科学版	自然科学综合大学学报	龚昌德
T011	南京工业大学学报自然科学版	工程技术大学学报	陆小华
Y026	南京航空航天大学学报	航空、航天科学技术；工程技术大学学报	宣益民
N011	南京理工大学学报自然科学版	工程技术大学学报	宣益民
H033	南京林业大学学报自然科学版	林学；农业大学学报	余世袁
H021	南京农业大学学报	农业大学学报	郑小波
A061	南京师大学报自然科学版	自然科学师范大学学报	陈凌孚
E120	南京信息工程大学学报自然科学版	工程技术大学学报	李刚
G058	南京医科大学学报自然科学版	医药大学学报	陈琪
R008	南京邮电大学学报自然科学版	通信技术；工程技术大学学报	汪联辉
G059	南京中医药大学学报	中医药大学学报	范欣生
A008	南开大学学报自然科学版	自然科学综合大学学报	程津培
S776	南开管理评论	管理学	李维安
W590	南水北调与水利科技	水利工程	徐振辞
G288	脑与神经疾病杂志	神经病学、精神病学	毛俊雄
G662	内科急危重症杂志	内科学综合	陆再英
G523	内科理论与实践	内科学综合	王振义；陈家伦
A026	内蒙古大学学报自然科学版	自然科学综合大学学报	罗辽复
A111	内蒙古师范大学学报自然科学汉文版	自然科学师范大学学报	董祥林
G513	内蒙古医科大学学报	医药大学学报	程立新
R533	内燃机工程	动力工程	金东寒
P004	内燃机学报	动力工程	苏万华
T501	能源化工	石油天然气工程	单居正

表 9-1 2021年中国科技核心期刊（中文）目录（续）

CODE	刊名	学科分类	主编
K570	能源与环保	能源科学综合	王春林
W002	泥沙研究	水利工程	杜国翰
U504	酿酒科技	食品科学技术	黄平
A506	宁波大学学报理工版	自然科学综合大学学报	冯志敏
A110	宁夏大学学报自然科学版	自然科学综合大学学报	李星
G665	宁夏医科大学学报	医药大学学报	孙涛
H071	农产品质量与安全	农业综合；农业工程；食品科学技术	翟虎渠
H105	农学学报	农业综合	刘旭
T034	农药	植物保护学；应用化学工程	刘长令
T924	农药科学与管理	植物保护学；应用化学工程	隋鹏飞
H404	农药学学报	植物保护学；应用化学工程	王道全
H072	农业工程	农业工程	张品纯
H279	农业工程学报	农业工程	朱明
Z008	农业环境科学学报	农业工程；环境科学技术及资源科学技术	李文华
H278	农业机械学报	农业工程	诸慎友
H286	农业生物技术学报	农业综合	武维华
H222	农业现代化研究	农业工程	王克林
H773	农业资源与环境学报	农业工程；环境科学技术及资源科学技术	高尚宾
V032	暖通空调	建筑科学与技术	王曙明
H219	排灌机械工程学报	农业工程	袁寿其
U602	皮革科学与工程	应用化学工程	单志华
U604	皮革与化工	应用化学工程	贾宏春
G595	器官移植	外科学综合	陈规划
E021	气候变化研究进展	大气科学	秦大河
E361	气候与环境研究	大气科学	曾庆存
Y504	气体物理	航空、航天科学技术；物理学	李锋
E352	气象	大气科学	矫梅燕
E566	气象科技	大气科学	徐祥德
E359	气象科学	大气科学	余志豪
E001	气象学报	大气科学	丁一汇
E521	气象与环境科学	大气科学	王建国
E633	气象与环境学报	大气科学	刘晶淼
X532	汽车安全与节能学报	公路运输	柳百成
X018	汽车工程	公路运输	葛松林
X500	汽车工程学报	公路运输	郭正康
X013	汽车技术	公路运输	朱兴泽
P001	汽轮机技术	动力工程	张秋鸿
Y009	强度与环境	航空、航天科学技术	王梦魁
C007	强激光与粒子束	核科学技术	张维岩
X021	桥梁建设	水路运输	彭旭民
G061	青岛大学学报医学版	医药大学学报	谢俊霞
T012	青岛科技大学学报自然科学版	自然科学综合大学学报	马连湘
U535	轻工机械	机械制造工艺与设备	李德芳

表 9-1 2021 年中国科技核心期刊（中文）目录（续）

CODE	刊名	学科分类	主编
J001	清华大学学报自然科学版	工程技术大学学报	梁恩忠
L044	全球能源互联网	能源科学综合	周舟
D002	燃料化学学报	能源科学综合；化学	房倚天
P011	燃烧科学与技术	动力工程	尧命发
E563	热带地理	地理学	张虹鸥；黄光庆
E642	热带海洋学报	海洋科学、水文学	施平
H516	热带农业科学	农业综合	邱小强
E110	热带气象学报	大气科学	薛纪善
H415	热带生物学报	生物学基础学科	许文深
F228	热带亚热带植物学报	植物学	黄宏文
G609	热带医学杂志	流行病学、环境医学	余新炳
H223	热带作物学报	农艺学	余让水
T105	热固性树脂	化学工程综合	王永红
N071	热加工工艺	机械制造工艺与设备	张社会
C134	热科学与技术	物理学；动力工程	王补宣
R501	热力发电	电气工程；动力工程	苏立新
P006	热能动力工程	动力工程	邹积国
T013	人工晶体学报	材料科学综合	祝世宁
N106	人类工效学	工程与技术科学基础学科	金会庆
F041	人类学学报	生物学基础学科	吴新智
W555	人民黄河	水利工程	薛松贵
W504	人民长江	水利工程	金兴平
T070	日用化学工业	化学工程综合	曹玉英
H097	乳业科学与技术	食品科学技术	郭本恒
S011	软件学报	计算机科学技术	李明树
N029	润滑与密封	工程与技术科学基础学科	贺石中
R086	三峡大学学报自然科学版	水利工程；工程技术大学学报	王康平
D012	色谱	化学	卢佩章
H382	森林工程	林学；农业工程	王立海
H051	森林与环境学报	林学	洪伟
E635	沙漠与绿洲气象	大气科学；地理学	魏文寿
H070	山地农业生物学报	农业综合	金道超
E101	山地学报	地理学	钟祥浩
G742	山东大学耳鼻喉眼学报	耳鼻咽喉科学；医药大学学报	栾信庸
J022	山东大学学报工学版	工程技术大学学报	李术才
A020	山东大学学报理学版	自然科学综合大学学报	靳光华
G062	山东大学学报医学版	医药大学学报	陈子江
A141	山东科技大学学报自然科学版	自然科学综合大学学报	张士强
A637	山东科学	自然科学综合	王英龙
H031	山东农业大学学报自然科学版	农业大学学报	温孚江
H804	山东农业科学	农业综合	仲崇高
G511	山东医药	医学综合	邱源
G063	山东中医药大学学报	中医药大学学报	皋永利

表 9-1 2021 年中国科技核心期刊（中文）目录（续）

CODE	刊名	学科分类	主编
G574	山东中医杂志	中医学	皋永利
A014	山西大学学报自然科学版	自然科学综合大学学报	陈兆斌
H393	山西农业大学学报自然科学版	农业大学学报	董常生
H390	山西农业科学	农业综合	扆锁成
G064	山西医科大学学报	医药大学学报	郭政
H217	陕西农业科学	农业综合	夏显力
A066	陕西师范大学学报自然科学版	自然科学师范大学学报	黄春长
G725	陕西中医	中医学	杨世兴
V088	上海城市规划	建筑科学与技术	张玉鑫
A056	上海大学学报自然科学版	自然科学综合大学学报	周邦新
U528	上海纺织科技	纺织科学技术	胡申伟
X038	上海海事大学学报	水路运输；工程技术大学学报	黄有方
H292	上海海洋大学学报	水产学；农业大学学报	程裕东
Y555	上海航天中英文版	航空、航天科学技术	李同顺
X006	上海交通大学学报	工程技术大学学报	郑杭
G066	上海交通大学学报医学版	医药大学学报	沈晓明
M021	上海金属	金属材料	翟启杰
G283	上海口腔医学	口腔医学	张志愿
H282	上海农业学报	农业综合	徐新春
G069	上海医学	医学综合	樊嘉
Q219	上海预防医学	预防医学与公共卫生学综合	吴凡
G596	上海针灸杂志	针灸、中医骨伤	黄琴峰
G946	上海中医药大学学报	中医药大学学报	谢建群
G389	上海中医药杂志	中医学；中药学	谢建群
T763	深空探测学报中英文版	航空、航天科学技术	吴伟仁
A515	深圳大学学报理工版	工程技术大学学报	李清泉
G329	神经疾病与精神卫生	神经病学、精神病学	崔德华；吴中学；贾建平
G070	神经解剖学杂志	基础医学	李云庆
G319	神经损伤与功能重建	神经病学、精神病学	王伟
A074	沈阳大学学报自然科学版	自然科学综合大学学报	王少洪
J052	沈阳工业大学学报	工程技术大学学报	郭雨梅
V011	沈阳建筑大学学报自然科学版	建筑科学与技术；工程技术大学学报	谭静文
H024	沈阳农业大学学报	农业大学学报	张玉龙
A586	沈阳师范大学学报自然科学版	自然科学师范大学学报	张辉
G071	沈阳药科大学学报	医药大学学报；药学	吴春福
G202	肾脏病与透析肾移植杂志	泌尿外科学	黎磊石
F203	生理科学进展	生物学基础学科	范少光
F001	生理学报	生物学基础学科；基础医学	管又飞
F042	生命的化学	生物学基础学科	祁国荣
F215	生命科学	生物学基础学科	赵国屏
F046	生命科学研究	生物学基础学科	梁宋平
N759	生命科学仪器	仪器仪表技术	张玉奎
Z034	生态毒理学报	生态学	王子健

表 9-1　2021 年中国科技核心期刊（中文）目录（续）

CODE	刊名	学科分类	主编
H784	生态环境学报	生态学；环境科学技术及资源科学技术	李芳柏
Z512	生态科学	生态学	段舜山
Z014	生态学报	生态学	冯宗炜
Z028	生态学杂志	生态学	孙铁珩
Z023	生态与农村环境学报	农业工程；环境科学技术及资源科学技术	蔡道基
H080	生物安全学报	农业综合	龙民生；万方浩；Gabor L.Lovei
F049	生物多样性	生物学基础学科	马克平
F003	生物工程学报	生物工程	邓子新
G401	生物骨科材料与临床研究	骨外科学	陈安民
F016	生物化学与生物物理进展	生物学基础学科	王大成
F229	生物技术	生物工程	张介池
F214	生物技术进展	生物工程	林敏
F205	生物技术通报	生物工程	路铁刚
F204	生物加工过程	生物工程	欧阳平凯
F040	生物信息学	生物学基础学科	任南琪
F213	生物学杂志	生物学基础学科	罗家騄
G006	生物医学工程学杂志	生物医学工程学	李虹
G332	生物医学工程研究	生物医学工程学	王勤；康永军
G603	生物医学工程与临床	生物医学工程学	宋继昌
F044	生物资源	生物学基础学科	何光存
G624	生殖医学杂志	优生学、计划生育学	肖碧莲
C033	声学技术	物理学	张淑英
C054	声学学报	物理学	马大猷
E302	湿地科学	地理学	刘兴土
E636	湿地科学与管理	地理学	彭镇华
A615	石河子大学学报自然科学版	自然科学综合大学学报	向本春
T933	石化技术与应用	应用化学工程；石油天然气工程	殷茜
X042	石家庄铁道大学学报自然科学版	铁路运输；工程技术大学学报	王岳森
L016	石油地球物理勘探	石油天然气工程	钱荣钧
L015	石油化工	石油天然气工程	乔金樑
L034	石油化工高等学校学报	石油天然气工程	仲崇民
L021	石油化工设备技术	石油天然气工程	尹朝曦
L019	石油机械	石油天然气工程	贺会群
L031	石油勘探与开发	石油天然气工程	戴金星
L043	石油科学通报	石油天然气工程	陈勉
L030	石油炼制与化工	石油天然气工程	汪燮卿
E126	石油实验地质	地质学	叶德燎
L005	石油物探	石油天然气工程	管路平
L028	石油学报	石油天然气工程	赵宗举
L012	石油学报石油加工	石油天然气工程	汪燮卿
L006	石油与天然气地质	石油天然气工程	王庭斌
L008	石油钻采工艺	石油天然气工程	董范

表 9-1　2021年中国科技核心期刊（中文）目录（续）

CODE	刊名	学科分类	主编
L025	石油钻探技术	石油天然气工程	马开华
U049	食品安全质量检测学报	食品科学技术	吴永宁
F257	实验动物科学	昆虫学、动物学	荣瑞章
G387	实验动物与比较医学	基础医学；昆虫学、动物学	刘瑞三
C009	实验力学	力学	方如华
Y018	实验流体力学	航空、航天科学技术	乐嘉陵
A115	实验室研究与探索	工程与技术科学基础学科	夏有为
G534	实用放射学杂志	核医学、医学影像学	鱼博浪；宦怡
G586	实用妇产科杂志	妇产科学	王世阆
G746	实用肝脏病杂志	消化病学	周天仇
G457	实用骨科杂志	骨外科学	卫小春
G224	实用口腔医学杂志	口腔医学	赵铱民
G700	实用老年医学	保健医学	许家仁
Q919	实用临床医药杂志	生物医学工程学	史宏灿
G652	实用皮肤病学杂志	皮肤病学	杨蓉娅
G469	实用器官移植电子杂志	外科学综合	沈中阳
G766	实用心脑肺血管病杂志	心血管病学；普通外科学、胸外科学、心血管外科学	王拥军
G834	实用药物与临床	药学	滕卫平
G324	实用医学杂志	临床医学综合	苏焕群
G760	实用医院临床杂志	临床医学综合	韩盛玺
G768	实用预防医学	预防医学与公共卫生学综合	罗普泉
G856	实用肿瘤学杂志	肿瘤学	庞达
G890	实用肿瘤杂志	肿瘤学	张苏展
U005	食品工业科技	食品科学技术	张铁鹰
U006	食品科学	食品科学技术	孙勇
A117	食品科学技术学报	食品科学技术	孙宝国
U617	食品研究与开发	食品科学技术	赵丽
U035	食品与发酵工业	食品科学技术	朱庆裴
U641	食品与发酵科技	食品科学技术	陈功
U547	食品与机械	食品科学技术	黄寿恩
U029	食品与生物技术学报	食品科学技术	裘松良
G748	食品与药品	食品科学技术；药学	凌沛学
H838	食用菌学报	园艺学；食品科学技术	吴爱忠
E655	世界地理研究	地理学	杜德斌
E363	世界地震工程	地球物理学	孙柏涛
E548	世界地质	地质学	孙革
G906	世界科学技术-中医药现代化	中医学；中药学	陈凯先
G485	世界临床药物	药学	周斌
X538	世界桥梁	水路运输	彭旭民
G484	世界中西医结合杂志	中西医结合医学	路志正
G483	世界中医药	中医学；中药学	吴以岭
Q957	首都公共卫生	预防医学与公共卫生学综合	梁万年
A023	首都师范大学学报自然科学版	自然科学师范大学学报	郭长彬

表 9-1 2021年中国科技核心期刊（中文）目录（续）

CODE	刊名	学科分类	主编
G073	首都医科大学学报	医药大学学报	王晓民
F033	兽类学报	昆虫学、动物学	王德华
R005	数据采集与处理	通信技术	贲德
W009	数理统计与管理	数学; 管理学	杨振海
B015	数学的实践与认识	数学	林群
B007	数学进展	数学	李亦
B004	数学年刊 A	数学	李大潜
C036	数学物理学报	数学; 物理学	丁夏畦
B006	数学学报	数学	王跃飞; 张立群
B012	数学杂志	数学	齐民友
H847	水产科学	水产学	周遵春
H008	水产学报	水产学	黄硕琳
Z016	水处理技术	环境科学技术及资源科学技术	高从堦
X533	水道港口	水路运输	赵冲久
P007	水电能源科学	能源科学综合; 水利工程	邴凤山; 张勇传
W004	水动力学研究与进展 A	水利工程	周连第
W013	水科学进展	水利工程	刘国纬
R050	水力发电	水利工程	徐方军
R049	水力发电学报	水利工程	谷兆祺
R587	水利经济	水利工程	郑垂勇
W011	水利水电技术	水利工程	王海锋
W502	水利水电科技进展	水利工程	顾冲时
W006	水利水运工程学报	水利工程	张瑞凯
W003	水利学报	水利工程	程晓陶
F010	水生生物学报	生物学基础学科	桂建芳
H850	水生态学杂志	生态学; 水产学	常剑波
H015	水土保持通报	农业工程	李锐
H287	水土保持学报	农业工程	刘宝元
H056	水土保持研究	农业工程	刘国彬
E540	水文	海洋科学、水文学	邓坚
E154	水文地质工程地质	海洋科学、水文学; 地质学	陈梦熊
N907	水下无人系统学报	兵器科学与技术	董春鹏
X528	水运工程	水路运输	吴澎
R566	水资源保护	水利工程	王沛芳
W570	水资源与水工程学报	水利工程	蔡焕杰
U056	丝绸	纺织科学技术	宣友木
G045	四川大学学报医学版	医药大学学报	张肇达
A006	四川大学学报自然科学版	自然科学综合大学学报	刘应明
F027	四川动物	昆虫学、动物学	岳碧松
Z007	四川环境	环境科学技术及资源科学技术	叶宏
A033	四川师范大学学报自然科学版	自然科学师范大学学报	周一阳
G575	四川医学	医学综合	卓凯星
G745	四川中医	中医学	方连举

表 9-1　2021 年中国科技核心期刊（中文）目录（续）

CODE	刊名	学科分类	主编
H862	饲料工业	畜牧、兽医科学	聂春宵
H864	饲料研究	畜牧、兽医科学	李寰旭
T106	塑料	高聚物工程	杨明锦
T014	塑料工业	高聚物工程	陈敏剑
T536	塑料科技	高聚物工程	于文杰
T079	塑料助剂	高聚物工程	杨明
T580	塑性工程学报	机械制造工艺与设备	陆辛
X634	隧道建设中英文版	公路运输；铁路运输	张炜
R652	太赫兹科学与电子信息学报	电子技术	李幼平
L009	太阳能学报	能源科学综合	石定寰
J011	太原理工大学学报	工程技术大学学报	谢克昌
M544	钛工业进展	金属材料	周廉
T500	弹性体	高聚物工程	蔡小平
T015	炭素技术	化学工程综合	解治友
N043	探测与控制学报	兵器科学与技术	张龙山
V531	陶瓷学报	化学工程综合	秦锡麟
H041	特产研究	农业综合	沈育杰
L505	特种油气藏	石油天然气工程	张方礼
N065	特种铸造及有色合金	机械制造工艺与设备	袁振国
A041	天津大学学报	工程技术大学学报	龚克
U017	天津工业大学学报	工程技术大学学报	杨庆新
A504	天津师范大学学报自然科学版	自然科学师范大学学报	高玉葆
G076	天津医药	医学综合	张愈
G626	天津中医药	中医学；中药学	张伯礼
G914	天津中医药大学学报	中医药大学学报	张伯礼
T611	天然产物研究与开发	中药学	李伯刚
L518	天然气地球科学	石油天然气工程	戴金星
L029	天然气工业	石油天然气工程	杨雨
T074	天然气化工	应用化学工程；石油天然气工程	古共伟
L507	天然气与石油	石油天然气工程	郭成华
E023	天文学报	天文学	甘为群
E114	天文学进展	天文学	侯金良
X521	铁道工程学报	铁路运输	何宁
X007	铁道科学与工程学报	铁路运输	余志武
X005	铁道学报	铁路运输	王德
G238	听力学及言语疾病杂志	耳鼻咽喉科学	陶泽璋；韩德民；韩东一
R065	通信学报	通信技术	张平
G965	同济大学学报医学版	医药大学学报	陈义汉
J032	同济大学学报自然科学版	工程技术大学学报	李杰
Q003	同位素	核科学技术	罗顺忠
N061	图学学报	机械工程设计	童秉枢
T103	涂料工业	精细化学工程	竺玉书
V029	土木工程学报	土木工程	徐培福

表 9-1　2021 年中国科技核心期刊（中文）目录（续）

CODE	刊名	学科分类	主编
V035	土木工程与管理学报	土木工程	丁烈云
V019	土木与环境工程学报中英文版	土木工程	黄宗明
H043	土壤	土壤学	赵其国
H057	土壤通报	土壤学	须湘成
H012	土壤学报	土壤学	史学正
H048	土壤与作物	土壤学	张福锁
Y025	推进技术	航空、航天科学技术	郑日恒
S795	外国经济与管理	管理学	樊丽明
G601	外科理论与实践	外科学综合	林言箴；李宏为
G996	皖南医学院学报	医药大学学报	李朝品
S017	网络新媒体技术	计算机科学技术	倪宏
S082	网络与信息安全学报	计算机科学技术	方滨兴
R070	微波学报	通信技术	杨乃恒
G866	微创泌尿外科杂志	泌尿外科学	张旭；孙颖浩
R057	微电机	电气工程	牒正文
R064	微电子学	电子技术	成福康
R004	微电子学与计算机	电子技术；计算机科学技术	唐磊
R098	微纳电子技术	电子技术	李和委
F004	微生物学报	微生物学、病毒学	李季伦
F206	微生物学免疫学进展	微生物学、病毒学	朱莉萍
F011	微生物学通报	微生物学、病毒学	何忠效
F225	微生物学杂志	微生物学、病毒学	张忠泽
G651	微生物与感染	感染性疾病学、传染病学	闻玉梅
R085	微特电机	电气工程	施进浩
E052	微体古生物学报	地质学	穆西南
S033	微型电脑应用	计算机科学技术	朱仲英
G210	微循环学杂志	基础医学	李艳
S813	卫生软科学	卫生管理学、健康教育学	蔡仁华
G079	卫生研究	卫生管理学、健康教育学	段国兴
G800	胃肠病学	消化病学	萧树东
G326	胃肠病学和肝病学杂志	消化病学	段芳龄
G702	温州医科大学学报	医药大学学报	吕帆
D003	无机材料学报	材料科学综合	陈立东
D023	无机化学学报	化学	游效曾
T072	无机盐工业	化学工程综合	刘红光
N044	无损检测	机械制造工艺与设备	王务同
W014	武汉大学学报工学版	工程技术大学学报	刘经南
A024	武汉大学学报理学版	自然科学综合大学学报	刘经南
E107	武汉大学学报信息科学版	测绘科学技术；自然科学综合大学学报	李建成
G038	武汉大学学报医学版	医药大学学报	黄从新
M032	武汉科技大学学报自然科学版	工程技术大学学报	刘光临
X017	武汉理工大学学报交通科学与工程版	交通运输工程；工程技术大学学报	李腊元
J018	武汉理工大学学报信息与管理工程版	电子技术；工程技术大学学报	程森成

表 9-1　2021 年中国科技核心期刊（中文）目录（续）

CODE	刊名	学科分类	主编
G771	武警后勤学院学报医学版	医药大学学报	李宏伟
G707	武警医学	医学综合	李小萍
D001	物理化学学报	化学	唐有祺
C006	物理学报	物理学	高鸿钧
C509	物理与工程	物理学	顾牡; 王青
E136	物探化探计算技术	地质学	贺振华
E138	物探与化探	地质学	熊盛青
R009	西安电子科技大学学报自然科学版	电子技术; 工程技术大学学报	梁昌洪
U030	西安工程大学学报	工程技术大学学报	高岭
J036	西安工业大学学报	工程技术大学学报	刘卫国
V018	西安建筑科技大学学报自然科学版	建筑科学与技术; 工程技术大学学报	赵鸿铁
X030	西安交通大学学报	工程技术大学学报	陶文铨
G081	西安交通大学学报医学版	医药大学学报	闫剑群
A150	西安科技大学学报	工程技术大学学报	伍永平
J002	西安理工大学学报	工程技术大学学报	刘宏昭
L010	西安石油大学学报自然科学版	石油天然气工程; 工程技术大学学报	屈展
R671	西安邮电大学学报	通信技术; 工程技术大学学报	温小郑
A032	西北大学学报自然科学版	自然科学综合大学学报	赵重远
E125	西北地质	地质学	夏林圻
Y023	西北工业大学学报	工程技术大学学报	胡沛泉
H224	西北林学院学报	林学; 农业大学学报	范升才
H018	西北农林科技大学学报自然科学版	农业大学学报	山仑
H288	西北农业学报	农业综合	宋继学
A022	西北师范大学学报自然科学版	自然科学师范大学学报	赵更吉
G792	西北药学杂志	药学	杨世民
F020	西北植物学报	植物学	胡正海
H385	西部林业科学	林学	郎南军
V573	西部人居环境学刊	建筑科学与技术	赵万民
G588	西部医学	医学综合	李光明
G699	西部中医药	中医学; 中药学	潘文
J045	西华大学学报自然科学版	工程技术大学学报	罗中先
H004	西南大学学报自然科学版	自然科学综合大学学报	向仲怀
G312	西南国防医药	医学综合	王国建
X032	西南交通大学学报	工程技术大学学报	翟婉明
H270	西南林业大学学报	林学; 农业大学学报	刘惠民
A060	西南民族大学学报自然科学版	自然科学综合大学学报	曾明
H061	西南农业学报	农业综合	李跃建
A064	西南师范大学学报自然科学版	自然科学师范大学学报	李明
L002	西南石油大学学报自然科学版	石油天然气工程; 工程技术大学学报	杜志敏
M041	稀土	材料科学综合	杨占峰
M029	稀有金属	金属材料	屠海令
M052	稀有金属材料与工程	金属材料	殷为宏
S505	系统仿真技术	信息与系统科学相关工程与技术	万钢

表 9-1　2021 年中国科技核心期刊（中文）目录（续）

CODE	刊名	学科分类	主编
S003	系统仿真学报	信息与系统科学相关工程与技术	李伯虎; 赵沁平
B028	系统工程	信息科学与系统科学	陈收
B025	系统工程理论与实践	信息科学与系统科学	陈光亚
B018	系统工程学报	信息科学与系统科学	刘豹
R059	系统工程与电子技术	电子技术; 信息与系统科学相关工程与技术	施荣
B027	系统管理学报	信息科学与系统科学	王浣尘
B021	系统科学与数学	信息科学与系统科学; 数学	陈翰馥
G188	细胞与分子免疫学杂志	基础医学	金伯泉
A063	厦门大学学报自然科学版	自然科学综合大学学报	张鸿斌
V087	现代城市研究	建筑科学与技术	叶菊华
E027	现代地质	地质学	邓军
R089	现代电力	电气工程	宋永华
R748	现代电子技术	电子技术	郝跃; 许蒲; 李明远
Y561	现代防御技术	兵器科学与技术	李文军
U634	现代纺织技术	纺织科学技术	陈建勇
G300	现代妇产科进展	妇产科学	江森
T063	现代化工	化学工程综合	张月丽
G653	现代检验医学杂志	临床诊断学	高敬龙
N100	现代科学仪器	仪器仪表技术	胡柏顺
G321	现代口腔医学杂志	口腔医学	俞光岩
R087	现代雷达	通信技术	陈玲
G438	现代临床护理	护理学	成守珍
G798	现代泌尿生殖肿瘤杂志	肿瘤学	那彦群; 叶章群
G341	现代泌尿外科杂志	泌尿外科学	贺大林
G067	现代免疫学	基础医学	周光炎
H417	现代农药	植物保护学; 应用化学工程	张湘宁
F250	现代生物医学进展	医学综合	赵长久
U010	现代食品科技	食品科学技术	李琳
T929	现代塑料加工应用	高聚物工程	顾越峰
X673	现代隧道技术	公路运输	梅志荣
G451	现代消化及介入诊疗	消化病学	张万岱
G421	现代药物与临床	药学	杨宝峰
G223	现代医学	医学综合	孙载阳
C093	现代应用物理	物理学	邱爱慈
G963	现代预防医学	预防医学与公共卫生学综合	张本
N111	现代制造工程	机械制造工艺与设备	徐大湧
G951	现代中西医结合杂志	中西医结合医学	李月梅
G486	现代中药研究与实践	中药学	胡世林; 赵国胜
G896	现代中医临床	中医学	王永炎
G826	现代肿瘤医学	肿瘤学	李树业
T073	香料香精化妆品	精细化学工程	金其璋
A018	湘潭大学自然科学学报	自然科学综合大学学报	黄云清
T064	橡胶工业	高聚物工程	何晓玫

表 9-1　2021 年中国科技核心期刊（中文）目录（续）

CODE	刊名	学科分类	主编
T953	消防科学与技术	安全科学技术; 建筑科学与技术	王铁强
Q937	消化肿瘤杂志电子版	肿瘤学	何裕隆
P010	小型内燃机与车辆技术	动力工程	何海生
S027	小型微型计算机系统	计算机科学技术	林浒
G817	协和医学杂志	医学综合	赵玉沛
G083	心肺血管病杂志	心血管病学	陈宝田
S918	心理科学	心理学	李其维
S919	心理科学进展	心理学	蒋毅
E046	心理学报	心理学	傅小兰
G476	心脑血管病防治	心血管病学; 神经病学、精神病学	金宏义
G419	心血管病学进展	心血管病学	徐俊波
G578	心血管康复医学杂志	心血管病学	刘江生
G260	心脏杂志	心血管病学	裘建明
Q368	新发传染病电子杂志	感染性疾病学、传染病学	陆普选
A087	新疆大学学报自然科学版中英文版	自然科学综合大学学报	师庆东
E159	新疆地质	地质学	李向东
H276	新疆农业科学	农业综合	戴健
L007	新疆石油地质	石油天然气工程	夏明生
G980	新疆医科大学学报	医药大学学报	哈木拉提・吾甫尔
R516	新能源进展	能源科学综合	李小森
G328	新乡医学院学报	医药大学学报	乔汉臣
V056	新型建筑材料	建筑科学与技术	张美强
M102	新型炭材料	材料科学综合	成会明
G721	新医学	医学综合	陈规划
R034	信号处理	通信技术	龙腾
S081	信息安全学报	计算机科学技术	方滨兴
S087	信息安全研究	计算机科学技术	李新友
R519	信息技术	信息与系统科学相关工程与技术	张丽丽
S046	信息网络安全	计算机科学技术	关非
S002	信息与控制	信息科学与系统科学	王天然
A510	信阳师范学院学报自然科学版	自然科学师范大学学报	李俊
G565	徐州医科大学学报	医药大学学报	郑骏年
H023	畜牧兽医学报	畜牧、兽医科学	文杰
H218	畜牧与兽医	畜牧、兽医科学	石放雄
H247	畜牧与饲料科学	畜牧、兽医科学	金海
Q958	血管与腔内血管外科杂志	普通外科学、胸外科学、心血管外科学	刘昌伟
G627	循证医学	临床诊断学; 流行病学、环境医学	吴一龙
R069	压电与声光	光电子学与激光技术	胡少勤
N052	压力容器	机械制造工艺与设备	王冰
H200	亚热带农业研究	农业综合	林文雄
E047	亚热带资源与环境学报	环境科学技术及资源科学技术	张新时
U562	烟草科技	园艺学	谢剑平
J025	燕山大学学报	工程技术大学学报	张福成

表 9-1　2021 年中国科技核心期刊（中文）目录（续）

CODE	刊名	学科分类	主编
E053	岩矿测试	地质学	尹明
E157	岩石矿物学杂志	地质学	沈其韩
C005	岩石力学与工程学报	土木工程；力学	冯夏庭
E309	岩石学报	地质学	从柏林
V574	岩土工程技术	土木工程	常士骠
V037	岩土工程学报	土木工程	蔡正银
C004	岩土力学	土木工程；力学	孔令伟
E163	岩性油气藏	石油天然气工程	刘金新
S821	研究与发展管理	管理学	骆品亮
E500	盐湖研究	海洋科学、水文学	高世扬
T054	盐科学与化工	化学工程综合	夏万顺
G962	眼科	眼科学	徐亮
G554	眼科新进展	眼科学	余涵
H016	扬州大学学报农业与生命科学版	农业大学学报	顾铭洪
S031	遥测遥控	信息与系统科学相关工程与技术	李艳华
Z543	遥感技术与应用	测绘科学技术	姜景山
S024	遥感信息	测绘科学技术	陈述彭
Z006	遥感学报	测绘科学技术	顾行发
G403	药物不良反应杂志	药学	程经华
G087	药物分析杂志	药学	涂国士
G877	药物流行病学杂志	药学	曾繁典
G836	药物评价研究	药学	汤立达
G514	药物生物技术	药学	吴梧桐
G977	药学服务与研究	药学	胡晋红
G440	药学实践杂志	药学	姜远英
G008	药学学报	药学	王晓良
G527	药学与临床研究	药学	王明时
M023	冶金分析	冶金工程技术	贾云海
M047	冶金能源	冶金工程技术	罗文泉
C503	液晶与显示	物理学；电子技术	郭海成
N079	液压气动与密封	工程与技术科学基础学科	李运华
N035	液压与气动	机械工程设计	宋京其
G605	医疗卫生装备	卫生管理学、健康教育学	孙景工
G482	医学动物防制	流行病学、环境医学	段利国
G333	医学分子生物学杂志	基础医学	邓耀祖
G281	医学研究生学报	医学综合	苏皖
G480	医学研究杂志	医学综合	赵瑞芹
G265	医学影像学杂志	核医学、医学影像学	武乐斌
G964	医学与社会	医学综合	刘建凡
G308	医学与哲学	医学综合	胡大一；赵明杰
G860	医学综述	医学综合	刘桂蕊
G844	医药导报	药学	曾繁典
G088	医用生物力学	力学；基础医学	戴克戎

表 9-1 2021 年中国科技核心期刊（中文）目录（续）

CODE	刊名	学科分类	主编
N074	仪表技术与传感器	仪器仪表技术	刘凯
N066	仪器仪表学报	仪器仪表技术	张钟华
F024	遗传	生物学基础学科	黄勋
G455	疑难病杂志	临床医学综合	马智
T104	印染助剂	精细化学工程	许关荣
G089	营养学报	预防医学与公共卫生学综合	郭长江
D014	影像科学与光化学	化学	佟振合
G649	影像诊断与介入放射学	核医学、医学影像学	孟悛非
B008	应用概率统计	数学	陈希孺
C109	应用光学	物理学	王小鹏
E123	应用海洋学学报	海洋科学、水文学	张金标
T949	应用化工	化学工程综合	朱明道
D016	应用化学	化学	黄葆同
A580	应用基础与工程科学学报	工程与技术科学基础学科	杨卫
R033	应用激光	光电子学与激光技术	王之江
X693	应用科技	信息与系统科学相关工程与技术	朱齐丹
A015	应用科学学报	通信技术	黄宏嘉
F035	应用昆虫学报	昆虫学、动物学	王琛柱
C008	应用力学学报	力学	陈宜亨
E122	应用气象学报	大气科学	张人禾
Z018	应用生态学报	生态学	沈善敏
C052	应用声学	物理学	应崇福
B011	应用数学	数学	陈庆益
B020	应用数学和力学	力学; 数学	周哲纬
B001	应用数学学报	数学	丁夏畦
F100	应用与环境生物学报	环境科学技术及资源科学技术; 生物学基础学科	吴宁
M014	硬质合金	金属材料	张忠健
L027	油气储运	石油天然气工程	杨祖佩
L504	油气地质与采收率	石油天然气工程	刘中云
L033	油田化学	石油天然气工程	徐僖
E051	铀矿地质	矿山工程技术	李子颖
K020	铀矿冶	矿山工程技术	张飞凤
T916	有机硅材料	化学工程综合	杨晓勇
D025	有机化学	化学	陈庆云
M036	有色金属工程	金属材料	金开生
M504	有色金属科学与工程	金属材料	罗嗣海
K013	有色金属矿山部分	矿山工程技术	朱穗玲
K580	有色金属选矿部分	矿山工程技术	朱穗玲
M020	有色金属冶炼部分	冶金工程技术	朱穗玲
H998	渔业科学进展	水产学	金显仕
H220	渔业现代化	水产学	徐皓
Y020	宇航材料工艺	航空、航天科学技术	顾兆栴
Y008	宇航计测技术	航空、航天科学技术	孙海燕

表 9-1　2021 年中国科技核心期刊（中文）目录（续）

CODE	刊名	学科分类	主编
Y024	宇航学报	航空、航天科学技术	杜善义
H909	玉米科学	农艺学	李健生
G479	预防医学	预防医学与公共卫生学综合	丛黎明
G518	预防医学情报杂志	预防医学与公共卫生学综合	康均行
H039	园艺学报	园艺学	张友军
C108	原子核物理评论	物理学；核科学技术	靳根明
Q008	原子能科学技术	核科学技术	赵志祥
A038	云南大学学报自然科学版	自然科学综合大学学报	张克勤
A654	云南民族大学学报自然科学版	自然科学综合大学学报	张桥贵
H269	云南农业大学学报	农业大学学报	朱有勇
A053	云南师范大学学报自然科学版	自然科学师范大学学报	曾华
B013	运筹学学报	数学	越民义
B522	运筹与管理	数学；管理学	俞嘉第
H989	杂草学报	植物保护学	强胜
H293	杂交水稻	农艺学	袁隆平
E148	灾害学	地球物理学；安全科学技术	胡斌
Y057	载人航天	航空、航天科学技术	周建平
U643	造纸科学与技术	应用化学工程	陈嘉翔
C100	噪声与振动控制	机械工程设计	严济宽
M043	轧钢	冶金工程技术	张海军
T569	粘接	精细化学工程	章锋
Y521	战术导弹技术	兵器科学与技术	张冬青
A017	浙江大学学报工学版	工程技术大学学报	岑可法
A002	浙江大学学报理学版	自然科学综合大学学报	郑小明
H035	浙江大学学报农业与生命科学版	农业大学学报	张国平
G091	浙江大学学报医学版	医药大学学报	周天华
J016	浙江工业大学学报	工程技术大学学报	马淳安
H019	浙江农林大学学报	林学；农业大学学报	周国模
H201	浙江农业学报	农业综合	陈剑平
G810	浙江医学	医学综合	李兰娟
G092	浙江中医药大学学报	中医药大学学报	肖鲁伟
G093	针刺研究	针灸、中医骨伤	朱兵
G488	针灸临床杂志	针灸、中医骨伤	孙申田
N086	真空	工程与技术科学基础学科	李玉英
C038	真空与低温	物理学	罗崇泰
G259	诊断病理学杂志	临床诊断学；基础医学	李维华
G615	诊断学理论与实践	临床诊断学	王鸿利
Y010	振动测试与诊断	航空、航天科学技术	赵淳生
Y004	振动工程学报	力学；机械工程设计	刘人怀
N030	振动与冲击	机械工程设计	恽伟君
E316	震灾防御技术	安全科学技术；地球物理学	高孟潭
J012	郑州大学学报工学版	工程技术大学学报	辛世俊
A019	郑州大学学报理学版	自然科学综合大学学报	辛世俊

表 9-1　2021 年中国科技核心期刊（中文）目录（续）

CODE	刊名	学科分类	主编
G036	郑州大学学报医学版	医药大学学报	辛世俊
G835	职业卫生与应急救援	预防医学与公共卫生学综合	王祖兵
G884	职业与健康	流行病学、环境医学	王撷秀
H577	植物保护	植物保护学	吴孔明
H014	植物保护学报	植物保护学	彩万志
H052	植物病理学报	植物保护学	曾士迈
H584	植物检疫	植物保护学	张立
F008	植物科学学报	植物学	李绍华
F038	植物生理学报	植物学	张景六
F009	植物生态学报	植物学	方精云
F023	植物学报	植物学	种康
F050	植物研究	植物学	祖元刚
H238	植物遗传资源学报	农艺学	刘旭
H890	植物营养与肥料学报	土壤学	白由路
Z551	植物资源与环境学报	环境科学技术及资源科学技术	薛建辉
N091	指挥控制与仿真	兵器科学与技术	何佳洲
N094	指挥与控制学报	兵器科学与技术	王飞跃
U011	制冷学报	动力工程	吴元炜
U640	制冷与空调(四川)	动力工程	雷波
N046	制造技术与机床	机械工程设计	梁玉
S023	制造业自动化	信息与系统科学相关工程与技术	黎晓东
C034	质谱学报	化学；仪器仪表技术	赵墨田
R072	智慧电力	电气工程	张剑
S052	智能系统学报	信息与系统科学相关工程与技术	李德毅
G007	中草药	中药学	汤立达
G520	中成药	中药学	陶建生
G546	中国 CT 和 MRI 杂志	核医学、医学影像学	王成林
Q940	中国癌症防治杂志	肿瘤学	黎乐群
G538	中国癌症杂志	肿瘤学	沈镇宙
G985	中国艾滋病性病	皮肤病学	沈洁
G129	中国安全科学学报	安全科学技术	马骏
Z552	中国安全生产科学技术	安全科学技术	邢娟娟
F048	中国比较医学杂志	基础医学	秦川
N103	中国表面工程	机械制造工艺与设备	刘世参
G750	中国病案	卫生管理学、健康教育学	刘爱民
G769	中国病毒病杂志	微生物学、病毒学；预防医学与公共卫生学综合	庄辉
G096	中国病理生理杂志	基础医学	陆大祥
G339	中国病原生物学杂志	微生物学、病毒学	庄辉
M053	中国材料进展	材料科学综合	周廉
H213	中国草地学报	草原学	侯向阳
N830	中国测试	工程与技术科学基础学科	高洁
G097	中国超声医学杂志	核医学、医学影像学	李建国
G529	中国卒中杂志	神经病学、精神病学	王拥军

表 9-1　2021 年中国科技核心期刊（中文）目录（续）

CODE	刊名	学科分类	主编
G901	中国当代儿科杂志	儿科学	杨于嘉
H939	中国稻米	农艺学	钱前
E351	中国地震	地球物理学	王海涛
E654	中国地质	地质学	李廷栋
E169	中国地质调查	地质学	刘延明
E604	中国地质灾害与防治学报	地质学；安全科学技术	张咸恭
R040	中国电机工程学报	电气工程	郑健超
R511	中国电力	电气工程	刘建明
G234	中国动脉硬化杂志	心血管病学	杨永宗
H891	中国动物传染病学报	畜牧、兽医科学	童光志
G825	中国儿童保健杂志	儿科学；保健医学	杨玉凤
G270	中国耳鼻咽喉颅底外科杂志	耳鼻咽喉科学	孙虹；赵素萍
G543	中国耳鼻咽喉头颈外科	耳鼻咽喉科学	韩德民
G100	中国法医学杂志	军事医学与特种医学	刘耀
G290	中国防痨杂志	呼吸病学、结核病学	王黎霞
V023	中国非金属矿工业导刊	矿山工程技术	陈正国
G320	中国肺癌杂志	肿瘤学	周清华
G402	中国分子心脏病学杂志	心血管病学	惠汝太
V568	中国粉体技术	建筑科学与技术	胡荣泽
G587	中国辐射卫生	预防医学与公共卫生学综合	苏旭
M007	中国腐蚀与防护学报	材料科学综合	柯伟
G456	中国妇产科临床杂志	妇产科学	魏丽惠
G687	中国妇幼健康研究	优生学、计划生育学	李旭
G475	中国肝脏病杂志电子版	消化病学	毛羽；张永利；成军
G631	中国感染控制杂志	感染性疾病学、传染病学	吴安华
G337	中国感染与化疗杂志	感染性疾病学、传染病学	汪复
X035	中国港湾建设	水路运输	刘亚平
V036	中国给水排水	建筑科学与技术	吴凡松
N089	中国工程机械学报	机械制造工艺与设备	徐宝富
N754	中国工程科学	工程与技术科学基础学科	钟志华
G244	中国工业医学杂志	流行病学、环境医学	周安寿；阎波
G102	中国公共卫生	预防医学与公共卫生学综合	王宇
X031	中国公路学报	公路运输	沙爱民
G103	中国骨伤	针灸、中医骨伤	尚天裕
G249	中国骨与关节损伤杂志	骨外科学	刘大雄；郭林新
G857	中国骨与关节杂志	骨外科学	徐万鹏
G663	中国骨质疏松杂志	内分泌病学与代谢病学、风湿病学	张萌萌
W021	中国管理科学	管理学	蔡晨
N104	中国惯性技术学报	工程与技术科学基础学科	赵小明
C099	中国光学	光电子学与激光技术；物理学	王家骐
G637	中国国境卫生检疫杂志	流行病学、环境医学	罗荣杰
H215	中国果树	园艺学	米文广
L013	中国海上油气	石油天然气工程	姜伟

表 9-1　2021 年中国科技核心期刊（中文）目录（续）

CODE	刊名	学科分类	主编
E313	中国海洋大学学报自然科学版	海洋科学、水文学；水产学；自然科学综合大学学报	文圣常
L026	中国海洋平台	石油天然气工程	陈祖宇
G104	中国海洋药物	药学	关美君
X039	中国航海	水路运输	黄蕴和
G973	中国呼吸与危重监护杂志	呼吸病学、结核病学	刘春涛
G417	中国护理管理	护理学	严谓然
Z030	中国环境监测	环境科学技术及资源科学技术	丁中元
Z001	中国环境科学	环境科学技术及资源科学技术	王文兴
N059	中国机械工程	机械工程设计	周佑启
A079	中国基础科学	自然科学综合	林泉
R066	中国激光	光电子学与激光技术	李儒新
R013	中国激光医学杂志	临床医学综合	顾瑛
G852	中国急救复苏与灾害医学杂志	医学综合	李宗浩
G241	中国急救医学	临床医学综合	单静
G192	中国脊柱脊髓杂志	骨外科学	张光铂；侯树勋
G105	中国寄生虫学与寄生虫病杂志	基础医学	汤林华
G560	中国计划生育和妇产科	优生学、计划生育学；妇产科学	甘华平
G907	中国计划生育学杂志	优生学、计划生育学	付伟
G787	中国健康教育	卫生管理学、健康教育学	陶茂萱
N108	中国舰船研究	水路运输	徐青
T075	中国胶粘剂	精细化学工程	朱胤
G233	中国矫形外科杂志	烧伤外科学、整形外科学	宁志杰
G239	中国介入心脏病学杂志	心血管病学	霍勇
G206	中国介入影像与治疗学	核医学、医学影像学	邹英华
G323	中国康复	保健医学	黄晓琳
G400	中国康复理论与实践	保健医学	吴弦光；李建军
G106	中国康复医学杂志	保健医学	励建安
G107	中国抗生素杂志	药学	谭仁祥
A098	中国科技论坛	管理学	王元；潘令珊
A108	中国科学 地球科学	地球科学综合	周光召；孙枢
A106	中国科学 化学	化学	周光召；徐光宪
A109	中国科学 技术科学	工程与技术科学基础学科	周光召；严陆光
A107	中国科学 生命科学	生物学基础学科	周光召；梁栋材
A105	中国科学 数学	数学	周光召；杨乐
A103	中国科学 物理学 力学 天文学	物理学；力学；天文学	周光召
Z317	中国科学 信息科学	信息科学与系统科学；计算机科学技术	李未
A081	中国科学基金	自然科学综合	高福
A007	中国科学技术大学学报	自然科学综合大学学报	王水
A102	中国科学院大学学报	自然科学综合大学学报	石耀霖
A636	中国科学院院刊	自然科学综合	侯建国
Y003	中国空间科学技术	航空、航天科学技术	杨孟飞
G441	中国口腔颌面外科杂志	口腔医学	邱蔚六
K030	中国矿业	矿山工程技术	赵奎涛

表 9-1 2021 年中国科技核心期刊（中文）目录（续）

CODE	刊名	学科分类	主编
K015	中国矿业大学学报	矿山工程技术；工程技术大学学报	赵奎涛
U001	中国粮油学报	食品科学技术；农业工程	胡承淼
G447	中国临床保健杂志	保健医学	胡世莲
G108	中国临床解剖学杂志	基础医学	徐达传
G536	中国临床神经科学	神经病学、精神病学	蒋雨平
G794	中国临床神经外科杂志	神经病学、精神病学	马廉亭
G221	中国临床心理学杂志	心理学	姚树桥
G754	中国临床研究	临床医学综合	王琦
G870	中国临床药理学与治疗学	药学	黄志力
G109	中国临床药理学杂志	药学	韩启德
G544	中国临床药学杂志	药学	王永铭
G814	中国临床医生杂志	临床医学综合	杨普
G974	中国临床医学	临床医学综合	樊嘉
G304	中国临床医学影像杂志	核医学、医学影像学	樊嘉
G110	中国麻风皮肤病杂志	皮肤病学	张福仁
H212	中国麻业科学	农艺学	熊和平
G613	中国慢性病预防与控制	预防医学与公共卫生学综合	王撷秀
G598	中国媒介生物学及控制杂志	流行病学、环境医学	刘起勇
K579	中国煤炭	能源科学综合	贺佑国
K037	中国煤炭地质	能源科学综合	赵克荣
G582	中国煤炭工业医学杂志	医学综合	栾奕
G428	中国美容医学	临床医学综合	朱宏亮
G297	中国美容整形外科杂志	临床医学综合	高景恒
K036	中国锰业	金属材料	周柳霞
H211	中国棉花	农艺学	喻树迅
G111	中国免疫学杂志	基础医学	田志刚
K550	中国钼业	金属材料	刘晓辉
G303	中国男科学杂志	性医学	江鱼
H273	中国南方果树	园艺学	王应旭
G422	中国脑血管病杂志	神经病学、精神病学	焦力群
G277	中国内镜杂志	外科学综合	雷光华
R524	中国能源	能源科学综合	韩文科
U609	中国酿造	食品科学技术	赵燕
W005	中国农村水利水电	农业工程；水利工程	茆智
H958	中国农学通报	农业综合	石元春
H027	中国农业大学学报	农业大学学报	段若兰
H567	中国农业科技导报	农业综合	范云六
H030	中国农业科学	农业综合	万建民
H210	中国农业气象	农业综合；大气科学	张厚瑄
H221	中国农业资源与区划	农业综合	唐华俊
G311	中国皮肤性病学杂志	皮肤病学	彭振辉
U020	中国皮革	应用化学工程	谢衡
G226	中国普通外科杂志	普通外科学、胸外科学、心血管外科学	王志明

表 9-1　2021 年中国科技核心期刊（中文）目录（续）

CODE	刊名	学科分类	主编
G269	中国普外基础与临床杂志	普通外科学、胸外科学、心血管外科学	严律南
G776	中国全科医学	临床医学综合	梁万年
H081	中国热带农业	农业综合	吴恩熙
G629	中国热带医学	流行病学、环境医学	潘先海
Z546	中国人口资源与环境	环境科学技术及资源科学技术	王伟中
G112	中国人兽共患病学报	流行病学、环境医学	严延生
U052	中国乳品工业	食品科学技术	刘鹏
S825	中国软科学	管理学	赵志耘
H793	中国森林病虫	林学	闫峻
E124	中国沙漠	地理学	王涛
G366	中国社会医学杂志	卫生管理学、健康教育学	卢祖洵
G114	中国神经精神疾病杂志	神经病学、精神病学	曾进胜
G242	中国神经免疫学和神经病学杂志	神经病学、精神病学	陈海波；胡学强
H555	中国生态农业学报中英文版	农业综合	刘昌明
H044	中国生物防治学报	植物保护学	杨怀文
F255	中国生物工程杂志	生物工程	张树庸
F002	中国生物化学与分子生物学报	生物学基础学科	张迺蘅
G115	中国生物医学工程学报	生物医学工程学	刘德培
G258	中国生物制品学杂志	生物医学工程学	封多佳
G715	中国生育健康杂志	优生学、计划生育学	刘建蒙
L001	中国石油大学学报自然科学版	石油天然气工程；工程技术大学学报	陈淑娴
L532	中国石油勘探	石油天然气工程	赵文智
F047	中国实验动物学报	昆虫学、动物学	秦川
G604	中国实验方剂学杂志	中药学	吴以岭
G883	中国实验血液学杂志	血液病学、肾脏病学	唐佩弦
G853	中国实验诊断学	临床诊断学	孙荣武；高忠礼；王鸿利
G273	中国实用儿科杂志	儿科学	薛辛东
G228	中国实用妇科与产科杂志	妇产科学	张淑兰
G305	中国实用护理杂志	护理学	王国强
G867	中国实用口腔科杂志	口腔医学	路振富
G267	中国实用内科杂志	内科学综合	康健
G686	中国实用神经疾病杂志	神经病学、精神病学	李楠
G272	中国实用外科杂志	外科学综合	刘永锋
U635	中国食品添加剂	食品科学技术	齐庆中
G429	中国食品卫生杂志	卫生管理学、健康教育学	李小芳
U007	中国食品学报	食品科学技术	罗云波
U563	中国食物与营养	食品科学技术；预防医学与公共卫生学综合	许世卫
H317	中国兽药杂志	畜牧、兽医科学	刘业兵
H326	中国兽医科学	畜牧、兽医科学	才学鹏
H225	中国兽医学报	畜牧、兽医科学	王哲
H207	中国蔬菜	园艺学	孙日飞
G796	中国输血杂志	临床医学综合；血液病学、肾脏病学	王憬惺
G926	中国数字医学	核医学、医学影像学	李包罗；李华才

表 9-1　2021 年中国科技核心期刊（中文）目录（续）

CODE	刊名	学科分类	主编
H290	中国水产科学	水产学	曾一本
H020	中国水稻科学	农艺学	程式华
W557	中国水利水电科学研究院学报	水利工程	陈厚群
H295	中国水土保持科学	农业工程	关君蔚
T022	中国塑料	高聚物工程	杨惠娣
G211	中国糖尿病杂志	内分泌病学与代谢病学、风湿病学	纪立农
G521	中国疼痛医学杂志	临床医学综合	韩济生
G444	中国体外循环杂志	外科学综合	龙村
U501	中国调味品	食品科学技术	杨旭
X004	中国铁道科学	铁路运输	阳建鸣
G437	中国听力语言康复科学杂志	保健医学；耳鼻咽喉科学	聂滨
R083	中国图象图形学报	计算机科学技术	李小文
H350	中国土地科学	土壤学	程烨
H233	中国土壤与肥料	土壤学	徐明岗
G373	中国微创外科杂志	外科学综合	乔杰
G959	中国微侵袭神经外科杂志	神经病学、精神病学	王伟民
G517	中国微生态学杂志	生态学；基础医学	康白
S725	中国卫生经济	卫生管理学、健康教育学	张振忠；王亦冬
G253	中国卫生统计	卫生管理学、健康教育学	陈育德
G540	中国卫生信息管理杂志	卫生管理学、健康教育学	张学高
G716	中国卫生政策研究	卫生管理学、健康教育学	代涛
G752	中国卫生质量管理	卫生管理学、健康教育学	曹荣桂
G541	中国卫生资源	卫生管理学、健康教育学	郝模
K035	中国钨业	金属材料	孔昭庆
M022	中国稀土学报	材料科学综合	严纯华
F025	中国细胞生物学学报	生物学基础学科	郭礼和
G841	中国现代普通外科进展	普通外科学、胸外科学、心血管外科学	寿楠海
G623	中国现代神经疾病杂志	神经病学、精神病学	只达石
G885	中国现代手术学杂志	外科学综合	李永国
G237	中国现代医学杂志	医学综合	陈子华
G849	中国现代应用药学	药学	郑裕国
G377	中国现代中药	中药学	赵润怀
G284	中国消毒学杂志	预防医学与公共卫生学综合	张文福
G765	中国小儿急救医学	儿科学	赵群
G845	中国小儿血液与肿瘤杂志	儿科学；血液病学、肾脏病学；肿瘤学	胡亚美；袁伯伦
G298	中国斜视与小儿眼科杂志	眼科学；儿科学	任华明
G117	中国心理卫生杂志	心理学	周东丰
G718	中国心血管病研究	心血管病学	屈正
G380	中国心血管杂志	心血管病学	何青
G203	中国心脏起搏与心电生理杂志	普通外科学、胸外科学、心血管外科学	黄从新
G250	中国新药与临床杂志	药学	唐希灿
G747	中国新药杂志	药学	桑国卫
G727	中国性科学	性医学	胡佩诚

表 9-1　2021 年中国科技核心期刊（中文）目录（续）

CODE	刊名	学科分类	主编
G232	中国胸心血管外科临床杂志	普通外科学、胸外科学、心血管外科学	石应康
G118	中国修复重建外科杂志	烧伤外科学、整形外科学	杨志明
H294	中国畜牧兽医	畜牧、兽医科学	李琍
H242	中国畜牧杂志	畜牧、兽医科学	呙于明
G908	中国学校卫生	卫生管理学、健康教育学	陶芳标
G464	中国血管外科杂志电子版	普通外科学、胸外科学、心血管外科学	王深明
G675	中国血吸虫病防治杂志	流行病学、环境医学	周晓农
G633	中国血液净化	血液病学、肾脏病学；临床医学综合	王梅
G119	中国循环杂志	心血管病学	胡盛寿
G756	中国循证儿科杂志	儿科学；流行病学、环境医学；临床诊断学	桂永浩
G645	中国循证心血管医学杂志	心血管病学；流行病学、环境医学；临床诊断学	魏万林；胡大一
G396	中国循证医学杂志	临床诊断学；流行病学、环境医学	李幼平
H208	中国烟草科学	园艺学	王元英
U647	中国烟草学报	园艺学	袁行思
E303	中国岩溶	地质学	刘再华
G619	中国眼耳鼻喉科杂志	耳鼻咽喉科学	王正敏；王文吉；张重华
G318	中国药房	药学	胡欣
G120	中国药科大学学报	医药大学学报；药学	彭司勋
G121	中国药理学通报	药学	魏伟；李俊
G122	中国药理学与毒理学杂志	药学	张永祥
G878	中国药师	药学	江德元
G913	中国药事	药学	桑国卫
G220	中国药物化学杂志	药学	张礼和
G227	中国药物警戒	药学	沈传勇
G248	中国药物依赖性杂志	药学	陆林
G713	中国药物应用与监测	药学	郭代红
G009	中国药学杂志	药学	周海钧
G755	中国药业	药学	刘斌
M628	中国冶金	冶金工程技术	洪及鄙
G809	中国医刊	临床医学综合	杜贤
G123	中国医科大学学报	医药大学学报	闻德亮
G124	中国医疗器械杂志	卫生管理学、健康教育学	胡宗泰
G679	中国医疗设备	卫生管理学、健康教育学	姜远海
G306	中国医师进修杂志	临床医学综合	林三仁
G313	中国医师杂志	临床医学综合	周智广
G236	中国医学计算机成像杂志	核医学、医学影像学	陈星荣
G125	中国医学科学院学报	医药大学学报	刘德培
G471	中国医学前沿杂志电子版	医学综合	张烜；宁光
G622	中国医学物理学杂志	基础医学；生物医学工程学	胡逸民
G127	中国医学影像技术	核医学、医学影像学	李坤成；姜玉新
G193	中国医学影像学杂志	核医学、医学影像学	马林；陈敏
S591	中国医学装备	卫生管理学、健康教育学	崔泽实
G519	中国医药	临床医学综合	杨秋

表 9-1　2021 年中国科技核心期刊（中文）目录（续）

CODE	刊名	学科分类	主编
G644	中国医药导报	医学综合	张虎林
T019	中国医药工业杂志	药学；应用化学工程	周伟澄
G531	中国医药生物技术	生物医学工程学	赵铠
Q918	中国医院	卫生管理学、健康教育学	张宝库
G454	中国医院管理	卫生管理学、健康教育学	刘国栋
G243	中国医院药学杂志	药学	张玉
G625	中国医院用药评价与分析	药学	马劲
G314	中国疫苗和免疫	生物医学工程学	訾维廉
G130	中国应用生理学杂志	生物学基础学科	范明
G706	中国优生与遗传杂志	优生学、计划生育学	左伋
H205	中国油料作物学报	农艺学	王汉中
U032	中国油脂	食品科学技术	秦长泽
M028	中国有色金属学报	金属材料	黄伯云
H099	中国预防兽医学报	畜牧、兽医科学	孔宪刚
G753	中国预防医学杂志	预防医学与公共卫生学综合	庄辉
V039	中国园林	林学；建筑科学与技术	王绍增
X012	中国造船	水路运输	吴有生
U033	中国造纸学报	应用化学工程	朱尹箓
H204	中国沼气	农业工程；能源科学综合	王锡吾
G600	中国针灸	针灸、中医骨伤	刘保延
H067	中国真菌学杂志	临床医学综合	温海
G945	中国职业医学	流行病学、环境医学	黄汉林
G347	中国中西医结合耳鼻咽喉科杂志	中西医结合医学；耳鼻咽喉科学	杨和钧；唐有法
G843	中国中西医结合急救杂志	中西医结合医学；临床医学综合	王今达
G757	中国中西医结合皮肤性病学杂志	中西医结合医学；皮肤病学	秦万章
G846	中国中西医结合肾病杂志	中西医结合医学；血液病学、肾脏病学	陈孝文
G758	中国中西医结合外科杂志	中西医结合医学；外科学综合	吴咸中
G528	中国中西医结合消化杂志	中西医结合医学；消化病学	危北海；李乾构；陈泽民
G182	中国中西医结合杂志	中西医结合医学	陈可冀
G132	中国中药杂志	中药学	张伯礼
G240	中国中医骨伤科杂志	针灸、中医骨伤	李同生
G632	中国中医基础医学杂志	中医学	孟庆云
G524	中国中医急症	中医学	晁恩祥
G749	中国中医眼科杂志	中医学	亢泽峰
G832	中国中医药信息杂志	中医学；中药学	叶祖光
G642	中国肿瘤	肿瘤学	赵平
G133	中国肿瘤临床	肿瘤学	郝希山
G255	中国肿瘤生物治疗杂志	肿瘤学	曹雪涛
G576	中国肿瘤外科杂志	肿瘤学	唐金海；曾庆琪
G667	中国综合临床	临床医学综合	孙国贵
G299	中国组织工程研究	生物医学工程学	唐佩福
G134	中国组织化学与细胞化学杂志	基础医学	熊希凯
G502	中华保健医学杂志	保健医学	范利

表 9-1 2021 年中国科技核心期刊（中文）目录（续）

CODE	刊名	学科分类	主编
G135	中华病理学杂志	基础医学	陈杰
G195	中华超声影像学杂志	核医学、医学影像学	张运
G136	中华传染病杂志	感染性疾病学、传染病学	张文宏
G408	中华创伤骨科杂志	骨外科学	裴国献
G137	中华创伤杂志	烧伤外科学、整形外科学	王正国
G098	中华地方病学杂志	流行病学、环境医学	孙殿军
G138	中华儿科杂志	儿科学	杨锡强
G139	中华耳鼻咽喉头颈外科杂志	耳鼻咽喉科学	韩德民
G743	中华耳科学杂志	耳鼻咽喉科学	杨伟炎；韩东一
G140	中华放射学杂志	核医学、医学影像学	戴建平
G141	中华放射医学与防护杂志	军事医学与特种医学	孙全富
G251	中华放射肿瘤学杂志	肿瘤学	徐国镇
G474	中华肺部疾病杂志电子版	呼吸病学、结核病学	钱桂生
G286	中华风湿病学杂志	内分泌病学与代谢病学、风湿病学	栗占国
G142	中华妇产科杂志	妇产科学	郎景和
G689	中华妇幼临床医学杂志电子版	妇产科学；儿科学	毛萌
G262	中华肝胆外科杂志	普通外科学、胸外科学、心血管外科学	赵玉沛
G231	中华肝脏病杂志	消化病学	任红
G054	中华肝脏外科手术学电子杂志	消化病学	陈规划
G235	中华高血压杂志	心血管病学	胡大一
G143	中华骨科杂志	骨外科学	邱贵兴
G648	中华骨与关节外科杂志	骨外科学	邱贵兴
G728	中华骨质疏松和骨矿盐疾病杂志	内分泌病学与代谢病学、风湿病学	孟迅吾
G691	中华关节外科杂志电子版	骨外科学	邱贵兴；余楠生
G335	中华航海医学与高气压医学杂志	军事医学与特种医学	褚新奇
G145	中华核医学与分子影像杂志	核医学、医学影像学	匡安仁
G146	中华护理杂志	护理学	刘苏君
G555	中华急诊医学杂志	临床医学综合	江观玉
G302	中华疾病控制杂志	预防医学与公共卫生学综合	叶冬青
G055	中华肩肘外科电子杂志	骨外科学	姜保国
G174	中华检验医学杂志	临床诊断学	尚红
G751	中华健康管理学杂志	卫生管理学、健康教育学	白书忠
G147	中华结核和呼吸杂志	呼吸病学、结核病学	钟南山
G060	中华结直肠疾病电子杂志	普通外科学、胸外科学、心血管外科学	王锡山
Q905	中华解剖与临床杂志	外科学综合	周建生
Q948	中华介入放射学电子杂志	核医学、医学影像学	单鸿
G159	中华精神科杂志	神经病学、精神病学	张明园
G579	中华口腔医学研究杂志电子版	口腔医学	凌均棨
G148	中华口腔医学杂志	口腔医学	王兴
G280	中华口腔正畸学杂志	口腔医学	傅民魁
G149	中华劳动卫生职业病杂志	流行病学、环境医学	王生
G639	中华老年多器官疾病杂志	保健医学	范利
Q949	中华老年骨科与康复电子杂志	保健医学	张英泽

表 9-1　2021 年中国科技核心期刊（中文）目录（续）

CODE	刊名	学科分类	主编
G833	中华老年口腔医学杂志	口腔医学	刘洪臣
G876	中华老年心脑血管病杂志	心血管病学、神经病学、精神病学	李小鹰
G150	中华老年医学杂志	保健医学	王建业
G692	中华临床感染病杂志	感染性疾病学、传染病学	李兰娟
G693	中华临床免疫和变态反应杂志	内分泌病学与代谢病学、风湿病学	张宏誉; 张奉春
G824	中华临床营养杂志	预防医学与公共卫生学综合	蒋朱明
G152	中华流行病学杂志	流行病学、环境医学	李立明
G153	中华麻醉学杂志	外科学综合	罗爱伦
G154	中华泌尿外科杂志	泌尿外科学	孙颖浩
G282	中华男科学杂志	性医学	黄宇峰
Q926	中华脑科疾病与康复杂志电子版	神经病学、精神病学	徐如祥
G155	中华内分泌代谢杂志	内分泌病学与代谢病学、风湿病学	潘长玉
G736	中华内分泌外科杂志	外科学综合	任国胜
G156	中华内科杂志	内科学综合	贾伟平
G157	中华皮肤科杂志	皮肤病学	陈洪铎
G461	中华普通外科学文献电子版	普通外科学、胸外科学、心血管外科学	王深明
G254	中华普通外科杂志	普通外科学、胸外科学、心血管外科学	杜如昱
G462	中华普外科手术学杂志电子版	普通外科学、胸外科学、心血管外科学	李世拥
G158	中华器官移植杂志	外科学综合	陈孝平
G473	中华腔镜泌尿外科杂志电子版	泌尿外科学	高新; 孙颖浩
G463	中华腔镜外科杂志电子版	普通外科学、胸外科学、心血管外科学	刘荣; 郑民华
G526	中华全科医师杂志	临床医学综合	戴玉华
G515	中华全科医学	临床医学综合	王福生
G505	中华乳腺病杂志电子版	普通外科学、胸外科学、心血管外科学	孙燕; 姜军
G472	中华疝和腹壁外科杂志电子版	普通外科学、胸外科学、心血管外科学	陈杰
G900	中华烧伤杂志	烧伤外科学、整形外科学	黄跃生
Q950	中华神经创伤外科电子杂志	神经病学、精神病学	徐如祥
G197	中华神经科杂志	神经病学、精神病学	秦震
G160	中华神经外科杂志	神经病学、精神病学	王忠诚
G446	中华神经医学杂志	神经病学、精神病学	徐如祥
G065	中华肾病研究电子杂志	血液病学、肾脏病学	刘志红
G161	中华肾脏病杂志	血液病学、肾脏病学	余学清
G737	中华生物医学工程杂志	生物医学工程学	钟南山
G072	中华生殖与避孕杂志	优生学、计划生育学	高尔生
G162	中华实验和临床病毒学杂志	微生物学、病毒学	洪涛
G703	中华实验和临床感染病杂志电子版	感染性疾病学、传染病学	毛羽; 张永利; 成军
G163	中华实验外科杂志	外科学综合	杨镇
G773	中华实验眼科杂志	眼科学	王丽娅
G875	中华实用儿科临床杂志	儿科学	郭学鹏
G367	中华实用诊断与治疗杂志	临床诊断学	马保根
G848	中华手外科杂志	骨外科学	顾玉东
G506	中华损伤与修复杂志电子版	烧伤外科学、整形外科学	夏照帆
G739	中华糖尿病杂志	内分泌病学与代谢病学、风湿病学	杨文英

表 9-1　2021年中国科技核心期刊（中文）目录（续）

CODE	刊名	学科分类	主编
G164	中华外科杂志	外科学综合	赵玉沛
G165	中华微生物学和免疫学杂志	基础医学	沈心亮
G116	中华危重病急救医学	临床医学综合	沈中阳
G761	中华危重症医学杂志电子版	临床医学综合	郑树森
G296	中华围产医学杂志	妇产科学	杨慧霞
G740	中华卫生杀虫药械	流行病学、环境医学	姜志宽
G793	中华胃肠外科杂志	普通外科学、胸外科学、心血管外科学	汪建平
G166	中华物理医学与康复杂志	保健医学	郭正成
G470	中华细胞与干细胞杂志电子版	基础医学	谭建明
G847	中华现代护理杂志	护理学	沈黎
G285	中华消化内镜杂志	消化病学	张齐联
G978	中华消化外科杂志	普通外科学、胸外科学、心血管外科学	董家鸿
G168	中华消化杂志	消化病学	谢渭芬
G169	中华小儿外科杂志	儿科学；外科学综合	冯杰雄
G892	中华心律失常学杂志	心血管病学	张澍
G170	中华心血管病杂志	心血管病学	胡大一
G082	中华新生儿科杂志中英文版	儿科学	冯琪
G263	中华行为医学与脑科学杂志	神经病学、精神病学	白波
G171	中华胸心血管外科杂志	普通外科学、胸外科学、心血管外科学	朱晓东
G172	中华血液学杂志	血液病学、肾脏病学	阮长耿
Q209	中华炎性肠病杂志中英文版	消化病学	胡品津; 吴小剑
G191	中华眼底病杂志	眼科学	严密
G075	中华眼科医学杂志电子版	眼科学	王宁利
G173	中华眼科杂志	眼科学	姚克
G873	中华眼视光学与视觉科学杂志	眼科学	瞿佳
S590	中华医学教育探索杂志	卫生管理学、健康教育学	雷寒
Q920	中华医学超声杂志电子版	核医学、医学影像学	姜玉新; 唐杰
G705	中华医学教育杂志	卫生管理学、健康教育学	王维民
G307	中华医学科研管理杂志	卫生管理学、健康教育学	罗长坤
G489	中华医学美学美容杂志	临床医学综合	张其亮
G175	中华医学遗传学杂志	基础医学	张思仲
G176	中华医学杂志	医学综合	高润霖
G194	中华医院感染学杂志	感染性疾病学、传染病学	刘运喜
G591	中华医院管理杂志	卫生管理学、健康教育学	金大鹏
G610	中华胰腺病杂志	消化病学	许国铭
G897	中华移植杂志电子版	外科学综合	郑树森
G177	中华预防医学杂志	预防医学与公共卫生学综合	陈君石
G178	中华整形外科杂志	烧伤外科学、整形外科学	栾杰
G859	中华中医药学刊	中医学；中药学	康廷国
G910	中华中医药杂志	中医学；中药学	佘靖
G858	中华肿瘤防治杂志	肿瘤学	于金明
G179	中华肿瘤杂志	肿瘤学	赵平
Q954	中华重症医学电子杂志	临床医学综合	邱海波

表 9-1 2021 年中国科技核心期刊（中文）目录（续）

CODE	刊名	学科分类	主编
G039	中南大学学报医学版	医药大学学报	李桂源
K001	中南大学学报自然科学版	工程技术大学学报	黄伯云
H053	中南林业科技大学学报	林学；农业大学学报	吴义强
G599	中南药学	药学	李焕德
G682	中南医学科学杂志	医学综合	文格波
G180	中日友好医院学报	医学综合	谌贻璞
G181	中山大学学报医学科学版	医药大学学报	徐杰
A036	中山大学学报自然科学版	自然科学综合大学学报	王建华
X539	中外公路	公路运输	刘玉兰
S020	中文信息学报	信息与系统科学相关工程与技术	孙茂松
G842	中西医结合肝病杂志	中西医结合医学；消化病学	王伯祥
G597	中西医结合心脑血管病杂志	中西医结合医学；心血管病学	韩清华；吕吉元；韩世范
R775	中兴通讯技术	通信技术	谢大雄
G183	中药材	中药学	元四辉
G564	中药新药与临床药理	中药学	王宁生
G685	中医学报	中医学	郑玉玲；李俊德
G681	中医药导报	中医学；中药学	袁长津
G812	中医药学报	中医学；中药学	匡海学
G010	中医杂志	中医学	曹洪欣
G643	中医正骨	针灸、中医骨伤	郭维淮
G184	肿瘤	肿瘤学	高玉堂
Q929	肿瘤代谢与营养电子杂志	肿瘤学	石汉平；李薇
G185	肿瘤防治研究	肿瘤学	陈焕朝
G412	肿瘤学杂志	肿瘤学	毛伟敏
G522	肿瘤研究与临床	肿瘤学	梁小波
G196	肿瘤药学	肿瘤学	任华益
G838	肿瘤影像学	肿瘤学	常才；刘士远；章英剑
G695	肿瘤预防与治疗	肿瘤学	郎锦义
Q225	肿瘤综合治疗电子杂志	肿瘤学	沈琳
H103	种子	农艺学	张太平
G094	中风与神经疾病杂志	神经病学、精神病学	史玉泉
N022	轴承	机械制造工艺与设备	杜迎辉
H026	竹子学报	林学	王树东
N075	铸造	机械制造工艺与设备	葛晨光
G407	转化医学杂志	医学综合	钱阳明
N034	装备环境工程	机械制造工艺与设备	唐伦科
Z022	资源科学	环境科学技术及资源科学技术	成升魁
R737	自动化技术与应用	信息与系统科学相关工程与技术	吴冈
S026	自动化学报	信息与系统科学相关工程与技术	王飞跃
N013	自动化仪表	信息与系统科学相关工程与技术；仪器仪表技术	孙叔平
S501	自动化与仪表	信息与系统科学相关工程与技术；仪器仪表技术	高明璋
R611	自动化与仪器仪表	信息与系统科学相关工程与技术；仪器仪表技术	孙怀义
A905	自然杂志	自然科学综合	董远达

表9-1　2021年中国科技核心期刊（中文）目录（续）

CODE	刊名	学科分类	主编
E137	自然灾害学报	安全科学技术；地球科学综合	谢礼立
Z012	自然资源学报	环境科学技术及资源科学技术	李文华
N088	组合机床与自动化加工技术	机械工程设计	宋鸿升
G701	组织工程与重建外科杂志	烧伤外科学、整形外科学	章一新
L018	钻井液与完井液	石油天然气工程	张健庚
G720	遵义医科大学学报	医药大学学报	李春鸣
H034	作物学报	农艺学	万建民
H410	作物研究	农艺学	官春云
H202	作物杂志	农艺学	赵明

9.2 2021年中国科技核心期刊（英文）目录

表 9-2　2021 年中国科技核心期刊（英文）目录

CODE	刊名	学科分类	主编
F034	ACTA BIOCHIMICA ET BIOPHYSICA SINICA	生物学基础学科	张友尚
I059	ACTA GEOLOGICA SINICA ENGLISH EDITION	地质学	侯增谦
C096	ACTA MATHEMATICA SCIENTIA	数学；物理学	丁夏畦
B030	ACTA MATHEMATICA SINICA ENGLISH SERIES	数学	李炳仁
I051	ACTA MATHEMATICAE APPLICATAE SINICA	数学	丁夏畦
C105	ACTA MECHANICA SINICA	力学	程耿东
M100	ACTA METALLURGICA SINICA	金属材料	柯俊
I209	ACTA OCEANOLOGICA SINICA	海洋科学、水文学	陈大可
G218	ACTA PHARMACEUTICA SINICA B	药学	蒋建东
G001	ACTA PHARMACOLOGICA SINICA	药学	陈凯先
I062	ADVANCES IN ATMOSPHERIC SCIENCES	大气科学	吕达仁；朱江；Ming Xue
I282	ASIAN JOURNAL OF ANDROLOGY	性医学	王一飞
H079	BIOSAFETY AND HEALTH	流行病学、环境医学	武桂珍
G780	CANCER BIOLOGY & MEDICINE	肿瘤学	郝希山
I072	CELL RESEARCH	生物学基础学科	姚鑫
I206	CELLULAR & MOLECULAR IMMUNOLOGY	基础医学	曹雪涛；田志刚
I139	CHEMICAL RESEARCH IN CHINESE UNIVERSITIES	化学	周其凤
G015	CHINA CDC WEEKLY	预防医学与公共卫生学综合	高福
I710	CHINA COMMUNICATIONS	通信技术	陈俊亮
I165	CHINA FOUNDRY	机械制造工艺与设备	娄延春
E096	CHINA GEOLOGY	地质学	郝梓国
E158	CHINA OCEAN ENGINEERING	海洋科学、水文学	柯俊
B023	CHINESE ANNALS OF MATHEMATICS SERIES B	数学	李大潜
D031	CHINESE CHEMICAL LETTERS	化学	梁晓天
I154	CHINESE GEOGRAPHICAL SCIENCE	地理学	朱颜明
I207	CHINESE HERBAL MEDICINES	中药学	肖培根
I166	CHINESE JOURNAL OF ACOUSTICS	物理学	王小民
I122	CHINESE JOURNAL OF AERONAUTICS	航空、航天科学技术	朱自强
I037	CHINESE JOURNAL OF CANCER RESEARCH	肿瘤学	鄂征
D013	CHINESE JOURNAL OF CATALYSIS	化学	林励吾
T100	CHINESE JOURNAL OF CHEMICAL ENGINEERING	化学工程综合	廖叶华
C070	CHINESE JOURNAL OF CHEMICAL PHYSICS	化学	杨学明
I173	CHINESE JOURNAL OF CHEMISTRY	化学	麻生明
I116	CHINESE JOURNAL OF ELECTRONICS	电子技术	王守觉
I218	CHINESE JOURNAL OF MECHANICAL ENGINEERING	机械工程设计	董仕节

表 9-2 2021 年中国科技核心期刊（英文）目录（续）

CODE	刊名	学科分类	主编
G101	CHINESE JOURNAL OF NATURAL MEDICINES	药学	吴晓明
D017	CHINESE JOURNAL OF POLYMER SCIENCE	化学	冯新德
I219	CHINESE JOURNAL OF POPULATION, RESOURCES AND ENVIRONMENT	环境科学技术及资源科学技术	刘燕华
I200	CHINESE JOURNAL OF TRAUMATOLOGY	烧伤外科学、整形外科学	王正国
I201	CHINESE MEDICAL JOURNAL	医学综合	钱贻简
G126	CHINESE MEDICAL SCIENCES JOURNAL	医学综合	刘德培
I071	CHINESE OPTICS LETTERS	光电子学与激光技术；物理学	徐至展
C106	CHINESE PHYSICS B	物理学	欧阳钟灿
C058	CHINESE PHYSICS C	物理学	马基茂
C059	CHINESE PHYSICS LETTERS	物理学	朱邦芬
G212	CHRONIC DISEASES AND TRANSLATIONAL MEDICINE	临床医学综合	王俊
C095	COMMUNICATIONS IN THEORETICAL PHYSICS	物理学	何祚庥
I720	CSEE JOURNAL OF POWER AND ENERGY SYSTEMS	电气工程	周孝信
I226	DEFENCE TECHNOLOGY	兵器科学与技术	冯长根
J075	ENGINEERING	工程与技术科学基础学科	周济；Reddy Raj
F005	ENTOMOTAXONOMIA	昆虫学、动物学	张雅林
N092	FRICTION	工程与技术科学基础学科	雒建斌
I248	FRONTIERS OF CHEMICAL SCIENCE AND ENGINEERING	化学工程综合	王静康；薛群基；曹湘洪
I735	FRONTIERS OF COMPUTER SCIENCE	计算机科学技术	李未；陆汝钤
I220	FRONTIERS OF EARTH SCIENCE	地球科学综合	高炜
I243	FRONTIERS OF MATERIALS SCIENCE	材料科学综合	顾秉林
I250	FRONTIERS OF MATHEMATICS IN CHINA	数学	张恭庆
I237	FRONTIERS OF MEDICINE	医学综合	陈赛娟；杨宝峰；陈孝平
I132	FRONTIERS OF OPTOELECTRONICS	光电子学与激光技术	周炳坤
I726	FRONTIERS OF PHYSICS	物理学	赵光达
I725	FRONTIERS OF STRUCTURAL AND CIVIL ENGINEERING	土木工程	崔俊芝；张建云；Surendra P. Shah
G343	GENERAL PSYCHIATRY	神经病学、精神病学	徐一峰
H029	JOURNAL OF ANIMAL SCIENCE AND BIOTECHNOLOGY	畜牧、兽医科学	李德发
I222	GENOMICS PROTEOMICS & BIOINFORMATICS	生物学基础学科	于军
E050	GEOSCIENCE FRONTIERS	地球科学综合	莫宣学
Q744	GLOBAL ENERGY INTERCONNECTION	能源科学综合	刘振亚
Z037	GREEN ENERGY & ENVIRONMENT	能源科学综合	张锁江
H062	HORTICULTURAL PLANT JOURNAL	园艺学	孙日飞
R589	IEEE/CAA JOURNAL OF AUTOMATICA SINICA	信息与系统科学相关工程与技术	周孟初
Q709	INFECTIOUS DISEASES OF POVERTY	感染性疾病学、传染病学	周晓农
I012	INSECT SCIENCE	昆虫学、动物学	王牧牧
I168	INTERNATIONAL JOURNAL OF COAL SCIENCE & TECHNOLOGY	能源科学综合	彭苏萍
G889	INTERNATIONAL JOURNAL OF DERMATOLOGY AND VENEREOLOGY	皮肤病学	王宝玺
K045	INTERNATIONAL JOURNAL OF MINERALS, METALLURGY AND MATERIALS	材料科学综合	吴爱祥
I184	INTERNATIONAL JOURNAL OF MINING SCIENCE AND TECHNOLOGY	矿山工程技术	贺靖峰
Q748	INTERNATIONAL JOURNAL OF NURSING SCIENCES	护理学	刘华平

表9-2　2021年中国科技核心期刊（英文）目录（续）

CODE	刊名	学科分类	主编
Q213	INTERNATIONAL JOURNAL OF ORAL SCIENCE	口腔医学	周学东
I144	JOURNAL OF SYSTEMS ENGINEERING AND ELECTRONICS	航空、航天科学技术	施荣
I225	JOURNAL OF ACUPUNCTURE AND TUINA SCIENCE	针灸、中医骨伤	陈汉平
E049	JOURNAL OF ARID LAND	地理学	陈曦
N764	JOURNAL OF BIONIC ENGINEERING	机械工程设计	任露泉
I067	JOURNAL OF CENTRAL SOUTH UNIVERSITY	工程技术大学学报	黄伯云
I227	JOURNAL OF CHINESE PHARMACEUTICAL SCIENCES	药学	张礼和
S051	JOURNAL OF COMPUTER SCIENCE AND TECHNOLOGY	计算机科学技术	李国杰
E537	JOURNAL OF EARTH SCIENCE	地球科学综合	王亨君
I105	JOURNAL OF ENERGY CHEMISTRY	石油天然气工程	包信和; ALEXIS T. BELL
Z027	JOURNAL OF ENVIRONMENTAL SCIENCES	环境科学技术及资源科学技术	汤鸿霄
I018	JOURNAL OF FORESTRY RESEARCH	林学	杨传平
F013	JOURNAL OF GENETICS AND GENOMICS	生物学基础学科	左建儒
I063	JOURNAL OF GEOGRAPHICAL SCIENCES	地理学	郑度
W015	JOURNAL OF HYDRODYNAMICS SERIES B	水利工程	周连第
H017	JOURNAL OF INTEGRATIVE AGRICULTURE	农业综合	王汉中
G442	JOURNAL OF INTEGRATIVE MEDICINE	中西医结合医学	赵伟康
F029	JOURNAL OF INTEGRATIVE PLANT BIOLOGY	植物学	刘春明
I142	JOURNAL OF IRON AND STEEL RESEARCH, INTERNATIONAL	金属材料	田志凌
I229	JOURNAL OF MARINE SCIENCE AND APPLICATION	水路运输	边信黔
M015	JOURNAL OF MATERIALS SCIENCE & TECHNOLOGY	材料科学综合	杨锐
E092	JOURNAL OF METEOROLOGICAL RESEARCH	大气科学	丁一汇
F021	JOURNAL OF MOLECULAR CELL BIOLOGY	生物学基础学科	李党生
I230	JOURNAL OF MOUNTAIN SCIENCE	地理学	崔鹏
I120	JOURNAL OF OCEAN UNIVERSITY OF CHINA	海洋科学、水文学; 自然科学综合大学学报	文圣常
E012	JOURNAL OF OCEANOLOGY AND LIMNOLOGY	海洋科学、水文学	曾呈奎
M035	JOURNAL OF RARE EARTHS	材料科学综合	严纯华
F208	JOURNAL OF RESOURCES AND ECOLOGY	环境科学技术及资源科学技术	李文华
C010	JOURNAL OF ROCK MECHANICS AND GEOTECHNICAL ENGINEERING (JRMGE)	土木工程	钱七虎
R062	JOURNAL OF SEMICONDUCTORS	电子技术; 物理学	王守武
F039	JOURNAL OF SYSTEMATICS AND EVOLUTION	植物学	杨亲二
X053	JOURNAL OF TRAFFIC AND TRANSPORTATION ENGINEERING ENGLISH EDITION	交通运输工程	Richard Kim
I090	JOURNAL OF WUHAN UNIVERSITY OF TECHNOLOGY MATERIALS SCIENCE EDITION	材料科学综合; 工程技术大学学报	张清杰
I041	JOURNAL OF ZHEJIANG UNIVERSITY SCIENCE A	自然科学综合大学学报	杨卫
I159	JOURNAL OF ZHEJIANG UNIVERSITY SCIENCE B	生物学基础学科; 自然科学综合大学学报	段树民; 巴德年
I254	LIGHT SCIENCE & APPLICATIONS	物理学	曹健林
I224	MACHINE INTELLIGENCE RESEARCH	信息与系统科学相关工程与技术	谭铁牛
Q716	MILITARY MEDICAL RESEARCH	军事医学与特种医学	付小兵
F019	MOLECULAR PLANT	植物学	许大全
I137	NANO RESEARCH	材料科学综合	戴宏杰; 薛其坤

表9-2 2021年中国科技核心期刊（英文）目录（续）

CODE	刊名	学科分类	主编
M655	NANOTECHNOLOGY AN PRECISION ENGINEERING	机械工程设计	胡小唐
I255	NATIONAL SCIENCE REVIEW	自然科学综合	白春礼
I232	NEURAL REGENERATION RESEARCH	神经病学、精神病学	苏国辉; 徐晓明
G278	NEUROSCIENCE BULLETIN	神经病学、精神病学	路长林
I074	NUCLEAR SCIENCE AND TECHNIQUES	核科学技术	马余刚
G616	ONCOLOGY AND TRANSLATIONAL MEDICINE	肿瘤学	陈安民; 于世英; A.D.Ho
I202	PARTICUOLOGY	化学工程综合	郭慕孙
H046	PEDOSPHERE	土壤学	周健民
F007	PLANT DIVERSITY	植物学	Sergei Volis; 周浙昆
I129	PROTEIN & CELL	生物学基础学科	饶子和
I050	RARE METALS	金属材料	屠海令
C072	RESEARCH IN ASTRONOMY AND ASTROPHYSICS	天文学	汪景琇; 景益鹏
I065	RICE SCIENCE	农艺学	程式华
I083	SCIENCE BULLETIN	自然科学综合	王恩哥
I146	SCIENCE CHINA CHEMISTRY	化学	万立骏
A146	SCIENCE CHINA INFORMATION SCIENCES	计算机科学技术	梅宏
I150	SCIENCE CHINA LIFE SCIENCES	生物学基础学科	李家洋
M114	SCIENCE CHINA MATERIALS	材料科学综合	李亚栋
I189	SCIENCE CHINA MATHEMATICS	数学	袁亚湘
I157	SCIENCE CHINA PHYSICS, MECHANICS & ASTRONOMY	物理学	谢心澄
I091	SCIENCE CHINA TECHNOLOGICAL SCIENCES	工程与技术科学基础学科	张统一
Q718	SIGNAL TRANSDUCTION AND TARGETED THERAPY	肿瘤学	魏于全; 张康; Carlo M. Croce
H064	THE CROP JOURNAL	农艺学	万建民
I017	TRANSACTIONS OF NANJING UNIVERSITY OF AERONAUTICS & ASTRONAUTICS	航空、航天科学技术; 工程技术大学学报	宣益民
M104	TRANSACTIONS OF NONFERROUS METALS SOCIETY OF CHINA	金属材料	黄伯云
I009	TSINGHUA SCIENCE AND TECHNOLOGY	计算机科学技术	孙家广
G095	VIROLOGICA SINICA	微生物学、病毒学	陈新文
W030	WATER SCIENCE AND ENGINEERING	水利工程	吴中如; Vijay P. SINGH
I239	WORLD JOURNAL OF ACUPUNCTURE–MOXIBUSTION	针灸、中医骨伤	喻晓春
Q707	WORLD JOURNAL OF TRADITIONAL CHINESE MEDICINE	中医学	果德安; 韩晶岩
I008	WUHAN UNIVERSITY JOURNAL OF NATURAL SCIENCES	自然科学综合大学学报	舒红兵
F022	ZOOLOGICAL RESEARCH	昆虫学、动物学	张亚平
F014	ZOOLOGICAL SYSTEMATICS	昆虫学、动物学	冯祚建

10　期刊变更情况

表 10-1　自然科学领域期刊名称变更情况

CODE	2022 年版刊名	2021 年版刊名
I224	MACHINE INTELLIGENCE RESEARCH	INTERNATIONAL JOURNAL OF AUTOMATION AND COMPUTING
E362	地质科技通报	地质科技情报
Q907	空军航空医学	空军医学杂志

11　新入选中国科技核心期刊

11.1　2022年新入选中国科技核心期刊（中文）目录

表11-1　2022年新入选中国科技核心期刊（中文）目录
（中国科技论文统计源期刊）

CODE	刊名	CODE	刊名
Q921	保健医学研究与实践	L359	油气藏评价与开发
H395	北方农业学报	Y054	宇航总体技术
X026	公路交通科技	R777	浙江电力
G929	国际精神病学杂志	H106	智慧农业中英文
T066	化工自动化及仪表	H414	中国家禽
Z518	环境生态学	Q442	中国科学数据中英文网络版
Q384	皮肤科学通报	G583	中国临床新医学
G448	热带病与寄生虫学	G678	中国中西医结合影像学杂志
U515	肉类研究	G504	中华临床医师杂志电子版
G630	陕西医学杂志	G770	中华脑血管病杂志电子版
H083	生物质化学工程	Q952	中华胃肠内镜电子杂志
E054	世界核地质科学	G468	中华消化病与影像杂志电子版
G710	四川精神卫生	Q284	中华心力衰竭和心肌病杂志中英文
H007	四川农业大学学报	Q231	中华心血管病杂志网络版
G331	药学研究	Q968	中医肿瘤学杂志

11.2　2022年新入选中国科技核心期刊（英文）目录

表 11-2　2022年新入选中国科技核心期刊（英文）目录
（中国科技论文统计源期刊）

CODE	刊名	CODE	刊名
H063	ANIMAL NUTRITION	I249	FRONTIERS IN ENERGY
I026	CHINESE JOURNAL OF INTEGRATIVE MEDICINE	H082	HORTICULTURE RESEARCH
Q784	FOREST ECOSYSTEMS	Q440	RESEARCH